CONTENTS

PART D
The urban dimension
The past, the present and the future

ΠΕΡΙΕΧΟΜΕΝΑ

ΜΕΡΟΣ Δ΄
Η πολεοδομική διάσταση
Το παρελθόν, το παρόν και το μέλλον

Introductory comments

In the hands of a worthy craftsman, freehand design, in the form of an abbreviated sketch, can uncover the grammar of architecture, the very material used to organize an architectural composition. It is a double procedure, as, on the one hand, it expresses the artist's intentions and, on the other, it reveals the primary and deep roots of his work to the beholder. Thus, it is simultaneously a means of communication and of interpretation.

These qualities of design are not repealed or even adversely effected in a time, like ours, where photographic art prevailed at first (with cinema as its offspring) and , more recently, digital technology. These giant steps for the "depiction" of the material world around us and of all that is beyond it, vice versa, assigned a new meaning to design. Especially when it came to architectural design, as it allowed it to be released from the mere imitation of reality. Free from such obligations, a sketch could now function independently, it could gain a more personal style, following the imperatives of its creator.

In Greece we are immensely lucky to have architect Constantin Decavalla, a highly accomplished designer and unrivalled sketch-artist, who made sure every publication of his works was accompanied by impressive sketches and perspectives throughout his career. Unrivalled in his talent, it has become common knowledge for years now that he was able to set up the "living" perspective of a space or a building, which was able to bring about the sense of a pleasant, balanced atmosphere, without deforming or deceiving.

We could set this conceptual exercise that classifies, evaluates, chooses and, in the end, realizes, against a concept that reduces everything to designing skillfulness and fluency. The hand essentially obeys the mind, which critically controls the process of creating a sketch. In this sense, Decavalla's many beautiful sketches do not emerge automatically, nor are they the product of some unconscious gesture. On the contrary, the more spontaneous they appear, the more art and experience they carry inside.

The subject matter of this book that focuses on the most demanding design objective, which is the design of public space, and, what is more, the way it exists through time, is divided into four units. In its whole this book constitutes a triumphant "parade" of the most exquisite examples of public space design and equipment ever to be created. This underlying intention to gather material, filtered through a timeless "architectural tradition", abolishes the artificial discriminations that often cut off the present from its historical background.

At the same time, the most vital element is that the wise choice that Decavalla made highlighted the stylistic unity of the examples he presents, though they may belong to different countries and times. And this is usually connected to his intention of consolidation, which subjugates every image to specific rules of figurative interpretation. Decavalla's unique architectural concept, in combination with his gifted hand, were the main contributors to this small miracle that highlights the hidden beauty of every example that was chosen.

Dimitris Philippides
architect, professor emeritus, National Technical University of Athens

Εισαγωγικά σχόλια

Το ελεύθερο σχέδιο, με τη μορφή συντομογραφικού σκίτσου (σκαριφήματος), στα χέρια ενός άξιου τεχνίτη, μπορεί ν' αποκαλύψει τη γραμματική της αρχιτεκτονικής, αυτό το ίδιο το υλικό με το οποίο οργανώνεται μια σύνθεση. Είναι μια διπλή διαδικασία, καθώς από τη μια μεριά εκφράζει τις προθέσεις του δημιουργού, ενώ από την άλλη φανερώνει στον θεατή τις πρωταρχικές, βαθιές ρίζες του έργου του. Έτσι γίνεται ταυτόχρονα εργαλείο επικοινωνίας κι ερμηνείας.

Αυτές οι ιδιότητες του σχεδίου δεν καταργούνται ή έστω αλλοιώνονται σε μια εποχή, όπως η δική μας, όπου επικράτησε πρώτα η φωτογραφική τέχνη (με παρακλάδι της τον κινηματογράφο) και πιο πρόσφατα η ψηφιακή τεχνολογία. Αυτά τα γιγάντια βήματα για την «εικονοποίηση» του γύρω μας υλικού κόσμου και όσων βρίσκονται πέρα από αυτόν, αντίστροφα, προσέδωσε νέο νόημα στο σχέδιο. Ειδικά στο αρχιτεκτονικό σκίτσο, επέτρεψε την απελευθέρωσή του από την απομίμηση της πραγματικότητας. Απαλλαγμένο από τέτοιες υποχρεώσεις, το σκίτσο μπορούσε πια να λειτουργήσει ανεξάρτητα, ν' αποκτήσει περισσότερο προσωπικό ύφος, ακολουθώντας τις επιταγές του δημιουργού του.

Στην Ελλάδα έχουμε τη μεγάλη τύχη να διαθέτουμε τον αρχιτέκτονα Κωνσταντίνο Δεκαβάλλα, ικανότατο σχεδιαστή και απαράμιλλο σκιτσογράφο, που σε όλη τη σταδιοδρομία του συνόδευε τις δημοσιεύσεις έργων του με εκπληκτικά σκίτσα και προοπτικά. Άφταστος στο ταλέντο του, είναι εδώ και χρόνια γνωστό πως μπορούσε να στήσει ένα «ζωντανό» προοπτικό ενός χώρου ή ενός κτίσματος, ικανό να μεταφέρει μιαν ευχάριστη, ισορροπημένη ατμόσφαιρα, χωρίς όμως να παραμορφώνει ή να εξαπατά.

Ενάντια σε μιαν αντίληψη που ανάγει τα πάντα σε σχεδιαστική δεξιοτεχνία ή ευχέρεια, θα αντιτάσσαμε τη διανοητική εκείνη άσκηση που κατατάσσει, αξιολογεί, επιλέγει και τέλος εκτελεί. Το χέρι στην πράξη υπακούει στο μυαλό, που ελέγχει κριτικά τη διαδικασία παραγωγής του σκίτσου. Με αυτό τον τρόπο, τα τόσο όμορφα σκίτσα του Δεκαβάλλα δεν προκύπτουν αυτόματα ούτε είναι προϊόν κάποιας ασυνείδητης χειρονομίας. Αντίστροφα, όσο περισσότερο αυθόρμητα δείχνουν, τόση περισσότερη τέχνη κι εμπειρία κρύβουν πίσω τους. Η θεματική αυτού του βιβλίου, που καταπιάνεται με το πιο δύσκολο αντικείμενο σχεδιασμού που υπάρχει, τον σχεδιασμό του δημόσιου χώρου και μάλιστα διαχρονικά, μοιράζεται σε τέσσερις ενότητες. Το σύνολο συγκροτεί μια θριαμβευτική «παρέλαση» των πιο εκλεκτών παραδειγμάτων σχεδιασμού και εξοπλισμού του δημόσιου χώρου που δημιουργήθηκαν ποτέ.

Αυτή η πρόθεση συγκέντρωσης υλικού, ερανισμένου μέσα από μια διαχρονική «αρχιτεκτονική παράδοση», καταργεί τις τεχνητές διακρίσεις που συνήθως αποκόπτουν το παρόν από το ιστορικό του υπόβαθρο. Συνάμα, το σπουδαίο είναι ότι η σοφή επιλογή που έκανε ο Δεκαβάλλας ανέδειξε την υφολογική ενότητα των παραδειγμάτων που παραθέτει, αν και μπορεί ν' ανήκουν σε διαφορετικές χώρες κι εποχές. Κι αυτό κυρίως οφείλεται στο ότι παντού κυριαρχεί η δική του πρόθεση ενοποίησης, που υποτάσσει κάθε εικόνα σε ενιαίους κανόνες παραστατικής ερμηνείας. Η ξεχωριστή αρχιτεκτονική ματιά του Δεκαβάλλα σε συνδυασμό με το προικισμένο χέρι του ήταν οι κύριοι συντελεστές αυτού του μικρού θαύματος που αναδεικνύει την κρυμμένη ομορφιά κάθε παραδείγματος που επιλέχτηκε.

Δημήτρης Φιλιππίδης
αρχιτέκτονας, ομότιμος καθηγητής του ΕΜΠ

Preface

At a certain moment in 1981, my assistants at the National Technical University of Athens and I decided, for the course of Architectural Design, to ask our students to undertake the design of a pedestrian street, in the suburb of New Smyrna, in Athens. This particular street was already being used as an open air market during certain days every month.

Our students were, on the whole, quite efficient, and my assistants were architects that possessed exceptional abilities.

The subject matter for the transformation of a street into a pedestrian precinct, included an underground parking lot under the street, the design of the pavement, the general infrastructure, rain water drainage, planting lighting, e.t.c., as well as the stands for the open-air market.

The term for the project, the whole semester, provided ample time. Still, when the projects were handed in, we realized, to our dismay, that the course had failed. Neither the students nor the teaching staff had managed to grasp the fine points and deeper meanings of the subject.

This led me to decide that I owed it to my students to look more closely, and delve deeper, into the Architecture of Public Space and Pedestrian Ways, and deliver a series of lectures, with color slides, after completing my study of the various aspects of the subject.

I started immediately to collect a substantial bibliography on this matter. In my private library alone, there are now more than 200 volumes dealing with this subject, some of which are of exceptionally high quality, others less so. Furthermore, I studied a number of other books at Avery Hall, the library of the school of Architecture at Columbia University in Manhattan New York.

I do not know if my lectures at the school of Architecture in Athens achieved their purpose, but I taught this same subject later , as a visiting professor at California Polytechnic in 1991, in Pomona California, starting with a series of lectures with slides. This time the street was in near-by Pasadena.

A year later, in an informal ceremony at our School in Athens, the Dean of the department of Architecture of California Polytechnic, Dean Marvin Malecha, on a visit to Greece, presented me with the award for the best course of the year.

This gave me the incentive to start work on a book dealing with the Architecture of Pedestrian Areas and Public Space, in our towns and cities, with illustrations all in free hand drawings. Drawn either on location or from pictures and plans drawn by others, or then from photographs, in a way in which the subject matter becomes easily accessible and intelligible to future architects, but also to laymen, and even to schoolchildren at elementary level.

It should be noted here that the selection of urban areas, buildings, settlements and cities that are represented in the drawings, was determined primarily by those places I was fortunate enough to visit personally. This is the reason why the reader may notice a certain discrepancy in the importance, not only of the countries, but of the continents that are studied and presented as well.

This project occupied me for ten years, but I finally had to give it up, due to professional obligations, and only another ten years later, after I was pensioned, and due to the interest shown by missis Athena and missis Annie Ragia, from the publishing firm "Melissa" ("Bee"), which has published quite a number of books on art and architecture, I started again.

Furthermore, I address my heartfelt thanks to my daughter Annita, my granddaughter Despo and my stepson Anastasis for their invaluable assistance. Mainly, however, I express my gratitude to Mrs Marianna Kambani for her most generous grant.

Πρόλογος

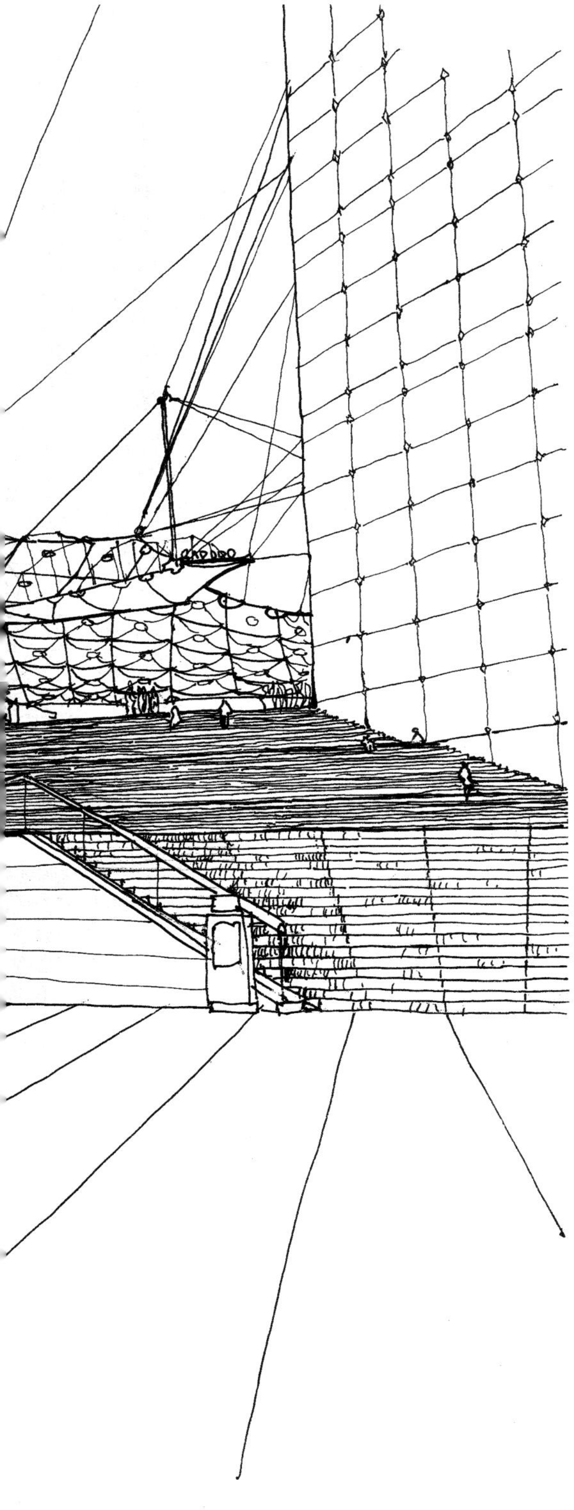

Κάποια στιγμή το 1981 αποφασίσαμε με τους συνεργάτες μου στο Εθνικό Μετσόβιο Πολυτεχνείο να δώσουμε ως θέμα στους σπουδαστές μας, στο μάθημα των Αρχιτεκτονικών Συνθέσεων, την πεζοδρόμηση ενός δρόμου στη Νέα Σμύρνη των Αθηνών. Ο συγκεκριμένος δρόμος ήδη χρησιμοποιείτο ορισμένες μέρες ως λαϊκή αγορά. Η ποιότητα των σπουδαστών μας ήταν υψηλότατου επιπέδου, των συνεργατών-επιμελητών μου εξαιρετική.

Το θέμα της πεζοδρόμησης περιελάμβανε τη δημιουργία χώρου στάθμευσης αυτοκινήτων σε υπόγειο κάτω από τον πεζόδρομο, τη διαμόρφωση του δαπέδου, την απορροή των ομβρίων, την τυχόν δημιουργία κληματαριάς και τον εξοπλισμό του χώρου με καθίσματα, φανοστάτες, εμπόδια αυτοκινήτων, κάδους απορριμμάτων κ.ά., έως και πάγκους για τη λαϊκή αγορά.

Ο χρόνος που δόθηκε ήταν ο κανονικός για ένα θέμα εξαμήνου. Παρ' όλα αυτά, όταν μας παραδόθηκαν τα σχέδια των σπουδαστών μας, αντιληφθήκαμε πως το μάθημα είχε αποτύχει. Ούτε οι σπουδαστές μπόρεσαν να συλλάβουν τα βαθύτερα νοήματα του θέματος, αλλά ούτε κι εμείς οι διδάσκοντες. Κατόπιν αυτού, αποφάσισα πως όφειλα στους σπουδαστές μας να εμβαθύνω στο θέμα και να τους κάνω μια σειρά ομιλιών με έγχρωμες διαφάνειες, αφού μελετήσω εγώ ο ίδιος τις διάφορες πλευρές του θέματος. Ξεκίνησα, λοιπόν, τη διαδικασία κι άρχισα να συλλέγω αξιόλογη βιβλιογραφία σχετικά με το θέμα. Μόνο στην προσωπική μου βιβλιοθήκη υπάρχουν πια πάνω από 200 βιβλία σχετικού περιεχομένου, ορισμένα υψηλότατου επιπέδου, και άλλα τόσα μελέτησα στο «Έιβερυ Χωλ», τη βιβλιοθήκη της Αρχιτεκτονικής Σχολής του Πανεπιστημίου της Κολούμπια στη Νέα Υόρκη.

Δεν ξέρω πόση σημασία είχαν οι ομιλίες μου για τους σπουδαστές στο Ε.Μ.Π., το ίδιο όμως αυτό θέμα το ξαναέδωσα μερικά χρόνια αργότερα, όταν δίδασκα ως επισκέπτης καθηγητής στο California Polytechnic, το 1991 στην Pomona της Καλιφόρνιας, στους εκεί σπουδαστές μου, αφού έκανα πρώτα μια σειρά ομιλιών με διαφάνειες. Το αντικείμενο πεζοδρόμησης αυτή τη φορά ήταν ένας δρόμος στην Pasadena της Καλιφόρνιας. Έναν χρόνο αργότερα, σε τελετή στο Ε.Μ.Π., για το μάθημα αυτό μου απονεμήθηκε από τον κοσμήτορα της Σχολής Αρχιτεκτόνων του California State Polytechnic University, τον Μάρβιν Μαλέκα, το μετάλλιο του καλύτερου μαθήματος της χρονιάς (Dean's Award).

Αυτό μου έδωσε το έναυσμα να ξεκινήσω τη σύνταξη και τη συγγραφή βιβλίου με θέμα την αρχιτεκτονική των χώρων πεζών σε πόλεις και οικισμούς, με σχέδια και εικόνες σχεδιασμένες όλες με ελεύθερο χέρι από μένα –είτε επιτόπου, είτε βάσει εικόνων άλλων, είτε από φωτογραφίες–, έτσι ώστε το θέμα να γίνει πιο προσιτό και κατανοητό, όχι μόνο σε υποψήφιους αρχιτέκτονες αλλά και σε οποιονδήποτε άλλον, ακόμη και σε μαθητές του δημοτικού σχολείου.

Ας σημειώσω εδώ ότι η επιλογή χώρων, κτιρίων, οικισμών, πόλεων που απεικονίζονται στα σχέδιά μου, καθορίστηκε εν πολλοίς από τα μέρη που έχω ζήσει ή επισκεφθεί ο ίδιος. Γι' αυτόν και όχι για άλλους λόγους ο αναγνώστης θα διαπιστώσει μεγάλη ανισότητα όχι μόνον ως προς τις χώρες, αλλά και τις ηπείρους στις οποίες αναφέρομαι.

Την εργασία αυτήν συνέχισα επί μία δεκαετία, αλλά λόγω φόρτου επαγγελματικών υποχρεώσεων εγκατέλειψα την προσπάθεια και την ξανάπιασα δέκα χρόνια αργότερα, όταν πήρα τη σύνταξή μου από το Τ.Σ.Μ.Ε.Δ.Ε., και χάρη στο ενδιαφέρον που έδειξαν οι κυρίες Αθηνά και Άννη Ραγιά του εκδοτικού οίκου Μέλισσα, ο οποίος έχει προσφέρει τόσες εξαίρετες εκδόσεις γύρω από την τέχνη και την αρχιτεκτονική, καθώς και στη συμπαράσταση της κόρης μου Αννίτας, της εγγονής μου Δέσπως και του προγόνου μου Αναστάση.

Η πραγματοποίηση αυτής της έκδοσης οφείλεται κυρίως στην ευγενή και γενναιόδωρη χορηγία της κυρίας Μαριάννας Καμπάνη.

Introduction

Architecture does not exist outside space: the interior space and the surrounding space. From these two, the most important for the evaluation and appreciation of architecture, is the space around a building, even for buildings were their interior architecture is of exceptional quality. One should keep in mind that most buildings are occupied by a restricted number of people, while public space services usually by large numbers of them.

For that reason architecture is primarily judged by its impact on the environment.

But the quality of the environment is most important for the appreciation of an architectural monument. A downgraded environment is detrimental to the evaluation of architectural merits, while an environment of high quality provides the right setting for the enhancement of architecture.

Street furniture is also of importance: all those items that render a public space friendly to man, from the larger ones to the tiniest.

Still, what is most important is for the public space to manage to create a friendly ambience that inspires and heartens while allowing people to feel at home and in harmony with the man made or natural environment.

Until quite recently town planners and other competent specialists, as well as traffic engineers, primarily occupied themselves with the circulation and parking problems of private motorcars in urban areas without ever reaching a satisfactory solution. There are even those that claim that there is no possible solution.

For the last few decades, throughout the world, and lately in Greece too, the equally important problem of the rights of the pedestrians began to emerge. A problem that is, by its nature, connected with the previous one. But there is still an important difference between these two issues. The first one mainly concerns the transportation of people and goods, and only marginally involves other activities, i.e. social, spiritual etc. The second one, on the contrary, deals with a way of life. That is the right of man to live in harmony with nature and society in an environment of quality that enhances and enriches his spirit as a creative being.

Many have dwelt on this complex circulation problem and a great number of important essays written about it have seen the light of day, quite a number of projects have been implemented, a lot has been written about them and this question will continue to be vital and important as a crucial aspect of our modern society.

The focus of this essay, is not the public urban space from a town planning point of view, but, rather, as an architectural entity. This will be carried out in conjunction with the more recent trends and projections as they develop and take shape.

Architecture is the expression of a way of life - a modus vivendi-, but, at the same time, it influences and dictates a way of life. Thus, no method of analysis of the data and parameters that define our subject would be complete without the study of historical examples.

Public pedestrian space, as is always the case with architectural space, destined to serve man, is defined by specific component parts that each separately, or as a whole, are of prime importance, and the final impact produced can have a positive or negative effect on people according to the functions that are meant to be provided. Furthermore, urban public space must be life giving and must achieve the true purpose of architecture, which is to inspire and reconcile man with the universe, namely, nature and human society.

Εισαγωγή

Η αρχιτεκτονική δεν υπάρχει χωρίς τον χώρο. Τον χώρο που περικλείεται από ένα κτίριο και τον χώρο που το περικλείει. Δηλαδή τον εσωτερικό και τον εξωτερικό. Από αυτούς τους δύο, ο πιο σημαντικός για την αξιολόγηση της αρχιτεκτονικής είναι ο εξωτερικός. Όσο σημαντικός από άποψη ποιότητας κι αν είναι ο εσωτερικός χώρος, δεν παύει να απευθύνεται –εκτός από κτίρια που φιλοξενούν μεγάλες μάζες κοινού– σε περιορισμένο αριθμό ενοίκων ή επισκεπτών. Αντιθέτως, ένα αρχιτεκτονικό έργο επιβάλλεται ή όχι ως αρχιτεκτονικό μνημείο, αναλόγως με την εμβέλεια που έχει προς τον εξωτερικό χώρο, προς το άμεσο και το ευρύτερο περιβάλλον του.

Αλλά και η ποιότητα του άμεσου περιβάλλοντος χώρου, εκεί όπου στέκει ο παρατηρητής, παίζει σημαντικότατο ρόλο για την προβολή του έργου. Ένα υποβαθμισμένο περιβάλλον αυτομάτως υποβαθμίζει το αρχιτεκτονικό έργο. Ενώ ένα περιβάλλον υψηλής ποιότητας και τελειότητας προβάλλει και αναδεικνύει το αρχιτεκτονικό έργο.

Τεράστιο ρόλο, επίσης, στην επιτυχία ή την αποτυχία της αρχιτεκτονικής παίζουν τα στοιχεία εκείνα που εξανθρωπίζουν τον χώρο, εκείνα που επιτρέπουν στον άνθρωπο να τον οικειοποιηθεί, από τα πιο μεγάλα έως τα πιο μικρά.

Το σημαντικότερο, ωστόσο, είναι αν η τελική παρουσία αυτού του χώρου, με όλα τα στοιχεία που τον απαρτίζουν, δημιουργεί ατμόσφαιρα φιλική προς τον άνθρωπο, η οποία να του επιτρέπει την αρμονική συμβίωση με το περιβάλλον του –φυσικό ή ανθρωπογενές– και συγχρόνως να τον εμπνέει και να τον εμψυχώνει.

Μέχρι πρόσφατα, το κύριο μέλημα των πολεοδόμων και των λοιπών αρμοδίων που ασχολούνταν με το θέμα της κυκλοφορίας στις αστικές περιοχές ήταν η επίλυση του προβλήματος της απρόσκοπτης κίνησης και της στάθμευσης των ιδιωτικής κυρίως χρήσεως τροχοφόρων, χωρίς να έχουν βρει ικανοποιητική λύση –κάποιοι μάλιστα θεωρούν ότι ουδέποτε θα υπάρξει λύση.

Ήδη εδώ και δεκαετίες στον διεθνή χώρο, τα τελευταία χρόνια και στον τόπο μας, αρχίζει να μας απασχολεί το εξίσου σημαντικό θέμα των δικαιωμάτων των πεζών. Ένα ζήτημα που μοιραία σχετίζεται με το προηγούμενο. Υπάρχει, ωστόσο, και σημαντική διαφορά μεταξύ των δύο. Το μεν πρώτο αφορά κυρίως στη μεταφορά προσώπων και πραγμάτων και δευτερευόντως σε άλλες παραμέτρους (ψυχολογικές, ιδεολογικές, κοινωνικές κ.ά.), ενώ το δεύτερο αφορά κυρίως σε βιολογική ανάγκη και σε ιδεολογικούς στόχους, όπως στο δικαίωμα του ανθρώπου να ζει σε αρμονική σχέση με τη φύση και την κοινωνία, σε ένα περιβάλλον ποιότητας, που τον καταξιώνει ως δημιουργικό ον.

Με το σύνθετο πρόβλημα της κυκλοφορίας πάρα πολλοί έχουν ασχοληθεί, πολλές και σοβαρές μελέτες έχουν προκύψει, πολλά έργα έχουν πραγματοποιηθεί, πάρα πολλά έχουν γραφεί, και το θέμα δεν θα πάψει να είναι καίριο και σημαντικό, ως ένα από τα φαινόμενα της σύγχρονης κοινωνίας.

Αυτό που θα μας απασχολήσει στην παρούσα δημοσίευση είναι ο δημόσιος χώρος των πεζών, όχι τόσο από πολεοδομική άποψη, όσο από μορφολογική. Με δυο λόγια θα διερευνήσουμε την αρχιτεκτονική του ελεύθερου δημοσίου χώρου για τους πεζούς στις αστικές περιοχές, στο πλαίσιο των σημερινών τάσεων και απόψεων, όπως αυτές εξελίσσονται και διαμορφώνονται.

Η αρχιτεκτονική εκφράζει έναν τρόπο ζωής, αλλά και αντιστρόφως, επηρεάζει και υπαγορεύει έναν τρόπο ζωής. Επομένως, καμία μέθοδος ανάλυσης των δεδομένων και των παραμέτρων που προσδιορίζουν το ζήτημα δεν θα ήταν πλήρης, εάν δεν εξέταζε ιστορικά παραδείγματα.

Ο δημόσιος χώρος για τους πεζούς, όπως κάθε άλλος αρχιτεκτονικός χώρος που έχει προορισμό να εξυπηρετήσει τον άνθρωπο, ορίζεται από συγκεκριμένα στοιχεία που καθένα τους χώρια αλλά και όλα μαζί ως σύνολο έχουν ουσιαστική σημασία και η τελική του μορφή έχει αντίκτυπο, θετικό ή αρνητικό, στον χρήστη, ανάλογα με τις λειτουργίες που καλείται να εξυπηρετήσει. Πέρα από αυτό, πρέπει να είναι χώρος ζωής και να επιτελεί τον κύριο στόχο της αρχιτεκτονικής: να εμπνέει και να συμφιλιώνει τον άνθρωπο με την οικουμένη, δηλαδή τη φύση και την κοινωνία.

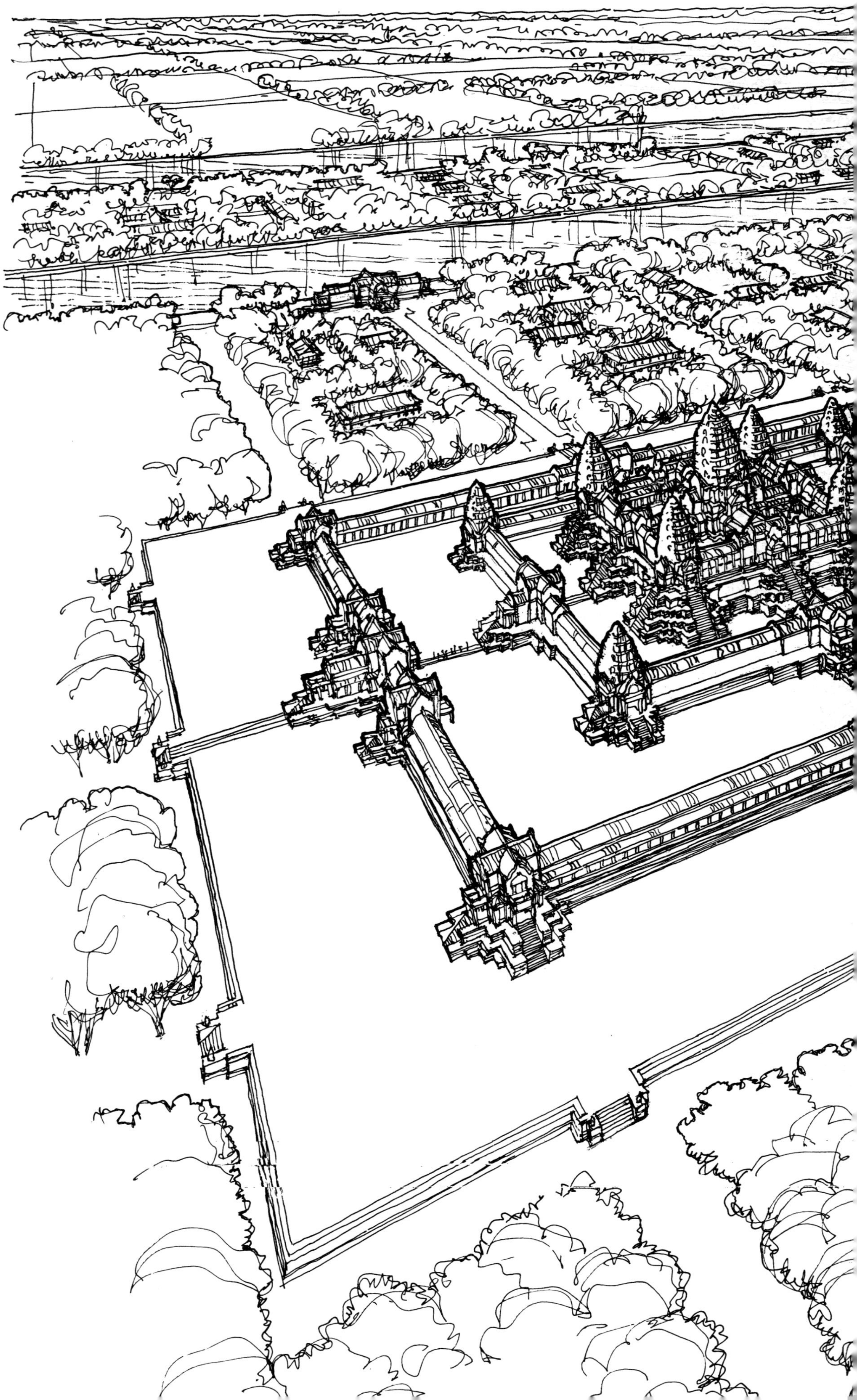

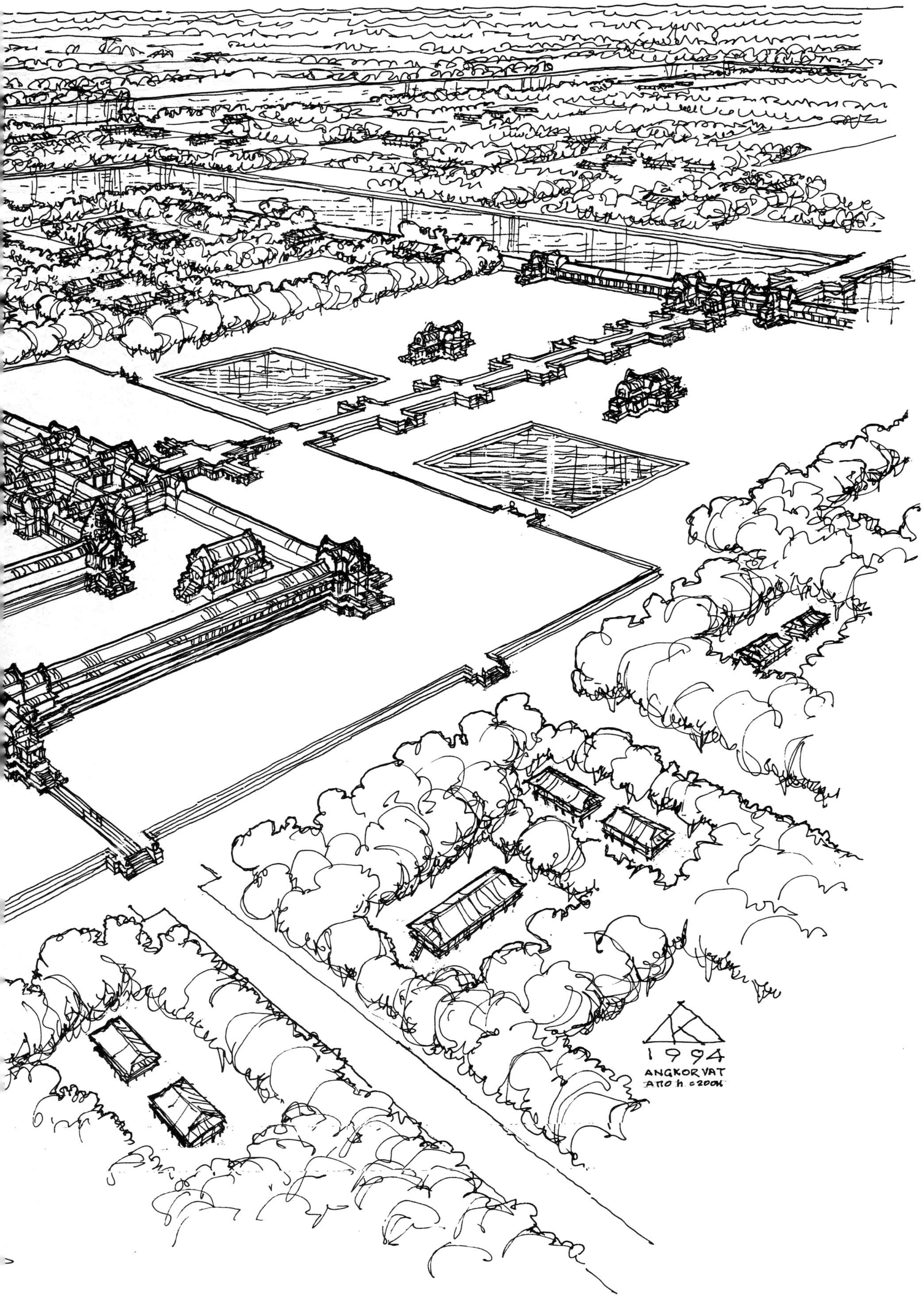
1994
ANGKOR VAT
ΑΠΟ h. ©2004

PART A

The elements of function, form and design

The form, shape and character of a town or city depends on the form and character of the civilization that prevails in the area, where a new town is inaugurated or developed and in a certain way expresses the qualities or shortcomings of its civilization.

In Part A, a number of examples from the past are examined and analyzed, while 20th century trends, projects and realizations are analyzed in Part D.

Some of the main characteristics of an urban agglomeration are the differences between natural growth and planned development, the scale in relation to man – citizen or visitor – and the shape and form of open public spaces, mainly streets, squares and parks.

Finally, the most important elements in the urban tissue are those that give an identity to urban settings, such as axes and views, as well as other parameters like symbolism, rhythm, visual refinements and corrections, even optical illusions.

Subjects discussed:

A1 Scale

A2 Size, form and proportions of urban public space

A3 Design components and parameters

ΜΕΡΟΣ Α΄

Τα στοιχεία της λειτουργίας, της μορφής και του σχεδιασμού

Η μορφή και ο χαρακτήρας μιας πόλης εξαρτώνται άμεσα από τη μορφή και το χαρακτήρα του πολιτισμού που επικρατεί στον χώρο όπου ιδρύεται ή αναπτύσσεται μια πόλη, αποτελώντας συνάμα και την έκφρασή του.
Στο Μέρος Α΄ του βιβλίου εξετάζουμε παραδείγματα του παρελθόντος, ενώ οι επικρατούσες κατά τον 20ό αι. και οι σύγχρονες τάσεις εξετάζονται στο Μέρος Δ΄.
Από τα κύρια χαρακτηριστικά ενός πολεοδομικού συγκροτήματος είναι η φυσική εξέλιξη έναντι της σχεδιασμένης, η κλίμακα σε σχέση με τον άνθρωπο –κάτοικο ή επισκέπτη–, καθώς και η μορφή των ελεύθερων δημοσίων χώρων, όπως πλατείες, δρόμοι και άλση. Σημαντικά επίσης είναι εκείνα τα χαρακτηριστικά που δίνουν στον πολεοδομικό χώρο την ταυτότητά του. Τέτοια είναι οι άξονες και οι θέες, καθώς και ορισμένα δευτερεύοντα στοιχεία όπως ο ρυθμός, οι συμβολισμοί και οι οπτικές διορθώσεις.

Εξεταζόμενα θέματα:

Α1 Η κλίμακα

Α2 Το μέγεθος, η μορφή και οι αναλογίες στον δημόσιο χώρο

Α3 Συνθετικά στοιχεία και παράμετροι

A1 Scale

"Man is the measure of all things"

This was the opinion of one of the great philosophers of ancient Greece, Protagoras. This is true, as far at least as architecture is concerned and should be true for town planning as well. But can it be so?
This is the first question we will have to deal with in our study of pedestrian areas in our towns and cities.
Thus in this first chapter of Part A which examines the basic notions of design, we will study scale.
Scale in connection to man can be divided into three parts:
First, the grand or monumental scale that surpasses man.
Second, the human scale, where man feels comfortable and which allows him to appropriate the space around him.
And finally, the micro scale that evades him.
In our study we shall concentrate on the monumental and the human scale.

A1 Η κλίμακα

«Πάντων χρημάτων μέτρον έστιν άνθρωπος»

Η ρήση αυτή του αρχαίου Έλληνα φιλοσόφου Πρωταγόρα ισχύει απολύτως στην Αρχιτεκτονική και θα έπρεπε να ισχύει και για την Πολεοδομία. Ισχύει όμως; Αυτό είναι το πρώτο θέμα που θα μας απασχολήσει στη μελέτη του χώρου των πεζών σε πόλεις και σε οικισμούς. Έτσι, το πρώτο κεφάλαιο του Μέρους Α΄ αυτής της έρευνας ασχολείται με την κλίμακα. Η κλίμακα, σχετικά πάντα με τον άνθρωπο, μπορεί να χωριστεί σε τρεις κατηγορίες. Πρώτη, η μεγάλη κλίμακα, η μνημειακή, που ξεπερνά τον άνθρωπο. Δεύτερη, η ανθρώπινη κλίμακα, στα πλαίσια της οποίας ο άνθρωπος αισθάνεται άνετα και του δίνεται η δυνατότητα να οικειοποιείται τον χώρο. Τέλος, η μικροκλίμακα που τον ξενίζει.
Εμάς εδώ θα μας απασχολήσουν η μνημειακή κλίμακα και η ανθρώπινη.

A1.1 The monumental scale

It is generally accepted that today's civilizations started in those areas of planet Earth where a relatively temperate climate met a highly productive soil. Without these conditions it is obvious that man could not have started on his grand and fatal march to tame nature.
Such conditions could be found at the estuaries of the Nile in Egypt, of the Tigris and Euphrates in Mesopotamia, at the mouths of the Yangtze and the Yellow River in China, or in India, at the mouth of the Ganges.
The need to control the water flow for the irrigation of the land and the transportation of goods obliged man to become a surveyor, engineer and administrator. This last capacity combined with the necessity for a competent and comprehensive management of the area, the production as well as the population centers that ensued, developed bureaucratic regimes that concentrated absolute power in a few hands.
In these regimes, in order to keep the dependant population under control, central authority had to be deified.
In this way central administration had to be constantly reinforced and reimposed by creating an environment of extreme grandeur and magnificence, that had to be constantly renewed and enlarged.
As a result we often encounter, during the history of mankind, at various periods and places, works of architecture or town planning of an amazing size and monumentality.
Most of the time it is doubtful that these works served any practical or cultural purpose.
What is certain is that they offered important political service to the regime, and this was actually the reason their construction was always decided.
The fact that their construction very often took more than a century to complete, as well as that an enormous amount of human labor and ingenuity was needed, makes them even more amazing.
The same goes for the administrative skills they required.
There is no doubt that in order to achieve such size and monumentality, combined very often with works of art of the highest quality, a deep contempt for the common man was required. This same common man they aimed to impress, combined with his absolute submission to the gods who, as they believed, governed the fate of mankind as well as to their representatives on this earth, i.e. high priests, grandees, absolute rulers and monarchs.
In the Hellenic world we do not encounter such examples of human achievement, nor in democratic Rome or the European Middle Ages.

A1.1 Η μνημειακή κλίμακα

Είναι κοινή παραδοχή ότι οι σημερινοί πολιτισμοί ξεκίνησαν από εκείνες τις περιοχές του πλανήτη όπου επικρατεί ένα σχετικά εύκρατο κλίμα με γη εύφορη, που παρείχε τη δυνατότητα εύκολης και αποδοτικής καλλιέργειας. Προϋποθέσεις χωρίς τις οποίες ο άνθρωπος προφανώς δεν θα είχε τη δυνατότητα να ξεκινήσει τη μεγάλη και μοιραία διαδρομή για να δαμάσει τη φύση. Τέτοιες συνθήκες βρίσκονται στις εκβολές των μεγάλων ποταμών: στην Αίγυπτο του Νείλου, στη Μεσοποταμία του Τίγρη και του Ευφράτη, στην Κίνα του Γιανγκ Τσε και του Κίτρινου Ποταμού, καθώς και στην Ινδία του Γάγγη.
Η ανάγκη ελέγχου του ρου των υδάτων για την άρδευση και τη μεταφορά των προϊόντων ανάγκασε τον άνθρωπο να γίνει γεωμέτρης, μηχανικός και διαχειριστής. Η τελευταία αυτή ιδιότητα, μαζί με την ανάγκη αποτελεσματικής και ενιαίας διοίκησης του χώρου, της παραγωγής και των πληθυσμιακών κέντρων που αναπτύχθηκαν, δημιούργησε καθεστώτα συγκεντρωτικά και ολοκληρωτικά, που έπρεπε να θεοποιούνται για να επιβληθούν στους πληθυσμούς τους οποίους διοικούσαν. Μόνο με τη δημιουργία ενός περιβάλλοντος, του οποίου η μεγαλοπρέπεια και η κλίμακα διαρκώς ανανεωνόταν και γιγαντωνόταν, μπορούσε η εξουσία να επιβληθεί και να διατηρηθεί.
Για αυτό συχνά στην ιστορία της ανθρωπότητας υπήρξαν εποχές σε διάφορους τόπους οι οποίες εκφράστηκαν με μνημειακά αρχιτεκτονικά και πολεοδομικά έργα καταπληκτικής κλίμακας. Στις περισσότερες περιπτώσεις είναι αμφίβολο αν τα έργα αυτά εξυπηρέτησαν κάποιον πρακτικό ή αισθητικό σκοπό. Ο στόχος τους ήταν αναμφίβολα πολιτικός. Η κατασκευή τους –που κάποιες φορές, για να ολοκληρωθεί, δεν αρκούσε ένας αιώνας– χρειάστηκε μεν αξιοθαύμαστη εφευρετικότητα και οργανωτική ικανότητα, αλλά στηρίχθηκε σε μια βαθύτατη περιφρόνηση για τον απλό άνθρωπο –τον οποίο προορίζονταν τα έργα αυτά να καταπλήξουν– και στην πλήρη καθυπόταξή του στους θεούς και στους υποτιθέμενους επί γης εκπροσώπους τους, αρχιερείς, άρχοντες και μονάρχες.
Στον ελληνικό χώρο δεν βρίσκονται τέτοια παραδείγματα, ούτε στη δημοκρατική Ρώμη ή τον ευρωπαϊκό Μεσαίωνα.

A1.1.1 The divine plan. The past
Saqqara, Egypt

There can be no doubt that the funerary precinct of king Djoser (Zoser) in Saqqara next to the river Nile, with the famous stepped pyramid, approximately 560x280 m, belongs to this category of monumentality in scale. The pyramid alone is 109x125 m at its base and reached a height of 60 m.

The funerary precinct of Saqqara (2778 B.C.) is the most ancient monument of this size in carved stone still in existence. The buildings of the precinct follow the forms of light structures from reeds, rush and unbaked bricks. The pyramid is an exception; originally it was a mastaba, which subsequently received many additions. This was perhaps the cause for its stepped form.

It is very probable that the original mastabas were of mud bricks or just beaten earth, as was often the case in these parts of the ancient world, as at a much later date as in Vergina in Macedonia in the 3rd century B.C. In the case of Vergina, an attempt to violate a grave was immediately frustrated as the opening was automatically sealed again, due to the special alternating layers of sand gravel and clay used.

The use of stone in architecture is definitely an important development in the art of building, as it presupposes the existence of appropriate tools that allow for an efficient carving of the stones as well as trained stone carvers and masons.

It is hard to imagine how this monumental architectural achievement, with the enormous scale and perfection in its form, as well as its detailing, sprang out of the head of some god, like Minerva out of the head of Zeus, although the architect of Saqqara, Imhotep, a close friend of King Djoser, became a god more than 20 centuries later, during the 26th dynasty. It is obvious that for thousands of years the inhabitants of these countries that are the cradle of civilization, were using low quality materials in their buildings, reaching forms of high perfection, before they managed to conquer stone.

These low-cost impermanent materials, gave them the opportunity to experiment with new forms and architectural expression in buildings and town planning, while improving their technique before using stone.

FOOTNOTE

Simultaneously with the development of masonry, older building systems using wood, reeds and sundried bricks continued to be in use up to modern times. In the valley of the Kings there are sundried brick structures that date from the 17th century B.C. until today. These last ones are by Hassan Fathy.

At this point it should be noted that this architecture with temporary materials, at least as far as wood is concerned, continued to develop and reached its most perfect form quite recently in the 16th century in Japan where tradition dictates that the temporary must be combined with its constant renewal, as for example in the building of a new identical Shinto temple next to the existing one every 20 years, and tearing down the old one. In this way the temporary is not only permanent but also constantly new.

The fact that temporary and primitive materials only recently found their most perfect form, once modern technology had provided us with perfect building materials with guaranteed longevity, like stone, concrete, iron, cast iron, stainless steel, aluminum etc., does not differ very much from other fields where we witness similar phenomena.

Such is the case of sailing ships where their real development started after the advent of the steamship. In the middle of the 19th century, at a time when the steamship was still in its infancy and needed 20 days to cross the Atlantic at a speed of 11 knots, it took only 15 days for a clipper at a speed of up to 18 knots.

Today some catamarans can reach up to 30 knots. Try to compare them with the performance of sailing ships at the beginning of the 19th century when they could not surpass 6.2 knots.

Saqqara, Egypt / Σακκάρα, Μέμφις

1 Saqqara, Egypt, 27th century B.C.
The funerary complex of Djoser designed by Imhotep, architect and healer. The oldest existing monument in carved stone of this size, 200 m in width by more than half a kilometer in length.

1 Σακκάρα, Μέμφις, 27ος αι. π.Χ.
Το ταφικό συγκρότημα του Τζόσερ, έργο του αρχιτέκτονα και γιατρού Ιμχοτέπ. Το παλαιότερο μνημείο τέτοιας κλίμακας από λαξευτή λιθοδομή, πλάτους σχεδόν 300 μ. και μήκους πάνω από 500 μ.

1

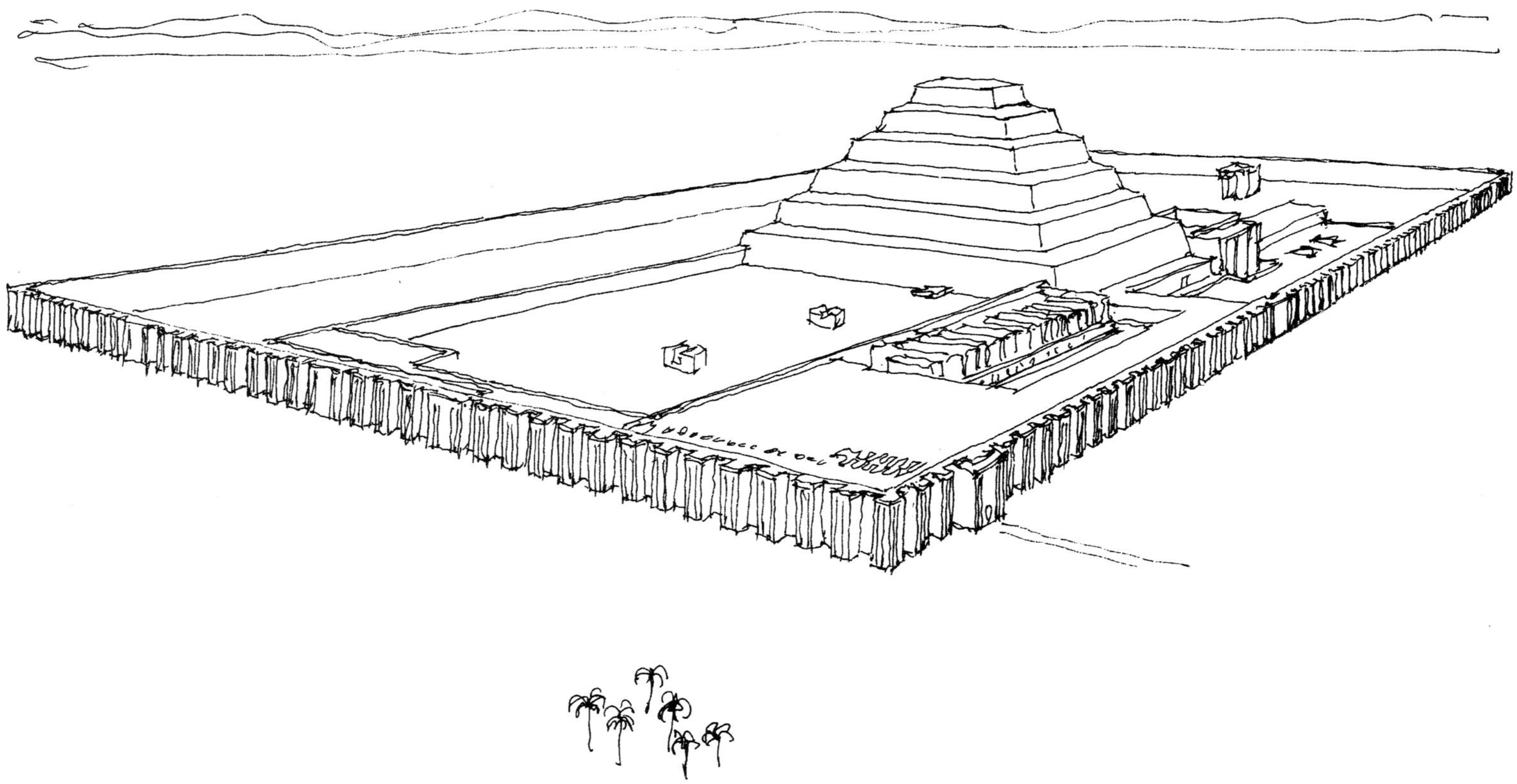

Α1.1.1 Το «θεόπνευστο σχέδιο» και ο ενιαίος σχεδιασμός – ιστορικά παραδείγματα

Σακκάρα, Μέμφις, 2.778 π.Χ.

Στην κατηγορία των μνημειακών έργων ανήκει το ταφικό συγκρότημα της Σακκάρα στη νεκρόπολη της Μέμφιδας, κοντά στο σημερινό Κάιρο, με την περίφημη κλιμακωτή πυραμίδα του Τζόσερ, διαστάσεων 109x125 μ., ύψους 60 μ., και με περίβολο 560x280 μ. Το συγκρότημα της Σακκάρα είναι το αρχαιότερο σωζόμενο αρχιτεκτονικό έργο τέτοιου μεγέθους από λιθοδομή.

Τα κτίσματα του συγκροτήματος ακολουθούν τα μορφολογικά στοιχεία των παραδοσιακών ελαφρών κατασκευών από καλάμια, βούρλα και ωμόπλινθους. Εξαίρεση αποτελεί η πυραμίδα, που, ξεκινώντας από έναν αρχικό μασταμπά, συνεχώς επεκτεινόταν μέσα στα χρόνια, γεγονός στο οποίο ενδεχομένως να οφείλεται και η κλιμακωτή της μορφή. Είναι πολύ πιθανόν οι πρώτοι μασταμπάδες να ήταν από πλίνθους ή από χώμα, όπως άλλωστε και πολύ μεταγενέστεροι τύμβοι σε άλλα μέρη του κόσμου.

Η μνημειακή αυτή αρχιτεκτονική, με την τελειότητα της μορφής και της επεξεργασίας των επιμέρους στοιχείων, δεν ξεπήδησε βέβαια από το κεφάλι κάποιου θεού, όπως η Αθηνά από το κεφάλι του Δία, παρότι ο αρχιτέκτων της Σακκάρα, Ιμχοτέπ, φίλος του Φαραώ Τζόσερ, 25 αιώνες αργότερα, κατά την 26η Δυναστεία, θεοποιήθηκε! Προφανώς οι άνθρωποι σ' αυτά τα μέρη, τα οποία ορθώς θεωρούνται η κοιτίδα του πολιτισμού, έφτιαχναν επί χιλιετίες αρχιτεκτονικά και πολεοδομικά αριστουργήματα με ευτελή υλικά. Τα υλικά αυτά που δεν αντέχουν στον χρόνο, τους υποχρέωναν να βελτιώνουν διαρκώς την τεχνική τους, δίνοντάς τους ταυτόχρονα την ευκαιρία για νέες αισθητικές αναζητήσεις.

ΣΗΜΕΙΩΣΗ

Η χρήση της πέτρας σηματοδοτεί μια σημαντική εξέλιξη στα υλικά κατασκευής και προϋποθέτει την ύπαρξη εργαλείων, με τα οποία μπορεί κανείς χωρίς ιδιαίτερη δυσκολία να λαξεύσει την πέτρα, καθώς επίσης εμπειρία και τέχνη.

Παράλληλα με την αρχιτεκτονική της πέτρας που πρωτοεμφανίζεται σε μνημεία, εξακολουθούν να χρησιμοποιούνται παλιότερα συστήματα κατασκευής κτιρίων από ωμόπλινθο και χώμα ή καλάμια, βούρλα και ξύλο. Στην Κοιλάδα των Βασιλέων, στην Αίγυπτο, βρίσκονται πλινθόκτιστες κατασκευές του 17ου αι. π.Χ. έως και του 20ού αι. μ.Χ. (όπως η Νέα Γκουρνά του Χασάν Φατί). Εδώ θα μπορούσε κανείς να παρατηρήσει πως η αρχιτεκτονική αυτή με τα πρωτόγονα υλικά, τα πιο πρόχειρα και πιο πρόσκαιρα, τουλάχιστον όσον αφορά στο ξύλο, εξελίχθηκε και βρήκε την τελειότερη μορφή της αρκετά πρόσφατα, τον 16ο και 17ο αι. μ.Χ. στην Ιαπωνία. Εκεί η παράδοση ενσωματώνει την προσωρινότητα, με την ανά εικοσαετία εναλλάξ ανακατασκευή των ναών Σίντο σε δύο όμορα οικόπεδα ήδη από τον 12ο αι. Έτσι το πρόσκαιρο γίνεται όχι απλώς μόνιμο αλλά συνεχώς καινούριο και φρέσκο.

Το ότι τα πρωτόγονα και πρόσκαιρα υλικά βρήκαν την τελειότερή τους μορφή όταν πια η τεχνολογία άρχισε να παρέχει υλικά με εγγυημένη μακροβιότητα, όπως η πέτρα, το μπετόν, το σίδερο, το μαντέμι, ο ανοξείδωτος χάλυβας και το αλουμίνιο, μπορεί να παραλληλιστεί με την ειρωνεία που υπάρχει σε άλλα φαινόμενα της ανθρώπινης δραστηριότητας, όπως το ότι η πραγματική εξέλιξη του ιστιοφόρου αρχίζει ακριβώς την εποχή που πρωτοεμφανίζεται το ατμόπλοιο!

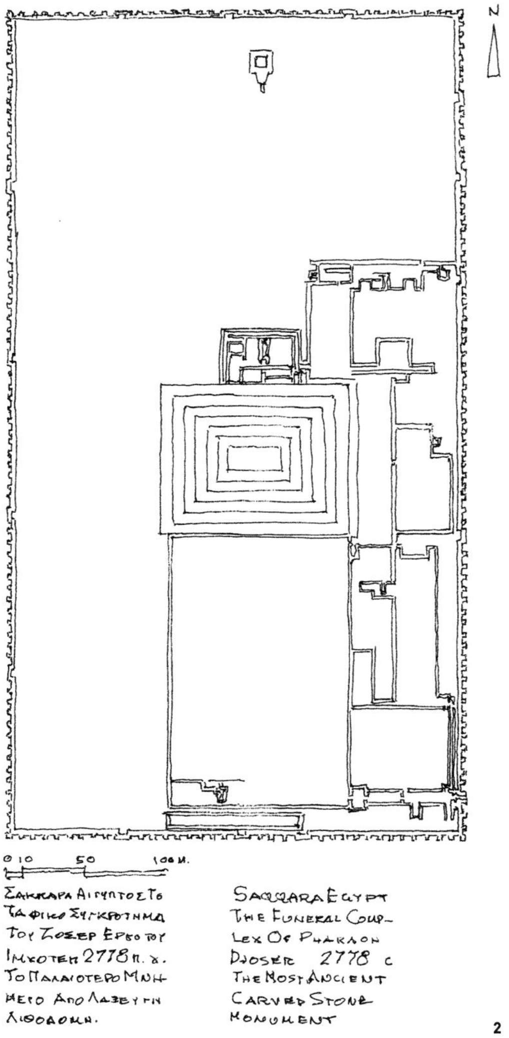

2

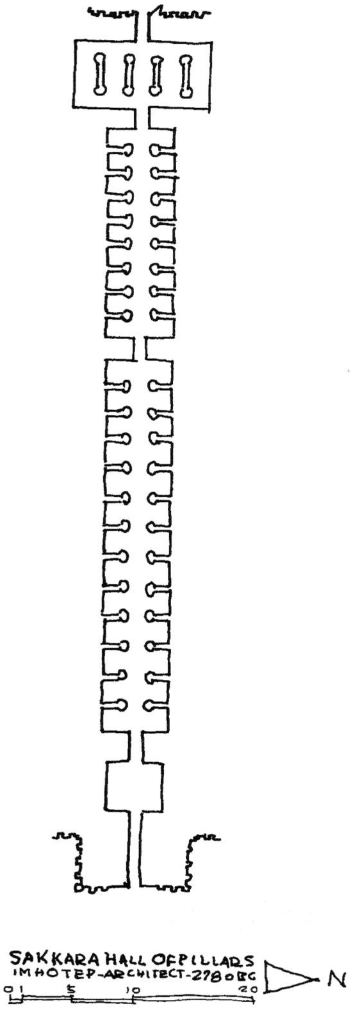

3

Saqqara, Egypt / Σακκάρα, Μέμφις

2, 3 Saqqara, Egypt, 27th century B.C.
2 Imhotep's plan combines the gigantic with the minimal scale. By the reduction of its dimensions the entrance to this enormous monument is its extreme opposite.
3 The entrance to the funerary precinct: a narrow passage 1,50 m wide, between false columns.

2, 3 Σακκάρα, Μέμφις, 27ος αι. π.Χ.
2 Στο σχέδιό του ο Ιμχοτέπ συνδυάζει τη γιγαντιαία κλίμακα με τη μικρότατη. Από την είσοδο των ελαχίστων διαστάσεων στο τεράστιο μνημείο.
3 Η είσοδος του ταφικού συγκροτήματος: μια στενωπός πλάτους μόλις 1,50 μ. μεταξύ ψευδοκιόνων.

Teotihuacan, Central America (Mexico)

A monumental scale in town planning design, as in ancient Egypt, of a religious character, emerged during the first millennium of our era in Central America. It is the ceremonial complex of Teotihuacan in South Mexico, with a central axis of 2000 m, surrounded by pyramids and squares of a devotional character.

Τεοτιχουακάν, Κεντρική Αμερική (Μεξικό)

Τη μνημειακή κλίμακα στην πολεοδομική διαμόρφωση με θρησκευτικό χαρακτήρα, όπως στην αρχαία Αίγυπτο, την ξαναβρίσκουμε στα λατρευτικά συγκροτήματα της Κεντρικής Αμερικής κατά την 1η μ.Χ. χιλιετία. Ένα από τα συγκροτήματα αυτά με ενιαίο σχεδιασμό είναι το Τεοτιχουακάν στο νότιο Μεξικό, με κεντρικό τελετουργικό άξονα μήκους 2 χλμ., ο οποίος περιβάλλεται από πυραμίδες και πλατείες.

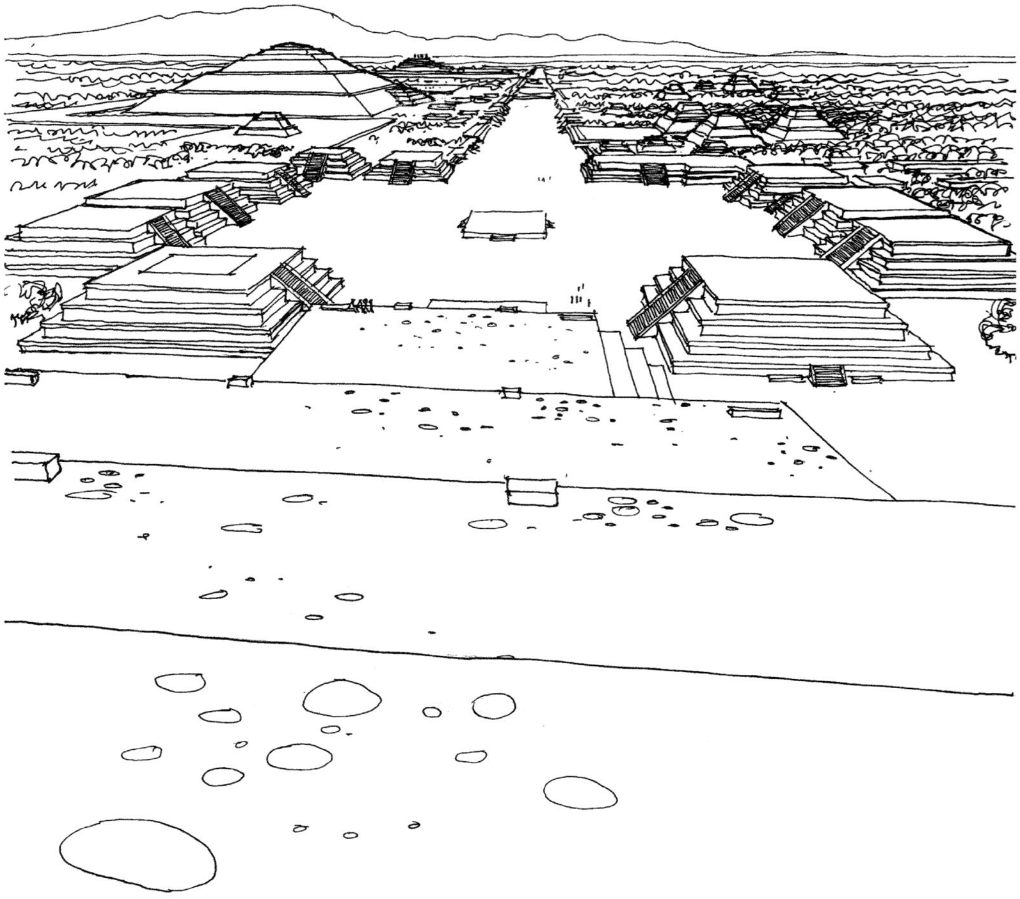

4

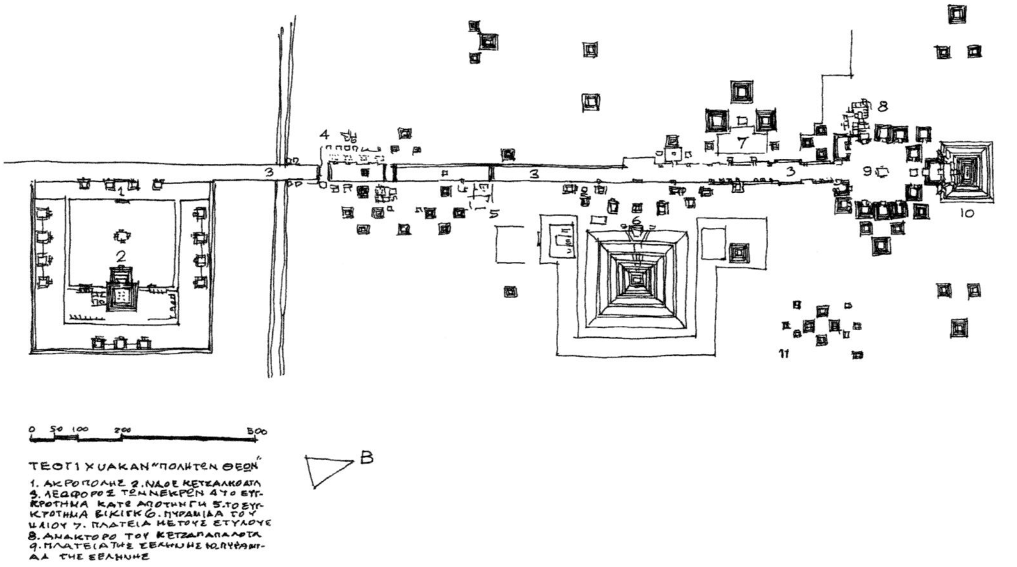

5

Teotihuacan, Central America (Mexico)
Τεοτιχουακάν, Κεντρική Αμερική (Μεξικό)

4, 5 Teotihuacan, Mexico, 300 A.D.
4 The square of the Moon in the foreground with the pyramids that surround it is the starting point for the 2 km long ceremonial way.
5 Within a distance of 2 km along the ceremonial way, lie three major squares and a number of minor ones in an urban composition of incomparable majesty.

4, 5 Τεοτιχουακάν, Μεξικό, 300 μ.Χ.
4 Η πλατεία της Σελήνης, με τις πυραμίδες που την περιβάλλουν, είναι η αφετηρία της τελετουργικής οδού.
5 Στον τελετουργικό άξονα, με μήκος 2 χλμ., βρίσκονται οι τρεις σημαντικές πλατείες καθώς και μια πλειάδα μικρότερων σε μια αστική σύνθεση απαράμιλλης μεγαλοπρέπειας.

Angkor, Cambodia, 9th-15th century A.D.

Angkor in the Khmer language means "city"

As has already been mentioned, stone architecture, since it became possible, because of the development of tools and technology, was time-consuming, extremely costly and needed highly skilled labor and inspired artists. As a result most buildings were carried out using temporary materials –recyclable as we would have called them today– sundried bricks etc., resulting in the necessity to excavate today in order to discover stone monuments of the past.

Wood and bamboo are also temporary building materials. For this reason they have vanished, returning to their natural state. Most of the time, along with any written information, their loss was due to fire. For this reason we cannot know today, with such building materials easy to handle, what heights of monumentality and architectural perfection these autocratic regimes could attain.

In places as in Angkor (10th to 14th century A.D.) where stone, even with the enormous cost of its transportation, was the main building material of temples and shrines, in contrast to the other buildings – except palaces – by a theocratic society (Brahman at the beginning, Buddhist later), the scale of uniform planning is amazing. The whole city is 21x9 km (the new capital of Brazil "Brasilia" is 9x13 km, the great axis of "La Défense" in Paris 8 km and Beijing 5 km, while the surface of the city is 10x8 km). In Angkor the unified plan does not mean a single main axis. Here the monumentality is achieved by the combination of temples of monumental scale with public works of enormous size, like the "Barays" (the large rectangular artificial lakes for the irrigation of rice fields without which the town could not exist) and the extensive canal system.

The temple of Angkor Wat by the architect Visvacarman, is an excellent example of gigantism, where the peripheral canal encloses an area 1,100 by 900 m and has a width of nearly 200 m. This area is approximately as the whole of central Athens from Omonia square to the Ceramicos and from the Acropolis rock to the House of Parliament –ex Palace– on Syntagma square. The main axis has a length of 600 m approximately and the tower a height of 60 m –one fifth the Eiffel Tower in Paris or 40% of the gothic tower of the cathedral of Ulm, the tallest bell tower of any church.

Still the impression is not one of height but of width, since the proportion of height to width is 1 to 3, while it is 3 to 1 in Ulm and 2.5 to 1 in the Eiffel Tower.

Furthermore the importance and impressiveness does not rely only on the size of the planned and realized composition. It is not only the fact that stone had to be brought from far away with primitive means of transportation. Aside from these considerations, the thousands of workers and skilled masons, the able architects and landscape designers, the wise surveyors and topographers and the numerous administrators and public servants that for three centuries worked under conditions that today would seem unbearable, hundreds of sculptors with their assistants had to apply themselves to the task of leaving no surface free from moldings and figures, offering human ingenuity to godly and worldly subordination with the aim of the complete subjugation of the individual to the whole, through fear, amazement, compunction and devotion.

But still the importance of these monuments does not stop at their physical presence. Their real meaning must be sought in their participation in the rituals of earthly and celestial power.

To understand the importance of this, we have to visualize the processions that advanced to the sound of special music, with their multicolored banners and their gold-trimmed robes, at the time of Brahmanism and their saffron robes, later at the time of Buddhism, covering these distances on well-paved footways over bridges decorated with religious symbols and covered with flowers and valuable ornaments and jewels, in order to appease the gods that will protect them from innumerable risks and dangers, and will help them keep their civilization, and primarily bless their crops and save their souls.

Through this point of view one can somehow see the importance of this enormous scale. Angkor is not

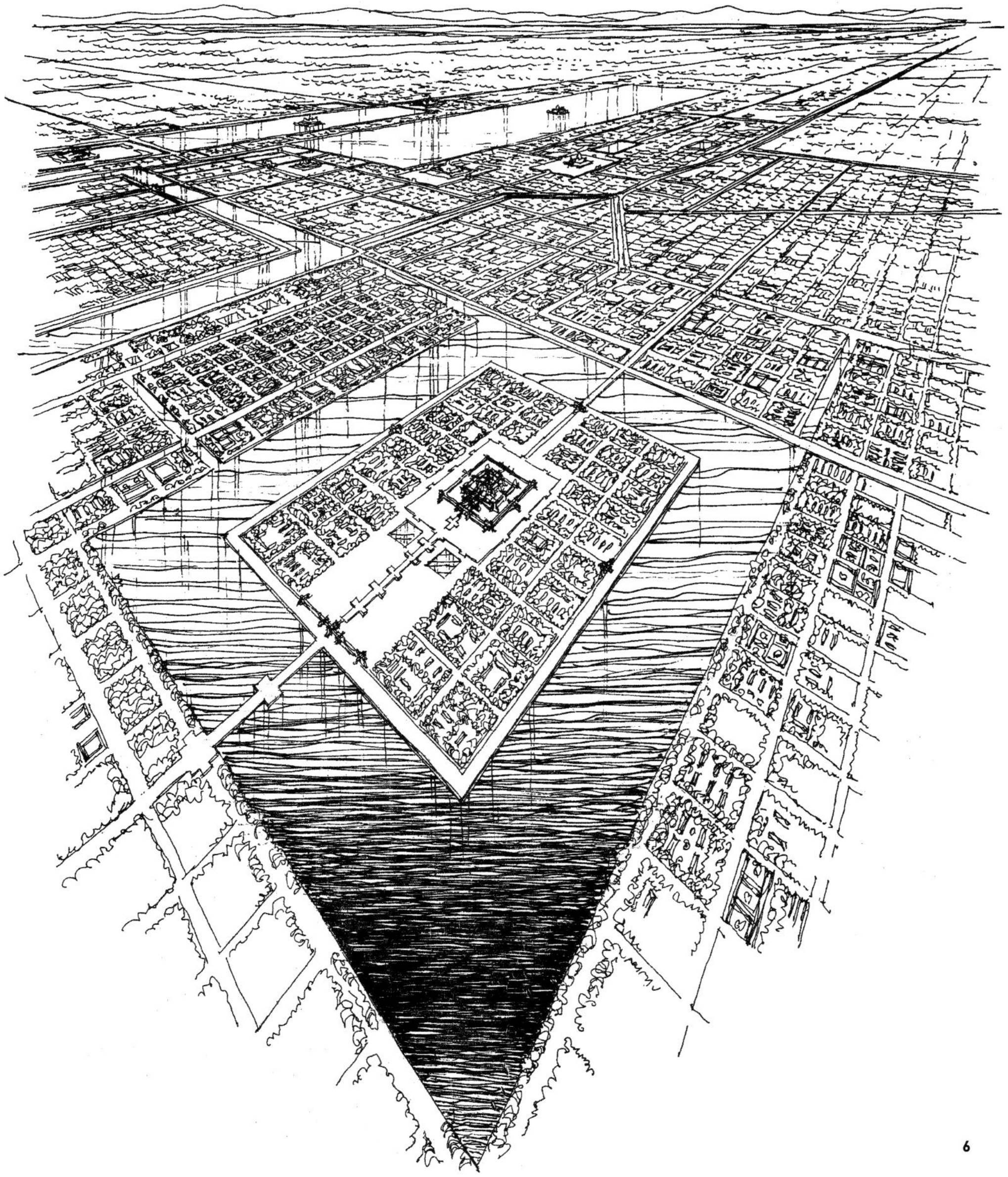

6

Angkor, Cambodia, 9th-15th century AD
Άνγκορ, Καμπότζη, 9ος-15ος αι. μ.Χ.

6 Angkor, Khmer Empire, 9th-15th century
The city with its temples, the Imperial palace, the residential sectors and its commercial district, its canals and artificial lakes covered an area of more than 25,000 acres. In the foreground is the temple of Angkor Wat (reconstruction drawing by the author).

6 Άνγκορ, 9ος-15ος αι. μ.Χ.
Η πόλη με τους ναούς, τα κεντρικά ανάκτορα, τους εμπορικούς τομείς, τις περιοχές κατοικίας, τα κανάλια και τις τεχνητές της λίμνες καταλάμβανε μια έκταση 10.000 εκταρίων περίπου. Στο πρώτο πλάνο ο ναός Άνγκορ Βατ με τα παραρτήματά του και την περιφερειακή τάφρο (η αναπαράσταση είναι του συγγραφέα).

just a capital city, it was at the same time a double symbol. On one side it was the symbol of earthly power and on the other of Godly authority. That is why the presence of the temples is so important. Temples –the "Mebon"– were also in the middle of the great artificial lakes, for the control of the irrigation, the "Barrays".

Each temple was a book that the faithful could read. The innumerable sculptured representations during the first centuries after the inauguration of Angkor related the achievements of gods, semi-gods and heroes of Brahmanism, as well as those of the early kings in heaven and their interventions on earth.

During the last centuries, in the newer temples, the narrative, quite as rich, related the works of the Buddha and the ideal world. In this way the city became an imprint of divine power and authority on earth by the absolute Monarch.

Why should such a scale present itself in Cambodia, the Empire of the Khmer between the 10th and the 14th centuries A.D., would have been hard to understand, if we did not know the blind fanaticism of the Khmer Rouge in our time –directed, I am afraid, toward destruction and not construction– and the new capital of Brazil "Brasilia", where the new capital was created according to a comprehensive plan on a monumental scale, without really persuading anybody for its need.

As far as the Khmer are concerned, their history, as it is known, does not seem to justify neither the decision nor the execution of a project of this size and perfection. Their history starts from the end of the 8th century A.D. when the king Jayavarman II managed to free them from the tutelage of Java.

According to tradition, the building of the city begun during his reign by Jayavarman II himself next to the great lake "Tonle Sap".

The Khmer empire reached its zenith during the 12th century A.D. with the kings Suryavarman II, who built Angkor Wat, and Jayavarman VII and ended at the end of the 14th century A.D. with the destruction of the enormous irrigation system that gave life to the city and the Empire.

After that the city vanished, the jungle took over, and only in the middle of the 19th century, after half a millennium, the French rediscovered the temples first and then the city. When the ruins were discovered there was no recollection whatsoever of their existence. As the bulk of the built environment was in wood, bamboo, reeds etc. they vanished completely, as well as any written evidence, either by fire or just through decay, as has already been mentioned and was known only by hearsay.

If stone had not been used for the temples and palaces, no trace whatsoever would have survived to tell us about this magnificent civilization and the architectural and town planning peaks they had achieved.

As for the reason for the fall of the Khmer civilization, some believe that it was caused by the advent of Buddhism that infiltrated the Brahman hierarchy, others believe the enormous expenditure that was involved in the creation and upkeep of this huge project, as for example Brasilia, where the rivals of president Kubitschek pretend that the country had serious economic problems because of the cost of the new capital.

At this point we could examine the case of Brasilia, but it belongs to the final part of this essay. What is important here is to study the size on a more friendly scale. This is true with imperial Beijing.

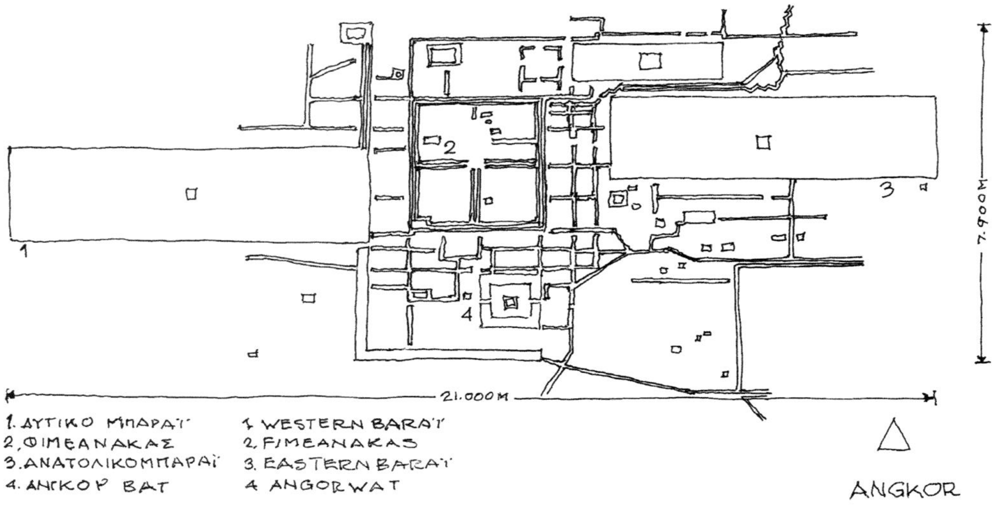

7

Angkor, Cambodia, 9th-15th century A.D.
Άνγκορ, Καμπότζη, 9ος-15ος αι. μ.Χ.

7 Angkor, Khmer Empire, 9th-15th century
The main city is located in the center of this vast plan with the barays i.e. the artificial lakes for the irrigation of the surrounding rice fields to the West and to the East. As in Venice, a grid of canals overlaps the rectangular, in this case, street pattern. The main city, as is the case with Imperial Beijing, follows the "divine plan". In its center lies the palace precinct, comprising an area of 2,250 acres. This city of a total size of 21x8 km, reached its final shape in the 12th century through the addition of new temples as each of its monarchs was deified. Until today no other urban agglomeration based on a comprehensive design has surpassed Angkor.

7 Άνγκορ, 9ος-15ος αι. μ.Χ.
Στο κέντρο του σχεδίου αποδίδεται η κυρίως πόλη. Στα δυτικά και ανατολικά της εκτείνονται τα μπαράι, οι μεγάλες τεχνητές λίμνες άρδευσης των πέριξ ορυζώνων. Όπως και στη Βενετία, παράλληλα προς το οδικό δίκτυο υπάρχει ένα δεύτερο σύστημα από κανάλια, ιπποδάμειο στην περίπτωση αυτή, που κυριαρχεί στον αστικό χώρο. Η κυρίως πόλη, όπως και το Πεκίνο αργότερα, ακολουθεί το «θεόπνευστο σχέδιο». Στο κέντρο της σύνθεσης βρίσκεται η πόλη των ανακτόρων, έκτασης 9.000 στρεμμάτων.

Άνγκορ, Καμπότζη, 9ος-15ος αι. μ.Χ.

Άνγκορ στη γλώσσα των Χμερ σημαίνει «πόλη»

Όπως αναφέραμε και πιο πάνω, η αρχιτεκτονική της πέτρας από τότε που κατέστη δυνατή λόγω της προόδου της τεχνολογίας (σκληρά και κοφτερά εργαλεία), απαιτούσε χρονοβόρο και πανάκριβη εργασία από εξειδικευμένους και εξαιρετικά ικανούς τεχνίτες. Ως εκ τούτου ήταν φυσικό στο μέγιστο όγκο της οικοδομικής δραστηριότητας να μη χρησιμοποιείται η πέτρα, αλλά φτηνά, εύκολα στη χρήση τους, φθαρτά υλικά, όπως αυτά που αναφέρθηκαν πιο πάνω, ακόμη και για μεγάλης κλίμακας έργα. Το μαρτυρούν οι όγκοι των επιχωματώσεων που καλύπτουν συνήθως τα ερείπια των λίθινων μνημείων, οι οποίοι προέρχονται από την κατάρρευση κατοικιών και άλλων κτιρίων. Αφού λοιπόν τα πρόσκαιρα αυτά υλικά στο πέρασμα του χρόνου ανακυκλώθηκαν, όπως θα λέγαμε σήμερα, έγιναν δηλαδή χώμα και επέστρεψαν ξανά στη φύση, δεν μπορούμε να ξέρουμε σε τι αισθητικά και τεχνικά επιτεύγματα μπορούσαν να είχαν φτάσει με αυτά σε εποχές απολυταρχικές, όταν η εξουσία προβαλλόταν με όσο το δυνατόν πιο επιβλητικά αρχιτεκτονικά και πολεοδομικά συγκροτήματα ήταν ικανή να εξασφαλίσει. Εκεί όμως όπου η πέτρα, παρά τα τεράστια προβλήματα μεταφοράς που έθετε, υπήρξε το κύριο υλικό κατασκευής των ναών, όπως στην Άνγκορ, η κλίμακα πραγματικά καταπλήσσει.

Η Άνγκορ είναι το μεγαλύτερο σε έκταση πολεοδομικό συγκρότημα που αναπτύχθηκε επάνω σε ενιαίο σχέδιο. Οι γενικές διαστάσεις του μνημειακού αυτού συνόλου είναι 21x8 χλμ. Για να έχει κανείς μια ιδέα του μεγέθους, πρέπει να το συγκρίνει με σημερινά παραδείγματα ενιαίου σχεδιασμού, όπως η Μπραζίλια, 9x13 χλμ., ή ο «ιστορικός» άξονας Λούβρου-Ντεφάνς στο Παρίσι, με μήκος σχεδόν 8 χλμ., ή με το Αυτοκρατορικό Πεκίνο, μια πόλη 10x8 χλμ. με κεντρικό άξονα 5 χλμ. Το κυρίως αστικό συγκρότημα της Άνγκορ δεν ξεπερνά τα 9x7,5 χλμ. Αλλά το σχέδιο περιλαμβάνει επίσης τα μπαράι, τις τεράστιες ορθογώνιες τεχνητές λίμνες (η μεγαλύτερη μήκους 8 χλμ.) που τροφοδοτούσαν το ενιαίο σύστημα αρδεύσεως των ορυζώνων, χωρίς τις οποίες η πόλη αλλά και ολόκληρη η αυτοκρατορία δεν θα μπορούσε να επιζήσει.

Ο ενιαίος σχεδιασμός στην Άνγκορ δεν σημαίνει και ενιαίο άξονα. Το μνημειακό στοιχείο εδώ δημιουργείται από τη σύνθεση επί μέρους ναών γιγάντιας κλίμακας σε συνδυασμό με τα τεράστια έργα κοινής ωφέλειας, όπως τα μπαράι και το εκτεταμένο σύστημα καναλιών. Από την ίδρυση της Άνγκορ τον 9ο αι. ως πρωτεύουσας μιας καθαρά θεοκρατικής αυτοκρατορίας (βραχμανικής αρχικά και κατόπιν, γύρω στον 13ο αι., βουδιστικής), οι αυτοκράτορες των Χμερ, καθώς επεξέτειναν την κυριαρχία τους στις γύρω εθνότητες, τη στόλιζαν με καταπληκτικούς ναούς, όπως τον Άνγκορ Βατ, έργο του «ουράνιου αρχιτέκτονα» Βισβακαρμάν.

Ο ναός Άνγκορ Βατ είναι ένα χαρακτηριστικό παράδειγμα γιγαντισμού, όπου η περιφερειακή τάφρος έχει εύρος σχεδόν 200 μ., όσο και ο κυρίως ναός, και περιβάλλει έναν χώρο 1.100x900 μ. Η έκταση αυτή μαζί με την τάφρο, είναι περίπου όσο η κεντρική περιοχή των Αθηνών από την Ομόνοια έως την Ακρόπολη, κι από το Θησείο έως τη σημερινή Βουλή. Η πρόσβαση προς τον ναό έχει μήκος 600 μ. σχεδόν, από τα οποία τα 350 αποτελούν τον κεντρικό υπερυψωμένο, πλακόστρωτο, τελετουργικό δρόμο με τις 6 διαπλατύνσεις του. Τα προπύλαια του ναού φτάνουν τα 180 μ. πλάτος και ο κεντρικός πύργος του ναού ξεπερνά τα 60 μ. σε ύψος, δηλαδή το 1/5 του πύργου του Άιφελ, ή τα 2/5 του πύργου του καθεδρικού ναού της Ουλμ, του ψηλότερου καμπαναριού γοτθικής εκκλησίας. Παρ' όλα αυτά, η εντύπωση δεν είναι αυτή του ύψους αλλά της έκτασης, αφού η αναλογία του ύψους προς το πλάτος κτιρίου είναι περίπου 1:3, ενώ στον πύργο του Άιφελ είναι 2,5:1 και στην Ουλμ 3:1. Στον Άνγκορ Βατ είναι φανερή η πρόθεση να επιβληθεί στους κοινούς θνητούς το δέος για την εξουσία του αυτοκράτορα και για την επίσημη θρησκεία του, έναν Βουδισμό που είχε πια χάσει την πρώτη ανθρωποκεντρική του διάσταση. Το θέμα όμως της επιβλητικότητας δεν σταματά στο μέγεθος του σχεδιασμένου και πραγματοποιημένου συνόλου. Ο ανθρώπινος μόχθος που χρειάστηκε για να στηθεί είναι κάτι το μοναδικό. Πέρα από το ότι η πέτρα για να φτάσει εκεί έπρεπε να διανύσει τεράστιες αποστάσεις με μέσα πρωτόγονα, πέρα από τους χιλιάδες ταπεινούς εργάτες και τους επιδέξιους τεχνίτες, πέρα από τους ικανότατους αρχιτέκτονες και κηποτέχνες, τους σοφούς γεωμέτρες και τοπογράφους, πέρα από τους αμέτρητους διαχειριστές και δημοσίους υπαλλήλους, που επί τρεις περίπου αιώνες δούλευαν κάτω από συνθήκες που σήμερα θα φαίνονταν δυσβάσταχτες, στα έργα αυτά εργάστηκαν εκατοντάδες γλύπτες με τους βοηθούς τους, και δεν άφησαν την παραμικρή επιφάνεια χωρίς τη σφραγίδα της ανθρώπινης δημιουργίας στην υπηρεσία της θεϊκής και επίγειας εξουσίας, με στόχο την πλήρη υποδούλωση του ατόμου, μέσα από το δέος, την κατάπληξη και την κατάνυξη.

Αλλά και πάλι η σημασία των έργων αυτών δεν περιορίζεται στη φυσική τους υπόσταση. Το πραγματικό τους νόημα πρέπει να αναζητηθεί στη συμβολή τους στο τελετουργικό της εξουσίας και της θεοκρατίας. Για να αντιληφθούμε αυτή τη διάσταση πρέπει να φανταστούμε τις πομπές με τα πολύχρωμα λάβαρα και τις χρυσοποίκιλτες επίσημες στολές των βραχμάνων ή αργότερα τους κίτρινους χιτώνες των βουδιστών, να διανύουν με βήμα αργό, συνοδευόμενες από την αντίστοιχη μουσική υπόκρουση, τις μεγάλες αυτές αποστάσεις, ακολουθώντας τους καταπληκτικής τελειότητας πλακόστρωτους δρόμους, πάνω από τα γεφύρια με τις συμβολικές παραστάσεις, στολισμένες με άνθη και πολύτιμα κοσμήματα, για να εξευμενίσουν τους θεούς που θα τους προστατέψουν από μυριάδες κινδύνους, θα ευλογήσουν τις σοδειές τους και θα σώσουν την ψυχή τους.

Μέσα από αυτή την οπτική μπορούμε ίσως να κατανοήσουμε τη σημασία της κολοσσιαίας κλίμακας. Η

8

Angkor, Cambodia, 9th-15th century A.D.
Άνγκορ, Καμπότζη, 9ος-15ος αι. μ.Χ.

8 Angkor Wat, 12th century
The ceremonial way leading to the main temple, more than 600 m long, is guarded every now and then by the nine-headed serpents flanking the exits to the surrounding grounds (reconstruction drawings by the author).

8 Άνγκορ Βατ, Άνγκορ, 12ος αι. μ.Χ.
Η τελετουργική οδός, μήκους άνω των 600 μ., η οποία οδηγεί στον κυρίως ναό, πλαισιωμένη από τα φίδια με τα εννιά κεφάλια, που φρουρούν τις εξόδους (η αναπαράσταση είναι του συγγραφέα).

Άνγκορ δεν ήταν απλώς μια πρωτεύουσα. Ήταν ένα διπλό σύμβολο: αφενός της επίγειας εξουσίας και αφετέρου της θεϊκής. Γι' αυτό και η παρουσία των «Μεμπόν», ναών, δηλαδή, στη μέση της κάθε μίας από τις μεγάλες τεχνητές λίμνες.

Ο κάθε ναός αποτελούσε ένα «βιβλίο» που οι πιστοί μπορούσαν να διαβάσουν. Οι αναρίθμητες γλυπτές παραστάσεις διηγούνταν την ιστορία της Άνγκορ από την ίδρυσή της, τα κατορθώματα των θεών και των ηρώων του βραχμανισμού και των βασιλέων των Χμερ, τη ζωή τους στους ουρανούς και τις επεμβάσεις τους στη γη. Στους νεότερους ναούς η αφήγηση, εξ ίσου πλούσια σε γλυπτά, ασχολείτο με τον Βούδα και τον ιδανικό του κόσμο. Ολόκληρη η πόλη λοιπόν αποτελούσε ένα αποτύπωμα της θεϊκής εξουσίας που ασκείτο επί γης από τον πρόσκαιρο εκπρόσωπό της, τον απόλυτο μονάρχη.

Το γιατί αυτή η κλίμακα εμφανίζεται στην Καμπότζη τη συγκεκριμένη εποχή θα ήταν αρκετά ακατανόητο αν δεν ξέραμε αφενός τον τυφλό φανατισμό των Κόκκινων Χμερ στην εποχή μας –που στρέφεται βεβαίως προς την καταστροφή και όχι προς τη δημιουργία– και αφετέρου την πόλη της Μπραζίλια στη Βραζιλία, όπου κι εκεί επιτεύχθηκε η κατασκευή μιας νέας πόλης με ενιαίο σχεδιασμό σε μνημειώδη κλίμακα, χωρίς οι λόγοι που προβάλλονται να αιτιολογούν πλήρως ούτε την απόφαση ούτε το αποτέλεσμα.

Όσα μας είναι γνωστά για τους Χμερ δύσκολα δικαιολογούν την απόφαση και την εκτέλεση ενός έργου τέτοιου μεγέθους και τέτοιας τελειότητας. Η Άνγκορ αρχίζει να κτίζεται κοντά στην Τονλέ Σαπ (Μεγάλη Λίμνη) προς το τέλος του 8ου αι., όταν καταφέρνουν οι βασιλιάδες τους, με πρώτο τον Ζαγιαβαρμάν Β΄, να απαλλαγούν από την κηδεμονία της Ιάβας. Η αυτοκρατορία των Χμερ φτάνει στο ζενίθ της τον 12ο αι. με τους βασιλιάδες Σουριαβαρμάν Β΄, που έκτισε τον ναό Άνγκορ Βατ, και τον Ζαγιαβαρμάν Ζ΄, για να σβήσει στο τέλος του 14ου αι. με τη σταδιακή εγκατάλειψη και καταστροφή του τεράστιου αρδευτικού συστήματος. Από εκεί κι ύστερα η Άνγκορ εξαφανίστηκε από προσώπου γης. Την κατάπιε κυριολεκτικά η ζούγκλα. Και μόνον στα μέσα του 19ου αι., μετά την παρέλευση σχεδόν μισής χιλιετίες, ξαναβρέθηκαν από τους Γάλλους πρώτα οι ναοί και στη συνέχεια η πόλη. Την εποχή εκείνη, καμιά ουσιαστική ανάμνηση δεν είχε απομείνει που να μαρτυράει την ύπαρξή της. Επειδή ο μεγάλος όγκος των οικοδομών της ήταν από ξύλο, μπαμπού και βούρλα, εξαφανίστηκαν μαζί με τυχόν γραπτά τεκμήρια. Κι αν δεν είχε χρησιμοποιηθεί πέτρα στους ναούς, η εξαφάνιση θα ήταν απόλυτη και κανείς δεν θα μάθαινε ποτέ για τον πολιτισμό αυτόν και τα καταπληκτικά αρχιτεκτονικά έργα που δημιούργησε.

Όσο για την κατάρρευση της αυτοκρατορίας των Χμερ, πολλοί την αποδίδουν στον Βουδισμό που διέβρωσε τη βραχμανική ιεραρχία, και άλλοι στο τεράστιο κόστος της κατασκευής και της συντήρησης του καταπληκτικού αυτού κολοσσιαίου πολεοδομικού και αρχιτεκτονικού επιτεύγματος, παραλληλίζοντας την Άνγκορ με την Μπραζίλια του 20ού αι., της οποίας το κόστος, κατά τους αντιπάλους του προέδρου Κουμπιτσέκ, ήταν η αιτία που η χώρα περιέπεσε σε οικονομική κρίση.

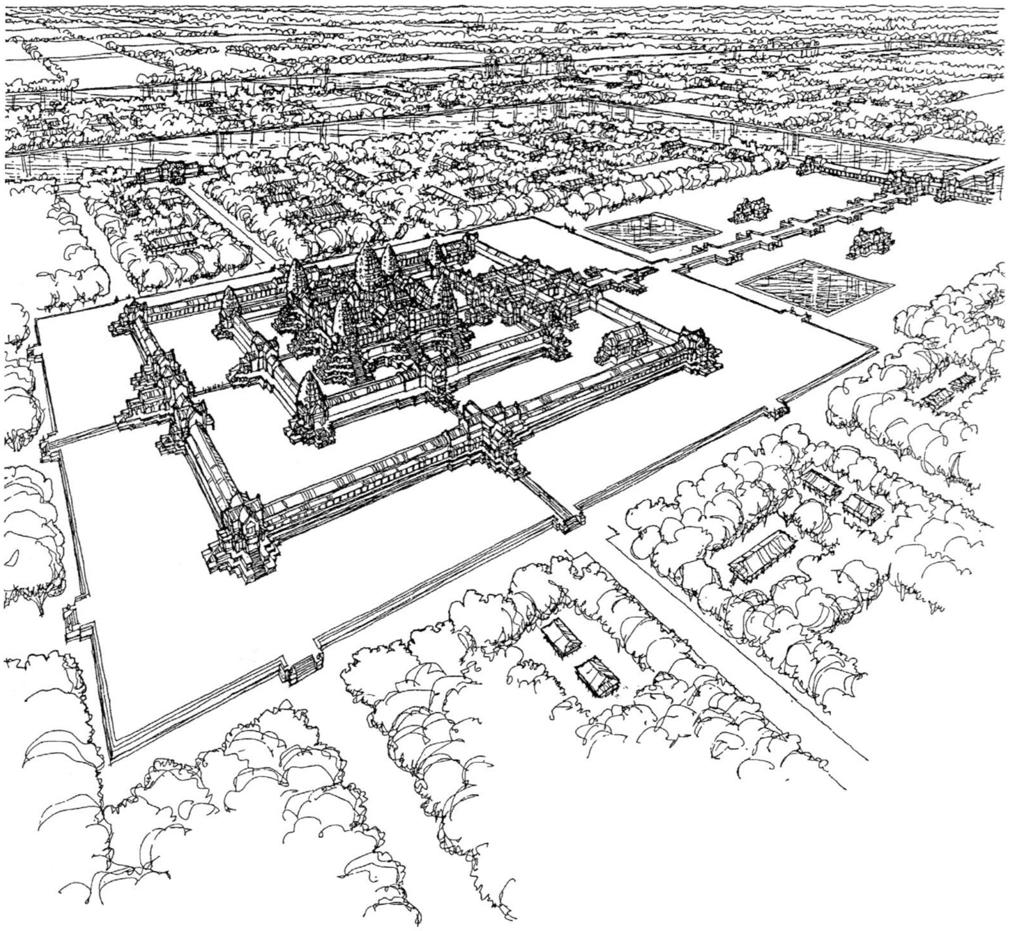

9

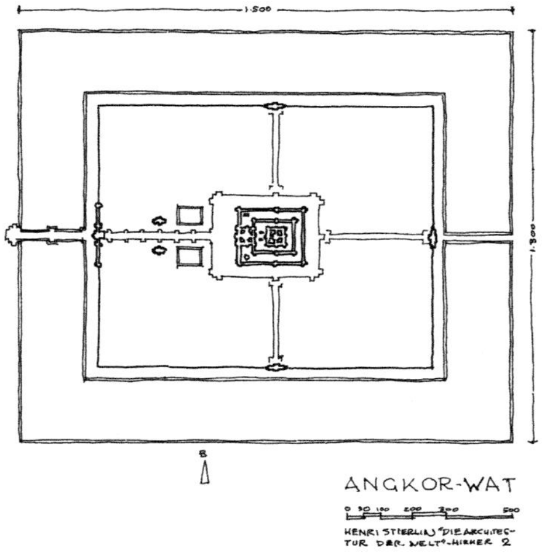

10

Angkor, Cambodia, 9th-15th century A.D.
Άνγκορ, Καμπότζη, 9ος-15ος αι. μ.Χ.

9, 10 Angkor Wat, 12th century
(reconstruction drawings by the author)
9 Within the perimeter of the temple lived a substantial number of people. Apart from the monks, there were stone carvers, sculptors, painters, chanters, dancers and many others necessary to the function of the temple.
10 The temple with the surrounding moat covers an area of approximately 1,500x1,350 m or more than 200 hectares.

9, 10 Άνγκορ Βατ, Άνγκορ, 12ος αι. μ.Χ.
(οι αναπαραστάσεις είναι του συγγραφέα)
9 Μέσα στην περίμετρο του ναού κατοικούσε ένας σημαντικός σε μέγεθος πληθυσμός. Εκτός από τους μοναχούς, υπήρχαν λιθοξόοι, χορεύτριες, κηροποιοί και πολλοί άλλοι απαραίτητοι για την καλή του λειτουργία.
10 Ο ναός και ο περιβάλλων χώρος του μαζί με την τάφρο καλύπτουν έκταση περίπου 1.500x1.350 μ.

Beijing

It is of interest to examine the possibility of having large scale in city planning, devoid of gigantism. This happens to be true with the plan of Imperial Beijing. The capital city of Beijing in the 16th century measured 8x8 km approximately. The city plan reflects a well-regulated flat world, subdivided into a grid of rectangles, one contained in the other, which form various sub-cities and neighborhoods. All these exist in an almost perfect symmetrical plan that is interrupted only by the summer palace and its gardens. Actually the city consisted of four very distinct parts, a bit like a Russian doll, one within the other, a rectangle within another rectangle. In the center is the Forbidden City, with the Imperial Palace, the Imperial Throne Room, as well as all necessary installations for the function of the Imperial court, where only persons belonging to the Imperial entourage or especially accredited were admitted. A high wall separated the Forbidden City from the Imperial City that surrounded it. The Imperial City, in its turn, is separated from the Mongol City by another wall.

One should keep in mind that this was the time of the Manchu Emperors, who were not Chinese but Mongols. The Chinese city lies in the Southern part of Beijing, a distinct rectangle, which this time does not surround the previous city, but is protected in its turn by a high wall. Finally another wall separates the Mongol city from the Chinese one.

The main entrance to the city starts from the gate at the center of the southern wall and follows a straight axis, from South to North, that runs through all the cities, passing through all the Southern gates one by one and ending, after having covered a distance of nearly 5 km, at the seat of earthly power, the Throne Room of the celestial Empire.

At the South Gate, from where this axis starts, on both its sides, right and left, are situated the famous temples of Celestial Harmony and Agriculture, situated within their separate compounds, serviced and penetrated too by a central axis, like the one that goes through the city, but shorter and at a right angle to it.

Still one should keep in mind that this central axis of the city of Beijing was not meant to serve the circulation within the city. Its purpose was to allow for the procession once a year, led by the Emperor at its head, from the Forbidden City to worship at the temples of Celestial Harmony and Agriculture. Or rather, for the marriage of earthly with godly power, in order to secure the wellbeing of the Celestial Empire.

This was not very different from the festivities in Venice, when the Doge once a year, riding in the highly decorated galley of the Most Serene Republic, led out to sea the wedding celebrations of Venice and the oceans.

In Beijing, when the Emperor had to fast for 3 days, before getting started on his way, the majesty and magnificence of the processional route was not marked by high and grand buildings and great squares. The distance of more than 4 km, between the temples of Celestial Harmony and Agriculture and the Throne Room, was interrupted by three gates. First "Qianmen" of the Mongol city, at a distance of 2 km, then through the gate of Celestial Peace "Tien An Men", at a distance of 1 km, into the Imperial City and half a kilometer further into the Forbidden city through its South Gate.

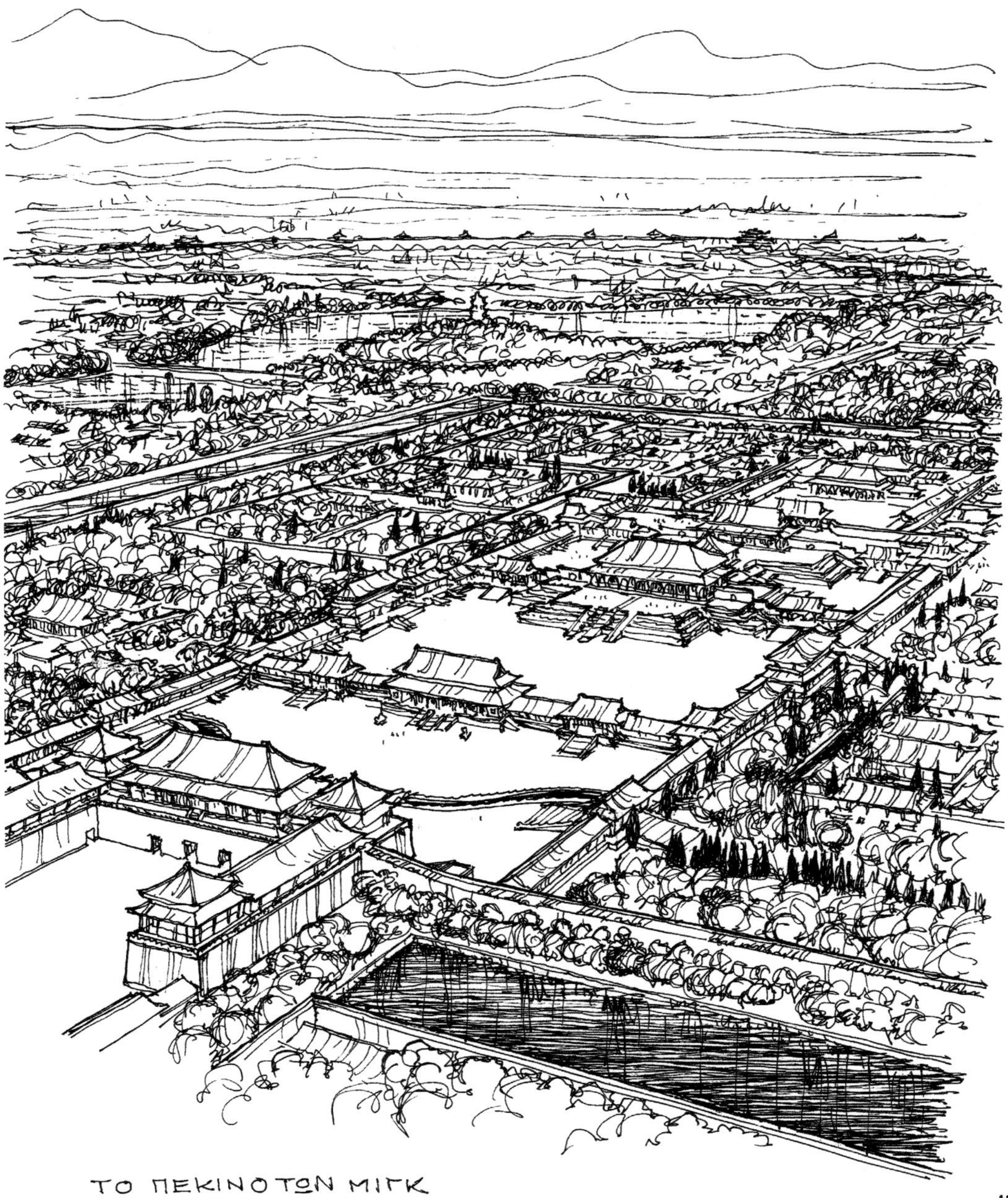

11

Beijing / Πεκίνο

11 Beijing, under the Ming Dynasty, the Forbidden City
The epicenter of Imperial authority and the starting point of the ceremonial road.

11 Πεκίνο, δυναστεία των Μινγκ, η Απαγορευμένη Πόλη
Το επίκεντρο της αυτοκρατορικής εξουσίας και σημείο εκκίνησης της τελετουργικής οδού.

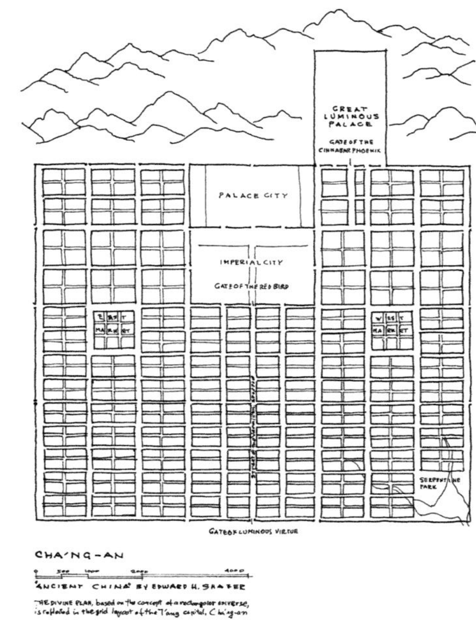

12

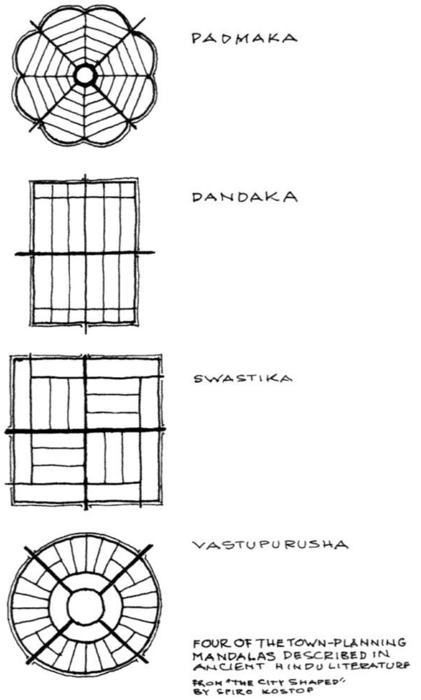

13

Beijing / Πεκίνο

12 Chang'an, China, Tang Dynasty
The "divine plan", as based on the concept of a mandala, is reflected on the grid layout of the Tang Capital.

12 Τσανγκ-Αν (σημερινή Ξιάν), δυναστεία των Τανγκ
Το «θεόπνευστο σχέδιο» βασισμένο στην έννοια του μάνταλα, καθρεφτίζεται στη διάταξη της πρωτεύουσας των Τανγκ.

13 Four mandalas as patterns of urban planning
Four "Town planning mandalas" described in ancient Hindu literature.

13 Το μάνταλα ως χνάρι του πολεοδομικού σχεδιασμού
Τέσσερα από τα μάνταλα για τον σχεδιασμό των πόλεων, όπως περιγράφονται στην ινδουιστική γραμματεία. Το μάνταλα στον Ινδουισμό και τον Βουδισμό είναι συμβολικό διάγραμμα ιεροπραξιών και όργανο διαλογισμού.

The first part of this way back to the palace was through the Chinese city, where all roofs are in black tiles, then through the Mongol City with its green roof tiles. From the Mongol City the procession went through Tien An Men gate into the Imperial City with its red roof tiles and finally reached the Forbidden City, through the southern Gate with its yellow and golden tiles.
In this way the impression during the processions changed in a subtle way, enhancing the ceremonial character of this central axis.
One could say that the plan of Beijing is nothing more than the application on the ground of the mandala, the ideogram of the Universe, as adapted to the notion of the 13th century Tang Emperors. Here again, as with Angkor of the Khmer, the Capital City is a symbol of divinity on our earth.
The Emperor is not the representative of divine power on earth. He is the senior member of the empire and ambassador who secures, through a religious ceremony and a series of symbolic acts and movements, the goodwill and paternal care of the Celestial powers for the Heavenly Empire on Earth. All these religious rites with litanies and processions that follow, as well as their festivities, constitute the main directives for the planning and the design of the city.
The way water is used as an informal element in the landscaping of parks and gardens, achieving the effect of an "idealized nature", presents a counter balance to the very formal design of Beijing.
This same balance can be found in the gardens surrounding the temples of Celestial Harmony and Agriculture.
The highly-charged, with the symbols of divine and earthly power, palaces and temples find their counter balance in the informally and freely landscaped parks and gardens where design provides a relief from the official architecture and allows the mind to escape in humanized and idealized natural surroundings.
It is interesting to note that contrary to Angkor, where canals and man-made lakes follow a rigid grid of rectangular design, in Beijing and in China in general, as well as in Japan, water follows a free flow, within the city limits.
Today this equilibrium, that achieved the necessary atmosphere of peace and serenity for the celestial marriage between China and the Heavens, is no longer there. It has been shattered by Mao Tse-tung, in the name of a new kind of totalitarianism. "Maoism" wished to break any relation and continuity with the magnificent history of China. This was the history of a people who always avoided clashes, strifes and violent situations, trying always to create balanced human relations through the adoption of Celestial Harmony.
Mao achieved the destruction of all this by replacing the ceremonial way with a gigantic square in front of the gate of Celestial Peace, "Tien An Men".
What Mao Tse-tung did not manage, or did not want to destroy, is the marvelous harmony in the design of the imperial city of Beijing, with the unique relationship between buildings and free landscaped space, the friendly human scale of the component parts of this urban design and primarily the subtle balance between the official architecture of the imperial city on one hand and the summer Palace on the other.
This same balance is achieved in the relationship of the temples of Agriculture and Celestial Harmony and their surrounding parks and gardens.

Το Αυτοκρατορικό Πεκίνο

Θα μπορούσαμε να πούμε ότι το σχέδιο του Αυτοκρατορικού Πεκίνου δεν είναι τίποτε άλλο από μια εφαρμογή σε τεράστια κλίμακα του μάνταλα, δηλαδή του συμβολικού σχεδίου του σύμπαντος στον Ινδουισμό και τον Βουδισμό, προσαρμοσμένου στα δεδομένα της εποχής των αυτοκρατόρων Τανγκ τον 13ο αι. Και εδώ, όπως και στην Άνγκορ, η πρωτεύουσα είναι το σύμβολο του θείου επί της γης. Ο αυτοκράτωρ όμως εδώ δεν θεωρείται εκπρόσωπος της θείας εξουσίας στη γη αλλά πρεσβευτής της αυτοκρατορίας στους ουρανούς, ο οποίος εξασφαλίζει μέσα από ιεροτελεστίες την καλή θέληση και την πατρική φροντίδα των ουρανίων δυνάμεων προς την επί της γης Ουράνια Αυτοκρατορία. Αυτές οι ιεροτελεστίες και οι εορταστικές εκδηλώσεις με τις πομπές αποτελούν το βασικό υπόβραθρο στον σχεδιασμό της πόλης.
Οι γενικές διαστάσεις του Πεκίνου τον 16ο αι. ήταν 8x8 χλμ. περίπου. Η πόλη διαιρείτο σε τέσσερις συγκεκριμένες ζώνες, 3 ομόκεντρα ορθογώνια το ένα μέσα στο άλλο κι ένα ακόμη από κάτω. Στο κέντρο βρίσκεται η Απαγορευμένη Πόλη, με την κατοικία του αυτοκράτορα, την Αίθουσα του Θρόνου, τις εγκαταστάσεις για τη διαχείριση της αυτοκρατορικής Αυλής, όπου μόνον πρόσωπα που ανήκαν στο αυτοκρατορικό περιβάλλον ή ήταν ειδικά διαπιστευμένα μπορούσαν να εισέλθουν. Ένα ψηλό τείχος χωρίζει την Απαγορευμένη Πόλη από την Αυτοκρατορική Πόλη που την περιβάλλει, η οποία χωρίζεται κι αυτή με ψηλό τείχος από τη Μογγολική Πόλη. Θυμίζουμε ότι την εποχή εκείνη οι αυτοκράτορες δεν είναι Κινέζοι, αλλά Μαντσούριοι, δηλαδή Μογγόλοι. Τέλος, έξω από τη νότια πλευρά του τείχους που περιβάλλει τη Μογγολική Πόλη, βρίσκεται η Κινεζική Πόλη, η οποία σχηματίζει ένα ξεχωριστό ορθογώνιο που κι αυτό προστατεύεται από ψηλό τείχος.
Η κύρια είσοδος στο Πεκίνο βρίσκεται στην πύλη του νότιου τείχους, από όπου ξεκινά ένας ευθύγραμμος άξονας προς βορράν, που τέμνει διαδοχικά όλες τις πόλεις, περνώντας από τη νότια πύλη της καθεμίας, και καταλήγει μετά από περίπου 5 χλμ. στην Αίθουσα του Θρόνου της Ουράνιας Αυτοκρατορίας, την έδρα της απόλυτης εξουσίας.
Στην αρχή του άξονα, δεξιά κι αριστερά της Νότιας Πύλης, βρίσκονται αντιστοίχως οι ναοί της Ουράνιας Αρμονίας και της Γεωργίας, περιστοιχισμένοι από τα

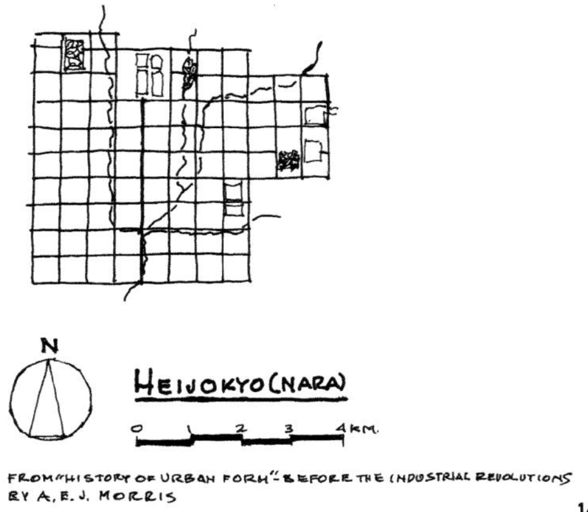

14

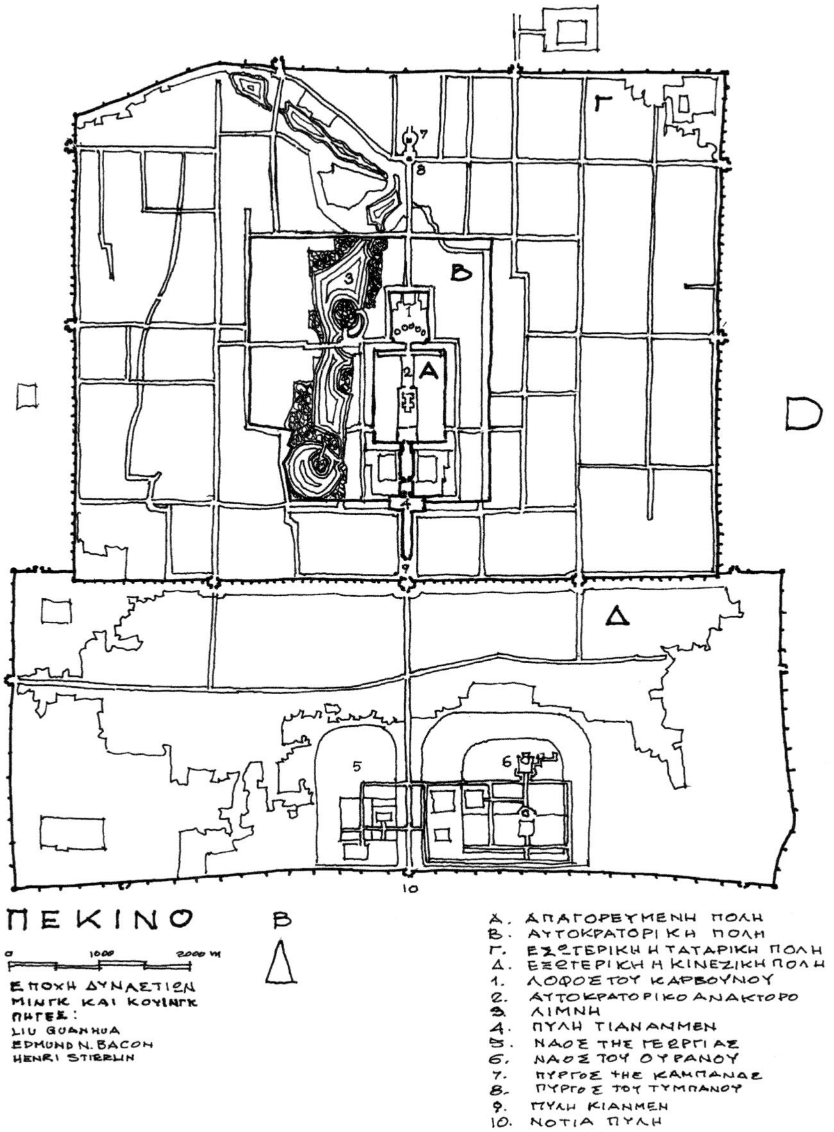

15

ιερά τους άλση. Οι ναοί αυτοί διασχίζονται με τη σειρά τους από τους ιερούς δρόμους για τις τελετές –μικρογραφία του κεντρικού άξονα της πρωτεύουσας. Αυτός ο περίφημος άξονας δεν εξυπηρετούσε κυκλοφοριακές ανάγκες. Ήταν το χνάρι της πομπής που μία φορά τον χρόνο, με τον αυτοκράτορα επικεφαλής, ξεκινά από την Απαγορευμένη Πόλη για να προσκυνήσει στους ναούς της Ουράνιας Αρμονίας και της Γεωργίας, ή μάλλον για να τελεστεί ο γάμος μεταξύ της επίγειας εξουσίας και της θεϊκής, ώστε να εξασφαλισθεί η ευδαιμονία της αυτοκρατορίας. Κάτι παρόμοιο γινόταν και στη Βενετία, όταν, μία φορά το χρόνο, ο Δόγης πάνω στην τελετουργικά στολισμένη Γαλέρα της Γαληνότατης Δημοκρατίας, πρωτοστατούσε στους ετήσιους γάμους μεταξύ Βενετίας και θαλάσσης.

Στο Πεκίνο η επιβλητικότητα και η μεγαλοπρέπεια της διαδρομής δεν επιτυγχάνετο με υπερμεγέθη κτίρια και γιγαντιαίες αποστάσεις. Τα σχεδόν 5 χλμ. από τους ναούς της Ουράνιας Αρμονίας και της Γεωργίας έως την Αίθουσα του Θρόνου, διακόπτονταν από τις πύλες. Πρώτη, σε απόσταση 3 χλμ., η Πύλη Κιανμέν της Μογγολικής Πόλης, μετά από 1 χλμ. περίπου η Πύλη της Ουράνιας Γαλήνης (Τιέν Αν Μεν) προς την Αυτοκρατορική Πόλη, και 500 μ. παρακάτω η Πύλη του Νότου προς την Απαγορευμένη Πόλη.

Στην επιστροφή της, η πομπή περνούσε πρώτα από την Κινεζική Πόλη, όπου όλες οι στέγες είχαν μαύρα κεραμίδια, έπειτα από τη Μογγολική με τα πορφυρά κεραμίδια, στη συνέχεια από την Αυτοκρατορική με τα πράσινα και τέλος έφτανε στην Απαγορευμένη Πόλη με τα κίτρινα και χρυσά κεραμίδια. Έτσι, οι εντυπώσεις κατά την πορεία άλλαζαν συνεχώς με έναν ανεπαίσθητο τρόπο, εντείνοντας την τελετουργική διάσταση της διαδρομής.

Η χρήση του νερού σε ελεύθερη σύνθεση, η διαμόρφωση των κήπων ως εξιδανικευμένη φύση, αποτελούν το αντίβαρο στην τελετουργική αρχιτεκτονική του Πεκίνου. Οι χώροι των ανακτόρων και των ναών, φορτισμένοι με τα σύμβολα της εξουσίας, επίγειας και θεϊκής, έχουν ο καθένας το δίδυμό του σε ελεύθερο χώρο, όπου η σύνθεση εκτονώνει την επισημότητα και εξασφαλίζει τη γαλήνη και την ξενοιασιά μέσα σε μια εξανθρωπισμένη φύση. Είναι ενδιαφέρον να παρατηρήσει κανείς πως, σε αντίθεση με την Άνγκορ, όπου κανάλια και τεχνητές λίμνες υπακούουν σε ένα σύστημα ορθογωνίων και παράλληλων αξόνων, στο Πεκίνο και γενικά στην Κίνα όπως και στην Ιαπωνία, το στοιχείο του νερού ακολουθεί μια σύνθεση ελεύθερων γραμμών.

Σήμερα, αυτή η ισορροπία που δημιουργούσε την απαραίτητη ατμόσφαιρα αρμονίας και γαλήνης για να συντελεσθεί η θεία συνουσία Κίνας και Ουρανού, δεν υπάρχει πια. Θρυμματίστηκε εν ονόματι ενός νέου ολοκληρωτισμού, από τον Μάο Τσε Τουνγκ που θέλησε να διαρρήξει τη συνέχεια με τη μεγαλειώδη ιστορία της Κίνας. Τη ρήξη αυτή σε αρχιτεκτονικό επίπεδο την πέτυχε ο Μάο με τη δημιουργία μιας γιγαντιαίας πλατείας μπροστά στην Πύλη της Ουράνιας Γαλήνης (Τιέν Αν Μεν) στη θέση της τελετουργικής οδού.

Αυτό όμως που δεν μπόρεσε ή δεν θέλησε να καταστρέψει ο Μάο Τσε Τουνγκ, είναι η καταπληκτική αρμονία της σύνθεσης του Αυτοκρατορικού Πεκίνου, με την εξαίρετη σχέση μεταξύ ελεύθερων χώρων και κτιρίων, την τελικά ανθρώπινη κλίμακα των επί μέρους στοιχείων αυτής της σύνθεσης, και κυρίως με τη λεπτή ισορροπία μεταξύ της επίσημης αρχιτεκτονικής της Αυτοκρατορικής Πόλης από τη μια πλευρά και των Θερινών Ανακτόρων από την άλλη. Την ίδια αυτή ισορροπία που ξαναβρίσκουμε στη σχέση του ιερού άλσους που περιβάλλει τον ναό της Ουράνιας Αρμονίας με εκείνο που περιβάλλει τον γειτονικό ναό της Γεωργίας.

Beijing / Πεκίνο

14 The mandala as a town plan pattern
Heijo-kyo (Nara, Heijō-kyō - Japan): Japanese town planning follows the same precepts as the Chinese.

14 Το μάνταλα ως εφαρμοσμένος πολεοδομικός σχεδιασμός
Χεϊτζόκυο (Νάρα): και η ιαπωνική πολεοδομία ακολουθεί τις ίδιες κατευθύνσεις με την κινεζική.

15 Beijing, capital of the Ming Dynasty, plan
In the center of the Forbidden City, around it the Imperial City surrounded by the Tatar City. To the South, the Chinese City. The central axis of the Capital city is 9 km in length. Five and a half of these represent the ceremonial way. Still the importance doesn't lie in the size but in the quality of the design that follows the "divine plan".

15 Πεκίνο, η πρωτεύουσα των Μινγκ
Στο κέντρο η Απαγορευμένη Πόλη, γύρω της η Αυτοκρατορική Πόλη, που περιβάλλεται και αυτή από την Μογγολική Πόλη. Στον νότο η Κινεζική Πόλη. Ο κεντρικός άξων της πρωτεύουσας έχει μήκος 9 χλμ., από τα οποία τα 5,5 αποτελούν την τελετουργική οδό. Ωστόσο, το μεγαλείο της σύνθεσης, η οποία έχει σαν πρότυπο το «θεόπνευστο σχέδιο», δεν έγκειται στο μέγεθός της αλλά στην ποιότητά της.

A1.1.2 The Baroque plan

The Radial system

One of the main characteristics of new cities in Europe, but also in the New World in the 18th and 19th centuries, even at the beginning of the 20th century, is the adoption of the radial road system superimposed over the Hippodamian grid and the circular road junctions, the famous "Rond Point". This system, with the prince's palace in its center, as has already been mentioned, is only encountered after the end of the Renaissance. It first appears in the plans by Philarete and Di Giorgio as well as many others at the beginning of the Baroque. Today it is primarily used in libraries and prisons, under the name "panopticon", as one can have a clear view from the center of even the remotest parts of a layout.

Since the time of ancient Egypt, cities were drawn on the basis of a right angle grid with or without an axial layout. This system had a variety of origins, among them the picture of the universe as a quadrangle according to the four points of the horizon. This same notion is found in China where the design of cities followed very strict rules. A circle or a hemisphere, that symbolized the Celestial dome, did not belong to the earthly but only to the divine.

The right angle grid is the basis for all new cities in ancient Greek and Roman town planning, where even military camps had to follow this system. The same is true with Medieval towns, as has already been mentioned. From a purely defensive point of view, this system has no advantages. The defense along a straight wall is always problematic. Vitruvius recommends a zigzagging or circular tracing for a city wall for defensive purposes but does not mention a radiating system of streets. Only after the advent of artillery was the value of the rectangular grid questioned and the radial system introduced, primarily in frontier towns, as in Palma Nova. For reasons already mentioned, the radial system was introduced in the design of new cities and palaces from the end of the 17th century to the beginning of the 19th by princes and autocrats.

At the same time the expansion of a number of cities in western Europe, primarily in France, resulted in the incorporation of large feudal forests, with their radial pattern of clearings. This pattern, with the radial clearings and the round squares at it center – the meeting place of the company of the noblemen hunters – had prevailed as the most practical for hunting deer and wild boar. The animals frightened by the horns and the racket of the game keepers, crossed the radiating openings, in view of the company of hunters who, mounted on their horses and followed by their hounds, blocked them in any given avenue, and made them fair play. In this central location, a hunters' pavilion was very often erected for the company of hunters to rest and relax.

A 1.1.2 Οι σχεδιασμένες πόλεις κατά το Μπαρόκ

Το σύστημα των ακτίνων

Ένα από τα χαρακτηριστικά των σχεδίων των νέων πόλεων στην Αμερική και στην Ευρώπη τον 18ο και 19ο αι., αλλά ακόμα και στις αρχές του 20ού, είναι η χιαστί διάταξη που επικάθεται στην ιπποδάμεια χάραξη των δρόμων και οι κυκλικοί κόμβοι, τα περίφημα rond-points, με το ακτινωτό τους οδικό σύστημα. Το σύστημα αυτό, που στο κέντρο του βρισκόταν το ανάκτορο του πρίγκιπα, δεν συναντάται σε γνωστές πόλεις πριν το τέλος της Αναγέννησης. Πρώτη φορά εμφανίζεται στα σχέδια του Φιλαρέτε, του Φραντσέσκο Ντι Τζόρτζιο και άλλων και στην αρχή του Μπαρόκ. Σήμερα είναι γνωστό κυρίως για τη χρήση του σε βιβλιοθήκες και φυλακές (με την ονομασία πανοπτικόν), όπου από ένα κεντρικό σημείο μπορείς να παρακολουθείς τα πάντα.

Από την εποχή της αρχαίας Αιγύπτου, οι πόλεις σχεδιάζονταν με ορθογωνική χάραξη δρόμων, με ή χωρίς αξονική διάταξη. Η μορφή αυτή είχε διάφορες προελεύσεις και δεν ήταν άσχετη με την κοσμοθεωρία που πήγαζε από τις θρησκευτικές δοξασίες, οι οποίες έβλεπαν την οικουμένη ως έναν τεράστιο τετράγωνο δίσκο, προσανατολισμένο στα τέσσερα σημεία του ορίζοντα, βορρά, νότο, ανατολή και δύση. Η ίδια αυτή αντίληψη βρίσκεται και στην Κίνα, όπου ο σχεδιασμός των πόλεων ακολουθούσε αυστηρότατους κανόνες. Ο κύκλος και το ημισφαίριο, σχήματα που συμβολίζουν τον θόλο του ουρανού, δεν ανήκουν στα επίγεια αλλά στα θεία και τα επουράνια.

Η ορθογωνική χάραξη διέπει και τις σχεδιασμένες πόλεις της αρχαίας Ελλάδας και της Ρώμης, όπου ακόμη και τα στρατόπεδα έπρεπε να ακολουθούν το ίδιο σύστημα, αλλά κι εκείνες του Μεσαίωνα, όπως η Αιγκ Μορτ ή το Μονπαζιέ. Από απόψεως αμυντικής, το σύστημα αυτό δεν παρουσίαζε πλεονεκτήματα. Η άμυνα κατά μήκος ενός ευθύγραμμου τείχους ήταν πάντα προβληματική. Ο Βιτρούβιος συνιστά τεθλασμένο ή κυκλικό σχήμα για τα αμυντικά τείχη των πόλεων, αλλά δεν αναφέρει πουθενά ακτινωτό σύστημα οδών. Παρ' όλα αυτά, μόνον όταν πια επικράτησε το πυροβολικό ως κύριο αμυντικό αλλά και επιθετικό όπλο, τέθηκε σε αμφισβήτηση η ορθογωνική χάραξη στον σχεδιασμό των πόλεων. Αλλά και πάλι το ακτινωτό σύστημα επικράτησε κυρίως στις πόλεις-φρούρια, όπως στην περίπτωση της Πάλμα Νόβα τον 16ο αι., όταν άρχισαν να κατασκευάζονται οι οχυρώσεις πολλών πόλεων.

Παράλληλα, η ανάπτυξη και επέκταση ορισμένων πόλεων στη δυτική Ευρώπη, κυρίως στη Γαλλία, είχε ως αποτέλεσμα την ενσωμάτωση των μεγάλων φεουδαρχικών δασών με την ακτινωτή χάραξη. Η χάραξη αυτή με τα ακτινωτά ξέφωτα και την πλατεία στο κέντρο –σημείο συνάντησης της αριστοκρατικής συντροφιάς– είχε επικρατήσει ως η πιο πρακτική για το κυνήγι του ελαφιού και του αγριόχοιρου. Τα θηράματα αγριεμένα και τρομοκρατημένα από τις σάλπιγγες και τον σαματά που έκαναν οι φύλακες του κυνηγιού, διέσχιζαν τα ακτινωτά ξέφωτα κι έτσι ήταν ορατά από τους έφιππους κυνηγούς, που, αφού υπολόγιζαν χωρίς χασομέρι σε ποια από τις ακτινωτές αλέες θα μπορούσαν να τα μπλοκάρουν καλπάζοντας με τις αγέλες των κυνηγετικών σκυλιών τους, ορμούσαν για να τα εξοντώσουν. Στη θέση αυτή του κέντρου συχνά κτίζονταν κυνηγετικά περίπτερα ώστε να ξαποσταίνουν οι κυνηγοί.

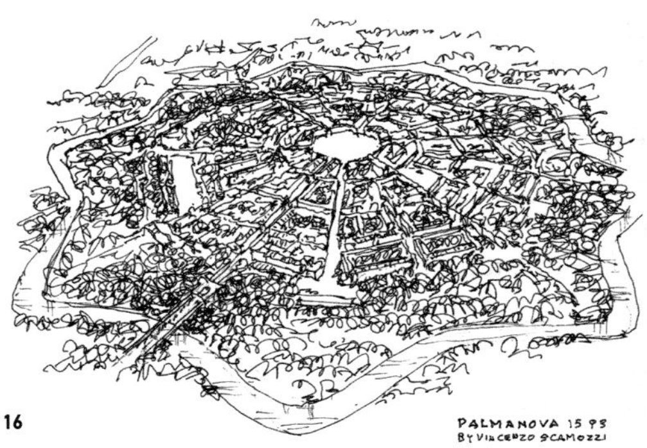

16

17

Palma Nova 1593 / Πάλμα Νόβα, 1593

16, 17 Palma Nova, plan by Vincenzo Scamozzi 1593
16 Aerial view of the city, completed according to a plan. The radial system in its extreme expression.
17 The radial system so dear to Baroque in full sway at its very start, continued for three centuries in the design of city centers.

16, 17 Πάλμα Νόβα, 1593, έργο του Βιντσέντσο Σκαμότσι
Η πόλη που χτίζεται εξαρχής βάσει πολεοδομικού σχεδίου. Χαρακτηριστικό του Μπαρόκ είναι το ακτινωτό σχέδιο που επικράτησε για τρεις αιώνες στο σχεδιασμό των πόλεων, για λόγους αμυντικούς αλλά και εσωτερικού ελέγχου.

Vaux le Vicomte

This magnificent palace and its surrounding grounds, arranged in a most delightful way, was the prototype for the subsequently built chateau de Versailles by Louis XIV.
Vaux le Vicomte was built for Nicolas Fouquet, finance minister of Louis XIV, and a patron of letters and fine arts.
Fouquet was later accused by Colbert of having amassed his enormous fortune at the expense of the state, was found guilty and spent the last 19 years of his life in prison where he died.

Βω Λε Βικόντ

Το θαυμάσιο ανάκτορο Βω Λε Βικόντ με τον καταπληκτικό κήπο που το περιβάλλει, υπήρξε το πρότυπο για το ανάκτορο των Βερσαλλιών. Κατασκευάστηκε από τον Νικολά Φουκέ, υπουργό των Οικονομικών του Λουδοβίκου ΙΔ΄, μεγάλο πάτρωνα των γραμμάτων και των τεχνών. Ο Φουκέ κατηγορήθηκε αργότερα από τον Κολμπέρ ότι όφειλε την τεράστια περιουσία του σε ατασθαλίες, κι έτσι πέρασε τα τελευταία 19 έτη της ζωής του στη φυλακή όπου και πέθανε.

18

Vaux le Vicomte / Βω Λε Βικόντ

18 Vaux le Vicomte, Fouquet's splendid mansion
The prototype for Versailles. Though the scale differs, the designers are the same, Le Nôtre and Le Vau.

18 Βω Λε Βικόντ, το υπέροχο αρχοντικό του Φουκέ
Το πρότυπο για τις Βερσαλλίες. Μπορεί η κλίμακα να διαφέρει, οι αρχιτέκτονες όμως είναι οι ίδιοι: ο Λε Νοτρ και ο Λε Βω.

Versailles

In the 17th century, at the time when the absolute power of the French Monarchy reached its peak, under Louis XIV, the most important and most imposing Baroque ensemble of all times in western Europe was realized in Versailles outside Paris.
The aim was to create a Royal Residence of such splendor that it would glorify the concentration of all power into the hands of the absolute ruler and impose itself with its magnificence on the common mortals. The focal point of the whole complex is the bedroom of the absolute monarch, the King.
Here again, as in Cambodia, this monumental enterprise precipitated in the fall of absolute monarchy in France, as it created insurmountable financial conditions, not just due to the enormous construction expenditures but because of the extremely wasteful living conditions in the royal court.
Louis XIV came to the throne in 1661 and for 44 years, until his death in 1715, he was the absolute ruler of France. His first step in order to ensure his absolute rule was to put under his personal control all the powerful grandees of France. He managed this in a very simple and straightforward way. He obliged them all, little by little, to live in the Royal court, offering them as compensation titles and prerogatives. In order to house all these people he decided to create the palace of Versailles, where the Royal family possessed a hunting lodge on grounds that covered an area of 1,400 hectares.
For the design of the palace he commissioned the architect Le Vau, for the gardens and landscape Le Nôtre and for interior decoration Le Brun. Finally the buildings were completed by Hardouin-Mansard, the most important architect of his day. Later a number of alterations and expansions were brought to the buildings through the years, without any changes to its general aspect. The gardens, on the other hand, have been preserved exactly as designed by Le Nôtre. In order to finance this project, it is said that Louis XIV used the confiscated fortune of finance minister Foucquet, after he was imprisoned for misappropriation of government funds. And what a project! The whole complex, from the approach of the palace to the end of the park, covers an area of 1,350 hectares. The central axis is 4 km in length, comprising the 3 km garden and the central basin of more than 1,5 km. The palace building itself is 430 m long and 150 m wide.
It is not only through size that Versailles imposes itself with its monumentality and stateliness. Here again, as in Angor, innumerable artists occupied themselves with the decoration of the gardens with water fountains, statues, pavilions, hidden clearings and a network of paths and walks. The same is true of the palace, where only the Hall of Mirrors has a length of 80 meters. But what primarily intensifies the sense of the grandiose is the whole architectural layout, that is completely different on the approach side from the garden front.
Naturally, in combination with absolutism, a certain populism is promoted. The palace is not open to the nobility only, that was housed and spent its good money there. It was also open to the general public also that could watch the Sun King as he took his meals, or rather as he disdainfully dismissed the delicious dishes that were presented by the richly attired servants waiting on him, tasting now and then a little titbit, while they tightened their belts.
This crowd of curious spectators, while advancing towards the palace through the series of forecourts, where the statue of the king stands today, the more it advanced, the more they had the feeling that the palace receded and was unreachable. The whole layout of these forecourts of a total length of 300 m, between the two wings at its start, has a width of 110 m. After a distance of 100 m approximately, a second, smaller forecourt follows with a width of nearly 40 m and again, after another 80 m, one reaches the final, even smaller, entrance court, of less than 20 m in width and 60 m in depth.
This constant repetition of the first image of the two entrance wings to the right and left that is constantly renewed as one goes up to the Palace, every time in more reduced size, gives the impression, as one advances, that the palace recedes and that one remains in the same place. This same feeling is described by Kafka in his book "The Castle", but the trick has been known since the time of ancient Egyptian temples, where the scale is constantly reduced as one advances from the gigantic portals and the open courtyards towards the narrower passages. At the start they are still imposing in their size, but as one advances, they become narrower and more restricted, until one reaches the sanctuary, the holy of holies, where the entry is forbidden to the common mortal. But in Versailles the entrance is free and is situated right under the king's bedroom, the center of the architectural composition and the center of absolute power and authority. The center to which the three radiating avenues point after meeting, at the place where today stands the statue of the king on horseback.
The sun king dominated France and nearly the whole of Europe but could not dominate the climate in his Palace. In wintertime, with all fireplaces and stoves in full swing, the cold still managed to penetrate into every corner and recess. The council of ministers met shivering around the bed of the king, the absolute ruler, who tucked under his eiderdowns, enjoyed certain comfort. In this way the symbol of absolute authority was not just the king's bedroom but the bed of the king, and the whole magnificent concept started from there and ended there.
From the side of the garden, the impression of the palace is the opposite from the one at the front. In this case, as you descend along the centerline, the further you go, the more distant the palace becomes, and on your return, up to the palace, the nearer you come, the greater becomes the building as it comes forward to meet you. This is not due to the reduction of the distance but because the width of the Palace becomes more and more visible as it is revealed behind trees and shrubs.
The Versailles gardens are a world apart, a world of magic and enchantment, a world away from everyday reality. A world where the sun king had imprisoned in marble all the gods, goddesses and semi gods, as well as the fairies and elves of forests and waterways.
But here again, as in Angkor and Beijing, in order to appreciate the importance and irradiation of the Versailles gardens, one has to see them as they functioned at the time of king Louis XIV. The Sun King did not imprison only the gods and goddesses in his Palace gardens, he had imprisoned, after having helped them in their development, the fine arts and letters of France. Life in Versailles was a constant fiesta, what we would call today a cultural festival. Either in the gardens or in the vast halls of the palace, concerts, operas, ballets, theatrical representations, as well as other entertainments, were organized. All these works of art and fine letters that filled everyday life in the Versailles continue to enchant us today, although we try to enjoy them in front of an electronic box on a small screen without company or joy.
Versailles as an architectural ensemble, again as in Angkor or Beijing, represents an imprint of the divine on earth, with the three radiating avenues to the world of humans, offering the glitter and joy of kingly authority. The symbolism of the divine is not restricted to the three radiating avenues. The whole complex has been planned with this purpose in mind, and in its own time, achieved it. Even today it wields an irresistible fascination.

Βερσαλλίες

Τον 17ο αι., όταν έφτασε στο αποκορύφωμά της η απόλυτη μοναρχία στη Γαλλία επί Λουδοβίκου ΙΔ΄, πραγματοποιήθηκε το μεγαλύτερο σε έκταση μνημειακό έργο της Δυτικής Ευρώπης: οι Βερσαλλίες.

Στόχος ήταν η δημιουργία ενός ανακτορικού συγκροτήματος που να αποθεώνει τη συγκέντρωση της εξουσίας στον μονάρχη και να επιβάλλεται με τη μεγαλοπρέπειά του στους κοινούς θνητούς. Στο κέντρο της σύνθεσης βρίσκεται η κρεβατοκάμαρα του βασιλιά. Η έκταση τού ενιαία σχεδιασμένου αυτού συνόλου φτάνει τα 4 χλμ. μήκος και τα 3 χλμ. πλάτος. Την τελειότητα των κήπων των Βερσαλλιών ενισχύει η εξαιρετικά υψηλή ποιότητα του σχεδίου του Λε Νοτρ, με τις κεντρικές λίμνες σε σχήμα σταυρού, που ξεπερνούν το 1,5 χλμ. σε μήκος, και τα καταπληκτικά τους σιντριβάνια.

Κι εδώ, όπως και στην Καμπότζη, το μνημειώδες αυτό έργο εντέλει επίσπευσε την πτώση της μοναρχίας στη Γαλλία, καθώς δημιούργησε δυσβάσταχτα οικονομικά βάρη, αν όχι εξαιτίας των δαπανών της κατασκευής του, εξαιτίας των τεραστίων συνεχών εξόδων για τη σπάταλη ζωή στη βασιλική αυλή.

Ο Λουδοβίκος ΙΔ΄ ανέβηκε στον θρόνο το 1661 και για 44 ολόκληρα χρόνια –έως το θάνατό του, το 1715– υπήρξε ο απόλυτος ρυθμιστής των πάντων στη Γαλλία. Το πρώτο του μέλημα για την εξασφάλιση της απόλυτης εξουσίας ήταν να θέσει υπό τον προσωπικό του έλεγχο όλους τους ισχυρούς της χώρας. Αυτό το πέτυχε με πολύ απλό τρόπο. Τους υποχρέωσε σιγάσιγά να ζουν στη βασιλική αυλή, παραχωρώντας τους σε αντάλλαγμα θέσεις, τίτλους και προνόμια. Κάπου όμως έπρεπε να στεγάσει όλον αυτό τον κόσμο, κι έτσι αποφάσισε να δημιουργήσει το ανάκτορο και τους κήπους του γύρω από ένα κυνηγετικό περίπτερο που είχε η βασιλική οικογένεια στις Βερσαλλίες, σε μια σημαντική έκταση περίπου 1.400 εκταρίων.

Ανέθεσε τον σχεδιασμό των κτιρίων στον αρχιτέκτονα Λε Βω (Le Vau), των κήπων στον κηποτέχνη Λε Νοτρ (Le Nôtre), και των εσωτερικών χώρων στον ζωγράφο Λε Μπραν (Le Brun). Τελικά όμως τα κτίρια αποπεράτωσε γύρω στο 1662 ο σημαντικότερος γάλλος αρχιτέκτων της εποχής, Αρντουάν-Μονσάρ (J. Hardouin-Mansart). Σ' αυτόν οφείλεται και η περίφημη Αίθουσα των Κατόπτρων. Στο κτίριο έγιναν ανά τους αιώνες διάφορες προσθήκες και μετατροπές, αλλά ουσιαστικά η μορφή του δεν αλλοιώθηκε. Ο κήπος, αντίθετα, παραμένει και σήμερα ακριβώς όπως τον εμπνεύστηκε ο Λε Νοτρ.

Για να χρηματοδοτήσει ο Λουδοβίκος ΙΔ΄ αυτό το εγχείρημα, οι κακές γλώσσες λένε πως χρησιμοποίησε την περιουσία του υπουργού των Οικονομικών, Φουκέ, αφού τον έκλεισε στη φυλακή της Μπελ-Ιλ για ατασθαλίες. Και τι εγχείρημα! Η όλη σύνθεση των Βερσαλλιών –πρόσβαση, ανάκτορο και κήπος– καταλαμβάνουν μια έκταση 1.350 εκταρίων. Ο κεντρικός άξονας έχει μήκος σχεδόν 4 χλμ., ενώ το μήκος του κήπου φτάνει τα 3 χλμ. περίπου και της κεντρικής λίμνης πάνω από 1,5 χλμ. Το μήκος των ανακτόρων είναι 430 μ. και το εύρος τους 150 μ. Δεν είναι, όμως, μόνον το μέγεθος που προσδίδει μεγαλοπρέπεια κι επιβλητικότητα στο συγκρότημα των Βερσαλλιών. Και εδώ, όπως και στην Άνγκορ, είναι αμέτρητοι οι καλλιτέχνες που απασχολήθηκαν για να διακοσμήσουν τον κήπο με σιντριβάνια, αγάλματα, περίπτερα, κρυφά ξέφωτα και το πλέγμα των περιπάτων του. Το ίδιο και με τους χώρους των ανακτόρων, όπου μόνον η Αίθουσα των Κατόπτρων έχει μήκος σχεδόν 80 μ. Αυτό, όμως, που κυρίως εντείνει την αίσθηση του μεγαλείου είναι η όλη αρχιτεκτονική διάταξη, που είναι άλλη από την πλευρά της πρόσβασης και τελείως διάφορη από την πλευρά του κήπου.

Όπως είναι φυσικό, μαζί με την απολυταρχία καλλιεργείται ένας έντονος λαϊκισμός. Τα ανάκτορα δεν είναι μόνον προσιτά στους ευγενείς που φιλοξενούνται και καταξοδεύονται, είναι ανοικτά και στο κοινό, που μπορεί να χαζέψει τον Βασιλιά Ήλιο να τρώει ή μάλλον να διώχνει ανόρεχτα τα πλούσια εδέσματα που του παρουσιάζουν ουρές από σερβιτόρους με πολυποίκιλτες στολές, περίτεχνα γαρνιρισμένα, σωστά έργα τέχνης, και να τσιμπά κάπου-κάπου έναν μικρό μεζέ, την ώρα που οι ταπεινοί και έκθαμβοι θεατές έσφιγγαν το ζωνάρι τους.

Αυτό το πλήθος των περίεργων, καθώς προχωρούσαν προς τα ανάκτορα από την κεντρική πλατεία, εκεί που βρίσκεται σήμερα το άγαλμα του βασιλιά, όσο πλησίαζαν, τόσο τους φαινόταν πως τα ανάκτορα απομακρύνονταν, γίνονταν απλησίαστα, άπιαστα. Η όλη διάταξη αυτής της πλατείας-εισόδου, συνολικού μήκους 300 μ., με τις διαδοχικές της αγκαλιές, στην αρχή της έχει εύρος μεταξύ των πτερύγων του κτιρίου γύρω στα 110 μ. Μετά από μια διαδρομή άλλων τόσων μέτρων περίπου, τη διαδέχεται μια άλλη, μικρότερη πλατεία, γύρω στα 40 μ. πλάτος, που κι αυτή, μετά από διαδρομή άλλων 80 μ., οδηγεί στην τελευταία πλατεία-αυλή, πιο μικρή ακόμη, με πλάτος λιγότερο από 20 μ. και βάθος γύρω στα 60 μ.

Αυτή η συνεχής επανάληψη της αρχικής εικόνας, των μετώπων των δύο πτερύγων δεξιά και αριστερά, που συνεχώς ανανεώνεται καθώς ανεβαίνει κανείς προς τα ανάκτορα, απλώς σε μικρότερο κάθε φορά μέγεθος, δίνει την ψευδαίσθηση ότι όσο και να βαδίσει κανείς, τελικά μένει στην ίδια θέση. Την αίσθηση αυτή την περιγράφει ο Κάφκα στο γνωστό του μυθιστόρημα *Ο Πύργος*, αλλά το τέχνασμα είναι γνωστό ήδη από τους αρχαίους ναούς της Αιγύπτου, όπου η κλίμακα συνεχώς μειώνεται καθώς κανείς προχωράει από τους γιγαντιαίους πυλώνες και τις ανοιχτές αυλές προς τους υπόστυλους χώρους, που αρχικά επιβάλλονται με τις διαστάσεις τους, αλλά καθώς συνεχίζει κανείς στην αξονική πορεία, βρίσκεται σε χώρους ολοένα πιο μικρούς, έως ότου φτάσει εκεί που δεν του επιτρέπεται πια η πρόσβαση, στο άδυτο των αδύτων.

Στις Βερσαλλίες, ωστόσο, η πρόσβαση ήταν ελεύθερη, και μάλιστα η είσοδος ήταν ακριβώς κάτω από το υπνοδωμάτιο του βασιλέα –το κέντρο της αρχιτεκτονικής σύνθεσης και το κέντρο της εξουσίας. Το κέντρο προς το οποίο συγκλίνουν οι τρεις λεωφόροι, αφού ενωθούν στη θέση που σήμερα βρίσκεται το έφιππο άγαλμα του βασιλιά.

Ο Βασιλιάς Ήλιος μπορεί να εξουσίαζε τη Γαλλία και παρ' ολίγο και την Ευρώπη ολόκληρη, αλλά το κλίμα στο ανάκτορό του δεν μπορούσε να το εξουσιάσει. Τον χειμώνα, παρ' όλες τις φουφούδες και τα τζάκια, το κρύο τρύπωνε παντού. Το Υπουργικό Συμβούλιο συνεδρίαζε τουρτουρίζοντας γύρω από το κρεβάτι του απόλυτου μονάρχη, που, τυλιγμένος στα πουπουλένια παπλώματά του, απολάμβανε μια σχετική θαλπωρή. Έτσι το σύμβολο της εξουσίας δεν ήταν απλώς το υπνοδωμάτιο, αλλά το ίδιο το κρεβάτι του βασιλιά και η όλη σύνθεση του υπέρλαμπρου και τεράστιου αυτού συγκροτήματος από εκεί ξεκινούσε κι εκεί κατέληγε!

Από την πλευρά του κήπου, η εντύπωση είναι ακριβώς η αντίθετη από εκείνη της εισόδου. Εδώ, όσο κατεβαίνεις προχωρώντας στον άξονα κι απομακρύνεσαι, τόσο υποχωρεί το ανάκτορο, ενώ όσο πλησιάζεις ανεβαίνοντας τον ανήφορο, τόσο μεγαλώνει για να σε προϋπαντήσει. Αυτό δεν συμβαίνει λόγω της απόστασης, αλλά κυρίως λόγω του ότι οι πτέρυγες, καθώς πλησιάζει κανείς, βρίσκονται ολοένα και λιγότερο κρυμμένες από τους θάμνους, τα δέντρα και τα σιντριβάνια.

Οι κήποι των Βερσαλλιών είναι ένας κόσμος χωριστός, της μαγείας και της σαγήνης, ένας κόσμος έξω από την πεζή πραγματικότητα της καθημερινότητας. Ένας κόσμος όπου ο Βασιλιάς Ήλιος έχει αιχμαλωτίσει και μαρμαρώσει όλους τους θεούς, τις θεές και τους ημίθεους, μαζί με τα ξωτικά του δάσους και του νερού.

Αλλά και εδώ, όπως με την Άνγκορ και το Πεκίνο, για να αντιληφθεί κανείς τη σημασία και την ακτινοβολία του χώρου, πρέπει να τον δει όπως λειτουργούσε στη διάρκεια της βασιλείας του Λουδοβίκου ΙΔ΄. Ο Βασιλιάς Ήλιος δεν είχε βάλει στο χέρι μόνον τους θεούς και τους ευγενείς στις Βερσαλλίες. Είχε αιχμαλωτίσει επίσης, αφού πρώτα τις προώθησε και τις βοήθησε να αναπτυχθούν, τις τέχνες και τα γράμματα. Η ζωή στις Βερσαλλίες ήταν μια συνεχής γιορτή, αυτό που θα λέγαμε σήμερα καλλιτεχνικό φεστιβάλ. Άλλοτε στους κήπους και άλλοτε στις ευρύχωρες αίθουσες των ανακτόρων, οργανώνονταν παραστάσεις θεατρικές, όπερες, μπαλέτα, συναυλίες, απαγγελίες ποιημάτων και κάθε λογής θεάματα αναψυχής. Άλλωστε, τα έργα των ανθρώπων του πνεύματος, των γραμμάτων και των τεχνών, τα οποία γέμιζαν τη ζωή των Βερσαλλιών, είναι από εκείνα που εξακολουθούν και σήμερα να μας γοητεύουν, άσχετα αν προσπαθούμε να τα απολαύσουμε μέσα σ' ένα σκοτεινό δωμάτιο μπροστά σ' ένα ηλεκτρονικό κουτί, σε μια περιορισμένη οθόνη, μόνοι, χωρίς συντροφιά και χωρίς χαρά.

Οι Βερσαλλίες ως αρχιτεκτονικό σύνολο, πάλι όπως η Άνγκορ και το Πεκίνο, αποτελούσαν το αποτύπωμα του θείου επί γης, ένα θεϊκό σύμβολο που ακτινοβολούσε μέσα από τους τρεις άξονες-ακτίνες προς τον κόσμο των ανθρώπων, σκορπίζοντας τη λάμψη και τη χαρά της εξουσίας του βασιλιά. Ο συμβολισμός του θείου δεν περιορίζεται στους τρεις αυτούς άξονες-ακτίνες. Όλο το συγκρότημα έχει συντεθεί με αυτή την πρόθεση. Και την εποχή του το πέτυχε πλήρως. Αλλά και σήμερα ακόμα ασκεί μιαν ακατανίκητη γοητεία.

Versailles gardens

In France of the 17th and 18th centuries, the Versailles gardens were not the only ones designed in this grandiose way. They started to develop all around Paris like mushrooms, yet on a smaller scale, as well as in the rest of Europe, primarily in Germany. The gardens of Versailles can be considered as a lesson in grand scale architectural design. Starting from a particular center –the Palace in our case– that symbolizes the center of the Universe, as one advances along the central axis and the distance grows, there is a differentiation of scale in the design of the garden. From the smaller and more familiar to the bigger. From there to the grander and finally to the gigantic.

Immediately in front of the Palace that stands on a base of steps, as an ancient temple, we find the first garden with two pools of water, that do not surpass the length of the central body of the Palace building, and are of a similar width. On a lower level, to the right and left of the central axis, again on a rather restricted scale, there are two small gardens with flowerbeds around sculptures. At this point the area of social interaction, conversation and gossip ends and the area of promenade begins.

After descending at the beginning the central staircase we find ourselves in the grandiose layout with the fountains and water jets at the end of which we reach the so called green carpet (tapis vert), the central lawn with the two rows of gods and semi-gods in marble that extend on both its sides and the impressive trees in the background. This larger scale group consists of a series of gardens that develop right and left of the central axis on a more or less Hippodamian layout.

Each of these gardens, designed on the basis of the radial system of the Baroque, consists of a whole world of surprises and riddles adorned with works of art, fountains, pavilions etc. Here again we find the scale of the private garden as a reminder of the first one, but no longer as a place of social encounters and meetings, but rather, as an area that can assume a multiplicity of roles, from a hiding place for lovers to a venue of open air theatrical performances, for musical evenings and many other cultural activities. This part of the gardens, that covers an area of approximately 750x750 m, is the second step in the differentiation of scale.

Further along, on the central axis to the West, we reach the large scale that, as we move further away from the Palace, reaches the gigantic. This is the scale of the forest and of the area for hunting on horseback. Here the radial Baroque system of design has free rein, one could say, with a row of round points. As can be discerned from the first moment one comes out of the central gate of the Palace to the gardens, the most important element in this third part of the grounds, is without any doubt, the great 2 km long lake in the shape of a cross, "Le Grand Canal", that divides the park into four sectors. At this point Le Nôtre's plans show all their craftsmanship. While the widening of the Grand Canal at its beginning is just twice the width of the central channel, the width of the enlargement at the far end at the distance of 2 km is 4 times as wide and three times as long from the first widening. In this way the impression is created that the distance is much smaller than it actually is, creating an optical illusion that deceives the unwary, who would wish to take a walk to the end of the Grand Canal. Versailles, without a doubt, succeeded its purpose. It enhanced the prestige of the central, absolute authority. An authority that still, as happens with the Palace and its grounds, follows the rules that it sets. Rules and laws that create certain illusions and sometimes reach impasses, but that, as a whole, presented balanced and harmonious conditions, that finally boosted the cultural prestige of France.

Οι κήποι των Βερσαλλιών

Στη Γαλλία του 17ου και του 18ου αι. οι κήποι των Βερσαλλιών δεν ήταν οι μόνοι που σχεδιάστηκαν στη μεγαλειώδη αυτή κλίμακα. Στην περιοχή γύρω από το Παρίσι παρόμοιοι κήποι άρχισαν να φυτρώνουν σαν τα μανιτάρια. Αλλά και στη λοιπή Ευρώπη βρήκαν πολλούς μιμητές, σε μικρότερη όμως έκταση, κυρίως στους ηγεμόνες και βασιλείς της Γερμανίας. Πέρα από όλα τα άλλα, οι κήποι των Βερσαλλιών αποτελούν ένα μάθημα στη χρήση της κλίμακας στη μεγάλης έκτασης αρχιτεκτονική σύνθεση. Ξεκινώντας από ένα συγκεκριμένο κέντρο –το ανάκτορο που συμβολίζει το κέντρο του κόσμου– καθώς προχωράει κανείς κατά μήκος του μεγάλου άξονα και αυξάνει η απόσταση, αλλάζει και η κλίμακα στον σχεδιασμό του ελεύθερου χώρου. Από τη μικρότερη, την οικεία, προς τη μεγαλύτερη, μεγαλοπρεπέστερη, έως τη γιγαντιαία.

Αμέσως μπροστά στην έξοδο του παλατιού, το οποίο εδράζεται σαν αρχαίος ναός πάνω σε βαθμιδωτό βάθρο, βρίσκεται ο πρώτος κήπος με δύο λίμνες, που δεν υπερβαίνει σε μήκος το κεντρικό σώμα των ανακτόρων. Σε χαμηλότερο επίπεδο, δεξιά κι αριστερά, πάλι σε περιορισμένη έκταση, βρίσκονται δύο κήποι με μικρά παρτέρια λουλουδιών στολισμένα με αγάλματα. Εδώ τελειώνει η περιοχή της στάσης, των κοινωνικών σχέσεων, της κουβέντας και του κουτσομπολιού και ξεκινά η περιοχή του περιπάτου.

Έχοντας στην αρχή, μόλις κατεβούμε την κεντρική σκάλα, τη μεγαλοπρεπή διάταξη του συγκροτήματος, τις κρήνες με τα σιντριβάνια τους και με τις δύο ράμπες που τις πλαισιώνουν, φθάνουμε στη συνέχεια στο λεγόμενο πράσινο τάπητα, την κεντρική αλέα με το γρασίδι και την εκατέρωθεν παράταξη των μαρμάρινων ημίθεων, με φόντο επιβλητικά δέντρα. Αυτό το σύνολο σε μια σύνθεση ακόμα μεγαλύτερης κλίμακας αποτελείται από συστοιχία μικρότερων κήπων, που αναπτύσσονται δεξιά και αριστερά από τον κεντρικό άξονα σε ιπποδάμεια κατά το μάλλον ή ήττον διάταξη.

Ο καθένας από τους κήπους αυτούς, που είναι σχεδιασμένοι με το ακτινωτό σύστημα του Μπαρόκ, κρύβει έναν κόσμο ολόκληρο από εκπλήξεις –κρήνες, περιστύλια, ξέφωτα. Εκεί ξαναβρίσκουμε τη μικρή κλίμακα του ιδιωτικού κήπου, ως ανάμνηση του πρώτου κήπου. Αυτή τη φορά, όμως, όχι ως χώρο κοινωνικών σχέσεων, αλλά ως χώρο που παίζει πολλαπλούς ρόλους, από καταφύγιο ερωτευμένων έως υπαίθριο θέατρο για πρόζα ή μπαλέτο, μουσικές βραδιές ή φανταστικά παιχνίδια. Το συγκρότημα αυτό, που συνολικά έχει έκταση 750x750 μ., αποτελεί το δεύτερο βασικό σκαλοπάτι στη διαβάθμιση της κλίμακας των κήπων.

Πέρα από τους κήπους αυτούς, κατά μήκος του κεντρικού άξονα προς τη δύση, η κλίμακα μεγαλώνει και όσο προχωράμε κι απομακρυνόμαστε από το ανάκτορο, τόσο πλησιάζει στη γιγαντιαία. Αυτή είναι η κλίμακα του δάσους και του έφιππου κυνηγιού. Εδώ, το ακτινωτό σύστημα αναπτύσσεται ασυγκράτητο θα έλεγε κανείς, με μια σειρά από rond-points, κυκλικά σταυροδρόμια δηλαδή, υποταγμένο όμως σε ένα κυρίαρχο τριαδικό σύστημα, που αποτελεί κατά κάποιον τρόπο ένα καθρέφτισμα των τριών ακτίνων που ξεκινούν από και συγκλίνουν προς το ανάκτορο από την ανατολική του πλευρά.

Το σημαντικότερο στοιχείο στη σύνθεση του τρίτου αυτού τεράστιου κήπου, χωρίς καμία αμφιβολία, ορατό από την πρώτη στιγμή που βγαίνει κανείς από την κεντρική έξοδο του ανακτόρου, είναι η μεγάλη σταυρόμορφη λίμνη (Grand Canal), που εκτείνεται 2 χλμ. επάνω στον κεντρικό άξονα και χωρίζει το δάσος στα τέσσερα. Εδώ η σύνθεση του Λε Νοτρ δείχνει όλη της τη σοφία. Ενώ η διαπλάτυνση στο ξεκίνημα της δεξαμενής διπλασιάζει απλώς το πλάτος του κεντρικού καναλιού, το εύρος της διαπλάτυνσης στο τέλος των 2 χλμ. είναι 4 φορές μεγαλύτερο και το μήκος της 3 φορές μακρύτερο από την πρώτη διαπλάτυνση. Έτσι δίνεται η εντύπωση ότι η απόσταση μειώνεται, δημιουργώντας μιαν οπτική απάτη που ξεγελάει και παγιδεύει όποιον θελήσει να περπατήσει ώς το τέρμα του κήπου. Ιδίως αφού πρέπει επί πλέον να λοξοδρομήσει για να υπερβεί το εμπόδιο που παρουσιάζουν οι δύο βραχίονες του σταυρού, συνολικού μήκους πάνω από 1.000 μ.

Οι Βερσαλλίες πέτυχαν αναμφίβολα τον στόχο που είχε τεθεί από τους εμπνευστές του σχεδιασμού τους. Δυνάμωσαν την αίγλη της κεντρικής απολυταρχικής εξουσίας. Μιας εξουσίας όμως που, όπως το ανάκτορο και οι κήποι του, υπακούει στους νόμους που θεσπίζει. Νόμους που δημιουργούσαν ορισμένες ψευδαισθήσεις και οδηγούσαν σε αδιέξοδα, αλλά δεν έπαυαν να αποτελούν ένα αρμονικό και αποτελεσματικό σύνολο, που εξύψωσε το πολιτιστικό επίπεδο της Γαλλίας.

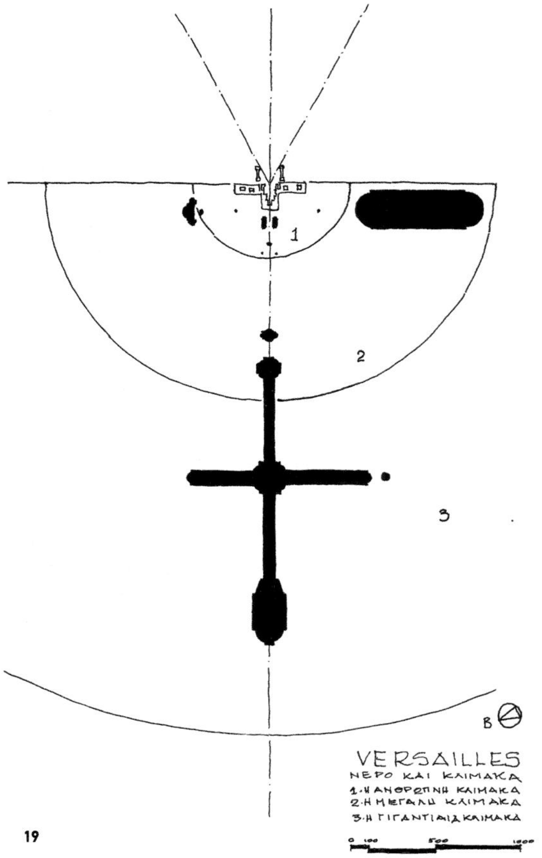

19

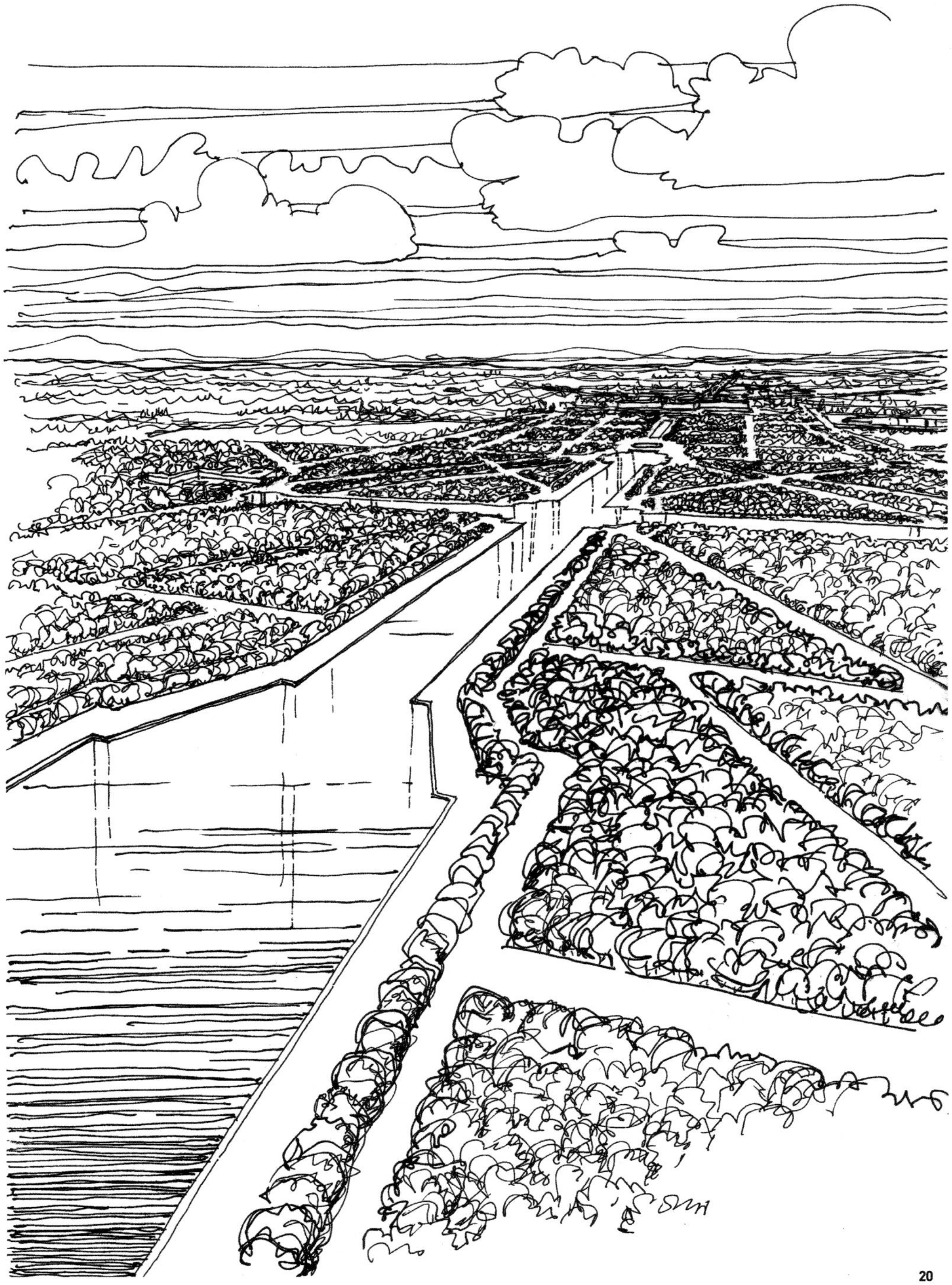

20

Versailles / Βερσαλλίες

19 Versailles, the scale, plan
In this plan, where the palace is in outline and the artificial lakes and canals in black, one can easily discern the three circles of different scales. The majestic, the divine (the godly) and the gigantic.

19 Βερσαλλίες
Στο σχέδιο αυτό, όπου το ανάκτορο σημειώνεται με περίγραμμα και το νερό στις τεχνητές λίμνες με μαύρο, τα τρία ημικύκλια υποδεικνύουν τις τρεις διαφορετικές κλίμακες, τη μεγαλειώδη, τη θεϊκή και τη γιγαντιαία.

20 Versailles, as seen from the West
At the western end of the composition, the great canal starts from a very large artificial lake. Seen from the palace, this gives a false impression of nearness.

20 Βερσαλλίες, άποψη από δυσμάς
Στο δυτικό άκρο της σύνθεσης, το μεγάλο κανάλι ξεκινά από μια τεράστια τεχνητή λίμνη, έτσι ώστε, ορώμενο από το ανάκτορο, να φαίνεται πολύ μικρότερου μήκους, οπότε πιο προσιτό.

21

22

23

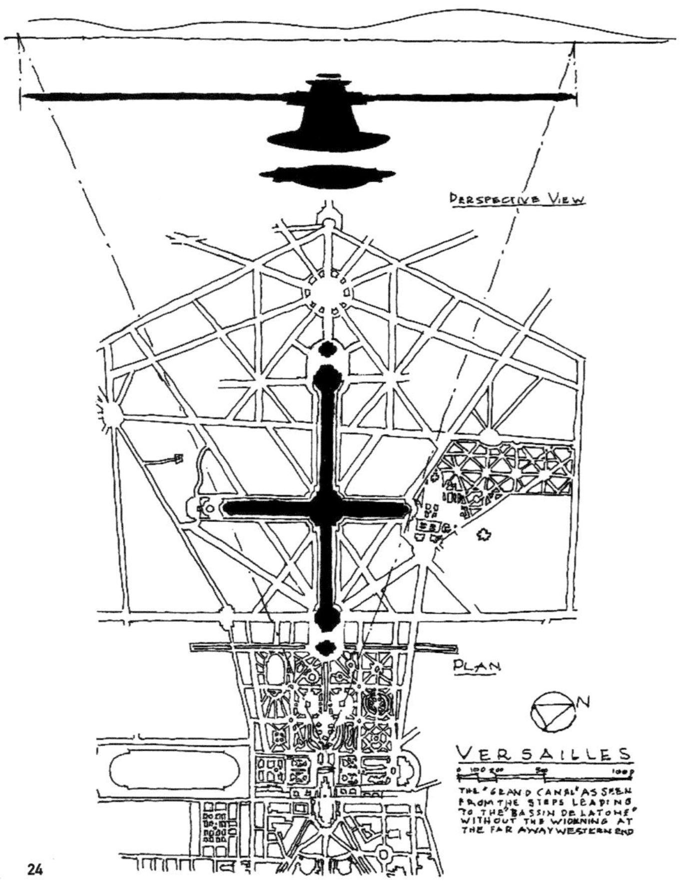

24

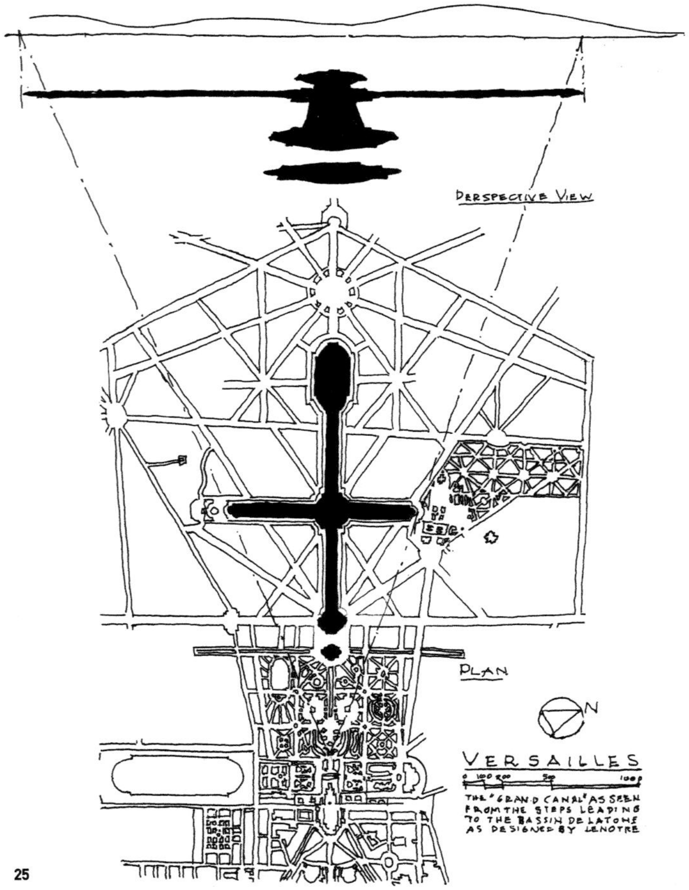

25

Versailles / Βερσαλλίες

21, 22, 23 Versailles,"Le tapis Vert"
In contrast to the entrance side, the view of the palace, as it emerges between the rows of enormous trees, at the end of the green lawn with its fountain and its statuary, gives an almost friendly impression as one advances towards it. With every step the palace comes nearer and nearer growing in majesty, with grace and splendor but still inviting.

21, 22, 23 Βερσαλλίες, ο πράσινος τάπητας
Σε αντίθεση με την πλευρά της εισόδου, η θέα των ανακτόρων στο βάθος του πράσινου τάπητα με τις κρήνες και τα αγάλματα, που πλαισιώνεται από τεράστια δέντρα, δίνει μια σχεδόν φιλική εντύπωση καθώς κανείς προχωρεί. Με κάθε βήμα το ανάκτορο πλησιάζει ολοένα και περισσότερο, καθώς αυξάνεται η μεγαλοπρέπεια, η χάρη και η λαμπρότητά του, χωρίς να παύει να είναι ελκυστικό.

24, 25 Versailles
24 The lake as it would look from the Palace if it was of a more balanced design. The end of the lake vanishes in the distance.
25 The lake as seen from the Palace.

24, 25 Βερσαλλίες, η λίμνη όπως φαίνεται από τα ανάκτορα
24 Η λίμνη όπως θα φαινόταν αν είχε πιο συμμετρικό σχήμα. Το τέλος χάνεται στο βάθος.
25 Η λίμνη όπως φαίνεται στην πραγματικότητα.

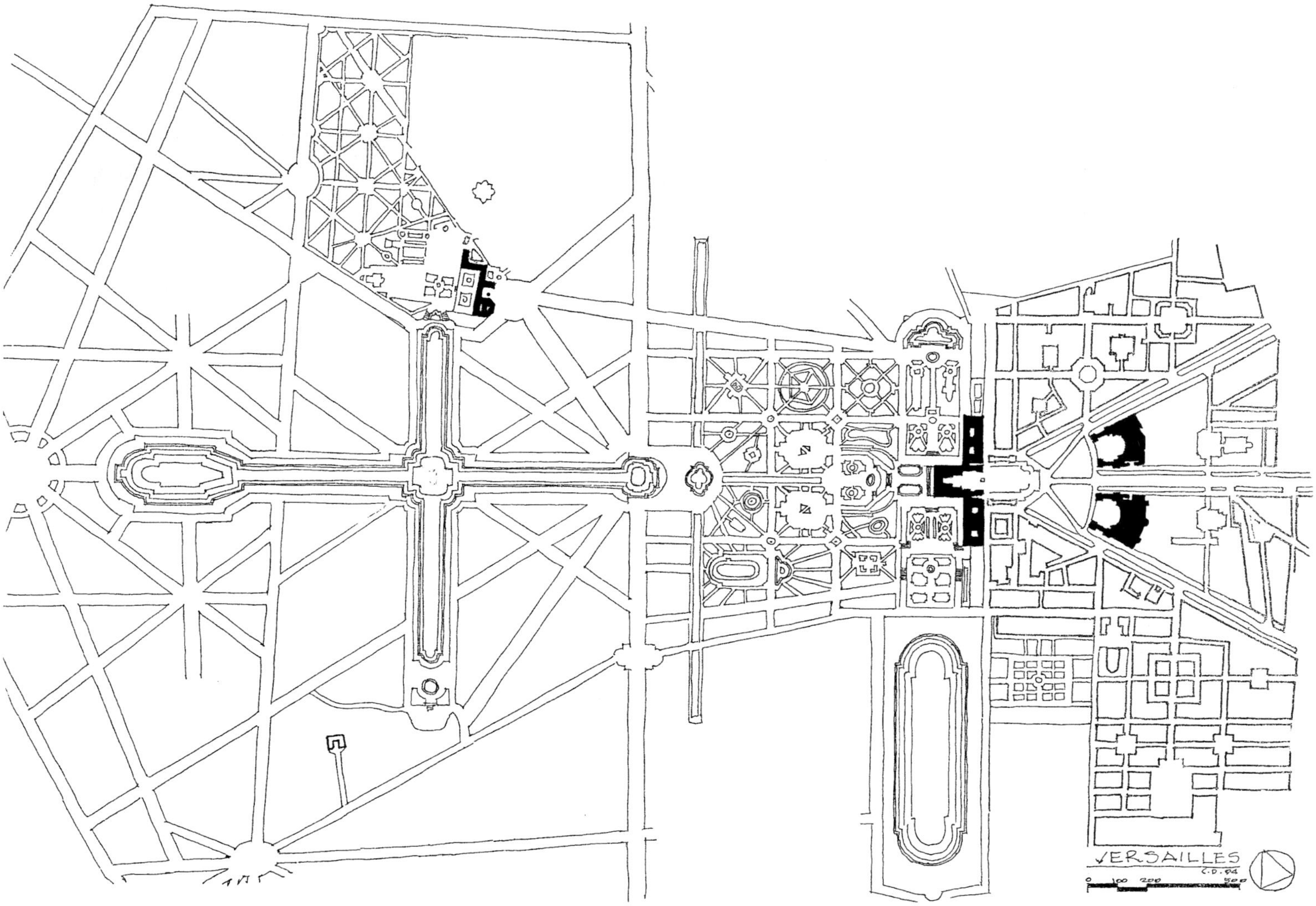

26

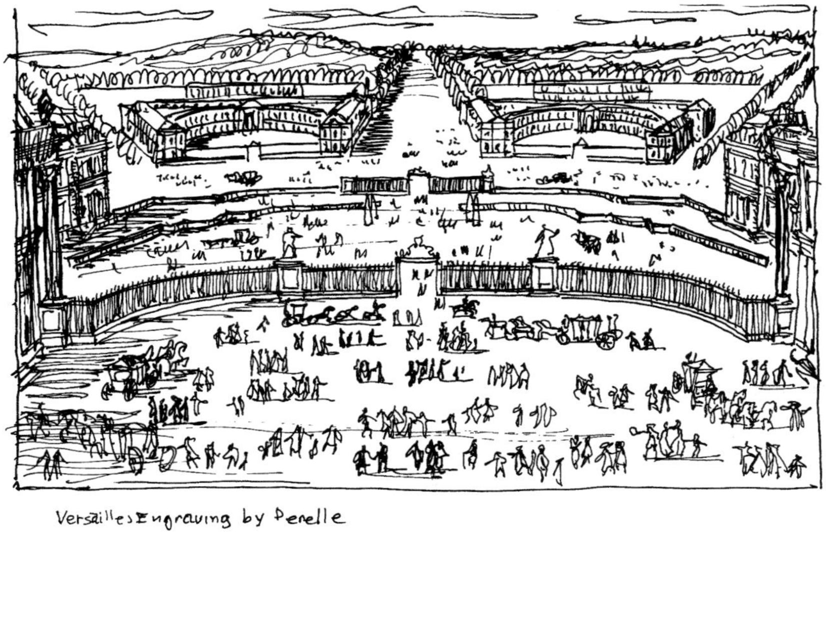

27

Versailles / Βερσαλλίες

26 Versailles, plan by Le Nôtre and Le Vau, 17th century
The three radiating avenues of the Baroque start out from the seat of the government, i.e. Louis XIV's private apartments. The central axis of the composition is more than 3.5 km long. As seen from the palace, everything seems under control because of the changes in scale of the various parts of the garden.

26 Βερσαλλίες, σχέδιο των Λενότρ, Λεβώ και Μανσάρ, 1664
Ο κεντρικός άξονας των Βερσαλλιών έχει μήκος 3,5 χλμ. περίπου. Η κλίμακα όμως αλλάζει σταδιακά, έτσι ώστε από το κέντρο, όπου βρίσκεται το ανάκτορο, όλα να μοιάζουν υπό έλεγχον καθώς η ματιά αγκαλιάζει τον κήπο και το τοπίο που τον περιβάλλει. Οι τρεις ακτινωτές λεωφόροι εκκινούν από την έδρα της απόλυτης εξουσίας, δηλαδή τα διαμερίσματα του Λουδοβίκου ΙΔ΄, του Βασιλιά Ήλιου.

27 Versailles, the approach, view from the palace to the city
The approach to the central entrance is controlled by two consecutive barriers, plus an arcade, not shown on the drawing. This repetition of the entrance procedure enhances the feeling of remoteness. From an engraving by Perelle.

27 Βερσαλλίες, η πρόσβαση, άποψη από τα ανάκτορα προς την πόλη
Η προσπέλαση προς την κεντρική είσοδο των ανακτόρων ελέγχεται από δύο κατά σειράν πύλες και μία εγκάρσια στοά που δεν εικονίζεται στο σχέδιο. Αυτή η επανάληψη της διαδικασίας εισόδου τονίζει το απρόσιτο των ανακτόρων. Από χαλκογραφία του Περέλλ.

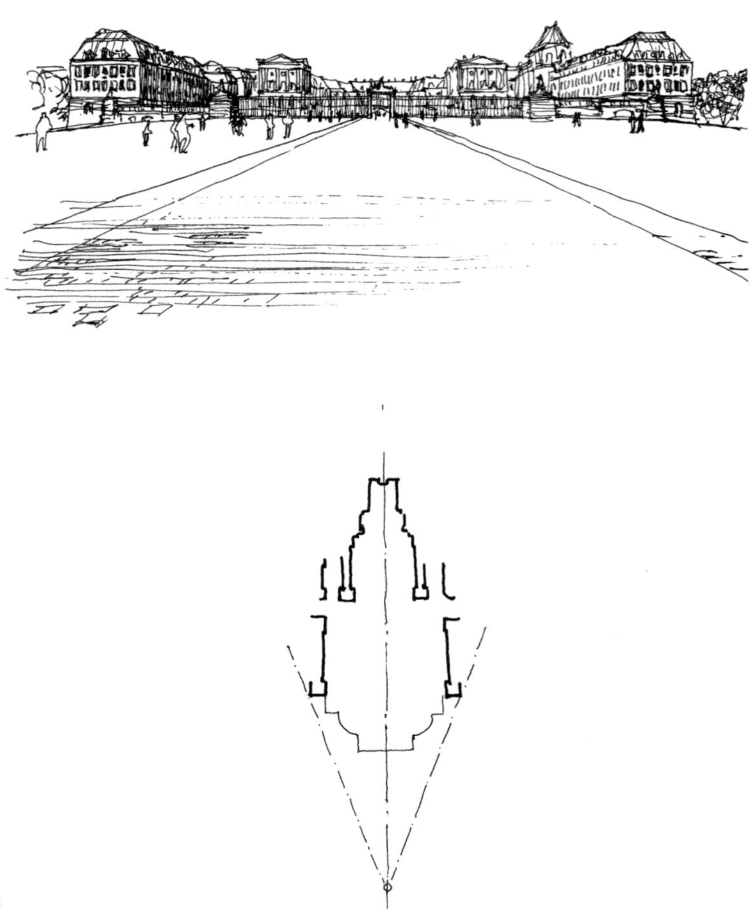

28

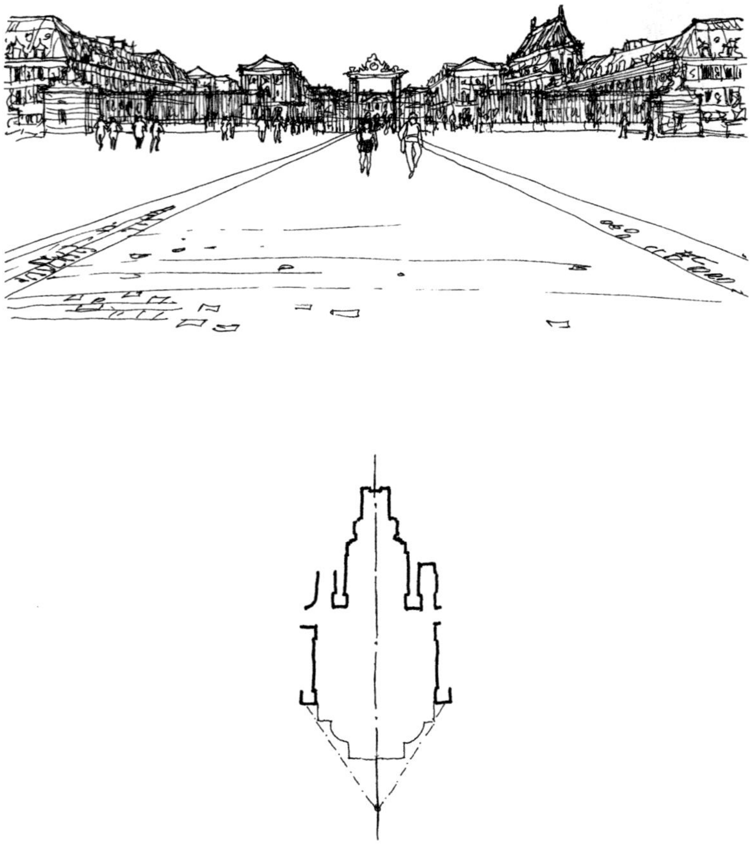

29

Versailles / Βερσαλλίες

28, 29, 30, 31 Versailles, the approach
A series of open courts extend their arms, welcoming the visitor. But still the approach to Versailles remains forbidding and remote with an aloofness that brings to mind Kafka's "The Castle". The more one advances the more one has the impression of "déjà vu" and that the palace is receding. At the same time, the open courts, as one advances and from large and wide, becomes small and narrow, ending at the entrance court, that does not differ in size from that of a private mansion.

28, 29, 30, 31 Βερσαλλίες, η πρόσβαση
Όπως και με τον «Πύργο» του Κάφκα, όσο πλησιάζεις το ανάκτορο, τόσο αυτό δείχνει να απομακρύνεται. Οι αγκάλες των εισόδων, από ανοικτές και άπλετες, γίνονται ολοένα στενότερες και μικρότερες, ώσπου δεν ξεπερνούν την αυλή ενός ιδιωτικού μεγάρου.

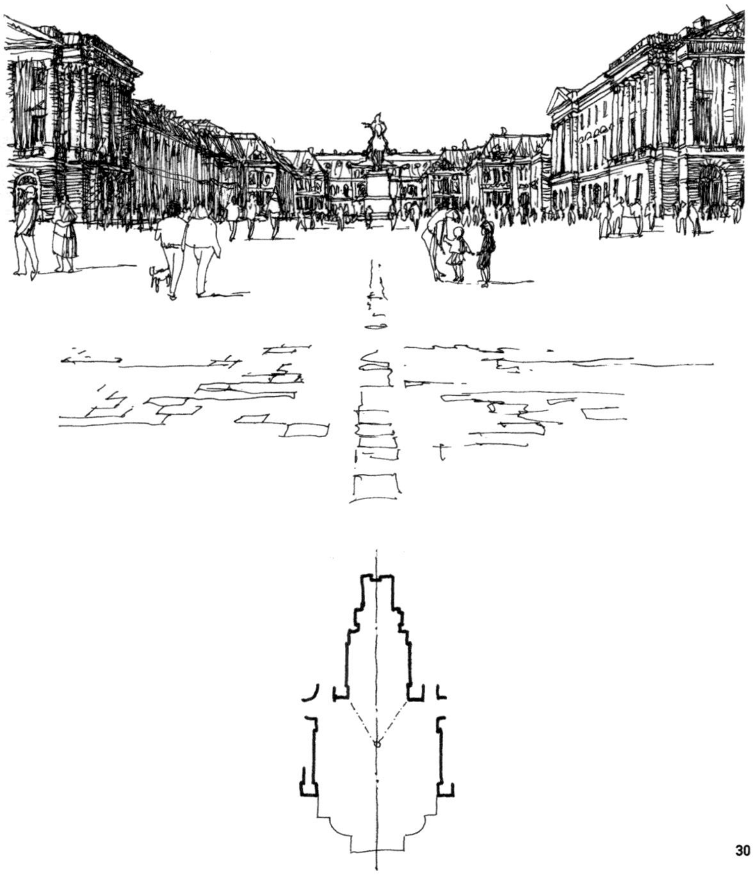

30

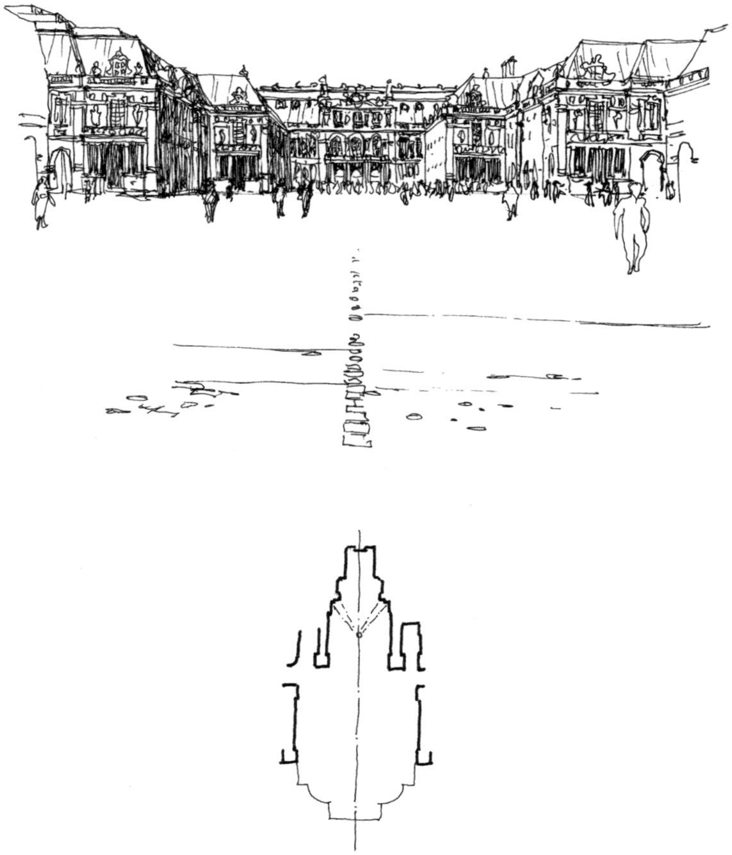

31

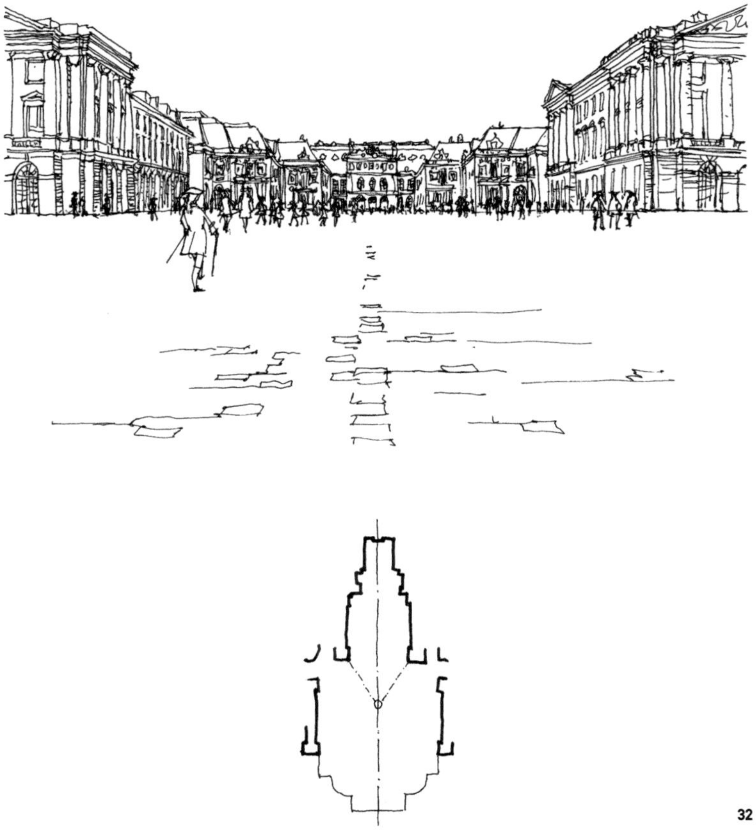

32

Versailles / Βερσαλλίες

32 Versailles, the approach, 18th century
In the 18th century the equestrian statue of Louis XIV was not there and did not, thus, undermine the effect of the multiple open courtyards.

32 Βερσαλλίες, η πρόσβαση, 18ος αι.
Τον 18ο αιώνα δεν υπήρχε το έφιππο άγαλμα στον άξονα της πρόσβασης κι έτσι η εντύπωση των απλών ανοικτών αυλών ήταν πιο έντονη.

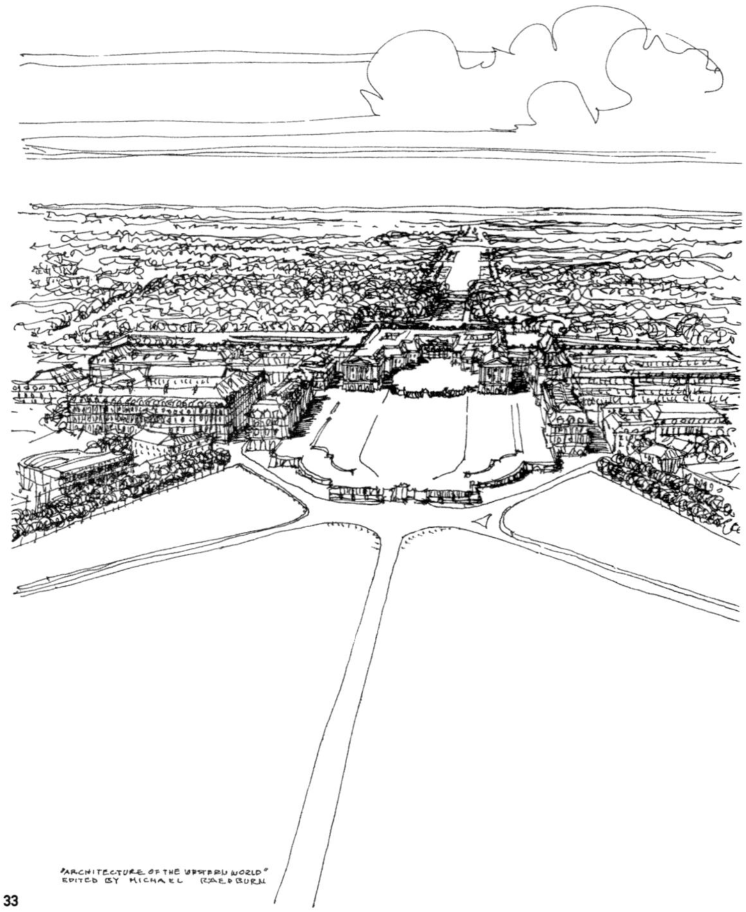

33

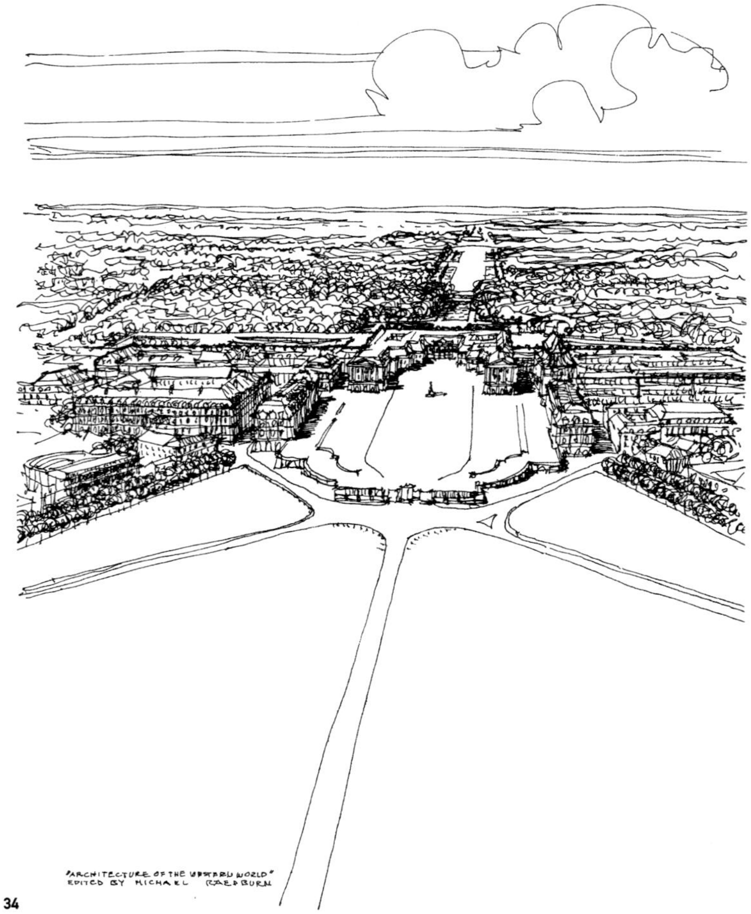

34

Versailles / Βερσαλλίες

33, 34 Versailles, as seen from the East
When seen from the other side of the composition, things differ. At the Eastern end, with the entrance courts, the palace seems to recede in the distance. The inviting arms of the palace wings, stretching out to welcome visitors and the three avenues, pointing to the seat of absolute authority, from which all life emanates, don't seem capable of preventing the feeling of remoteness. This is a Baroque translation of Ancient Egyptian temple architecture. With the removal of one of the metal fences and its replacement by the statue of Louis IIV, this impression has been blunted.

33, 34 Βερσαλλίες, άποψη από ανατολικά
Από το ανατολικό άκρο της σύνθεσης, εκεί όπου βρίσκεται η επίσημη είσοδος, το ανάκτορο δείχνει απόμακρο και δυσπρόσιτο, παρά τη μεγάλη αγκαλιά και τις πτέρυγες που απλώνονται για να προϋπαντήσουν τον επισκέπτη και παρά τους ακτινωτούς οδικούς άξονες που συγκλίνουν προς την έδρα της απόλυτης εξουσίας, από όπου πηγάζει όλη η ζωή της χώρας. Μια Μπαρόκ εκδοχή της αρχιτεκτονικής των ναών των αρχαίων Αιγυπτίων. Όταν αργότερα αφαιρέθηκε το δεύτερο κιγκλίδωμα και αντικαταστάθηκε με το άγαλμα του Λουδοβίκου ΙΔ΄ (βλ. εικ. **34**), η εντύπωση του απρόσιτου αμβλύνθηκε.

Other palaces, towns and cities

It is not surprising that Versailles became the prototype for many palaces, like Nymphenburg near Munich or Stupinigi near Turin, but also of cities, as in St Petersburg, Dresden or Karlsruhe, that were designed half a century later, as well as many other towns in Central Europe.
The radial system of the Baroque can be found on a more restricted scale in Piazza del Popolo in Rome, as well as in the plan of Washington D.C. in the U.S.A. or of Athens, Greece. But we shall analyze these two capital cities, as well as Baron Haussmann's great interventions with the opening up of the avenues in Paris, in the following chapters.

Άλλα ανάκτορα και πόλεις

Δεν είναι απορίας άξιον που οι Βερσαλλίες υπήρξαν το πρότυπο για πολλά ανάκτορα, όπως του Νύμφενμπουργκ κοντά στο Μόναχο και το Στουπινίτζι στην Ιταλία, αλλά και πόλεις, όπως η Αγία Πετρούπολη, η Δρέσδη και η Καρλσρούη, που σχεδιάστηκαν 50 χρόνια αργότερα, καθώς και πολλές άλλες της κεντρικής Ευρώπης.
Το ακτινωτό σύστημα του Μπαρόκ βρίσκουμε επίσης σε σμίκρυνση στην πιάτσα ντι Πόπολο στη Ρώμη, αλλά ακόμα και στο σχέδιο της Ουάσινγκτον στις Η.Π.Α., καθώς και στο σχέδιο των Κλεάνθη και Σάουμπερτ για την Αθήνα. Για τις δύο αυτές πρωτεύουσες θα μιλήσουμε αναλυτικότερα πιο κάτω, καθώς και για τις μεγάλες διανοίξεις του Ωσμάν (Haussmann) στο Παρίσι.

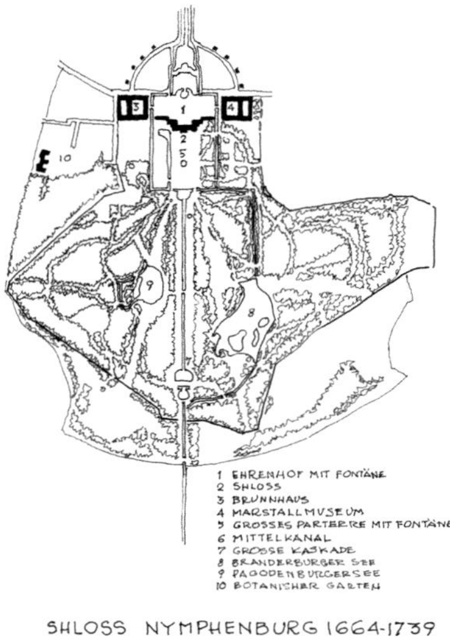

35

36

Nymphenburg / Νύμφενμπουργκ

35 Nymphenburg, 1664-1674 outside Munich, architect A. Barelli
The gardens were redrawn from 1801 to 1823 by Friedrich Ludwig von Sckell according to the French prototypes.
35 Νύμφενμπουργκ 1664-1674, έξω από το Μόναχο. Αρχιτέκτων Α. Μπαρέλι
Οι κήποι ξανασχεδιάστηκαν το 1804-23 από τον Φ.Λ.Φον Σελ σύμφωνα με τα γαλλικά πρότυπα.

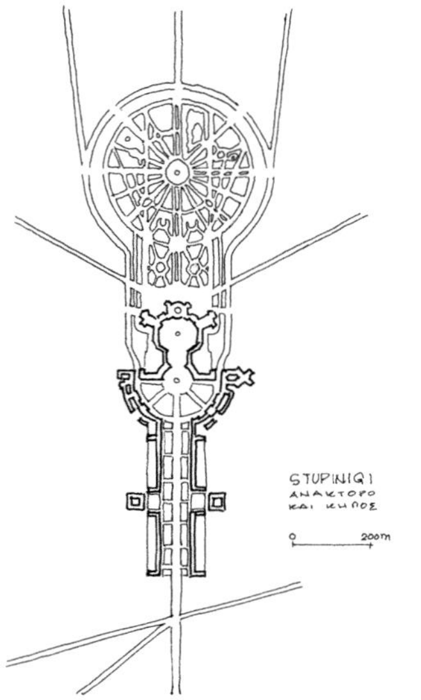

37

Nymphenburg

The example of the Sun King of France found quite a number of imitators among the local princelings throughout Europe, as has already been mentioned. Fortunately for them and their subjects, who had to cover the expenses, on a much more restricted scale. One classic example is the palace of Nymphenburg next to the city of Munich. In this case the area does not exceed 1,700 m in length. Unfortunately Le Nôtre's talent is absent.

Νύμφενμπουργκ

Το παράδειγμα του βασιλιά Ήλιου της Γαλλίας έσπευσαν να μιμηθούν, όπως ήδη αναφέρθηκε πιο πάνω, διάφοροι μικρότεροι πρίγκιπες της Ευρώπης. Ευτυχώς γι' αυτούς και για τους υπηκόους τους που καλούνταν να καλύψουν τις δαπάνες, σε πολύ μικρότερη κλίμακα. Ένα από τα κλασικά παραδείγματα είναι το ανάκτορο του Νύμφενμπουργκ στο Μόναχο. Εδώ το συγκρότημα φτάνει τα 1.700 μ. σε μήκος. Δυστυχώς λείπει το ταλέντο του Λε Νοτρ, οπότε οι αχανείς εκτάσεις που το απαρτίζουν δεν έχουν τίποτα το επιβλητικό.

Stupinigi / Στουπινίτζι

36, 37, 38 Stupinigi, near Turin, 18th century
The Baroque design in all its grandeur. A scale fit for horsemen and carriages only. The scale and the shape of the hunting grounds of late Baroque influenced town planning up to the 20th century.The palace of Stupinigi and its grounds are typical of the Baroque concept of a hunting lodge layout. The center of the radial design of the garden was the meeting place for the gentlemen hunters. At the same time the guards with their hornes frightened the game and led them into the radiating avenue, easy prey for the hunters. The central axis of the composition is 1,300 m long; 700 m are taken up by the building and its auxiliaries.
36, 37, 38 Στουπινίτζι, κοντά στο Τορίνο, 1729-1733
Το ανάκτορο του Στουπινίτζι με τους κήπους του είναι χαρακτηριστικό δείγμα της αντίληψης του Μπαρόκ για τη διάταξη κυνηγετικού περιπτέρου. Ο κεντρικός άξων της σύνθεσης έχει μήκος 1.300 μ. Τα 300 μ. καταλαμβάνονται από το κτίριο και άλλα 400 από τα βοηθητικά του κτίσματα. Κυριαρχεί και εδώ η αίσθηση του αχανούς. Η μορφή και η έκταση των κυνηγετικών κήπων του όψιμου Μπαρόκ καθώς και η κλίμακα τους, που αρμόζει μόνον σε ιππείς και άμαξες, επηρέασαν την πολεοδομική σκέψη όχι μόνο του 19ου αλλά ακόμα και του 20ού αι.

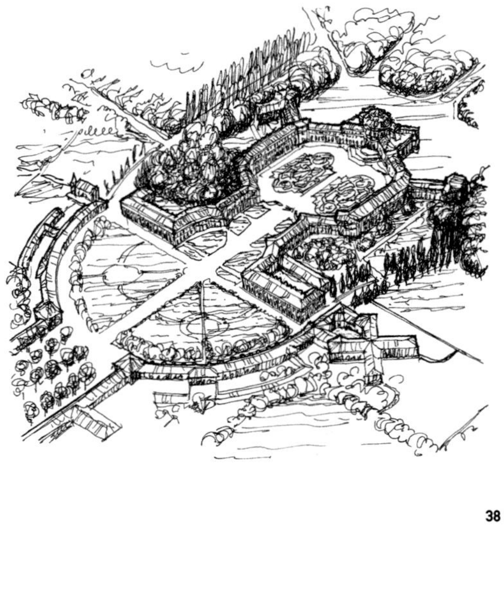

38

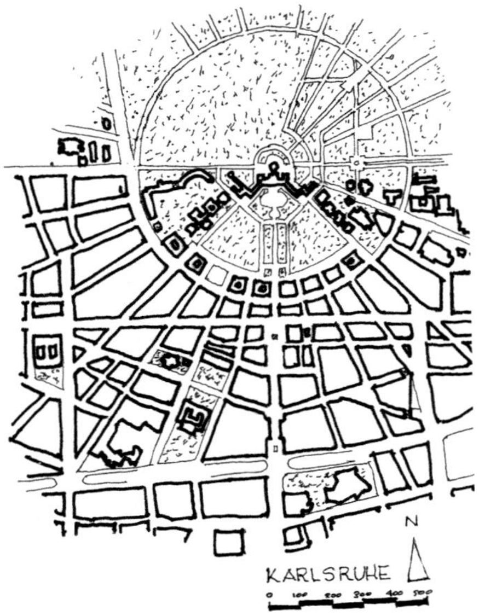

39

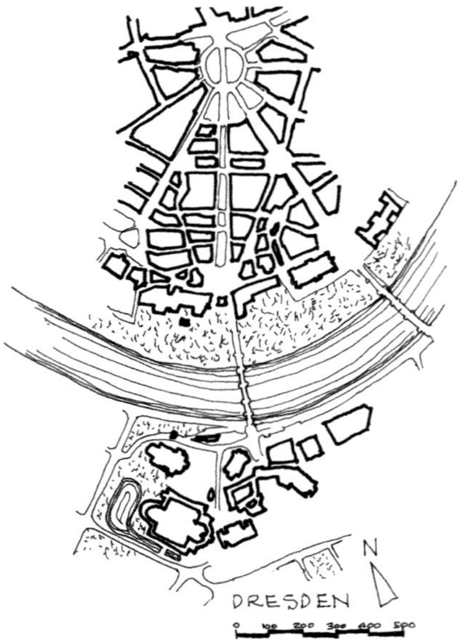

40

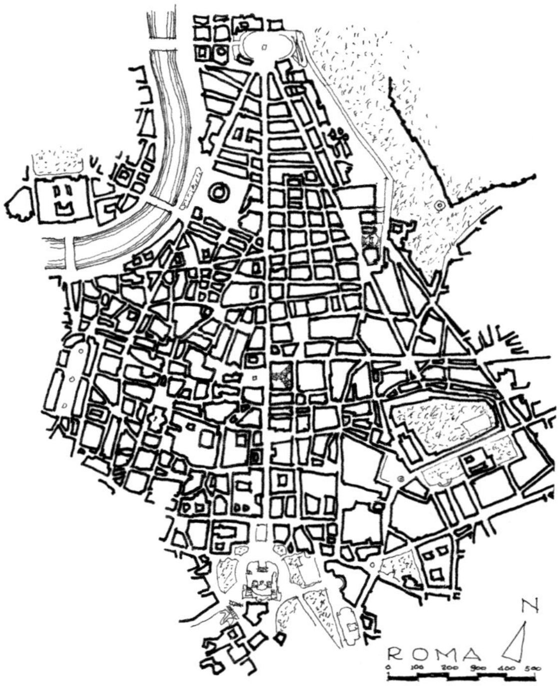

41

42

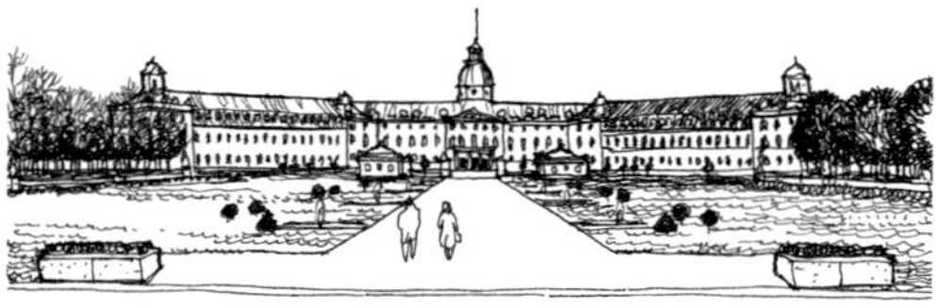

43

Karlsruhe, Dresden / Καρλσρούη, Δρέσδη

39 Karlsruhe, 1715
The Baroque radial system carried to its extreme. The origin of the design from the parks of the great French estates is clearly distinguishable. But the size is rather more human.

39 Καρλσρούη, 1715
Το ακτινωτό σύστημα του Μπαρόκ σε όλη του τη δόξα. Η καταγωγή αυτού του σχεδίου από τα πάρκα στα μεγάλα γαλλικά φέουδα είναι προφανής. Η κλίμακα απλώς είναι λίγο πιο ανθρώπινη.

40 Dresden, 18th century
Many European cities were influenced in their design by the palace of Versailles. Such is the city of Dresden with its three main radiating arteries.

40 Δρέσδη, 18ος αι.
Πολλές είναι οι ευρωπαϊκές πόλεις που επηρεάστηκαν από το ανάκτορο των Βερσαλλιών, όπως η Δρέσδη με τους τρεις βασικούς άξονές της.

41 Rome, piazza del Popolo, 1793
Here again we find the influence of Versailles. Project by Giuseppe Valadier.

41 Ρώμη, πιάτσα ντελ Πόπολο, έργο του Τζουζέπε Βαλαντιέ, 1793
Η επιρροή των Βερσαλλιών είναι φανερή.

42 Karlsruhe, 1987
The city today is endowed with modern buildings of rather dubious architectural quality to some extent but all roads still lead to the palace.

42 Καρλσρούη, 1987
Στη σημερινή Καρλσρούη τα κτίρια μπορεί να είναι κατά το πλείστον σύγχρονα και αμφίβολης αρχιτεκτονικής ποιότητας, οι δρόμοι όμως εξακολουθούν να οδηγούν προς το ανάκτορο.

43 Karlsruhe, 1715, the palace
The restricted dimensions of the plan do not prevent the sense of emptiness that follows the Baroque design.

Rome

A striking example of the three-pronged system can be found in Rome, carried out between 1793 and 1814, according to the plans of Guisepe Valadier. The three radial avenues start from the Piazza del Popolo in a southward direction on a central axis, Via del Corso, of a length of over 1,5 km which ends at the Piazza Venezia. On the left is Via Pireta, next to the mausoleum of the Roman emperor Augustus, and on the right Via Babouino that reaches beyond the Piazza di Spagna and ends at the Piazza del Quirinale.

Ρώμη

Μια από τις πιο χαρακτηριστικές εφαρμογές των τριών ακτίνων σε μεγάλη πόλη βρίσκουμε στη Ρώμη, βάσει σχεδίου του Τζουζέπε Βαλαντιέ (Giuseppe Valadier), που ξεκίνησε το 1793 και αποπερατώθηκε το 1814. Από την πιάτσα ντελ Πόπολο ξεκινούν οι τρεις άξονες-ακτίνες, περίπου από βορρά προς νότο, με κεντρικό τη βία ντελ Κόρσο, μήκους πάνω από 1,5 χλμ., που καταλήγει στην πιάτσα Βενέτσια, αριστερό άξονα τη βία Ριπέτα που περνά από το μαυσωλείο του Αυγούστου, και δεξιό άξονα τη βία Μπαμπουίνο που περνά από την πιάτσα ντι Σπάνια.

43 Καρλσρούη, 1715, το ανάκτορο
Παρά τη μικρή κλίμακα, υπάρχει η εντύπωση του αχανούς. Φυσικό επακόλουθο αλλά και πρόθεση του Μπαρόκ σχεδιασμού.

Saint Petersburg

In 1703 Czar Peter the Great founded Saint Petersburg, on the mouth of the river Neva on the Baltic sea, after drying the marshes, on the basis of the Baroque prototype. Within 12 years the new city had grown to such an extent that Peter the Great proclaimed it the capital of the Russian Empire.
In St Petersburg, as in Versailles, the three radiating axes start from the seat of central authority and national prestige. In this case the Admiralty Building. All similarities end there. In terms of scale, a stark gigantism prevails throughout.

Αγία Πετρούπολη

Το 1703 ο τσάρος πασών των Ρωσιών, Πέτρος ο Μέγας, αφού αποξήρανε τους βαλτότοπους στις εκβολές του ποταμού Νέβα στη Βαλτική, ίδρυσε την Αγία Πετρούπολη βάσει των προτύπων του Μπαρόκ. Μέσα σε δώδεκα χρόνια η πόλη είχε ήδη αναπτυχθεί τόσο πολύ, που το 1715 ο Πέτρος ο Μέγας την ανακήρυξε πρωτεύουσα της Ρωσικής Αυτοκρατορίας.
Στην Αγ. Πετρούπολη, όπως και στις Βερσαλλίες, οι τρεις ακτίνες εκκινούν από την έδρα της κεντρικής εξουσίας και του εθνικού γοήτρου, που στην προκειμένη περίπτωση συμπίπτει με τη ναυτική δύναμη, κι ως εκ τούτου με το κτίριο του Ναυαρχείου. Εδώ, όμως, σταματούν όλες οι ομοιότητες. Αντί για τις λεπτές διαφοροποιήσεις της κλίμακας, υπάρχει ένας έντονος γιγαντισμός.

44

St Petersburg / Αγία Πετρούπολη

44 St Petersburg, 1703-1712, the area around the Admiralty building and the Winter Palace
The central square, of more than one km in length, has a minimum width of 150 m and a maximum one of 400 m. This great space was never meant as a town square. It was used as a parade-ground. Today it is more a park than a square.

44 Αγία Πετρούπολη, η περιοχή γύρω από τα χειμερινά ανάκτορα και το κτίριο του Ναυαρχείου
Η κεντρική πλατεία των Δεκεμβριστών, μήκους πάνω από 1 χλμ. και πλάτους που κυμαίνεται από 150 έως 400 μ., ποτέ δεν ήταν πραγματική πλατεία. Άλλοτε ήταν χώρος στρατιωτικών επιδείξεων και σήμερα θα τον χαρακτηρίζαμε μάλλον άλσος.

45, 46 St Petersburg, 1703-1712, the radial avenues
The three radiating avenues form a much wider angle than those of the Versailles prototype. The northern avenue "Nevsky Prospekt", the most important one, is more than 3 km long. In St Petersburg, as in Versailles, the three rays emanate from the seat of National authority and prestige which in this case is represented by sea power, hence the Admiralty Building. But here all resemblances end. None of the subtleties in the scale of the various parts can be found. There is a pervading streak of gigantism.

45, 46 Αγία Πετρούπολη, 1703, οι ακτινωτές λεωφόροι
Οι τρεις ακτινωτές λεωφόροι σχηματίζουν γωνία κατά πολύ ευρύτερη του προτύπου των Βερσαλλιών.
Η βορειότερη λεωφόρος, η Νιέβσκι Προσπέκτ, όπως αργότερα και στην Ουάσινγκτον, η λεωφόρος Πενσυλβάνια, είναι η πιο σημαντική, με μήκος άνω των 3 χλμ.

45

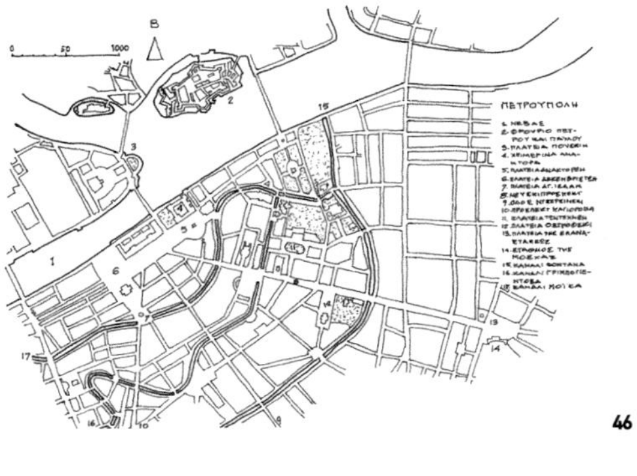

46

Paris

The middle of the 19th century saw in Paris the opening up of the most extensive system of avenues that was ever achieved in Western Europe, but the main axes were already there. The Champs Elysées axis of a length of more than 2,000 m, from the Concord square to the Étoile and another 1,000 m from the Concord square to the Louvre, existed since the 17th century. The perpendicular axis, like the one from the Madelaine to the Palais Bourbon, with the Concord square in between, 1,000 m long, as well as the Invalides one, were already there when Haussmann realized his beautification of Paris. The last of the great axes in central Paris, is the Champs de Mars of a length of 1,500 m, between the École Militaire and Palais de Chaillot with the Eiffel Tower, 300 m high, standing near its centre since 1889.

From the Étoile, lying on the Champs Elysées, a number of avenues radiated to the surrounding forest. The Champs Elysées axis starts from the Tuileries Palace –later replaced by the Palais du Louvre designed by Monsard– and continued along the northern river bank of the Seine. As the city of Paris grew, the Champs Elysées became an avenue. But what an avenue! 70 m wide, just what Napoleon required for triumphal parades of his armies. Consequently he commissioned his architect François Chalgrin to design the greatest triumphal arch ever build, 45 m wide and 50 m in height. Work began in 1806 in the middle of the Étoile. The arch was completed 30 years later and received the ashes of the Emperor in 1840. In this way an axis of 3,500 m was completed in the heart of modern Paris equal in length to the Versailles central axis, from the palace to the end of the Grand Basin.

To the main axis of the Champs Elysées, as has already been mentioned, two more restricted ones were added, at a right angle more or less. The axis of the Concord, starting from the Madeleine Church, towards the House of the Parliament at the other side of the Seine river on the left, and the axis from Clemençeau square towards the Invalides, again on the left river bank of the Seine. The first of these two axes has a length of 1 km, while the second one of 1.5 km. The whole layout was finished when the main axis of the Étoile was completed, at the Trocadero, with the Palais de Chaillot. From there a parallel axis 2 km in length, starts toward the Champs Elysées, passing under the Eiffel Tower and ending at the École Militaire and the Fontenoy square, at the Unesco Building, crossing the Champs de Mars. This last axis is crossed further on by the Invalides axis of 800 m in length at Breteuil square.

This grandiose urban design as it is today does not lack a certain charm but still can only be understood by reading a map. When one walks along one of the avenues it is hardly perceptible. Man is too small and gets lost in its magnificence.

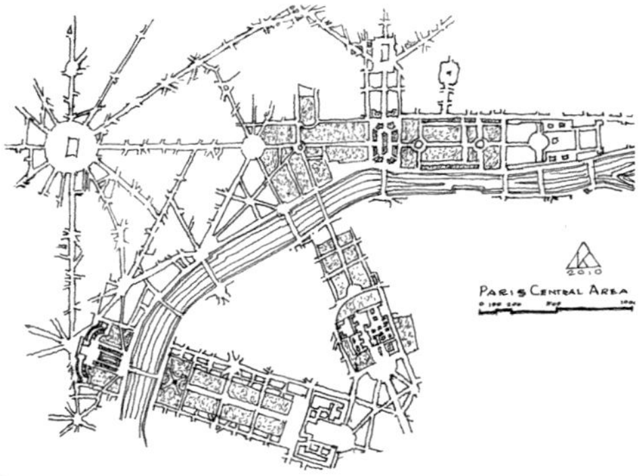

48

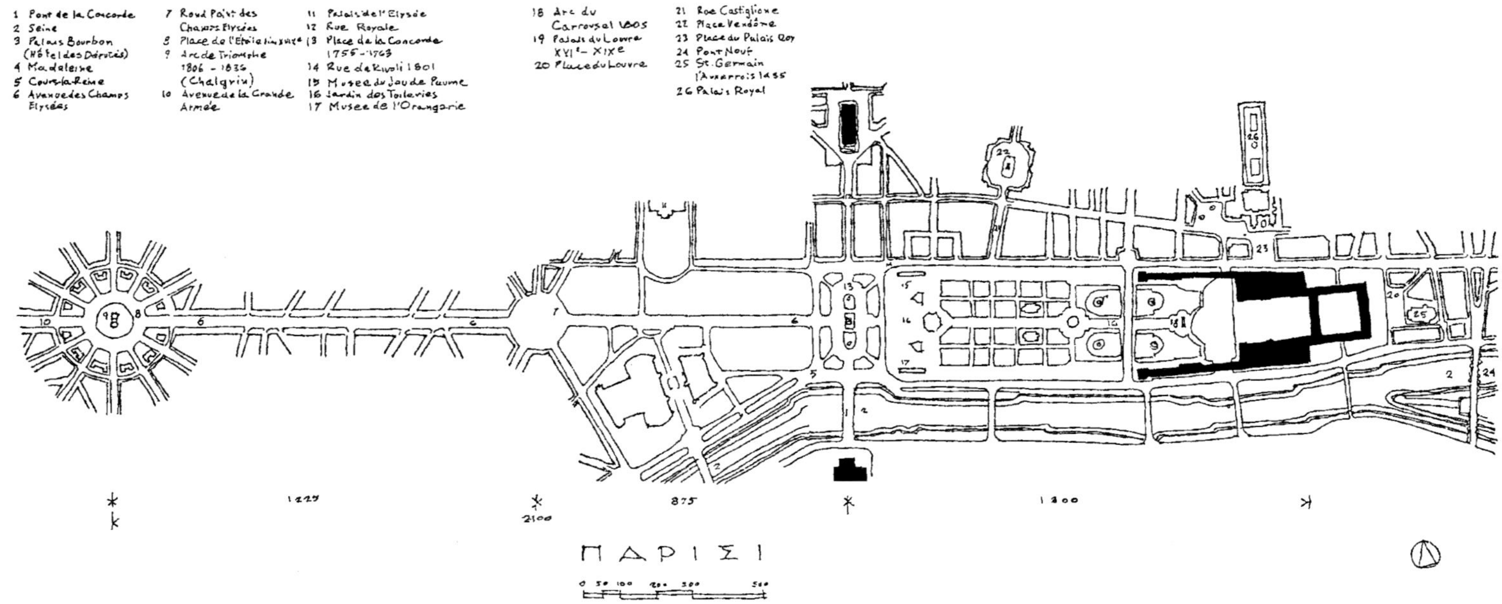

47

Paris / Παρίσι

47 Paris, 19th century, the Étoile and the great axis (place de l'Étoile)
The distance between the Louvre and the Étoile is 3.5 km.

47 Παρίσι, 19ος αι. Ο κύριος άξων Λούβρο-Ετουάλ
Ολικό μήκος 3.500 μ.

48 Paris, 19th century, the Étoile and the great axis
As the city of Paris expanded during the 18th century, the Royal estates to the West of the Louvre were incorporated in the urban tissue. This promoted the Rond Point road junction from a special hunting ground feature into the emblem of urban elegance. Thus the Paris Étoile, which from a traffic circulation point of view is catastrophic, has proliferated in most new cities for the last three centuries. Between the Louvre and the Étoile there are several minor axes: the Palais Bourbon - Concorde - Madeleine axis, the Hôtel des Invalides - Grand Palais axis and a little further out of the way the École Militaire - Eiffel Tower - Palais de Chaillot - Place du Trocadéro axis.

48 Παρίσι, 19ος αι., η Ετουάλ και οι μεγάλοι άξονες
Τον 18ο αι., καθώς η πόλη του Παρισιού επεκτεινόταν, τα βασιλικά κτήματα στα δυτικά του Λούβρου ενσωματώθηκαν στον αστικό ιστό. Με αυτόν τον τρόπο, η ακτινωτή διασταύρωση, το rond point, από ένα ειδικό κηποτεχνικό στοιχείο συνδεδεμένο με το αριστοκρατικό κυνήγι εξελίχθηκε σε σύμβολο πολεοδομικής κομψότητας. Έτσι η Ετουάλ, το Αστέρι του Παρισιού, που από άποψη κυκλοφοριακή είναι μια σκέτη καταστροφή, άρχισε να πολλαπλασιάζεται ακατάπαυστα και να εμφανίζεται ως κύριο χαρακτηριστικό στις περισσότερες νέες πόλεις που σχεδιάστηκαν κατά τους τελευταίους τρεις αιώνες. Μεταξύ του Λούβρου και της Ετουάλ αναπτύχθηκε μια δέσμη από μικρότερους άξονες. Τέτοιοι είναι ο άξονας Παλαί Μπουρμπόν - Κονκόρντ - Μαντλέν, ο άξονας Οτέλ ντεζ Ενβαλίντ - Γκραν Παλαί και λίγο πιο απόμακρα ο άξων Εκόλ Μιλιταίρ - Τουρ Εφέλ - Παλαί ντε Σαγιό.

Παρίσι

Στα μέσα του 19ου αι. πραγματοποιήθηκαν στο Παρίσι οι μεγαλύτερες διανοίξεις που έγιναν ποτέ σε πόλη της Ευρώπης, αλλά οι κύριοι άξονες υπήρχαν ήδη. Ο άξονας των Ηλυσίων (Champs Elysées) –μήκους 2.100 μ. από την Κονκόρντ ώς την Ετουάλ, και 1.000 μ. από την Κονκόρντ έως το Λούβρο– υπήρχε από τον 17ο αι. Οι κάθετοι άξονες, όπως της Κονκόρντ –σχεδόν 1.000 μ. μεταξύ της Βουλής, δηλαδή του πρώην ανακτόρου των Βουρβόνων (Palais Bourbon), και του ναού της Μαντλέν– καθώς και ο άξονας των Ενβαλίντ (Invalides), δεν άργησαν να πραγματοποιηθούν και υπήρχαν ήδη όταν έγιναν οι διανοίξεις του Ωσμάν. Ο τελευταίος από τους μεγάλους άξονες του κέντρου τού Παρισιού είναι το Πεδίον του Άρεως (Champ de Mars), μήκους 1.500 μ., μεταξύ της Στρατιωτικής Σχολής (École Militaire) και του Παλαί ντε Σαγιό. Στη μέση περίπου του άξονα αυτού βρίσκεται από το 1889 ο Πύργος του Άιφελ με ύψος 300 μ.

Από την Ετουάλ, που, όπως είπαμε πιο πάνω, βρίσκεται στον άξονα των Ηλυσίων Πεδίων, ξεκινούσαν ακτινωτά μια δέσμη από αλέες προς το δάσος ολόγυρα. Ο άξονας αυτός άρχιζε από το κέντρο των ανακτόρων του Κεραμεικού (Tuileries), που κάποτε κατεδαφίστηκαν αφού πρώτα ενώθηκαν με το ανάκτορο του Λούβρου, με πτέρυγες σχεδιασμένες από τον Μονσάρ (Mansard). Ακολούθως διέσχιζε τον κήπο του Κεραμεικού περνώντας μέσα από αψίδα και συνέχιζε κατά μήκος του Σηκουάνα. Με τον καιρό η πόλη άρχισε να επεκτείνεται κατά μήκος των Ηλυσίων Πεδίων και να μετατρέπει τον άξονα αυτόν σε αστική λεωφόρο. Αλλά τι λεωφόρο! 70 μέτρα πλάτος! Ό,τι χρειαζόταν για τις θριαμβευτικές παρελάσεις του στρατού του Ναπολέοντα. Έτσι, ο αυτοκράτορας έδωσε εντολή στον αρχιτέκτονα Φραγκίσκο Σαλγκράν (Francois Chalgrin) και το 1806 άρχισε στη μέση της Ετουάλ η κατασκευή της μεγαλύτερης αψίδας θριάμβου που είχε γίνει ποτέ, πλάτους 45 μ. και ύψους 50 μ., η οποία αποπερατώθηκε τελικά 30 χρόνια αργότερα, για να δεχθεί το 1840 τις στάχτες του Ναπολέοντα. Με τον τρόπο αυτόν ολοκληρώθηκε ένας άξονας 3.500 μ. στην καρδιά του Παρισιού, ίδιος σε μήκος με τον κεντρικό άξονα των Βερσαλλιών από τα ανάκτορα έως το τέλος της Μεγάλης Δεξαμενής.

Ο άξονας των Ηλυσίων Πεδίων, όπως ήδη αναφέρθηκε, συμπληρώθηκε με άλλους δύο πολύ μικρότερους, περίπου κάθετους προς αυτόν. Τον άξονα της Κονκόρντ, από τον ναό της Μαντλέν προς το κτίριο της Βουλής στην άλλη όχθη του Σηκουάνα, την αριστερή, και τον άξονα της πλατείας Κλεμανσώ προς Ενβαλίντ, πάλι στην αριστερή όχθη του Σηκουάνα. Οι δύο αυτοί άξονες έχουν μήκος, ο μεν πρώτος 1 χλμ., ο δε δεύτερος 1,5 χλμ. Η σύνθεση συμπληρώθηκε όταν ο κύριος κάθετος άξονας της Ετουάλ ολοκληρώθηκε στο Τροκαντερό με το Παλαί ντε Σαγιό, από όπου ξεκινά σχεδόν παράλληλος άξονας προς τα Ηλύσια Πεδία, 2 χλμ. μήκος, ο οποίος περνά κάτω από τον Πύργο του Άιφελ και καταλήγει στη Στρατιωτική Σχολή και την πλατεία Φοντεναί, όπου και το κτίριο της Ουνέσκο, διασχίζοντας το Πεδίον του Άρεως. Ο άξονας αυτός διασταυρώνεται στη συνέχεια με τον άξονα των Ενβαλίντ, μήκους κάπου 800 μ., στην πλατεία Μπρετέιγ.

Η όλη αυτή σύνθεση με την αναμφισβήτητη μεγαλοπρέπειά της αλλά και τη χάρη της, τελικά διαβάζεται μόνο στον χάρτη. Επί τόπου, όταν περπατάς, είναι σχεδόν αδύνατο να την αντιληφθείς. Ο άνθρωπος είναι πολύ μικρός και χάνεται μέσα στο μεγαλείο της.

49

50

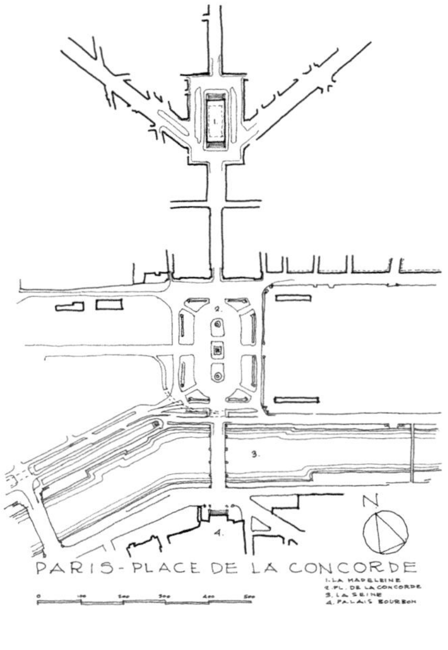

51

Paris / Παρίσι

49-51 Paris, secondary axis. From Palais Bourbon to the Madeleine, 1 km long
49 The Place de la Concorde towards the Madeleine: The axis is there, but is the square a real square?
50 The Madeleine beyond the Place de la Concorde.
51 1. Madeleine, 2. Place de la Concorde, 3. Pont de la Concorde, 4. Palais Bourbon.

49-51 Παρίσι, οι δευτερεύοντες άξονες. Από το Παλαί Μπουρμπόν έως την Μαντλέν, μήκος 1.000 μ.
49 Η πλατεία Ομονοίας βλέποντας προς την Μαντλέν: ο άξονας είναι πραγματικότητα, η πλατεία όμως είναι πραγματική πλατεία;
50 Η εκκλησία της Μαντλέν όπως φαίνεται από την πλατεία Ομονοίας.
51 1. Μαντλέν, 2. Πλατεία Ομονοίας (Κονκόρντ), 3. Γέφυρα της Κονκόρντ πάνω από τον Σηκουάνα, 4. Παλαί Μπουρμπόν.

52

53

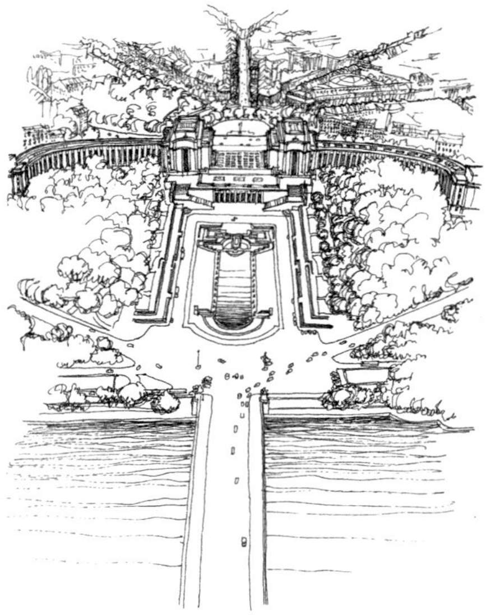

54

55

Paris / Παρίσι

52, 53, 54, 55 The axis Palais de Chaillot - École Militaire and the Eiffel Tower

52 The École Militaire can scarcely be perceived under the arch at the base of the tower. The secondary axes are also majestic.

53 Paris, Arc de Triomphe, the view from the Jardin des Tuileries

In the distance hidden by a water spring and an obelisque and with a little imagination, one can discern the Arc de Triomph. Today 8 km away is the new finance district of the Defense (La Défense), to be discerned only with the assistance of a map.

54 The Palais de Chaillot from the Eiffel Tower.

55 The end of the École Militaire - Palais de Chaillot axis with the Eiffel Tower in the middle.

52, 53, 54, 55 Ο άξονας Παλαί ντε Σαγιό - Εκόλ Μιλιταίρ και ο Πύργος του Άιφελ

52 Στο βάθος, κάτω από την αψίδα της βάσης του πύργου, διακρίνεται με δυσκολία η Εκόλ Μιλιταίρ. Και οι δευτερεύοντες άξονες έχουν τη μεγαλοπρέπειά τους.

53 Παρίσι, η Αψίδα του Θριάμβου από τον κήπο του Κεραμεικού

Στο βάθος, κρυμμένη πίσω από ένα σιντριβάνι κι έναν οβελίσκο, με λίγη φαντασία μπορεί κανείς να διακρίνει την Αψίδα του Θριάμβου. Στον ίδιο άξονα, στα 8 χλμ., βρίσκεται το οικονομικό κέντρο της Ντεφάνς, αλλά αυτό μόνο στον χάρτη γίνεται αντιληπτό.

54 Το Παλαί ντε Σαγιό από τον Πύργο του Άιφελ.

55 Το άκρο του άξονα Παλαί ντε Σαγιό - Εκόλ Μιλιταίρ, με τον Πύργο του Άιφελ στο μέσον.

Washington D.C. and modern Athens. L'Enfant and Kleanthis

When Washington D.C. and later modern Athens were being planned, they did not belong to autocratic regimes, but they still followed the trends of the times; the all-conquering power of fashion. Democracies could not fall short of despotism, at least as far as town planning was concerned. Thus L'Enfant in 1790, and Kleanthis with Schaubert 40 years later, followed the fashion, introducing radiating avenues and a central axis into the otherwise rectangular Hippodamian road system of their plans. The scale of these two capital cities is completely different. Gigantic in Washington D.C., where L'Enfant intended to cover all future needs, restricted in Athens where the young architects had no firsthand experience of Versailles and were used to the substantially restricted size of German cities.

But the similarity does not stop here. There is a strange repetition in the planning of the two capital cities. Within two years from the start of his work on the plans of Washington D.C., L'Enfant was removed from the design of the new capital by the town planning committee and the job was entrusted to others, on the pretext that L'Enfant was not advancing fast enough for the sale of land and the consequent financing of the construction of the new administration buildings. Furthermore the committee found him stubborn and high-handed in the defense of his ideas.

In the same way the plans by Kleanthis and Schaubert were handed to another architect, Leo von Klenze, in order to make it more realistic. If one examines the life of L'Enfant and Kleanthis, one discovers a number of other similarities. L'Enfant, a young architect, starts from France in 1777, full of enthusiasm for the new ideas of freedom, equality and democracy, and enlists as a volunteer in the beggarly army of George Washington in the New World, in order to fight against the imperialist forces of the king of England. G. Washington noticed him, admired his courage and self-abnegation. He is promoted and finally is discharged at the rank of Captain. After a short time spent in France, he returns to the U.S.A. where he occupies himself as an architect. When it was decided to create a new capital city on the Potomac River, Washington commissioned the plans to his friend L'Enfant and the supervision to a committee that was responsible for its materialization.

It is interesting to state that Kleanthis too started his career fighting in Rumania against the Ottoman Empire, was captured, managed to escape, reached Germany where finally he studied architecture. When he later reached liberated Greece, he was commissioned with his friend Schaubert to design the new capital, but was later dismissed because of the manipulations of land developers.

Ουάσινγκτον και Νεώτερη Αθήνα. Λανφάν και Κλεάνθης

Όταν σχεδιάζονταν η Ουάσινγκτον και η Αθήνα, δεσποτισμός εκεί δεν υπήρχε. Υπήρχε όμως η δύναμη της μόδας. Οι Δημοκρατίες δεν μπορούσαν να υστερήσουν της Απολυταρχίας, τουλάχιστον όσον αφορούσε στη μορφή των νέων πόλεων. Έτσι και ο Λανφάν (L'Enfant) το 1790 και ο Κλεάνθης, 40 σχεδόν χρόνια αργότερα, ακολούθησαν τον συρμό, εισάγοντας διαγώνιες λεωφόρους και τον κεντρικό άξονα συμμετρίας στο κατά τα άλλα ορθογώνιο ιπποδάμειο σύστημα των οδών. Η κλίμακα των δύο πόλεων είναι τελείως διαφορετική. Γιγαντιαία στην Ουάσινγκτον, όπου ο Λανφάν επέμεινε ότι το σχέδιο όφειλε να καλύψει οποιαδήποτε μελλοντική αναπτυξιακή ανάγκη, περιορισμένη στην Αθήνα, όπου ο Κλεάνθης δεν είχε τις προσλαμβάνουσες παραστάσεις από τις Βερσαλλίες από πρώτο χέρι και ήταν μαθημένος στις κατά πολύ μικρότερης κλίμακας γερμανικές πόλεις.

Υπάρχει μια περίεργη επανάληψη στην πορεία της μελέτης των δύο αυτών πόλεων. Μόλις μετά από δύο χρόνια εργασίας, ο Λανφάν εκδιώκεται από τον σχεδιασμό της πρωτεύουσας της νεαρής αμερικανικής δημοκρατίας κι η αρμόδια επιτροπή αναθέτει σε άλλους την αποπεράτωση των σχεδίων. Η δικαιολογία ήταν ότι ο Λανφάν αργούσε να τα παραδώσει, οπότε δεν μπορούσαν να προχωρήσουν στην πώληση των οικοπέδων ώστε να χρηματοδοτηθεί η οικοδόμηση των δημοσίων κτιρίων κι ότι επιπλέον ήταν πείσμων και αλαζονικός.

Το σχέδιο Κλεάνθη - Σάουμπερτ για την πρωτεύουσα του νέου ελληνικού κράτους παρεδόθη σε άλλον αρχιτέκτονα, τον Κλέντσε, για να το καταστήσει πιο ρεαλιστικό. Η ομοιότητα δεν σταματά όμως εδώ. Εάν εξεταστεί η ζωή των δύο αρχιτεκτόνων, παρατηρούνται ενδιαφέρουσες συμπτώσεις. Ο Λανφάν, νεαρός αρχιτέκτων, ξεκινά το 1777 από τη Γαλλία γεμάτος ενθουσιασμό για τις νέες ιδέες ελευθερίας, ισότητας και δημοκρατίας. Κατατάσσεται εθελοντής για να πολεμήσει στις τάξεις του στρατού των ξυπόλυτων πολεμιστών του Γεωργίου Ουάσινγκτον στον Νέο Κόσμο, εναντίον των ιμπεριαλιστών του βασιλιά της Αγγλίας. Συνδέεται με τον Ουάσινγκτον που εκτιμά το θάρρος και την αυταπάρνησή του, προάγεται και, με την επικράτηση των Αμερικανών, αποστρατεύεται με τον βαθμό του λοχαγού. Μετά από ένα σύντομο διάστημα που περνά στη Γαλλία, επιστρέφει στην Αμερική όπου ασχολείται με την αρχιτεκτονική. Όταν αποφασίζεται η ίδρυση της νέας πρωτεύουσας της Αμερικανικής Συμπολιτείας στον Ποτόμακ, ο Ουάσινγκτον αναθέτει τη μελέτη στον φίλο του Λανφάν, τη δε παρακολούθηση και διεκπεραίωση του έργου σε επιτροπή που έχει την ευθύνη της υλοποίησης.

Αντίστοιχα ο Κλεάνθης είχε ξεκινήσει την καριέρα του πολεμώντας στη Ρουμανία εναντίον των Οθωμανών και αργότερα διώχθηκε από τους οικοπεδοφάγους.

Washington D.C.

In the same way as in Paris with the central axis Louvre - La Défense, the mall in Washington D.C., starting from the Capitol and reaching the Lincoln Memorial at a distance of 3,5 km can only be perceived on a map. Here again the final pattern was developed by stages during the preceding centuries. The two perpendicular axes were there from the beginning but not at a length of 3,5 km. The decision for the design of the capital city of the U.S.A. was reached in 1790 and the original plan, as has already been stated, was entrusted to the French military engineer and architect L'Enfant. But only towards the end of the 19th century did Washington D.C. acquire its present layout, with the lengthening of the mall on marshy land reclaimed from the river Potomac.

As is often the case, the committee set up for the realization of the new capital city disagreed with the architect and dismissed him. As a result the final plans were completed by Andrew Eliot on the basis of drawings by L'Enfant.

L'Enfant's plan was grandiose. It provided for a West-East axis, as in Versailles Palace, with the Capitol at the western end on higher ground and the Potomac river at the other. From the higher Capitol ground a series of waterfalls would flow down along a canal, 2,500 m long, to the river. This plan was only partially carried out. At the end of the axis another axis, at a right angle from North to South, starting from the presidential residence, the White House, ends at the river again. On the intersection L'Enfant visualized an equestrian statue. In its place an obelisk, 165 m high, was erected as a monument to President Washington.

L'Enfant designed the city on a Hippodamian grid, on top of which he placed a second system of diagonal avenues, starting from Capitol Hill, according to the French model. The most important of these avenues is Pennsylvania Avenue, leading from the Capitol to the White House, and along which, as was originally planned, all Ministries and other government buildings were to be located.

The money collected from land auctions, was originally minimal; in the first years 50% went to the owners. As a result, between 1801, when the government moved to Washington D.C., and 1814, when the British seized and burned it, the only public buildings that had been built were the Capitol, the White House and the Ministry of Finance. There were 3,000 inhabitants (2,400 free citizens and 600 slaves approximately) and the streets were unpaved. The decision to rebuild the capital city in the same location was a bitter disappointment to congressmen, as they considered it degrading to have to sit in a wasteland although the city looked grand on paper. In 1840 Charles Dickens called Washington D.C. "the city of great intensions".

Washington D.C. grew by stages. Between 1871 and 1875, thanks to the efforts of the director of Public Works Alexander Sheppard, streets were paved, a sewage network was installed, trees were planted and, all of a sudden, Washington became the showcase of the Nation. From there on Washington D.C. continued to grow and in 1901 the Park committee recommended the implementation of L'Enfant's plan, that is still the main guide for the development of the capital.
In 1909 the remains of L'Enfant were moved first to the Capitol and finally to the Arlington cemetery of dignitaries.
Although the influence of Versailles on the plan of Washington D.C. is easily discernible, there is no relation whatsoever between these two architectural entities. The plan of Versailles with its tight design is not only fascinating, but was in its time an integral part of absolutism in both state and church, that it served and expressed. In Washington D.C. on the contrary, the whole design, as it developed, could be considered as more or less flabby, and except for its extensive expansion, does not inspire any particular sense of awe. It is obvious that gigantism is not compatible with democracy, even with a mighty one.

Ουάσινγκτον

Όπως ο «Ιστορικός Άξονας» του Παρισιού γίνεται αντιληπτός μόνο στο χαρτί, έτσι κι ο κεντρικός άξονας της Ουάσινγκτον, το Μωλ, που ξεκινά από το κτίριο του Καπιτωλίου και φθάνει μετά από 3,5 χλμ. στο μνημείο του Λίνκολν. Και εδώ η σύνθεση αναπτύχθηκε σταδιακά στον χρόνο. Οι δύο διασταυρούμενοι άξονες ήταν από την αρχή ηθελημένοι, αλλά όχι και το μήκος των 3,5 χλμ. Η απόφαση για την καινούργια πρωτεύουσα ελήφθη το 1790 και το αρχικό σχέδιο, όπως ήδη είπαμε, οφείλεται στον Γάλλο μηχανικό του στρατού, Πιερ Λανφάν, αλλά μόνον προς το τέλος του 19ου αι. πήρε το κέντρο της πόλης τη σημερινή του μορφή, με την επέκταση του Μωλ εις βάρος του ποταμού Ποτόμακ, όταν μπάζωσαν τους βάλτους. Όπως συμβαίνει συχνά, η επιτροπή για την πραγματοποίηση της πρωτεύουσας διαφώνησε με τον αρχιτέκτονα και τον απέπεμψε. Έτσι, τα τελικά σχέδια έγιναν από τον Άντριου Έλιοτ βάσει των σκίτσων του Λανφάν.
Το σχέδιο του Λανφάν ήταν μεγαλόπρεπο και προέβλεπε έναν άξονα από δυσμάς προς ανατολάς, όπως και στις Βερσαλλίες, με το Καπιτώλιο, όπως ονόμασαν το κοινοβούλιο, στη δυτική άκρη πάνω σε ύψωμα και στην απέναντι άκρη τον ποταμό Ποτόμακ. Από το ύψωμα του Καπιτωλίου προβλέπονταν καταρράκτες που θα τροφοδοτούσαν ένα κανάλι, το οποίο θα έρρεε παράλληλα με τον άξονα έως τον ποταμό, κάπου 2,5 χλμ. μακρύτερα. Τμήμα μόνον αυτής της ιδέας πραγματοποιήθηκε. Στο τέλος του άξονα αυτού, ένας άλλος άξονας, κάθετος στον πρώτο, από νότο προς βορράν, ξεκινούσε από το προεδρικό μέγαρο, τον Λευκό Οίκο, και κατέληγε στο νότιο άκρο του πάλι στο ποτάμι. Στη διασταύρωση των δύο αξόνων ο Λανφάν προέβλεπε ένα έφιππο άγαλμα. Στη θέση αυτή το 1884 στήθηκε το μνημείο του προέδρου Ουάσινγκτον, ο περίφημος οβελίσκος, ύψους 165 μ.

56

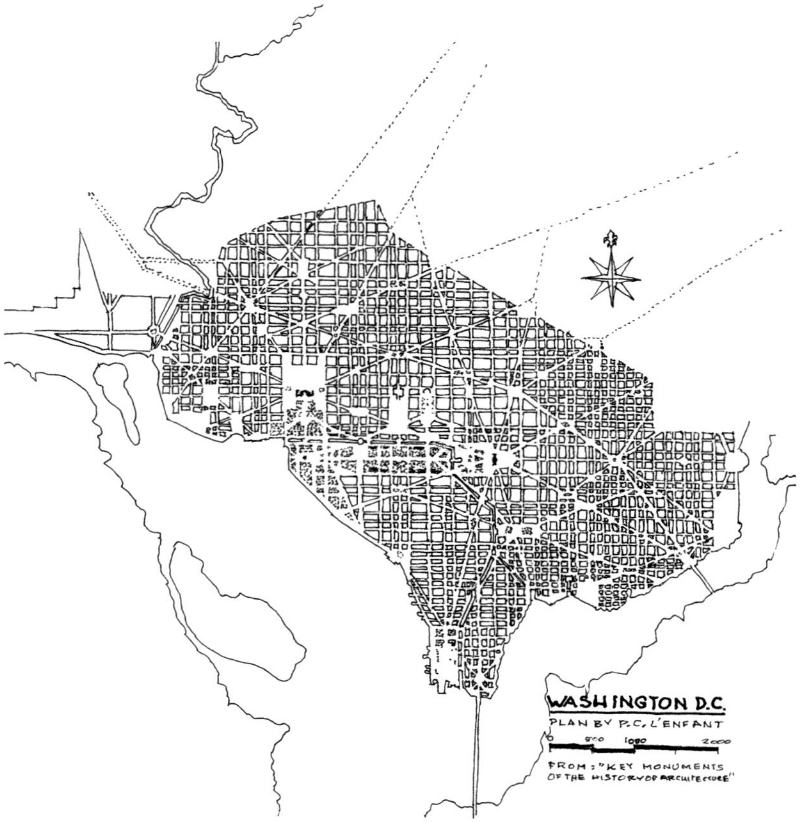

57

Washington D.C. / Ουάσινγκτον

56, 57 Washington D.C., plan by L'Enfant 1790
The mall in L'Enfant's plan was 2.5 km in length, much smaller than it is today . The central axis intersected at its end with the axis of the White House reaching the river at this point. A canal brought the river's water up to the front of the Capitol, the seat of the Congress. From this symbol of popular rule, a number of avenues radiate in all directions. The most important of these are the central axis of the mall, Pennsylvania avenue, that leads to the White House and Maryland Avenue that ends at the Potomac river.

56, 57 Ουάσινγκτον, το σχέδιο του Λανφάν, 1790
Το σχέδιο του Λανφάν προέβλεπε έναν άξονα 2,5 χλμ., πολύ μικρότερο από αυτόν που υπάρχει σήμερα, που στο άκρο του διασταυρωνόταν με τον άξονα του Λευκού Οίκου πάνω στο ποτάμι. Ένα κανάλι οδηγούσε το νερό ώς τα πόδια του Καπιτωλίου, όπου έδρευε το Κογκρέσο. Από το σύμβολο αυτό της λαϊκής διακυβέρνησης εκκινεί δέσμη από ακτινωτές οδούς και λεωφόρους προς όλες τις κατευθύνσεις. Κυριότερες από αυτές είναι ο κεντρικός άξονας του Μωλ, η λεωφόρος Πενσυλβανίας που οδηγεί στον Λευκό Οίκο, και η λεωφόρος Μέριλαντ που καταλήγει στον ποταμό Ποτόμακ.

Ο Λανφάν σχεδίασε την πόλη με ιπποδάμειο σύστημα οδών, πάνω στο οποίο τοποθέτησε ένα δεύτερο σύστημα διαγωνίων λεωφόρων, οι κυριότερες των οποίων ξεκινούν από το Καπιτώλιο, ακολουθώντας μια πρακτική που είχε προέλευση την πατρίδα του, τη Γαλλία. Η πιο σημαντική από τις διαγώνιες λεωφόρους είναι η λεωφόρος Πενσυλβανίας που οδηγεί από το Καπιτώλιο στον Λευκό Οίκο, όπου, όπως είχε αρχικά προβλεφθεί, εγκαταστάθηκαν τα υπουργεία και οι δημόσιες υπηρεσίες.

Τα χρήματα που απέδωσε ο πλειστηριασμός για την πώληση των οικοπέδων (το 50% πήγε στους ιδιοκτήτες της γης) απεδείχθησαν ελάχιστα τα πρώτα χρόνια. Έτσι, από το 1801 που μεταφέρθηκε εκεί η κυβέρνηση έως το 1814, όταν οι Άγγλοι κατέλαβαν την Ουάσινγκτον και την έκαψαν, τα μόνα δημόσια κτίρια που υπήρχαν ήταν το Καπιτώλιο, ο Λευκός Οίκος και το Υπουργείο Οικονομικών. Οι κάτοικοι ήταν 3.000 (2.400 ελεύθεροι πολίτες και 600 δούλοι περίπου) κι οι δρόμοι άστρωτοι ακόμη. Η απόφαση να ξαναχτιστεί η πόλη στην ίδια θέση απογοήτευσε βαθύτατα τα μέλη του Κογκρέσου που θεωρούσαν υποτιμητικό το να συνεδριάζουν στην ερημιά, παρ' όλο το μεγαλόπρεπο σχέδιο στο χαρτί. Το 1840 ο Άγγλος συγγραφέας Τσαρλς Ντίκενς την χαρακτήρισε «πόλη των μεγαλοπρεπών προθέσεων», και οι επισκέπτες της «πόλη των μεγαλοπρεπών αποστάσεων».

Η Ουάσινγκτον μεγάλωνε σταδιακά και, μεταξύ του 1871 και του 1875, με τη φροντίδα του διευθυντού των δημοσίων έργων, Αλεξάντερ Σέπαρντ, οι δρόμοι της στρώθηκαν, απέκτησε αποχετευτικό σύστημα, φυτεύτηκαν άλση κι έγινε διά μιας η βιτρίνα του έθνους. Συνέχισε βέβαια να αναπτύσσεται, και το 1901 η Επιτροπή των Αλσών εισηγήθηκε την αποκατάσταση του σχεδίου του Λανφάν, το οποίο εξακολουθεί να είναι ο οδηγός για την ανάπτυξη της πρωτεύουσας.

Το 1909 έγινε αποκομιδή των οστών του Λανφάν και μετά την παραμονή τους στο Καπιτώλιο, μεταφέρθηκαν στο Άρλινγκτον, το νεκροταφείο των επισήμων. Παρότι η επιρροή των Βερσαλλιών στο σχέδιο της Ουάσινγκτον είναι αντιληπτή με την πρώτη ματιά, τα δύο αυτά αρχιτεκτονικά σύνολα δεν έχουν καμία απολύτως σχέση. Το σχέδιο των Βερσαλλιών με την πυκνή του σύνθεση, δεν είναι μόνο συναρπαστικό, αλλά στην εποχή του υπήρξε αναπόσπαστο στοιχείο της απολυταρχικής και θρησκευτικής εξουσίας την οποία ενίσχυε και εξέφραζε. Αντιθέτως, στην Ουάσινγκτον η σύνθεση, όπως εξελίχθηκε, θα μπορούσε να χαρακτηρισθεί πλαδαρή και, εκτός από τη μεγάλη της έκταση, δεν προξενεί καμία ιδιαίτερη συγκίνηση. Είναι φανερό ότι ο γιγαντισμός δεν αρμόζει στη δημοκρατία, όσο κραταιή κι αν είναι.

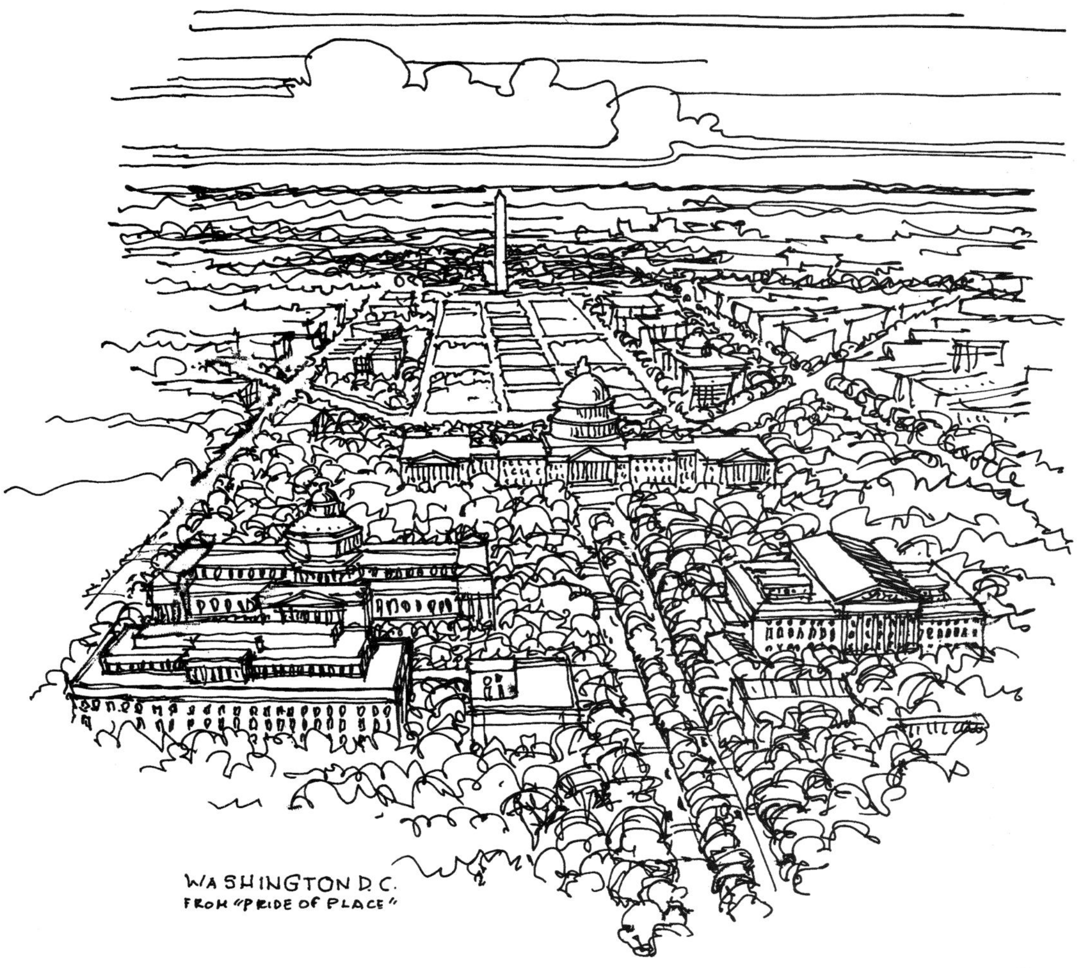

58

Washington D.C. / Ουάσινγκτον

58 Washington D.C., bird's eye view from the Capitol towards the Potomac river

58 Ουάσινγκτον, όψη από το Καπιτώλιο προς τον ποταμό Ποτόμακ, όπως είναι σήμερα
Χαρακτηριστικές οι τρεις ακτίνες-λεωφόροι.

New Athens

When the young architects S. Kleanthis and E. Schaubert, graduates of the Berlin school of Architecture, full of dreams and enthusiasm, inspired by the idea of Democracy, drew the plans for the new capital city of the young Greek state, they could not have imagined even in their wildest dreams that there would come a day that Athens would have more than 3,000,000 inhabitants.

In 1830, when they were commissioned by the Greek government, in order to draw the area of ancient Athens and its monuments, they were just 28 years old. Still Kleanthis some years earlier fought in the War of Independence in Roumania, was taken prisoner by the Ottomans, managed to escape and reached Germany, where he studied architecture while he worked to make a living.

In those days a number of Greek cities were competing with each other for the honor of becoming the capital of the new state. The Athenians, who were anxious for their town to acquire this distinction, persuaded the young architects to undertake the drawing of the plans of Athens as the capital city. Athens was then just an insignificant little town, thoroughly damaged during the war of independence. In less than a year the plans were completed and contained all the new ideas that had been developed in Europe and the New World. Their plans are characterized by three wide radiating avenues, squares, circular intersections and parks. Still the main feature was the attempt to promote the Acropolis and the ruins of antiquity as well as the human scale.

The plans drawn by the young architects were presented in 1833 and were received with great enthusiasm. There is no doubt that this influenced the decision for Athens to become the capital city of the new Greek state. To this enthusiasm, of course, contributed those Athenians, who had in mind all the advantages that they would secure for themselves. But this did not prevent them, the moment that Athens was selected as the capital city, to start a new fight. This time in order for the land allotted for public use to be restricted as much as possible and the land for sale as building lots to be as large as possible. Such was the pressure on the young king Otto, that he was obliged to invite the well-known architect Leo von Klenze from Bavaria, in order to entrust him with the task of reducing the scale of the plans. This does not differ from what happened to L'Enfant in Washington D.C. It seems that the financing of the implementation of an inspired town-plan interferes with the quality of its architecture and the fate of the architects.

Fortunately for Athens, Klenze was an architect of great capacity and talent, and although Kleanthis' and Schaubert's plan was reduced in scale, it didn't lose its quality. In today's Athens, of 3,000,000 inhabitants, only that part of the city that follows the original plan, even with some posterior interventions, enjoys an urban character of some quality. The trouble is that the elegant city, with its Neoclassical architecture as developed during the 19th century, is no longer there. Although the city was never damaged by enemy action, it fell victim to Greek greed. The two, three and four-storeys buildings of the 19th century have been replaced by multi-storey buildings, the street network has been expanded in a way to provide the greatest possible number of corner properties that could be sold more profitably. As a result, today Athens has the longest street network per square km than any other European city.

One could say that modern Athens is the city of lost opportunities. It was destroyed by its own inhabitants, or rather by the lack of affection from its inhabitants as well as from a number of correct decisions that backfired as they were badly handled. Such was the enactment of the law that imposed arcades all along street fronts in the central region of Athens. But these measures were aimed primarily at solving the problems of vehicular circulation. In this way the architecture of these arcades was left to the hands of the developers. Architecturally the only item that was controlled was the respect for minimum width and height. But the regulations controlling the minimum height and width did not take in consideration any notion of correct proportions. As a result the arcades that were imposed, far from improving the urban architecture of Athens, very often proved to be one more calamity. But all this belongs to the chapter were arcades are analyzed, for their architectural merits as well as their uses and functions.

Νεώτερη Αθήνα

Όταν οι νεαρότατοι αρχιτέκτονες Σταμάτης Κλεάνθης και Εδουάρδος Σάουμπερτ, απόφοιτοι της Αρχιτεκτονικής Σχολής του Βερολίνου, γεμάτοι όνειρα κι ενθουσιασμό, εμπνευσμένοι από την ιδέα της δημοκρατίας, εκπόνησαν το σχέδιο της νέας πρωτεύουσας για το νεοσύστατο τότε ελληνικό κράτος, ούτε στο πιο τρελό τους όνειρο δεν είχαν φανταστεί ότι η Αθήνα θα είχε κάποτε πάνω από 3.000.000 κατοίκους.

Το 1830, όταν προσλήφθηκαν από την ελληνική κυβέρνηση για να αποτυπώσουν την περιοχή των αρχαίων Αθηνών και τα απομεινάρια από τα κάποτε λαμπρά μνημεία, ήταν μόλις 28 ετών. Παρ' όλα ταύτα ο Κλεάνθης είχε προλάβει μερικά χρόνια πριν να πολεμήσει για την εθνεγερσία στη Ρουμανία και, αφού αιχμαλωτίστηκε από τους Οθωμανούς, κατάφερε να δραπετεύσει και να φτάσει στη Γερμανία, όπου σπούδασε αρχιτεκτονική ενώ παράλληλα δούλευε για να επιβιώσει.

Όλη εκείνη την εποχή διάφορες πόλεις στην Ελλάδα προαλείφονταν για πρωτεύουσα του νέου κράτους. Οι Αθηναίοι, που ανησυχούσαν για την τύχη της πόλης τους, έπεισαν τον Κλεάνθη να ζητήσει από την κυβέρνηση να του αναθέσει το σχέδιο των Αθηνών. Πράγματι, ο Κλεάνθης μαζί με τον συμμαθητή και φίλο του, Σάουμπερτ, ανέλαβαν την εκπόνηση του νέου σχεδίου. Σε λιγότερο από ένα χρόνο το σχέδιο ήταν έτοιμο και συμπεριελάμβανε όλες τις σύγχρονες θεωρίες που είχαν αναπτυχθεί τα τελευταία χρόνια στην Ευρώπη και στον Νέο Κόσμο.

Το σχέδιό τους χαρακτηρίζεται από τους ευρείς άξονες και τις πλατείες, τις διαγώνιες λεωφόρους, τα κυκλικά σταυροδρόμια και τα άλση. Το κύριο γνώρισμά του ήταν αφ' ενός η προσπάθεια ανάδειξης της Ακρόπολης κι αφ' ετέρου η ανθρώπινη κλίμακα της σύνθεσης.

Το σχέδιο των νεαρών αρχιτεκτόνων παρουσιάστηκε το 1833 και έτυχε ενθουσιώδους υποδοχής. Δεν υπάρχει αμφιβολία ότι επηρέασε την απόφαση να επιλεγεί η Αθήνα ως πρωτεύουσα του νέου ελληνικού κράτους. Σε αυτό βέβαια συνέβαλε κι η ένθερμη υποστήριξη που, όπως ήταν φυσικό, είχε από τους Αθηναίους, οι οποίοι ονειρεύονταν τα οφέλη που θα μπορούσαν να προσπορισθούν. Πράγμα που δεν τους εμπόδισε όμως, μόλις εξασφαλίστηκε η ανάδειξη της Αθήνας, μιας κατεστραμμένης από τον αγώνα πολίχνης, σε πρωτεύουσα, να αρχίσουν έναν άλλον αγώνα. Να εκμεταλλευτούν την ευκαιρία, αυξάνοντας τις οικονομικές διεκδικήσεις για τη γη που εκχωρούσαν. Οπότε έπρεπε να περιοριστεί η κλίμακα του σχεδίου Κλεάνθη - Σάουμπερτ, περιορίζοντας τη γη που θα εξυπηρετούσε κοινοφελείς σκοπούς. Τόση λοιπόν πίεση ασκήθηκε στην κυβέρνηση του νεαρού τότε βασιλιά Όθωνα, ώστε αναγκάστηκε να προσκαλέσει από τη Βαυαρία τον ξακουστό αρχιτέκτονα Λεο φον Κλέντσε για να του αναθέσει τη συρρίκνωση του σχεδίου. Η ιστορία αυτή θυμίζει τα παθήματα του Λανφάν στην Ουάσιγκτον. Τα οικονομικά της εφαρμογής των εμπνευσμένων πολεοδομικών σχεδίων φαίνεται ότι επεμβαίνουν στην Αρχιτεκτονική και στις τύχες των αρχιτεκτόνων.

Ευτυχώς για την Αθήνα, ο Κλέντσε ήταν αρχιτέκτων με ικανότητες και ταλέντο, και παρότι το σχέδιο Κλεάνθη -Σάουμπερτ πράγματι συρρικνώθηκε, δεν έχασε τις βασικές του αρετές. Στη σημερινή Αθήνα των 3.000.000 κατοίκων, η περιοχή του σχεδίου όπως εφαρμόστηκε και με μεταγενέστερες τροποποιήσεις, αποτελεί το μόνο κομμάτι της πόλης που έχει αστικό χαρακτήρα. Το κακό μόνον είναι ότι η ωραιότατη και κομψότατη πόλη με τη νεοκλασική της αρχιτεκτονική, όπως αναπτύχθηκε τον 19ο αι., δεν υπάρχει πια. Παρότι δεν υπέστη καμία καταστροφή από πολεμικές ενέργειες, έπεσε θύμα της νεοελληνικής πλεονεξίας. Τα διώροφα, τριώροφα και τετραώροφα κτίρια του 19ου αι. αντικαταστάθηκαν με δεκαώροφα, και το δίκτυο των οδών συνεχίστηκε με μόνο κριτήριο την απαίτηση να υπάρχουν πολλά γωνιακά οικόπεδα, που πουλιούνται σε συμφερότερες τιμές. Έτσι η Αθήνα σήμερα έχει το μακρύτερο οδικό δίκτυο ανά τετραγωνικό χιλιόμετρο από όλες τις ευρωπαϊκές πόλεις.

Η νεώτερη Αθήνα θα μπορούσε κανείς να πει πως είναι η πόλη των χαμένων ευκαιριών. Ναι μεν καταστράφηκε από τους ίδιους τους κατοίκους της, ή μάλλον από την έλλειψη στοργής των κατοίκων προς την πόλη τους, αλλά και από σειρά ορθών αποφάσεων που τελικά αστόχησαν. Τέτοια ήταν και η θεσμοθέτηση των στοών κατά μήκος των κυριοτέρων οδών. Το μέτρο όμως αυτό είχε μόνον κυκλοφοριακό χαρακτήρα κι έτσι η αρχιτεκτονική της στοάς αφέθηκε στα χέρια του κάθε εργολάβου. Ο αρχιτεκτονικός έλεγχος περιορίστηκε στην εφαρμογή των ελαχίστων απαιτήσεων για ύψος και πλάτος. Αλλά κι οι κανόνες που θεσπίστηκαν για το ελάχιστο ύψος και πλάτος αγνόησαν τελείως κάθε έννοια σωστής αναλογίας. Ως εκ τούτου, οι στοές από άποψη αρχιτεκτονικής όχι μόνον δεν συνέβαλαν στη μορφή της Αθήνας, αλλά σε πολλές περιπτώσεις υπήρξαν ακόμη μια συμφορά. Τα θέματα όμως αυτά ανήκουν σε άλλο κεφάλαιο, όπου θα εξετασθούν αναλυτικά από άποψη χρήσης, λειτουργίας και κυρίως αρχιτεκτονικής.

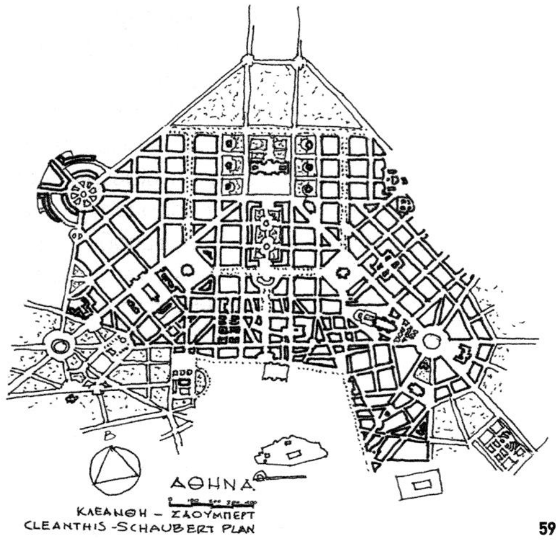

59

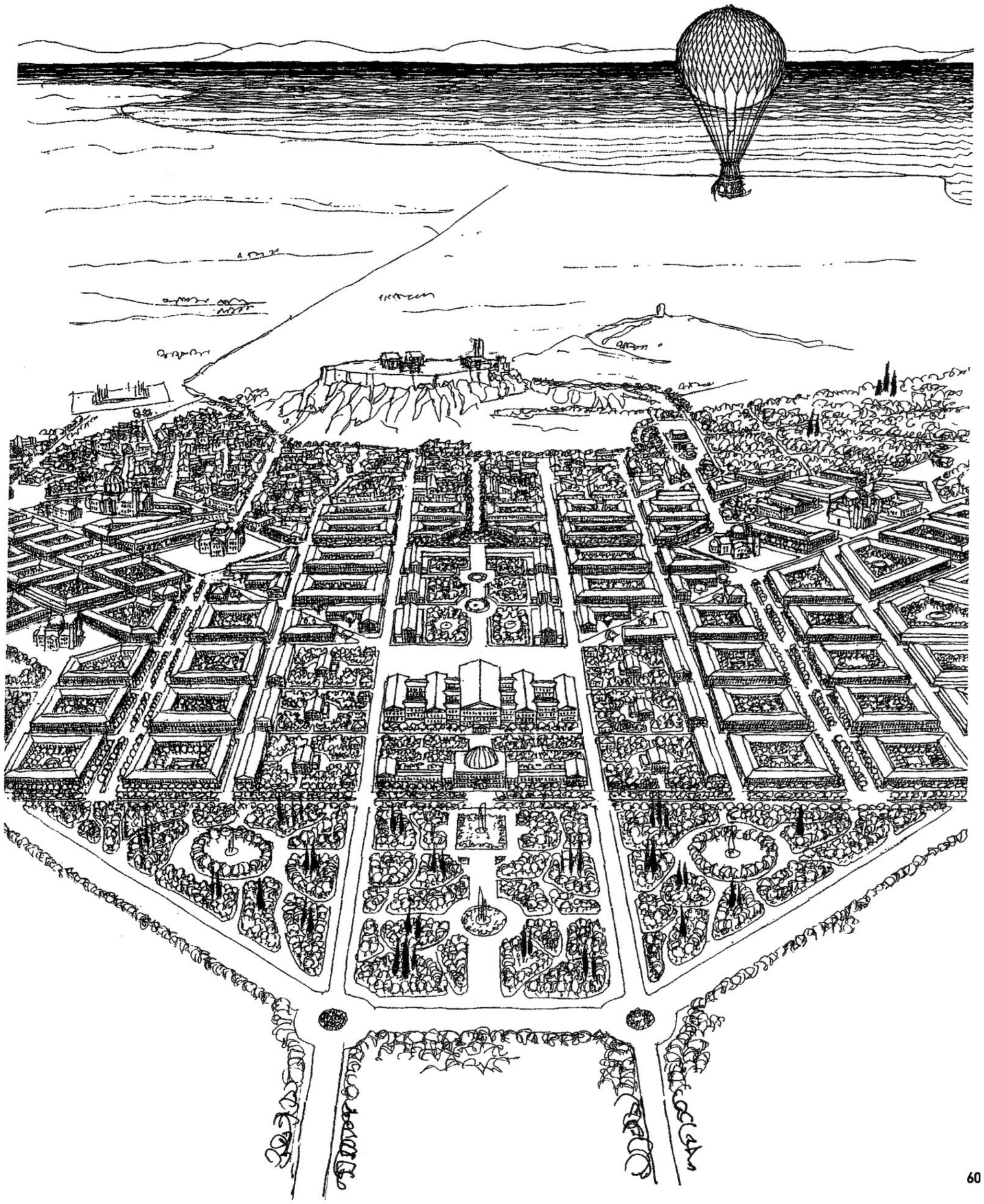

60

New Athens / Νεώτερη Αθήνα

59 Athens, plan by Kleanthis and Schaubert, 1833
The three converging axes toward the Royal Palace, a reminiscence of Versailles and St Petersburg, but at the reduced scale of Karlsruhe and Dresden. Recollections of the Baroque or a misinterpretation of Neoclasicism. The focal point of the whole composition is the palace from which, as in Versailles, emanates all authority. The central axis leads to the entrance of the Acropolis sanctuary.

59 Αθήνα, το σχέδιο των Κλεάνθη και Σάουμπερτ, 1833
Οι τρεις ακτινωτοί άξονες-λεωφόροι εκκινούν από το βασιλικό ανάκτορο. Μια ανάμνηση των Βερσαλλιών και της Αγ. Πετρούπολης, αλλά στην κλίμακα της Καρλσρούης και της Δρέσδης. Οι αναμνήσεις του Μπαρόκ σε ανθρώπινη κλίμακα ή η παρεξήγηση του Νεοκλασικισμού. Το εστιακό σημείο της σύνθεσης είναι το ανάκτορο απ' όπου, όπως και στις Βερσαλλίες, πηγάζει η εξουσία. Από τους τρεις ακτινωτούς άξονες, ο κεντρικός οδηγεί στον βράχο της Ακρόπολης, κανένας τους όμως δεν υπερβαίνει το 1 χλμ. σε μήκος.

60 Athens, plan by Kleanthis and Schaubert seen from the air
The drawing by the author was created on the basis of a similar drawing by A. Papageorgiou-Venetas.

60 Αθήνα, το σχέδιο των Κλεάνθη και Σάουμπερτ από αέρος
Το σχέδιο του συγγραφέα έγινε βάσει αναπαράστασης του Αλ. Παπαγεωργίου-Βενετά.

61 Athens, the Leo von Klenze plan (based on the plan by Kleanthis & Schaubert 1830-1832)
The three arteries radiating from a roundabout – or rather a rond point – are the legacy of the Baroque garden design and the Versailles entrance court layout but on a human scale. In this plan the palace has been removed to the southwestern end of the composition, at the site of Keramikos.

61 Αθήνα, το σχέδιο του Λέο φον Κλέντσε, 1834
Οι τρεις ακτινωτοί άξονες-λεωφόροι παραμένουν. Το ανάκτορο όμως έχει μετατοπισθεί στη νοτιοδυτική παρυφή του σχεδίου, στη θέση του Κεραμεικού στον βασικό άξονα. Η κλίμακα των δημοσίων χώρων έχει περιορισθεί.

62 Athens, current layout
The three main arteries are still there according to von Klenze's plan, but the palace has been moved from West to East at the end of the Eastern shaft.

62 Αθήνα, η σημερινή διάταξη
Οι τρεις άξονες έχουν πραγματοποιηθεί. Το ανάκτορο όμως, η σημερινή Βουλή, μετατοπίστηκε ήδη από το 1835 από τα δυτικά στο άκρο του ανατολικού άξονα.

61

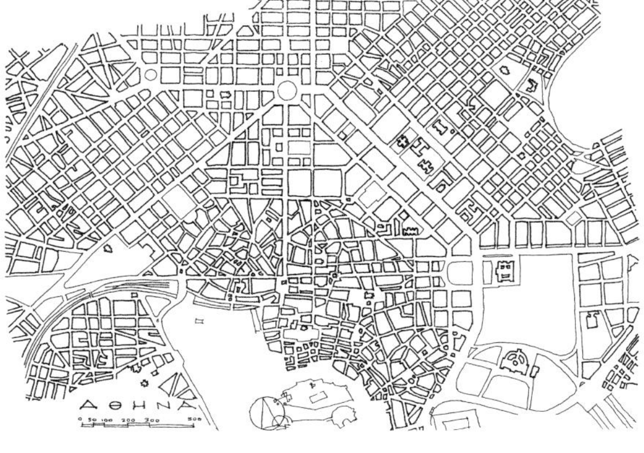

62

63

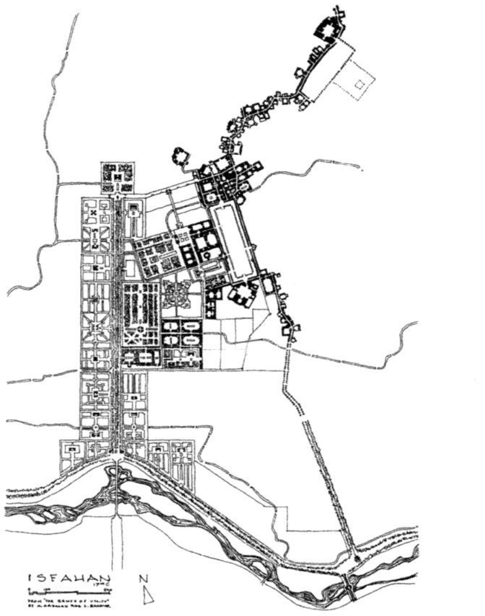

64

Monumentality on a human scale, the Persian interpretation: Isfahan / Η μνημειακή σύνθεση σε ανθρώπινη κλίμακα, η περσική εκδοχή: Ισφαχάν

63, 64 Isfahan
63 The Meidan el Shah. This Iranian version could be called "the elegant composition".
64 The buildings are shown in black. The most important features are the Royal gardens, the Meidan El Shah and the great Bazaar. It is interesting to note the subdivision of the garden into smaller independent gardens equal in size and similar in form to those designed by Le Nôtre next to the Palace of Versailles.

63, 64 Ισφαχάν, το Μεϊντάν-ι Σαχ, 17ος αι.
63 Η περσική εκδοχή του μνημειακού σχεδίου θα μπορούσε να ονομασθεί «η κομψή σύνθεση».
64 Τα κυριότερα στοιχεία είναι οι βασιλικοί κήποι, το Μεϊντάν-ι Σαχ και το μεγάλο παζάρι. Έχει ενδιαφέρον να παρατηρήσει κανείς την υποδιαίρεση των κήπων σε ανεξάρτητους μικρότερους τετράγωνους κήπους, όμοιους σε μέγεθος και μορφή μ' εκείνους των Βερσαλλιών του Λε Νοτρ. (Τα κτίρια σημειώνονται με μαύρο.)

A1.1.3 Monumentality on a human scale, the Persian interpretation: Isfahan

Isfahan was a city that developed, as is usually the case, through the ages step by step, until the 17th century, when Shah Abbas the Great in 1598 decided to make it the capital city of the Persian state. As a consequence the city grew substantially within a short time's span. Then in combination with the new Palace that he built, the Great Bazaar was extended and new shrines, madrassas (religious schools) caravanserais (hotels) etc. were built. Simultaneously a large square was provided for the game of polo as well as for military parades. The dimensions of this square, the Maidan i Shah as it is called, is 500 m long with a width of 150 m, one of the very large squares in an urban setting. The whole design of the square, with its surrounding arcades in combination with the royal pavilion, the palaces and its gardens, presents a unique urban setting and is considered as one of the great achievements of Persian architecture and town planning.

Contrary to the contemporary design of parks and cities that developed in the Western World with their radiating avenues, in Persia we witness the prevalence of a more or less Hippodamian system, that doesn't extend in the urban areas, within the city, where a more informal pattern of streets and squares prevails, but still a certain elegance that follows certain rules of rhythm and harmony permeates their design. That same Hippodamian system in the design of gardens and parks is pictured in the Persian miniatures of those days.

A1.1.3 Η μνημειακή σύνθεση σε ανθρώπινη κλίμακα, η περσική εκδοχή: Ισφαχάν

Το Ισφαχάν ήταν μια πόλη που, όπως συμβαίνει συνήθως, αναπτύχθηκε σταδιακά στο διάβα του χρόνου. Τον 17ο αι. μεγάλωσε απότομα, όταν ο σάχης Αμπάς ο Μέγας αποφάσισε να εγκαταστήσει εκεί την πρωτεύουσα του περσικού κράτους. Σε συνδυασμό με το νέο ανάκτορο που κατασκεύασε, σχεδίασε μιαν επέκταση του μεγάλου παζαριού, έφτιαξε τζαμιά, μεντρεσέδες (ιερατικές σχολές), χάνια, καθώς κι ένα μεγάλο γήπεδο για πόλο και στρατιωτικές επιδείξεις. Το γήπεδο αυτό, το Μεϊντάν-ι Σαχ, είναι σήμερα μία πλατεία διαστάσεων 150x500 μ., από τις μεγαλύτερες που υπάρχουν σε αστική περιοχή. Η όλη σύνθεση –η πλατεία με τη μεγαλοπρεπή στοά που την περιβάλλει, το παζάρι, τα τζαμιά, οι μεντρεσέδες, τα χάνια, η βασιλική εξέδρα, το ανάκτορο και ο κήπος του– αποτελεί ένα μοναδικό σύνολο και θεωρείται ένα από τα αριστουργήματα της περσικής αρχιτεκτονικής και πολεοδομίας.

Σε αντίθεση με την αρχιτεκτονική των κήπων με ακτινωτές διατάξεις που είχε επικρατήσει στη Δύση, στην Περσία την ίδια εποχή επικρατεί ένα είδος ιπποδάμειου συστήματος κηποτεχνίας, με ορθογώνια διάταξη, όπως συχνά απεικονίζεται στις περσικές μικρογραφίες. Ωστόσο αυτό δεν επηρεάζει τις καθαρά αστικές περιοχές. Εκεί επικρατεί η ελεύθερη σύνθεση, που υπόκειται όμως σε κανόνες ρυθμού και αρμονίας.

A1.1.4 The monumental scale, comparisons

In order to appreciate the difference between the monumental scales of western architecture, as it has been handed to us from the time of the Baroque, and the ceremonial scale of the Far East and in particular of Chinese town planning, as it developed through the ages and is expressed by Imperial Beijing, we must trace back the history of Chinese dwellings, as well as the history of the structure of Chinese society.

In Baroque town planning the monumental scale was born with the incorporation in the expanding urban areas of feudal estates with their radiating avenues, as we have already stated, under the influence of the Versailles Royal Gardens with their straight axes, while in China the ceremonial design of the town plan of Chang'an, which served as a model for the plan of Beijing, was based on the divine symbol of the mandala. In this way, although the central axis; of Imperial Beijing exceeds five km in length, the sense of human scale was never lost. Here it must be made clear, in order to be understood, that the elements of monumentality and imperial magnificence are expressed in a completely different way than in the West. The means used are rhythm, harmony, color and the opulence in the decoration of the buildings along the way, through a sequence of open and enclosed spaces, as well as the symbols and other elements that define this imperial magnificence. These symbols did not form part of a comprehensive original plan, as is so aptly noted in Andrew Boyd's book about Chinese Architecture and town planning, but were developed through the ages following forms that were established by a continuous elaboration through the centuries, with the addition of new ideas and practices. Such are the canals with the waving pattern in front of the Tien An Men gate and then along the surrounding wall of the Forbidden City, with the five ceremonial bridges, dating from the 17th century.

The main entrance of a traditional Chinese house is not usually situated on the central axis but on the side, in such a way that the interior courts cannot be seen, for reasons of privacy. The opposite is true as far as town planning is concerned. Here the main entrance to the city is situated on the central North-South axis, and the ceremonial road follows this axis through a series of portals, squares and gardens up to the main reception areas. In the case of Beijing, this central axis continues by 1.5 km beyond the throne room, in order to reach the Tower of the Drum.

The subdivision of the central axis into smaller sections with portals and squares is not an exclusively Chinese characteristic in architecture and town planning. In historic settlements around the Mediterranean Sea this same system is encountered in the form of buildings bridging over roads or roads under buildings.

In the islands of the Aegean Sea the reasons for this are quite practical and decisions were made on a case by case basis but always collectively. In order to understand the way in which the decisions were made for matters concerning these settlements we have to examine the social structure of these small settlements, that, as in China, were based on the family unit. The relationship between inhabitants was one of mutual respect, trust and solidarity that developed between them, with very few known exceptions, and was such that no doubt could be cast as far as individual intentions were concerned. Another reason was the trust and respect of the opinion of those people who were considered experts. Under these conditions town planning problems could easily find their solution, through purely democratic procedures, without delay, without the help of the modern bureaucratic interventions that plague our cities today. The subdivision of a street into smaller units, that is enhanced usually by a waiving axis, creates the feeling of a chain of enclosed open spaces or patios and allows for its easy acceptance by the people living along its sides, as we shall see later on.

FOOTNOTE
The Chinese house follows more or less one basic type, with variations that often reverse it. The main element that never varies is the external wall that separates the dwelling from the street or square. The size and elaboration of the house plan may vary but the street front is always the same, a blind wall pierced only by the main gate.

A1.1.4 Η μνημειακή κλίμακα, συγκρίσεις

Για να κατανοήσουμε τη διαφορά ανάμεσα στη μεγαλειώδη κλίμακα της Δυτικής αρχιτεκτονικής, όπως μας την κληροδότησε το Μπαρόκ, και στην τελετουργική αλλά συγχρόνως και ανθρώπινη κλίμακα της Άπω Ανατολής, και δη της κινεζικής πολεοδομίας, όπως εξελίχθηκε στους αιώνες και παρουσιάζεται στο Αυτοκρατορικό Πεκίνο, πρέπει να ανατρέξουμε στην ιστορική εξέλιξη της κατοικίας αλλά και στην ιστορική δομή της κοινωνίας της Κίνας.

Ενώ στο Μπαρόκ, όπως ήδη έχουμε πει, η μεγαλειώδης κλίμακα χρησιμοποιήθηκε στην πολεοδομία με την επέκταση των πόλεων στα πρώην φεουδαρχικά δάση με τις ακτινωτές τους αλέες και τους μεγάλους άξονες, στην Κίνα η τελετουργική διάταξη των πόλεων ακολουθεί τη βασική διάταξη του μαγικού συμβόλου, του μάνταλα. Έτσι σχεδιάστηκε η παλιά πρωτεύουσα της Κίνας, Τσανγκ-αν, που επηρέασε τον σχεδιασμό του Αυτοκρατορικού Πεκίνου, στο οποίο, παρά το μήκος του κεντρικού ευθύγραμμου άξονα του –περίπου 5 χλμ.–, πουθενά δεν χάνεται η ανθρώπινη κλίμακα. Και τούτο επειδή η μνημειακότητα και η αυτοκρατορική μεγαλοπρέπεια εκφράζονται με τελείως διαφορετικό τρόπο απ' ό,τι στη Δύση. Τα μέσα που χρησιμοποιούνται είναι ο ρυθμός, η αρμονία, τα χρώματα κι ο πλούτος των στοιχείων που διακοσμούν τα κτίρια στην τελετουργική διαδρομή, μέσα από την αλληλουχία κλειστών και ανοικτών χώρων, καθώς και τα σύμβολα που απεικονίζουν αυτή την αυτοκρατορική μεγαλοπρέπεια. Στοιχεία που τελικά δεν αποτελούν μέρος ενός σχεδίου που εκπονήθηκε στο σύνολό του μια ορισμένη χρονική στιγμή, όπως πολύ εύστοχα παρατηρεί στο αξιόλογο βιβλίο του για την κινεζική αρχιτεκτονική και πολεοδομία ο Άντριου Μπόυντ (Andrew Boyd), αλλά που εξελίχθηκε μέσα στον χρόνο ακολουθώντας τα καθιερωμένα μέσα από επεξεργασία αιώνων πρότυπα, εμπλουτίζοντάς τα με νέες ιδέες κι εφαρμογές. Τα κυματοειδή κανάλια, π.χ., που πρωτοσυναντάμε μπροστά στην πύλη Τιέν Αν Μεν και στη συνέχεια στον πρώτο περίβολο της Απαγορευμένης Πόλης, με τις πέντε τελετουργικές γέφυρες κάθε φορά, είναι προσθήκη του 17ου αι.

Η είσοδος των σπιτιών στην ιστορική Κίνα δεν συνηθίζεται να βρίσκεται στον άξονα αλλά παράπλευρα, κι έτσι διατεταγμένη ώστε να μην είναι ορατό το εσωτερικό αίθριο, για λόγους ιδιωτικότητας. Αντίθετα, στην περίπτωση της πόλης, η κεντρική πύλη βρίσκεται στον κεντρικό άξονα βορρά-νότου, και η τελετουργική οδός ακολουθεί τον άξονα μέσα από μια σειρά πλατειών και ενδιάμεσων πυλών έως την κεντρική αίθουσα υποδοχής του ανακτόρου, την Αίθουσα του Θρόνου. Στο Πεκίνο ο άξονας αυτός συνεχίζει για να φτάσει μετά από περίπου 1,5 χλμ. στον Πύργο του Τυμπάνου.

Αυτή η υποδιαίρεση του μήκους του οδικού άξονα σε μικρότερα τμήματα, με την παρεμβολή πλατειών και πυλών, δεν αποτελεί μονοπώλιο της σινικής αρχιτεκτονικής και πολεοδομίας. Στους ιστορικούς οικισμούς γύρω από τη Μεσόγειο το ίδιο σύστημα εμφανίζεται με τη μορφή δρόμων που περνούν κάτω από κτίρια ή κτιρίων που γεφυρώνουν πάνω από τον δρόμο.

Στα νησιά του Αιγαίου τα αίτια είναι πρακτικά και οι αποφάσεις λαμβάνονταν κατά περίπτωση αλλά πάντα συλλογικά. Για να γίνει κατανοητός ο τρόπος που λαμβάνονταν οι αποφάσεις για τα θέματα που αφορούσαν στην εξέλιξη του οικισμού, πρέπει πάλι να ανατρέξουμε στην κοινωνική δομή των μικρών αυτών οικισμών, των οποίων μονάδα, όπως και στην Κίνα, ήταν η οικογένεια. Οι σχέσεις εμπιστοσύνης, αλληλοσεβασμού και αλληλεγγύης που αναπτύσσονταν μεταξύ των κατοίκων, πλην ελαχίστων και γνωστών εξαιρέσεων, ήταν τέτοιες που σε καμία περίπτωση δεν υπήρχε αμφιβολία για την ειλικρίνεια των προθέσεων. Το δεύτερο στοιχείο ήταν ο σεβασμός και η εμπιστοσύνη στη γνώμη του ειδήμονα, την οποία κανείς δεν διανοείτο να αμφισβητήσει. Υπό τις συνθήκες αυτές, τα πολεοδομικά προβλήματα, μέσα από καθαρά δημοκρατικές διαδικασίες, έβρισκαν γρήγορες λύσεις, χωρίς τις γραφειοκρατικές και αρτηριοσκληρωτικές παρεμβάσεις που επικρατούν στις μέρες μας.

Όπως θα δούμε αναλυτικά στο επόμενο Μέρος του βιβλίου, ο κατακερματισμός του δρόμου σε μικρότερες ενότητες, που ενισχύεται οπτικά από τον κυματοειδή άξονά τους, τον μετατρέπει στην ουσία σε μια αλυσίδα από κλειστούς υπαίθριους χώρους, σε αυλές.

ΥΠΟΣΗΜΕΙΩΣΗ
Το κινέζικο σπίτι εξάλλου ακολουθεί λίγο-πολύ έναν βασικό τύπο με παραλλαγές που συχνά τον ανατρέπουν. Το κύριο στοιχείο που δεν αλλάζει ποτέ είναι ο εξωτερικός περίβολος, ο οποίος απομονώνει το σπίτι από το δημόσιο χώρο. Το μέγεθος και η πολυπλοκότητα της κατοικίας αλλάζουν ανάλογα με την κοινωνική και την οικονομική θέση του ιδιοκτήτη, αλλά η πλευρά του δρόμου παραμένει πάντα τυφλή στο επίπεδο του ισογείου, με μόνη εξαίρεση την είσοδο.

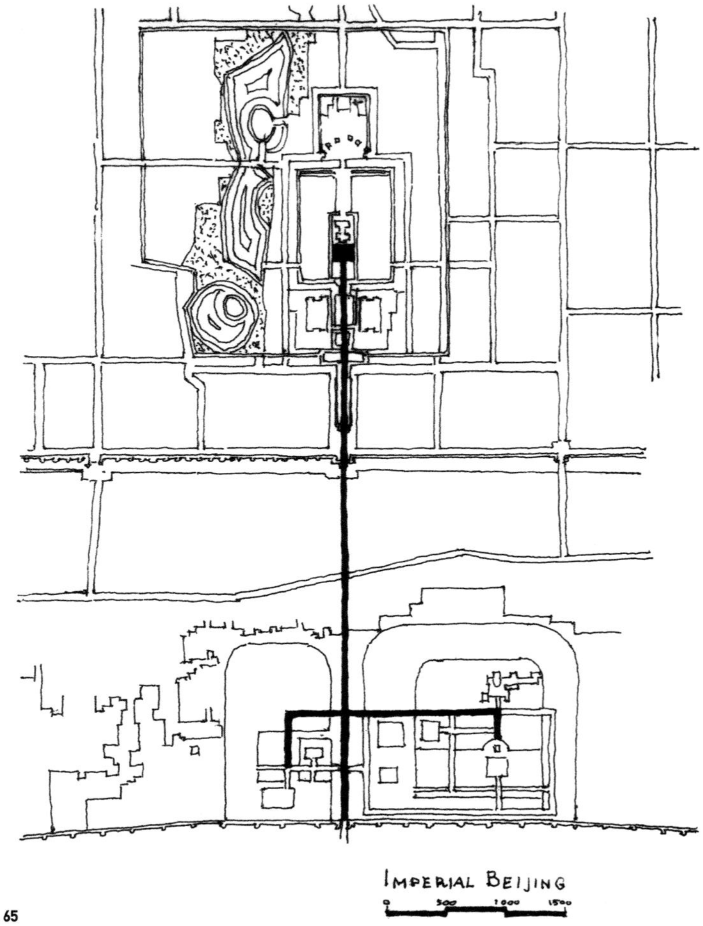

65

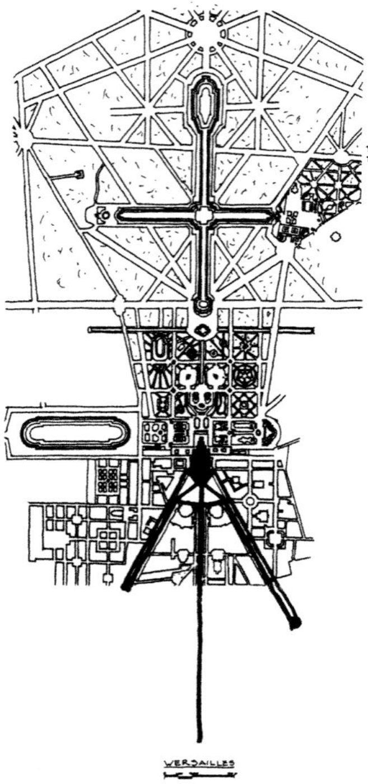

66

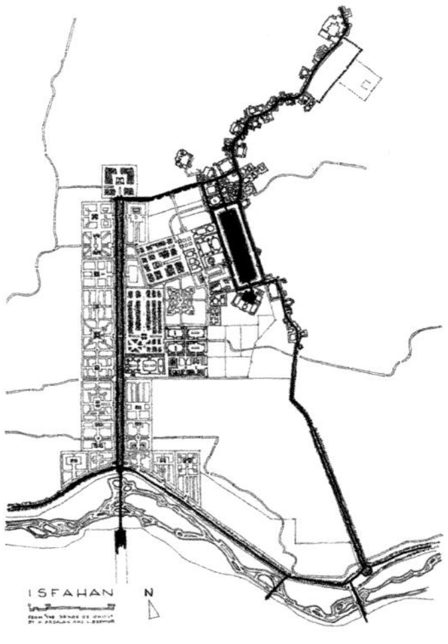

67

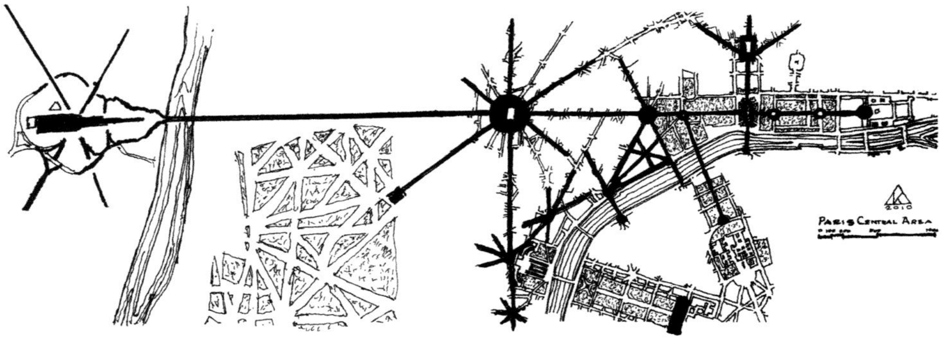

68

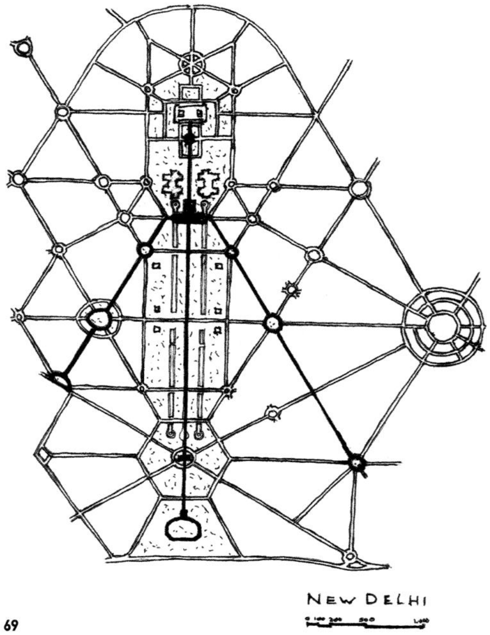

69

The monumental scale, comparisons / Η μνημειακή κλίμακα, συγκρίσεις

65, 66, 67 Beijing, Versailles, Isfahan
(All drawings are in the same scale) Three different concepts: the divine, the Baroque and the elegant in Isfahan.
65, 66, 67 Πεκίνο, Βερσαλλίες, Ισφαχάν
(Τα σχέδια είναι στην ίδια κλίμακα) Τρεις διαφορετικές αντιλήψεις: το «θεόπνευστο σχέδιο», το μεγαλειώδες Μπαρόκ και το κομψό του Ισφαχάν.

68, 69 Paris, the "historical axis" Louvre - Étoile - La Défense and New Delhi
(All drawings are in the same scale) The Baroque plan in its extremes from the Enlightenment to the present day.
68, 69 Παρίσι, ο «Ιστορικός Άξονας» Λούβρο - Ετουάλ - Ντεφάνς και Νέο Δελχί
(Τα σχέδια είναι στην ίδια κλίμακα) Το Μπαρόκ στις υπερβολές του, από τον Διαφωτισμό μέχρι τη σύγχρονη εποχή.

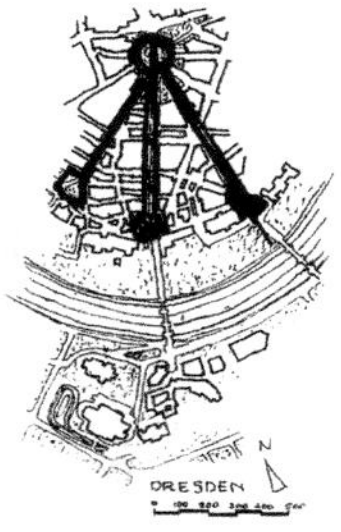

70

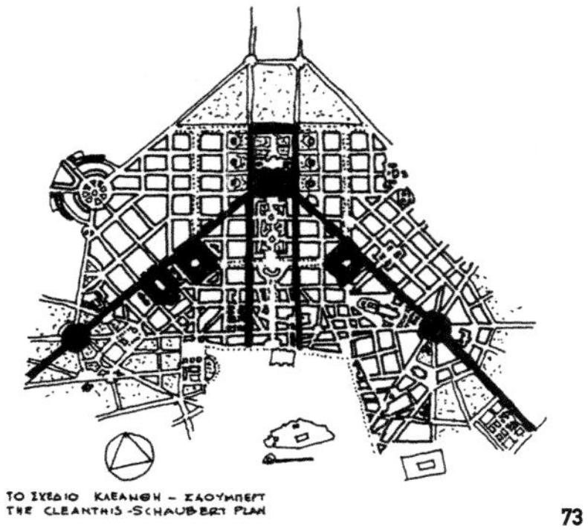

73

76

71

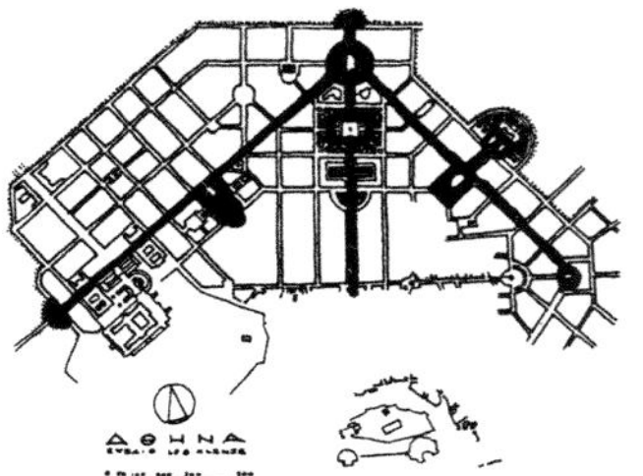

74

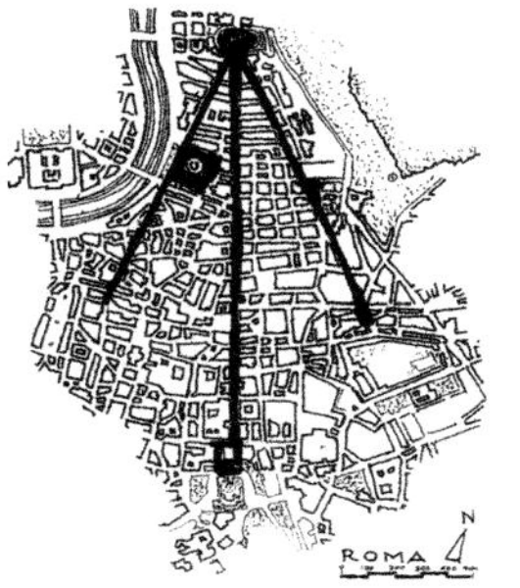

72

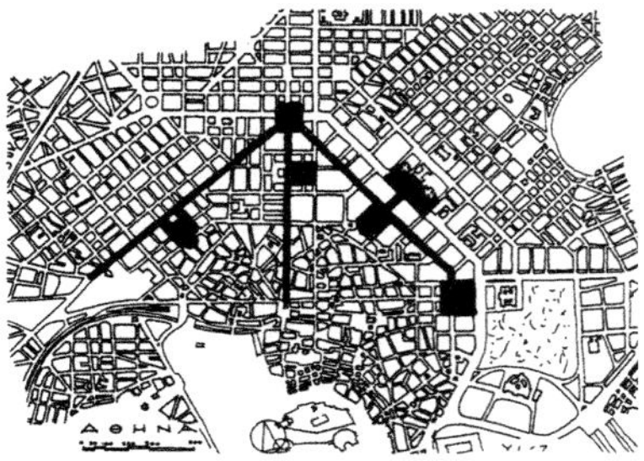

75

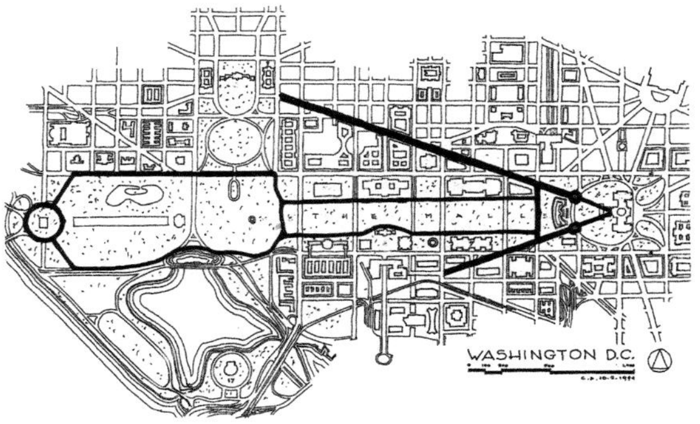

77

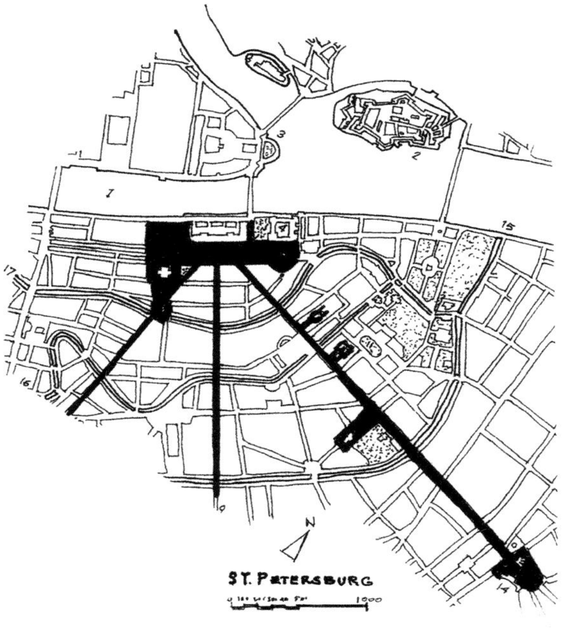

78

The monumental scale, comparisons / Η μνημειακή κλίμακα, συγκρίσεις

70, 71, 72, 73, 74, 75 The predominance of the Baroque plan
(All drawings are in the same scale) Dresden, Stupinigi, Karlsruhe, Rome & Athens on a human scale.

70, 71, 72, 73, 74, 75 Η επιρροή του σχεδίου Μπαρόκ
(Τα σχέδια είναι στην ίδια κλίμακα) Δρέσδη, Καρλσρούη, Ρώμη και Αθήνα σε ανθρώπινη κλίμακα.

76, 77, 78 St Petersburg and Washington D.C.
(All drawings are in the same scale) The Baroque plan in all its grandeur.

76, 77, 78 Αγία Πετρούπολη και Ουάσινγκτον
(Τα σχέδια είναι στην ίδια κλίμακα) Το Μπαρόκ σε όλο του το μεγαλείο.

A1.2 Human scale

Human scale, in contrast to monumental scale, was encountered in the past in places where the individual acquired importance, either out of necessity or for political reasons. Human scale does not necessarily mean size restriction. Its real meaning is qualitative. It is the scale of all the elements that constitute public areas, that enhances, in a practical as well as an ideological way, the importance of man as an individual. In so many words it is the scale that allows simple people to get an identity.

In the chapter on monumental scale, Angor between the 10th to the 13th centuries was mentioned as a first example, as far as we know, of a city built on a unified plan, never surpassed in size either before or after. In this chapter our aim is to examine human scale in the constitution of public spaces in urban areas. Ancient Greece presents us with the most attractive examples of urban planning on a human scale, that can still be considered as unique achievements in architectural and town planning quality. In this case, we encounter both cities that developed in a natural way through the ages, as well as cities that followed a comprehensive plan.

Without any doubt Athens belongs to the first of these categories with its Agora and its castle, the Acropolis. The Agora started as an open-air public space, an area where people could gather. As time went by, it became not only the center of the ancient city but also of the city as a sovereign state. In the Agora all important decisions were made for the Athenian Confederation, the larger and richer league of Ancient Greece. But the size of the free open space of the Agora was constantly reduced as the impotence of Athens was growing, due to the new buildings that had to be added. In the Classical era the size of the free open space did not exceed approximately 150x170 m, less than 6 acres.

In this same category we can include the Roman Forum, where free space was constantly reduced as the importance of Rome increased.

A1.2 Η ανθρώπινη κλίμακα

Σε αντίθεση με τη μνημειακή κλίμακα, η ανθρώπινη κλίμακα εμφανίζεται ιστορικά σε εποχές και σε τόπους όταν ο άνθρωπος αποκτά σημασία ως άτομο, είτε από ανάγκη, είτε από πολιτική βούληση. Η ανθρώπινη κλίμακα με κανέναν τρόπο δεν σημαίνει απλώς μικρό μέγεθος. Η πραγματική της σημασία είναι ποιοτική. Είναι η κλίμακα όλων εκείνων των στοιχείων που απαρτίζουν τον ελεύθερο χώρο, η οποία προάγει πρακτικά και ιδεολογικά τη σημασία του ανθρώπου ως ατομική προσωπικότητα. Με δύο λόγια είναι η κλίμακα εκείνη που δίνει στον απλό άνθρωπο ταυτότητα.

Στο κεφάλαιο για τη μνημειακή κλίμακα, αναφέρθηκε ως πρώτο παράδειγμα η Άνγκορ από τον 10ο έως τον 13ο αι., που, απ' ό,τι ξέρουμε, δεν ξεπεράστηκε ποτέ, ούτε πριν ούτε και μετά, σε μέγεθος ενιαίου σχεδιασμού. Σε τούτο το κεφάλαιο, ο στόχος μας θα είναι να εξετάσουμε την ανθρώπινη κλίμακα στη συγκρότηση των δημοσίων χώρων στα οικιστικά σύνολα. Η ελληνική αρχαιότητα δίνει τα αρμονικότερα σύνολα πολεοδομικού σχεδιασμού σε ανθρώπινη κλίμακα, που στο είδος τους εξακολουθούν να είναι μοναδικά παραδείγματα αρχιτεκτονικής ποιότητας και ισορροπίας. Στην περίπτωση αυτή έχουμε δύο ειδών παραδείγματα: πρώτον, τις πόλεις που αναπτύχθηκαν σταδιακά μέσα στον χρόνο, και δεύτερον, εκείνες που ακολούθησαν ενιαίο σχέδιο ανάπτυξης.

Στην πρώτη κατηγορία ανήκει σαφώς η αρχαία Αθήνα, με την Αγορά της και το φρούριό της, την Ακρόπολη. Ιστορικά η Αγορά ξεκίνησε ως χώρος για υπαίθριο παζάρι και συνάθροιση πολιτών. Με την πάροδο του χρόνου έγινε όχι μόνον το κέντρο του αρχαίου άστεως, αλλά της πόλεως-κράτους. Εκεί λαμβάνονταν όλες οι σημαντικές αποφάσεις της Αθηναϊκής Συμπολιτείας, του μεγαλύτερου και πλουσιότερου συνασπισμού της αρχαίας Ελλάδας. Οι διαστάσεις όμως του χώρου της Αρχαίας Αγοράς στην Αθήνα, ολοένα και περιορίζονταν σταδιακά, καθώς η Αθήνα αναπτυσσόταν και η σπουδαιότητά της μεγάλωνε. Την κλασική εποχή οι διαστάσεις της ήταν περίπου 150x170 μ., λιγότερο από 25 στρέμματα.

Στην ίδια κατηγορία θα μπορούσαμε να κατατάξουμε τη Ρωμαϊκή Αγορά, το Φόρουμ Ρομάνουμ, που κι αυτή συν τω χρόνω περιοριζόταν από απόψεως ελεύθερου χώρου, καθώς μεγάλωνε η σπουδαιότητα της Ρώμης.

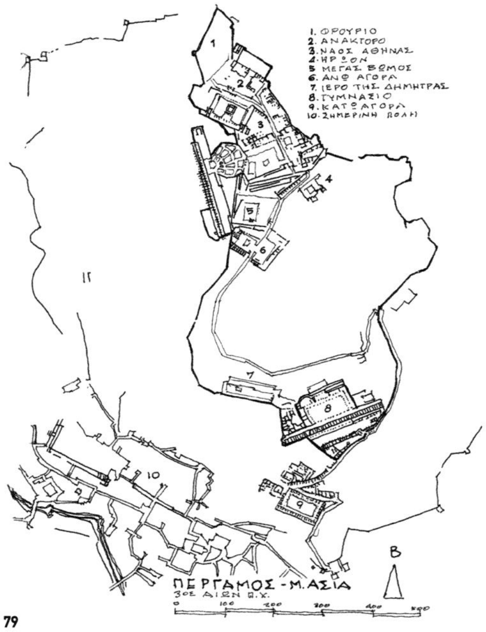

79

Human scale / Η ανθρώπινη κλίμακα

79, 80 Pergamon, 3rd century B.C.
79 The upper city. Monumentally on a human scale with a central broken axis. Vision, talent, creativeness and a long-standing cultural tradition are a prerequisite for the achievement of urban beauty with such limited means.
80 Pergamon represents the quintessence of the Greek spirit. It manages to combine the human scale with monumentality.

79, 80 Πέργαμος, 3ος αι. π.Χ.
79 Η άνω πόλη. Η μνημειακότητα σε ανθρώπινη κλίμακα με τεθλασμένο κεντρικό άξονα. Απαιτείται ενόραση, ταλέντο, καλλιέργεια και μακρόχρονη πολιτιστική παράδοση για την κατάκτηση του ωραίου με τόσο περιορισμένα μέσα.
80 Η Πέργαμος αντιπροσωπεύει την πεμπτουσία του ελληνιστικού πνεύματος. Συνδυάζει την ανθρώπινη κλίμακα με τη μεγαλοπρέπεια.

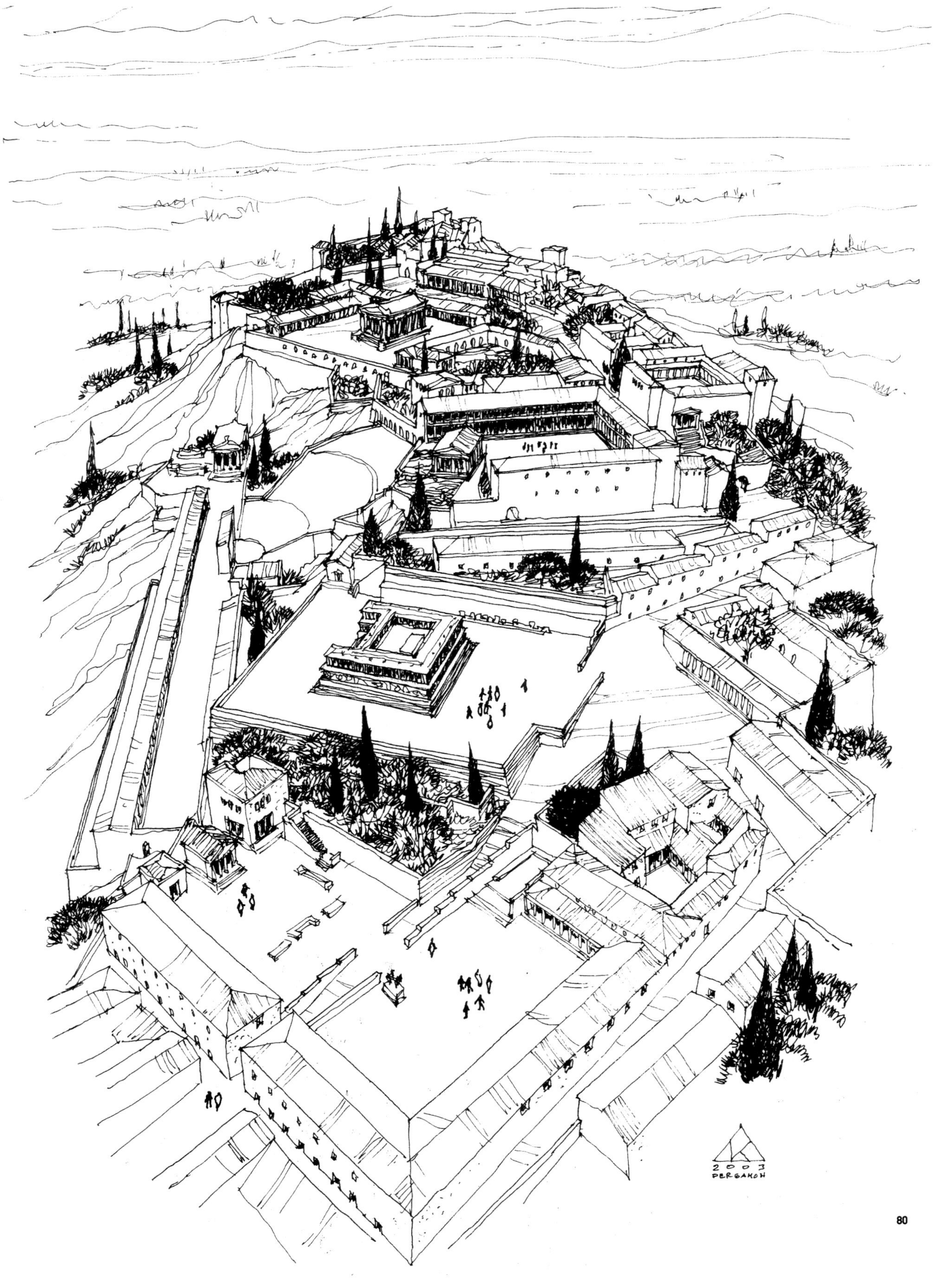

80

A1.2.1 Natural development

Balanced development of towns and cities

One could say that the best example of balanced development under natural evolution were those cities of the Hellenistic world that did not suffer from war damages. Such was Pergamon in the 3rd century B.C. a Hellenistic city of Asia Minor that never stopped being inhabited to our days.

Pergamon is situated at a distance of 25 km from the sea shore on a height that dominates the valley of the river Caicus. The pro-Roman policies of the kings of Pergamon since the time of King Attalus the 1st (241-197 B.C.) gave the opportunity to the city, which was an important commercial center, to develop and become one of the most important spiritual and cultural centers of Hellenistic times.

At the same time the sovereignty of Pergamon expanded in the Aegean sea as far as Andros and Aegina Islands. The kings of Pergamon chose to use the substantial gains they had accumulated in order to develop and embellish their city. In this way Pergamon became one of the most magnificent urban entities of Hellenistic times. What is most admirable is the fact that the majesty of the city never lost its human scale and the size of the city of Pergamon never exceeded the limits of other Greek cities in those times.

The city was not designed, as was the case with Priene and Olynthus, as a complete entity; it was developed in stages in less than a century. Actually it consists of two parts as was the case with most cities with an Acropolis (castle). On one side is the main city with its center – the agora, the gymnasium and other public buildings – on the foot of the Acropolis. From the agora following an uphill way, one reaches the second agora. After traversing it one reaches the Acropolis this time, across a series of public spaces, temples and inner courtyards, the one higher up than the other. The theater is situated in a semicircular recess of the Acropolis rock.

In the Greek world, one could say, the human scale was never abandoned until the second half of the 20th century, when other factors started to interfere in town planning and urban design. The examples are innumerable, but some could be analyzed here because of their excellent quality. Such is the town of Corfu as well as most settlements of the island. The same is true for the islands of the Aegean sea.

On the European mainland there are also numerous settlements that developed freely after the Roman era and during the Middle Ages in a human scale. One of the reasons for this was the small size of their population. Another was the need for defense that dictated the creation of a fortified perimeter. But there was also a question of economy. I believe that it was also a question of the way society was structured. These small towns somehow represented the rise of a middle class that did not consist of bankers and big merchants but primarily of craftsmen, small traders, men of letters, healers, etc.

In this same category, with small towns, belong cities that later developed into free towns, like Venice. Towns that became the cradle of western European civilization and democratic institutions.

Good examples of Medieval cities are Carcassonne, Prague and Rhodes. Carcassonne in Southern France started as a Roman military camp. After a series of adventures it developed into a fortified city during the Medieval ages on a hilltop that dominates the countryside around it. What makes Carcassonne exceptional is the fact that it was completely reconstructed by Violet-Le-Duc. This allows you to have a complete picture of the Medieval towns that supported the heresy of the Cathar (the pure ones) and resisted Royal authority.

As Carcassonne, Prague developed within the limits of the walled city, and only much later expanded in the surrounding valley. We encounter the same again in Rhodes, but in this case the size of the city within the wall is much more extended.

A1.2.1 Η αβίαστη εξέλιξη

Πόλεις με ισόρροπη ανάπτυξη

Υπόδειγμα ισόρροπης ανάπτυξης στα πλαίσια αβίαστης εξέλιξης, θα μπορούσαμε να πούμε ότι ήταν εκείνες οι πόλεις της ελληνικής αρχαιότητας που δεν υπέστησαν καταστροφές από πολεμικές ενέργειες. Τέτοια ήταν η Πέργαμος του 3ου αι. π.Χ., μια ελληνιστική πόλη της Μικράς Ασίας, που δεν έπαψε να κατοικείται ανελλιπώς μέχρι τις μέρες μας.

Η Πέργαμος βρίσκεται σε απόσταση 25 χλμ. περίπου από τη θάλασσα, σε ύψωμα που δεσπόζει της κοιλάδας του ποταμού Κάικου. Η φιλορωμαϊκή πολιτική που ακολούθησαν οι βασιλείς της από τον Άτταλο Α΄ (241-197 π.Χ.) και εξής, έδωσε την ευκαιρία στην πόλη, που ήταν σημαντικότατο εμπορικό κέντρο, να ανθήσει και να γίνει ένα από τα κυριότερα πνευματικά και πολιτιστικά κέντρα της ελληνιστικής εποχής.

Συγχρόνως, η κυριαρχία της πόλης επεκτάθηκε στο Αιγαίο, έως την Άνδρο και την Αίγινα. Οι βασιλείς της Περγάμου επέλεγαν να χρησιμοποιούν τα σημαντικά πλούτη που συσσώρευε η πόλη για να την αναπτύσσουν και να την στολίζουν. Έτσι η Πέργαμος κατέστη ένα από τα μεγαλοπρεπέστερα πολεοδομικά σύνολα της ελληνιστικής αρχαιότητας. Το θαυμαστό όμως είναι ότι η μεγαλοπρέπεια της σύνθεσης πουθενά δεν ξεπερνά τα όρια της ανθρώπινης κλίμακας, ενώ το μέγεθος της πόλης είναι στα πλαίσια των ελληνικών πόλεων της εποχής.

Η Πέργαμος δεν σχεδιάστηκε όπως η Πριήνη ή η Όλυνθος ως ενιαίο σύνολο. Αναπτύχθηκε σταδιακά, σε διάστημα λίγο μεγαλύτερο ενός αιώνα. Ουσιαστικά χωρίζεται σε δύο μέρη, όπως άλλωστε οι περισσότερες πόλεις με ακρόπολη. Η κυρίως πόλη με κέντρο της την αγορά, το Γυμναστήριο και άλλα δημόσια κτίρια, βρίσκεται στους πρόποδες της ακρόπολης. Από την αγορά, ακολουθώντας έναν ανηφορικό δρόμο, φθάνει κανείς σε μια δεύτερη αγορά ακριβώς στο τέρμα του δρόμου αυτού, και αφού τη διασχίσει, φτάνει στην ακρόπολη, μέσα από μια επαλληλία από δημόσιους χώρους, ναούς και αίθρια, το ένα λίγο ψηλότερα από το άλλο. Σε ημικυκλική διάταξη στον μυχό της πλαγιάς του βράχου της ακρόπολης βρίσκεται το Θέατρο.

Στον νεοελληνικό χώρο η ανθρώπινη κλίμακα θα μπορούσε κανείς να πει πως ποτέ δεν εγκαταλείφθηκε έως το δεύτερο ήμισυ του 20ού αι., όπου άλλες παράμετροι αρχίζουν να επεμβαίνουν στον αστικό σχεδιασμό. Τα παραδείγματα είναι αμέτρητα, αλλά ορισμένα από αυτά θα μπορούσαν να αναλυθούν εδώ λόγω της εξαιρετικής τους ποιότητας. Τέτοια είναι στην Κέρκυρα όχι μόνον η πόλη της, αλλά και πολλοί από τους θαυμάσιους οικισμούς της. Το ίδιο ισχύει για τους οικισμούς στα νησιά του Αιγαίου.

Στον ευρωπαϊκό χώρο, επίσης, υπάρχουν πολλοί οικισμοί που αναπτύχθηκαν με αβίαστη εξέλιξη μετά τη ρωμαϊκή εποχή και κατά τον Μεσαίωνα. Ένα από τα κυριότερα αίτια για την ανθρώπινη κλίμακα είναι ασφαλώς ο εξαιρετικά μικρός πληθυσμός σε αυτές τις περιοχές τη συγκεκριμένη εποχή. Ένα δεύτερο αίτιο ήταν οι ανάγκες της άμυνας, που προδιέγραφαν για ευνόητους λόγους περιορισμένου μεγέθους αμυντική περίμετρο με οχυρωματικά έργα. Ένα τρίτο ήταν το θέμα της οικονομίας. Πιστεύω πως ένας από τους κύριους λόγους ήταν και η οργάνωση της κοινωνίας. Οι μικρές αυτές πόλεις εκπροσωπούσαν κατά κάποιον τρόπο την ανερχόμενη αστική τάξη, που δεν αποτελείτο ακόμα από μεγαλοτραπεζίτες και μεγαλέμπορους, αλλά από τεχνίτες, μεσαίους εμπόρους και μικροεπιχειρηματίες καθώς και καλλιτέχνες, γιατρούς κι ανθρώπους των γραμμάτων.

Στην ίδια κατηγορία με τις μικρές αυτές πόλεις ανήκουν και οι πόλεις που εξελίχθηκαν στη συνέχεια σε ελεύθερες πόλεις, όπως η Βενετία, οι οποίες υπήρξαν η κοιτίδα του δυτικοευρωπαϊκού πολιτισμού και των ευρωπαϊκών δημοκρατικών ελευθεριών.

Μια τέτοια πόλη είναι η Καρκασόν στη νότια Γαλλία. Η Καρκασόν ξεκίνησε ως ρωμαϊκό στρατόπεδο. Μετά από διάφορες περιπέτειες, τον Μεσαίωνα εξελίχθηκε σε οχυρωμένη πόλη πάνω σε ένα ύψωμα που δεσπόζει όλης της γύρω περιοχής, παράλληλα με την κάτω πόλη που συνέχισε στα χνάρια του ρωμαϊκού στρατοπέδου. Το σημαντικό της Καρκασόν είναι ότι αποκαταστάθηκε πλήρως από τον Βιολέ-λε-Ντυκ (Viollet-le-Duc) κι έτσι έχουμε μια πλήρη εικόνα των μεσαιωνικών πόλεων οι οποίες υποστήριζαν την αίρεση των «Καθαρών» και αντιστέκονταν στην κεντρική μοναρχική εξουσία.

Όπως η Καρκασόν, έτσι κι η Πράγα αναπτύχθηκε μέσα στα όρια της περιτοιχισμένης πόλης και μόνον πολύ αργότερα ξεχύθηκε στον γύρω κάμπο. Το ίδιο άλλωστε έγινε και στη Ρόδο, με τη διαφορά ότι εδώ ο περιτοιχισμένος χώρος είναι κατά πολύ μεγαλύτερος.

81

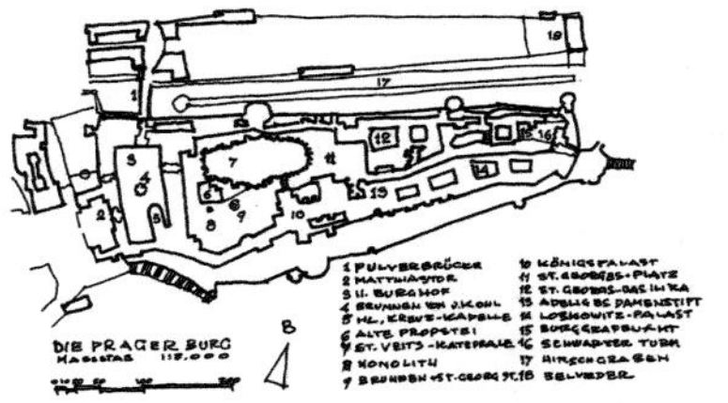

82

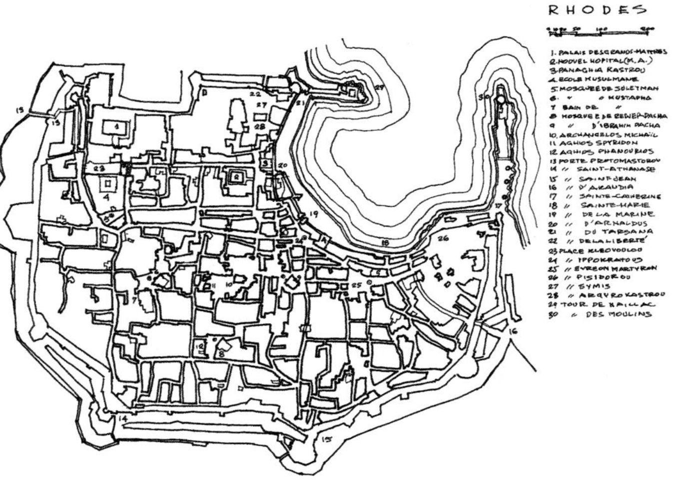

83

Balanced development of towns and cities
Πόλεις με ισόρροπη ανάπτυξη

81 Corfu, the town and castle, natural growth with planned interventions, the Spianada Square
Spianada square, in combination with the Castle, dominates the Eastern part of the town, with the converging streets, for defense purposes. The main town that developed through the ages is the north-western part where Kremasti square is situated. In the old days Corfu was the cradle of painters and poets, as well as the birthplace of the first governor of the Modern Greek State, Ioannis Kapodistrias.

81 Κέρκυρα, φυσική ανάπτυξη και σχεδιαστικές παρεμβάσεις. Η πόλη με τη Σπιανάδα και το Φρούριο
Η Κέρκυρα έχει διατηρήσει μέχρι σήμερα τα χαρακτηριστικά της ανθρώπινης κλίμακας μαζί με τη γοητεία και τη χάρη της. Το κύριο χαρακτηριστικό της είναι ότι απαρτίζεται από τρεις ζώνες: το φρούριο στην ανατολή, την πόλη στη δύση και στη μέση τη μεγάλη πλατεία της Σπιανάδας, που τον 18ο αι. ήταν πεδίο του Άρεως και ζώνη προστασίας του φρουρίου ως αναπεπταμένο πεδίο πυρός. Προς την πλευρά του φρουρίου όλη η κυρίως πόλη είναι διατεταγμένη με τους στενούς της δρόμους να συγκλίνουν προς αυτό, παρέχοντας πλήρη ορατότητα από τα τείχη.
Η πραγματική, όμως, πόλη, που αναπτύχθηκε φυσικά μέσα στο χρόνο, είναι το βορειοδυτικό τμήμα, όπου και η μικροσκοπική πλατεία της Κρεμαστής.

82 Prague, the castle
Once upon a time, when facing danger, the whole population of the city could take refuge within the castle walls. One should note the chain of squares, their relationship, their different uses, as well as the unity of their composition.

82 Πράγα, το κάστρο
Κάποτε όλος ο πληθυσμός της Πράγας μπορούσε σε περίπτωση κινδύνου να καταφύγει μέσα στο κάστρο. Αξιοσημείωτα είναι η αλυσίδα των ανοικτών δημόσιων χώρων, η σχέση μεταξύ τους, οι διαφορετικές τους λειτουργίες και η ενότητα του συνόλου που απαρτίζουν.

83 Rhodes, plan, roads in black
Even large medieval cities like Rhodes kept their human scale. Gates and squares are marked on the plan. The Hippodamian grid of the ancient city is hardly discernible.

83 Ρόδος, φυσική ανάπτυξη σημαντικής πόλης
Παρ' όλο που είναι κτισμένη πάνω από αρχαία ελληνική πόλη, το ιπποδάμειο σύστημα έχει σχεδόν εξαφανισθεί.

84

85

86

87

88

Balanced development of towns and cities
Πόλεις με ισόρροπη ανάπτυξη

84, 85, 86, 87, 88 Carcassonne, middle ages
84 One of the city gates. A gate had to be narrow to be easily defended. In order to reach it, attackers had to climb the ramp along the wall to their right, that is, from their exposed side. The shield is held on the left.
85 After the first gate, one comes to the second one which is even narrower.
86 The narrow passages between the walls.
87 The city had to be restricted to the area of the hill for defensive purposes.
88 The footways within the town.

84, 85, 86, 87, 88 Καρκασόν, Μεσαίωνας
84 Μία από τις πύλες της πόλης. Η είσοδος έπρεπε να είναι στενή για να ελέγχεται εύκολα. Οι εχθροί για να τη φθάσουν έπρεπε να ανέβουν τη ράμπα με το τείχος στα δεξιά τους και έτσι η ασπίδα τους δεν τους προστάτευε.
85 Μετά την πρώτη πύλη, ακολουθεί δεύτερη ακόμα πιο στενή, παρ' όλο που από πάνω υπάρχει μεγάλο άνοιγμα.
86 Τα στενά περάσματα μέσα στα τείχη.
87 Η πόλη έπρεπε να περιορισθεί στην έκταση του λόφου, όπου μπορούσε να οχυρωθεί.
88 Το εσωτερικό οδικό δίκτυο των πεζοδρόμων.

Extreme cases

In this category we can include the monastery of Mai-Chi-Chan in China, where all the cells are excavated on the side of the perpendicular cliff, with a system of hanging corridors and stairs in wood and bamboo as the only means of access.
Another type of extreme case in terms of scale is the narrow passage. There is a variety of narrow passages. It would appear that Santiago de Compostela possesses the narrower ones, where even a single person can only get through with difficulty. What happens when two people walking in opposite directions encounter each other?
As far as size, in the case of squares, is concerned, things are quite different. In Corfu for example, Kremasti square is extremely narrow. This did not prevent it from functioning as a square with a water fountain that in the good old days was the only means for the neighborhood housewives to provide themselves with the necessary water for their households.

Οι ακραίες περιπτώσεις

Στην κατηγορία των ακραίων περιπτώσεων της μικρής κλίμακας σαφώς ανήκει ο μοναστικός υπόσκαφος οικισμός του Μάι-Τσι-Τσαν στην Κίνα, όπου τα κελιά είναι σκαμένα σε όλο το ύψος του κατακόρυφου κρημνού, με μόνη πρόσβαση ένα σύστημα από αναρτημένες κλίμακες και διαδρόμους εν είδει εξωστών, φτιαγμένες από ξύλο και μπαμπού.
Μια άλλη μορφή ακραίας περίπτωσης μικρής κλίμακας είναι το στενό δρομάκι, το καντούνι, όπως λέγεται στα Ιόνια, ή σοκάκι, όπως μας το κληροδότησαν οι φίλοι μας οι Τούρκοι. Στενά δρομάκια υπάρχουν πολλών λογιών. Το Σαντιάγο ντε Κομποστέλα έχει ίσως τα στενότερα, όπου μόλις χωράει να περάσει ένα άτομο. Τι να γίνεται άραγε όταν συναντιούνται δυο άνθρωποι με αντίθετη κατεύθυνση;
Όσον αφορά το θέμα του μεγέθους στις πλατείες, τα πράγματα είναι διαφορετικά. Στην Κέρκυρα, π.χ., το ότι η πλατεία της Κρεμαστής είναι πολύ μικρή, δεν εμπόδιζε τον λειτουργικό της ρόλο ως πλατείας με κρήνη, απ' όπου άλλοτε υδρεύονταν οι περίοικοι.

89

91

90

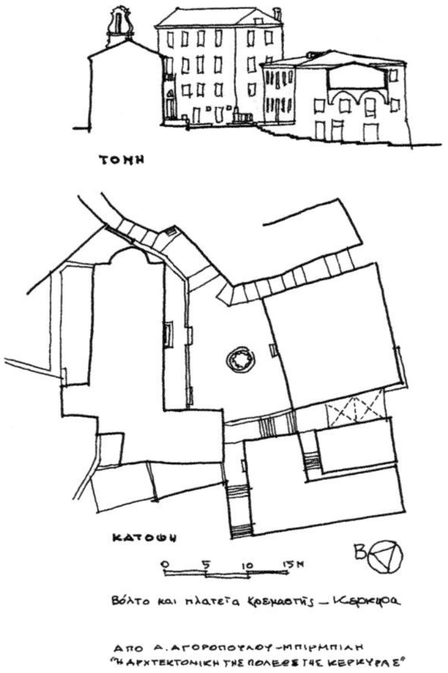

92

Extreme cases / Οι ακραίες περιπτώσεις

89 Mai-chi-shan Grottoes, China
A monastery curved in the rock. The hanging corridors could be considered as the most representative expression of the human scale.

89 Κίνα, Μάι Τσι Σαν
Μοναστήρι στον βράχο. Οι κρεμαστοί διάδρομοι θα μπορούσαν να χαρακτηρισθούν ως κατ' εξοχήν αντιπροσωπευτικοί της ανθρώπινης κλίμακας.

90 Santiago de Compostela, alleyways
The undefined feeling of fear brought about by too narrow a passageway awakens the senses and gives a new awareness of the immediate environment.

90 Σαντιάγο ντε Κομποστέλα
Μόνον ένας πεζός έχει τη δυνατότητα να διέλθει.
Η αίσθηση ενεδρεύοντος κινδύνου που προξενεί ένα πολύ στενό πέρασμα φέρνει τις αισθήσεις μας σε εγρήγορση και μια νέα αντίληψη του περιβάλλοντος χώρου.

91, 92 Corfu, the limited size, Kremasti square
91 The square, with the well in the middle, is a forecourt for the church, but it functions as a public meeting place for the people living in the surrounding area and as part of a number of small squares scattered throughout the city.
92 The size of the square does not exceed 25x15 m.

91, 92 Κέρκυρα, πλατεία Κρεμαστής
91 Παρά το μικρό της μέγεθος, η πλατεία της Κρεμαστής με την κρήνη στο κέντρο παίζει το ρόλο της στον αστικό ιστό.
92 Οι διαστάσεις της πλατείας είναι 15x25 μ.

A1.2.2 Planned public spaces and cities

In planned cities, in the same way as in the cities and in public spaces that developed through the passage of time in a natural way, we sometimes encounter, cases of exceedingly restricted public space in the form of passages bordering on the extreme. Those that belong to the 20th century are analyzed in the last part of this essay.

A1.2.2 Σχεδιασμένες πόλεις και δημόσιοι χώροι

Όπως στις πόλεις και τους δημόσιους χώρους που αναπτύχθηκαν και εξελίχθηκαν αβίαστα μέσα στο χρόνο, έτσι και στις σχεδιασμένες πόλεις και τους δημόσιους χώρους, συναντάμε στοιχεία που καμιά φορά μας ξενίζουν για την ακρότητά τους. Όσα απ' αυτά ανήκουν στον 20ό αι. παρουσιάζονται αναλυτικά στο τελευταίο μέρος του βιβλίου.

Extreme cases: the exceptionally restricted scale

Every now and then we encounter public spaces of extremely reduced size. Most of the time it is not easy to discern the reason they are there.
We have already encountered such spaces in the Saqqara funerary complex in ancient Egypt of 2780 B.C. that was designed by Imhotep and was referred to in connection with its monumental scale. In this case the reasons for the design of the extremely narrow passage of the entrance hall are connected to the security of the complex. But in the case of the Bazaar in Istanbul one cannot see the reason why.

Ακραίες περιπτώσεις: η υπερβολικά μικρή κλίμακα

Στη δομή του δημόσιου χώρου εμφανίζονται πού και πού ακραίες περιπτώσεις, και δεν είναι πάντοτε εύκολα κατανοητοί οι λόγοι που τις δημιούργησαν. Τέτοιους χώρους βρίσκουμε ήδη στο αρχαιότερο αρχιτεκτονικό σύνολο από πέτρα που σώζεται μέχρι σήμερα, στο ταφικό συγκρότημα του φαραώ Τζόσερ στη Σακκάρα της Αιγύπτου (2780 π.Χ.), έργο του αρχιτέκτονα Ιμχοτέπ, το οποίο ήδη αναφέραμε σχετικά με τη μνημειώδη κλίμακα. Εδώ η εξήγηση για τη χρήση υπερβολικά μικρής κλίμακας φαίνεται εύκολη, καθώς ο εξαιρετικά στενός χώρος της εισόδου είναι συνδεδεμένος με την ασφάλεια του συγκροτήματος. Στην περίπτωση όμως του παζαριού της Κωνσταντινούπολης, δεν βρίσκει κανείς το αίτιο.

93

94

Extreme cases: the exceptionally restricted scale
Ακραίες περιπτώσεις: η υπερβολικά μικρή κλίμακα

93 Saqqara, the entrance arcade in passage, 27th century B.C.
The entrance to the Saqqara funerary sanctuary with Djoser's stepped pyramid in its center, is through a narrow, 1,5 m wide corridor between false columns. The doors are in stone and permanently open. But who would dare enter uninvited, when along the way, potential danger is lurching in the 22 niches on either side. Saqqara is a unique architectural composition. It is not surprising that its architect Imhotep became a god 26 centuries later.

93 Σακκάρα, ο προθάλαμος της εισόδου
Η είσοδος στο ταφικό συγκρότημα του Τζόσερ στη Σακκάρα πραγματοποιείται μέσα από μια στενωπό πλάτους μόλις 1,5 μ., μεταξύ ψευδοκιόνων. Τα θυρόφυλλα στις δύο άκρες είναι από λαξευμένη πέτρα και μονίμως ανοικτά. Αλλά ποιος απρόσκλητος θα τολμούσε να μπει όταν στη διαδρομή άγνωστοι κίνδυνοι μπορεί να καραδοκούν μέσα στις 22 κρυψώνες δεξιά και σε άλλες τόσες αριστερά. Η Σακκάρα είναι ένα μοναδικό αρχιτεκτονικό επίτευγμα. Δεν είναι απορίας άξιον το ότι ο αρχιτέκτονάς του, Ιμχοτέπ, θεοποιήθηκε 25 αιώνες αργότερα.

94 Istanbul, Grand Bazaar
In certain areas of the grand bazaar, one has the feeling of lurking danger as in the entrance of the Saqqara funerary sanctuary. The difference lies in the fact that the columns in this case are free-standing.

94 Κωνσταντινούπολη, το Μεγάλο Παζάρι
Σε ορισμένα του σημεία, το Μεγάλο Παζάρι δίνει την ίδια εντύπωση υποβόσκοντος κινδύνου που έχει κανείς στην είσοδο της Σακκάρα. Η διαφορά έγκειται στο ότι τα υποστυλώματα εδώ είναι ελεύθερα.

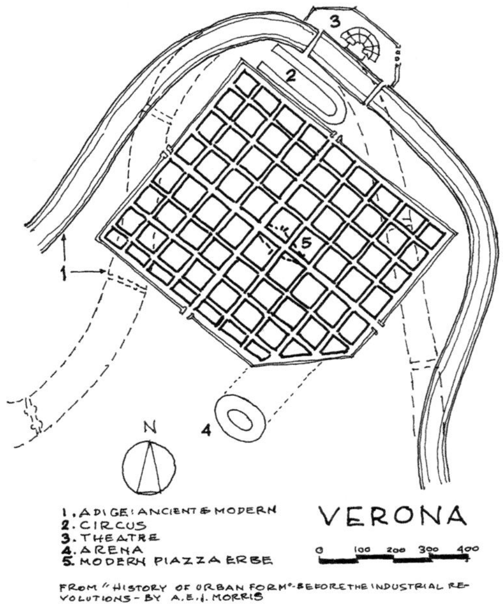

95

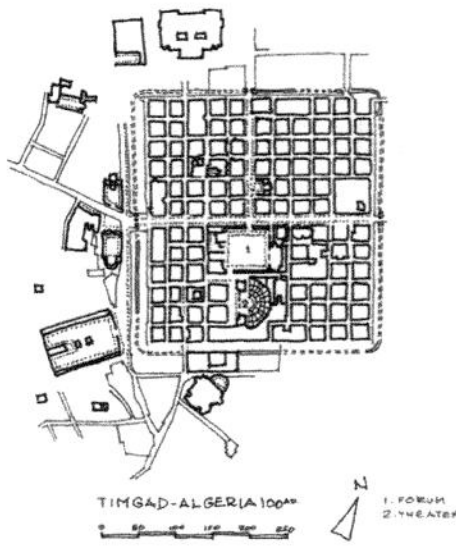

96

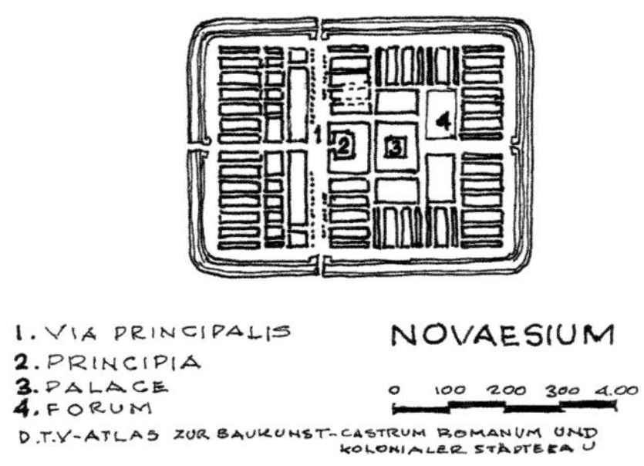

97

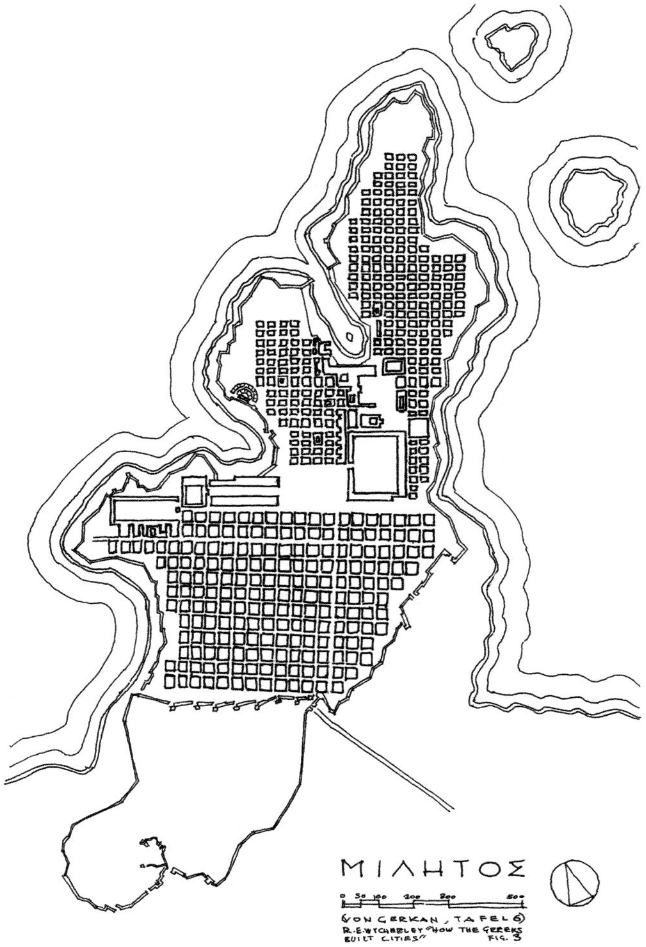

98

Public spaces and cities of medium size

The designed Hellenistic cities of Ionia (Asia Minor) reflect the wishes of their citizens, after their destruction, primarily by the Persians, for a comfortable and civilized environment. This desire was one more expression of the cultural level of Ionia and the democratic concepts, that, even under autocratic regimes, considered the existence of an agora an absolute necessity. Priene and Miletus were such cities. But we also encounter such designed cities under Roman rule, as in the case of Timgad in North Africa, Verona in Italy or Novaesium in Germany.

Δημόσιοι χώροι και πόλεις μεσαίου μεγέθους

Οι σχεδιασμένες ελληνιστικές πόλεις στην Ιωνία, μετά από τις καταστροφές που είχαν υποστεί κυρίως από τους Πέρσες, πληρούσαν την επιθυμία των πολιτών τους για ένα άνετο και πολιτισμένο περιβάλλον. Η επιθυμία αυτή ήταν έκφραση του πολιτιστικού επιπέδου που επικρατούσε στην Ιωνία και της δημοκρατικής αντίληψης που ακόμη και στα απολυταρχικά καθεστώτα θεωρείτο σωστό να τονίζεται με την ανάδειξη του χώρου της αγοράς. Τέτοιες πόλεις ήταν η Πριήνη και η Μίλητος. Αλλά και κατά τη ρωμαϊκή εποχή συναντάμε τέτοιες πόλεις, όπως η Τιμγκάντ στη Βόρειο Αφρική, η Βερόνα στην Ιταλία ή το Νοβαίσιον στη Γερμανία.

Hellenistic and Roman designed cities
Ελληνιστικές και ρωμαϊκές σχεδιασμένες πόλεις

95 Verona, the Roman plan
The Roman plan, with two main axes at right angles, brings to mind the mandala. In dotted line, today's river and the piazza Erbe.

95 Βερόνα, το ρωμαϊκό σχέδιο
Το ρωμαϊκό σχέδιο με τη διασταύρωση των δύο κυρίων αξόνων θα μπορούσε να έχει κάποια σχέση με το ινδουιστικό μάνταλα. Με διακεκομμένη γραμμή σημειώνεται η σημερινή θέση της κοίτης του Αντίτζε και της πλατείας Έρμπε.

96 Timgad (Algeria), typical Roman town, 1st century A.D.
All the prerequisites of Roman civilized life have been included within the limited size of this planned colonial settlement. The colonnaded main streets at right angle, the forum and the theater on the central axis. A comparison of this rigid layout with the free composition of Hellenistic planned cities like Priene, shows the difference of the control over the quality of design between imperial bureaucracy and a free society.

96 Τιμγκάντ, 1ος αι. μ.Χ.
Χαρακτηριστικός ρωμαϊκός οικισμός. Μέσα στα όρια αυτού του αποικιακού οικισμού έχουν περιληφθεί όλα τα στοιχεία μιας πολιτισμένης ζωής, όπως οι δύο διασταυρούμενες κεντρικές αρτηρίες με τις παρόδιες στοές τους, η αγορά και το θέατρο στον κεντρικό άξονα. Η σύγκριση μεταξύ αυτού του σχετικά άκαμπτου σχεδίου με την ελεύθερη σύνθεση των ελληνιστικών πόλεων, όπως της Πριήνης, καταδεικνύει τη διαφορά σε σχεδιαστική ποιότητα ανάμεσα σε μια γραφειοκρατούμενη αυτοκρατορία και μια ελεύθερη κοινωνία.

97 Novaesium (Neuss, Germany)
The Roman plan in its more sophisticated development becomes a prototype for medieval town plans.

97 Νοβαίσιον, το σημερινό Νόις
Οι σχεδιασμένοι οικισμοί του Μεσαίωνα ακολουθούν τα χνάρια των ρωμαϊκών προτύπων.

98 Miletus (Greek city in Asia Minor)
A balanced extension of the central agora spaces followed the expansion of the town from the classical times to the Roman period.

98 Μίλητος, 3ος αι. π.Χ.
Μια ισόρροπη ανάπτυξη των κεντρικών χώρων της αγοράς ακολουθεί την επέκταση της πόλης στην αρχαία ελληνική καθώς και στη ρωμαϊκή εποχή.

Priene

After its complete destruction by the Persians towards the end of the 5th century B.C., Priene, as many other cities of Ionia, were reconstructed on the basis of a comprehensive plan. It is not known if the new town was built on the site of the old one. What is certain is that the Prienians, like authentic Ionians, were open to all new and progressive ideas. In this way they decided to build their new city on a Hippodamian grid based on the right angle with square building blocks.

Priene that is still inhabited, was never a large city. Its size never exceeded 20 hectares and another 20 hectares were taken up by the Acropolis that was never completed. A total of 40 hectares.

While the city plan follows a strict rectangular pattern, the city wall follows the natural relief of the terrain on the three sides, while on the forth, where it encounters the steep rock of the Acropolis, the city wall continues around its top.

The human scale in Priene is not only expressed in its general layout and dimensions but with the scale of its urban tissue. The building blocks are arranged on successive tiers that follow the slopping ground, are almost square, 45x35 m in their plurality, with the greater length following the incline of the slop from North to South. This rectangular street pattern consists of main thoroughfares of a width of 6 m all along the tiers, and distributor stepped streets 2.5 to 3.5 m wide.

The most important part of Priene is the central functions complex, that does not exceed 250x200 m and comprises the agora with its arcades, the parliament, the theater and the temples with their sacred groves. The only part of the city that does not follow the rectangular pattern is the complex of the stadium with the Gymnasium that follows the natural slope of the ground.

Priene, that never exceeded a population of 4,000 inhabitants, must be considered a perfect example of the meaning of human scale. We must keep in mind that very few cities in antiquity in Greece in the Classical period surpassed 4,000 inhabitants. Athens and Corinth are exceptions, as well as Pergamon and Miletus. Still these small cities of the Hellenistic period express in a most clear way the meaning that these cities had acquired as centers of free thought, culture and civilization.

In Priene the complex of the agora and public buildings, as a reduced scale composition, presents us with a masterly architectural entity of exceptional elegance and delicacy. The temple of Minerva on its pedestal dominates the agora. The rectangular central open space 70x50 m is surrounded by arcades. The northern arcade with its depth of 18 m houses a row of shops all along the retaining wall of the next tier to the north. Still further north, taking advantage of the natural slope, one comes across the theater, within the rectangular pattern of the building blocks. Finally the agora is enclosed by the sacred grove of the temple of Zeus.

Πριήνη

Μετά την ολοκληρωτική καταστροφή που υπέστη από τους Πέρσες προς το τέλος του 5ου αι. π.Χ., η Πριήνη, όπως και πολλές άλλες πόλεις της Ιωνίας, ξανακτίστηκε βάσει ενιαίου σχεδίου. Δεν είναι γνωστό αν η θέση της νέας πόλης είναι η ίδια με την παλιά. Το βέβαιον είναι ότι οι Πριήνιοι ως γνήσιοι Ίωνες ήταν ανοικτοί σε κάθε νέα και προοδευτική ιδέα. Έτσι, αποφάσισαν να ανοικοδομήσουν την πόλη τους βάσει ενός άρτια μελετημένου σχεδίου, που ακολουθεί ιπποδάμειο σύστημα, το οποίο στηρίζεται στις ορθές γωνίες και τα ορθογώνια οικοδομικά τετράγωνα.

Η Πριήνη, που εξακολουθεί να κατοικείται μέχρι σήμερα, ποτέ δεν υπήρξε μεγάλη πόλη. Η έκτασή της μέσα στα τείχη είναι περίπου 20 εκτάρια κι άλλα τόσα είναι της ακρόπολης που ποτέ δεν οικοδομήθηκε. Το σύνολο δεν ξεπερνούσε τα 40 εκτάρια.

Ενώ η πόλη ακολουθεί αυστηρά τον ορθογωνικό σχεδιασμό, το τείχος που την περιβάλλει ακολουθεί την τοπογραφία του εδάφους στις τρεις πλευρές προς τα φαράγγια, ενώ στην τέταρτη, τη βορεινή όπου υψώνεται ο απόκρημνος βράχος, το τείχος συνεχίζει γύρω από την κορυφή που σχηματίζει την ακρόπολη.

Η ανθρώπινη κλίμακα στην Πριήνη εκφράζεται όχι μόνο με τις γενικές της διαστάσεις, αλλά και με την κλίμακα του πολεοδομικού της ιστού. Τα οικοδομικά τετράγωνα, που διατάσσονται κλιμακωτά σε ταρατσώματα τα οποία ακολουθούν το κεκλιμένο έδαφος, είναι σχεδόν τετράγωνα, περίπου 45x35 μ. τα περισσότερα, με τη μεγάλη διάσταση στην κατεύθυνση της κλίσης από βορρά προς νότο. Το ορθογωνικό οδικό δίκτυο αποτελείται από τις κύριες αρτηρίες, εύρους 6 μ., κατά μήκος των ταρατσωμάτων, ενώ το σύστημα των οδών διανομής αποτελείται από βαθμιδωτούς κατά το πλείστον δρόμους, εύρους 2,50 έως 3,50 μ.

Το σημαντικότερο τμήμα της Πριήνης είναι το συγκρότημα των κεντρικών λειτουργιών, που δεν ξεπερνά τα 250x200 μ., και περιλαμβάνει την αγορά με τις στοές της, το βουλευτήριο, το θέατρο και τους ναούς με τα ιερά τους άλση. Το μόνο σημείο της πόλης που ξεφεύγει από το αυστηρό ορθογωνικό σύστημα είναι το συγκρότημα του γυμναστηρίου με το στάδιο, το οποίο ακολουθεί τις υψομετρικές καμπύλες.

Η Πριήνη, που υπολογίζεται ότι ποτέ δεν ξεπέρασε τους 4.000 κατοίκους, πρέπει να θεωρηθεί ως ένα τέλειο παράδειγμα της σημασίας της ανθρώπινης κλίμακας. Δεν πρέπει να ξεχνούμε πως πολύ λίγες πόλεις στην αρχαία Ελλάδα της κλασικής εποχής ξεπερνούσαν τους 4.000 κατοίκους. Η Αθήνα και η Κόρινθος αποτελούσαν εξαιρέσεις, όπως η Πέργαμος και η Μίλητος. Οι μικρές όμως αυτές πόλεις της ελληνιστικής περιόδου εκφράζουν καλύτερα τη σημασία που είχαν οι πόλεις ως κέντρα ελεύθερης σκέψης και πολιτισμού.

Στην Πριήνη, το συγκρότημα της αγοράς και των δημοσίων κτιρίων, ως σύνθεση μικρής κλίμακας, αποτελούσε ένα αριστοτεχνικό αρχιτεκτονικό σύνολο εξαίρετης κομψότητας και ευαισθησίας. Ο ναός της Αθηνάς, τοποθετημένος σε βάθρο, δέσποζε της αγοράς. Ο ορθογωνισμένος κεντρικός ελεύθερος χώρος της αγοράς, 65x80 μ., περιβάλλεται από στοές. Η βόρεια στοά, με το βάθος των 12 μ., εξυπηρετεί σειρά καταστημάτων, που η πλάτη τους είναι ο τοίχος αντιστηρίξεως των υψηλότερων εδαφών προς τον βορρά. Λίγο πιο ψηλά, προς τον βορρά, όπου το έδαφος είναι κεκλιμένο, βρίσκεται το θέατρο, ενταγμένο κι αυτό στο ορθογωνικό σύστημα των οικοδομικών τετραγώνων. Μεταξύ θεάτρου και αγοράς εντάσσεται σε ένα αρμονικό σύνολο το βουλευτήριο. Τέλος, προς ανατολάς, η αγορά κλείνει με το ιερό άλσος του ναού του Διός.

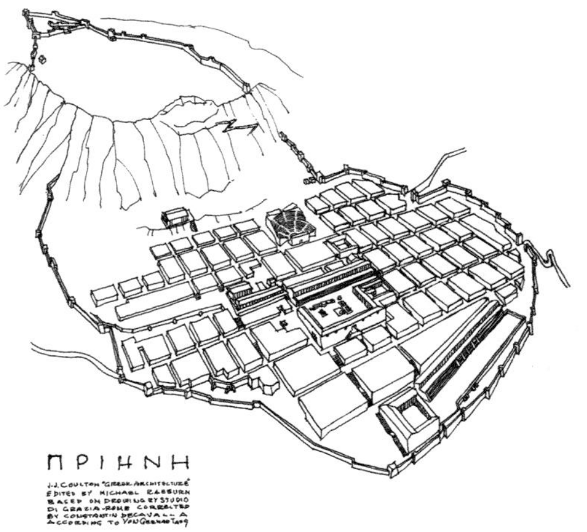

99

100

Hellenistic and Roman designed cities
Ελληνιστικές και ρωμαϊκές σχεδιασμένες πόλεις

99, 100 Priene, Hellenistic city, 4th century B.C.
The Ionian cities, after their destruction by the Persians, were reconstructed on the basis of the most recent prevalent trends, ideas and ideals. Today we condescendingly call this Hellenistic times.
The small size of the city of Priene did not prevent it from being a complete urban entity of extremely high architectural quality.

99, 100 Πριήνη, ελληνιστική πόλη, 4ος αι. π.Χ.
Οι πόλεις της Ιωνίας, μετά την καταστροφή τους από τους Πέρσες, ξανακτίστηκαν βάσει των πλέον σύγχρονων απόψεων της εποχής. Αυτό σήμερα το ονομάζουμε με ελαφρά συγκατάβαση, ελληνιστική τέχνη.
Η Πριήνη, παρά το μικρό της μέγεθος, αποτελεί ένα πλήρες αστικό συγκρότημα εξαιρετικής αρχιτεκτονικής τελειότητας.

Designed cities during the Middle Ages

The designed and planned cities that we encounter in Southern France, from the middle ages, had a completely different aim. Their purpose was purely military. They were the result of the division of France between the French and the English and they were supposed to guard the borderline. In contrast to the coast of Asia Minor that was more or less mountainous, these French cities were on level ground most of the time. Their plan was based on the Roman military camps and towns but on a smaller scale. They were all based on the Hippodamian right-angle grid and possessed a central square or an open market.
This market never acquired the meaning of the ancient Greek agora. It consisted primarily of an open space where products of the surrounding countryside were sold, or sometimes for the citizens to assemble in order to hear the decisions of the military Governor. Still, in most of these cities, the market squares with their surrounding arcades, their size and proportions create an environment of high quality and are a model of urban architectural design on a small scale.
Finally all these towns managed to survive the narrow time limit of their military destination and became centers of the highly productive areas that surrounded them. Such are Monpazier, Aigues Mortes and many others with the later addition of Richelieu.

Οι σχεδιασμένες πόλεις κατά τον Μεσαίωνα

Οι σχεδιασμένες πόλεις, που εμφανίζονται τον Μεσαίωνα στη νότια Γαλλία, είχαν εντελώς άλλο στόχο. Ήταν το αποτέλεσμα της διαίρεσης της νότιας Γαλλίας μεταξύ Άγγλων και Γάλλων και αποτελούσαν οχυρές θέσεις κατά μήκος της μεθορίου. Σκοπός τους ήταν να προασπίζουν τα εδάφη τους από την εισβολή και παράλληλα να παρέχουν οχυρά σημεία εξόρμησης των στρατευμάτων προς κατάκτηση των εδαφών του αντιπάλου. Σε αντίθεση με τις δυτικές ακτές τις Μικράς Ασίας που ήταν ορεινές κατά το πλείστον, η περιοχή όπου αναπτύχθηκαν οι γαλλικές αυτές πόλεις ήταν επίπεδη και χωρίς εδαφικές εξάρσεις. Είναι προφανές πως ο σχεδιασμός τους στηρίχθηκε στην ανάμνηση των ρωμαϊκών στρατοπέδων και των ρωμαϊκών πόλεων, αλλά σε μικρότερη κλίμακα. Το κοινό τους, όμως, χαρακτηριστικό είναι η χρήση του ιπποδάμειου συστήματος και η ύπαρξη κεντρικού ελεύθερου χώρου, πλατείας η αγοράς.
Η αγορά αυτή ποτέ δεν απέκτησε την έννοια της αρχαίας ελληνικής. Ήταν ένας χώρος όπου στήνονταν οι πάγκοι για την πώληση των προϊόντων, κυρίως λαχανικών, ή για τη συγκέντρωση των πολιτών ώστε να ακούσουν τον τελάλη που ανακοινώνει τις αποφάσεις του στρατιωτικού διοικητή. Παρ' όλον τούτο, οι περισσότερες πλατείες, με τις στοές που συνήθως τις περιστοιχίζουν, τις διαστάσεις και τις αναλογίες τους, δημιουργούν ένα εξαίρετο περιβάλλον και είναι υπόδειγμα αστικής αρχιτεκτονικής μικρής κλίμακας.
Αλλά κι αυτές οι πόλεις μπόρεσαν να ξεπεράσουν τα στενά χρονικά όρια του στρατιωτικού τους προορισμού και να επιβιώσουν ως κέντρα των πλουσίων αγροτικών περιοχών που τις περιβάλλουν. Τέτοιες πόλεις είναι το Μονπαζιέ, η Αιγκ Μορτ, η Μοντανιάνα και πολλές άλλες.

Aigues Mortes

Aigues Mortes is an exception as far as its purpose is concerned. Although situated in Southern France, on the estuary of the Garonne River, it was not intended as a defense post against the English. It was built in 1240 as a base for the crusaders of the good king Louis of France, later called the Saint, as a springboard for his campaign in North Africa. After its purpose was fulfilled, this town with its marvelous human scale, continued to thrive, without any alterations since the time of the good king, flawlessly covering contemporary requirements. The most amazing fact is that the town was never meant to last for eternity; it was designed and built for a most precise moment in history. We could even say that it was meant for a single use. Still more surprising is the fact that it is surrounded by swamps; "Aigues Mortes" means "Dead waters" in medieval French. Human scale is not restricted to designed cities during the middle ages. As with Greek antiquity, during the middle ages towns and cities that developed naturally present the same characteristics as designed cities.

Η Αιγκ Μορτ

Η Αιγκ Μορτ αποτελεί εξαίρεση ως προς τον προορισμό της. Ενώ βρίσκεται στη νότια Γαλλία, συγκεκριμένα στις εκβολές του Γαρούνα, στόχος της ίδρυσής της δεν ήταν η άμυνα εναντίον των Άγγλων. Ιδρύθηκε το 1240 από τον γάλλο βασιλέα Λουδοβίκο, τον αποκαλούμενο Άγιο, ως βάση εξόρμησης για τη σταυροφορία του στη Βόρειο Αφρική. Αφού συντελέστηκε ο προορισμός της, η πόλη αυτή με τη θαυμάσια ανθρώπινη κλίμακα, όχι μόνον δεν έπαψε να υπάρχει αλλά εξακολουθεί να ανθεί, με την ίδια μορφή που είχε στην εποχή του «Καλού βασιλιά Λουδοβίκου», απόλυτα προσαρμοσμένη στις σημερινές απαιτήσεις. Το θαυμάσιο είναι ότι η πόλη αυτή δεν χωροθετήθηκε με στόχο την αιωνιότητα, αλλά αντίθετα για μία πολύ συγκεκριμένη χρονική στιγμή. Θα λέγαμε μάλιστα πως είχε προγραμματιστεί για μία μόνο χρήση. Το αξιοσημείωτο είναι ότι περιβάλλεται από βαλτότοπους. Aigues Mortes σημαίνει στα μεσαιωνικά γαλλικά «νεκρά νερά».
Η ανθρώπινη κλίμακα δεν είναι χαρακτηριστικό μόνον των σχεδιασμένων πόλεων κατά τον Μεσαίωνα. Όπως και στην ελληνιστική αρχαιότητα, έτσι και τον Μεσαίωνα οι πόλεις που είχαν αναπτυχθεί αβίαστα μέσα στον χρόνο παρουσιάζουν τα ίδια χαρακτηριστικά κλίμακας με τις σχεδιασμένες πόλεις.

101

102

103

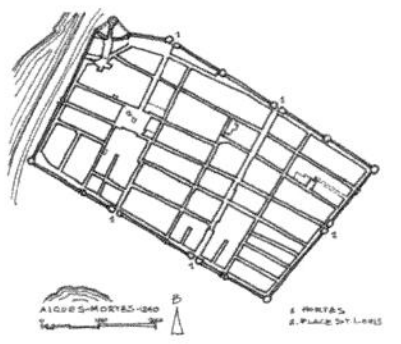

104

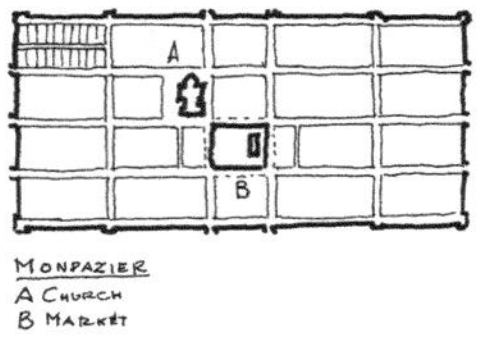

105

Designed cities during the Middle Ages
Οι σχεδιασμένες πόλεις κατά τον Μεσαίωνα

101 Aigues Mortes (France), the city gates
The gates to this walled medieval town are narrow and easily controlled. A neat and effective urban design by medieval engineers.

101 Αιγκ Μορτ, η πύλη
Η πύλη εισόδου της οχυρής πόλης δείχνει τον προσεκτικό σχεδιασμό των μηχανικών του Μεσαίωνα. Το μικρό της εύρος επιτρέπει τον εύκολο έλεγχο.

102 Aigues Mortes (France), the central square
The central square with the statue of its founder, St Louis, in the middle and the coffee tables and chairs around it, as well as the plane trees that surround it doesn't lack charm, and let Camillo Sitte disagree as much as he pleases.

102 Αιγκ Μορτ, η πλατεία του Αγ. Λουδοβίκου
Η κεντρική πλατεία, με το άγαλμα του Αγ. Λουδοβίκου στη μέση και τα τραπεζάκια του καφενείου κάτω από τα πλατάνια που την περιβάλλουν, δεν στερείται γοητείας, παρά τις διαφωνίες που θα μπορούσε να έχει ο πολεοδόμος Καμίλλο Ζίττε!

103 Montagnana (Italy), 13th century A.D.
The similarity to Aigues Mortes is easily discerned.

103 Μοντανιάνα, 13ος αι., σχεδιασμένη μεσαιωνική πόλη
Η ομοιότητα με την Αιγκ Μορτ είναι εμφανής.

104 Aigues Mortes (France), 13th century A.D., plan
The city was designed and built as a military base for the crusades. The influence of Roman town planning is obvious.

104 Αιγκ Μορτ, 13ος αι.
Η πόλη σχεδιάστηκε ως στρατιωτική βάση για σταυροφορίες. Είναι φανερή η επιρροή του ρωμαϊκού σχεδίου.

105 Monpazier, Gascony Southern France, 13th century A.D.
Monpazier was planned and built as part of the defensive system of the English in Gascony of Southern France. Here again the influence of Roman city planning is obvious in the Medieval designed towns.

105 Μονπαζιέ, Γασκόνη, 13ος αι. μ.Χ.
Το Μονπαζιέ σχεδιάστηκε και κατασκευάστηκε για να προασπίσει τα αγγλικά εδάφη της νότιας Γαλλίας. Είναι σαφής η επιρροή του ρωμαϊκού σχεδίου.

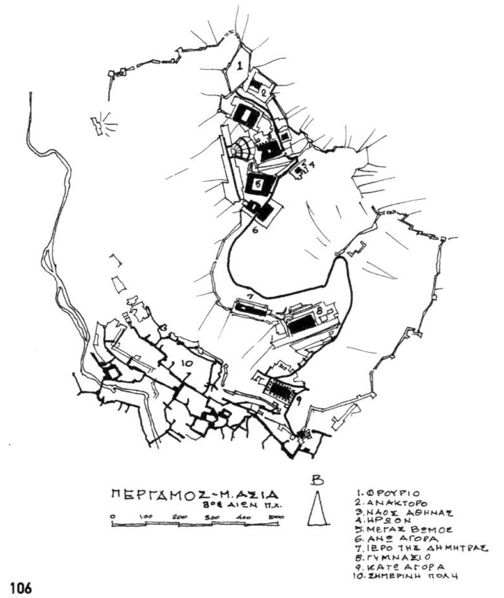

106

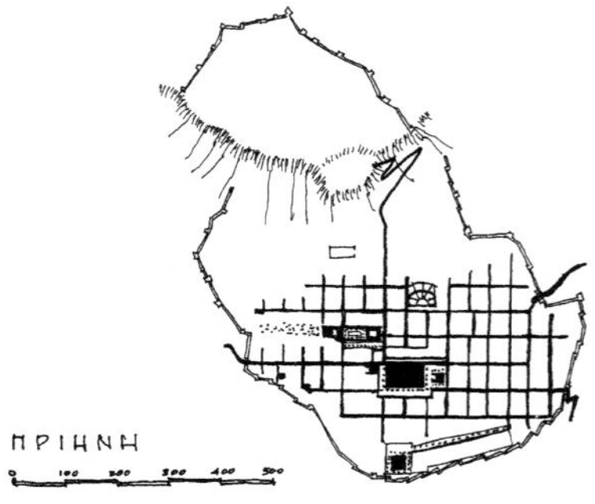

107

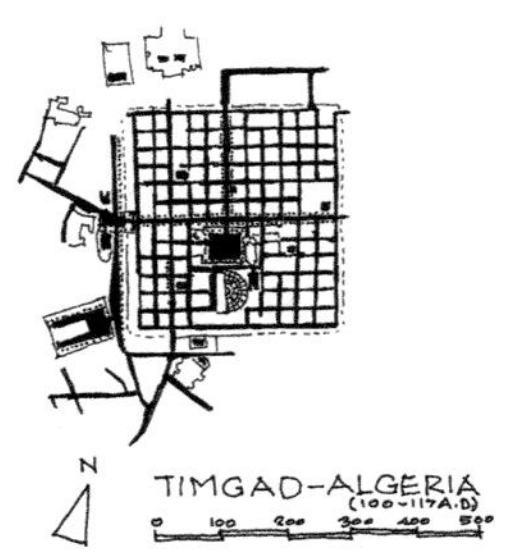

108

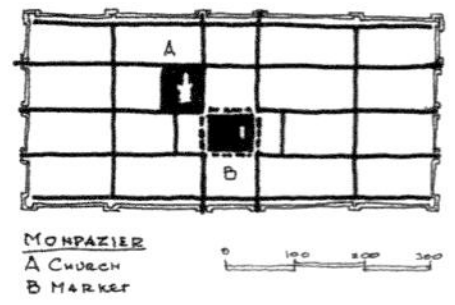

110

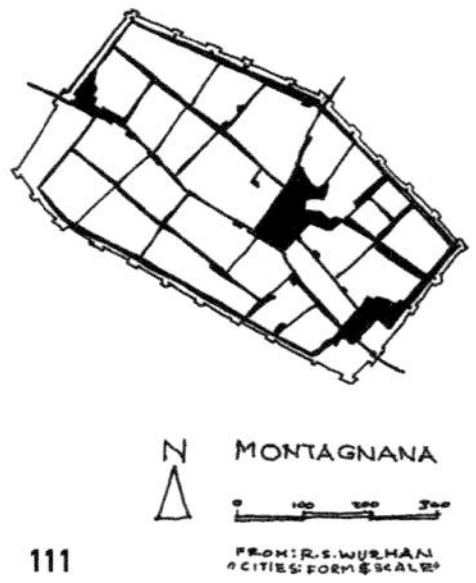

111

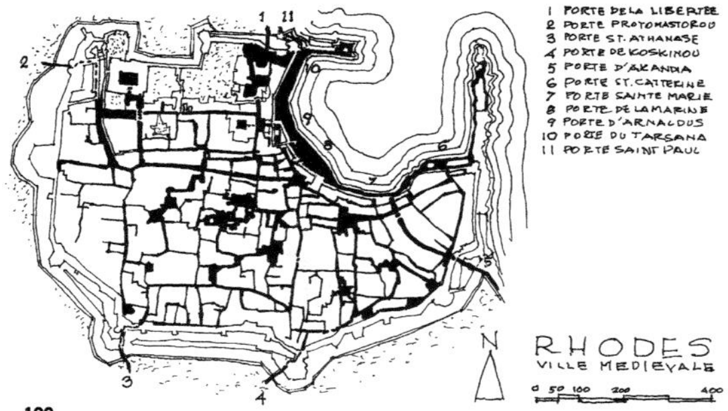

109

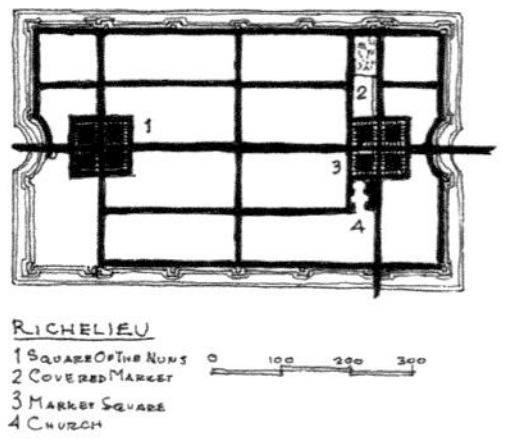

112

113

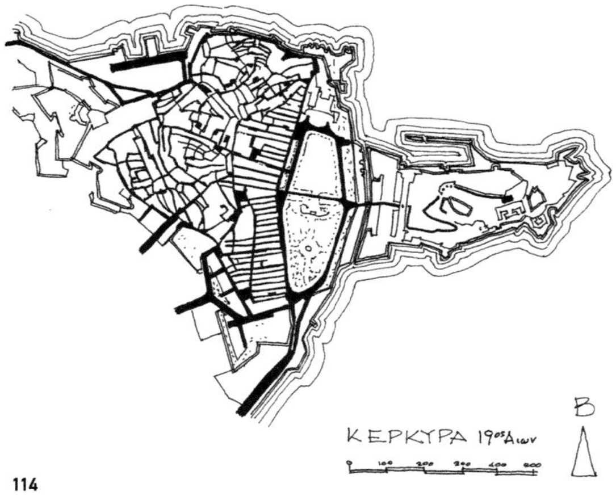

114

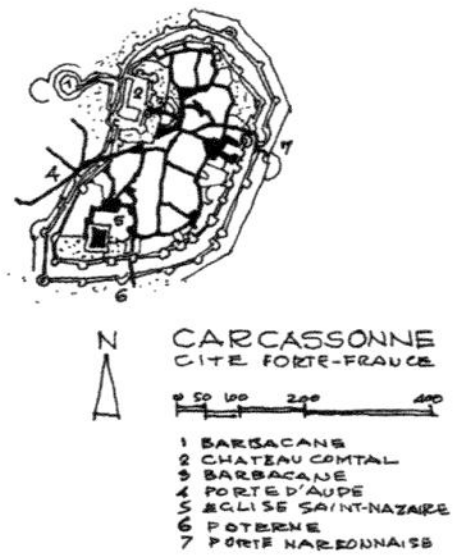

115

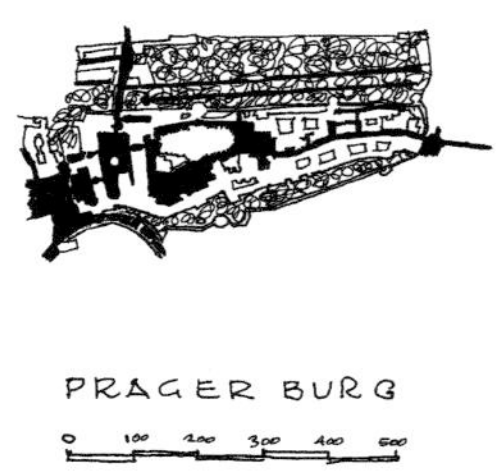

116

The human scale, comparisons
Η ανθρώπινη κλίμακα, συγκρίσεις

106, 107, 108 Pergamon, Priene, Timgad (Algeria)
Three townships on a human scale; one of them, Pergamon, by natural growth.

106, 107, 108 Πέργαμος, Πριήνη, Τιμγκάντ
Τρεις οικισμοί σε ανθρώπινη κλίμακα. Η Πέργαμος, με φυσική ανάπτυξη.

110, 111, 112, 113 Monpazier, Montagnana, Richelieu, Aigues Mortes
The planned cities of the middle ages do not seem to differ significantly. Even Richelieu's city, planned in the 17th century, shows no difference.

110, 111, 112, 113 Μονπαζιέ, Μοντανιάνα, Ρισελιέ, Αιγκ Μορτ
Οι σχεδιασμένες πόλεις του Μεσαίωνα δεν διαφέρουν πολύ. Αλλά ούτε κι η πόλη του Ρισελιέ, που σχεδιάστηκε τον 17ο αιώνα.

109, 114, 115, 116 Rhodes, Corfu, Carcassonne, Pragerburg (Prague Castle)
Cities of the middle ages naturally grown, drawn in the same scale, with the street pattern in black. Rhodes developed over the ancient Greek Hippodamian grid which it obliterated. In Corfu, on the contrary, the intervention came later, in order to free the space in front of the Castle for defense purposes.

109, 114, 115, 116 Ρόδος, Κέρκυρα, Καρκασόν, Πράγα
Μεσαιωνικές πόλεις με αβίαστη ανάπτυξη.
Η πόλη της Ρόδου αναπτύχθηκε πάνω από το αρχαίο ελληνικό ιπποδάμειο οδικό σύστημα, το οποίο και εξαφάνισε. Στην Κέρκυρα η επέμβαση ήλθε πολύ αργότερα ώστε να ελευθερωθεί ο χώρος μπροστά από το φρούριο για λόγους αμυντικούς.

117

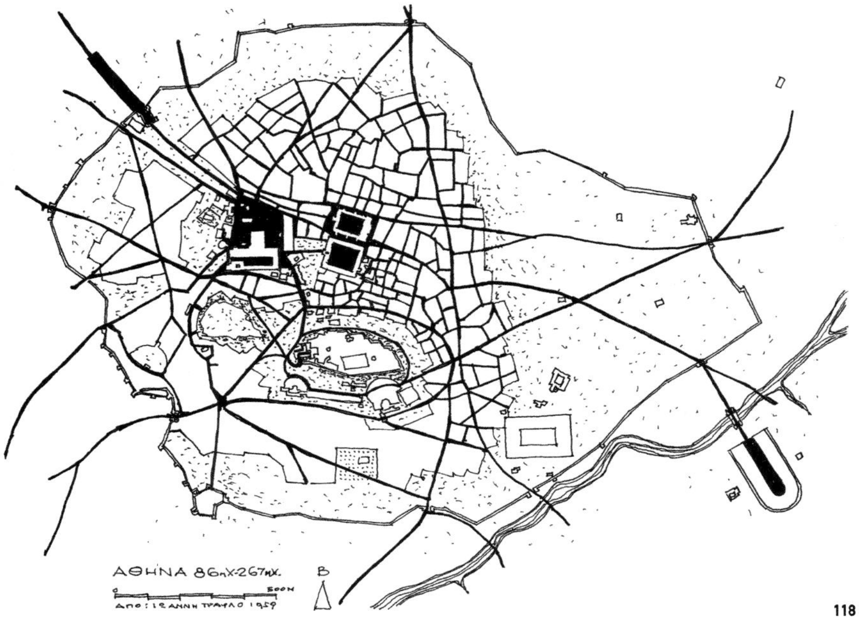

118

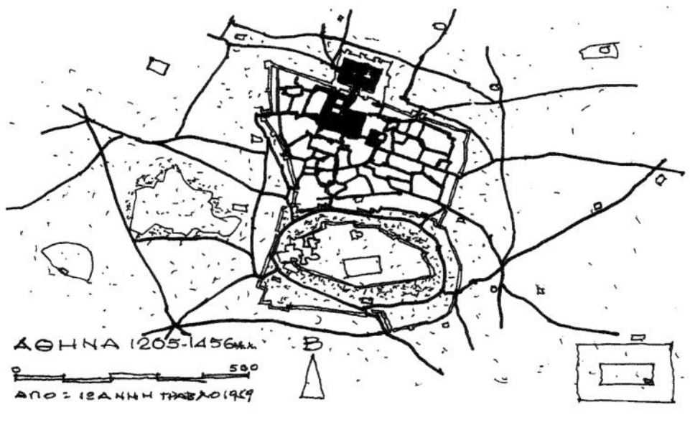

119

120

The human scale, comparisons / Η ανθρώπινη κλίμακα, συγκρίσεις

117, 118, 119, 120 **Athens, transformations from the 5th B.C. to the 19th century A.D.**
117 **5th century B.C.**
The Agora is fairly large with room for more buildings.
118 Under the Roman Empire, a lot of buildings have reduced the size of the agora but a new forum has been carved out among the small building blocks, as well as new arcades and public buildings. In this way the city has acquired a more balanced scale.
119 **1205-1456 A.D., the shrinkage**
The ancient agora no longer exists; only the Roman forum is partially there.
120 **1950 A.D., the sudden growth**
The ancient agora incorporated in the green of the unified archeological area.

117, 118, 119, 120 **Αθήνα, η μεταμόρφωση από τον 5ο αι. π.Χ. στον 20ό αι. μ.Χ.**
117 **5ος αι. π.Χ.**
Η Αγορά είναι εξαιρετικά εκτεταμένη, μπορεί να δεχθεί αρκετά κτίρια ακόμη.
118 **Ρωμαϊκοί χρόνοι, φυσική εξέλιξη με περιορισμένες παρεμβάσεις**
Ο χώρος της Αγοράς έχει περιορισθεί σημαντικά με τις μεγάλες στοές –δωρεές των θαυμαστών της– που ήρθαν να την πλαισιώσουν.
119 **1205-1456 μ.Χ., η συρρίκνωση**
Η αρχαία Αγορά έχει εξαφανισθεί, μόνον η ρωμαϊκή έχει μερικώς απομείνει.
120 **1950 μ.Χ., η απότομη ανάπτυξη**
Η αρχαία Αγορά ενσωματωμένη στο ενιαίο πράσινο του αρχαιολογικού χώρου.

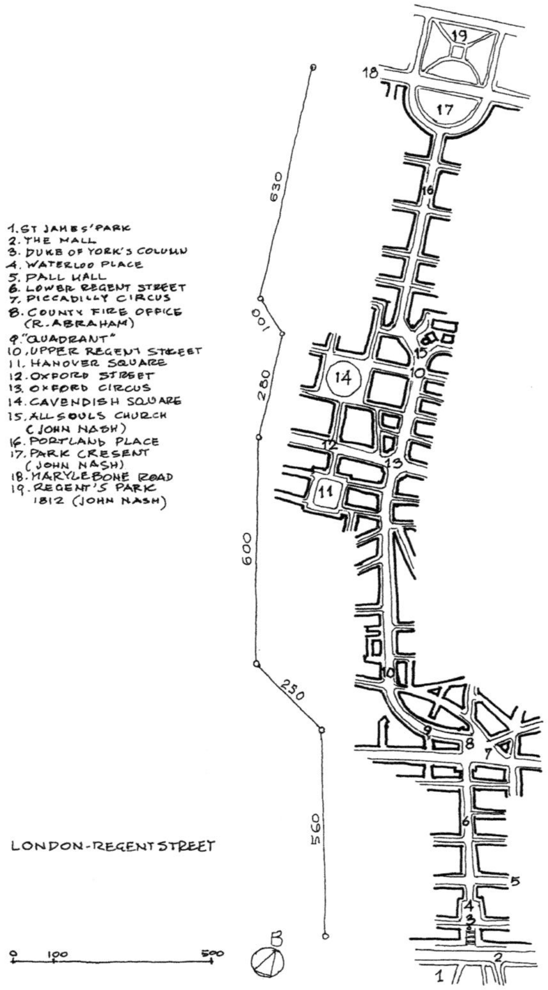

121

122

A1.2.3 Remodeling of towns and cities during the era of Enlightenment and Neoclassicism

There have been numerous cases of interventions in the urban tissue of existing or planned towns and cities, primarily during the era of Enlightenment. Such was the openning-up of Regent street in London, by the architect John Nash, and in Athens, the New Capital of the Greek State, the reduction of the plan of Kleanthis and Schaubert by the architect Leo von Klenze.

Greek Independence coincided with the European Enlightenment and this allowed for Neoclassicism to develop at least as far as the street fronts of the buildings were concerned. First came Aegina, the first capital of the modern Greek state in 1828. With the assistance of Neoclassical architecture, the achievement of an urban character is attempted in the built-up environment of towns end cities.

A1.2.3 Επεμβάσεις σε υφιστάμενες πόλεις και οικισμούς κατά τον Διαφωτισμό και τον Νεοκλασικισμό

Επεμβάσεις σε υφιστάμενες πόλεις και οικισμούς για τη βελτίωσή τους έγιναν πολλές, ιδίως κατά την εποχή του Διαφωτισμού. Τέτοιες υπήρξαν η διάνοιξη της Ρήτζεντ στρητ στο Λονδίνο από τον αρχιτέκτονα Τζον Νας, και στην Αθήνα, όταν έγινε πρωτεύουσα του νεοσύστατου ελληνικού κράτους το 1835, από τον γερμανό αρχιτέκτονα Λέοπολντ φον Κλέντσε, ο οποίος τροποποίησε τα σχέδια των Σταμάτη Κλεάνθη και Εδουάρδου Σάουμπερτ, με εντολή να μειωθεί η έκταση των δημοσίων χώρων.

Η ελληνική ανεξαρτησία συνέπεσε με τον ευρωπαϊκό Διαφωτισμό, κι έτσι αναπτύχθηκε ο νεοκλασικισμός, τουλάχιστον ως προς τη μορφή των όψεων των κτιρίων. Πρώτη μαρτυρία αποτελεί η Αίγινα, η πρώτη πρωτεύουσα του νεοσύστατου ελληνικού κράτους το 1828. Με τη νεοκλασική πλέον αρχιτεκτονική καταβάλλεται προσπάθεια για τη δημιουργία ενός αστικού χαρακτήρα στο δομημένο περιβάλλον των πόλεων και των οικισμών.

Remodeling of towns and cities during the era of Enlightenment and Neoclassicism
Επεμβάσεις σε υφιστάμενες πόλεις και οικισμούς κατά τον Διαφωτισμό και τον Νεοκλασικισμό

121 London, Regent street, 1811, plan by John Nash
The avenue connecting Regent Park with St James Park was designed in a way that was friendly to the individual, humanizing the scale of a great metropolis by avoiding a straight axis.

121 Λονδίνο, Ρήτζεντ στρητ, σχέδιο του Τζον Νας
Η διάταξη του νέου δρόμου που ενώνει το Ρήτζεντ Παρκ με το Σέιντ Τζέιμς Παρκ, έργο του Τζον Νας στην αρχή του 19ου αι., αποφεύγει τον ευθύγραμμο άξονα που θα μπορούσε να δημιουργήσει μονοτονία. Επιπλέον φέρνει στο μέτρο του ανθρώπου την κλίμακα της μεγαλούπολης.

122 Aegina, first Capital of the new Greek State
A typical street in a residential area.

122 Αίγινα, πρώτη πρωτεύουσα του νεότερου ελληνικού κράτους
Χαρακτηριστικός δρόμος σε περιοχή κατοικιών.

A2 Size, form and proportions of urban public space

Public space, whether for pedestrians or not, is characterized by its size, its shape and its proportions, independently from its function as a street, a square, a passage or an interior court or patio, or what English-speaking people call a mall.

A2.1 Squares

The meaning of a street or a square in a historic town or city should be seeked in a multiplicity of different functions and uses that were serviced by these urban spaces through the ages. To stop at a given moment of prosperity or decline, leads automatically to a limited interpretation of the meaning, of the presence of this square or street in an urban setting.

If one examines the piazza Navona in Rome, in ancient times it was a hippodrome, in the middle ages it was transformed into a square, next, at the time of the Baroque (Pope Sixtus Quintus, etc.), it became a playground of the nobility and the merry-makers. Because of its low level, it was often flooded and used for competitions with carriages, richly adorned, between rival clans, that ended in quarrels and fights. It returned, somehow, to its original role with chariot races and fights between supporters of various colors i.e. teams (as happens nowadays with football). Later on, during the sober 19th century, it became an urban square again, until, during the 20th century, it was innundated with motorcars. Today it has been converted anew into a pedestrian precinct, or, rather, one of coffee shops, on its periphery, while artists, painters with their easels and amateur musicians perform their arts, in its center.

In order to appreciate piazza Navona one has to examine all the roles it has performed through the ages until today and all those it may play in the future. Still one can examine the square from a purely formal point of view, independently from its function. The first question would be to which category it belongs. Can piazza Navona be a category in itself? Why should a square belong to a category? What would be the design parameters, on the basis of which a type is selected? On the basis of proportions? According to the kind and importance of the buildings that surround it? On the basis of the number and the type of approaches? On the basis of its size? Or then should every square be examined as an independent presence in the cultural history of a wider area?

Elongated squares can be found in many historic towns that have never altered their function in the urban setting for ages, as with Marktplatz in Winterthur or in Prague. In Winterthur the square is more akin to a street, but with changing width from one end to the other. In this way the space has the characteristics of an optical illusion, like the ones used in Roman theaters, and later in the stage settings of the Renaissance theater, like the Teatro Olympico by Palladio. China, until the 20th century, did not actually have squares in the European sense. But this is true for the cities of Islam too. Bazaars are covered streets surrounded by patios and enclosed courtyards. Most Greek seaside towns had no squares.

The town of Navarino (Pylos) acquired a square due to the engineers of General Maison who drew the beautiful square next to the port in 1830, that the Modern Greek state, unfortunately, destroyed. Historic settlements in Greece, as Hydra, Poros, Aegina, and nearly all the Aegean islands, did not have squares. The role of the square is taken up by the sea front. Whenever there is a square, it is a later addition in order to give a town a more Western-type urban character. Usually these squares are called of the "Memorial", of the "Town hall" or of the "Government House", but do not participate in the life of the town.

The tradition of the ancient Greek Agora has vanished more than a thousand years ago. On the contrary, the "Marktplatz" on the "piazza Erbe" or "piazza del Fruti" are still there in the medieval cities of Western Europe although their democratic character has been lost long ago.

In the study of modern squares one can discern many parameters on the basis of which one can attempt a classification. The first could be the size.

According to M. Web, the largest square in Europe is the place de la Concorde in Paris. Still, once upon a time, before it was planted, the square of the Decembrists in St Petersburg had 1100 m in length and 135 m in width at its narrow side, while Parade square in Warsaw had an area of 240,000 m^2 before it was subdivided. But these squares were not meant as squares, and that is why they never functioned as such. Concord in Paris started as a green area as well as a circulation junction. As for the Decembrists square, it was a parade ground for the Tsar's armies. The same also applies outside Europe, as we have already seen in Isfahan. As for Tien An Men in Beijing, the achievement of the Great Pilot Mao, with its 800x800 m, was a later development. Actually the result of an intervention in the ceremonial axis of Beijing for the great masses to assemble, parade and express themselves, in specially organized festivals to the eternal glory of the regime.

On the other hand, squares can be free spaces that do not exceed 170 m^2, like the Kremasti square in Corfu. But squares of small size abound in historic towns and cities, although later interventions have destroyed a great number of them.

It is obvious that in the search of a standard size for a square, the same is true as with a city. There is the gigantic scale with dimensions that surpass a kilometer in length and the purely human that does not exceed the size of a courtyard.

Squares in front of churches have traditionally been of reduced size. They are, after all, the forecourt of the church. When Sir William Holford undertook the design of the area around St Paul's Cathedral in post-war London, he said about the square in front of the cathedral "this is the spot where Lord Mayor greets the Queen of England". Unfortunately this has not always been the case. The square of Nôtre Dame de Paris did not exceed 60x75 m before it was expanded. The same is true for most European medieval cities.

But let us leave the middle ages and return to antiquity. The spaces that were the heart of free cities had dimensions that belong to the human scale. The agora of Priene was 70x50 m, that of Miletus 120x160 m, in Pergamon both lower and upper agoras did not exceed 60x30 m, in Pompeii 120x35 m. But even in ancient Rome, not only the Forum Romanum was 130x60 m but the imperial Fora also had dimensions that can be considered as human. The Forum Augustum 130x80 m and Trajanum 100x85 m.

If we examine the squares that made a name for themselves in town planning through history as the most successful in the urban space, most belong to the category of 125x125 m to 150x150 m, which means 16,000 to 22,000 m^2. To this category belong place des Vosges and place Vendôme in Paris (17th and 18th centuries). But even newer squares, like Syntagma square in Athens Greece, belong to this category. If we look into other places at other times with other cultures again we witness that the size of a classic square, even in civilizations quite unknown in earlier days, as those of the Maya in Central America, do not differ in size. The ceremonial square of the moon in Teotihuacan in Central America has the same size and proportions as the place des Vosges in Paris.

The proportion of width to length for a square should not exceed 1 to 5. Otherwise one gets the feeling of a street.

Still the main characteristics of a square is not just its dimensions but the proportions, the shape and form that must be such as to generate the sense of stopping. Because our object is the footway, squares are only examined in general and primarily in relation to footways.

Α2 Το μέγεθος, η μορφή και οι αναλογίες στον δημόσιο χώρο

Ο δημόσιος χώρος, είτε απευθύνεται στους πεζούς είτε όχι, χαρακτηρίζεται από το μέγεθος, τη μορφή και τις αναλογίες του, ασχέτως αν πρόκειται για δρόμο, πλατεία, στοά, αίθριο ή γι' αυτό που οι Αγγλοσάξονες ονομάζουν μωλ.

Α2.1 Πλατείες

Η έννοια της πλατείας ή του δρόμου στις ιστορικές πόλεις πρέπει να αναζητηθεί μέσα σε μια επαλληλία διαφορετικών λειτουργιών και χρήσεων, τις οποίες κλήθηκαν να εξυπηρετήσουν οι χώροι αυτοί κατά την ιστορική τους εξέλιξη. Το να σταθεί κανείς σε μία μόνον χρονική στιγμή ακμής ή παρακμής, θα οδηγούσε αυτομάτως σε μια μονοσήμαντη ερμηνεία της έννοιας, της μορφής και της παρουσίας τους στον αστικό ιστό. Για παράδειγμα, η πιάτσα Ναβόνα στη Ρώμη. Στην αρχαιότητα ήταν ιππόδρομος, κατά τον Μεσαίωνα μετατράπηκε σε πλατεία, στη συνέχεια, μετά τις επεμβάσεις την εποχή του Μπαρόκ (όπως του πάπα Σίξτου Ε΄ κ.ά.), έγινε αγαπημένος χώρος των γλεντζέδων και της αριστοκρατίας. Λόγω της χαμηλής της στάθμης, πλημμύριζε νερό και γίνονταν αγώνες με πλούσια στολισμένες άμαξες, οι οποίοι συνηθέστατα κατέληγαν σε διαπληκτισμούς και καυγάδες. Είχε λοιπόν ξαναγυρίσει κατά κάποιον τρόπο στον πρώτο της ρόλο, με τις αρματοδρομίες και τους τσακωμούς μεταξύ των οπαδών των διαφόρων χρωμάτων, των ομάδων δηλαδή, όπως γίνεται σήμερα με το ποδόσφαιρο. Στη συνέχεια, κατά τον φρόνιμο 19ο αι., ξανάγινε μια πλατεία για τη χρήση των πεζών, έως τον 20ό αι., οπόταν πλημμύρισε από αυτοκίνητα. Σήμερα πάλι είναι χώρος πεζών ή μάλλον καφενείων στην περιφέρεια της πλατείας, ενώ στο κέντρο οι λαϊκοί ζωγράφοι στήνουν τα καβαλέτα τους και οι ερασιτέχνες μουσικοί δίνουν συναυλίες.

Για να κρίνει κανείς τη σημασία της πιάτσα Ναβόνα, θα πρέπει να εξετάσει όλους τους ρόλους που έχει παίξει μέχρι σήμερα και όλους όσους θα παίξει στο μέλλον. Παρ' όλα ταύτα είναι δυνατή η εξέταση και η αξιολόγηση του χώρου από καθαρά μορφολογική άποψη. Και το πρώτο ερώτημα είναι: σε ποια κατηγορία εντάσσεται; Μπορεί να αποτελέσει από μόνη της έναν τύπο πλατείας; Και γιατί πρέπει οπωσδήποτε να την εντάξουμε σε μια τυπολογία; Και βάσει ποιου χαρακτηριστικού θα επιλεγεί ο τύπος; Βάσει του αριθμού εισόδων-εξόδων και της διάταξής τους; Βάσει των αναλογιών της; Βάσει του είδους και της σημασίας των κτιρίων που την περιβάλλουν; Βάσει της λειτουργίας και των χρήσεων; Ή θα πρέπει να εξετάζεται κάθε πλατεία ως ένα ανεξάρτητο φαινόμενο της πολιτιστικής ιστορίας ενός ευρύτερου χώρου;

Σε πολλές πόλεις βρίσκουμε μακρόστενες πλατείες που η χρήση τους δεν έχει αλλάξει για πολλές εκατονταετίες, όπως η Μάρκτπλατς (πλατεία Αγοράς) στο Βίντερτουρ ή στην Πράγα. Στο Βίντερτουρ η πλατεία μοιάζει περισσότερο με δρόμο, το εύρος της όμως αλλάζει από το ένα άκρο στο άλλο. Έτσι, έχει τα χαρακτηριστικά μιας οπτικής απάτης, όπως αυτές που χρησιμοποιούσαν στα ρωμαϊκά θέατρα κι αργότερα στα σκηνικά των κλειστών θεάτρων, όπως στο Τεάτρο Ολύμπικο του Παλλάντιο. Η Κίνα έως τον 20ό αιώνα δεν είχε καθόλου πλατείες με την ευρωπαϊκή έννοια. Το ίδιο και οι πόλεις του Ισλάμ. Τα παζάρια τους είναι σκεπαστοί δρόμοι, που περιβάλλονται από αίθρια και κλειστές αυλές.

Αλλά γιατί να πάμε τόσο μακριά; Οι περισσότερες νεοελληνικές παραθαλάσσιες πόλεις και κωμοπόλεις δεν είχαν πλατεία. Η Πύλος (Ναβαρίνο) απέκτησε πλατεία χάριν στους μηχανικούς του στρατηγού Μαιζόν, που σχεδίασαν την ωραιότατη πλατεία του λιμανιού το 1830 –την οποία, δυστυχώς, η νεότερη ελληνική Πολιτεία φρόντισε να καταστρέψει. Ιστορικοί οικισμοί, όπως της Ύδρας, του Πόρου, της Αίγινας, αλλά και όλων σχεδόν των νησιών του Αιγαίου, δεν διαθέτουν πλατείες. Το ρόλο της πλατείας παίζουν οι αποβάθρες των λιμανιών. Όπου υπάρχουν πλατείες, προστέθηκαν αργότερα για να προσδώσουν στην πόλη ή τον οικισμό ένα δυτικοφανή χαρακτήρα. Συνήθως ονομάζονται «πλατεία Ηρώου», «Κυβερνείου» ή «Δημαρχείου», χωρίς να παίζουν κανέναν ουσιαστικό ρόλο στη ζωή του οικισμού.

Η παράδοση της αρχαίας Αγοράς έχει εκλείψει προ χιλιετιών από τον ελληνικό χώρο. Αντίθετα, η Μάρκτπλατς ή η πιάτσα ντέλε Έρμπε (Βερόνα και αλλού), ή η πιάτσα ντέι Φρούτι (Πάντοβα) υπάρχουν και σήμερα στις μεσαιωνικές πόλεις της δυτικής Ευρώπης.

Στη μελέτη των χώρων όπου σήμερα εμφανίζονται πλατείες, αναγνωρίζει κανείς πολλές και διάφορες παραμέτρους, βάσει των οποίων μπορεί να επιχειρηθεί μια ταξινόμηση. Ίσως η πρώτη θα μπορούσε να είναι η παράμετρος του μεγέθους.

Σύμφωνα με τον Μ. Βεμπ, η μεγαλύτερη πλατεία στην Ευρώπη είναι η Κονκόρντ στο Παρίσι. Όμως η πλατεία των Δεκεμβριστών στην Αγία Πετρούπολη προτού δενδροφυτευτεί είχε μήκος 1.100 μ. και εύρος στο στενό της μέρος 135 μ. Η δε πλατεία των Παρελάσεων της Βαρσοβίας προτού υποδιαιρεθεί είχε εμβαδόν 240 στρέμματα. Αλλά οι πλατείες αυτές δεν ξεκίνησαν ως πλατείες, γι' αυτό και δεν λειτούργησαν ως τέτοιες. Η Κονκόρντ ξεκίνησε ως κυκλοφοριακός κόμβος και χώρος πρασίνου, ενώ η πλατεία των Δεκεμβριστών ως χώρος για την παράταξη τμημάτων του τσαρικού στρατού. Το ίδιο άλλωστε συμβαίνει κι έξω από τον ευρωπαϊκό χώρο. Το μήκος του Μεϊντάν-ι Σαχ στο Ισφαχάν (σήμερα Naxs-ι Τζαάν) είναι μισό χιλιόμετρο και το εύρος 150 μ. Η πλατεία Τιέν Αν Μεν στο Πεκίνο, επίτευγμα του μεγάλου τιμονιέρη Μάο, ήταν περίπου 800x800 μ. Αλλά κι αυτές οι πλατείες δεν είχαν προορισμό να είναι πλατείες ούτε λειτουργούν ως τέτοιες. Το μεν Μεϊντάν-ι Σαχ σχεδιάστηκε για γήπεδο του πόλο –με το αυτοκρατορικό θεωρείο, το Νακάρα Κάνα, στη βόρεια πλευρά του– η δε Τιέν Αν Μεν, που προέκυψε με την επέμβαση στον τελετουργικό άξονα του Πεκίνου, δημιουργήθηκε για να μπορούν να παρελαύνουν οι μεγάλες μάζες στις οργανωμένες τελετές προς τιμήν και αιώνια δόξα του καθεστώτος.

Στις πλατείες, βεβαίως, συγκαταλέγονται ακόμη και μικρού μεγέθους ελεύθεροι χώροι, όπως η πλατεία της Κρεμαστής στην Κέρκυρα που το μέγεθός της δεν υπερβαίνει τα 170 $μ^2$. Οι ιστορικές πόλεις μάλιστα βρίθουν από μικρές πλατείες, παρά το ότι οι επεμβάσεις και οι αναπλάσεις έχουν καταστρέψει μεγάλον αριθμό. Είναι φανερό πως στην αναζήτηση ενός καθοριστικού μεγέθους για το τι είναι πλατεία, βρισκόμαστε μπροστά στην ίδια διαπίστωση που κάναμε σχετικά με τις πόλεις. Από τη μια έχουμε τη γιγαντιαία κλίμακα κι από την άλλη την καθαρά ανθρώπινη. Υπάρχουν πλατείες που υπερβαίνουν ακόμη και το χιλιόμετρο, και άλλες που δεν ξεπερνούν τις διαστάσεις μιας αυλής.

Οι πλατείες μπροστά σε εκκλησίες αποτελούν ουσιαστικά το προαύλιό τους και κατά κανόνα είναι περιορισμένες. Όταν ο σερ Ουίλιαμ Χόλφορντ ανέλαβε να σχεδιάσει την περιοχή του Αγίου Παύλου στο μεταπολεμικό Λονδίνο, είπε χαρακτηριστικά για τον ρόλο της πλατείας μπροστά στον ναό: «Στον χώρο αυτόν καλωσορίζει ο Λόρδος Δήμαρχος του Λονδίνου τη βασίλισσα της Αγγλίας»! Η πλατεία της Παναγίας των Παρισίων, προτού διευρυνθεί, δεν υπερέβαινε τα 60x75 μ. Το ίδιο μέγεθος συναντάμε στις περισσότερες μεσαιωνικές πόλεις της Δυτικής Ευρώπης. Δυστυχώς, η άποψη να έχουν μικρή έκταση οι πλατείες δεν επικράτησε πάντοτε.

Αλλά κι αν στραφούμε προς την Αναγέννηση ή προς την αρχαιότητα, οι χώροι που αποτελούσαν την καρδιά των ελεύθερων πόλεων είχαν σαφώς ανθρώπινη κλίμακα. Η αγορά της Πριήνης είχε διαστάσεις 67x74 μ., της Μιλήτου 150x115 μ., της Περγάμου 24x60 μ., αλλά και των Αθηνών 60x140 μ. μαζί με τα κτίρια που περιελάμβανε.

Το ίδιο ισχύει για τις ρωμαϊκές πόλεις. Στην Τιμγκάντ, η αγορά έχει διαστάσεις 40x50 μ. και στην Πομπηία 120x35 μ. Στην αρχαία Ρώμη, όχι μόνον το Φόρουμ Ρομάνουμ (170x65 μ.) αλλά ακόμη και οι αυτοκρατορικές αγορές, έχουν διαστάσεις που μπορούν να θεωρηθούν ανθρώπινες: η αγορά του Αυγούστου είναι 50x65μ. και του Τραϊανού 100x85 μ.

Αν εξετάσουμε τις πλατείες που έχουν μείνει γνωστές στην ιστορία της πολεοδομίας ως οι πιο επιτυχημένες στον αστικό χώρο, θα δούμε πως οι περισσότερες έχουν μέγεθος από 125x125 έως 150x150 μ., δηλαδή από 16 έως 22 στρέμματα. Σε αυτήν την κατηγορία ανήκουν η πλας ντε Βοζ κι η πλας Βαντόμ στο Παρίσι (17ος και 18ος αι. αντίστοιχα), καθώς και νεότερες πλατείες, όπως η πλατεία Συντάγματος ή της Ομονοίας στην Αθήνα. Αν τώρα πάμε σε άλλους τόπους και παλαιότερους καιρούς, πάλι διαπιστώνουμε πως το μέγεθος της τυπικής πλατείας, ακόμη και σε πολιτισμούς αρκετά μακρινούς, όπως των Μάγια στην Κεντρική Αμερική, κυμαίνεται στις ίδιες διαστάσεις. Η τελετουργική πλατεία της Σελήνης στο Τεοτιχουακάν είναι όμοια σε διαστάσεις και αναλογίες με την πλας ντε Βοζ!

Οι αναλογίες πλάτους προς μήκος σε μια πλατεία δεν πρέπει να υπερβαίνουν τη σχέση 1 προς 5, πέρα από την οποία δημιουργείται η αίσθηση του δρόμου.

Το κύριο χαρακτηριστικό της πλατείας δεν είναι οι διαστάσεις της –που και αυτές έχουν σημασία–, αλλά οι αναλογίες, η μορφή και η διαμόρφωση, που πρέπει να είναι τέτοιες ώστε να δημιουργείται η αίσθηση της στάσης. Γιατί τελικά η πλατεία μπορεί να είναι μια αφετηρία ή ένα τέρμα, αλλά είναι κατ' εξοχήν ο ελεύθερος χώρος στάσης μέσα στον πολεοδομικό ιστό.

A2.1.1 The enclosed public space. Ancient Agora

The notion of the square, as we know it today, one could say, started with the ancient Greek forum, agora in Greek, that continued during the Roman era.

A2.1.1 Ο περίκλειστος χώρος. Οι αρχαίες αγορές

Η έννοια της πλατείας, όπως την ξέρουμε σήμερα, θα μπορούσε κανείς να πει πως ξεκίνησε με τις αρχαίες ελληνικές αγορές που συνεχίσθηκαν επί ρωμαϊκής εποχής.

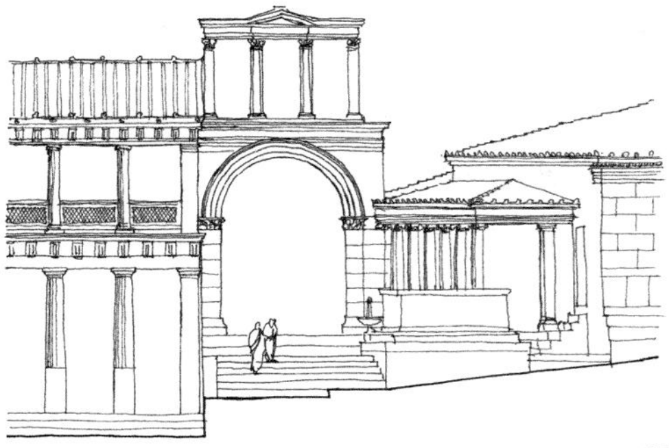

123

124

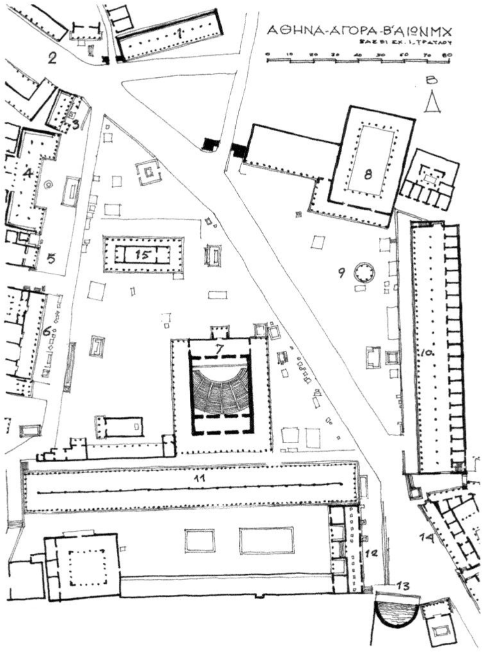

125

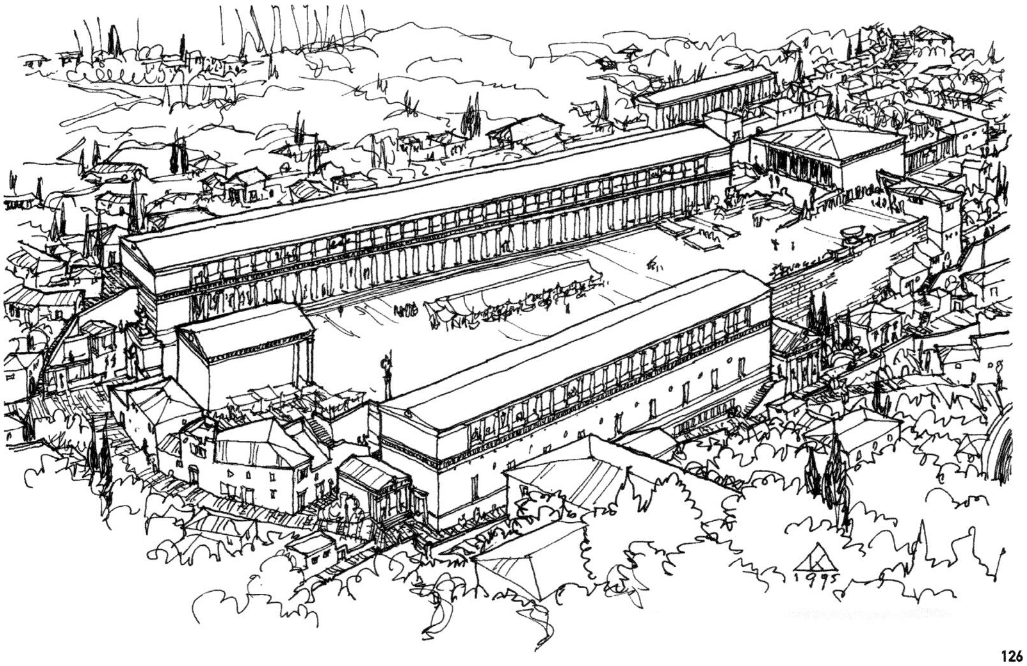

126

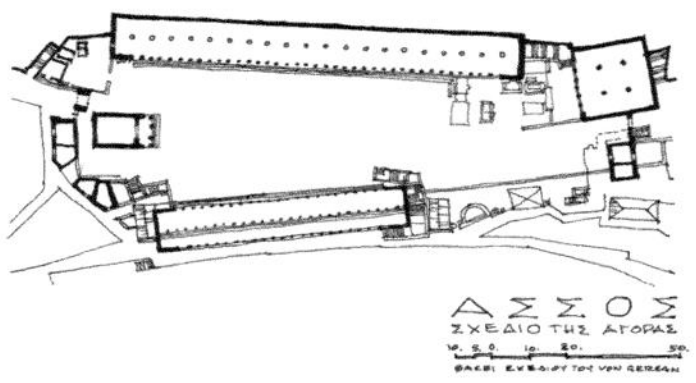

127

The enclosed public space. Ancient Agora
Ο περίκλειστος χώρος. Οι αρχαίες αγορές

123 Athens, Agora, entrance arch, 1st century A.D.
Between the Attalos Stoa and the Library of Pantainos, a gate in the form of an arch was erected in order to accentuate the entrance to the Agora, although the Agora of Athens was never actually enclosed.

123 Αθήνα, η Αρχαία Αγορά, αψίδα εισόδου, τέλος 1ου αι. μ.Χ.
Μεταξύ της Στοάς του Αττάλου και της βιβλιοθήκης του Πανταίνου κατασκευάστηκε πύλη σε μορφή αψίδας για να τονίσει την είσοδο της Αγοράς, έστω κι αν η Αγορά των Αθηνών δεν υπήρξε ποτέ καθεαυτό περίκλειστη.

124 Athens, the Agora, the gate of "Stoa Poikile" arcade
On the northern side of the Agora a portal was erected in the form of an arcade, to symbolize the enclosure of the area.

124 Αθήνα, η Αρχαία Αγορά, πύλη Ποικίλης Στοάς
Στη βόρεια πλευρά του χώρου της Αγοράς κατασκευάστηκε συμβολικά μια πύλη σε μορφή αψίδας για να δηλώσει το περίκλειστο του χώρου.

125 Athens, the ancient Agora, 2nd century B.C.
The Agora of ancient Athens developed by stages through the centuries. At a given moment it became an enclosed public space by the addition of portals and arches at the points of entry, as the one next to the Stoa Poikile (Painted Stoa).
1. Painted Stoa, 2. Dipylon, 3. Royal Stoa, 4. Temple of Zeus, 5. Apollo Patroos, 6. Metroon, 7. Odeon, 8. Vasiliki, 9. Monopteros, 10. Stoa of Attalos, 11. Middle Stoa, 12. East building, 13. Nymphaeum, 14. Library of Pantainos, 15. Temple of Ares.

125 Αθήνα, η Αρχαία Αγορά, 2ος αι. π.Χ.
Η Αγορά των αρχαίων Αθηνών αναπτύχθηκε σταδιακά μέσα στους αιώνες. Κάποια στιγμή προσαρμόστηκε κι αυτή στην ιδέα του περίκλειστου υπαίθριου δημόσιου χώρου, με την κατασκευή αψίδων εισόδου, όπως αυτή πλάι στην Ποικίλη Στοά.
1. Ποικίλη Στοά, 2. Δίπυλον, 3. Βασιλική Στοά, 4. Ναός Διός, 5. Πατρώος Απόλλων, 6. Μητρώον, 7. Ωδείο, 8. Βασιλική, 9. Μονόπτερος, 10. Στοά Αττάλου, 11. Μέση Στοά, 12. Ανατολικό Κτίριο, 13. Νυμφαίο , 14. Βιβλιοθήκη Πανταίνου, 15. Ναός Άρεως.

126, 127 Assos, Asia Minor, the agora
The entrances to the market square are either under arches or by staircases. The two archways at the two ends of the Agora are similar to city-gates.

126, 127 Άσσος, η αγορά, 2ος αι. π.Χ.
Η είσοδος στον χώρο της αγοράς πραγματοποιείται κάτω από αψίδες ή μέσω κλιμάκων. Οι δύο αψίδες στις δύο άκρες της αγοράς δίνουν την εντύπωση πυλών οχυρής πόλης.

128

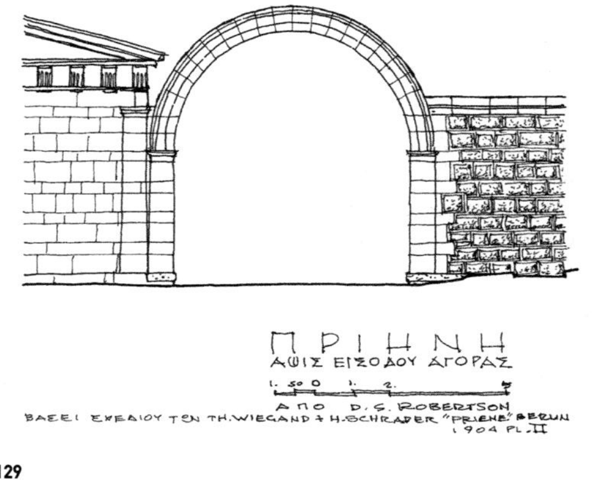

129

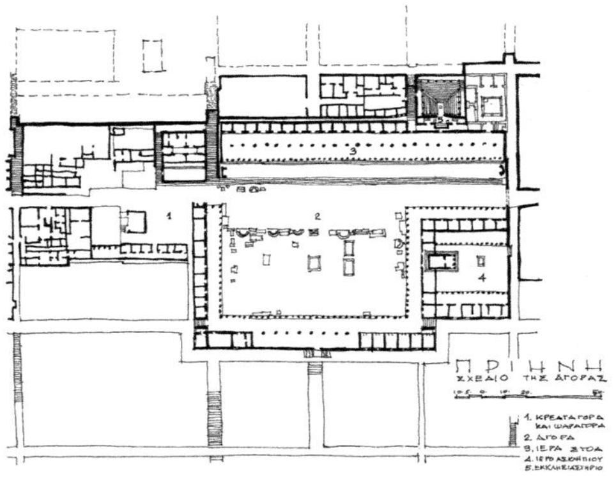

130

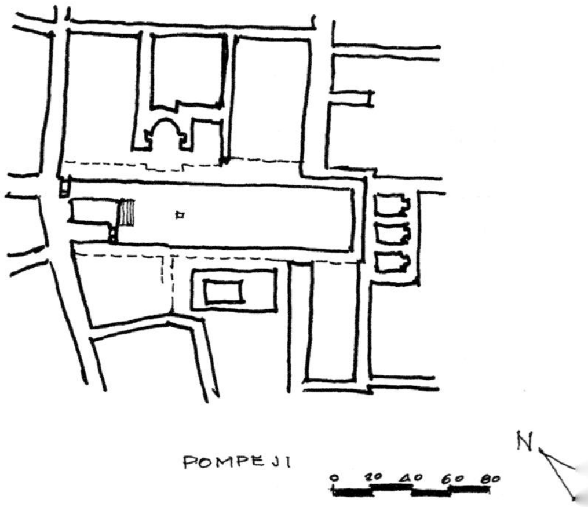

131

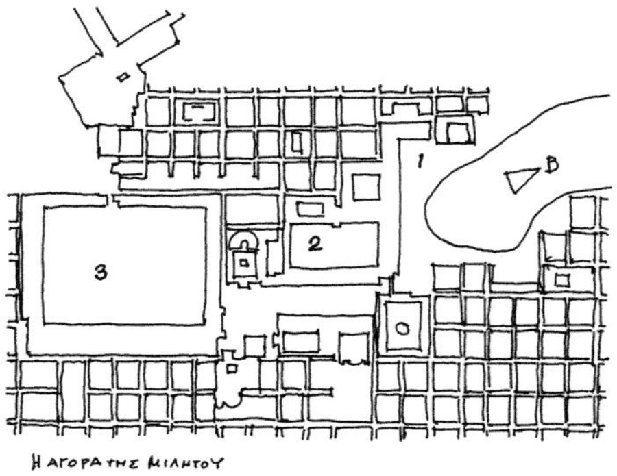

132

The enclosed public space. Ancient agora
Ο περίκλειστος χώρος. Οι αρχαίες αγορές

128 Pompei, the Forum, 2nd century B.C.
The Forum follows the Greek urban way of enclosing the open public space with arcades, leaving only a small number of entrances of restricted size for its approach.

128 Πομπηία, αγορά, η πύλη
Η αγορά του 2ου αι. π.Χ. ακολουθεί την ελληνική αντίληψη του περίκλειστου υπαίθριου δημόσιου χώρου που περιβάλλεται από στοές. Οι είσοδοι είναι λίγες και οι διαστάσεις τους περιορισμένες.

129 Priene (Ionia), Agora, the entrance arch
Hellenistic Greece expressed its dedication to the secluded character of public squares, by building arches over their entrances.

129 Πριήνη, αγορά, αψίδα εισόδου
Η κλασική Ελλάδα εξέφραζε την αφοσίωσή της στον κλειστό χαρακτήρα του δημόσιου ελεύθερου χώρου, με την κατασκευή αψίδων πάνω από την είσοδο.

130 Priene (Ionia), the Agora, plan
The Agora of Priene is typical of 4th century B.C. urban planning. The market's square is completely enclosed by arcades with a small number of entrances of restricted size. This represents classical 5th century Greek town planning ideals, which were applied during the reconstruction of the Asia Minor Greek cities destroyed during the Persian wars.
1. Meat and fish market, 2. Main Agora, 3. Sacred arcade, 4. Sanctuary of Asclepius, 5. Assembly hall, 6. Entrance arch.

130 Πριήνη, η αγορά
1. κρεαταγορά και ψαραγορά, 2. αγορά, 3. ιερή στοά, 4. ιερό Ασκληπιού, 5. εκκλησιαστήριο, 6. αψίδα.
Η αγορά ακολουθεί την τυπολογία του 5ου αι. π.Χ.
Ο χώρος περικλείεται από στοές με μικρό αριθμό εισόδων περιορισμένου εύρους.

131 Pompeii, the Forum 120x35 m
This elegant Forum of Hellenistic inspiration was realized 100 years before the town became Roman (70 B.C.) and grew to its size as known today.

131 Πομπηία, η αγορά του Πομπηίου
Η κομψή αυτή πλατεία ελληνιστικής έμπνευσης σχεδιάστηκε και πραγματοποιήθηκε εκατό χρόνια προτού η πόλη γίνει ρωμαϊκή, γύρω στο 70 π.Χ., οπότε και γνώρισε την τεράστιά της άνθηση. Και εδώ, όπως και στην Αγορά του Αυγούστου, ο κλειστός χαρακτήρας του χώρου είναι εντυπωσιακός. Οι διαστάσεις της είναι 120x35 μ.

132 Miletus, the Agora
1. Greek, 2. Hellenistic, 3. Roman.

132 Μίλητος, οι Αγορές
1. αρχαία ελληνική. 2. ελληνιστική. 3. ρωμαϊκή.

The example of Rome

Originally there were only two buildings in the Forum Romanum, the temple of Saturn and the Curia – in some way, the assembly of the municipality. As time went by, as was natural, it acquired more temples and building. The final dimensions of the free space between the buildings did not exceed 150 by 70 meters or approximately 10,500 m^2.

As long as Rome was a democratic state, even in appearance only, the Forum Romanum remained small in size, although Roman dominion extended over the whole of the civilized western world of those times. With the transformation of Rome from a republic into an Empire, we witness the development of imperial forums on a larger scale than the Forum Romanum, although their function had stopped being the basis of Roman administration. These forums aimed, on one hand, to promote the imperial prestige and on the other, as a place where the multitudes acclaimed the new emperor that was chosen and presented by the praetorian guards. In these forums ended the triumphs that the emperors staged even when they had failed in order to justify the enormous expenses of their expeditions.

Imperial fori belonged to the category of designed open public space. Still if we want to study the scale of planned fori, the best examples can be found in the planned cities of ancient Greece, such as Assos, Priene or Miletus, as well as those of the Romans in the first centuries A.D.

133

Το παράδειγμα της Ρώμης

Αρχικά στην Αγορά της Ρώμης υπήρχε μόνον ο ναός του Κρόνου και η Κουρία (η Εκκλησία του Δήμου κατά κάποιον τρόπο), στην εξέλιξη της όμως περιεβλήθη, όπως ήταν φυσικό, με περισσότερους ναούς και δημόσια κτίρια. Οι τελικές διαστάσεις του δημόσιου ελεύθερου χώρου δεν υπερβαίνουν τα 150x70 μ., ή 10.500 $μ^2$.

Ενόσω η Ρώμη ήταν έστω κατ' επίφασιν δημοκρατία, το Φόρουμ Ρομάνουμ (η Ρωμαϊκή Αγορά) έμενε περιορισμένο σε έκταση, παρότι η ρωμαϊκή επικράτεια είχε απλωθεί σε όλον τον τότε γνωστό Δυτικό κόσμο. Με τη μετατροπή της Ρώμης από δημοκρατία σε αυτοκρατορία, βλέπουμε να αναπτύσσονται παράλληλα αυτοκρατορικές αγορές (Φόρι Ιμπεριάλι), μεγαλύτερων διαστάσεων από το Φόρουμ Ρομάνουμ, παρότι η λειτουργία τους είχε πάψει να αποτελεί τη βάση του διοικητικού συστήματος της Ρώμης. Οι χώροι αυτοί είχαν ως προορισμό αφενός να προβάλουν το γόητρο της αυτοκρατορίας και τον αυτοκράτορα, κι αφετέρου να αποτελούν τόπο συγκέντρωσης, όπου το πλήθος είχε την ευκαιρία να επευφημεί τον νεοανακηρυσσόμενο αυτοκράτορα που του παρουσίαζαν οι Πραιτοριανοί φρουροί. Σε αυτά τα Φόρι κατέληγαν και οι θρίαμβοι που σκηνοθετούσαν οι αυτοκράτορες για να αιτιολογήσουν τις υπέρογκες δαπάνες των εκστρατειών τους, πολλές φορές ακόμα κι όταν είχαν ηττηθεί.

Τα αυτοκρατορικά Φόρι όμως ανήκουν στην κατηγορία των σχεδιασμένων αγορών. Παρ' όλον τούτο, αν θέλουμε να μελετήσουμε την κλίμακα των σχεδιασμένων αγορών, τα καταλληλότερα παραδείγματα βρίσκονται στις σχεδιασμένες πόλεις της ελληνικής αρχαιότητας, όπως η Άσσος, η Πριήνη και η Μίλητος, αλλά και στις ρωμαϊκές πόλεις των πρώτων αιώνων μ.Χ., όπως η Πομπηία.

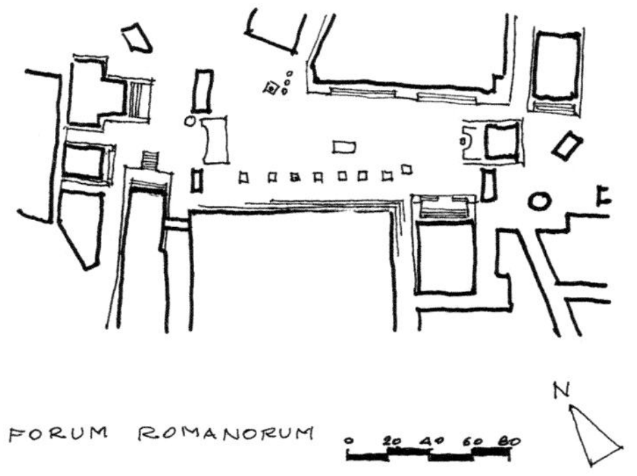

134

The example of Rome / Το παράδειγμα της Ρώμης

133 Rome, Foro di Augusto (Forum of Augustus)
The enclosed character of the square is impressive. The forum is only accessible through passages.

133 Η Αγορά του Αυγούστου
Ο κλειστός χαρακτήρας της πλατείας είναι εντυπωσιακός. Μόνο μέσω διαβάσεων κάτω από κτίρια είναι δυνατή η προσπέλαση.

134 Rome, Forum Romanum
The intimate size of the Roman Forum at the time of the Republic reflected democratic institutions. It was not yet completely enclosed.

134 Ρώμη, το Φόρουμ Ρομάνουμ
Το οικείο μέγεθος της Ρωμαϊκής Αγοράς καθρεφτίζει τους δημοκρατικούς θεσμούς. Το περίκλειστο σχήμα δεν έχει ακόμα υλοποιηθεί πλήρως.

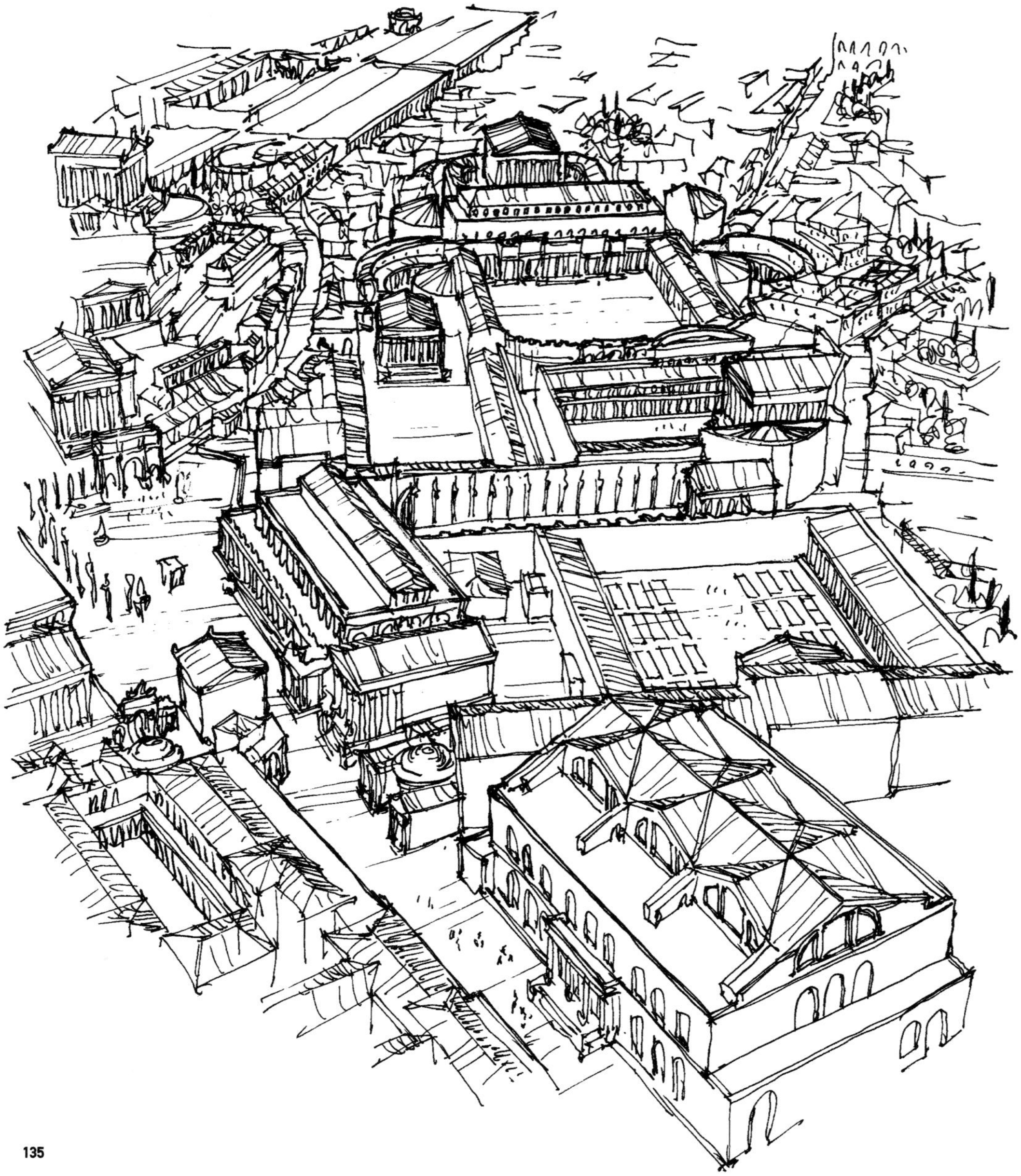

135

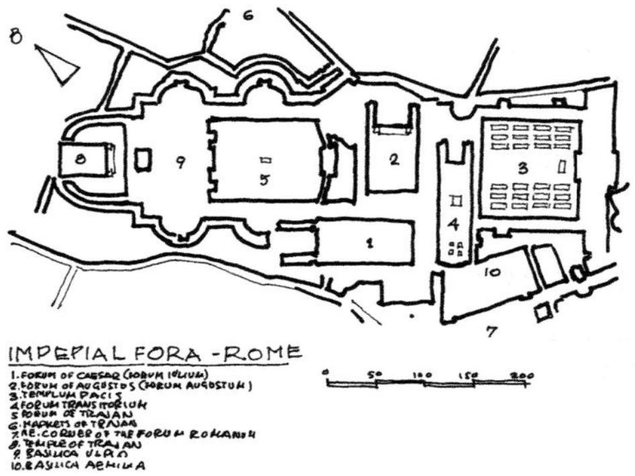

136

The example of Rome / Το παράδειγμα της Ρώμης

135, 136 Rome, the Fori Imperiali
135 Forum of Trajan, Forum of Augustus, Forum of Caesar, Forum of Nerva, "Foro della Pace di Vespasiano", Roman Forum ("Foro Romano"). In this drawing, created from a model of ancient Rome, the enclosed character of the Fori is clearly perceived.
136 1. Foro Di Cesare (Forum of Caesar), 2. Foro di Augusto (Forum of Augustus), 3. Templum Pacis (the temple of Peace), 4. Forum Nerva (Transitorum), 5. Forum Traiani, 6. Market of Trajan, 7. N.E. corner of the Forum Romanum, 8. Temple of Trajan, 9. Trajan's Basilica, 10. Basilica Aemilia.

135, 136 Ρώμη, οι αυτοκρατορικές αγορές (Φόρι Ιμπεριάλι)
135 Στο προοπτικό αυτό φαίνεται καθαρά ο κλειστός χαρακτήρας των ρωμαϊκών αυτοκρατορικών αγορών.
136 1. Αγορά του Καίσαρα, 2. του Αυγούστου, 3. ναός της Ειρήνης, 4. Φόρουμ Τρανζιτόριουμ, 5, 6. Αγορές του Τραϊανού, 7. Β.Α. γωνία του Φόρουμ Ρομάνουμ, 8. ναός του Τραϊανού, 9. η Βασιλική του Τραϊανού, 10. Η Βασιλική της Αιμιλίας.

A2.1.2 The town square during the Middle Ages

It is of interest to study the town square of Europian settlements during the Middle Ages. From a point of view of form, they present a vast variety, starting from simple rectangles and reaching the most complicated shapes. As far as size is concerned, they can be divided into three categories. Those that reach from 5 to 15 hectares; those that are in fact the forecourts of churches and reach between 3 and 13 hectares, and finally those that do not exceed 3 hectares, again as church forecourts but ones that still play an important role in the life and function of town and city (all drawings are according to Camillo Sitte).

A2.1.2 Η πλατεία κατά τον Μεσαίωνα

Έχει ενδιαφέρον να μελετήσει κανείς την πλατεία στους ευρωπαϊκούς οικισμούς κατά τον Μεσαίωνα. Από άποψη μορφής παρουσιάζουν τεράστια ποικιλία, από απλά ορθογώνια έως πολύπλοκα σχήματα. Από άποψη μεγέθους μπορούν να υποδιαιρεθούν σε τρεις κατηγορίες. Πρώτον, οι ευμεγέθεις που φθάνουν από 5 έως 15 στρέμματα. Δεύτερον, αυτές που ουσιαστικά είναι προαύλια εκκλησιών και φθάνουν από 3 έως 12 στρέμματα, και τρίτον, οι πολύ μικρές από 1 έως 3 στρέμματα, πάλι ως προαύλια εκκλησιών που παίζουν ουσιώδη ρόλο στη λειτουργία του αστικού χώρου (όλα τα σχέδια βασίζονται στον Καμμίλλο Σίττε).

137

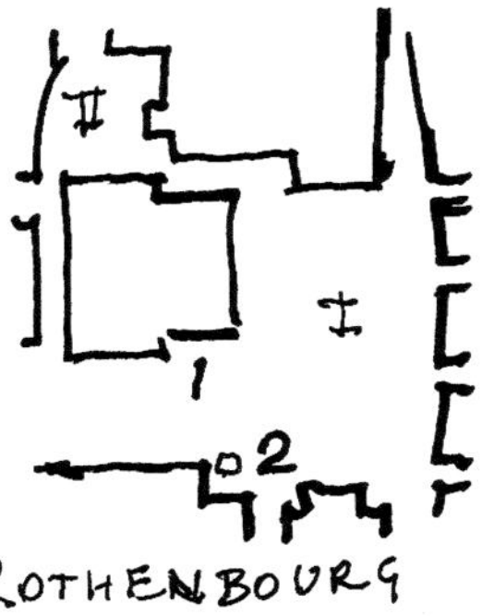

138

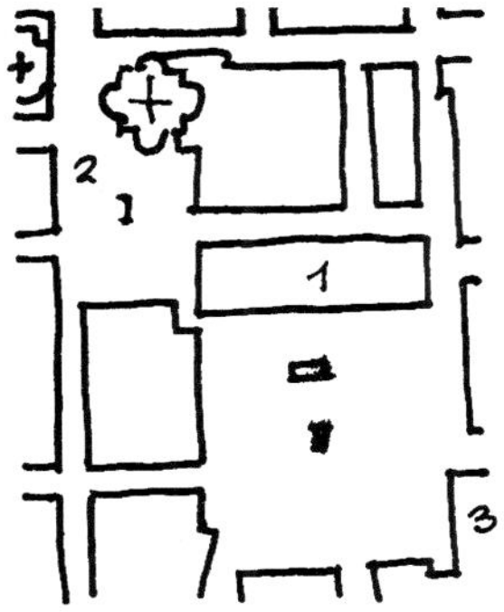

139

140

141

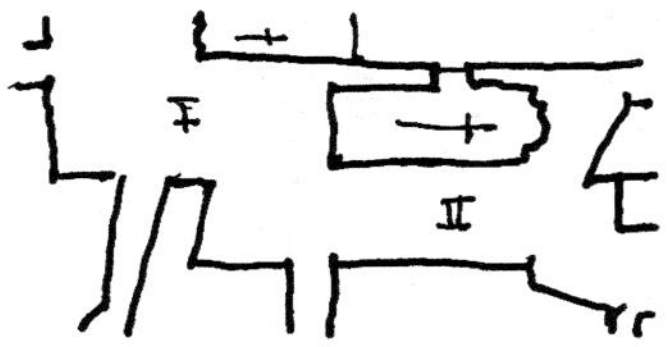

142

143

144

The multiple square in a restricted scale
Η πολλαπλή πλατεία σε περιορισμένη κλίμακα.

137 Nürnberg: "Marktplatz"
I. Marktplatz, II. Frauenplatz, 1. Marienkirche, 2. Belle Fontaine.

137 Νυρεμβέργη, Μάρκτπλατς (πλατεία αγοράς)
I. η πλατεία της αγοράς, II. η πλατεία των γυναικών, 1. η εκκλησία της Παρθένου, 2. η Ωραία Κρήνη.

138 Rothenburg: "Marktplatz"
I. Marktplatz, II. Frauenplatz, 1. Town hall, 2. Fountain.

138 Ρόδενμπουργκ, Μάρκτπλατς
I. η πλατεία της αγοράς, II. η πλατεία των γυναικών, 1. το δημαρχείο, 2. η κρήνη.

139 Parma
I. Della Steccatta square, II. Grande square, 1. Palazzo Comunale, 2. Madonna della Steccata, 3. Palazzo della Podesteria.

139 Πάρμα
I. πλατεία ντέλα Στεκάτα, II. Μεγάλη Πλατεία, 1. κοινοτικό μέγαρο, 2. Παναγία της Στεκάτα, 3. μέγαρο της Ποντεστερίας.

140 Modena
I. della Legna square II. Grande square III. del Torre square.

140 Μόντενα
I. πλατεία ντέλα Λένια, II. πλατεία Γκράντε, III. πλατεία ντελ Τόρε.

141 Perugia
I. del Papa square II. Duomo square, 1. town hall.

141 Περούτζα
I. πλατεία του Πάπα, II. πλατεία Ντουόμο, 1. δημαρχείο.

142 Regensburg
I. Dom platz II. Dom strasse.

142 Ρέγκενσμπουργκ ή Ράτισμπον
I. Ντομ πλατς, II. Ντομ στράσε.

143 Schwerin: the Cathedral's square

143 Σβέριν, οι πλατείες του καθεδρικού ναού

144 Würzburg
I. Paradeplatz, II. Münsterplatz, III. the Cathedral's square, 1. Cathedral, 2. new Cathedral.

144 Βύρτσμπουργκ
I. Παράντεπλατς, II. πλατεία Μονής, III. πλατεία καθεδρικού ναού, 1. καθεδρικός ναός, 2. νέος καθεδρικός ναός.

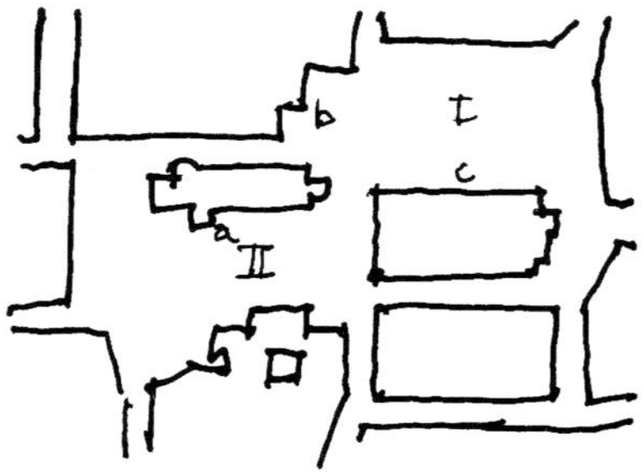

145

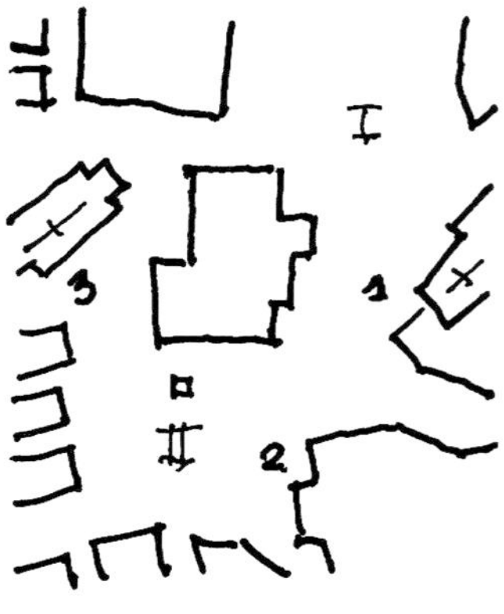

146

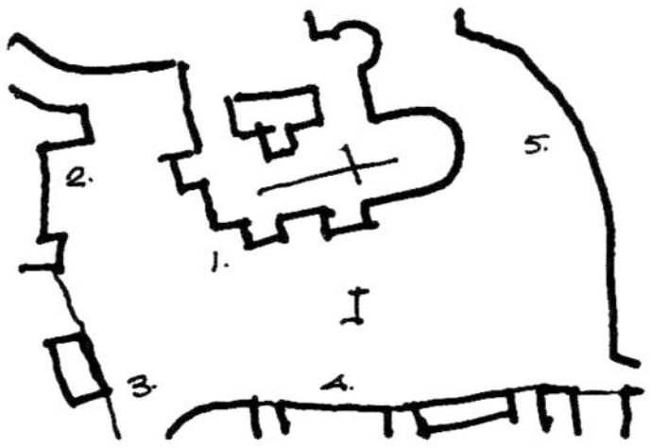

147

The multiple square in a restricted scale
Η πολλαπλή πλατεία σε περιορισμένη κλίμακα

145 Brunswick
I. Marktplatz, a. St Martin, b. Town hall, c. Drapery hall.

145 Μπρούνσβικ
I. Μάρκτπλατς (πλατεία αγοράς), a. Άγιος Μαρτίνος, b. δημαρχείο, c. υφασματαγορά.

146 Bremen
I. Dom platz, II. Marktplatz, 1. Cathedral, 2. Town hall, 3. Frauenkirche.

146 Βρέμη
I. Ντόμπλατς, II. Μάρκπλατς, 1. καθεδρικός ναός, 2. δημαρχείο και χρηματιστήριο, 3. ναός της Παρθένου.

147 Münster: Dom platz
1. Cathedral, 2. Bishop's residence, 3. Museum, 4. Registry, 5. Bank.

147 Μύνστερ, Ντόμπλατς
1. καθεδρικός ναός, 2. το παλάτι του Αρχιεπισκόπου, 3. μουσείο, 4. ληξιαρχείο, 5. τράπεζα.

148

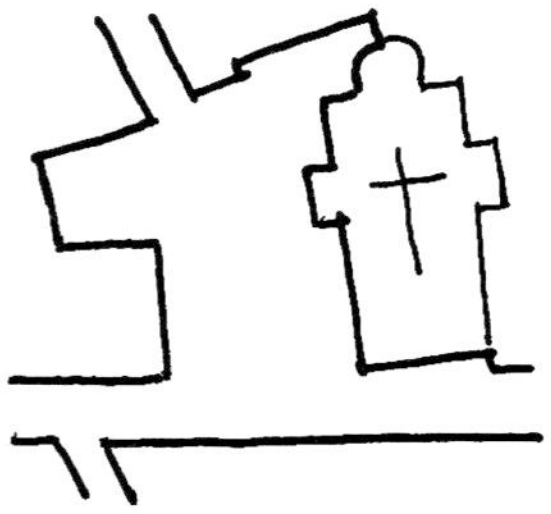

149

150

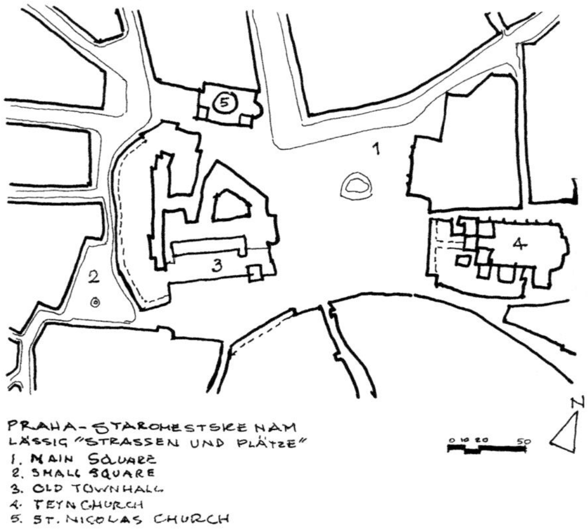

151

The square as a church forecourt
Η πλατεία ως προαύλιο εκκλησίας

148 Padua: Santa Giustina
148 Πάντοβα, Σάντα Τζουστίνα

149 Palermo: Santa Cita
149 Παλέρμο, Σάντα Τσιτά

150 Frankfurt: the Paulskirche (St Paul's Church)
150 Φρανκφούρτη, Άγιος Παύλος

151 Prague
1. Main square, 2. Small square, 3. Old town hall, 4. Tein church, 5. St Nicola's church.

151 Πράγα, Σταρομιέστσκε νάμιεστι (100x120 μ.)
1. κεντρική πλατεία, 2. μικρή πλατεία, 3. παλαιό δημαρχείο, 4. εκκλησία Τύν, 5. ναός Αγίου Νικολάου.

The extremely reduced space
Ο υπερβολικά περιορισμένος χώρος

152 Palermo: San Francesco square
152 Παλέρμο, πλατεία Αγ. Φραγκίσκου

153 Genoa: San Siro
153 Γένοβα, Σαν Σίρο

154 Madua: Sant'Andrea, Piazza Erbe
154 Μάντοβα, Σαντ Αντρέα, πιάτσα Έρμπε

152

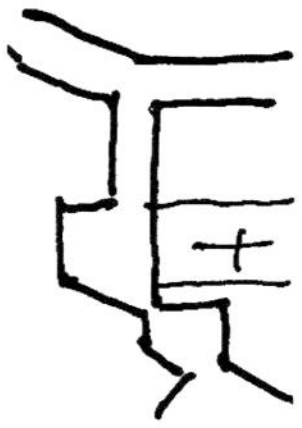

153

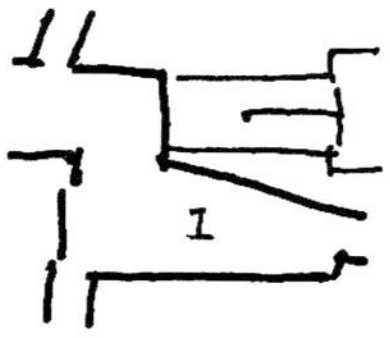

154

The square as a site for manifistations
Η πλατεία ως χώρος εκδηλώσεων

155 Siena, Il Campo
The square in its unmistakable amphitheatrical form.

155 Σιένα, Ιλ Κάμπο, 14ος αι.
Η πλατεία έχει σαφή αμφιθεατρική διάταξη.

155

The intervensions / Οι παρεμβάσεις

156, 157 Paris, Notre Dame
156 Before 1867. Until then the narrow square – 60 by 75 m – in front of the entrance to the cathedral covered all requirements.
157 After 1867. Now the open square of 15,000 m^2 has no other purpose than to allow for an unobstructed view of the Cathedral from the motorcars on the other side of the river.

156, 157 Παρίσι, Νοτρ Νταμ
156 Προ του 1867. Έως τότε η στενόχωρη πλατεία (60x75 μ.) μπροστά στην είσοδο του καθεδρικού ναού αρκούσε πλήρως για τις δραστηριότητες που έπρεπε να εξυπηρετεί.
157 Μετά το 1867. Τώρα η ευρύχωρη πλατεία των 15.000μ^2 έχει ουσιαστικά μοναδικό προορισμό να επιτρέπει την απρόσκοπτη θέα του καθεδρικού ναού από τα διερχόμενα οχήματα της απέναντι όχθης!

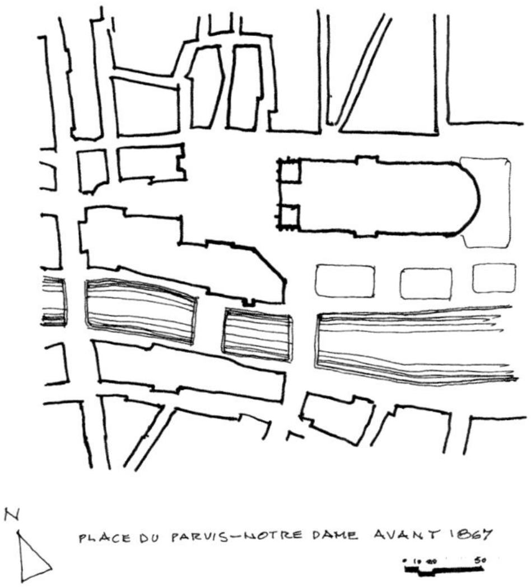

156

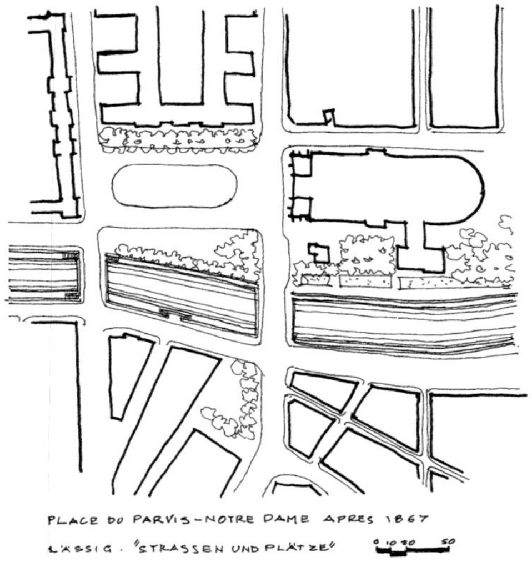

157

A2.1.3 The square during the Renaissance, the Baroque and the Enlightenment in Europe

A2.1.3 Η πλατεία κατά την Αναγέννηση, το Μπαρόκ και τον Διαφωτισμό στον ευρωπαϊκό χώρο

Renaissance / Αναγέννηση

158 Venice, Piazza San Marco
St Marco's square had already reached its final form in the 16th century, independently of more recent modifications.

158 Βενετία, Άγιος Μάρκος
Η πλατεία του Αγίου Μάρκου απέκτησε την τελική της μορφή ήδη από τον 16ο αιώνα, ασχέτως προς μεταγενέστερες επεμβάσεις και τροποποιήσεις.

Baroque / Μπαρόκ

159 Dresden, the Zwinger (according to a plan by Semper)
1. Zwinger Palace, 2. church, 3. the court theatre, 4. greenhouse, 5. museum.

159 Δρέσδη, Τσβίνγκερ, αρχιτέκτων Γ. Σέμπερ
1. Το ανάκτορο του Τσβίνγκερ, 2. η εκκλησία, 3. το θέατρο της Αυλής, 4. θερμοκήπιο, 5. μουσείο.

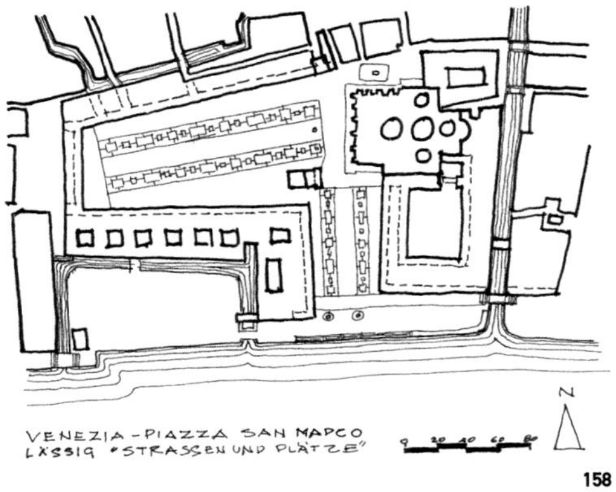

158

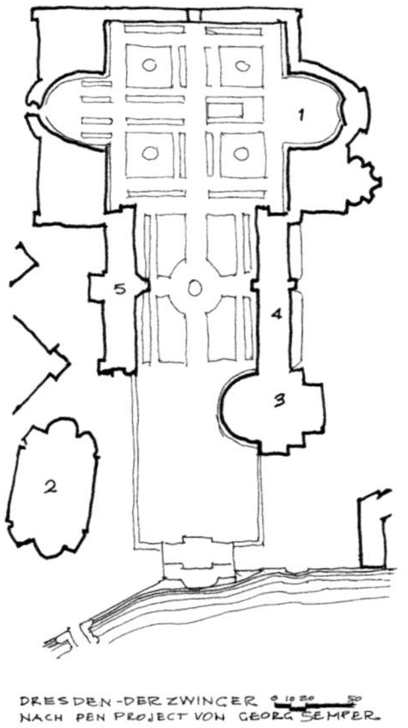

159

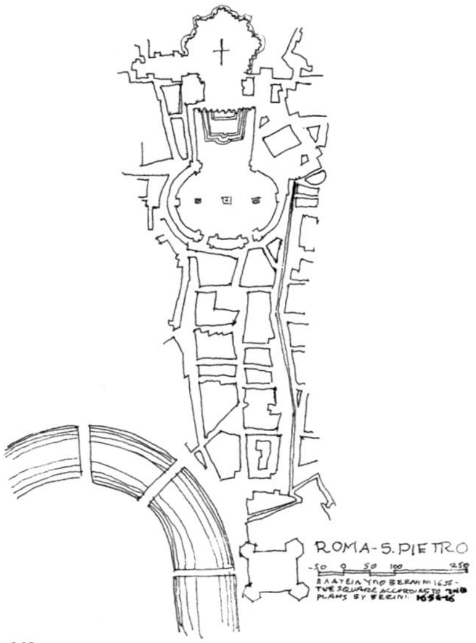

160

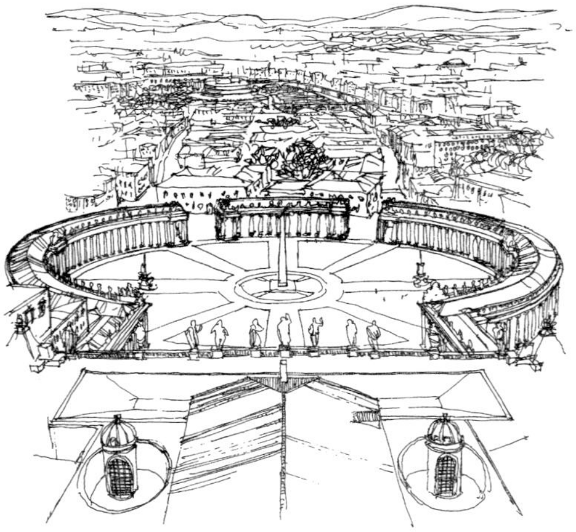
161

162

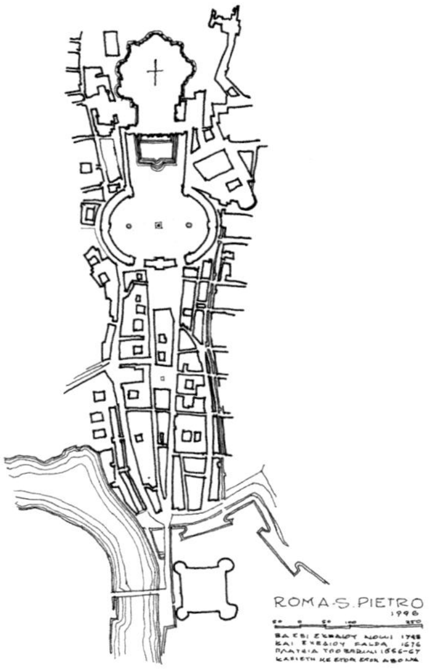

163

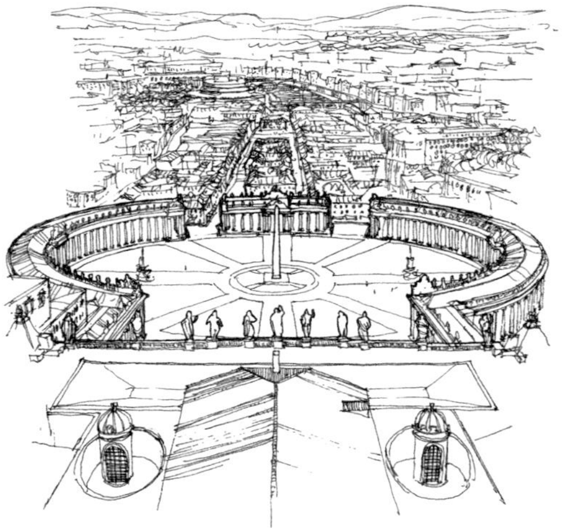
164

165

Baroque / Μπαρόκ

160, 161, 162, 163, 164, 165 Rome, St Peter's square
160, 161, 162 As designed by Bernini
160, 161 Bernini proposed a completely enclosed space with two narrow exits, but his design was not completely realized. Approaching this grandiose urban space of an ellipsoid form through theses narrow passages would have caused a feeling of awe and admiration to the visitor.

162 The arcade around the oval square is in the grand scale of St Peter's cathedral. This brilliant urban design was aimed at bringing down the gigantic cathedral to a human scale. The curved axis of the porticoes continues with no obvious end.

163, 164, 165 Bernini's design as modified by Falda in 1676
Falda tried to put some order in front of the entrances to the square.

160, 161, 162, 163, 164, 165 Ρώμη, πλατεία Άγ. Πέτρου
160, 161, 162 Η πρόταση του Μπερνίνι
160 Ο Μπερνίνι πρότεινε έναν τελείως κλειστό χώρο, αλλά η πρόταση δεν πραγματοποιήθηκε στο σύνολό της.
161 Το πρώτο σχέδιο του Μπερνίνι προέβλεπε έναν περιμετρικά κλειστό χώρο με δύο περιορισμένου μεγέθους φυγές. Η προσπέλαση του μεγαλόπρεπου χώρου της ελλειψοειδούς πλατείας μέσα από τα στενά αυτά ανοίγματα θα προξενούσε στον επισκέπτη το αίσθημα του δέους και του θαυμασμού.
162 Το περιστύλιο της πλατείας ακολουθεί την κλίμακα του ναού. Το αριστούργημα αυτό του αστικού σχεδιασμού είχε στόχο να φέρει στο μέτρο του ανθρώπου τη γιγαντιαία κλίμακα του καθεδρικού ναού του Αγ. Πέτρου. Ο καμπύλος άξονας της στοάς συνεχίζει χωρίς να διακρίνεται το τέλος του.
163, 164, 165 **Η πρόταση του Μπερνίνι τροποποιημένη από τον Φάλντα, 1676**
Ο Φάλντα προσπάθησε να βάλει κάποια τάξη στην προσπέλαση προς τις δύο εισόδους της πλατείας.

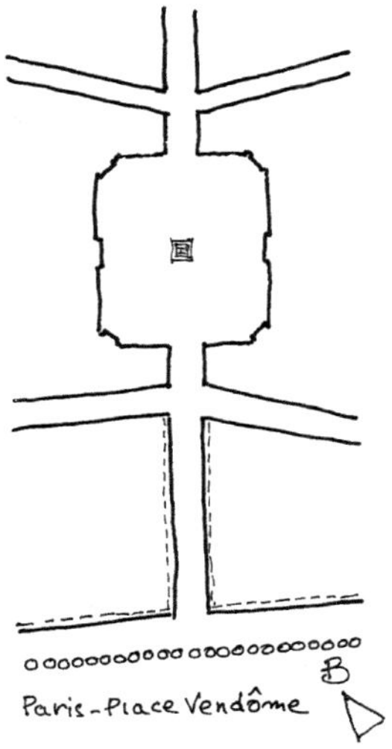

166

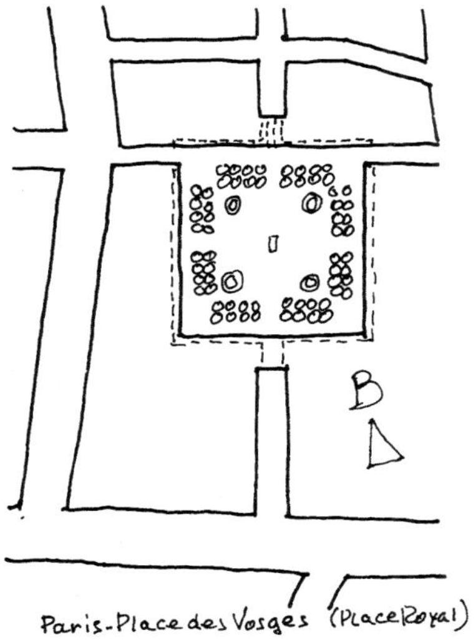

167

168

Enlightenment. Paris squares
Διαφωτισμός. Πλατείες του Παρισιού

166, 168 Paris, place Vendôme
166 This beautifully proportioned square by one of the greatest architects of his time, J. Hardouin-Mansart, is approximately 140x120 m. A total area of 16,800 m^2. The square also belongs to the category of enclosed spaces as it possesses only two entrances.
168 The column in the middle of the square accentuates axial composition as seen from the approach from the Tuileries garden. The feeling of unity is further enhanced by the uniformity of architecture of the surrounding buildings.

166, 168 Παρίσι, πλας Βαντόμ
166 Αυτή η πλατεία με τις εξαίρετες αναλογίες είναι έργο του Μανσάρ, ενός από τους σημαντικότερους αρχιτέκτονες της εποχής, και έχει διαστάσεις 140x120 μ., και εμβαδόν 16.800 μ^2. Η πλατεία, καθώς έχει μόνο δύο εισόδους, θα μπορούσε να περιληφθεί στην κατηγορία των κλειστών πλατειών, αλλά δεν ήταν αυτός ο στόχος κατά τον σχεδιασμό της.
168 Η πρόσβαση προς την πλατεία από τον κήπο του Κεραμεικού (Τουιλερί). Ο στύλος στη μέση της πλατείας τονίζει την αξονική σύνθεση, που ενισχύεται ακόμα παραπάνω από τα πανομοιότυπα κτίρια που πλαισιώνουν την πλατεία.

167 Paris, place des Vosges (former Place Royale), plan, architect Claude Chastillon, 1605-1612
The size of this designed square is nearly 140x145 m, not including the arcades that surround it. The proportions of the open space in relation to the buildings, that almost completely enclose it, are one of the happiest that can be found in French Baroque architecture.
167 Παρίσι, πλας ντε Βοζ
Το μέγεθος αυτής της πλατείας που σχεδιάστηκε ως περίκλειστος χώρος, είναι 140x145 μ., χωρίς τις περιμετρικές στοές. Η σχέση του ελεύθερου χώρου προς τα κτίρια που τον περιβάλλουν είναι από τις αρμονικότερες σε σύγκριση με άλλες πλατείες της ίδιας εποχής.

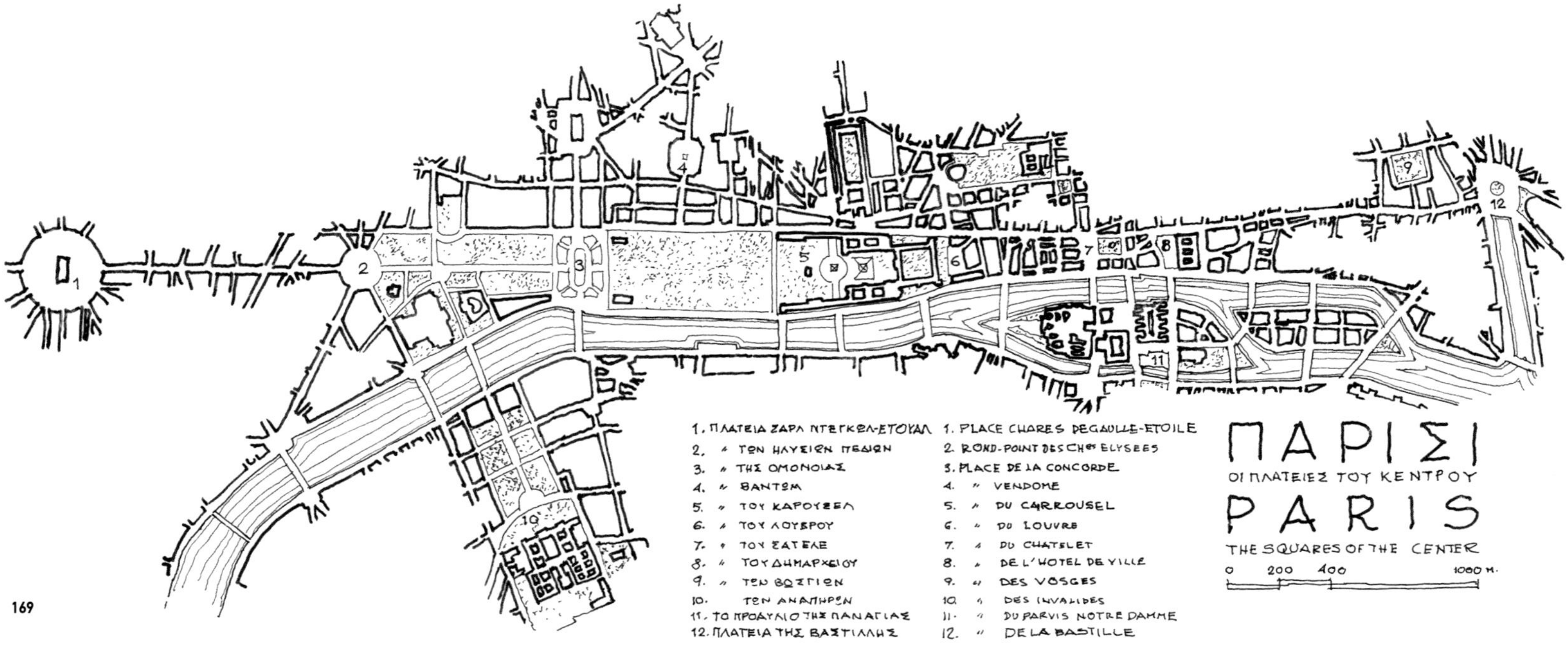

169

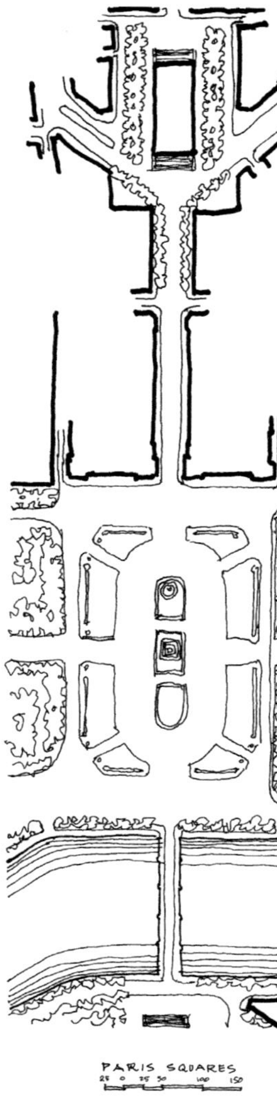

170

Enlightenment. Paris squares
Διαφωτισμός. Πλατείες του Παρισιού

169 Paris, the central squares
The central axis starting from the Louvre and ending at the Étoile, an 18th and 19th century development, was originally 2 km long, from Carrousel to the Rond Point with the Concorde square in the middle, was lengthened by one more km at the beginning of the 19th century and reached the Étoile. More recently it acquired additional length up to the new district of La Défense.

169 Παρίσι, οι κεντρικές πλατείες
Ο «Ιστορικός Άξονας» από το ανάκτορο του Λούβρου έως την Ετουάλ (σήμερα Σαρλ ντε Γκωλ), έργο του 18ου και του 19ου αι., είχε αρχικά μήκος 2 χλμ. περίπου, από την πλατεία του Καρουσέλ έως την πλατεία του Ρον Πουάν, με την πλατεία της Κονκόρντ (Ομονοίας) στη μέση. Στις αρχές του 19ου αι. επεκτάθηκε κατά 1 χλμ. ακόμη, κι έφτασε στην Ετουάλ. Πιο πρόσφατα απέκτησε πρόσθετο μήκος έως τη νέα περιοχή της Ντεφάνς.

170 Paris, place de la Concorde
This square (350x200 m) is situated at the point where the central axis Louvre-Étoile intersects the secondary axis from the Madeleine Church to the river Seine. It is a characteristic example of an open square, the opposite of place Vendôme and place des Vosges.

170 Παρίσι, η πλατεία της Κονκόρντ
Η πλατεία αυτή (350x200 μ.) βρίσκεται στη διασταύρωση του κεντρικού άξονα Λούβρο-Ετουάλ με τον δευτερεύοντα άξονα Μαντελέν-παλαί Μπουρμπόν. Είναι χαρακτηριστικό παράδειγμα ανοικτής πλατείας, πανταχόθεν ελεύθερης, σε αντίθεση με τις πλατείες ντε Βοζ και Βαντόμ.

London and Edinburgh, squares on a human scale.

It is interesting to note that the squares that were created as these cities grew have a human scale. That is the size that allows for people who live around them as well as visitors to feel at home.
Their dimensions vary from 40x50 m, as in Alexander Square, to 100x400 m in Cadogan Place.

Λονδίνο και Εδιμβούργο, πλατείες σε ανθρώπινη κλίμακα

Είναι ενδιαφέρον να παρατηρήσει κανείς πως οι πλατείες που δημιουργήθηκαν, καθώς οι πόλεις αυτές επεκτείνονταν, έχουν ανθρώπινη κλίμακα, δηλαδή το μέγεθος εκείνο που επιτρέπει στους περίοικους και τους διερχόμενους πεζούς να τις οικειοποιούνται.
Οι διαστάσεις τους κυμαίνονται από 40x150 μ., όπως η πλατεία Αλεξάντερ (Alexander Square), έως 100 x400 μ., όπως είναι η Κάντογκαν (Cadogan Place).

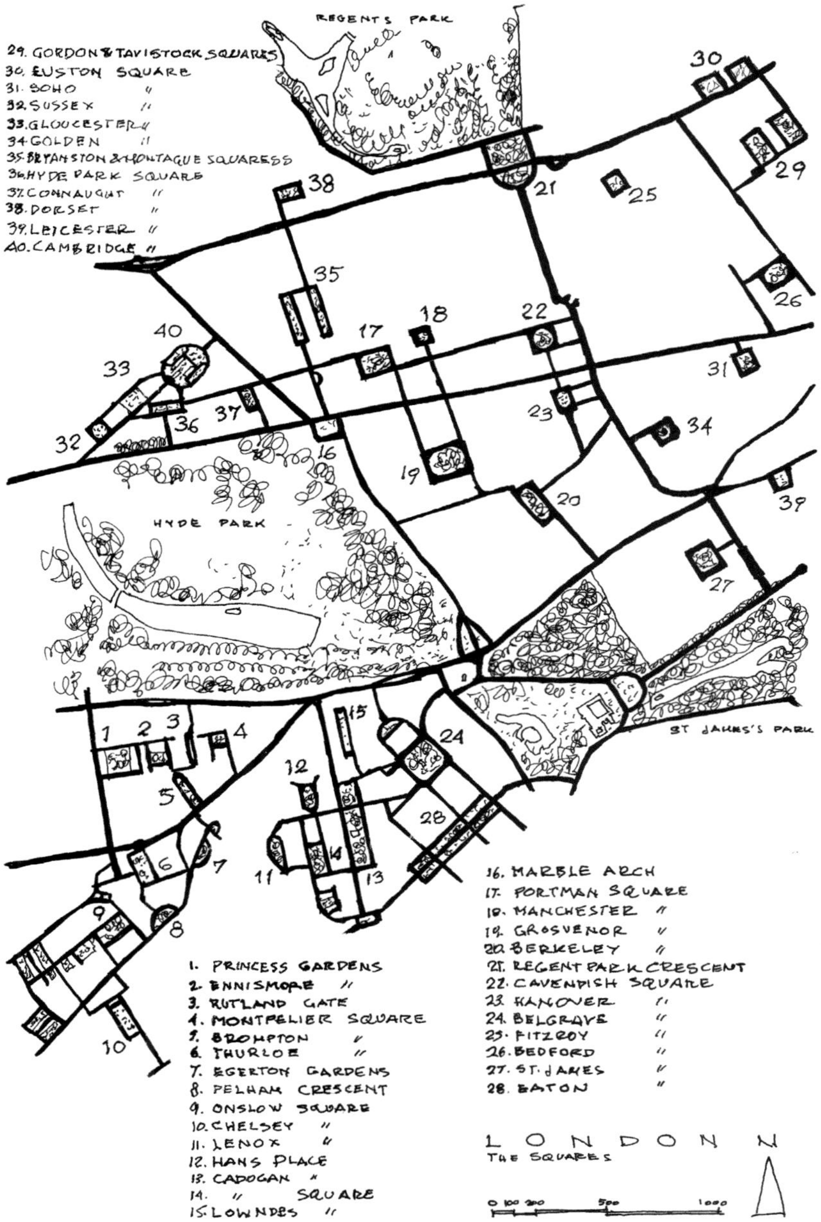

171

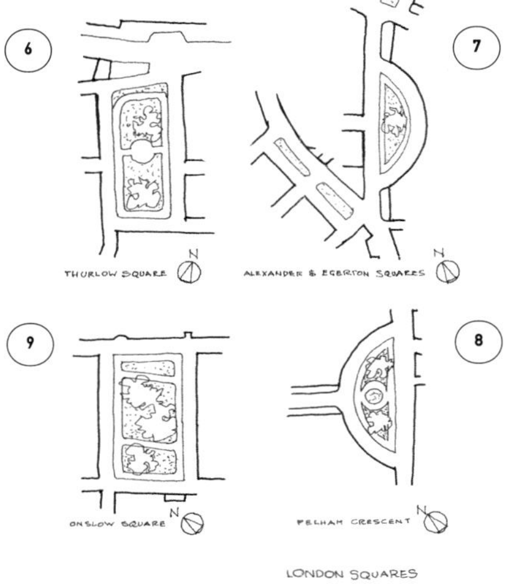

172

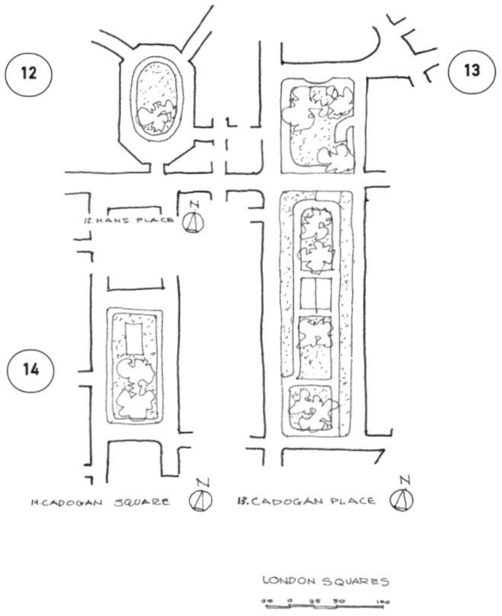

173

London and Edinburgh, squares on a human scale
Λονδίνο και Εδιμβούργο, πλατείες σε ανθρώπινη κλίμακα

171, 172, 173 London, the central squares
171 1. Princes gardens, 2. Ennismore gardens, 3. Rutland gate, 4. Montpelier square, 5. Brompton square, 6. Thurloe square, 7. Egerton gardens, 8. Pelham Crescent, 9. Onslow square, 10. Chelsea square 11. Lennox square, 12. Hans place, 13. Cadogan place, 14. Cadogan square, 15. Lowndes square, 16. Marble Arch, 17. Portman square, 18. Manchester square, 19. Grosvenor square, 20. Berkeley square, 21. Regent park crescent, 22. Cavendish square, 23. Hanover square, 24. Belgrave square, 25. Fitzroy square, 26. Bedford square, 27. St James square, 28. Eaton square, 29. Gordon & Tavistock squares, 30.Euston square, 31. Soho square, 32. Sussex square, 33.Gloucester square, 34. Golden square, 35. Bryanston & Montagu squares, 36. Hyde park square, 37. Connaught square, 38. Dorset square, 39. Leicester square, 40. Cambridge square.
172 6. Thurloe square, 7. Alexander and Egerton gardens, 9. Onslow square, 8. Pelham Crescent.
173 12. Hans place, 13. Cadogan place, 14. Cadogan square.

171, 172, 173 Λονδίνο, οι πλατείες του κέντρου
171 Οι πλατείες: 1. Πρίνσες γκάρντενς, 2. Ένισμορ γκάρντενς, 3. Ράτλαντ γκέιτ, 4. πλατεία Μονπελιέ, 5. πλατεία Μπρόμπτον, 6. πλατεία Θέρλοου, 7. κήποι Έγκερτον, 8. Πέλαμ Κρέσεντ, 9. πλατεία Όνσλοου, 10. πλατεία Τσέλσι, 11. πλατεία Λένοξ, 12. Χανς πλέις, 13. Κάντογκαν πλέις, 14. πλατεία Κάντογκαν, 15. πλατεία Λόουντς, 16. Μαρμπλ Αρτς, 17. πλατεία Πόρτμαν, 18. πλατεία Μάντσεστερ, 19. πλατεία Γκρόβνορ, 20. πλατεία Μπέρκλεϊ, 21. Ρήτζεντ παρκ Κρέσεντ, 22. πλατεία Κάβεντις, 23. πλατεία Άνοβερ, 24. πλατεία Μπέλγκρεϊβ, 25. πλατεία Φίτζροϋ, 26. πλατεία Μπέντφορντ, 27. πλατεία Σέιντ Τζέιμς, 28. πλατεία Ήτον, 29. πλατείες Γκόρντον και Τάβιστοκ, 30. πλατεία Γιούστον, 31. πλατεία Σόχο, 32. πλατεία Σάσεξ, 33. πλατεία Γκλόστερ, 34. πλατεία Γκόλντεν, 35. πλατείες Μπράιανστοουν και Μόνταγκιου, 36. πλατεία Χάιντ Παρκ, 37. πλατεία Κόνωτ, 38. πλατεία Ντόρσετ, 39. πλατεία Λέστερ, 40. πλατεία Κέιμπριτζ.
172 6. Θέρλοου, 7. Αλεξάντερ και Έγκερτον, 9. Όνσλοου, 8. Πέλαμ Κρέσεντ.
173 12. Χανς πλέις, 13. Κάντογκαν Πλέις, 14. Κάντογκαν Σκουέαρ.

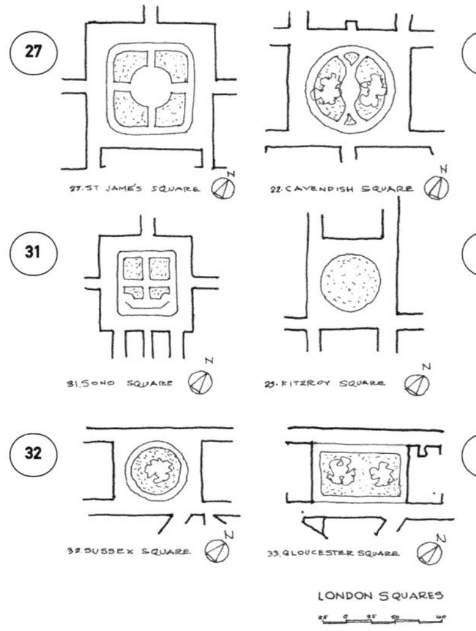

174

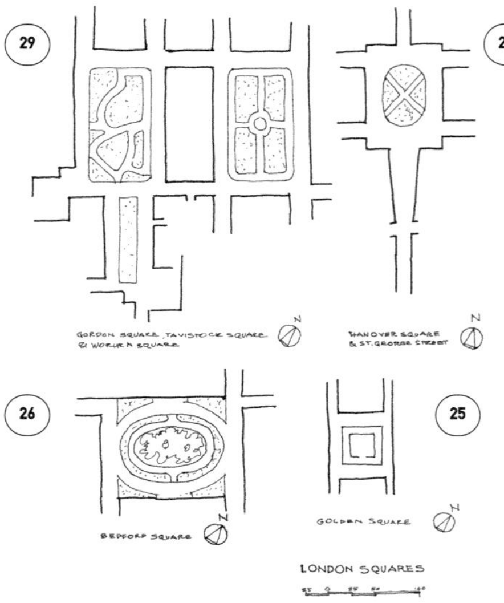

175

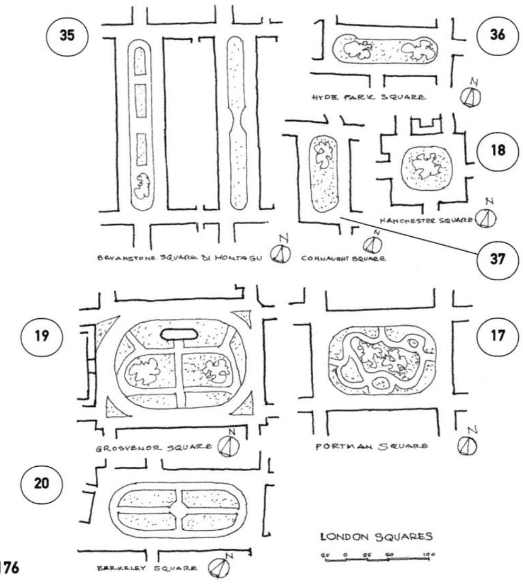

176

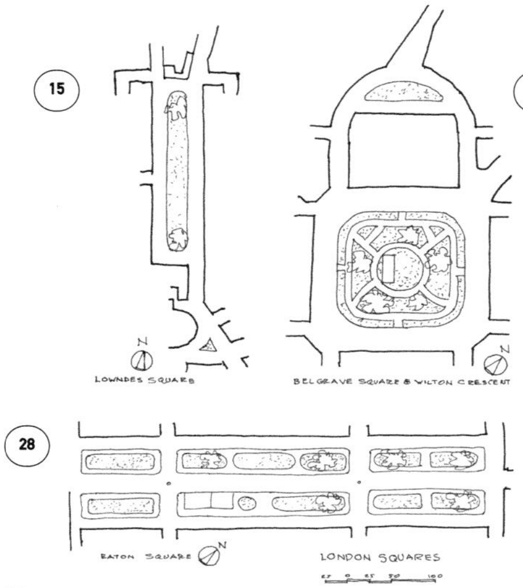

177

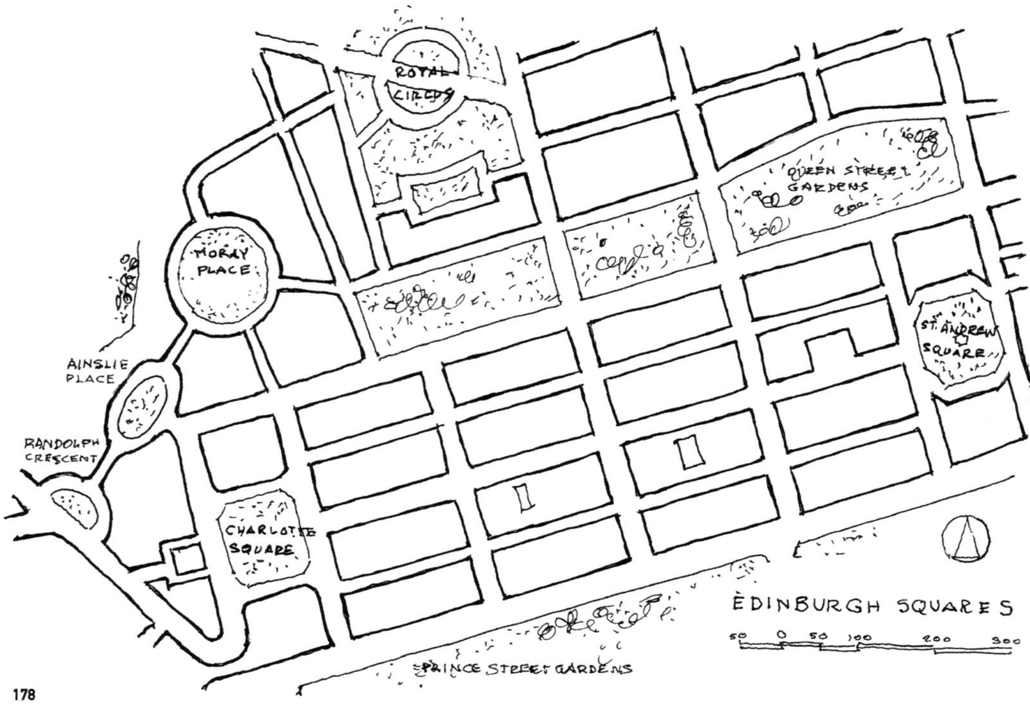

178

London and Edinburgh, squares on a human scale
Λονδίνο και Εδιμβούργο, πλατείες σε ανθρώπινη κλίμακα

174, 175, 176, 177 London, the central squares
174 27. St Jame's square, 22. Cavendish square, 31. Soho square, 25. Fitzroy square, 32. Sussex square, 33. Gloucester square.
175 29. Gordon & Tavistock squares, 23. Hanover square, 26. Bedford square, 34. Golden square.
176 35. Bryanston & Montagu squares, 36. Hyde park square, 37. Connaught square, 18. Manchester square, 19. Grosvenor square, 17. Portman square, 20. Berkeley square.
177 15. Lowndes square, 24. Belgrave square, 28. Eaton square.

174, 175, 176, 177 Λονδίνο, οι πλατείες του κέντρου
174 27. Σέιντ Τζέιμς, 22. Κάβεντις, 31. Σόχο, 25. Φίτζροϊ, 32. Σάσεξ, 33. Γκλόστερ.
175 29. Γκόρντον και Τάβιστοκ, 23. Άνοβερ, 26. Μπέντφορντ, 34. Γκόλντεν.
176 35. Μπράιανστοουν και Μόνταγκιου, 36. Χάιντ Παρκ, 37. Κόνωτ, 18. Μάντσεστερ, 19. Γκρόβνορ, 17. Πόρτμαν, 20. Μπέρκλεϊ.
177 15. Λόουντις, 24. Μπέλγκρεϊβ, 28. Ήτον.

178 Edinburgh, New Town squares.
178 Εδιμβούργο, οι πλατείες στη Νέα Πόλη.

179

180

181

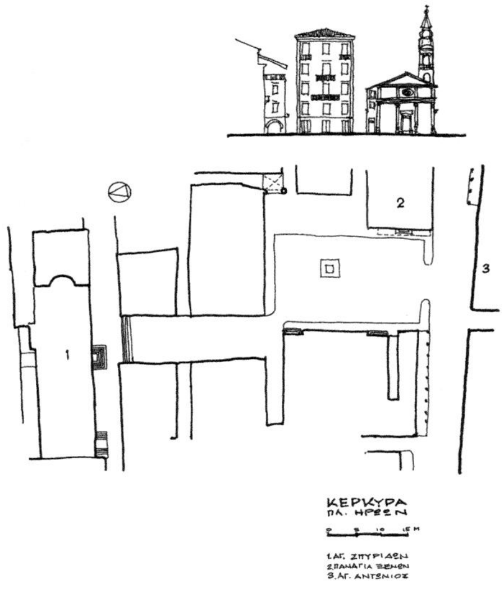

182

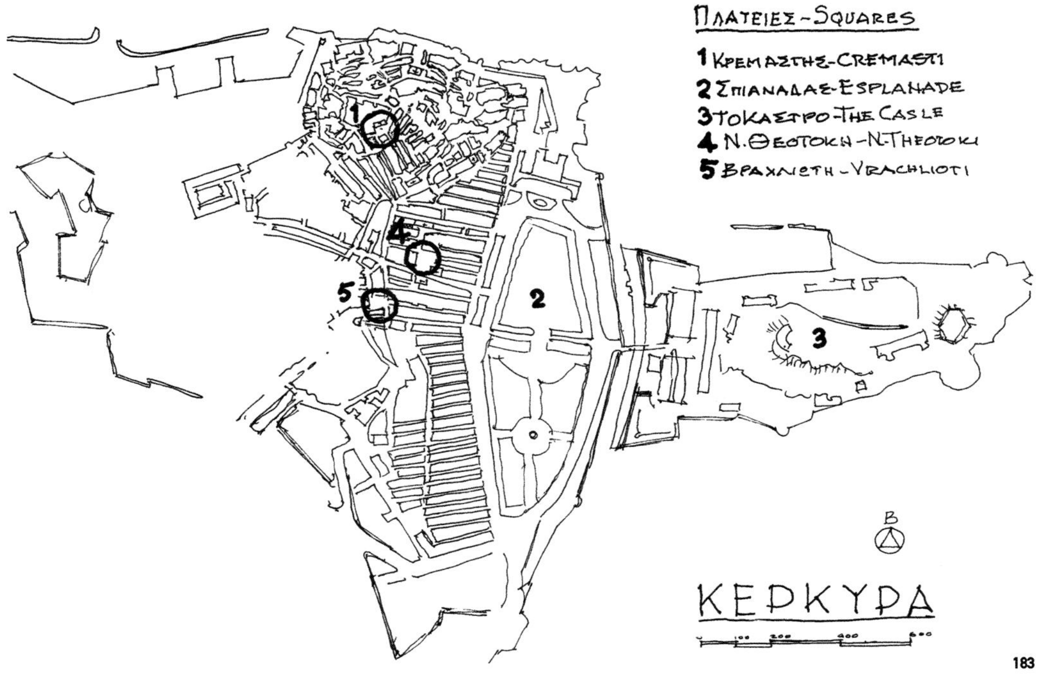

183

Corfu squares / Κέρκυρα, πλατείες

179 St Spyridon.
179 Άγ. Σπυρίδων.

180 Nikiforou Theotoki Square.
180 Η πλατεία Νικηφόρου Θεοτόκη.

181 Vrahlioti Square.
181 Πλατεία Βραχλιώτη.

182 Heroes Square. N. Theotoki Square
1. St Spyridon, 2. St Antony,
3. Holy Maria of the foreigners.

182 Πλατεία Ηρώων. Πλατεία Ν. Θεοτόκη
1. Άγ. Σπυρίδων, 2. Άγ. Αντώνιος,
3. Η Παναγιά των ξένων.

183 The center, some of its squares
Middle Ages: 1. Kremasti square. Enlightment: 2. Spianada,
3. The castle, 4. Theotoki square, 5. Vrachlioti square.

183 Κέντρο, μερικές από τις πλατείες
Μεσαίωνας: 1. πλατεία Κρεμαστής.
Διαφωτισμός: 2. Σπιανάδα, 3. το κάστρο,
4. πλατεία Ν. Θεοτόκη, 5. πλατεία Βραχλιώτη.

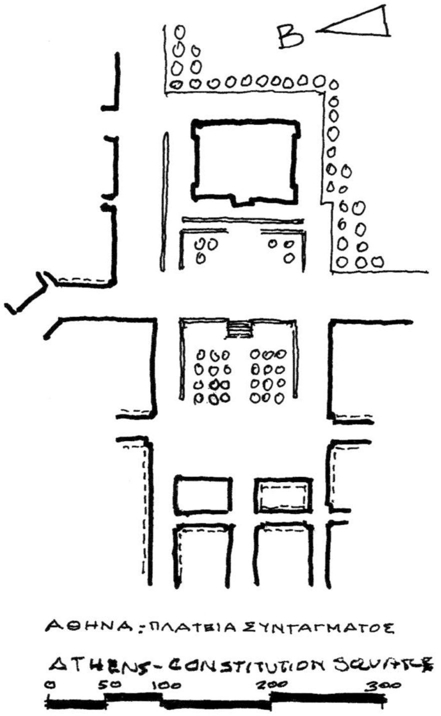

184

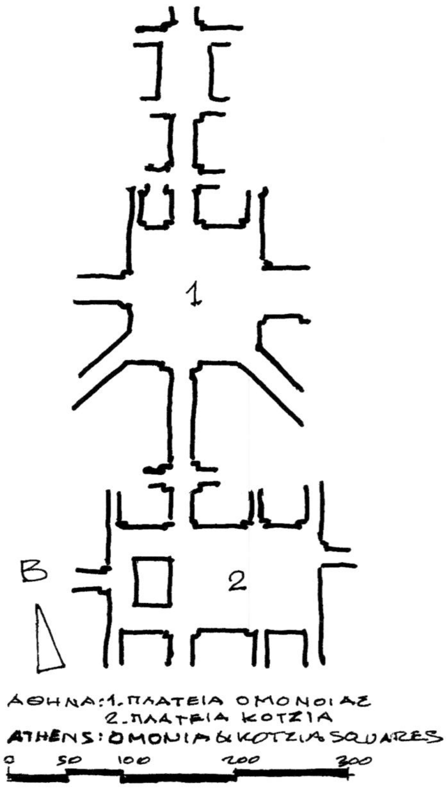

185

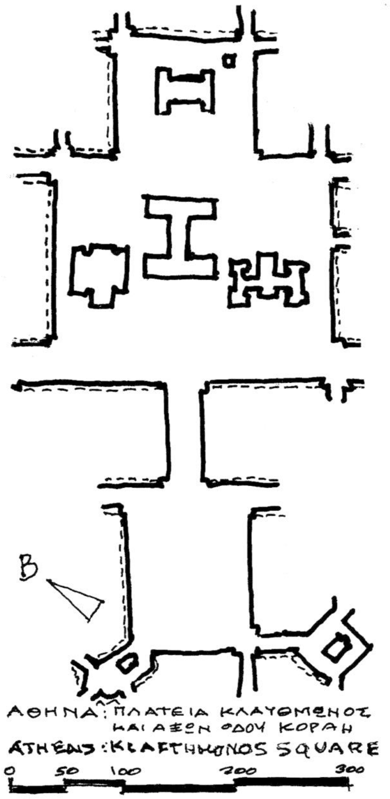

186

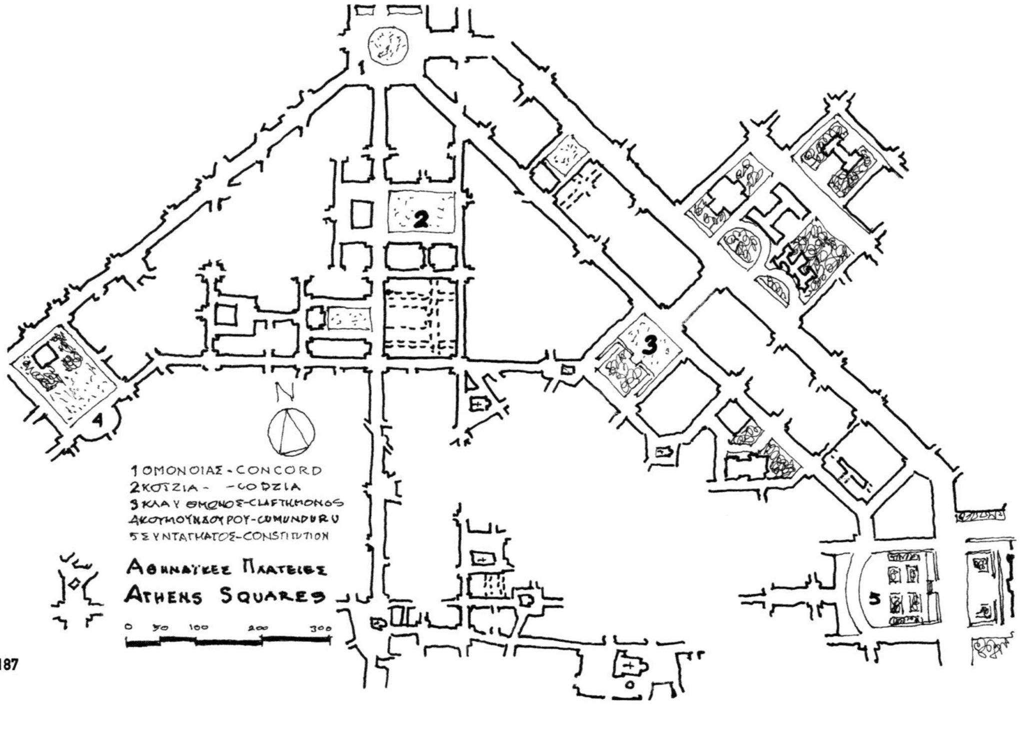

187

Neoclassicism / Νεοκλασικισμός

184, 185, 186, 187 Athens' central squares
184 5. Constitution square
185 1. Concord (Omonias) and 2. Kotzia squares
186 3. Klafthmonos square and the Koray street axis.

184, 185, 186, 187 Οι πλατείες του κέντρου των Αθηνών
184 5. Η πλατεία Συντάγματος.
185 Οι πλατείες: 1. Ομονοίας και 2. Κοτζιά.
186 3. Η πλατεία Κλαυθμώνος με τον άξονα της οδού Κοραή.

A2.1.4 Squares, comparisons

Finally comparing those squares that are considered today as most successful throughout the world and in history, one notes that all of them present the same characteristics, as far as size is concerned. They vary between 1,5 to 3 hectares and as for their proportions, these are from 1:1 to 1:1,5.

A2.1.4 Πλατείες, συγκρίσεις

Τελικά, συγκρίνοντας τις πλατείες που σήμερα θεωρούνται ως πετυχημένες ανά τον κόσμο και τους αιώνες, παρατηρεί κανείς πως όλες παρουσιάζουν περίπου τα ίδια χαρακτηριστικά. Από απόψεως μεγέθους κυμαίνονται από 1,5 έως 3 εκτάρια (15 έως 30 στρέμματα) και από άποψη αναλογιών από 1:1 έως 1:1,5.

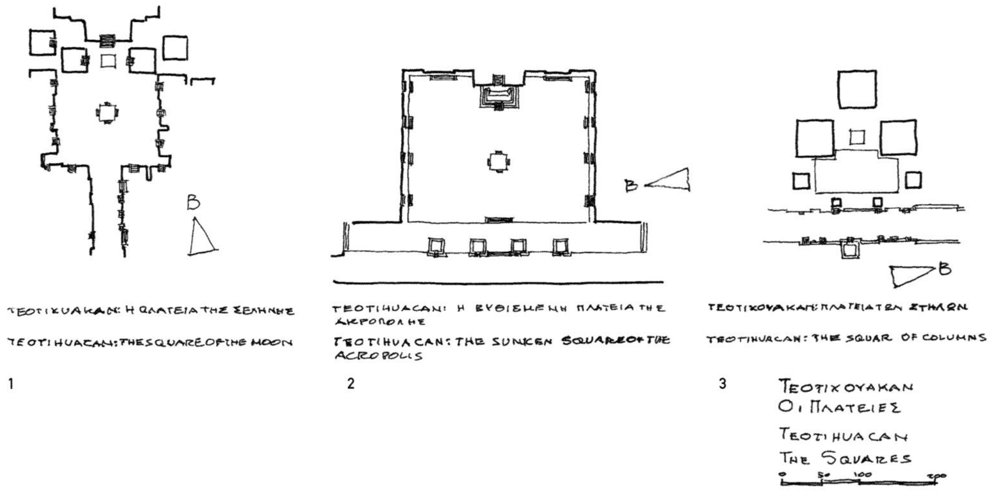

188

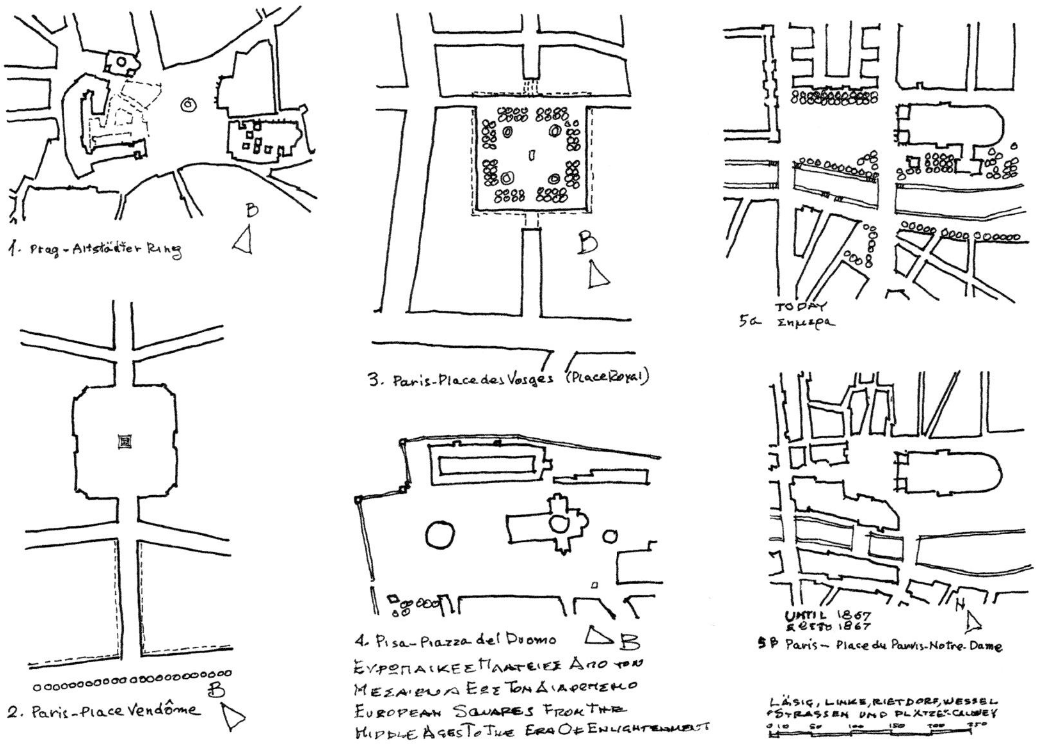

189

Squares, comparisons / Πλατείες, συγκρίσεις

188 Teotihuacan, squares
(All drawings are in the same scale.)
1. The square of the moon, 125x135 m.
2. The sunken square of the Citadel, 250x300 m.
3. The square of Pillars, 125x110 m.

188 Οι πλατείες του Τεοτιχουακάν
(Τα σχέδια είναι στην ίδια κλίμακα.)
1. Η πλατεία της Σελήνης, 125x135 μ.
2. Η βυθισμένη πλατεία της Ακρόπολης, 250x300 μ.
3. Η πλατεία των Στύλων, 125x110 μ.

189 European squares, from the middle ages to the Enlightenment
(All drawings are in the same scale.)
1. Prague, the old town, 125x150 m.
2. Paris, place Vendôme, 140x125 m.
3. Paris, place des Vosges, 150x140 m.
4. Pisa, piazza del Duomo, 150x180 m.
5a. Paris, place Notre Dame (today), 100x150 m.
5b. Paris, place Notre Dame (originally), 65x75 m.

189 Ευρωπαϊκές πλατείες από τον Μεσαίωνα έως τον Διαφωτισμό και τον Νεοκλασικισμό
(Τα σχέδια είναι στην ίδια κλίμακα.)
1. Πράγα, παλαιά πόλη, 125x150 μ.
2. Παρίσι, πλας Βαντόμ, 140x125 μ.
3. Παρίσι, πλατεία Βοσγίων, 150x140 μ.
4. Πίζα, πλατεία Καθεδρικού ναού, 150x180 μ.
5α. Παρίσι, πλατεία Νοτρ Νταμ σήμερα, 100x150 μ.
5β. Παρίσι, πλατεία Νοτρ Νταμ αρχικά, 65x75 μ.

A2.1.5 Row of squares. The precursors
A2.1.5 Συστοιχία πλατειών. Οι πρόδρομοι

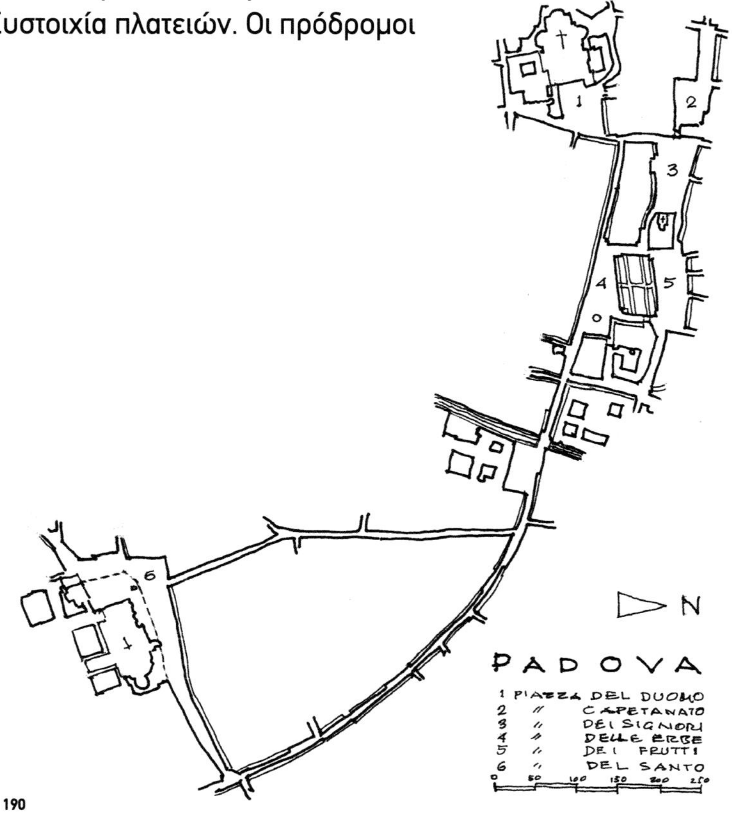

190

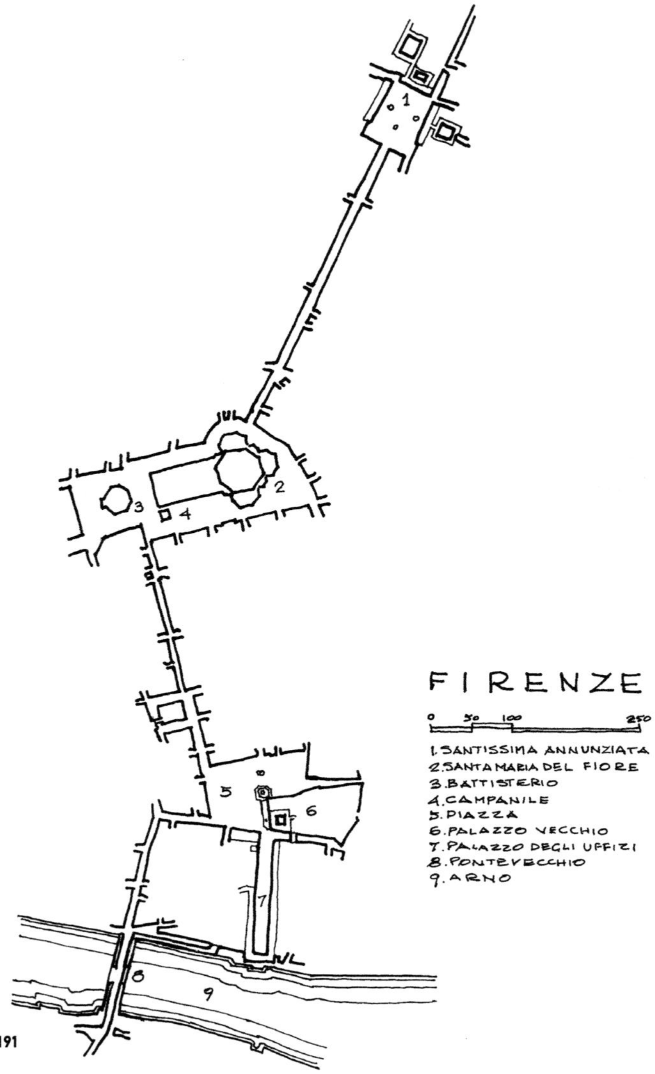

191

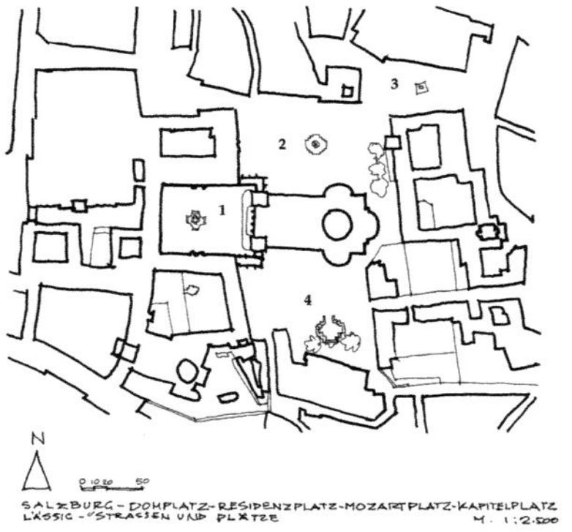

192

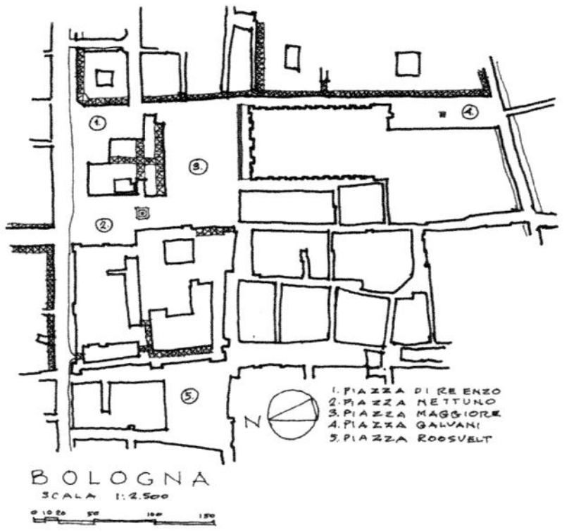

193

Row of squares. The precursors
Συστοιχία πλατειών. Οι πρόδρομοι

190 Padua, from piazza del Duomo to piazza del Santo and piazza Pontecorvo
The row of squares creates an axis of interest within the urban tissue of this historic city.
1. Piazza del Duomo, 2. Piazza Capetanato, 3. Piazza dei Signori, 4. Piazza Erbe, 5. Piazza dei Frutti, 6. Piazza del Santo.

190 Πάντοβα, από την πιάτσα ντελ Ντουόμο έως την πιάτσα ντελ Σάντο και την πιάτσα Ποντεκόρβο
Η σειρά των πλατειών δημιουργεί έναν άξονα ενδιαφέροντος μέσα στον ιστό της ιστορικής πόλης.
1. πιάτσα ντελ Ντουόμο, 2. πιάτσα Καπετανάτο, 3. πιάτσα ντέι Σινιόρι, 4. πιάτσα Έρμπε, 5. πιάτσα ντέι Φρούτι, 6. πιάτσα ντελ Σάντο.

191 Florence, the group of squares
Zigzagging axis starting from Piazza Santissima Annunziata to the Piazza del Duomo and from there to the Piazza della Signoria and hence to the Ponte Vecchio. The Uffizi is part of the Piazza della Signoria.
1.Piazza Santissima Annunziatata, 2. Santa Maria del Fiore, 3. Batisterio, 4. Campanile, 5. Piazza della Signoria, 6. Palazzo Vecchio, 7. Uffizi, 8. Ponte Vecchio, 9. River Arno.

191 Φλωρεντία, από την πλατεία Σαντίσιμα Ανουντσιάτα έως τον Άρνο
Πλατεία Σαντίσιμα Ανουντσιάτα, πιάτσα ντελ Ντουόμο, πιάτσα ντέλα Σινιορία και κατόπιν πλατεία Ουφίτσι, που είναι η συνέχειά της.
1. Σαντίσιμα Ανουντσιάτα, 2. Σάντα Μαρία ντελ Φιόρε, 3. Βαπτιστήριο, 4. Καμπανίλε, 5. πιάτσα ντέλα Σινιορία, 6. Παλάτσο Βέκιο, 7. Παλάτσο ντέλι Ουφίτσι, 8. Πόντε Βέκιο, 9. ποταμός Άρνο.

192 Salzburg
1. Domplatz, 2. Residentzplatz, 3. Mozardplatz, 4. Kapitelplatz.

192 Σάλτσμπουργκ
1. Ντόμπλατς, 2. Ρεζιντέντς πλατς, 3. Μότσαρτ πλατς, 4. Καπιτέλ πλατς.

193 Bologna
1. Piazza Re Enzo, 2. Piazza de Nettuno, 3. Piazza Maggiore, 4. Piazza Galvani, 5. Piazza Roosevelt.

193 Μπολόνια
1. Πλατεία Ρε Έντσο, 2. Πλατεία Ποσειδώνος, 3. Πλατεία Ματζόρε, 4. Πλατεία Γκαλβάνι, 5. Πλατεία Ρούσβελτ.

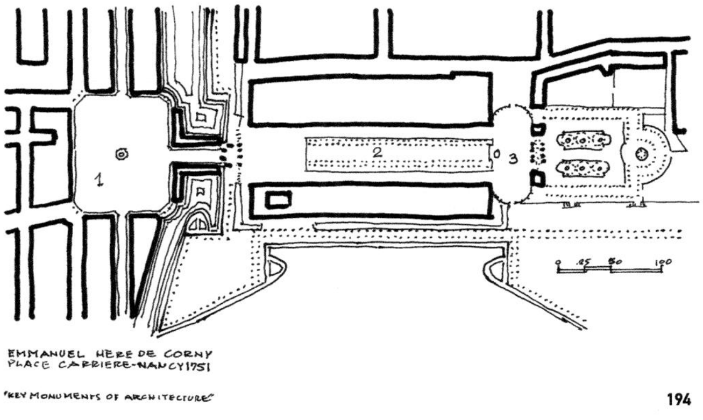

194

195

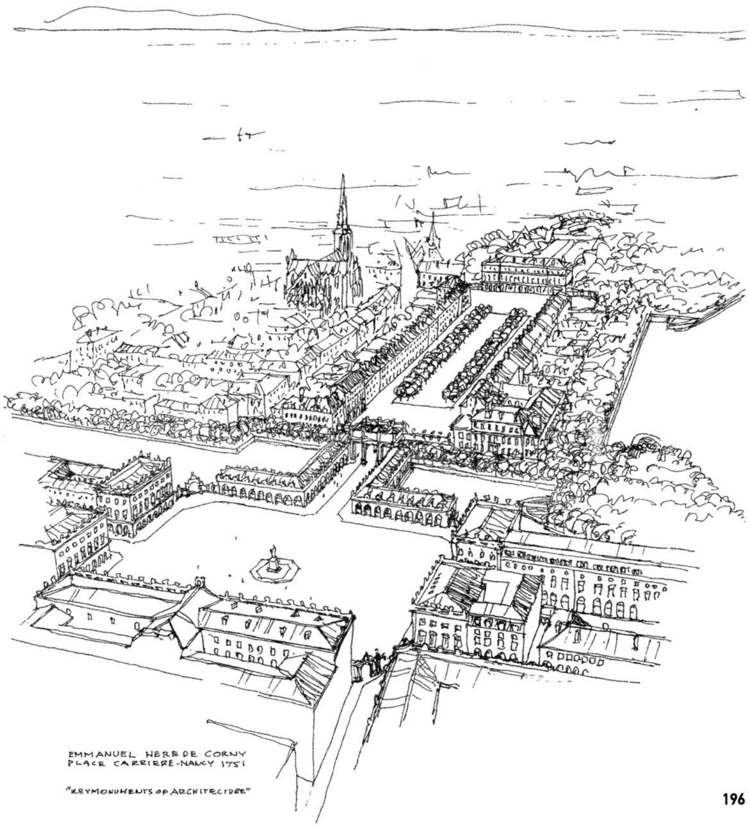

196

197

Row of squares. The precursors
Συστοιχία πλατειών. Οι πρόδρομοι

194, 195, 196, 197 Nancy, 18th century, architect Emmanuel Héré de Corny
194 The row of squares: 1. Royale, 2. de la Carrière, 3. le Cercle. The sequence of these squares, that were created with the extension of the city when it was granted by the king of France to his father in law, the fallen king of Poland, is quite obvious.
195 One of the gates into the Place Royale. The wrought iron gate symbolizes the enclosed character of the row of squares.
196 This combination of public spaces, each different from the other, is one of the most attractive urban settings in Europe.
197 Le Cercle, the last part of the row of squares, lies in front of the palace and is surrounded by arcades and arches.

194, 195, 196, 197 Νανσύ, συστοιχία πλατειών Ρουαγιάλ (ή Στανισλάς), Καριέρ και Λε Σερκλ, 18ος αι., αρχιτέκτων Εμμανυέλ Ερέ ντε Κορνύ
194 Η συστοιχία των πλατειών Ρουαγιάλ (1), Καριέρ (2) και Λε Σέρκλ (3). Είναι εμφανής η αλληλουχία των χώρων αυτών που δημιουργήθηκαν με την επέκταση της πόλης όταν παραχωρήθηκε η περιοχή από τον βασιλέα της Γαλλίας στον πεθερό του, τον έκπτωτο βασιλιά της Πολωνίας.
195 Μία από τις εισόδους στην πλας Ρουαγιάλ. Η συμβολική αυτή καγκελόπορτα χωρίς φύλλα επιτείνει την αίσθηση του περίκλειστου.
196 Η σύνθεση αυτή ελεύθερων δημοσίων χώρων, διαφορετικής μορφής και χαρακτήρα, αποτελεί ένα από τα γοητευτικότερα σύνολα αστικού σχεδιασμού του τέλους του Μπαρόκ και της αρχής του Διαφωτισμού, που και σήμερα θεωρείται από τα πλέον επιτυχή της Ευρώπης.
197 Λε Σερκλ (ο Κύκλος). Το τελευταίο τμήμα της συστοιχίας των πλατειών βρίσκεται μπροστά στο ανάκτορο και περιβάλλεται από κιονοστοιχία με καμάρες.

198

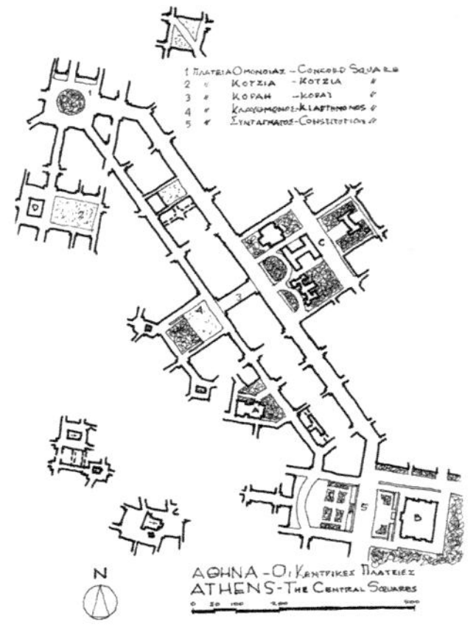

199

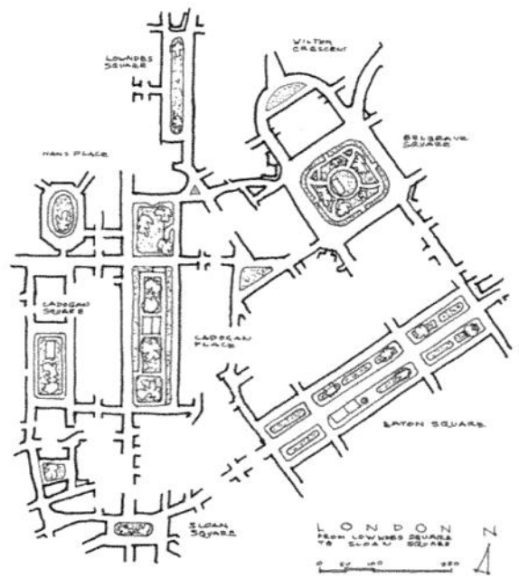

200

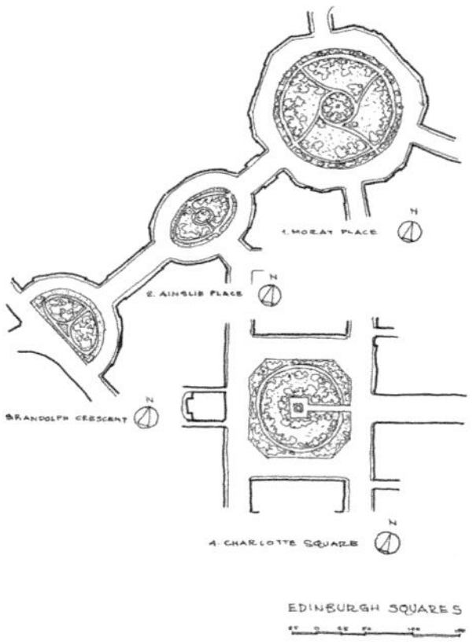

201

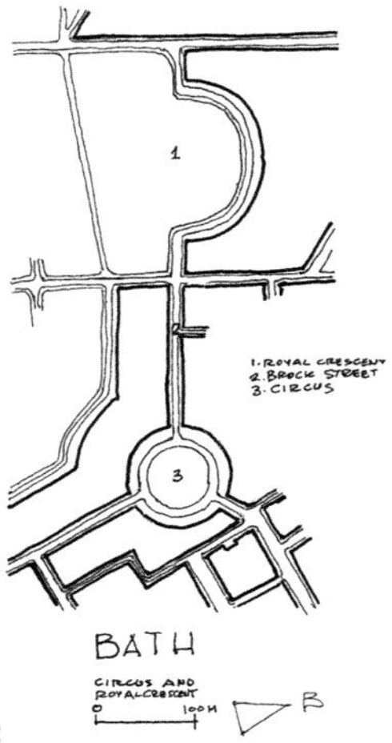

202

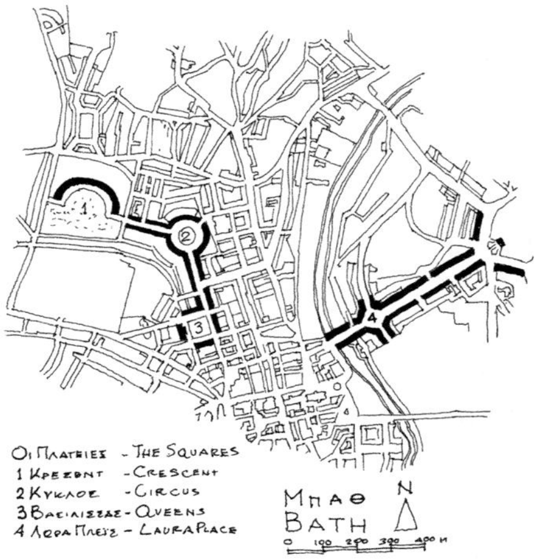

203

Row of squares. The precursors
Συστοιχία πλατειών. Οι πρόδρομοι

198 **Bath, Circus and Royal Crescent**
A happy example of urban design in 18th century England for the development of the area by private entrepreneurs.

198 **Μπαθ, Σέρκους και Ρόγιαλ Κρέσεντ**
Ένα ευτυχές παράδειγμα αστικού σχεδιασμού στην Αγγλία του 18ου αι. για την οικιστική ανάπτυξη της περιοχής από επιχειρηματίες.

199 **Athens, the center and its squares**
199 **Αθήνα, οι πλατείες του κέντρου**

200 **London, the center**
200 **Λονδίνο, τμήμα του κέντρου με τις πλατείες του**

201 **Edinburgh, the center and its squares**
1. Moray place, 2. Ainslie place, 3. Randolph crescent, 4. Charles square.

201 **Εδιμβούργο, τμήμα του κέντρου με τις πλατείες του**
1. Μόρεϊ πλέις, 2. πλατεία Έινσλι, 3. Ράντολφ Κρέσεντ σκουέαρ, 4. Σάρλοτ σκουέαρ.

202 **Bath, Circus and Royal Crescent**
1. Royal Crescent, 2. Brock street, 3. The Circle.

202 **Μπαθ, το τμήμα από το Κρέσεντ έως το Σέρκους**
Ρόγιαλ Κρέσεντ, 2. οδός Μπροκ, 3. το Σερκλ.

203 **Bath, 18th century, the squares**
During Roman times, Bath was developed as the site of mineral baths until it was destroyed by the Normans. During the 18th century A.D., it acquired great importance as a fashionable resort and as a consequence became one of the most elegant cities of its time endowed with a chain of squares designed by the architects John Wood, father and son. These squares are the Crescent, the Circus and Queens, connected through avenues, arcades and gardens.

203 **Μπαθ, 18ος αι., οι πλατείες**
Το Μπαθ ξεκίνησε κατά τους ρωμαϊκούς χρόνους ως τόπος ιαματικών λουτρών με την αντίστοιχη ανάπτυξη, έως ότου καταστράφηκε από τους Νορμανδούς. Κατά τον 18ο αι. απέκτησε νέα αίγλη, με αποτέλεσμα να καταστεί μία από τις κομψότερες πόλεις της Αγγλίας, χάρη σε μια αλυσίδα από ωραιότατες πλατείες, έργο των αρχιτεκτόνων Τζον Γουντ πατέρα και υιού. Οι πλατείες αυτές είναι του Κρέσεντ, του Σέρκους και της Βασιλίσσης, με τις συνδετήριες λεωφόρους και τους κήπους τους.

A2.1.6 The Mall

One of the elements that developed into an important part of town planning through the ages, in Great Britain as well as in the USA, is the mall. During the middle ages the mall was the central village green or village common of the English countryside where the flock belonging to the community could graze. This open space, sometimes rectangular and other times of simpler or more complicated shape, is of prime importance to the life of the community. Except for its role as grazing field, it also served as an open market as well as a gathering place for festivities etc., but, also, as a venue for various games on Sundays after mass. The dimensions of this central green area never exceeded 200x60 m. In fact, usually they are much smaller.
In contemporary towns and cities, a mall can be a central commercial street or a commercial passage, as well as a large department store. Still, at the time of Enlightenment, the mall became an element of town planning as a large central open field where games could be played.
In order to acquire a better understanding of the meaning of a mall, we must study the English village through the ages. These villages can be subdivided in four distinct types according to the shape of their mall. The first is when a mall is a narrow strip, a little like a central street, the second a square, the third around an open space and the fourth around a square and an open space. This should actually be studied in the context of open public spaces.

A2.1.6 Τα αγγλοσαξονικά μωλ

Ένα στοιχείο που μέσα στους αιώνες εξελίχθηκε σε αναπόσπαστο μέρος των αγγλοσαξονικών οικισμών και πόλεων, είτε στη Μεγάλη Βρετανία είτε στις Η.Π.Α., είναι το περίφημο μωλ (mall). Κατά τον Μεσαίωνα το μωλ ήταν το κοινόχρηστο λιβάδι στο κέντρο των αγγλικών αγροτικών οικισμών, όπου έβοσκαν τα ποίμνια που ανήκαν από κοινού σε όλους τους χωριανούς. Γι' αυτό και ονομάζεται επίσης village common ή village green.
Ο χώρος αυτός, άλλοτε ορθογώνιος κι άλλοτε πιο πολύπλοκης μορφής, παίζει πάντα ουσιαστικό ρόλο στη ζωή της κοινότητας. Εκτός από προστατευμένο βοσκοτόπι, είναι χώρος συνάθροισης και συνάντησης. Εκεί στήνεται η υπαίθρια αγορά, εκεί οι γιορτές και τα πανηγύρια, εκεί παίζονται τα διάφορα παιχνίδια την Κυριακή το πρωί μετά την εκκλησία. Οι διαστάσεις αυτού του κεντρικού πράσινου ποτέ δεν υπερβαίνουν τα 200x60 μ. Αντίθετα, είναι συνήθως πολύ μικρότερες.
Στις σύγχρονες αγγλοσαξονικές πόλεις, μωλ ονομάζουν έναν εμπορικό δρόμο ή μια διαμπερή εμπορική στοά, απόγονο του παζαριού, καθώς και τα μεγάλα εμπορικά κέντρα. Την εποχή όμως του Διαφωτισμού μπήκε στον σχεδιασμό νέων πόλεων ως κεντρικός χώρος πρασίνου και αθλοπαιδιών.
Για να κατανοήσουμε καλύτερα την έννοια του μωλ, έχει ενδιαφέρον να μελετήσουμε τους αγγλικούς αγροτικούς οικισμούς. Οι οικισμοί αυτοί εμπίπτουν σε τέσσερις βασικές κατηγορίες. Η πρώτη είναι η ανάπτυξη κατά μήκος ενός κεντρικού δρόμου, η δεύτερη γύρω από έναν κοινόχρηστο ελεύθερο χώρο (μωλ), η τρίτη γύρω από μια πλατεία και η τέταρτη γύρω από μια πλατεία κι έναν κοινόχρηστο ελεύθερο χώρο μαζί.

204

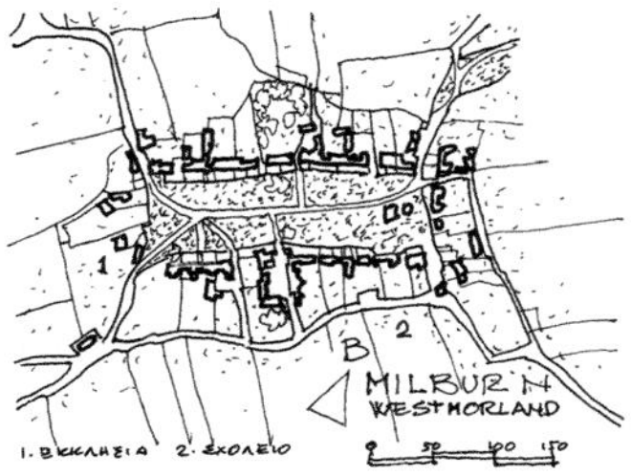

205

206

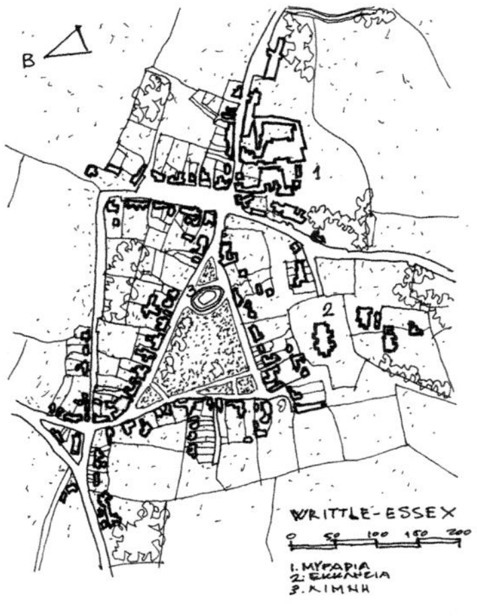

207

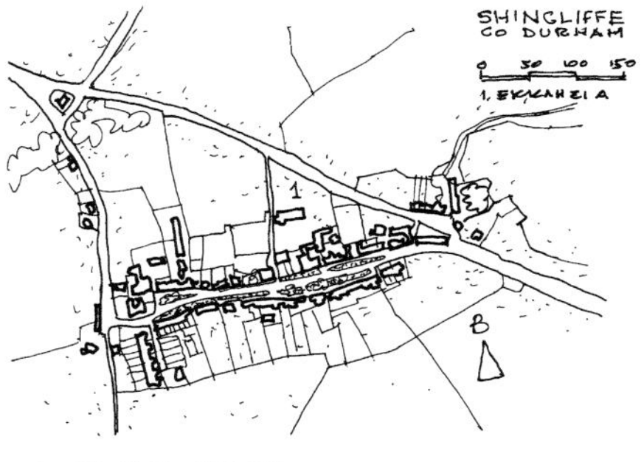

208

The Mall / Τα αγγλοσαξονικά μωλ

204, 206 Finchingfield, Essex
204, 206 Φίντσινγκφηλντ, Έσσεξ

205 Milburn, Cumbria
205 Μίλμπερν, Κάμπρια

207 Writtle, Essex
Village around both a square and the village green.
207 Ριτλ, Έσεξ
Οικισμός γύρω από μια πλατεία κι έναν κοινόχρηστο χώρο.

208 Shincliffe, Durham
208 Σίνκλιφ, Ντάραμ

209

University of Virginia, Charlottesville

When Thomas Jefferson drew the plans for the University at West Virginia in Charlottesville, in 1819, inspired by the mall, he placed the various buildings all around a rectangular green area 200x60 m, and could never have imagined that in Washington D.C. the mall would reach 3,500 m in length.

FOOTNOTE
For his architectural achievement, the father of the American Independence received the gold medal of the American Institute of Architects (A.I.A.) 150 years after his death!

Το Πανεπιστήμιο της Δυτικής Βιρτζίνια

Ο Τόμας Τζέφερσον (Thomas Jefferson), όταν σχεδίαζε το Πανεπιστήμιο της Δυτικής Βιρτζίνια στη Σάρλοτσβιλ, εμπνευσμένος από τα μωλ, το τοποθέτησε γύρω από έναν κεντρικό πράσινο χώρο, μήκους 200 και πλάτους 60 μ., ούτε μπορούσε βέβαια να φανταστεί ότι στην Ουάσινγκτον θα πραγματοποιείτο ένα μωλ για υπεργίγαντες, μήκους 3,5 χλμ.!

ΣΗΜΕΙΩΣΗ
Για το αρχιτεκτονικό του έργο ο Πατέρας της Αμερικανικής Ανεξαρτησίας έλαβε, 150 χρόνια μετά τον θάνατό του, το χρυσό μετάλλιο του Αμερικανικού Ινστιτούτου Αρχιτεκτονικής!

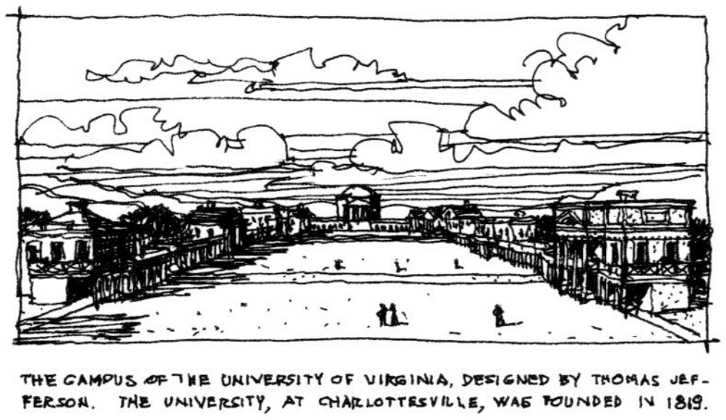

210

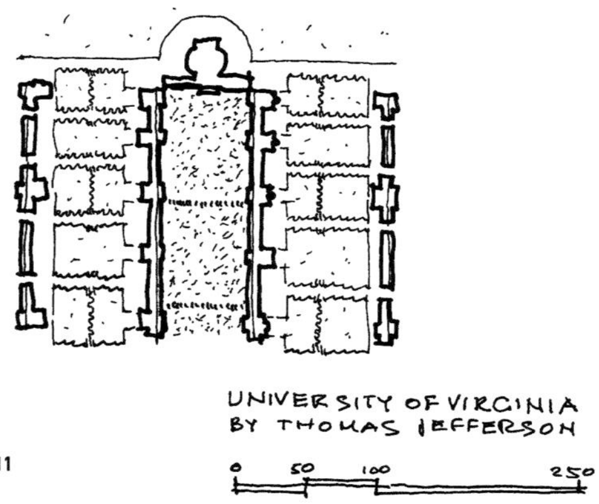

211

The Mall / Τα αγγλοσαξονικά μωλ

209, 210, 211 Charlottesville, University of Virginia by Thomas Jefferson, 1819
209 This unique masterpiece, designed by Thomas Jefferson, is one of the most elegant groups of buildings of the 19th century. The scale, the proportion and the rhythm achieved by the layout create a perfect whole.
210 General view from a contemporary engraving.
211 The mall is one of the most attractive open spaces, because of its scale, as well as its perfect proportions. In this case the true tradition of the English village prevails.

209, 210, 211 Σάρλοτσβιλ, Πανεπιστήμιο της Δυτικής Βιρτζίνια, αρχιτέκτων Τόμας Τζέφερσον, 1819
209 Το αριστούργημα του Τ. Τζέφερσον αποτελεί ένα από τα κομψότερα κτιριακά συγκροτήματα των αρχών του 19ου αι. Η διάταξη, ο ρυθμός, το μέτρο, η κλίμακα και η αρμονία δημιουργούν μια τέλεια σύνθεση.
210 Γενική άποψη από γκραβούρα της εποχής.
211 Ο εσωτερικός κήπος-πλατεία είναι ένας από τους γοητευτικότερους ελεύθερους χώρους, τόσο λόγω των τέλειων αναλογιών του όσο και της κλίμακάς του. Μια ανάμνηση του παραδοσιακού αγγλικού αγροτικού οικισμού.

212

213

214

A2.1.7 Patios and interior courtyards

The interior court or patio, that was there from Neolithic times, was one of the basic elements in town planning in ancient Greece and Middle Eastern, Arab etc. countries as well as in many other parts of the world.

In the 19th century the system of interior courtyards or patios flourished in some cities, with rather happy results. Such is the case with Zurich. During the 20th century we find it again in some attempts in the design of new neighborhoods as with I.B.A. in Frankfurt and Berlin.

In Italian cities these patios are still there since the Renaissance although in many cases they are no longer open to the general public. In Milan we encounter such patios that are part of the entrance to a building. The same in Pisa with the Palazzo Archdiocese, in Vicenza and primarily in Rome. Many ecclesiastical compounds are endowed with patios that today are part of daily city life, even when they are devoted to purely official religious activities, as in Padua, in the church of San Antonio, where exhibitions related to the life of the Saint take place and relics are sold to the faithful. But in purely urban patios or open courtyards to the general public, commercial activities are developed as in Vienna or in Zurich.

Still many of these patios that are open to the public belong to the architectural heritage of these historic cities and consist of the cloisters of religious complexes. In Santiago de Compostela the cloister of the cathedral is the entrance to the museum, while in Rhodes island the archeological museum surrounds the patio of the Medieval Ospedale dei Cavalieri di San Giovanni.

These cloisters that represent a separate world each of its own, complete the urban tissue and are in some way the model for the enclosed squares that tend to acquire the form of cloisters in their turn.

This chapter could not close without a mention of one of the most impressive cloisters in the world, the

215

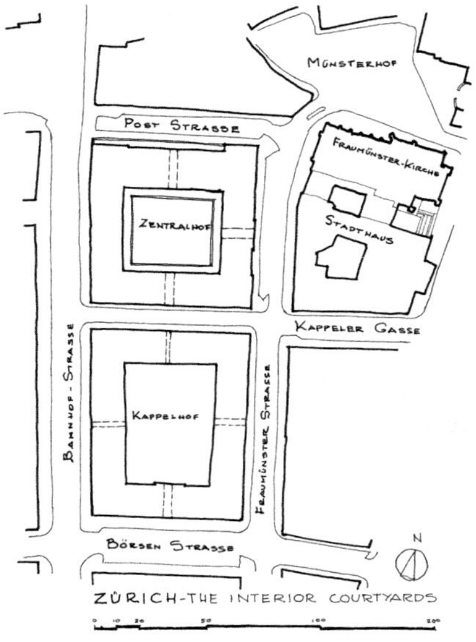

216

Patios and interior courtyards / Το αίθριο

212 Florence, San Lorenzo (Basilica of St Lawrence)
Cloister with arcade.

212 Φλωρεντία, Αγ. Λαυρέντιος
Αίθριο με στοά.

213 Santiago de Compostela
Away from the noisy crowd of the pilgrims in the main square one can find peace and quiet under the shadowy peristyle of the patio of the Rectorado.

213 Σαντιάγκο ντε Κομποστέλα, Ρεκτοράντο
Στο περιθώριο της θορυβώδους κίνησης των προσκυνητών της κεντρικής πλατείας, βρίσκει κανείς ηρεμία και γαλήνη στη σκιά που προσφέρει το περιστύλιο του αιθρίου του Ρεκτοράντο.

214 Pisa, Palazzo Arcidiocesi
The interior courtyard adorned by a statue enriches the urban space.

214 Πίζα, Παλάτσο Αρκιντιοτσέζι
Η ύπαρξη υπαίθριων δημοσίων χώρων στο εσωτερικό οικοδομικών τετραγώνων προσθέτει μια ακόμα διάσταση στο πολεοδομικό τοπίο.

215 Zurich, Zentralhof
Along Banhofstrasse, between Paradeplatz and Münsterhof, in the center of town a row of interior courtyards and patios are open to the general public.

215 Ζυρίχη, Τσεντράλχοφ
Κατά μήκος της Μπάνχοφστρασε, μεταξύ της Παράντεπλατς και του Μύνστερχοφ, στην περιοχή του κέντρου, μια σειρά από εσωτερικές αυλές-αίθρια είναι ανοικτά στο κοινό.

216 Zurich, Banhofstrasse, Börsenstrasse and Münsterhof
One can easily discern the interior courtyards that are open to the public in this sector of Zurich. These courtyards flanked by shops represent an additional income to the owners of the buildings.

216 Ζυρίχη, Μπάνχοφστρασε, Μπόρσενστρασε και Μύνστερχοφ
Οι εσωτερικοί ακάλυπτοι είναι εύκολα προσιτοί στους περαστικούς. Τα καταστήματα που τους πλαισιώνουν αποτελούν πρόσθετο εισόδημα για τους ιδιοκτήτες.

217

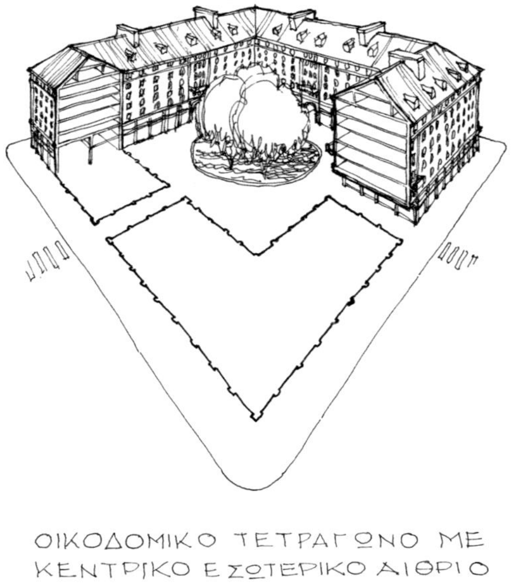

220

unique Camposanto Monumentale ("monumental cemetery") in Pisa (see fig. 283). This was the cemetery of the nobility of Pisa since 1278. Today it is the museum, due to the famous mural paintings that surround it on the walls of the colonnade. These murals, that belong to the masterpieces of Renaissance paintings, were endangered in WWII when these buildings suffered serious damage.

FOOTNOTE
The idea of the allied high command that the best way to beat the enemy was coming up all the way along a corridor like the Italian peninsula, is at least questionable. For months bloody battles were fought all along the Italian peninsula and the destruction brought to the cultural heritage was enormous.

218

A2.1.7 Το αίθριο

Το αίθριο, που το συναντάμε από τη νεολιθική εποχή ακόμη, αποτελούσε βασικό πολεοδομικό στοιχείο της ελληνικής αρχαιότητας, της Ανατολής, των Αράβων καθώς και σε πολλά άλλα μέρη του κόσμου.
Τον 19ο αι. ευδοκιμούσε πλέον και σε αρκετές ευρωπαϊκές πόλεις. Σήμερα το ξαναβρίσκουμε σε ορισμένες προσπάθειες οργανωμένης δόμησης όπως της Ι.Β.Α. (Διεθνούς Έκθεσης Αρχιτεκτονικής) στη Φρήντριχστατ του Βερολίνου.
Στις ιταλικές πόλεις τα αίθρια εξακολουθούν να υπάρχουν από την Αναγέννηση, άσχετα αν σε πολλές περιπτώσεις δεν είναι πια ανοικτά στο κοινό. Στο Μιλάνο συναντάμε αίθρια που αποτελούν τμήμα της προσπέλασης των κτιρίων. Το ίδιο στο Παλάτσο Αρκιντιοτσέζι της Πίζας, στη Βιτσέντσα και στη Ρώμη. Πολλά από τα εκκλησιαστικά συγκροτήματα διαθέτουν αίθρια, τα οποία σήμερα συμμετέχουν στη ζωή της πόλης, έστω με τη συγκέντρωση σε αυτά δραστηριοτήτων που κυρίως αφορούν στην επίσημη εκκλησία, όπως στο ναό του Αγ. Αντωνίου της Πάντοβας, όπου γίνονται εκθέσεις συναφείς προς τη λατρεία του Αγίου και πωλούνται σχετικά αντικείμενα στους πιστούς. Αλλά και σε καθαρά αστικά αίθρια, ή έστω ακάλυπτους χώρους οικοδομικών τετραγώνων, αναπτύσσονται δραστηριότητες που μπορεί να είναι εμπορικής φύσης, όπως στη Βιέννη και στη Ζυρίχη.
Σήμερα, τα περισσότερα από τα αίθρια που είναι επισκέψιμα από το κοινό αποτελούν τμήμα του μουσειακού πλούτου των ιστορικών πόλεων, κι είναι συνήθως αίθρια εκκλησιαστικών συγκροτημάτων. Στο

219

Σαντιάγο ντε Κομποστέλα το αίθριο του καθεδρικού ναού αποτελεί την είσοδο προς το μουσείο, ενώ στη Ρόδο το Αρχαιολογικό Μουσείο περιβάλλει το αίθριο του μεσαιωνικού Οσπετάλε των Ιπποτών του Αγίου Ιωάννου.
Αυτά τα αίθρια, που αποτελούν το καθένα έναν ξεχωριστό κόσμο, συμπληρώνουν τον ιστό της πόλης και είναι κατά κάποιον τρόπο το πρότυπο των κλειστών πλατειών, που κι αυτές τείνουν να πάρουν τη μορφή του αιθρίου.
Δεν θα μπορούσε να κλείσει το κεφάλαιο αυτό χωρίς να αναφερθεί ένας από τους καταπληκτικότερους χώρους αιθρίου στον κόσμο, το μοναδικό Καμποσάντο της Πίζας (βλ. εικ. 283). Το Καμποσάντο Μονουμεντάλε ήταν το νεκροταφείο των ευγενών της Πίζας από το 1278. Σήμερα είναι μουσείο, λόγω των περίφημων τοιχογραφιών που περιβάλλουν όλο το χώρο κατά μήκος του εξωτερικού τοίχου της στοάς. Οι τοιχογραφίες αυτές, που είναι από τα αριστουργήματα της ζωγραφικής της Αναγέννησης, θα μπορούσαν να μην υπάρχουν πια. Κατά τον Β΄ Παγκόσμιο Πόλεμο τα κτίρια υπέστησαν σοβαρές ζημιές από πολεμικές ενέργειες.

ΣΗΜΕΙΩΣΗ
Η αντίληψη του Συμμαχικού Επιτελείου ότι ο καλύτερος τρόπος για να νικήσει τον εχθρό ήταν να του επιτεθεί από την άκρη ενός διαδρόμου σαν της Ιταλικής χερσονήσου, είναι τουλάχιστον αμφισβητήσιμη. Στην πράξη ήταν καταστρεπτική. Επί μήνες χρειάστηκαν αιματηρές μάχες για να ανέβουν οι σύμμαχοι την ιταλική χερσόνησο και οι καταστροφές του καλλιτεχνικού πλούτου υπήρξαν ανυπολόγιστες.

Patios and Interior Courtyards / Το αίθριο

217, 218, 219 Berlin, Friedrichstadt
217 Narrow passage between interior courtyards. The narrowness of the passage makes it more effective. One has the urge to get to the other side and join the young people at play.
218 Interior court with pergola.
219 Interior courtyard with children's playground and pergola.

217, 218, 219 Βερολίνο, Φρήντριχστατ
217 Πέρασμα μεταξύ δύο εσωτερικών αυλών. Η στενή δίοδος προκαλεί την περιέργεια και τη διάθεση να περάσεις στην άλλη αυλή για να παίξεις κι εσύ με τα παιδιά.
218 Εσωτερική αυλή με πέργολα.
219 Εσωτερικό αίθριο με διαμόρφωση παιδικής χαράς.

220 City block with central courtyard open to the public
220 Οικοδομικό τετράγωνο με κεντρικό αίθριο

A2.2 Street

A2.2.1 The definition of the street

Many maintain that streets that are not bound by buildings, but are along rivers, parks or at the outskirts of a town, are more interesting.
This should not influence our opinion on the matter. In these cases a street once again acquires its importance only when the buildings that are not there have been replaced by another kind of elevation. Such could be rows of trees, arcades, lampposts, even the masts of boats along the jetty of a harbor.
The sense of a street is lost when there is no obvious boundary, no side elevation. A street around a square loses its identity and becomes part of the square.
A very good example is the street along the river Arno in Florence, from ponte Vecchio to the Uffizi. This section of Lugarno all along Vasari's arcade, with glimpses of the river between the arches, is the one that presents the greatest interest. There is no doubt that it belongs to the most frequented street stretch in Florence and very often is the only part of the Lugarno that most visitors know.
If one continues along the river beyond the Uffizi, towards ponte alle Grazie, the view may be most attractive but the feeling of a street is lost. The presence of the river is overwhelming. The street loses its sense. It vanishes.
The primary role of a pedestrian lane is to ensure safe conditions and a carefree environment to persons on foot. Except for this primary role, a footway can offer much more, as part of the urban environment, as well as to the life, in a town or city.
Contrary to a square, according to professor Hans Schmidt for a street to be perceived as such, its proportions must exceed 1 to 5. It is obvious that in order to be perceived as a street, there must be a limit to its width. Although there are streets that exceed 120 m in width, it is accepted that when it goes beyond 80 m we cannot perceive a space as a street, because then it would require, according to the proportion 1 to 5, a length of more than 400 m, a distance difficult to grasp. Rows of trees can, in general, be very effective in reducing the visual width of a street.

221

222

The definition of the street
Προσδιορισμός του δρόμου

221 The Renaissance concept, stage set design
This is a typical drawing of a series of stage sets for Renaissance plays. The street depicted is a place of great variety of elements that form its side elevations. Finally the street is the stage set for the enactment of human everyday drama or comedy.

221 Δρόμος από αναγεννησιακό σκηνικό
Χαρακτηριστικό παράδειγμα μεγάλου αριθμού σκηνογραφιών του αναγεννησιακού θεάτρου, η σκηνογραφία αυτή παρουσιάζει μεγάλη ποικιλία μορφών στις παρειές της και καταλήγει σε αψιδωτή πύλη. Απεικονίζει κατά κάποιον τρόπο το αναγεννησιακό ιδεώδες.

222 The street from a Japanese woodcut of the 19th century

222 Δρόμος στο Τόκιο, 19ος αι. (από ξυλογραφία)

A2.2 Ο δρόμος

A2.2.1 Προσδιορισμός του δρόμου

Πολλοί υποστηρίζουν ότι οι δρόμοι που δεν περνούν ανάμεσα σε παρειές κτιρίων αλλά βρίσκονται κατά μήκος ποταμού ή χωρίζουν οικοδομικά τετράγωνα από κήπους ή βρίσκονται στην παρυφή της πόλης, παρουσιάζουν μεγαλύτερο ενδιαφέρον. Η άποψη αυτή δεν θα έπρεπε να μας παρασύρει. Στις περιπτώσεις αυτές ο δρόμος αποκτά πάλι υπόσταση μόνον όταν η παρειά των κτιρίων που λείπει αντικαθίσταται με κάποιο άλλο στοιχείο που δημιουργεί παρειά. Τέτοια στοιχεία μπορεί να είναι δενδροστοιχίες, μια κιονοστοιχία στην περίπτωση στοάς, φανοστάτες εν σειρά, ή ακόμα και τα άλμπουρα των καραβιών σε ένα λιμάνι. Αλλά και οι παρειές κτιρίων μπορεί να είναι διαφόρων λογιών. Μπορεί να είναι συμπαγείς, συνεχείς ή σε πτέρυγες, με στοές συνεχείς ή εναλλασσόμενες, ισόγειες ή και σε όροφο. Οι στοές άλλωστε είναι τμήμα του δρόμου, απλές ή διπλές, παρόδιες ή διαμπερείς – οπότε αυτές καθ' αυτές αποτελούν καλυμμένο δρόμο. Η αίσθηση του δρόμου χάνεται όταν αυτός δεν ορίζεται σαφώς από τις δύο παρειές του. Δρόμος που περιβάλλει πλατείες αυτομάτως γίνεται τμήμα της πλατείας. Χαρακτηριστική είναι η περίπτωση του δρόμου κατά μήκος του ποταμού Άρνο στη Φλωρεντία, στο τμήμα από το Ουφίτσι έως το Πόντε Βέκιο. Το τμήμα αυτό του δρόμου όπου το ποτάμι είναι ορατό μέσα από τις αψίδες της στοάς κατά μήκος του ποταμού, είναι το μόνο που παρουσιάζει πραγματικό ενδιαφέρον. Αποτελεί άλλωστε μία από τις πιο πολυσύχναστες πορείες προς το Πόντε Βέκιο, και ίσως είναι η μόνη που οι περισσότεροι επισκέπτες τελικά γνωρίζουν. Αν συνεχίσει κανείς πέρα από το Ουφίτσι, κατά μήκος του Άρνο προς το Πόντε Σαν Νικολό, η θέα προς την άλλη ακτή είναι αναμφισβήτητα εξαίσια, πλην όμως δεν έχουμε πια την αίσθηση του δρόμου. Η παρουσία του ποταμού είναι τόσο έντονη που σβήνει όλες τις άλλες. Ο δρόμος δεν υπάρχει, χάνεται.
Σε αντίθεση με την πλατεία, σύμφωνα με τον καθηγητή Χανς Σμιτ, ο δρόμος για να γίνεται αντιληπτός ως δρόμος πρέπει να έχει αναλογίες που να ξεπερνούν το 1:5, και δεν πρέπει να υπερβαίνει ένα ορισμένο πλάτος. Ενώ υπάρχουν δρόμοι με πλάτος μεγαλύτερο από 120 μ., έχει αποδειχθεί ότι πέρα από τα 80 μ. παύουμε να αντιλαμβανόμαστε τον χώρο σαν δρόμο, γιατί τότε το μήκος, σύμφωνα με τη σχέση 1:5, θα ισούται με 400 μ. (80x5), απόσταση που αρχίζει να μην είναι άμεσα αντιληπτή. Εδώ ας σημειωθεί ότι οι δενδροστοιχίες παίζουν σημαντικό ρόλο στη μείωση του οπτικού εύρους. Σημασία εξάλλου έχουν η αρχή και το τέλος ενός δρόμου.

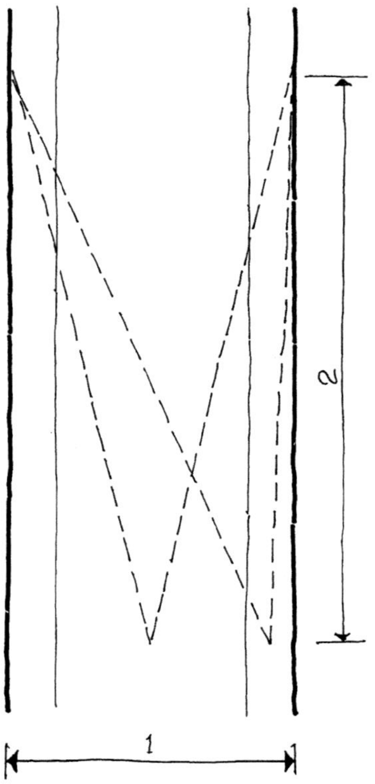

223

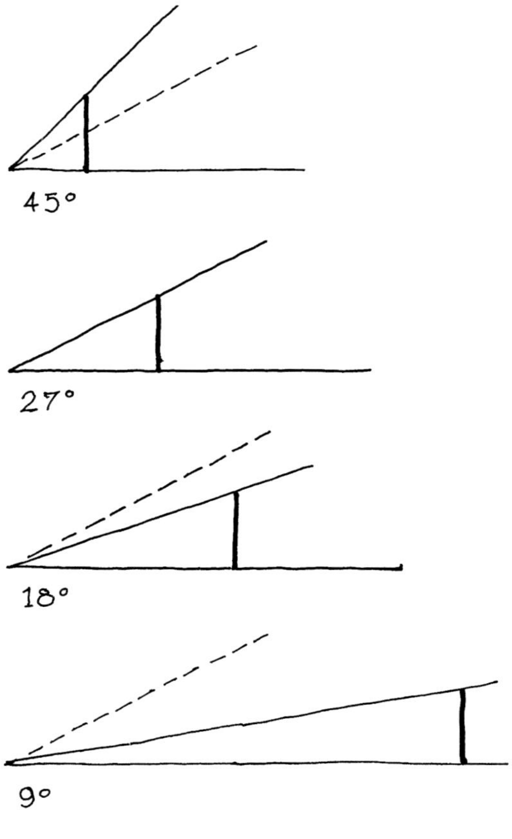

224

The definition of the street
Προσδιορισμός του δρόμου

223 The optical perception, width of street
The awareness of the space defined by a street starts at a distance twice its width. If a street exceeds 80 m. in width the impression of a street is lost.

223 Το εύρος του δρόμου, οπτική αντίληψη
Η αίσθηση του χώρου τού δρόμου ξεκινά από μια απόσταση ίση με δύο φορές το εύρος του. Ένας δρόμος που ξεπερνά τα 80 μ. σε πλάτος παύει να δίνει την εντύπωση δρόμου.

224 The optical perception, height of street elevations
An 1:1 relation between street width and building height creates a good balance with the space in between.

224 Τα ύψη των παρειών, οπτική αντίληψη
Η σχέση 1:1 μεταξύ εύρους δρόμου και ύψος κτιρίων δίνει μια άνετη αίσθηση του χώρου.

225

226

227

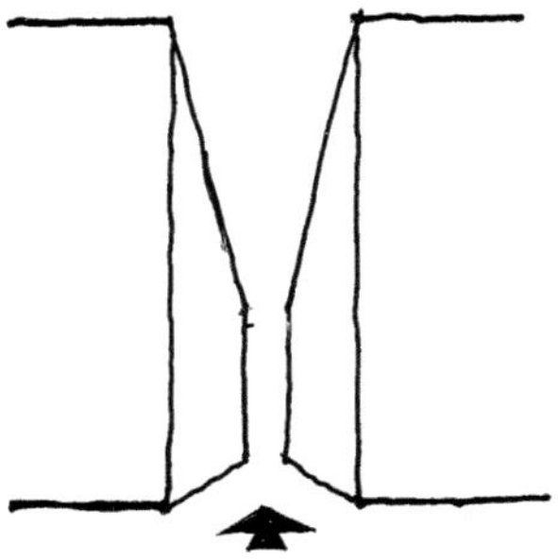

228

229

A2.2.2 The narrow lane
A2.2.2 Το στενό δρομάκι

225 Florence, via dei Cerchi
The belfry of the Palazzo Vecchio completely blocks the view of the sky. The narrowness of the street creates an incentive to reach the open square at the end of the alley.

225 Φλωρεντία, βία ντέι Τσέρκι
Ο πύργος του Παλάτσο Βέκιο κλείνει τελείως τη θέα προς τον ουρανό. Το στενό δρομάκι εντείνει την επιθυμία για το άνοιγμα στην πλατεία που υπάρχει στο βάθος.

226 Santiago de Compostela
There is a certain attraction to a narrow passage.

226 Σαντιάγο ντε Κομποστέλα
Η γοητεία της στενωπού.

227 Seville
At the end of this narrow passage a tiny opening awaits the stroller.

227 Σεβίλλη
Στο τέλος του στενού ένα μικρό άνοιγμα προσμένει τον διαβάτη.

228, 229 The narrow lane
228 Access.
229 Plan.

228, 229 Το στενό δρομάκι
228 Η πρόσβαση.
229 Κάτοψη.

230

231

A2.2.3 The arcades

Quite a number of streets and squares are flanked by arcades. These can be on one side or all around, and belong to a variety of different forms and shapes, from extremely simple to most sophisticated ones. Arcades could be divided into categories as follows: a) on the ground floor within the building line, b) on the ground floor outside the building line, c) on two levels, ground and first floor, within the building line and d) on the first floor only. They could also be in one or two aisles. This last type of arcades was used extensively in ancient Greece, even on two floors.

A2.2.3 Οι παρόδιες στοές

Πολλοί δρόμοι και πλατείες στις αστικές περιοχές έχουν παρόδιες στοές, από τη μία ή και από όλες τους τις πλευρές. Οι στοές αυτές είναι διαφόρων ειδών, από τις πιο απλές ώς τις πιο εξεζητημένες. Θα μπορούσαμε να τις κατηγοριοποιήσουμε ως εξής: α) ισόγειες εντός της οικοδομικής γραμμής, β) ισόγειες εκτός οικοδομικής γραμμής με δρόμο από πάνω ή χωρίς, γ) σε δύο επίπεδα, ισόγειο και όροφο, εντός οικοδομικής γραμμής, και δ) σε πρώτο όροφο εντός οικοδομικής γραμμής. Μπορούν επίσης να είναι σε ένα ή δύο κλίτη. Τέτοιες στοές συναντούμε συχνά κατά την ελληνική αρχαιότητα.

232

233

234

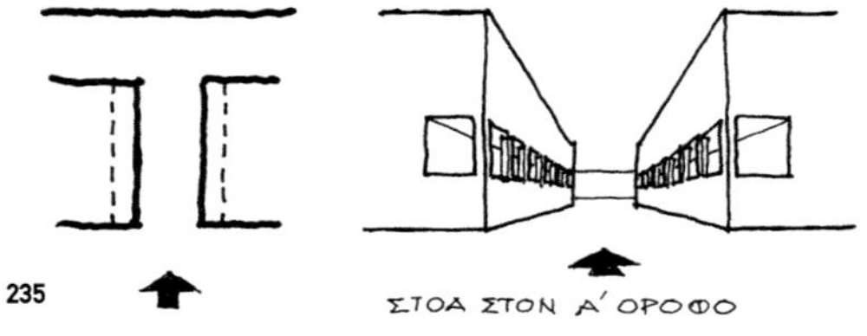

235

The arcades / Οι παρόδιες στοές

230 London, park Crescent, architect John Nash
The elegance of this architectural ensemble is unique. The whole elevation has been handled as one complete building around the semicircular wooded square. The arcade protruding on the ground floor does not belong to the street. It actually consists of the porticoes that create a buffer zone between nature and the dwellings on the other side.

230 Λονδίνο, παρκ Κρέσεντ, αρχιτέκτων Τζον Νας (John Nash)
Η κομψότητα του αρχιτεκτονικού αυτού συνόλου είναι απαράμιλλη. Όπως και στο Εδιμβούργο, ένα ενιαίο αρχιτεκτονικό σχέδιο καλύπτει όλη την πρόσοψη προς τη δεντρόφυτη ημικυκλική πλατεία. Η στοά, που σχηματίζει μια ταράτσα στον πρώτο όροφο των κατοικιών, δεν ανήκει στον δρόμο. Αποτελεί προστασία του ιδιόκτητου χώρου από τα στοιχεία της φύσης κι από τους θορύβους του δρόμου.

231 London, Covent Garden
The arcade does not form a part of the building. It is fully integrated into public space.

231 Λονδίνο, Κόβεντ Γκάρντεν, στοά εκτός οικοδομικής γραμμής
Η στοά δεν είναι τμήμα του κτιρίου, αντίθετα είναι πλήρως εντεταγμένη στον δημόσιο χώρο.

232, 233, 234, 235 The various types of arcades
235 Arcade on the first floor with building beneath and above. Rather rare occasion.

232, 233, 234, 235 Τα είδη των παρόδιων στοών
235 Μάλλον σπάνια περίπτωση στοάς σε όροφο με κτίριο στο ισόγειο και από πάνω.

236

237

238

239

The arcades / Οι παρόδιες στοές

236, 238 Corfu, Spianada and Liston arcade
236 The aim of this arcade is not simply to aid circulation, as there is ample space outside on the Spianada square, but the introduction of an intermediary semi-open space between buildings and street.
238 The main purpose of this particular arcade is more or less the outdoor coffee house and bar.

236, 238 Κέρκυρα, Σπιανάδα και στοά του Λιστόν
236 Ο ρόλος της στοάς δεν είναι μόνο κυκλοφοριακός. Στόχος της είναι και η δημιουργία ενός ενδιάμεσου χώρου μεταξύ του κλειστού και του ελεύθερου.
238 Άλλη μια λειτουργία της στοάς είναι ότι στεγάζει ένα ημιυπαίθριο εστιατόριο.

237 Padova, via Tanti
The city of arcades. Via Tanti, one of the most important thoroughfares, connecting piazza Erbe with piazza del Santo, is endowed all along its length with porticoes and arcades.

237 Πάντοβα, η πόλη των παρόδιων στοών, βία Τάντι
Η βία Τάντι, από τους κυριότερους δρόμους της ιστορικής πόλης, συνδέει την πιάτσα Έρμπε με την πιάτσα ντελ Σάντο και περιβάλλεται σε όλο το μήκος της από παρόδιες στοές.

239 Zurich, Limmatquai
The impression that the arcade is the main street is enhanced by the depth of the pillars that completely hide the street and its traffic. In some cases the depth of the pillars is such that a tradesman can be accommodated with his wares.

239 Ζυρίχη, το Λίματκαϊ
Η εντύπωση ότι η στοά είναι ο κύριος δρόμος ενισχύεται από το μεγάλο εύρος των υποστυλωμάτων από λιθοδομή, που κρύβουν τελείως τον δρόμο με τα αυτοκίνητα.

240

241

242

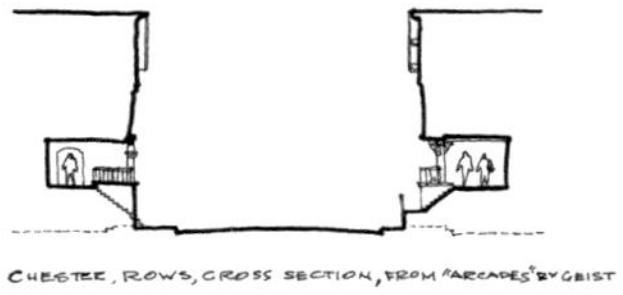

243

244

245

The arcades / Οι παρόδιες στοές

240, 241, 242, 243, 244, 245 Chester Rows, the elevated arcade
240 Modern Version. Even where old buildings had to be replaced by new ones, the Rows were not interrupted.
241 The modern buildings try their best not to interrupt the visual quality of the elevated arcade but with dubious success.
242 Walking around the shop fronts on the elevated covered footway.
243 Cross section.
244 In the old days there were shops at the level of the arcades and storage spaces on the ground floor under the arcades. Nowadays storage spaces have been replaced by shops along the pedestrian way slightly below street level.
245 There is a variety of different kinds of stairs leading from the ground level to the elevated arcades.

240, 241, 242, 243, 244, 245 Τσέστερ Ρόουζ, Τσέστερ, η υπερυψωμένη στοά
240 Σύγχρονη εκδοχή. Ακόμα κι εκεί που τα παλιά κτίρια έπρεπε να αντικατασταθούν με νέα, η υπερυψωμένη στοά δεν διακόπηκε.
241 Τα σύγχρονα κτίρια καταβάλλουν φιλότιμη προσπάθεια να μη διακόψουν την εικόνα της υπερυψωμένης στοάς. Το αποτέλεσμα όμως είναι αμφίβολης ποιότητας.
242 Παραδοσιακή στοά. Οι προθήκες των καταστημάτων κατά μήκος της υπερυψωμένης αυτής στοάς.
243 Η τομή του δρόμου.
244 Αρχικά τα καταστήματα βρίσκονταν μόνο στην υπερυψωμένη στοά, με τις αποθήκες τους από κάτω. Σήμερα πολλές από τις αποθήκες αυτές έχουν μετατραπεί σε καταστήματα που εξυπηρετούνται από τον δρόμο.
245 Η πρόσβαση στα καταστήματα της υπερυψωμένης στοάς γίνεται από μεγάλης ποικιλίας κλίμακες.

246

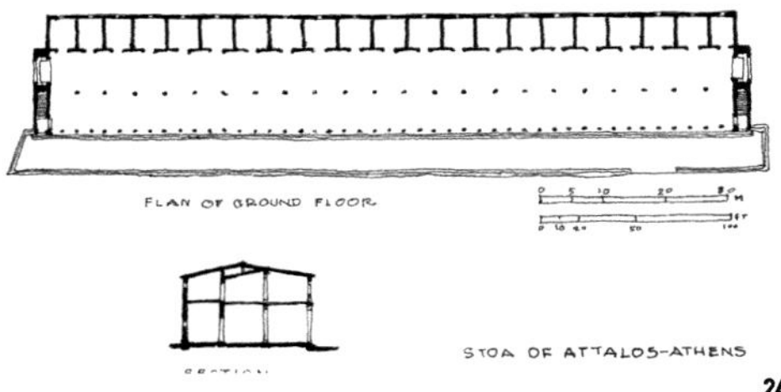

247

248

249

Arcades with two aisles / Στοές με δύο κλίτη

246, 247 Athens, stoa of Attalos, 150 B.C.
246 The exterior Doric colonnade has half the spacing of the central Ionian. This is not for the stability of the building but helps to define the interior of the stoa as an autonomous space. A present from king Attalos II of Pergamon.
247 Ancient Greek arcades had multiple uses in the life of the city. For this reason they had to be quite wide. Thus most of the time they had two aisles.

246, 247 Αθήνα, η Στοά του Αττάλου στην Αρχαία Αγορά, 150 π.Χ.
246 Η στοά ήταν δώρο του βασιλιά της Περγάμου Αττάλου Β΄. Οι κολώνες της είναι από πεντελικό μάρμαρο, οι δοκοί και η οροφή από ξύλο.
Κατά την Ελληνική αρχαιότητα η στοά αποτελούσε ένα αυτόνομο είδος κτιρίου. Συνήθως πλαισίωνε τον χώρο της αγοράς. Η αυτονομία του εσωτερικού χώρου επιτυγχάνεται με την πύκνωση της δωρικής κιονοστοιχίας κατά μήκος της όψης. Η κεντρική εσωτερική κιονοστοιχία ιωνικού ρυθμού φέρει μεγαλύτερο φορτίο αλλά είναι κατά πολύ αραιότερη.
247 Οι στοές στις αγορές των αρχαίων ελληνικών πόλεων έπαιζαν πολλαπλούς ρόλους. Γι' αυτό έπρεπε να έχουν ικανό εύρος, εξού και τα δύο κλίτη.

248, 249 Priene, the Agora arcade
An arcade with two aisles under a wooden roof. The colonnade towards the Agora is Doric while the central one is Ionian at double distances. As with the stoa of Attalos in Athens, this allowed for the interior space to be more secluded.
248, 249 Πριήνη, η στοά της αγοράς
Μια στοά με δύο κλίτη και δίρριχτη ξύλινη οροφή. Οι κίονες προς τον χώρο της πλατείας της αγοράς είναι δωρικού ρυθμού, ενώ η σειρά στον άξονα είναι ιωνικού, σε διπλή απόσταση από τις εξωτερικές, όπως και στη Στοά του Αττάλου στην Αγορά των Αθηνών. Έτσι, ο χώρος μπορούσε να αυτονομηθεί και να οικειοποιηθεί από τους περιπατητικούς και τους στωικούς φιλοσόφους.

251

250

A2.2.4 The side elevation with trees

One of the most important elements in the shaping of public open space are rows of trees. These of course belong to the infrastructure, equipment and furnishing of public space. Still the presence of rows of trees exceeds by far the importance of street furniture, as it creates a friendly environment for people on foot. A row of trees can be a barrier between the traffic of the main road and the sidewalk, ensuring the safety of pedestrians.

A2.2.4 Οι παρειές με δενδροστοιχία

Ένα από τα βασικότερα στοιχεία στη διαμόρφωση ενός δημόσιου χώρου είναι η δενδροστοιχία. Αυτή βεβαίως ανήκει στον εξοπλισμό του δημόσιου χώρου. Η παρουσία της όμως ξεπερνά κατά πολύ τη σημασία που έχει ο εξοπλισμός, δημιουργώντας ένα ιδιαίτερο περιβάλλον, φιλικό προς τον άνθρωπο. Ιδίως για τον πεζό μπορεί να παίξει ένα σημαντικό ρόλο δημιουργώντας ένα πέτασμα μεταξύ του πεζοδρομίου και του δρόμου όπου κινούνται τα τροχοφόρα.

250 Manhattan, Battery Esplanade
The linear arrangement of trees, street lights as well as free-standing buildings along the river waterfront creates one of the most attractive open spaces of New York's residential areas.

250 Μανχάταν, η σπιανάδα του Μπάτερυ
Η γραμμική διάταξη που έχουν οι δενδροστοιχίες, οι φανοστάτες και τα πανταχόθεν ελεύθερα κτίρια κατά μήκος του ποταμού Χιούστον, δημιουργούν έναν από τους ελκυστικότερους ελεύθερους χώρους αστικού συνόλου της Νέας Υόρκης.

251 Lucerne (Switzerland), the lake front
Two different and separate worlds develop on each side of the rows of trees. One dominated by the coffee-house and the other by the lake.

251 Λουκέρνη, το μέτωπο της λίμνης
Δύο διαφορετικοί κόσμοι αναπτύσσονται εκατέρωθεν της δενδροστοιχίας. Από τη μια πλευρά επικρατούν τα εστιατόρια και τα καφενεία, ενώ από την άλλη τα ήρεμα νερά της λίμνης.

252 Athens, Vasilisis Sophias avenue
The row of trees effectively hides the heavy traffic leaving the field to the flower shops.

252 Αθήνα, λεωφόρος Βασιλίσσης Σοφίας
Η δενδροστοιχία κρύβει τη βαριά τροχαία κυκλοφορία από την ήρεμη ζωή των ανθοπωλείων.

252

A2.2.5 Covered streets and passages

Passages, as they have developed during the last two centuries in contemporary urban areas, are covered streets that cross building blocks, and exist exclusively for the use of pedestrians. Intensive commercial activities take place all along these streets, whose origin could be traced to the bazaars of the Middle East.

Passages can have a variety of patterns. The most important of these are the cross, the T or the L shape. A passage very often continues into the next building block.

A2.2.5 Καλυμμένοι δρόμοι και διαμπερείς στοές

Οι διαμπερείς στοές, όπως αναπτύχθηκαν τους δύο τελευταίους αιώνες στους σύγχρονους αστικούς οικισμούς, είναι κατά το πλείστον χώροι καλυμμένοι που διασχίζουν οικοδομικά τετράγωνα και απευθύνονται αποκλειστικά στους πεζούς. Στους χώρους αυτούς, που αντλούν την καταγωγή τους από τα παζάρια της Ανατολής, αναπτύσσονται έντονες εμπορικές δραστηριότητες.

Υπάρχει ένας σημαντικός αριθμός από διαφορετικές διατάξεις που μπορεί να έχει ένα συγκρότημα διαμπερών στοών. Κυριότερες είναι η γραμμική, η σταυροειδής, ή σε σχήμα Τ ή Γ. Μια διαμπερής στοά βρίσκει καμιά φορά τη συνέχειά της στο επόμενο οικοδομικό τετράγωνο.

253

254

255

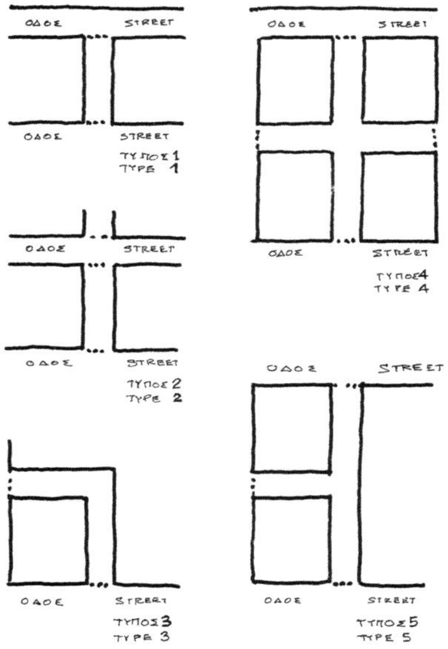

256

257

258

Covered streets and passages
Καλυμμένοι δρόμοι και διαμπερείς στοές

253 Athens, Tournikiotis passage, end 19th century
Passage under a building.
253 Αθήνα, στοά Τουρνικιώτη, τέλος 19ου αι.
Στοά κάτω από κτίρια.

254 Paris, Joffroy passage, 19th century
Glazed ceiling.
254 Παρίσι, στοά Σοφρουά, 19ος αι.
Οροφή υαλόφρακτη.

255 London, high street Kensington, beginning of 20th century
Glazed ceiling with flower boxes.
255 Λονδίνο, Χάιστρητ στο Κένζινγκτον, αρχές 20ού αι.
Υαλόφρακτη οροφή με ζαρντινιέρες.

256 Types of passages
256 Τύποι διαμπερών στοών

257 Santorini, Fira
Covered street in its most rudimentary form, covered by cross vaults in concrete.
257 Σαντορίνη, Φηρά
Ο καλυμμένος δρόμος στην απλούστερή του μορφή. Η οροφή αποτελείται από σταυροθόλια από άοπλο σκυρόδεμα.

258 Tinos island
The T junction at the end of the passage has the same effect as a street intersection.
258 Τήνος
Η κατάληξη της στοάς σε κάθετο δρόμο έχει το ίδιο αποτέλεσμα όπως και στην περίπτωση δύο δρόμων.

259

260

261

A2.2.6 The beginning and the end of a street

A street with a beginning and an end is more interesting for a person on foot. First of all it is devoid of heavy traffic. Furthermore, except for the fact that no sense of boredom has time to develop, one is curious to reach the end and discover what lies beyond the T or L junction.

A2.2.6 Η αρχή και το τέλος του δρόμου

Ένας δρόμος με αρχή και τέλος παρουσιάζει ιδιαίτερο ενδιαφέρον για έναν πεζό. Πρώτα-πρώτα είναι απαλλαγμένος από βαριά κυκλοφορία τροχοφόρων. Έπειτα, εκτός του ότι δεν προλαβαίνει να δημιουργήσει αίσθηση μονοτονίας, οξύνει την περιέργεια για το τι γίνεται στο τέρμα του, στη διασταύρωση σχήματος Γ ή Τ.

The beginning and the end of a street
Η αρχή και το τέλος του δρόμου

259 Vicenza, T junction, the view at the end of the street
Palladio's Basilica invites you to continue walking.

259 Βιτσέντσα
Ο δρόμος καταλήγει στη βασιλική του Παλλάντιο.

260 Frankfurt
The historic Town Hall at the opposite side of the square, is inviting to visitors. This is where the Emperors of the Holy Roman Empire of the German Nation were crowned.

260 Φρανκφούρτη
Το ιστορικό Δημαρχείο στο τέλος του δρόμου, στην έναντι πλευρά της πλατείας, προσκαλεί για μια επίσκεψη. Εδώ γινόταν η στέψη των αυτοκρατόρων της Αγίας Ρωμαϊκής Αυτοκρατορίας του γερμανικού έθνους.

261 Athens, Dimokritou street
The T junction provides the opportunity for stopping and choosing between right and left. At the same time it enhances a feeling of enclosure. There is a sense of the ambiguous that gives a special quality to the space.

261 Αθήνα, οδός Δημοκρίτου
Η διασταύρωση σε σχήμα Τ δίνει την ευκαιρία για στάση και επιλογή νέας πορείας προς τα δεξιά ή τα αριστερά, ενώ συγχρόνως προσδιορίζει τον χώρο.

262 Varius types of crossings.
262 Τύποι διασταυρώσεων.

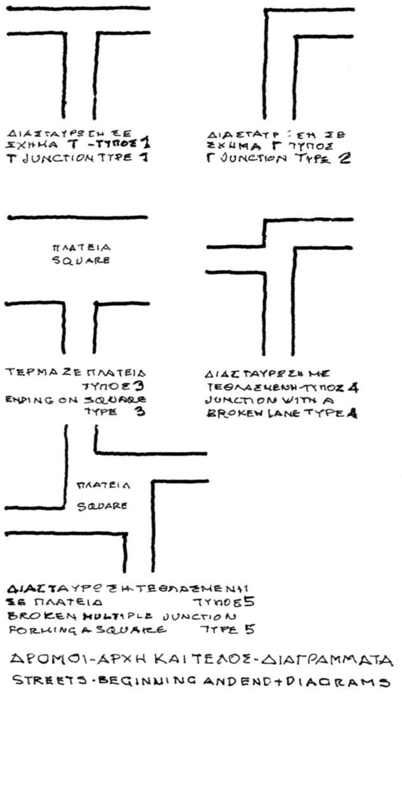

262

263

264

The beginning and the end of a street
Η αρχή και το τέλος του δρόμου

263 Verona, T Junction, the view at the end of the street
The three gates add an element of rhythm and sequence to the whole picture.

263 Βερόνα, διασταύρωση σε σχήμα Τ, η θέα στο τέλος του δρόμου
Οι τρεις πόρτες προσδίδουν ένα στοιχείο αντίστιξης στην όλη σύνθεση.

264 Kokkari, Samos island, a T junction
264 Σάμος, Κοκκάρι, διασταύρωση σε σχήμα Τ

265 Paros Island
Street with wide-apart steps ending on a T junction.

265 Πάρος
Ο δρόμος με ραμπόσκαλα οδηγεί σε τεθλασμένη διασταύρωση.

266 Santorini
The L Junction ending the street creates a sense of familiarity.

266 Σαντορίνη
Όταν η διασταύρωση σε σχήμα Γ προσδίδει στον δρόμο έναν οικείο χαρακτήρα.

265

266

267

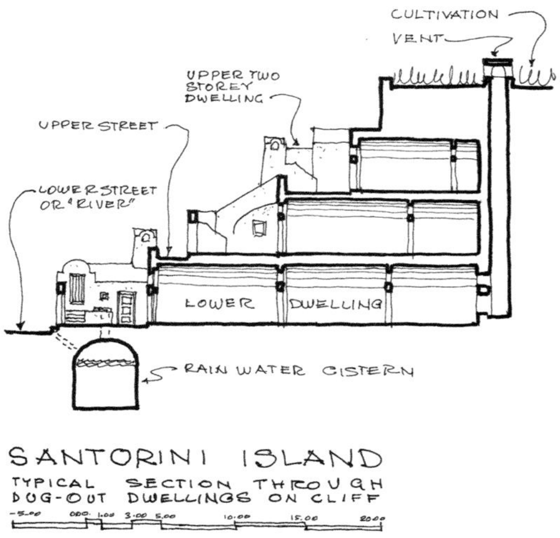

268

Elevated footways, realizations of the past
Υπερυψωμένοι πεζόδρομοι, πραγματοποιήσεις στο παρελθόν

267, 268 Santorini island, dugout settlements
267 Elevated footway over buildings.
268 Typical section.

267, 268 Σαντορίνη, υπόσκαφοι οικισμοί
267 Υπερυψωμένος πεζόδρομος.
268 Διάγραμμα τομής.

A2.3 Footways

The primary role of a footway is to secure a free and safe way for people on foot. Aside from this, it can offer much more by its incorporation in the urban setting and the social life of the community.

A2.3.1 Elevated footways, realizations of the past

The diversification and specialization of streets in urban areas is not a recent phenomenon and can take a variety of forms. The most frequent nowadays is due to the separation of pedestrian from vehicular circulation, but there are other forms as well, i.e. for climatic reasons, as in Canada or the northern States of the USA.

In the historic cities we can discern urban areas in which carriages or horsemen were not allowed. Such were streets of a ceremonial character as well as squares and other areas, as the agora in ancient Greece or the forums in ancient Rome. Forms of separation are the elevated footways that are planned and realized in many cities around the world nowadays. These can be combined with footbridges, arcades or with various other systems.

We encounter streets over buildings in historic settlements, as on the Caldera in Santorini island in Greece or Matera in Calabria, Southern Italy, in combination with stairs, as well as in Edinburgh and other places.

The use of elevated motorways was recommended by Le Corbusier, inspired from the Fiatworks elevated speedway over the roofs of buildings in its factory in Turin, for the city of Algiers, 1931. The plans were never implemented but are still of interest.

Elevated combinations of corridors with bridges for the communication between buildings have been in use throughout the ages in various parts of the world, and there is quite a number of examples in the history of architecture. More recent examples can be found in modern cities such as New York, Zurich, Cambridge Mass., Frankfurt and many others.

The most celebrated bridge of this kind in a historic city is the Ponte dei Sospiri in Venice. From there on the examples are innumerable. Already we encountered such elevated footbridges-corridors in Medieval Barcelona, in Venice, in Siena and other places. Still it is only in 16th century Florence that such an elevated footway became part of a city plan. It is the elevated corridor that connects the Signoria with the Palazzo Pitti, over the Uffizi, the Lugarno and Ponte Vecchio. The whole work was entrusted by Cosimo Medici to his friend and protégée Giorgio Vasari, one of the most prominent personalities of his time. Giorgio Vasari (1511-1574) was not only a painter, sculptor and architect, but also one of the most systematic historians of the Renaissance. His book about the artists of his day is a classic and an inexhaustible source of information.

The use of this elevated corridor-footway in Florence was restricted to government officials and Cosimo Medici himself, between the Signoria, the seat of the government, and Palazzo Pitti, the residence of the Head of state, in a way that would not expose them to unfavorable weather conditions and malevolent intentions by citizens.

The design of this elevated corridor, far from downgrading the urban setting, enriched it in more than one way, with the arcade along the Lugarno and the shops in Ponte Vecchio. In the middle of the bridge under the elevated corridor, a spacious loggia-belvedere, offers an unrestricted view of the river Arno and the city of Florence, in both directions, while shops adorn both sides of the bridge. This elevated corridor of approximately 800 m in length from Palazzo Pitti to the Signoria, has openings every now and then that allow for a free view along the way to the city and the river.

Vasari's design is one more proof that the only guarantee for an urban environment of high quality consists of the appropriate selection of the architect and the meticulous execution of his designs.

The most extensive network of elevated footways, although not yet completed in its totality, is in the center of Minneapolis, USA. The construction of this network started many years ago and its completion is related to the renewal of the built environment of the city center. Every new building is automatically included in the scheme. One of the important characteristics of this network is that the greatest part of its length goes right through the buildings, crossing over streets at a level that allows for the unhindered free passage or vehicular traffic underneath, with a footway above them. Finally, these elevated passages through building blocks, entrusted to able architects, present the opportunity for the creation of an urban environment of a higher quality. Philip Johnson's drawings for Washington Place is a good example. But we will examine all these in Part D of this essay.

Α2.3 Πεζόδρομοι

Ο πρωταρχικός ρόλος του πεζοδρόμου είναι να εξασφαλίσει ασφαλή και απρόσκοπτη δυνατότητα κίνησης στους πεζούς. Εκτός αυτού μπορεί να προσφέρει πολλά άλλα με την ένταξή του στον πολεοδομικό ιστό και την κοινωνική ζωή της πόλης.

Α2.3.1 Υπερυψωμένοι πεζόδρομοι, πραγματοποιήσεις στο παρελθόν

Ο διαχωρισμός και η εξειδίκευση του δρόμου στις αστικές περιοχές δεν είναι νέο φαινόμενο αλλά ούτε και μονοσήμαντο. Μπορεί σήμερα να επικρατεί κυρίως ο διαχωρισμός πεζών-τροχοφόρων στο ίδιο επίπεδο, αλλά υπάρχουν κι άλλες διαφοροποιήσεις, όπως π.χ. η προστασία της κυκλοφορίας των πεζών από δυσμενείς κλιματολογικές συνθήκες (στον Καναδά ή στις βόρειες πολιτείες των Η.Π.Α. και αλλού).
Ιστορικά θα μπορούσε κανείς να επισημάνει αστικούς χώρους όπου δεν επιτρέπονταν τα τροχοφόρα και οι ιππείς. Τέτοιοι χώροι ήταν δρόμοι φτιαγμένοι για τελετουργικές μόνο χρήσεις ή πλατείες και χώροι όπως οι αρχαίες ελληνικές αγορές ή τα Φόρα στην αρχαία Ρώμη, κ.λπ. Ένα σύστημα διαχωρισμού κυκλοφορίας είναι και οι υπερυψωμένοι πεζόδρομοι που προτείνονται τα τελευταία χρόνια σε αρκετές πόλεις ανά τον κόσμο, συχνά κατασκευασμένοι σε γέφυρες και στοές, ή με διάφορους άλλους τρόπους. Άλλωστε, σε ιστορικούς οικισμούς συναντάμε και δρόμους πάνω από κτίρια, όπως στα υπόσκαφα της Σαντορίνης στην Ελλάδα ή της Ματέρα στη νότια Ιταλία, σε συνδυασμό με σκάλες, στο Εδιμβούργο και αλλού.
Συστηματική χρήση υπερυψωμένων δρόμων για τα αυτοκίνητα πάνω από δώματα κτιρίων πρότεινε ο Λε Κορμπυζιέ (Le Corbusier) στην πόλη του Αλγερίου το 1931, εμπνευσμένος από τον δρόμο δοκιμής αυτοκινήτων στο εργοστάσιο της Φιάτ στο Τορίνο. Το σχέδιό του δεν εφαρμόστηκε ποτέ αλλά παρουσιάζει ενδιαφέρον.
Υπερυψωμένοι διάδρομοι-γέφυρες για τη σύνδεση κτιρίων έχουν κατασκευασθεί πολλοί και διατίθενται άπειρα παραδείγματα στην ιστορία της αρχιτεκτονικής –όπως στη μεσαιωνική πόλη της Βαρκελώνης και στη Σιένα– με πιο ξακουστή τη Γέφυρα των Στεναγμών στη Βενετία, αλλά και σε σημερινές πόλεις όπως στη Νέα Υόρκη, τη Ζυρίχη, το Κέιμπριτζ της Μασαχουσέτης και τη Φρανκφούρτη.
Ενιαία σχεδιασμένο, όμως, υπερυψωμένο διάδρομο-πεζόδρομο συναντάμε για πρώτη φορά στη Φλωρεντία το 16ο αι. Είναι ο υπερυψωμένος κλειστός πεζόδρομος που συνδέει το Παλάτσο Βέκιο με το Παλάτσο Πίττι μέσω του Ουφίτσι, του Λουνγκάρνο και του Πόντε Βέκιο. Το όλο έργο ανατέθηκε από τον Κόζιμο των Μεδίκων στον φίλο και προστατευόμενό του, Τζόρτζιο Βαζάρι, μία από τις σημαντικότερες φυσιογνωμίες της εποχής. Ο Βαζάρι (1511-1574) δεν ήταν μόνο ζωγράφος, γλύπτης και αρχιτέκτων, αλλά και ένας από τους μεθοδικότερους ιστορικούς της Αναγέννησης. Το βιβλίο του για τους καλλιτέχνες της εποχής του είναι κλασικό κι αποτελεί ανεξάντλητη πηγή πληροφόρησης.
Στόχος του υπερυψωμένου αυτού πεζοδρόμου στη Φλωρεντία δεν ήταν η διακίνηση του κοινού, αλλά αποκλειστικά και μόνον των κρατικών λειτουργών και

269

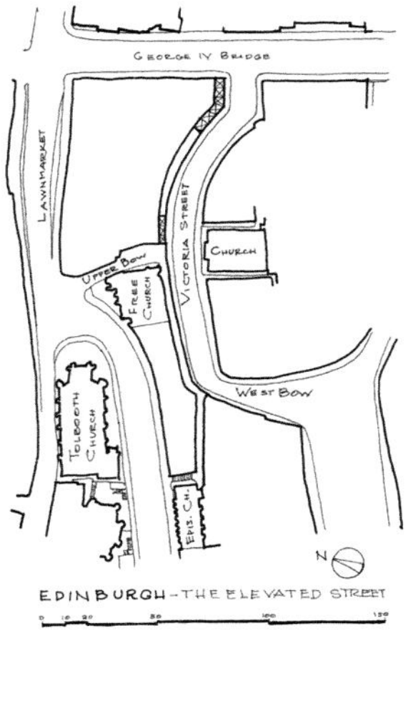

270

Elevated footways, realizations of the past
Υπερυψωμένοι πεζόδρομοι, πραγματοποιήσεις στο παρελθόν

269, 270 Edinburgh, elevated pedestrian way along Victoria street, old Town.

269, 270 Εδιμβούργο, υπερυψωμένος πεζόδρομος κατά μήκος της Βικτόρια στρητ, παλιά πόλη.

του ίδιου του Κόζιμο Μέντιτσι, ανάμεσα στο Παλάτσο της Σινιορίας, έδρα της κυβερνήσεως, και στο Παλάτσο Πίττι, κατοικία του πρίγκιπα, χωρίς να εκτίθενται στις δυσμενείς καιρικές συνθήκες ή σε τυχόν κακόβουλες προθέσεις πολιτών.

Η όλη διάταξη του υπερυψωμένου αυτού διαδρόμου, όχι μόνον δεν υποβάθμισε τον αστικό χώρο, αλλά αντίθετα τον αναβάθμισε, καθώς δόθηκε η ευκαιρία να δημιουργηθεί από κάτω στοά για τους πεζούς, κατά μήκος του ποταμού Άρνο, και καταστήματα στο Πόντε Βέκιο. Στη μέση της γέφυρας, κάτω από τον διάδρομο, σχηματίζεται ευρύχωρη λότζια-μπελβεντέρε (τοξωτό περίπτερο), με ανοικτή θέα προς τον ποταμό και τη Φλωρεντία, προς αμφότερες τις κατευθύνσεις. Στο υπόλοιπο τμήμα της γέφυρας διατάσσονται καταστήματα και στις δύο πλευρές. Ο υπερυψωμένος διάδρομος μήκους 800 μ., καθώς ελίσσεται από το Παλάτσο Πίττι προς τη Σινιορία, έχει ανοίγματα σε τακτές αποστάσεις που επιτρέπουν την απρόσκοπτη θέα προς την πόλη και το ποτάμι σε όλη τη διαδρομή.

Το έργο αυτό του Βαζάρι είναι ένα ακόμη τεκμήριο ότι μόνη εγγύηση για την εξασφάλιση ενός αστικού περιβάλλοντος ποιότητας είναι η σωστή επιλογή του αρχιτέκτονα και η σχολαστική και επιμελής πραγματοποίηση του έργου.

Το πιο εκτεταμένο δίκτυο υπερυψωμένων πεζοδρόμων, αν και όχι πλήρως πραγματοποιημένο, τουλάχιστον όμως νομοθετημένο, το διαθέτει σήμερα το κέντρο της Μινεάπολης στις Η.Π.Α. Το δίκτυο αυτό ξεκίνησε πριν αρκετά χρόνια και η πραγματοποίησή του είναι συνδεδεμένη με την ανανέωση του οικοδομικού πλούτου στην περιοχή του κέντρου. Κάθε καινούριο κτίριο που κτίζεται εντάσσεται υποχρεωτικά στο δίκτυο, που το διασχίζει ακόμα και σε περισσότερες από μία κατευθύνσεις. Το χαρακτηριστικό του δικτύου αυτού είναι ότι το μεγαλύτερο ποσοστό του μήκους του περνά διαμπερώς μέσα από τις ιδιοκτησίες, διασχίζοντας εγκαρσίως τους δρόμους, σε ένα ύψος που επιτρέπει την άνετη διέλευση των τροχοφόρων από κάτω, χωρίς όμως πουθενά να δημιουργούνται στοές κατά μήκος των οικοδομικών τετραγώνων, που διαθέτουν πεζόδρομους από πάνω. Τελικά, η διέλευση μέσα από τα οικοδομικά τετράγωνα στα χέρια ικανών αρχιτεκτόνων παρέχει την ευκαιρία δημιουργίας λύσεων με ιδιάζον ενδιαφέρον. Παράδειγμα μιας τέτοιας διευθέτησης είναι το κτίριο της Ουάσινγκτον Πλέις σχεδιασμένο από τον Φίλιπ Τζόνσον. Αλλά αυτά θα τα δούμε στο Μέρος Δ΄ του βιβλίου.

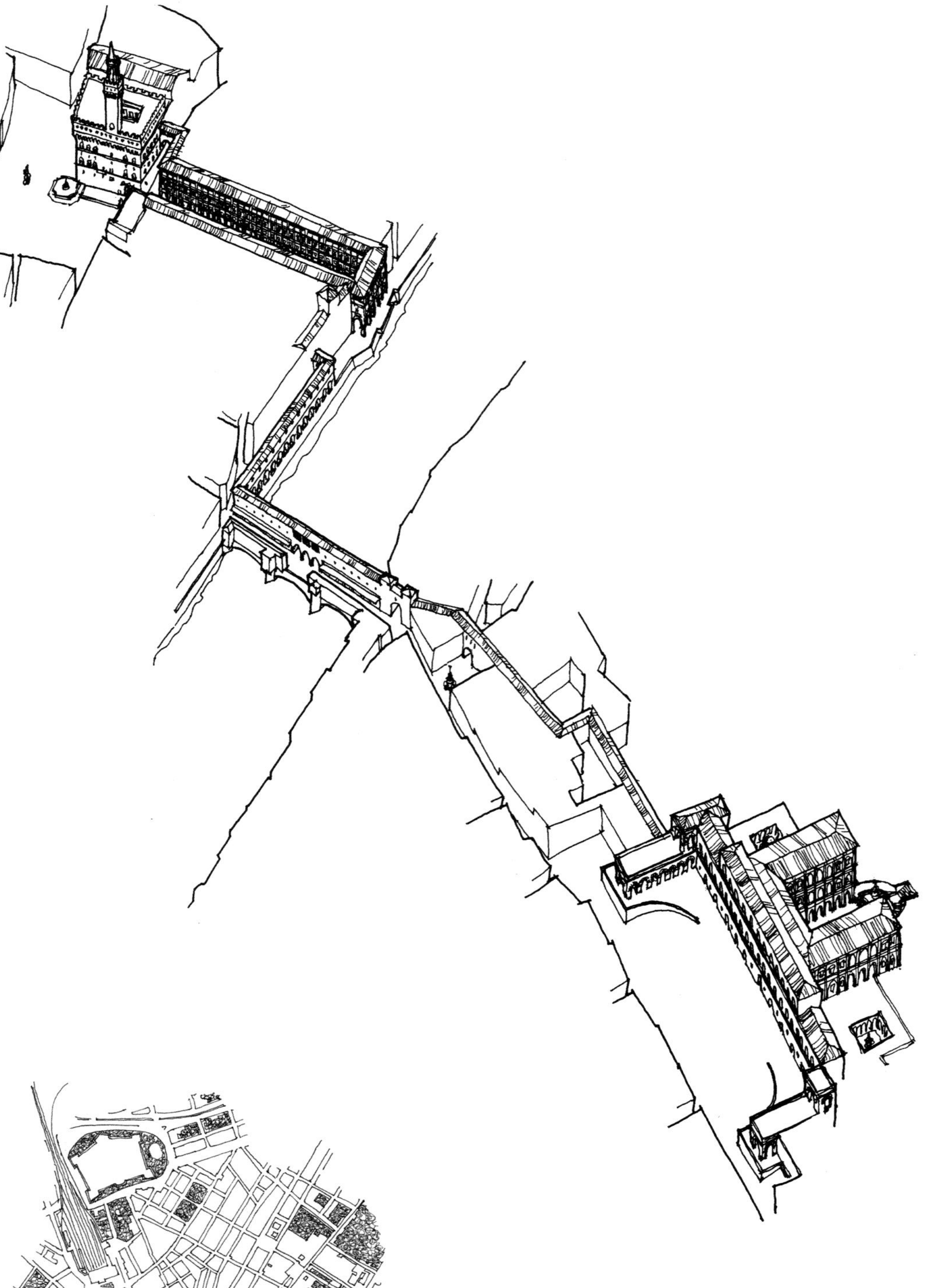

271

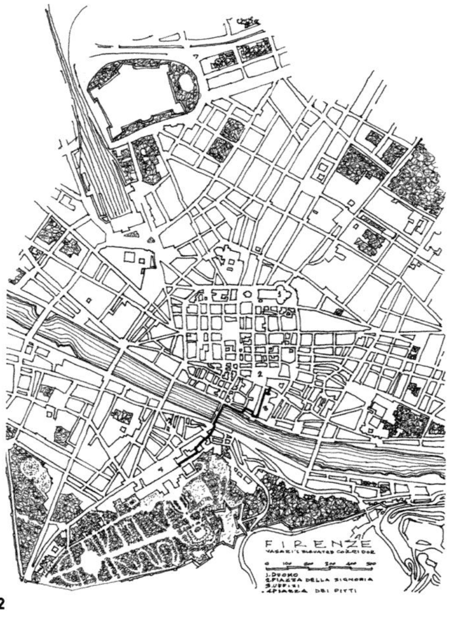

272

Elevated footways, realizations of the past
Υπερυψωμένοι πεζόδρομοι, πραγματοποιήσεις στο παρελθόν

271 Florence, from Palazzo Vecchio to Palazzo Pitti
In the middle distance, the elevated footway corridor crosses over the river Arno along Ponte Vecchio.

271 Φλωρεντία, από το Παλάτσο Βέκιο στο Παλάτσο Πίττι
Στη μέση της απόστασης ο υπερυψωμένος πεζόδρομος διασχίζει τον ποταμό Άρνο πάνω από τη γέφυρα Πόντε Βέκιο.

272 Florence, the elevated Vasari Corridor
Plan of the historic city showing in black the elevated pedestrian passage from Palazzo Vecchio to Palazzo Pitti over the Ponte Vecchio.

272 Φλωρεντία, η ιστορική πόλη
Ο υπερυψωμένος πεζόδρομος (σημειώνεται με μαύρο) ενώνει το Παλάτσο Βέκιο της Σινιορίας με το Παλάτσο Πίττι, κατοικία του Δούκα Κόζιμο των Μεδίκων.

273

274

275

Elevated footways, realizations of the past
Υπερυψωμένοι πεζόδρομοι, πραγματοποιήσεις στο παρελθόν

273, 274, 276, 277 Florence, Lungarno arcade, Giorgio Vasari
The arcade under the elevated pedestrian way along the river front. One should note the narrow arches that form the arcade. Walking through these narrow gates, one gets the feeling of stepping from one theater box into another, with the river as the stage.

273, 274, 276, 277 Φλωρεντία, η στοά του Λουνγκάρνο, έργο του Τζόρτζιο Βαζάρι
Μια σύνθεση με αξεπέραστη φινέτσα. Τα μικρά ανοίγματα, κάθετα προς τη διαδρομή, δίνουν την ψευδαίσθηση ότι διέρχεται κανείς από έναν χώρο στον άλλο και ότι ο κάθε χώρος αποτελεί ένα χωριστό θεωρείο με θέα προς το ποτάμι.

275 Florence, the Uffizi
The loggia at the end of the Uffizi on the Arno river front and the elevated closed corridor by Vasari by the river, and finally over Ponte Vecchio.

275 Φλωρεντία, Ουφίτσι και Λουνγκάρνο
Η λότζια στο τέρμα του Ουφίτσι στον ποταμό Άρνο, ο υπερυψωμένος κλειστός πεζόδρομος του Βαζάρι κατά μήκος του ποταμού, και στη συνέχεια πάνω από το Πόντε Βέκιο.

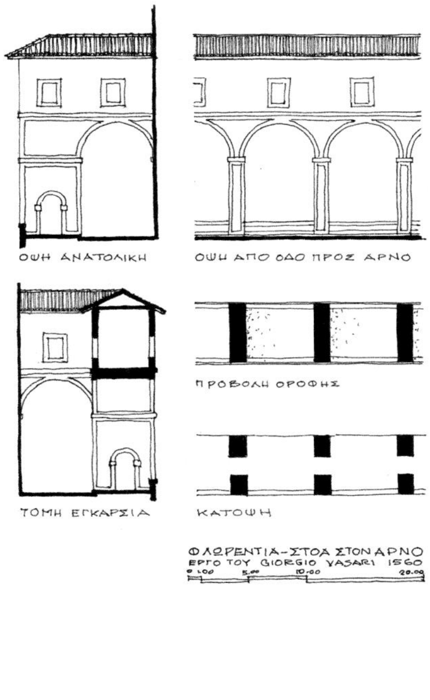

276

277

278

279

280

Elevated footways, realizations of the past
Υπερυψωμένοι πεζόδρομοι, πραγματοποιήσεις στο παρελθόν

278 Florence, the Uffizi
The Uffizi arcade at the street level.

278 Φλωρεντία, Ουφίτσι
Η στοά του Ουφίτσι στο επίπεδο του δρόμου.

279 Florence, the Uffizi by Giorgio Vasari
The loggia on the Arno river and the elevated covered passage at the point where it bridges over the Lugarno seen from the ground level. The portico under the corridor along the river can be easily discerned.

279 Φλωρεντία
Ο δρόμος περνά κάτω από τη γέφυρα του υπερυψωμένου πεζόδρομου του Βαζάρι, που ενώνει το Παλάτσο Πίττι με το Παλάτσο Βέκιο της Σινιορίας. Στο βάθος της αψίδας διακρίνεται η λότζια (τοξωτή στοά) του Ουφίτσι.

280 Florence, Ponte Vecchio by Giorgio Vasari
The shops on the bridge. On the right, one discerns the elevated corridor by Vasari.

280 Φλωρεντία, Πόντε Βέκιο
Τα καταστήματα της γέφυρας. Δεξιά διακρίνεται ο υπερυψωμένος πεζόδρομος του Τζόρτζιο Βαζάρι.

A3 Design components and parameters

The most important design components that give architectural substance to an open public space, except for the quality of surrounding buildings, are its proportions, its main axis and its views. Here we will attempt to analyze some of these.
As has already been mentioned, a street becomes more interesting when it has a beginning and an end. But the same can be achieved in a continuous street that has a curving or a zigzagging axis. Furthermore, a street can become interesting with more subtle means. Such are visual corrections. All these are in some way design components and parameters in the planning of human settlements and their footways.

A3.1 The axis

The centerline of a street can be straight or curving or even broken or a combination of all these. In the case of a straight axis in a street of great length, the scale of the space is lost because of the visual distance. In the case of a curving axis, the sense of enclosure is very real and the sense of human scale is intensified.
One of the aims of architecture is to create spaces that promote life. The etching by Giuseppe Zocchi of the Uffizi in Florence beautifully illustrates the way this exceptional street participates in the creation of one of the most imposing urban settings of Florence.
Here the South to North axis is most prominent, starting from the river Arno and ending at the group of sculptures in front of the Signoria and its tower, one of the focal points of the city, without stopping there. Zocchi, by distorting reality, has depicted the dome of the Duomo at an angle, over the Loggia dei Lanci.
In the other direction, towards the river Arno, the street ends with another Loggia under the bridge that connects the two side elevations while leaving an open view to the river.

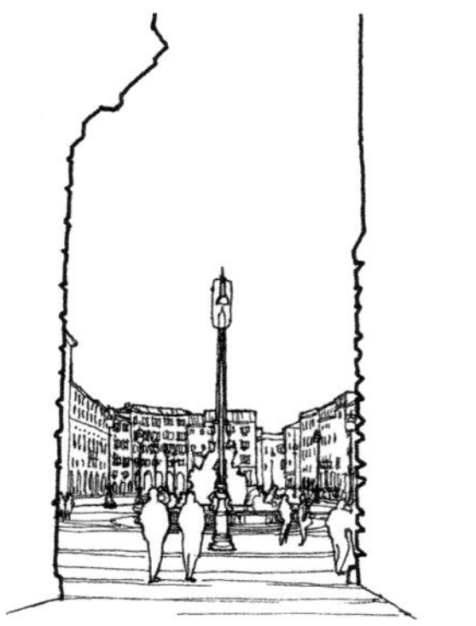
281

282

283

A3 Συνθετικά στοιχεία και παράμετροι

Από τα πλέον σημαντικά συνθετικά στοιχεία, που προσδίδουν αρχιτεκτονική υπόσταση τον δημόσιο χώρο, πέρα από την αρχιτεκτονική ποιότητα των κτιρίων που τον περιβάλλουν, είναι οι αναλογίες του, αρμονικές ή μη, οι άξονες, οι φυγές και η εκάστοτε θέα. Θα επιχειρήσουμε να αναλύσουμε ορισμένα από αυτά.
Όσον αφορά στους δρόμους, όπως ήδη αναφέρθηκε πιο πάνω, περισσότερο ενδιαφέρον παρουσιάζουν εκείνοι που έχουν αρχή και τέλος, ή καταλήγουν σε μια ενδιαφέρουσα θέα. Το ίδιο ενδιαφέρον μπορεί να έχουν δρόμοι που είναι μεν συνεχείς, αλλά ο άξονάς τους αλλάζει κατεύθυνση ή είναι τεθλασμένος. Πέρα, όμως, από τις πιο πάνω προϋποθέσεις, το ενδιαφέρον ενός δρόμου μπορεί να επιτευχθεί με πιο εκλεπτυσμένα μέσα, όπως είναι οι οπτικές διορθώσεις. Αυτά όλα αποτελούν κατά κάποιον τρόπο συνθετικά στοιχεία και παραμέτρους στον σχεδιασμό ενός δρόμου που απευθύνεται στους πεζούς.

A3.1 Ο άξονας

Ο άξονας ενός δρόμου μπορεί να είναι ευθύγραμμος, καμπύλος, κυματοειδής ή τεθλασμένος ή και τα τρία τελευταία μαζί. Στην περίπτωση του ευθύγραμμου άξονα σε δρόμο με μεγάλο μήκος, χάνεται η αίσθηση του συγκεκριμένου χώρου, λόγω οπτικής φυγής. Αντίθετα, στην περίπτωση του καμπύλου άξονα, αποκαθίσταται η έννοια του συγκεκριμένου χώρου και εντείνεται η αίσθηση ότι το περιβάλλον είναι στα μέτρα του ανθρώπου, χαρακτηριστικό της ανθρώπινης κλίμακας.
Ένας από τους στόχους της Αρχιτεκτονικής είναι να δημιουργήσει χώρους ικανούς να αναδείξουν τη ζωή. Η χαλκογραφία των Ουφίτσι της Φλωρεντίας από τον Τζουζέπε Τσόκι εικονίζει θαυμάσια την εξαίρετη συμμετοχή που έχει ο δρόμος αυτός σε ένα από τα μεγαλοπρεπέστερα σύνολα ανοικτών χώρων της Φλωρεντίας. Εδώ είναι σαφής και συγκεκριμένος ο άξονας από νότο προς βορρά, που ξεκινά από τον ποταμό Άρνο και καταλήγει πρόσκαιρα στην ομάδα των γλυπτών που βρίσκονται μπροστά στο κτίριο της Σινιορίας με τον πύργο του –ένα από τα κεντρικά σημεία της πόλης–, χωρίς όμως οπτικά να σταματάει εδώ, αφού ο Τσόκι, «διορθώνοντας» λίγο την πραγματικότητα, τοποθετεί διαγώνια τον τρούλο του Ντουόμο, πάνω από τη Λότζια ντέι Λάντσι. Προς την κατεύθυνση του Άρνο ο δρόμος τελειώνει με μια άλλη λότζια που ενώνει τις δύο παρειές του, ενώ αφήνει ελεύθερη τη θέα προς τον ποταμό.

The straight axis / Ο ευθύγραμμος άξονας

281, 282 Rome, piazza Navona
Bernini placed the obelisk in the middle of the square. When the municipality placed the street lights three centuries later, Bernini was no longer around to object to the choice of their location.

281, 282 Ρώμη, πιάτσα Ναβόνα
Ο Μπερνίνι τοποθέτησε τον οβελίσκο στο κέντρο της πλατείας, πρώην ρωμαϊκού ιπποδρόμου, και τρεις αιώνες αργότερα οι δημοτικές αρχές τους φανοστάτες. Ο Μπερνίνι δεν ήταν πια διαθέσιμος για να επιλέξει την ορθή θέση για τη χωροθέτησή τους, οπότε ο φανοστάτης στον άξονα της πρόσβασης κρύβει τον οβελίσκο!

283 Pisa, Camposanto
The triumph of axial planning.

283 Πίζα, Καμποσάντο
Ο θρίαμβος της αξονικής σύνθεσης.

284

285

286

287

288

289

290

The curving axis / Ο καμπύλος άξονας

284 Pisa, via Carducci
In this case the curving axis is combined with projections from the building line with porticoes, arcades, etc.

284 Πίζα, βία Καρντούτσι
Στην προκειμένη περίπτωση ο καμπύλος άξονας του δρόμου συνδυάζεται με τις προεξοχές της οικοδομικής γραμμής.

285 Florence, via del Proconsolo
The curving axis allows for discoveries along the way. In this case the tower of the Bargello projects itself on the skyline.

285 Φλωρεντία, βία ντελ Προκόνσολο
Ο καμπύλος άξονας προσφέρει τη δυνατότητα για νέες αποκαλύψεις κατά μήκος της διαδρομής. Στην προκειμένη περίπτωση ο πύργος του Μπαρτζέλο αποκτά μια έντονη παρουσία.

286 Vicenza
286 Βιτσέντσα

287 Samos Island, Kokkari
The curving axis is accentuated by the central drain. Note the pergola over the street.

287 Σάμος, Κοκκάρι
Η διαμόρφωση του κεντρικού ρείθρου τονίζει τον καμπύλο άξονα. Η περικοκλάδα πάνω από τον δρόμο, προσθέτει άλλο ένα συνθετικό στοιχείο, εμπλουτίζοντας το ημιαστικό αυτό τοπίο.

288 Patmos Island
The curving axis creates constant surprises. In this case the monastery walls suddenly emerge above the houses.

288 Πάτμος
Ο καμπύλος άξονας δίνει την ευκαιρία για εκπλήξεις καθώς τα τείχη του οχυρού μοναστηριού ξεπροβάλλουν πάνω από τα σπίτια.

289, 290 Jerusalem
289, 290 Ιεροσόλυμα

291 Ο καμπύλος άξονας
291 The curving axis

291

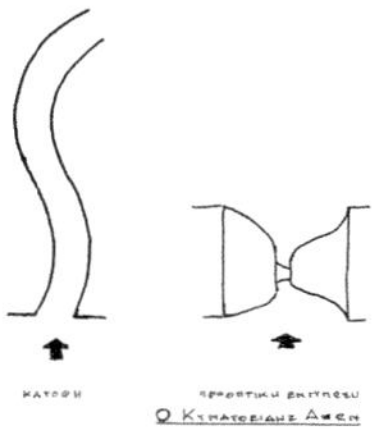

292

293

294

The winding axis / Ο κυματοειδής άξονας

292 The winding axis
292 Ο κυματοειδής άξονας

293 Siena, via di Montagnini
The winding street goes on and on, beckoning for further exploration.
293 Σιένα, βία ντέι Μοντανίνι
Ο κυματοειδής δρόμος προχωράει γνέφοντας και προσκαλώντας να τον ακολουθήσεις για να εξερευνήσεις το τέλος του που όλο χάνεται και κρύβεται.

294 Prague, Loretánscé Nam
At the end of the winding street, the Palace with the spires of St Vitus Cathedral towering above the Prager Burg.
294 Πράγα, Λορετάνσκε νάμιεστι
Στην άκρη του κυματοειδούς δρόμου που όλο και ξεδιπλώνεται, διακρίνονται οι πύργοι του Αγίου Βίτου πάνω από το ανάκτορο και το κάστρο της Πράγας.

297

298

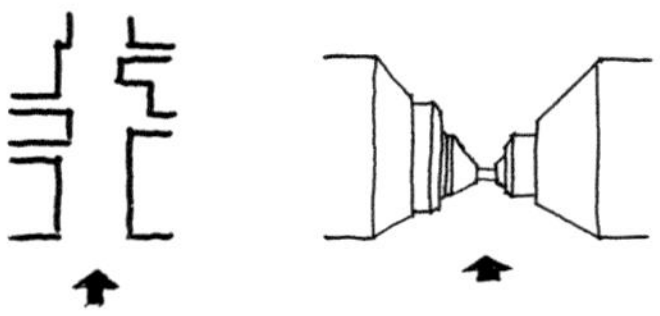

295

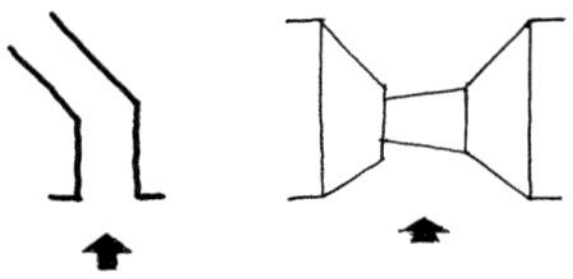

296

299

300

The crooked axis / Ο τεθλασμένος άξονας

295, 296, 297, 298, 299, 300 The crooked axis
The zigzagging street. The interest is heightened by the continuous shifting of the axis. What is happening around the corner?
297 Siena, via di Città.
298 Vicenza.
299 Santiago de Compostela.
300 Tunis.

295, 296, 297, 298, 299, 300 Ο τεθλασμένος άξονας
Ο τεθλασμένος άξονας εντείνει την αίσθηση του μυστηρίου του στενού δρόμου. Τι συμβαίνει πίσω από την επόμενη γωνία;
297 Σιένα, βία ντι Τσιτά.
298 Βιτσέντσα.
299 Σαντιάγκο ντε Κομποστέλα.
300 Τύνιδα.

301

302

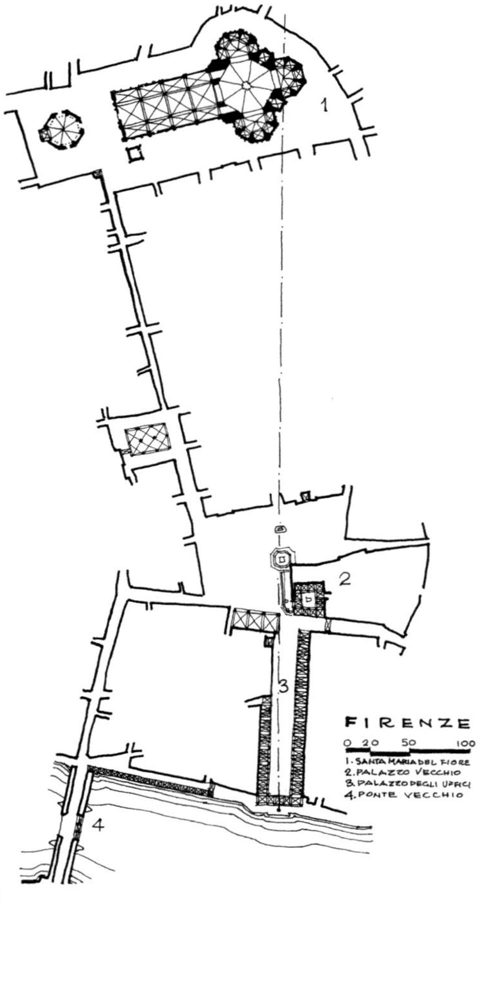

303

A3.2 The view

In the shaping of public urban space, the view at the end of a street becomes most important. The same is true of the approach to a square or an interior courtyard of a cloister.

In historic cities around the world, either by intent or by chance, there is very often an architecturally important building at the end of the street. This can be a symbol of authority, like a palace, or of religious importance, like a church; a church spire in Christian lands or a minaret in Muslim lands; some other symbol that has acquired value or any other kind of attractive building or landmark. There are many, and varied, such examples and it is of interest to study them in order to reach a conclusion.

In Athens that, in spite of its ancient name, is a town of the last two centuries, except for churches and church towers, the view at the end of a street or way is very often a monument from Greek antiquity. The most interesting fact in this case, is that the plans for modern Athens, first by Kleanthis and Schaubert and later, slightly altered, by von Klenze, were based on the view of the Acropolis.

A3.2 Η θέα

Στη διαμόρφωση του δημόσιου αστικού χώρου παίζει σημαντικό ρόλο το τι βλέπει κανείς στο τέρμα ενός δρόμου ή στην προσπέλαση προς μια πλατεία ή ένα αίθριο ανοικτό στο κοινό.

Στις ιστορικές πόλεις ανά τον κόσμο, είτε ηθελημένα είτε τυχαία, στο τέρμα ενός δρόμου πολύ συχνά παρουσιάζεται ένα αρχιτεκτονικό έργο σημαντικού ενδιαφέροντος. Αυτό μπορεί να είναι ένα σύμβολο της εξουσίας, όπως ανάκτορο, ή ένα θρησκευτικό σύμβολο –εκκλησίες και κωδωνοστάσια στις χριστιανικές χώρες, μιναρέδες στις μωαμεθανικές–, είτε κάποιο άλλο σύμβολο που έχει αποκτήσει αξία στην εποχή του και στον τόπο του, ή ακόμη ένα ελκυστικό κτίριο ή τοπίο. Τέτοια παραδείγματα υπάρχουν πολλά κι έχει ενδιαφέρον να τα μελετήσει κανείς και να βγάλει τα συμπεράσματά του.

Στην Αθήνα, που παρά το όνομά της, είναι μια πόλη των τελευταίων μόνον δύο αιώνων, εκτός από εκκλησίες και καμπαναριά, πολλές φορές στο τέρμα ενός δρόμου ή μιας διαδρομής εμφανίζονται μνημεία της αρχαιότητας. Το πλέον ενδιαφέρον σε αυτήν την περίπτωση είναι ότι αυτό καθαυτό το σχέδιο του κέντρου της σύγχρονης πόλης, πρώτα από τους αρχιτέκτονες Κλεάνθη και Σάουμπερτ και στη συνέχεια από τον Κλέντσε, στηρίχθηκε ακριβώς στη θέα αυτών των μνημείων.

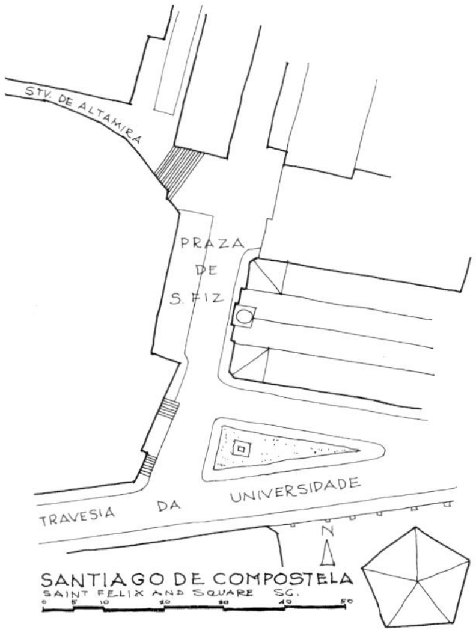

304

305

306

307

308

309

The view / Η θέα

301, 302, 303 Florence, from Uffizi Gallery to the Duomo
301 Representation from an old etching by Zocchi. In his engraving Zocchi falsifies reality by placing the Duomo at the distance in the view. The Baroque mind, geared to grand schemes and axial design, could not admit that the dome of St Maria del Fiore is not visible from the Uffizi.
302 In reality the Uffizi only has the belfry of the Palazzo Vecchio on its axis.
303 The axis, as is clearly shown here, does not coincide with the Dome of Santa Maria Del Fiore.

301, 302, 303 Φλωρεντία, από το Ουφίτσι έως το Ντουόμο
301 Αναπαράσταση από χαλκογραφία της εποχής. Ο Τσόκι στη χαλκογραφία του παραποιεί την πραγματικότητα και τοποθετεί στο βάθος το Ντουόμο. Το Μπαρόκ, προσανατολισμένο προς τη μεγαλοπρέπεια και τις αξονικές συνθέσεις, δεν ήταν έτοιμο να δεχθεί πως το Ντουόμο δεν φαινόταν στο βάθος του άξονα του Ουφίτσι.
302 Η πραγματικότητα: μόνον ο πύργος του Παλάτσο Βέκιο φαίνεται στον άξονα.
303 Ο άξονας του Ουφίτσι δεν συμπίπτει με τον τρούλο της Σάντα Μαρία ντελ Φιόρε, παρ' όλο που τόσο θα το ήθελαν την εποχή του Μπαρόκ!

Churches & Spires / Εκκλησίες και καμπαναριά

304, 305 Santiago de Compostela, piazza de San Felix
304 The steps leading from the winding de Altamira street down to San Felix square and church combine a number of attractive elements.
305 At the end of the narrow alleyway the bell tower of the Chapel is framed by the tall buildings along the way.

304, 305 Σαντιάγκο ντε Κομποστέλα, οδός Σαν Φελίθ
304 Το δρομάκι ντε Αλταμίρα και το παρεκκλήσι Σαν Φελίθ.
305 Στο βάθος του λιθόστρωτου στενού προβάλλει το καμπαναριό του παρεκκλησίου, πλαισιωμένο από υψηλά κτίρια.

306 Athens, St George at the top of mount Lycabettus, as seen from Democritou street.
306 Αθήνα, ο Άη Γιώργης στην κορυφή του Λυκαβηττού από την οδό Δημοκρίτου.
307, 308 Santorini Island, Fira, St Minas
The dome of this little church outlined in the blue sky dominates both the narrow lane and the sea beyond.
307, 308 Φηρά, Σαντορίνη, Άγιος Μηνάς
Όλοι οι δρόμοι οδηγούν στον Άγιο Μηνά.

309 Athens, Kapnikarea church, 13th century A.D.
In the center of Athens this little jewel of Byzantine architecture gives joy and pleasure to all those who walk along Hermou street, this all important commercial street.
309 Αθήνα, Καπνικαρέα
Στην καρδιά της Αθήνας αυτό το μικρό αριστούργημα της βυζαντινής εκκλησιαστικής αρχιτεκτονικής του 13ου αι. δίνει χαρά και απόλαυση σε όσους περνούν την οδό Ερμού, το σημαντικό αυτόν εμπορικό δρόμο.

310

311

312

313

314

315

316

Churches & Spires / Εκκλησίες και καμπαναριά

310 Edinburgh, church of St Vincent
When designing the new sectors of the city, the 18th century town planners knew how to create beautiful perspectives.

310 Εδιμβούργο, εκκλησία Αγίου Βικεντίου
Οι πολεοδόμοι του 18ου αι., όταν σχεδίαζαν τη Νέα Πόλη του Εδιμβούργου, ήξεραν να δημιουργούν ελκυστικές οπτικές φυγές.

311 Edinburgh, St Mary's Cathedral
In the design of the new town of Edinburgh, at the end of the 18th century, special attention was given to the view at both ends of the main street.

311 Εδιμβούργο, ο καθεδρικός ναός της Παρθένου Μαρίας
Ο δημόσιος χώρος στάθμευσης στον άξονα του δρόμου θα μπορούσε να λείπει.

312 Edinburgh
One more achievement of 18th century town planning.

312 Εδιμβούργο, η Νέα Πόλη (New Town)
Η συνοικία αυτή του Εδιμβούργου κτίστηκε βάσει ενιαίου σχεδίου κι αποτελεί άλλο ένα σημαντικό επίτευγμα των πολεοδόμων του 18ου αι.

313 Santiago de Compostela, view of the Cathedral
Turning a corner, one is offered a partial glimpse of the Cathedral. This important landmark invites the visitor.

313 Σαντιάγκο ντε Κομποστέλα, ο καθεδρικός ναός
Στρίβοντας μια γωνία, βλέπει κανείς ξαφνικά την κορυφή του καθεδρικού ναού. Αυτό το σημαντικότατο τοπόσημο είναι ο προορισμός των προσκυνητών και των επισκεπτών.

314 Rouen, the spire of the cathedral
In this case the spire of the cathedral dominates the view over the rooftops.

314 Ρουέν
Κι εδώ το καμπαναριό του καθεδρικού ναού φαντάζει πάνω από τις στέγες των σπιτιών.

315 Edinburgh, Church of St Andrew and St George
The presence of the Spire of the church, even on the side of the street, helps enliven the townscape.

315 Εδιμβούργο, εκκλησία Αγίων Ανδρέα και Γεωργίου
Η παρουσία του πύργου του καμπαναριού της εκκλησίας, έστω και στην παρειά του δρόμου, αρκεί για να ζωντανέψει το αστικό τοπίο.

316 Frankfurt, Neue Krame, St Catherine's bell tower
The typical German bell tower determines the character of this pedestrian street in the center of Frankfurt Am Mein.

316 Φρακφούρτη, Νόιε Κράμε
Ένας από τους πρώτους πεζοδρόμους της πόλης.
Στο βάθος το κωδωνοστάσιο της Αγίας Αικατερίνης.

317

318

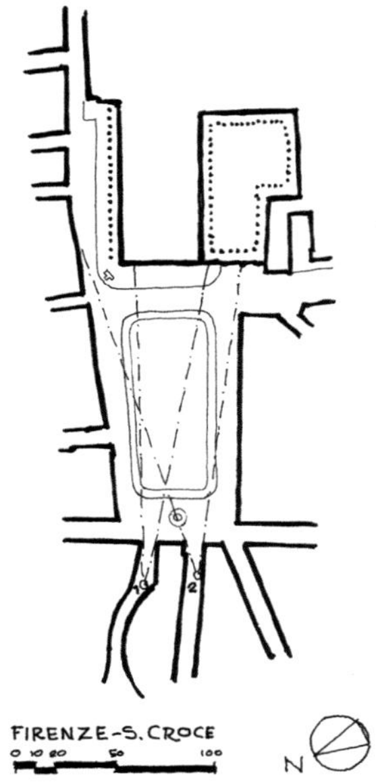

319

Churches & Spires / Εκκλησίες και καμπαναριά

317, 318, 319 Florence, Basilica di Santa Croce
The view of the church between the street elevations is striking.
317 Via Torta.
318 Via Anguilaria: the fountain on the axis of the square does not interfere with the unhindered view of the cathedral.
319 1. The view from via Torta. 2. The view from via Anguilaria.

317, 318, 319 Φλωρεντία, Σάντα Κρότσε
Η θέα της εκκλησίας ανάμεσα στις παρειές των δύο δρόμων που οδηγούν στην πλατεία είναι εντυπωσιακή.
317 Βία Τόρτα.
318 Βία Ανγκουιλάρα: η κρήνη στον άξονα σχεδόν της πλατείας δεν επεμβαίνει στην απρόσκοπτη θέα της εκκλησίας.
319 1. Η θέα από τη βία Τόρτα. 2. Η θέα από τη βία Ανγκουιλάρα.

320

321

322

323

324

325

326

Churches & Spires / Εκκλησίες και καμπαναριά

320 Budapest, Buda Castle, St Stephan's Spire
The spire of the most important Cathedral for the Hungarians dominates the castle and the city around it.
One has the impression that most streets on the Castle lead to the Cathedral.

320 Βουδαπέστη, Αγ. Στέφανος, Κάστρο
Ο πύργος αυτής της σημαντικότατης για τους Ούγγρους εκκλησίας, κυριαρχεί στην παλαιά πόλη επάνω στο κάστρο και δημιουργείται η εντύπωση ότι όλοι οι δρόμοι οδηγούν στον ναό.

321 Ulm, Hirsh Strasse, the dome spire
The tallest Gothic Spire (163 m high) dominates this pedestrian street, the most important one in town.

321 Ουλμ, ο καθεδρικός ναός, Χιρς στράσε
Το υψηλότερο καμπαναριό γοτθικής εκκλησίας, ύψους 168 μ., δεσπόζει στον σύγχρονο πεζόδρομο, το σημαντικότερο εμπορικό δρόμο της πόλης.

322 Stockholm, Gamla stan, German Church
The church spire towering over the narrow lane.

322 Στοκχόλμη, παλιά πόλη
Ο πύργος του καμπαναριού της εκκλησίας των Γερμανών υψώνεται αγέρωχος πάνω από το στενάκι.

323 Copenhagen, St Nicolas church
The belfry of Nikolai Kirche more or less on the axis of Kirche strasse.

323 Κοπεγχάγη, εκκλησία Αγίου Νικολάου
Ο πύργος της Νικολάι Κιρκ βρίσκεται σχεδόν στον άξονα της Κιρκ στράσε.

324 Athens, Evangelistrias street

324 Αθήνα, οδός Ευαγγελιστρίας

325 Saint Ives, Church Spire
The church with its spire gives substance and dignity to this important but small township in Cornwall.

325 Σέιντ Άιβς, ναός του Αγίου Άιβς
Ο καθεδρικός ναός με τον οξυκόρυφο πύργο του δίνει αξιοπρέπεια σε αυτή τη μικρή αλλά σημαντική κωμόπολη της Κορνουάλλης.

326 Budapest, Buda Castle, Campanile, Darda Utca
Even a minor church spire can have an effective presence.

326 Βουδαπέστη, Ντάρνα Ούτκα, στο Κάστρο
Ακόμα και το καμπαναριό μιας μικρής εκκλησίας μπορεί να εμπλουτίσει τον αστικό χώρο.

327

328

329

330

331

332

Other towers and landmarks / Άλλου είδους πύργοι και τοπόσημα

327 Prague, Powder Tower, Celetna street
Once upon a time this was one of the city gates.

327 Πράγα, πύργος Μπαρουταποθήκης, νότιο άκρο οδού Σελετνά
Κάποτε ο πύργος αυτός ήταν η πύλη της ιστορικής πόλης.

328 Prague, Celetna street, Town Hall Tower
In this drawing I took the liberty of reconstructing the old town Hall next to the most impressive tower with the famous clock. From an architectural and town planning point of view, the perpetuation of a catastrophe cannot have any justification. It is a pity that the historical Town Hall has not yet been fully restored.

328 Πράγα, πύργος παλαιού Δημαρχείου, βόρειο άκρο οδού Σελετνά
Στο σχέδιο εικονίζεται το επονομαζόμενο Νέο Δημαρχείο στο βόρειο άκρο της οδού Σελετνά όπως ήταν πριν καταστραφεί στον Β΄ Παγκόσμιο πόλεμο. Η απόφαση να μην αναστηλωθεί έχει μειώσει την αρχιτεκτονική αξία της ιστορικής πλατείας.

329 Florence, via di Neri
The tower of the Palazzo Vecchio dominates the view at the end of the street as it does in the whole central section of the town, competing with the Campanile of the Duomo.

329 Φλωρεντία, βία ντέι Νέρι
Ο πύργος του Παλάτσο Βέκιο προβάλλει στο τέλος του δρόμου.

330 Copenhagen, Christiansborg Palace
The charm of Copenhagen owes a lot to its spires.

330 Κοπεγχάγη, ανάκτορο του Κρίστιανμποργκ
Η γοητεία της Κοπεγχάγης χρωστά πολλά στους πύργους της.

331 Bern
As the city grew new walls had to be built, with new gates and towers. A number of these towers interrupt the main streets of the old city. This gives an intimate character to the stretches between the towers which actually carry different names: Kramgasse, Marktgasse and Spitalgasse.

331 Βέρνη
Ο πύργος με το πέρασμα από κάτω, που βρίσκεται στη μέση της κεντρικής αρτηρίας της ιστορικής πόλης, είναι ένας από τους πολλούς πύργους που κάποτε αποτελούσαν τις πύλες της πόλης. Καθώς η Βέρνη επεκτεινόταν, το τείχος την ακολουθούσε και όλο και κάποια από τις πύλες με πύργο ενσωματωνόταν πια στην πόλη.

332 Stockholm, Gamla Stan, the Stock Exchange
The little tower of the Stock Exchange adds interest to this narrow street.

332 Στοκχόλμη, παλιά πόλη, το Χρηματιστήριο
Ο πυργίσκος του Χρηματιστηρίου προσθέτει ενδιαφέρον στον στενό αυτό δρόμο.

333 Edinburgh, Royal Bank, George street
Even a bank building can serve as a landmark at the end of an important street. This is a lesson in urban design that contemporary architects and urban designers should keep in mind.

333

333 Εδιμβούργο, οδός Τζορτζ, Ρόιαλ Μπανκ
Ακόμα και μια τράπεζα μπορεί να αποτελέσει σημαντικό τοπόσημο. Άλλο ένα μάθημα στον αστικό σχεδιασμό.

334

Shrines, Mosques & Minarets
Τεμένη και μιναρέδες.

334, 335 Cairo, view of Minaret, Bab Zuweila
The muezzin on the minaret top can be heard throughout the bazaar's narrow lanes, but he can also see the faithful kneeling in prayer. The minaret, like a light tower, leads the faithful to the mosque but also serves as a landmark that can be seen from everywhere.

334, 335 Κάιρο, Μπαμπ Ζουβέιλα, το παζάρι
Ο μιναρές δεσπόζει στον ουρανό πέρα από το παζάρι. Η φωνή του μουεζίνη μπορεί έτσι να φθάσει ώς τις πιο απόμακρες γωνιές, καλώντας τους πιστούς στην προσευχή. Ο μιναρές σαν φάρος οδηγεί τους πιστούς προς το τζαμί. Συνάμα όμως χρησιμεύει και ως σημείο αναφοράς μέσα στον αστικό ιστό.

335

336

337

338

Temples of antiquity and other views
Αρχαίοι ναοί και άλλα κτίρια

336, 337 Athens, the Acropolis, footways by D. Pikionis
The footways, designed by Pikionis, enhance the element of surprise. As one turns around a bend, the Parthenon, the temple to the goddess Athena, patron of Athens, emerges above the ancient walls.

336, 337 Αθήνα, η Ακρόπολη με τον Παρθενώνα
Τα μονοπάτια που χάραξε ο Δημήτρης Πικιώνης γύρω από τον βράχο της Ακρόπολης ενισχύουν το στοιχείο της έκπληξης, καθώς σε μια στροφή εμφανίζεται ο Παρθενώνας πάνω από το αρχαίο τείχος.

338 Athens, Zappeion Square, temple of Olympian Zeus.
338 Αθήνα, Ζάππειο, ναός Ολυμπίου Διός.

339 Athens, Athinas street
The plan of Athens by Kleanthis and Schaubert, as modified by von Klenze, provided for a central axis straight to the Acropolis rock. Today this axis is Athinas street.

339 Αθήνα, οδός Αθηνάς
Το σχέδιο για την Αθήνα των Κλεάνθη και Σάουμπερτ, όπως τροποποιήθηκε από τον Κλέντσε, προέβλεπε έναν κεντρικό άξονα κατευθείαν προς τον βράχο της Ακρόπολης. Σήμερα ο άξονας αυτός είναι η οδός Αθηνάς.

340 Athens, Aiolou street
The pedestrian street Aiolou, parallel to Athinas street, aims at the Parthenon on top of the Acropolis rock.

340 Αθήνα, οδός Αιόλου
Ο πεζόδρομος της οδού Αιόλου, παράλληλος προς την οδό Αθηνάς, στοχεύει στον ναό του Παρθενώνα.

339

340

341

342

343

344

345

Temples of antiquity and other views
Αρχαίοι ναοί και άλλα κτίρια

341 Paris, the opera by Charles Garnier
The opera by Garnier on the centerline of the avenue de l'Opera.

341 Παρίσι
Η όπερα του αρχιτέκτονα Γκαρνιέ στον άξονα της λεωφόρου της Όπερας.

342 Athens, Hermes street, the Old Palace, now Houses of Parliament
At the other end of this central commercial street, one come across the little byzantine church of Kapnikarea (see fig. **309**). Today Hermou street is a pedestrian lane.

342 Αθήνα, οδός Ερμού, τα παλαιά ανάκτορα, νυν Βουλή
Στην άλλη άκρη αυτού του κεντρικότατου εμπορικού δρόμου βρίσκεται ο βυζαντινός ναΐσκος της Καπνικαρέας (βλ. εικ. **309**). Σήμερα πια η οδός Ερμού έχει πεζοδρομηθεί.

343 Athens, Koray square and the Athens University
The services of the Municipality of Athens do not seem to perceive the importance of a central perspective as they have added lampposts and electric pillars.

343 Αθήνα, η πλατεία Κοραή και το κτίριο του Εθνικού Καποδιστριακού Πανεπιστημίου
Οι υπηρεσίες του Δήμου Αθηναίων δεν φαίνεται να έχουν αίσθηση της σημασίας μιας αξονικής θέας στο κέντρο της πόλης, απ' ό,τι μαρτυρούν οι φανοστάτες και οι στύλοι του ηλεκτρικού που τοποθέτησαν.

344 Milano, Galleria Vittorio Emmanuele
The temporary structure with the crooked steps may not be the best way to treat the Gallery but at least it hides the view of the ugly building beyond.

344 Μιλάνο, γκαλερία Βιτόριο Εμμανουέλε
Η προσωρινή κατασκευή στο βάθος, με τη σκολιά κλίμακα, μπορεί να μην προάγει την αρχιτεκτονική της στοάς, αλλά τουλάχιστον κρύβει το ενοχλητικό κτίριο στο βάθος.

345 Bilbao, Guggenheim Museum of Modern Art
This titanium clad building is a monument to deconstruction and conspicuous consumption.

345 Μπιλμπάο, Μουσείο Μοντέρνας Τέχνης Γκούγκενάιμ, αρχιτέκτων Φρανκ Γκέρυ
Κτίριο επενδεδυμένο με τιτάνιο. Κραυγαλέο μνημείο στην αποδόμηση και την επιδεικτική σπατάλη πολύτιμων υλικών.

A3.3 Other design parameters
A3.3 Άλλες παράμετροι του σχεδιασμού

346

347

348

A3.3.1 Symbolism
A3.3.1 Συμβολισμός

346 Milan, piazza del Duomo
The mounted statue of Vittorio Emmanuele II by E. Rosa (1896), on its enormous pedestal, guarded by lions, tries to hide the view of the Cathedral. The secular state had apparently a purpose in placing the monument on the axis and opposite the Cathedral, namely, to belittle the importance of the Catholic church.

346 Μιλάνο, πλατεία Ντουόμο
Το έφιππο άγαλμα του Βιτόριο Εμμανουέλε Β΄ από τον Ε. Ρόσα (1896), πάνω στο τεράστιο βάθρο του με τα λιοντάρια, προσπαθεί να κρύψει τον καθεδρικό ναό. Εδώ η πρόθεση είναι σαφής. Το κοσμικό κράτος είχε έναν προφανή λόγο για να τοποθετήσει το μνημείο πάνω στον άξονα, απέναντι από τον ναό: να μειώσει τη σημασία του εκκλησιαστικού κατεστημένου.

A3.3.2 Illusionism
A3.3.2 Δημιουργία ψευδαισθήσεων

347, 348, 349 Florence, Santa Maria del Fiore
347 Florence, Santa Maria del Fiore, from via de'Pecori. As one advances along the via de'Pecori, the Duomo looks large and imposing, flanked by the Campanile, towering over the crowd below.
348 Florence, Santa Maria del Fiore from the piazza. Moving on, and approaching the edifice, one loses sight of the Duomo, but suddenly the image is repeated, as the side aisle of the Duomo appears through the opening between the main building and the base of the Campanile.
349 Someone coming from via de'Pecori at point 1 has a view of the dome. As he comes nearer to point 2 he has a similar view.

347, 348, 349 Φλωρεντία, Σάντα Μαρία ντελ Φιόρε
347 Η Σάντα Μαρία ντελ Φιόρε και το Καμπανίλε από την οδό ντε Πέκορι.
Καθώς προχωρεί κανείς, το Ντουόμο με το Καμπανίλε στα δεξιά του μεγαλώνει θαρρείς και φαντάζει όλο και πιο επιβλητικό.
348 Η Σάντα Μαρία ντελ Φιόρε και το Καμπανίλε από την πλατεία.
Όταν πλησιάσει κανείς πιο κοντά, χάνεται το κτίριο, αλλά έξαφνα ξαναπαρουσιάζεται η προηγούμενη εικόνα, καθώς ξεπροβάλλει η πλάγια πτέρυγα του Ντουόμο στο άνοιγμα ανάμεσα στη βάση του Καμπανίλε και στην εκκλησία.
349 Κάποιος που έρχεται από τη βία ντε Πέκορι στο σημείο 1, έχει τη θέα του τρούλου. Πλησιάζοντας στο σημείο 2, ξαναέχει μια παρεμφερή εικόνα.

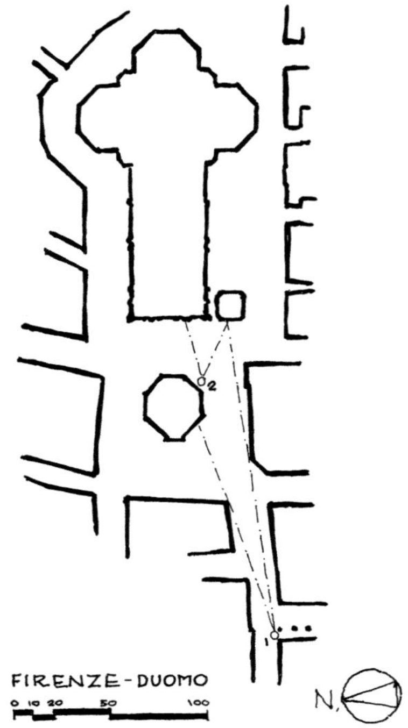

349

350

351

352

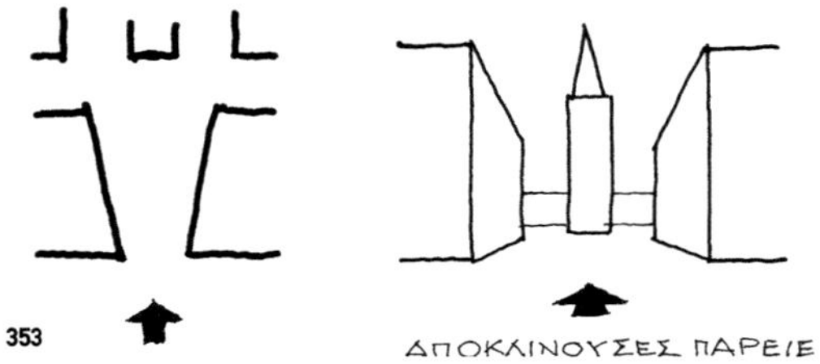

353

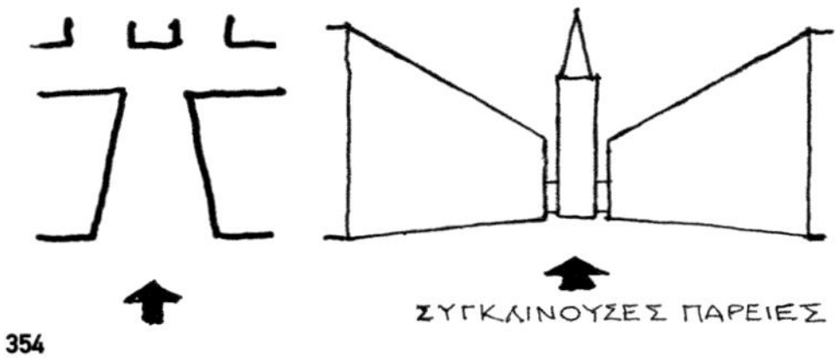

354

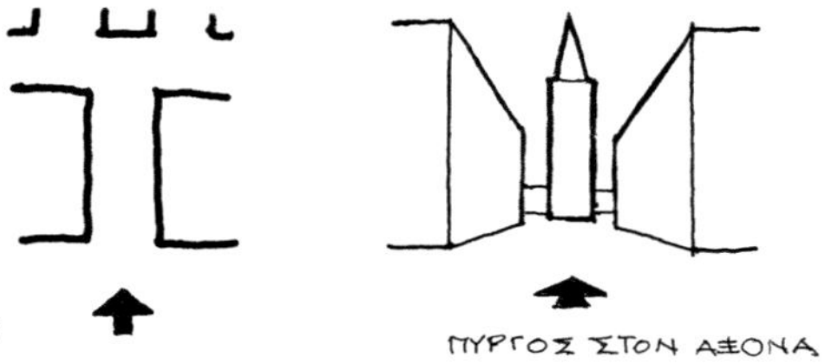

355

Illusions / Δημιουργία ψευδαισθήσεων

350, 351, 352 Rome, Capitol Square
350 As designed by Michelangelo
There is an impression of amplitude, with the Palazzo Senatorio in the background looking smaller and familiar.
351 As a false perspective, a trapezoid with the narrow side at the far end
This gives the impression of a narrower square with a very large building in the background.
352 The square as a rectangle
The impression is rather dull, too balanced. No sense of excitement is created by the square.

350, 351, 352 Ρώμη, πλατεία Καπιτωλίου
350 Όπως τη σχεδίασε ο Μιχαήλ Άγγελος
Η τραπεζοειδής πλατεία με τη στενή πλευρά στο πρώτο πλάνο. Δίνει την εντύπωση της ευρυχωρίας και της άνεσης, με ένα Παλάτσο Σενατόριο στο βάθος προσιτό και ανθρώπινο.
351 Ως ψευδής προοπτική, ένα τραπέζιο με τη στενή πλευρά στο βάθος
Η διάταξη αυτή δίνει την εντύπωση μιας πολύ στενότερης πλατείας, σχεδόν δρόμου, με ένα πολύ επιβλητικό κτίριο στο βάθος να κλείνει τη σύνθεση.
352 Ως τέλειο ορθογώνιο
Η εντύπωση είναι μάλλον απογοητευτική. Η πλατεία δεν παρουσιάζει κανένα ιδιαίτερο ενδιαφέρον.

353, 354 Converging and diverging side elevations
The tower in both drawings is of the same size, but when the side elevations converge, the impression is of a much higher tower; when they diverge the tower seems smaller.
353 Diverging side elevations.
354 Converging side elevations.

353, 354 Συγκλίνουσες και αποκλίνουσες παρειές
Ο πύργος στα δύο σχέδια έχει το ίδιο μέγεθος, αλλά όταν συγκλίνουν οι παρειές, φαίνεται υψηλότερος, ενώ όταν αποκλίνουν, μοιάζει μικρότερος.
353 Αποκλίνουσες παρειές.
354 Συγκλίνουσες παρειές.

355 Tower on the axis with parallel side elevations
When the side elevations are parallel, the impression of the tower is in accordance with reality.
355 Πύργος στον άξονα με παράλληλες παρειές οδού
Όταν οι παρειές της οδού είναι παράλληλες, ο πύργος δίνει την πραγματική εικόνα του μεγέθους του.

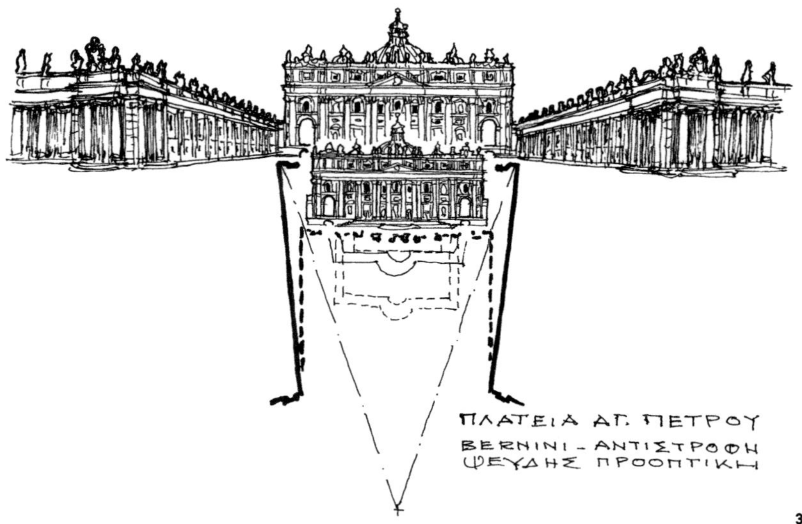

356

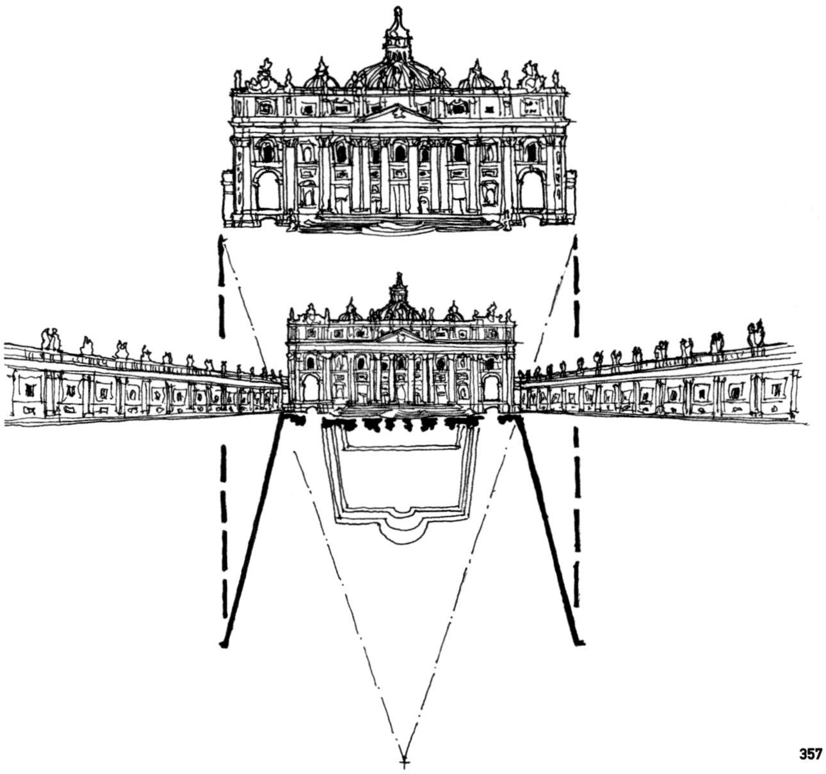

357

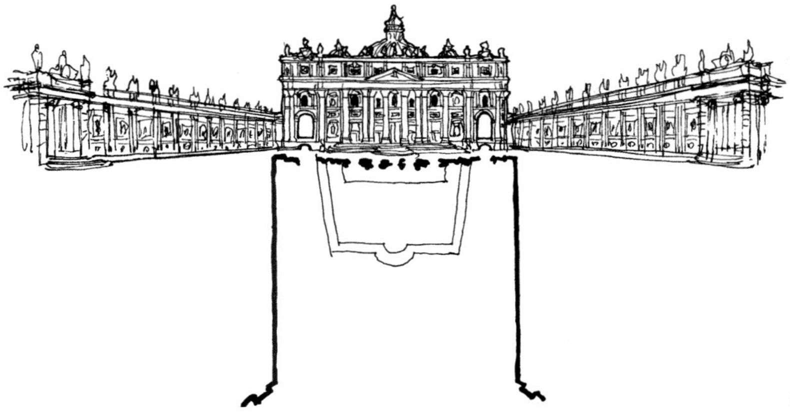

358

Illusions / Δημιουργία ψευδαισθήσεων

356, 357, 358 Rome, St Peter's Square
356 Bernini's plan
The trapezoid form that Bernini gave to the square in front of St Peter's Cathedral, with the diverging side elevations, more or less copying Michelangelo, gives the impression that this gigantic Cathedral comes nearer and is of a more reduced size. In this way it becomes less forbidding to the multitudes of worshipers gathering in the oval square.
357 If the square in front of the building was an inverse trapeze, with its narrow side in front of the church, in what is called "false perspective", the impression from the oval square would be of a distant, even greater edifice.
358 If the square followed a rectangular shape, this enormous building would look as its actual size.

356, 357, 358 Ρώμη, πλατεία Αγ. Πέτρου
356 Το σχέδιο του Μπερνίνι.
Η τραπεζοειδής μορφή που έδωσε ο Μπερνίνι στην πλατεία μπροστά στην εκκλησία του Αγ. Πέτρου, με τη μεγάλη πλευρά στο βάθος, αντιγράφοντας κατά κάποιον τρόπο τον Μιχαήλ Άγγελο, δίνει την αίσθηση ότι ο τεράστιος αυτός ναός πλησιάζει και μικραίνει. Έτσι γίνεται πιο οικείος και πιο προσιτός στο πλήθος των προσκυνητών στην ελλειψοειδή πλατεία.
357 Εάν η πλατεία μπροστά στον ναό ήταν τραπεζοειδούς μορφής μεν, αλλά με τη στενή πλευρά προς το κτίριο, η εντύπωση θα ήταν ενός γιγαντιαίου οικοδομήματος σε μεγάλη απόσταση από την ελλειψοειδή πλατεία.
358 Εάν η πλατεία μπροστά στον ναό ήταν ορθογώνιας μορφής, η εντύπωση που δίνει το κτίριο θα ανταποκρινόταν στην πραγματικότητα.

A3.3.3 Optical corrections and refinements

Very often in the architecture of urban public space, we discover that human ingenuity has found ways to solve problems that arise in a most subtle and inventive way, relying on optical corrections and refinements. We already encountered such cases in the gardens of Versailles in the 17th century, in France, aiming at the humanization of the gigantic scale. But there are many more examples, as in Ancient Greece or in the Renaissance and Post-Renaissance Rome.

A3.3.3 Οπτικές διορθώσεις και εκλεπτύνσεις

Αρκετά συχνά στην αρχιτεκτονική των δημοσίων χώρων παρατηρούμε ότι η ανθρώπινη εφευρετικότητα βρίσκει λύσεις σε προβλήματα που προκύπτουν, καταφεύγοντας σε οπτικές διορθώσεις και εκλεπτύνσεις. Τέτοιες διαπιστώσαμε στον σχεδιασμό των κήπων του ανακτόρου των Βερσαλλιών τον 17ο αι. στη Γαλλία, με στόχο τη βελτίωση της εντύπωσης της γιγαντιαίας κλίμακας. Υπάρχουν όμως πλείστα άλλα παραδείγματα από πολύ νωρίτερα, όπως στην αρχαία Ελλάδα ή στην αναγεννησιακή και μεταναγεννησιακή Ρώμη.

359

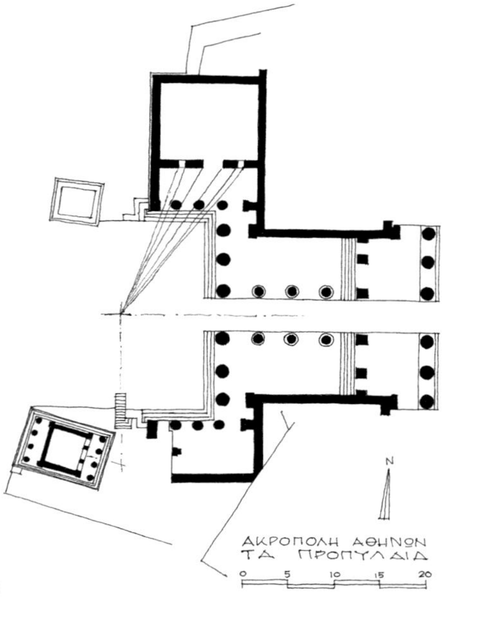

360

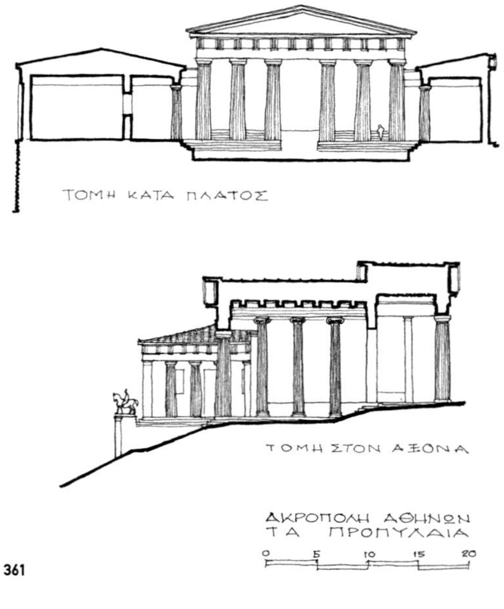

361

Optical corrections and refinements
Οπτικές διορθώσεις και εκλεπτύνσεις

359, 360, 361 Athens, the Acropolis, the Propylaea, main entrance
359, 360 The only spot from where door and windows coincide with the openings between the columns is the point of junction of the ways to the Propylaea and the temple of Wingless Victory. Could this be accidental?
361 On the elevation of the Pinakotheke wing of the Propylaea the lack of correspondence between the door and the windows with the openings between the columns is quite obvious. There have been various attempts to explain this lack of symmetry. On the other hand, there is no doubt that the architect Mnesicles tried to make the building appear symmetrical where it mattered.

359, 360, 361 Αθήνα, Ακρόπολη, Προπύλαια, κύρια είσοδος
359, 360 Η μόνη θέση από την οποία φαίνονται μεταξύ των υποστυλωμάτων τα ανοίγματα της Πινακοθήκης, είναι η διασταύρωση του άξονα των Προπυλαίων με την άνοδο προς τον ναό της Απτέρου Νίκης. Δεν πιστεύω ότι είναι τυχαίο.
361 Είναι εμφανής στην όψη της πτέρυγας της Πινακοθήκης η αναντιστοιχία των ανοιγμάτων στον τοίχο του βάθους της στοάς με τα ανοίγματα μεταξύ των υποστυλωμάτων. Υπήρξαν πολλές προσπάθειες να εξηγηθεί η ασυμμετρία του σχεδίου. Είναι όμως φανερό πως ο αρχιτέκτονας Μνησικλής κατέβαλε προσπάθεια ώστε το κτίριο να μοιάζει συμμετρικό εκεί που είχε σημασία.

362

Optical corrections and refinements
Οπτικές διορθώσεις και εκλεπτύνσεις

362 From the position next to the temple of Wingless Victory, the windows of the Pinakotheke are hidden behind the columns. Only the door is discernable but again, this is half-hidden behind a column.

362 Από τη θέση κοντά στον ναό της Απτέρου Νίκης, τα παράθυρα του τοίχου του βάθους της στοάς της πτέρυγας της Πινακοθήκης κρύβονται πίσω από τις κολώνες. Μόνον η πόρτα διακρίνεται, αλλά κι αυτή μισοκρυμμένη πίσω από το υποστύλωμα.

PART B

Basic elements that define urban space

In Part B of this essay we are going to examine the basic elements that constitute an urban public space and influence its design. These elements can be divided into two basic parts: the urban tissue and the structural components. The urban tissue, in a certain way, consists of the disposition and form of open public spaces within an urban agglomeration. Open public spaces, on the other hand, are characterized by the structural components that define them as such. These structural components are: the ground –horizontal or sloping–, the side elevations –either built-up or free–, and finally the ceiling –covered or open to the sky. Furthermore, the way these urban public spaces and areas are interconnected, as well as the way they are approached, is of primary importance in defining the character of the urban tissue. Except for streets and squares, interior patios, courtyards, porticoes and passages, markets, open air or covered, must be included as part of the urban tissue.

Subjects discussed:
B1 The urban tissue
B2 The structural components

ΜΕΡΟΣ Β΄

Βασικά στοιχεία της δομής του αστικού χώρου

Στο Μέρος Β΄ του βιβλίου εξετάζουμε τα βασικά στοιχεία που απαρτίζουν τον αστικό χώρο και που λαμβάνονται υπ' όψιν στον σχεδιασμό του. Τα στοιχεία αυτά υποδιαιρούνται σε δύο βασικές κατηγορίες: στον αστικό ιστό και στους δομικούς συντελεστές. Ο αστικός ιστός της πόλης απαρτίζεται από τους ελεύθερους δημόσιους χώρους της και καθορίζεται από τη διάταξη και τη μορφή τους. Και οι ελεύθεροι δημόσιοι χώροι χαρακτηρίζονται από τα δομικά τους στοιχεία: το δάπεδο οριζόντιο ή επικλινές, τις παρειές δομημένες ή μη και την οροφή καλυμμένη ή ελεύθερη, ανοιχτή στον ουρανό. Χαρακτηρίζονται επίσης κι από τον τρόπο που συνδέονται μεταξύ τους, καθώς κι από τον τρόπο προσπέλασης προς αυτούς. Στους δημοσίους ελεύθερους χώρους, εκτός από τους δρόμους και τις πλατείες, περιλαμβάνονται εσωτερικές αυλές, στοές παρόδιες ή διαμπερείς, καθώς και αγορές ανοικτές ή καλυμμένες.

Εξεταζόμενα θέματα:

B1 The urban tissue / B1 Ο αστικός ιστός

B1.1 The approach to squares

There are several kinds of squares, as we have already seen in Part A, from extremely restricted ones to gigantic ones. Still, squares can be subdivided according to the way they are approached. There are squares that are open, tending to flow away in all directions, squares that are surrounded by buildings and are reached through streets, narrow lanes or avenues, and there are squares that are completely enclosed and can be reached through passages, arcades, or under bridges. These last ones are usually for pedestrians only, and will be our main concern. Here it should be noted, that very often this was used for the control of those that entered.

B1.1 Η προσπέλαση πλατειών

Πλατείες υπάρχουν πολλών λογιών, όπως είδαμε στο Μέρος Α΄. Πλατείες περιορισμένων διαστάσεων έως και πλατείες γιγαντιαίες. Διαφοροποιούνται, όμως, οι πλατείες κι από τον τρόπο προσπέλασής τους. Υπάρχουν πλατείες ανοιχτές, που διαχέονται προς όλες τις κατευθύνσεις, πλατείες ημίκλειστες, που περιβάλλονται στην περίμετρό τους από κτίρια κι η προσπέλασή τους γίνεται απευθείας από δρόμους, οδικές αρτηρίες και λεωφόρους, και υπάρχουν επίσης πλατείες περίκλειστες, των οποίων η προσπέλαση πραγματοποιείται μέσα από στοές, πύλες ή και κάτω από γέφυρες. Οι περίκλειστες πλατείες συνήθως απευθύνονται αποκλειστικά στους πεζούς, οπότε κυρίως αυτές θα μας απασχολήσουν. Αυτές, όμως, πολύ συχνά είχαν ως στόχο τον έλεγχο των εισερχομένων.

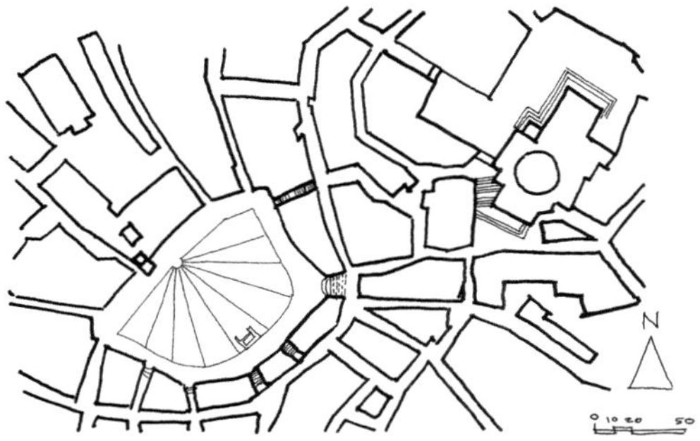

363

364

Middle Ages / Μεσαίωνας

363, 364 Siena, Il Campo square and the Duomo square
Only two streets reach Il Campo and the same applies more or less to the Duomo square. All other approaches are through narrow lane passages, under buildings or portals. This enhances the feeling of enclosure.

363, 364 Σιένα, πλατεία Ιλ Κάμπο και πλατεία Ντουόμο
Μόνο δύο δρόμοι φθάνουν μέχρι το Ιλ Κάμπο, το ίδιο περίπου ισχύει και για την πλατεία του Ντουόμο. Όλες οι άλλες προσβάσεις πραγματοποιούνται κάτω από κτίρια και πορτοσιές, ή μέσα από στενά δρομάκια. Έτσι ενισχύεται η αίσθηση του περίκλειστου.

365

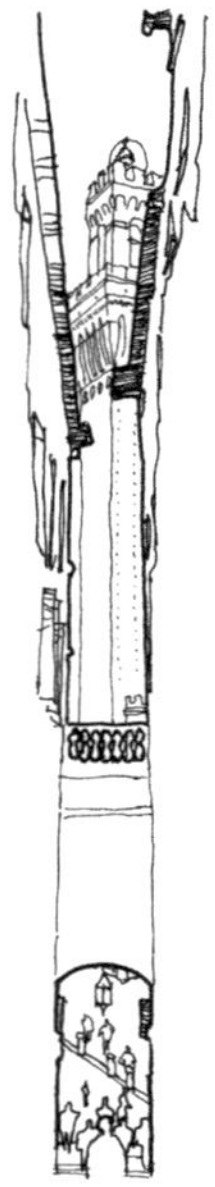

366

367

368

369

370

371

Middle ages / Μεσαίωνας

Siena, Il Campo, the approach

365, 366 A narrow passage under the bridge leads to the square of Il Campo. The tower of the Palazzo Communale blocks the sky. The rest of the building is hidden behind the footbridge at the end of the passage.

367 Finally, the tower is hidden by the bridge and the square starts to open to the view.

368 One of the many approaches to the square through passages under buildings.

Σιένα, Ιλ Κάμπο, πρόσβαση

365, 366 Διέλευση κάτω από γέφυρες προς την πλατεία του Κάμπο. Ο πύργος του παλάτσο Κομουνάλε κρύβει τον ουρανό. Το υπόλοιπο κτίριο κρύβεται με τη σειρά του από την πεζογέφυρα.

367 Ο πύργος έπαψε να φαίνεται. Είναι κρυμμένος πίσω από την οροφή. Η πλατεία διακρίνεται κάτω από την πεζογέφυρα.

368 Μία από τις πολλές προσβάσεις της πλατείας κάτω από κτίρια, γέφυρες και τόξα.

369 Siena, the Cathedral square

One of the entrances to the enclosed square, actually just part of the unfinished addition to the cathedral. Still by bringing the dome into view, it becomes quite effective as a symbol of the eternal values of the Roman-Catholique Church.

369 Σιένα, ο καθεδρικός ναός, το Ντουόμο

Μία από τις πύλες εισόδου στην κλειστή πλατεία δεν είναι τίποτε άλλο από τμήμα της επέκτασης του ναού που ποτέ δεν ολοκληρώθηκε. Προβάλλοντας τον τρούλο του ναού, σηματοδοτεί με απαράμιλλο τρόπο την προσπάθεια εκ νέου επιβολής της Ρωμαιοκαθολικής Εκκλησίας.

370 Verona, entrance to the piazza dei Signori

The arches over the entrance to the square.

370 Βερόνα, πλατεία ντέι Σινιόρι

Οι αψίδες των εισόδων που πλαισιώνουν την πλατεία.

371 Verona, entrance to the piazza dei Signori from the piazza Erbe

The two arches in the foreground mark the entrance to the square from the piazza Erbe while the one in the background marks the exit at the other end.

371 Βερόνα, από πιάτσα Έρμπε προς πιάτσα ντέι Σινιόρι

Πρόσβαση προς την πλατεία ντέι Σινιόρι κάτω από αψίδες.

372

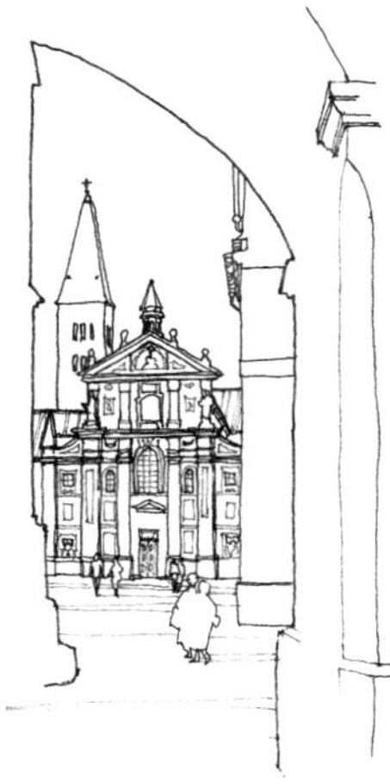

373

374

375

Renaissance / Αναγέννηση

372 Verona, entrance to the piazza dei Signori from via Rosa
The arch at the end of the via Rosa topped with a statue.

372 Βερόνα, προσπέλαση της πιάτσα ντέι Σινιόρι από την οδό Ρόσα
Ένα άγαλμα κοσμεί την αψίδα εισόδου.

373 Prague Castle, St George square
The square is reached under the flying buttress of St Vito's Cathedral.

373 Πράγα, το κάστρο, πλατεία Αγίου Γεωργίου
Η προσπέλαση πραγματοποιείται κάτω από τις αντηρίδες που στηρίζουν την εκκλησία του Αγ. Βίτου.

Florence, square of Santissima Annunziata
374, 376 The portico extending over the sidewalk in front of the church –part of a later addition– marks the entrance of the famous square that carries the name of the church.
375 Entrance from the via della Colonna.
377 Entrance from the via Gino Capponi.

Φλωρεντία, πλατεία Σαντίσιμα Ανουντσιάτα
374, 376 Η στοά που καλύπτει το πεζοδρόμιο μπροστά στην εκκλησία σηματοδοτεί την είσοδο προς την ομώνυμη πλατεία.
375 Είσοδος από τη βία ντε λα Κολόνα.
377 Είσοδος από τη βία Τζίνο Καπόνι.

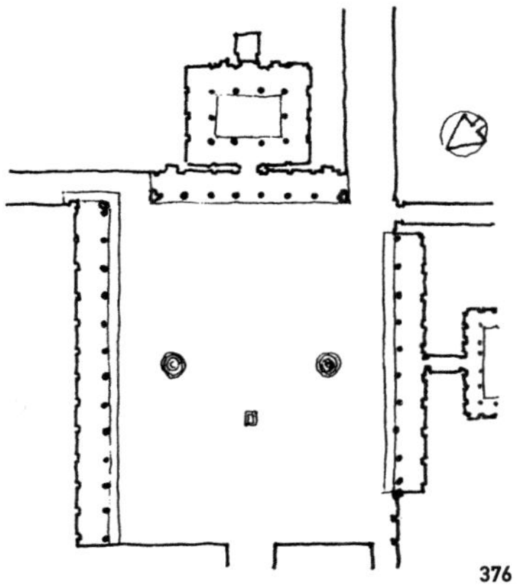

376

377

B1.2 The approach to interior courts or patios

Except for the square, as has already been mentioned, in historic cities we very often find patios and interior courtyards that are open to the general public, and do not differ from enclosed squares, playing more or less the same role in the urban tissue as squares and presenting the same interest. Unfortunately today most of these open public spaces are being converted into parking lots.
Here again the form of the approach presents an architectural challenge and opportunity, primarily where there is a row of interconnected patios.

B1.2 Προσπελάσεις αυλών, αιθρίων και αιθρίων εν σειρά

Πέραν όμως από τις πλατείες, όπως ήδη αναφέρθηκε, στους ιστορικούς οικισμούς συναντάμε συχνά αίθρια και εσωτερικές αυλές, ανοικτά στο ευρύ κοινό, που παίζουν τον ίδιο ρόλο με τις πλατείες και παρουσιάζουν το ίδιο ενδιαφέρον. Φευ, στις μέρες μας υπάρχει η τάση αυτοί οι αστικοί χώροι να μετατρέπονται σε υπαίθριους χώρους στάθμευσης Ι.Χ. αυτοκινήτων.
Κι εδώ η μορφή της προσπέλασης παρουσιάζει αρχιτεκτονικό ενδιαφέρον, κυρίως εκεί όπου παρατηρείται πλειάδα αιθρίων που επικοινωνούν μεταξύ τους.

378

379

380

381

382

The approach to interior courts or patios
Προσπελάσεις αυλών, αιθρίων και αιθρίων εν σειρά

378 Prague Castle, the Palace court
The narrow passage to the Palace court focuses on the elegant fountain near its center.

378 Πράγα, το κάστρο, η εσωτερική πλατεία των ανακτόρων
Η στενή δίοδος προς την αυλή-πλατεία εστιάζει στην κομψή κρήνη που βρίσκεται σχεδόν στο κέντρο της.

379 Budapest, the historic city next to the castle
The multiplicity of interior squares and courtyards, connected through passages, adds an extra dimension to urban space.

379 Βουδαπέστη, παλαιά πόλη προς το φρούριο
Η αλληλουχία των εσωτερικών αυλών, που επικοινωνούν με πορτοσιές κάτω από κτίρια, προσθέτει άλλη διάσταση στον αστικό χώρο.

380 Milan, Società d'Incoraggiamento d'Arti e Mestieri
The chain of interior courtyards in a row exerts an irresistible attraction to explore the hidden places.

380 Μιλάνο, Εταιρία για την προώθηση των τεχνών
Η αλληλουχία εσωτερικών αιθρίων εντείνει το ενδιαφέρον για την εξερεύνηση του κρυμμένου χώρου.

381 Milan
One courtyard follows another, inviting you, further and further on.

381 Μιλάνο
Το ένα αίθριο ακολουθεί το άλλο σαν μια συνεχής πρό(σ)κληση.

382 Vicenza, corso Andrea Palladio
A contemporary work of art in the middle of the yard seems rather out of place.

382 Βιτσέντζα, κόρσο Παλλάντιο
Ένα σύγχρονο γλυπτό στη μέση του αιθρίου δημιουργεί μια μάλλον αλλόκοτη εικόνα.

383

384

385

386

387

The approach to interconnected interior courts or patios / Προσπελάσεις αυλών, αιθρίων και αιθρίων εν σειρά

383, 384 Hydra Island
The approach to the interior courtyard of this tiny monastery leads through a number of open and covered passages.

383, 384 Ύδρα. Μονή Κοιμήσεως της Θεοτόκου
Η προσπέλαση προς το εσωτερικό αίθριο της μικρής αυτής μονής περνά μέσα από μια αλληλουχία από καλυμμένες διόδους κι ανοικτές αυλές.

385 Hydra Island
The porch of the chapel of this tiny monastery in the middle of the town is a refuge of quiet and peace in a tourist-infested island.

385 Ύδρα
Μονή Κοιμήσεως της Θεοτόκου. Η στοά του προνάρθηκα της μικρής αυτής μονής στο κέντρο της πόλης είναι καταφύγιο για αυτοσυγκέντρωση και στοχασμό σ' αυτό το κατακτημένο από τους τουρίστες νησί.

386, 387 Bologna, interior courtyards in a row
The interest grows with the number of courtyards in a sequence, but a feeling of unease grows as well.

386, 387 Μπολόνια, εσωτερικά αίθρια εν σειρά
Το ενδιαφέρον τονώνεται όσο αυξάνει ο αριθμός των εν σειρά αιθρίων. Συνάμα όμως δημιουργείται και ένα αίσθημα ανησυχίας.

388

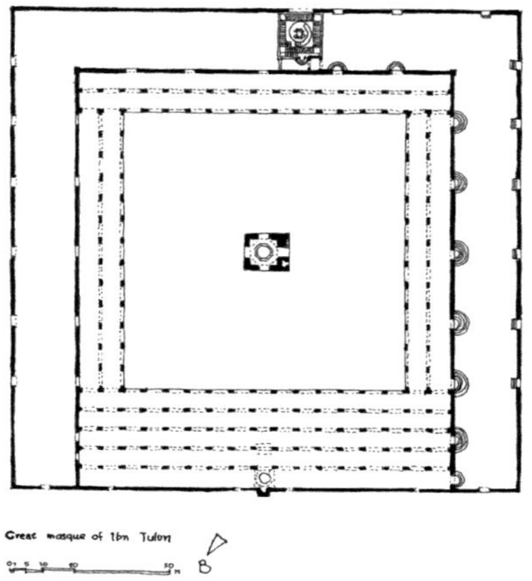

389

390

391

B1.3 Patios and courtyards
B1.3 Αίθρια κι αυλές

Cairo, Ibn Tulun, 7th century
388 The approach through the entrance porch.
389 Plan of the shrine.
390 A place of worship open to the general public is an integral part of the urban tissue, adding to the richness of the cityscape.

Κάιρο, το τέμενος του Ιμπν Τουλούν, 7ος αι.
388 Η προσπέλαση.
389 Κάτοψη του αιθρίου του τεμένους.
390 Χώρος λατρείας αλλά και τμήμα του αστικού χώρου τον οποίο εμπλουτίζει.

391 Cairo, Ibn Tulun
The interior open spaces of Islamic shrines with their exquisite proportions add one more dimension to the cityscape.

391 Κάιρο, το τέμενος του Ιμπν Τουλούν
Τα εσωτερικά αίθρια στα ισλαμικά τεμένη, με τις υπέροχες αναλογίες τους, αποτελούν προέκταση του ιστού της πόλης.

B1.4 Footbridges

Footbridges are usually encountered over streams, rivers, canals or main traffic arteries, sometimes even over footways. In this last case they somehow form a ceiling over the footway.
Sometimes a footbridge also functions as a market, such is the Ponte Vecchio in Florence; or as an open air playground, as with the Rathausbrücke in Zurich.

B1.4 Πεζογέφυρες

Πεζογέφυρες συναντάμε συνήθως πάνω από ποτάμια και ρέματα ή πάνω από αυτοκινητοδρόμους, αλλά ακόμα και πάνω από πεζοδρόμους. Σε αυτήν την περίπτωση οι πεζογέφυρες αποτελούν κατά κάποιο τρόπο τμήμα της οροφής του πεζοδρόμου. Καμιά φορά, η πεζογέφυρα παίζει τον ρόλο εμπορικού δρόμου, όπως το πόντε Βέκιο της Φλωρεντίας, ή υπαίθριου παιχνιδότοπου, όπως η Ράτχαους Μπρύκε στη Ζυρίχη.

392

393

394

Footbridges / Πεζογέφυρες

392 Lucern, Kapellbrücke, covered bridge, 14th century
The bridge spans the Reus river with a water tower.
A landmark of the city.

392 Λουκέρνη, Καπέλ Μπρύκε, καλυμμένη πεζογέφυρα, 14ος αι.
Ένα τοπόσημο της πόλης.

393 Vavouza, Epirus, footbridge

393 Γεφύρι Βαβούζας, Ήπειρος

394 Plaka, Epirus, footbridge
Form follows function in these exercises in minimal design resulting in architectural perfection.

394 Γεφύρι Πλάκας, Ήπειρος
Μορφή και λειτουργία είναι απόλυτα συνυφασμένες, δημιουργώντας τέλεια αρχιτεκτονικά σύνολα αρμονίας και λιτότητας.

395

396

Footbridges / Πεζογέφυρες

395 Prague, Charles bridge, 14th and 15th century
Thirty Baroque sculptures from the 17th century adorn this historical bridge transforming it into an art gallery. The bridge is part of the highway connecting the castle with the city of Prague.

395 Πράγα, γέφυρα του Καρόλου, 14ος και 15ος αι.
Τριάντα έργα τέχνης της εποχής του Μπαρόκ κοσμούν τη γέφυρα, μετατρέποντάς την σε υπαίθριο μουσείο. Η γέφυρα είναι τμήμα της βασικής οδού που συνδέει το Κάστρο με την πόλη της Πράγας.

396 Lucern, footbridge in the historic city

396 Λουκέρνη, πεζογέφυρα στην ιστορική πόλη

397

398

399

Footbridges / Πεζογέφυρες

397 Florence, Ponte Vecchio, architect G. Vasari
As has been mentioned in Part A, an elevated covered footway corridor has been added by Vasari connecting Palazzo Pitti with Palazzo Vecchio, with commercial shops underneath and a loggia over the river Arno in the middle of the bridge.

397 Φλωρεντία, πόντε Βέκιο, αρχιτέκτων Βασάρι
Όπως είδαμε ήδη στο Μέρος Α΄, πάνω από τη γέφυρα ο Βασάρι έχει στήσει τον υπερυψωμένο πεζόδρομο-διάδρομο που συνδέει το Παλάτσο Βέκιο με το Παλάτσο Πίττι. Από κάτω εγκαταστάθηκαν, στο κέντρο της γέφυρας, εμπορικά καταστήματα και μια λότζια προς τον ποταμό Άρνο.

398 New York, footbridge
This simple design adds to the urban landscape.

398 Νέα Υόρκη, πεζογέφυρα
Η κομψή αυτή πεζογέφυρα προσθέτει ενδιαφέρον στο αστικό τοπίο.

399 Rome, St Peter's, portico and footbridge
The quality of the design prevents this gigantic architectural composition from becoming oppressive.

399 Ρώμη, Άγιος Πέτρος, στοά και πεζογέφυρα
Η ποιότητα της αρχιτεκτονικής σύνθεσης αναιρεί τη δυσάρεστη εντύπωση που θα μπορούσε να προξενήσει ο γιγαντισμός του έργου.

B2 The structural components

As is the case with every built-up space, an urban public space consists of a floor or the ground, side elevations and a ceiling or the sky above.
The most important element in a street is the inclination or horizontality of the ground, as well as the number and distance between steps in the case of a steep slope, their frequency and height.

B2.1 Level ground

A level ground in a city is identified by the quality of its surface, the materials used and the patterns formed by the paving.
This latter element tends to be forgotten nowadays, although there are some cases where modern pavements reached a very high quality of design. But this is examined in Part C.

B2.2 Sloping ground

A sloping ground can be a ramp, in the case of a shallow incline; stepped, in the case of a steep incline; or a combination of the two, in an intermediary case. These three cases are analyzed in what follows, as well as in Part C. As with the level ground the quality of the pavement and the materials used are most important for the steps in order to secure the safety of the people using them. As far as the steps themselves are concerned, especially when combined with ramps, it is most important that they must be easily discerned and should never be fewer than three. Stairs and steps can be divided into two main categories, formal and informal steps. From there on, one can go on subdividing them in various ways.

Stairways and Steps

The Quirinale area in Rome is rich in every kind of public stairways and steps, some in alleyways and others are officially grandiose and majestic. Some serve the purpose of ascending and descending, others serve just as a base for important buildings.
Stairways or, rather, steps as elements of city architecture, aside from serving pedestrian circulation in public areas, have a just as important additional purpose. This is their role as seating facilities, in the form of tiers, for watching various public performances, processions or just what goes on in the public space in front of them or only just for rest or meditation. Whoever sits on these steps and watches what is going on in the town or city, is after all part of the life of the city and contributes to keeping the city alive.
Before the Grande Arche was built, the new district of the Défense on the outskirts of Paris, was a dead public area. But the stepped base of the Grande Arche, with its numerous steps, gave life to the vast and awkward square in front of it. The steps in the Plaza de los Literários in Santiago de Compostela are clearly meant as tiers for the pilgrims and worshipers of the Saint.
Steps forming the base of public buildings very often have a double purpose, as a base and as tiers. But what really distinguishes stairways that represent architectural achievements in the cityscape, is the directness of their design. Even Baroque stairways, with their sophisticated forms, are straightforward in the intricacy of their design; every time they impress us with their architectural qualities. Such are the magnificent stairways of the piazza di Spagna in Rome.

B2 Οι δομικές συνιστώσες (δάπεδο, παρειές δρόμων, οροφή)

Όπως κάθε δομημένος χώρος, έτσι και ο δημόσιος χώρος αποτελείται από το δάπεδο, τις παρειές και την οροφή ή τον ουρανό. Το κυριότερο χαρακτηριστικό του δρόμου είναι ίσως αυτό που λένε οι μηχανικοί «η μηκοτομή». Δηλαδή, η κλίση ή η οριζοντιότητα του οδοστρώματος, καθώς κι η μορφή της κλίσης, ο αριθμός των βαθμίδων, οι αποστάσεις τους, η συχνότητά τους και τα ύψη τους.

B2.1 Το οριζόντιο δάπεδο

Το οριζόντιο δάπεδο χαρακτηρίζεται από την ποιότητα της επιφανείας του, τη βατότητά του, από τα υλικά που το απαρτίζουν κι από τη μορφή του. Αυτό το τελευταίο τείνει να ξεχαστεί στην εποχή μας, παρότι υπάρχουν άριστα παραδείγματα από σύγχρονη μορφολόγηση των δαπέδων σε δημόσιους χώρους. Το θέμα αυτό εξετάζεται στο Μέρος Γ΄ του βιβλίου.

B2.2 Το κεκλιμένο δάπεδο

Το κεκλιμένο δάπεδο μπορεί να είναι ράμπα, στην περίπτωση μικρής κλίσης, σκάλα, στην περίπτωση μεγάλης κλίσης, ή ραμπόσκαλα, στην ενδιάμεση περίπτωση. Έτσι παρακάτω εξετάζονται οι τρεις αυτές περιπτώσεις. Αυτό όμως που έχει σημασία, όπως και στο οριζόντιο δάπεδο, είναι η ποιότητα του οδοστρώματος και των βαθμίδων, ώστε να είναι απόλυτα ασφαλή για τον πεζό. Όσον αφορά στις βαθμίδες, αυτές πρέπει να είναι εύκολα διακριτές στον οδοιπόρο και ποτέ λιγότερες από τρεις. Γενικά οι βαθμίδες μπορούν να υποδιαιρεθούν σε επίσημες και απλές, ενταγμένες στον οικισμό ή ανεξάρτητες.

Βαθμίδες

Η περιοχή του Κιριναλίου στη Ρώμη βρίθει από βαθμίδες όλων των λογιών, άλλες σε στενά δρομάκια και άλλες επίσημες και μεγαλοπρεπείς. Ορισμένες έχουν ως στόχο την άνοδο και την κάθοδο, άλλες πάλι αποτελούν τη βάση σημαντικών κτιρίων.
Βαθμίδες ενσωματωμένες στον αστικό χώρο, όχι απλώς για την άνοδο και την κάθοδο, αλλά ως στοιχεία αρχιτεκτονικού σχεδιασμού, υπηρετούν και μια άλλη λειτουργία που δεν είναι λιγότερο σημαντική. Αυτή είναι ο ρόλος τους ως κερκίδων για την παρακολούθηση δημοσίων εκδηλώσεων, πομπών ή ακόμη για ανάπαυση και στοχασμό. Κάποιος που κάθεται στις βαθμίδες αυτές και παρακολουθεί τα καθημερινά τεκταινόμενα νιώθει κατά κάποιον τρόπο μέρος της ζωής της πόλης.
Η νέα περιοχή της Ντεφάνς στο Παρίσι, προτού ανεγερθεί το κτίριο της Μεγάλης Αψίδας (Grande Arche), ήταν ένας νεκρός δημόσιος χώρος. Η βάση της Μεγάλης Αψίδας με τις πολλές της βαθμίδες έδωσε ζωή στον αναπεπταμένο αμήχανο χώρο που οριοθετεί. Οι βαθμίδες της πλατείας ντε Λος Λιτεράριος στο Σαντιάγο ντε Κομποστέλα είναι σαφές ότι έχουν προορισμό να χρησιμοποιούνται ως κερκίδες για τους πιστούς και τους προσκυνητές που παρακολουθούν τις λιτανείες του Αγίου.
Αυτό που δίνει τελικά ξεχωριστή αξία στις κλίμακες και τις βαθμίδες στον αστικό χώρο είναι η καθαρότητα του σχεδιασμού τους. Ακόμη και κλίμακες του Μπαρόκ, με την εξεζητημένη τους μορφή, μπορούν να είναι ξεκάθαρες, παρόλο τον περίπλοκο σχεδιασμό τους και δεν παύουν να μας εντυπωσιάζουν με την αρχιτεκτονική τους ποιότητα. Τέτοιες είναι οι βαθμίδες της περίφημης πιάτσα ντι Σπάνια στη Ρώμη.

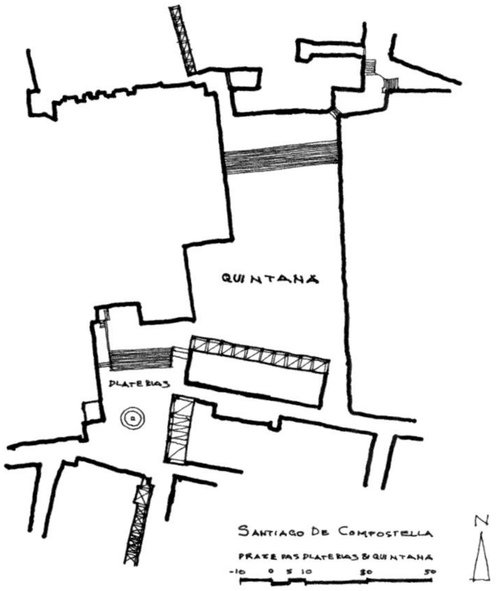

400

401

Formal steps / Επίσημες βαθμίδες

400 Santiago de Compostela, plazas de Platerias and de la Quintana, plan

400 Σαντιάγκο ντε Κομποστέλα, πλατείες Κουιντάνα και ντε λας Πλατερίας

401 Santiago de Compostela, de la Quintana square
The whole length on one side of the square is taken up by steps.

401 Σαντιάγκο ντε Κομποστέλα, πλατεία Κουιντάνα
Ολόκληρη η μία πλευρά της πλατείας καταλαμβάνεται από βαθμίδες.

402

403

404

Formal steps / Επίσημες βαθμίδες

402 Santiago de Compostela, plaza de la Quintana
The steps along the northern end of the square transform it into a huge open air amphitheater with a clear view of the pilgrim's procession entering the famous holy gate of the cathedral.

402 Σαντιάγκο ντε Κομποστέλα, πλατεία Κουιντάνα
Οι βαθμίδες στη βόρεια πλευρά της πλατείας τη μετατρέπουν σε ένα τεράστιο υπαίθριο αμφιθέατρο, με ελεύθερη θέα στην πομπή των προσκυνητών που κατευθύνονται προς την περίφημη ιερή πύλη του καθεδρικού ναού.

403 Santiago de Compostela
One more stepped street in the historic city.

403 Σαντιάγκο ντε Κομποστέλα
Άλλος ένας δρόμος με βαθμίδες.

404 Santiago de Compostela, plaza de Platerias
These are very important steps. They lead from the lower square to the higher East square and the sacred gate to the Cathedral.

404 Σαντιάγκο ντε Κομποστέλα, πλατεία ντε λας Πλατερίας
Η σκάλα αυτή είναι ιδιαίτερα σημαντική. Ενώνει την κάτω πλατεία με την πλατεία ντε Λος Λιτεράριος που βρίσκεται σε υψηλότερο επίπεδο, όπου κι η είσοδος στον ιερό ναό.

405

406

Formal steps / Επίσημες βαθμίδες

405, 406, 407 Prague, the stepped way to the castle
405 The beginning of the stepped street to the castle.
406 Reaching the end of the stepped street.
407 Radnicke Schody is one of the approaches to the Castle.

405, 406, 407 Πράγα, η άνοδος προς το κάστρο
405 Ο βαθμιδωτός δρόμος στην αρχή του.
406 Το τελευταίο τμήμα του βαθμιδωτού δρόμου.
407 Η βαθμιδωτή οδός Ράντνιτσε είναι μία από τις προσβάσεις προς το κάστρο.

408 Prague, Radnické Schody stairway
Descending from the castle area, the winding stepped way reaches out to the historic town in the background.

408 Πράγα, η κάθοδος από το κάστρο, οδός Ράντνιτσε
Ο κλιμακωτός δρόμος με τη θέα της πόλης στο βάθος.

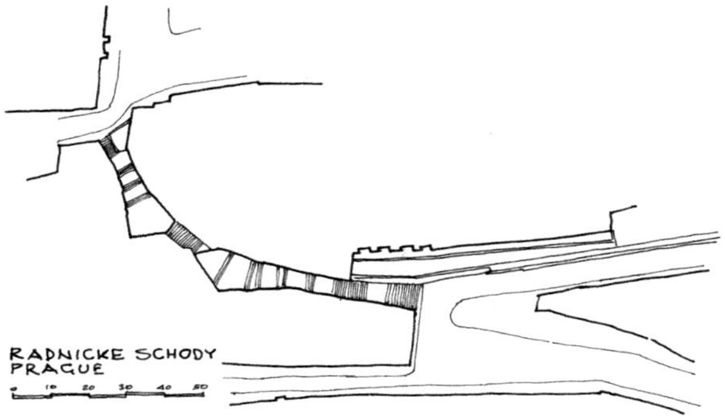

407

408

409

410

411

Formal steps / Επίσημες βαθμίδες

409 Rome, via Babuccio
The steps leading to the back door of the Quirinale.

409 Ρώμη, βία Μπαμπούκιο
Οι βαθμίδες που οδηγούν στην πίσω πόρτα του Κουιρινάλε.

410 Rome, Quirinale, via della Dataria
Going up to the square of Monte Cavallo.

410 Ρώμη, Κουιρινάλε, βία ντέλα Ντατάρια
Ανεβαίνοντας προς την πλατεία του Μόντε Καβάλλο.

411 Rome, via Cavour
Steps leading to a passage under buildings. These steps start out in a most formal way to end at a crooked and winding tunnel.

411 Ρώμη, βία Καβούρ
Οι βαθμίδες αυτές ξεκινούν με επισημότητα για να καταλήξουν σε μια σκολιά και στρεβλή σήραγγα.

412

413

414

Formal steps / Επίσημες βαθμίδες

412 Padua, palazzo Ragione
The interior courtyard with its monumental stairs. A straightforward design.

412 Πάντοβα, Παλάτσο Ρατζόνε
Το εσωτερικό αίθριο με τη μεγαλόπρεπη σκάλα. Μια απέριττη λύση κι ένας ξεκάθαρος σχεδιασμός.

413 Jerusalem, the church of the Holy Sepulchre
The steps leading down to the church of the Holy Sepulchre speak for themselves.

413 Ιεροσόλυμα, ο Άγιος Τάφος
Οι βαθμίδες που κατεβαίνουν προς τον ναό του Παναγίου Τάφου μιλούν από μόνες τους.

414 Siena, the Duomo
The steps behind the Cathedral. An exercise in sober design that accentuates the richness of the gothic architecture of the building.

414 Σιένα, το Ντουόμο
Οι βαθμίδες πίσω από τον καθεδρικό ναό. Μια άσκηση σχεδιαστικής λιτότητας που αναδεικνύει τη γοτθική αρχιτεκτονική του ναού.

415

416

417

Formal steps / Επίσημες βαθμίδες

415 Rome, Campidoglio (Capitoline Hill)
The steps leading to the Capitol square. A no-nonsense, straightforward design by Michelangelo.

415 Ρώμη, Καπιτώλιο
Οι βαθμίδες που οδηγούν στην πλατεία του Καπιτωλίου, βάσει σχεδίου του Μιχαήλ Αγγέλου.

416 Rome, Campidoglio. The steps leading to Santa Maria in Aracoeli
A straightforward design without any superfluous and pointless decorations by Michelangelo.

416 Ρώμη, Καπιτώλιο, οι βαθμίδες προς τη Σάντα Μαρία ιν Αρατσέλι
Μια άμεση λύση χωρίς περιττές κι αμήχανες σχεδιαστικές διανθίσεις, έργο και πάλι του Μιχαήλ Αγγέλου.

417 Rome, Campidoglio (Capitoline Hill)
The steps leading to the Palazzo dei Conservatori by Michelangelo. One more edition of the steps towards St Mary's church.

417 Ρώμη, Καπιτώλιο
Οι βαθμίδες προς το παλάτσο ντέι Κονσερβατόρι, σχεδιασμένες και αυτές από τον Μιχαήλ Άγγελο, αποτελούν μιαν άλλη εκδοχή του σχεδίου προς τη Σάντα Μαρία.

418

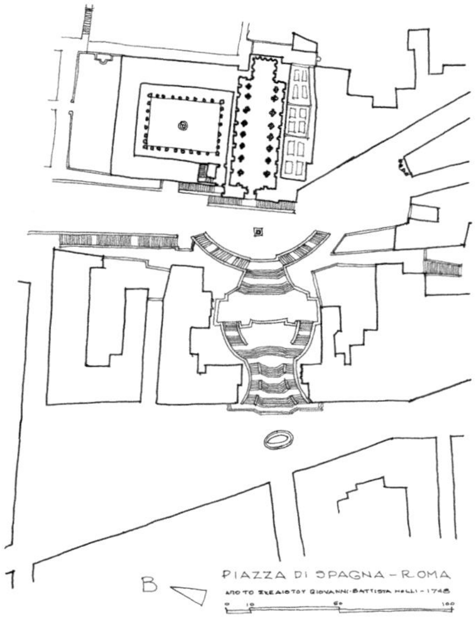

419

420

Formal steps / Επίσημες βαθμίδες

418 Perugia, Palazzo dei Priori
The circular steps leading to the entrances of the Palazzo dei Priori invite tired tourists to use them as seats.

418 Περούτζα, παλάτσο ντέι Πριόρι
Οι κυκλικές βαθμίδες που οδηγούν στην είσοδο του ανακτόρου προσφέρονται ως καθίσματα για να ξαποσταίνουν οι ταλαίπωροι επισκέπτες της ιστορικής αυτής πόλης!

419, 420 Rome, piazza di Spagna (the Spanish Steps)
This splendid Baroque architectural achievement by Francesco De Sanctis and Alessandro Specchi is a lesson of urban design in the way it enhances the church of Santissima Trinità dei Monti and creates a human and friendly townscape.

419, 420 Ρώμη, πιάτσα ντι Σπάνια
Το θαυμάσιο αυτό δείγμα της αρχιτεκτονικής του Μπαρόκ, έργο των αρχιτεκτόνων Φραντσέσκο ντε Σάνκτις (Francesco De Sanctis) κι Αλεσάντρο Σπέκι (Alessandro Specchi), αποτελεί ένα μάθημα αστικού σχεδιασμού, με τον τρόπο που αναδεικνύει τον ναό της Τρινιτά ντέι Μόντι, ενώ συγχρόνως δημιουργεί ένα περιβάλλον φιλικό προς τον άνθρωπο.

421

423

424

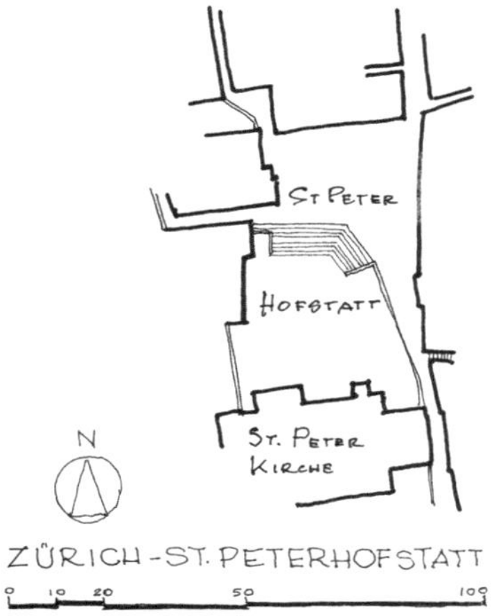

422

Formal steps / Επίσημες βαθμίδες

421 Zurich, St Peterhofstatt square
These steps unequivocally gather the people from all around the square to lead them to the church door.

421 Ζυρίχη, πλατεία Σαν Πέτερχοφστατ
Οι βαθμίδες αυτές προσελκύουν, θα έλεγε κανείς, τον κόσμο που βρίσκεται τριγύρω από την πλατεία και τον οδηγούν στην πύλη της εκκλησίας, να έρθει να προσκυνήσει τον Άγιο Πέτρο.

422 Zurich, St Peterhofstatt square
Plan.

422 Ζυρίχη, πλατεία Σαν Πέτερχοφστατ
Κάτοψη.

423 Patras
19th century neoclassical steps, leading to the upper town.

423 Πάτρα
Νεοκλασικές βαθμίδες του 19ου αι. που οδηγούν στην Πάνω Πόλη.

424 Nara, the temple of Todai-Ji
These formal steps leading to the temple are distinguished for their Japanese elegance.

424 Νάρα, ναός Τόνταϊ-τζι
Οι επίσημες βαθμίδες που οδηγούν στον ναό διακρίνονται για την ιαπωνική τους κομψότητα.

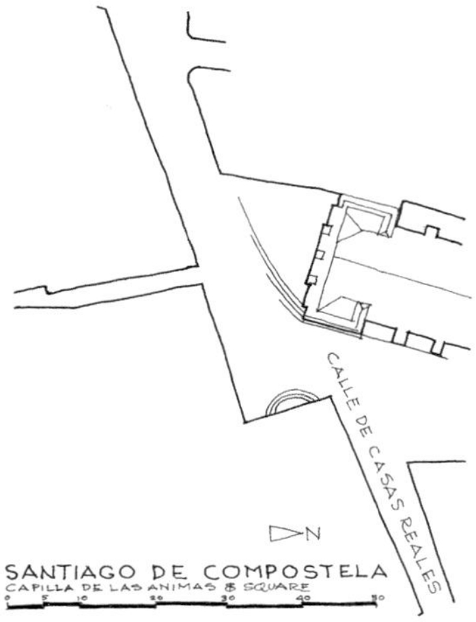

425

426

427

Formal steps / Επίσημες βαθμίδες

425, 426, 427 Santiago de Compostela, calle de casas reales, steps
The steps leading to the church ascend while those leading to the private building descend. A dialogue is established between the sacred and the secular.
425 Plan.
426 Circular steps leading to the secular building.
427 Circular steps leading to the church.

425, 426, 427 Σαντιάγκο ντε Κομποστέλα, οδός ντε Κάζας Ρεάλες
Θα έλεγε κανείς πως ένας διάλογος επιχειρείται μεταξύ θείου και κοσμικού, μεταξύ των βαθμίδων που ανεβαίνουν προς την εκκλησία κι εκείνων που κατεβαίνουν προς το αρχοντικό. Μια συμφωνία κυκλικών βαθμίδων.
425 Κάτοψη.
426 Οι κυκλικές βαθμίδες προς το αρχοντικό.
427 Οι κυκλικές βαθμίδες προς την εκκλησία.

428

429

430

431

Informal steps / Απλές βαθμίδες

428 Nafplion
Steep steps leading to the residential quarters at the foot of the 16th century fortress. Note the sanctuary attached to the lower part of the castle wall.

428 Ναύπλιο
Απότομες βαθμίδες οδηγούν στις πάνω γειτονιές, κάτω από το κάστρο. Ένα μικρό ιερό ξεπροβάλλει στα πόδια του τείχους του φρουρίου.

429 Athens, Epimenidou street, at the foot of the Acropolis
Contemporary steps happily blend with the traditional architecture of the old town.

429 Αθήνα, οδός Επιμενίδου
Σύγχρονες βαθμίδες που εναρμονίζονται απόλυτα με το παραδοσιακό περιβάλλον στους πρόποδες της Ακρόπολης.

430 Athens, Plaka
The stepped lane behind the church with the Acropolis rock towering in the background.

430 Αθήνα, Πλάκα
Η κλιμακωτή άνοδος πίσω από την εκκλησία, με τον βράχο της Ακρόπολης στο βάθος.

431 Athens, Plaka
Vines provide a ceiling over the winding stepped street leading toward the Acropolis of Athens.

431 Αθήνα, Πλάκα
Μια κληματαριά σκιάζει τον κλιμακωτό δρόμο που οδηγεί προς τους πρόποδες της Ακρόπολης.

432

433

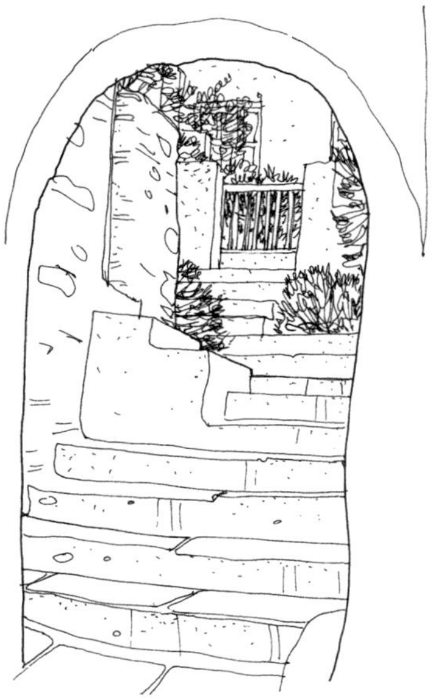

434

435

Informal steps / Απλές βαθμίδες

432 Paros island, Parikia
Typical Aegean island stepped street.
432 Πάρος, Παροικιά
Χαρακτηριστικός κλιμακωτός δρόμος των Κυκλάδων.

433 Paros island
Street with wide apart steps leading to the church.
433 Πάρος
Οι βαθμίδες οδηγούν στην εκκλησία.

434 Tinos island
A stepped village street.
434 Τήνος
Κλιμακωτός δρόμος.

435 Alberobello, Puglia
Street with wide apart steps and an axial rainwater drain.
435 Αλμπερομπέλο, Πούλια
Δρόμος με ραμπόσκαλα και αξονική απορροή ομβρίων.

436

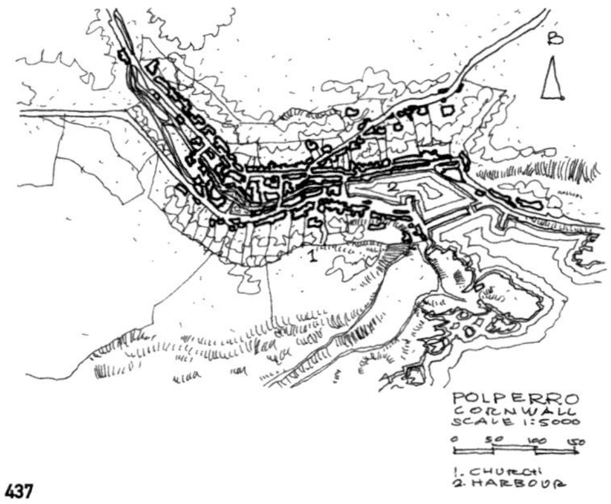

437

438

Steps incorporated in the urban environment
Βαθμίδες ενσωματωμένες στον οικισμό

436, 437, 438 Polperro, Cornwall
436 The stepped lanes overlooking the small harbor twist between the houses while following the terrain.
437 Plan.
438 The small township perched on both sides of the deep creek that serves as a harbor. All roads have to be stepped to cope with the steep slopes.

436, 437, 438 Πολπέρο, Κορνουάλη
436 Οι κλιμακωτοί δρομίσκοι ελίσσονται μεταξύ των σπιτιών ακολουθώντας τη μορφολογία του εδάφους.
437 Κάτοψη.
438 Η μικρή πόλη σκαρφαλώνει στις απότομες παρειές του στενού κολπίσκου που της χρησιμεύει για λιμάνι. Ως εκ τούτου όλοι οι δρόμοι είναι κλιμακωτοί.

439

440

441

Steps incorporated in the urban environment
Βαθμίδες ενσωματωμένες στον οικισμό

439, 440, 441 Hydra Island
439 Typical stepped street with wide apart steps.
440 The stepped entrances protruding into the street add one more note of interest.
441 The same stepped street looking downwards.

439, 440, 441 Ύδρα
439 Κλασικός βαθμιδωτός δρόμος-ραμπόσκαλα.
440 Τα πλατύσκαλα των εισόδων προεξέχουν στον δρόμο, δίνοντάς του ένα πρόσθετο στοιχείο ενδιαφέροντος.
441 Ο ίδιος δρόμος, βλέποντας προς το λιμάνι.

442

443

444

445

446

447

Steps incorporated in the urban environment
Βαθμίδες ενσωματωμένες στον οικισμό

442, 443, 444, 445, 446 Hydra Island
442 A steep stepped lane.
443 Steps combined with a zigzagging axis.
444 Steps leading up to the mansions district.
445 Stepped street at a T junction.
446 Steps at the level of the harbor.

442, 443, 444, 445, 446 Ύδρα
442 Απότομος κλιμακωτός δρόμος.
443 Δρόμος κλιμακωτός σε τεθλασμένο άξονα.
444 Οι βαθμίδες καθώς ανεβαίνουν προς τα αρχοντικά.
445 Βαθμιδωτός δρόμος σε διασταύρωση σχήματος Τ.
446 Βαθμιδωτός δρόμος στο ξεκίνημά του από το λιμάνι.

447 Matera, south Italy
The inbuilt stepped street system of this medieval dug-out township in Calabria, determine its character.

447 Ματέρα, Νότια Ιταλία
Το ενσωματωμένο σύστημα βαθμιδωτών δρόμων του ημι-υπόσκαφου αυτού μεσαιωνικού οικισμού της Καλαβρίας προσδιορίζει τον χαρακτήρα του.

448

449

450

451

Steps incorporated in the urban environment
Βαθμίδες ενσωματωμένες στον οικισμό

448, 449, 450, 451 Santorini island
448 Stepped streets as part of the town structure.
449 The main descent to the harbor.
450 Stepped streets as integral part of the town.
451 Steps forming an integral part of the urban tissue at Oia.

448, 449, 450, 451 Σαντορίνη
448 Οι βαθμιδωτοί δρόμοι της Καλντέρας.
449 Η κύρια κάθοδος προς τον Γιαλό.
450 Οι βαθμιδωτοί δρόμοι αποτελούν αναπόσπαστο στοιχείο των οικισμών της Καλντέρας.
451 Βαθμιδωτοί δρόμοι ενσωματωμένοι στον ιστό του οικισμού της Οίας.

452

453

454

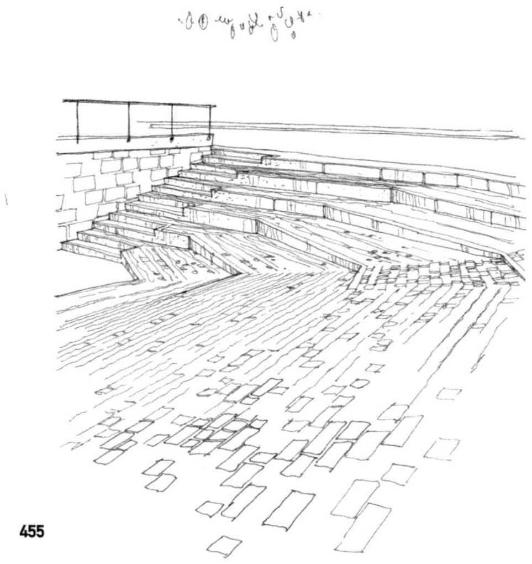

455

Steps combined with ramp
Βαθμίδες σύνθετες με ράμπα

452 Geneva, old town
Stepped street with ramp.
452 Γενεύη, παλαιά πόλη
Κλιμακωτό πεζοδρόμιο σε κεκλιμένο δρόμο.

453 Perugia
Stepped street with ramp as an integral part of the urban setting. One should note the extremely handsome brickwork.
453 Περούτζα
Ο βαθμιδωτός δρόμος αναπόσπαστο τμήμα του αστικού χώρου. Είναι αξιοσημείωτη η εξαιρετική ποιότητα της πλινθοδομής.

454 Perugia
The stepped footway leading from the aqueduct to the old town center. A combination of steps and ramps resulting in a striking piece of urban design.
454 Περούτζα
Ο ανηφορικός δρόμος που οδηγεί από το υδραγωγείο στην παλαιά πόλη. Ένας συνδυασμός ράμπας με βαθμίδες που χαρακτηρίζει πολλούς δρόμους της Περούτζα.

455 Zurich
A small amphitheater, with a view to the moat, formed in the hub of the embankment. A most interesting design, perfectly adapted to the incline.
455 Ζυρίχη, Σβάντσενγκράμπεν, προσαρμογή βαθμίδων σε κεκλιμένο επίπεδο
Μικρό αμφιθέατρο-σκάλα με θέα προς την τάφρο. Ωραία εκμετάλλευση της κλίσης του εδάφους. Μια τεχνικά άρτια λύση με κυβόλιθους.

456 Zagoria, Epirus
Combination of ramps with central stepped street.
456 Ζαγόρια, Ήπειρος
Συνδυασμός σκάλας με ράμπες.

456

457

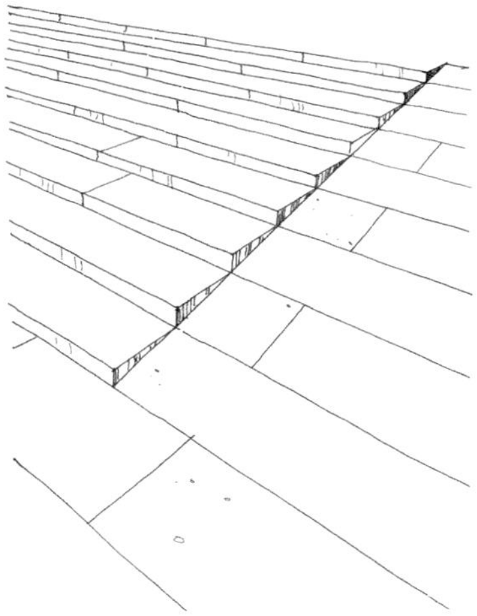

458

459

Steps combined with ramp
Βαθμίδες σύνθετες με ράμπα

457 Perugia, piazza
An interesting transition between ramp and steps.

457 Περούτζα, πλατεία
Ενδιαφέρουσα μετάβαση από ράμπα σε βαθμίδες.

458 Helsinki, steps adapted to a ramp
A straightforward solution to the problem.

458 Ελσίνκι, προσαρμογή βαθμίδων σε κεκλιμένο επίπεδο
Μια απλή και κομψή λύση.

459, 460 Jerusalem, the bazaar, steps with ramp
A discrete solution to help surmount the problem of carts and wheeled transport in general when steps are unavoidable, but not always pleasant to the eye.

459, 460 Ιεροσόλυμα, το παζάρι
Μια διακριτική λύση για την εξυπηρέτηση τροχοφόρων μέσων που δεν είναι πάντα αισθητικά επιτυχής.

461 Frankfurt, Am Main
A simple contraption for mothers with small children on the steps leading to a footbridge over the river Main.

461 Φρανκφούρτη, ποταμός Μάιν
Ένα απλό σύστημα που διευκολύνει μητέρες με μικρά παιδιά στο καροτσάκι. Η σκάλα οδηγεί στην πεζογέφυρα πάνω από τον ποταμό Μάιν.

460

461

462

463

464

Modern steps / Σύγχρονες βαθμίδες

462 Zurich, Kantonsspital
A contemporary stepped street that follows a crooked plan.

462 Ζυρίχη, Καντόνσπιταλ
Ένας κλιμακωτός δρόμος με τεθλασμένη κάτοψη.

463 Zurich, Künstlergasse
These steps are informal by design.

463 Ζυρίχη, Κούνστλεργκάσε
Ελεύθερη διάταξη βάσει σχεδίου.

464 Paris, La Défense
The steps of the Grand Arch used as tiers.

464 Παρίσι, Ντεφάνς
Οι βαθμίδες της Γκραντ Αρς (Μεγάλης Αψίδας) παίζουν συνάμα και τον ρόλο κερκίδων.

465

466

Steps combined with running water
Βαθμίδες σύνθετες με νερό

465 Villa Lante, near Viterbo
The undulating twin stairs by Vignola emulate the cascading water lane in the middle.

465 Βίλα Λάντε, κοντά στο Βιτέρμπο
Ο Βινιόλα (Vignola) πρόσθεσε τον ήχο του νερού που τρέχει στο σχέδιό του με τη διπλή κυματοειδή σκάλα και τους καταρράκτες στη μέση.

466 Braga, Bom Jesus do Monte
As they climb up to the church, the double stairs convey a sense of the eternal.

466 Μπράγκα, Μπομ Ζεζούς ντο Μόντε
Οι σκάλες προς την εκκλησία δίνουν μια αίσθηση αιωνιότητας.

467

468

B2.3 The road's side elevations

The side elevations of an open public urban space can be buildings, porticoes, arcades and rows of trees, as well as a variety of other elements, such as works of art, lampposts as has already been mentioned in Part A.

These elevations, in the form of buildings, can be continuous or interrupted with projections or recessions, perpendicular or inclined, like, for example, in the case of a tiled roof.

B2.3 Οι παρειές του δρόμου

Οι παρειές ενός δρόμου μπορεί να αποτελούνται από κτίρια, στοές, δενδροστοιχίες, φανοστάτες και άλλα στοιχεία, ή ακόμη και έργα τέχνης, όπως αναφέραμε στο Μέρος Α΄. Οι παρειές αυτές μπορούν να είναι συνεχείς ή διακεκομμένες, με προεξοχές ή απολύτως επίπεδες, κατακόρυφες ή κεκλιμένες, όπως στην περίπτωση που απαρτίζονται από στέγες.

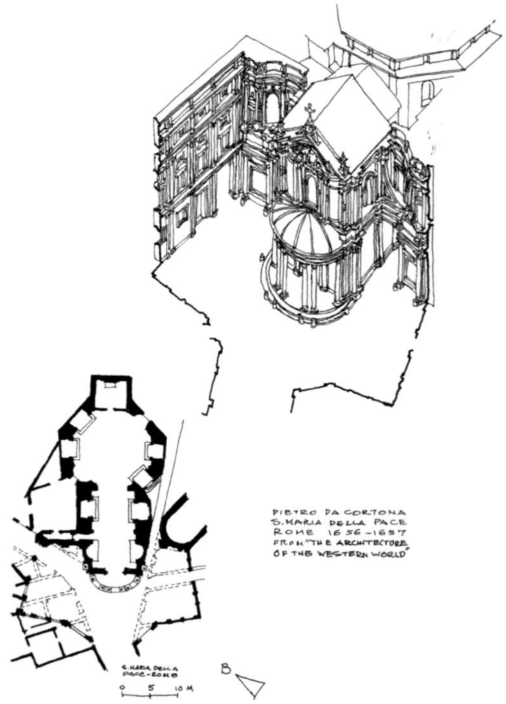

469

Side elevations consisting of buildings
Παρειές δρόμου που απαρτίζονται από κτίρια

Continuity of side elevations. The importance of facades
Με συνεχές μέτωπο κτιρίων. Η σημασία των όψεων

467 Vicenza, piazza dei Signori
The elevation to the left consists of three distinct buildings, the middle one of which is a church.
But for aesthetic reasons they present a unified facade.

467 Βιτσέντζα, πλατεία Σινιόρι
Η όψη στην αριστερή παρειά της πλατείας –τρία ξεχωριστά κτίρια με μια εκκλησία στη μέση– δίνει την εντύπωση ενιαίου κτιρίου. Είναι σαφής η επιθυμία για ενότητα στην αρχιτεκτονική διαμόρφωση του δημόσιου χώρου.

468, 469 Rome, Santa Maria della Pace, 1656-1657, by the architect Pietro da Cortona
Buildings were torn down in order to enlarge the space in front of the church and new facades were designed and carried out, independently from the uses of the buildings behind them, in order to create a square in harmony with the architecture of the church.

468, 469 Ρώμη, Σάντα Μαρία ντέλα Πάτσε, 1656-1657, αρχιτέκτων Πιέτρο ντα Κορτόνα (Pietro da Cortona)
Κατεδαφίσθηκαν κτίρια για να διευρυνθεί ο χώρος μπροστά στην εκκλησία και σχεδιάστηκαν νέες όψεις οι οποίες αντικατέστησαν τις υπάρχουσες, ανεξάρτητα από τις χρήσεις και τις λειτουργίες των κτιρίων που περιέβαλλαν την πλατεία, με στόχο τη δημιουργία ενός ενιαίου αρμονικού αρχιτεκτονικού συνόλου.

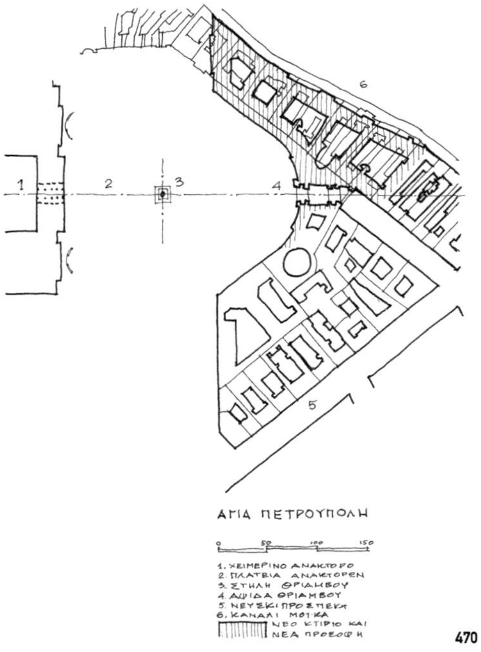

470

471

Side elevations consisting of buildings
Παρειές δρόμου που απαρτίζονται από κτίρια

Continuity of side elevations. The importance of facades / Με συνεχές μέτωπο κτιρίων. Η σημασία των όψεων

470, 471, 472 St Petersburg
470 A whole building block was torn down to give its place to the new symmetrical elevations of the square in the form of a crescent with a large archway in the middle.
471 The Winter Palace square as seen through the new archway.
472 The Winter Palace square with the Admiralty square, a sample of gigantism.

470, 471, 472 Αγία Πετρούπολη
470 Η πλατεία των Χειμερινών Ανακτόρων. Ένα ολόκληρο οικοδομικό τετράγωνο κατεδαφίστηκε για να δώσει τη θέση του στη νέα συμμετρική διαμόρφωση της πλατείας σε σχήμα ημικυκλίου, με μεγαλόπρεπη αψίδα-είσοδο στο μέσον και ενιαία πρόσοψη που αποπερατώθηκε το 1829.
471 Η πλατεία των Χειμερινών Ανακτόρων μέσα από τη νέα αψίδα.
472 Το κέντρο. Ένα δείγμα αστικού γιγαντισμού.

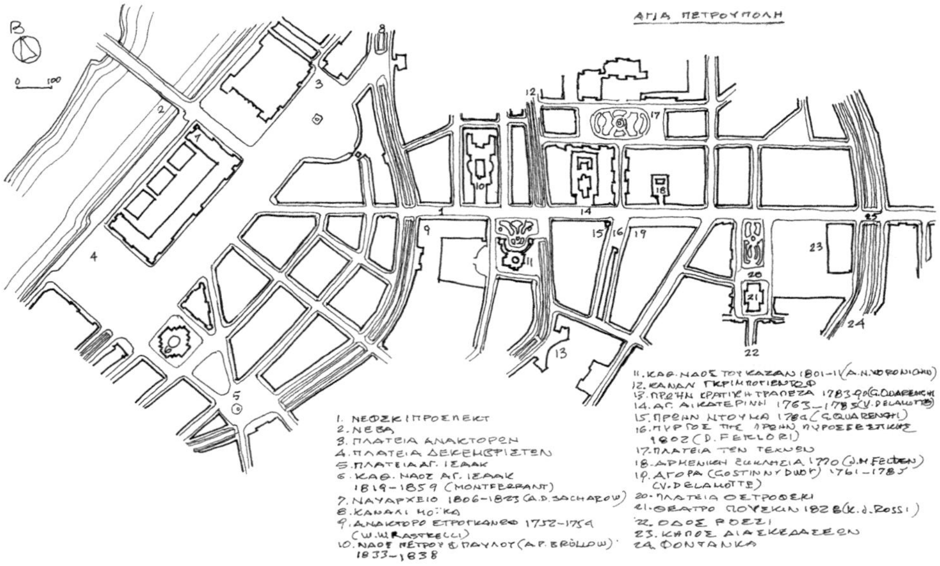

472

473

475

476

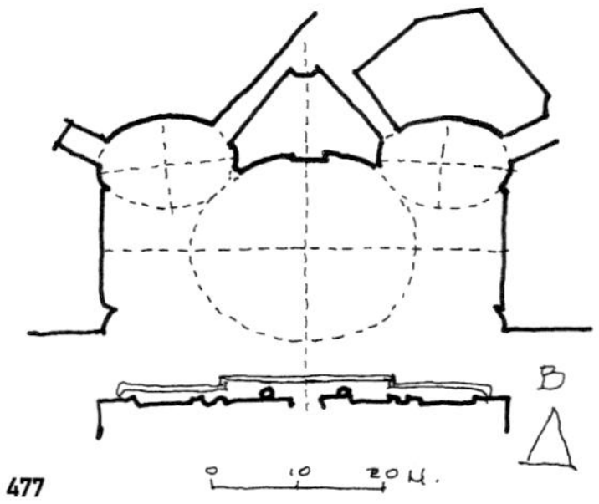

477

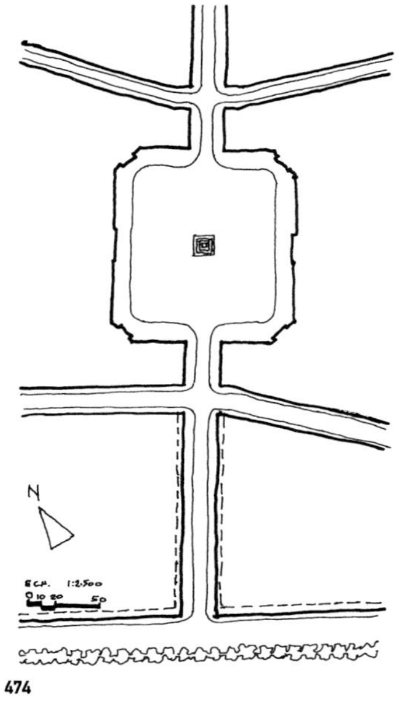

474

Side elevations consisting of buildings
Παρειές δρόμου που απαρτίζονται από κτίρια
Continuity of side elevations. The importance of facades / Με συνεχές μέτωπο κτιρίων. Η σημασία των όψεων

473, 474 Paris, place Vendôme, architect J. Hardouin-Mansart
The side elevations of this square were designed by the architect before the land around the square was sold. These were painted on canvas mounted around the square on scaffolding. The developers were obliged to construct with absolute accuracy these facades independently of the layout of the buildings. This resulted today in the most expensive rentals in Paris.

473, 474 Παρίσι, πλας Βαντόμ, αρχιτέκτων Ζ. Αρντουάν-Μονσάρ
Όλη η πλατεία αποτελείται από ενιαία πρόσοψη σχεδιασμένη από τον Αρντουάν-Μονσάρ. Οι αγοραστές των οικοπέδων που την περιβάλλουν είχαν την υποχρέωση να σεβαστούν την ενιαία αρχιτεκτονική σύνθεση. Προτού χτιστούν τα κτίρια, οι προσόψεις τους είχαν σχεδιαστεί σε φυσικό μέγεθος πάνω σε κανναβόπανο, κι είχαν αναρτηθεί γύρω-γύρω στην πλατεία σε σκαλωσιές. Οι αγοραστές είχαν την υποχρέωση να τις σεβαστούν με απόλυτη ακρίβεια. Σήμερα η πλατεία έχει τα υψηλότερα ενοίκια όλου του Παρισιού.

475 Edinburgh, the Moray Place, end of 18th century
The elevations of all buildings around the square have been studied as an integral architectural project. Due to these new town squares Edinburgh acquired the name of "Athens of the North".

475 Εδιμβούργο, Μόρυ πλέις τέλος 18ου αι.
Όλες οι όψεις των κτιρίων γύρω από τη δενδρόφυτη πλατεία έχουν μελετηθεί σε ενιαίο αρχιτεκτονικό σχέδιο γι' αυτήν την περιοχή αμιγούς κατοικίας.

476, 477 Rome, Saint Ignatius
Remodeling to improve the quality of this very small square was carried out in the 18th century.

476, 477 Ρώμη, Άγιος Ιγνάτιος
Οι όψεις ξανασχεδιάστηκαν τον 18ο αι. για να βελτιωθεί η αισθητική της πλατείας.

478

479

480

Side elevations consisting of buildings
Παρειές δρόμου που απαρτίζονται από κτίρια

Continuity of side elevations. The importance of facades / Με συνεχές μέτωπο κτιρίων. Η σημασία των όψεων

478, 479, 480, 481 Paris, place des Vosges, architects Claude Chatillon, Louis Métézeau, Jean Baptiste Androuet du Cerceau, 1605-1612
This square and the dwellings around it was designed and built on the basis of an integral plan, in order to attract weavers from Flanders for the Royal textile factories.

478, 479, 480, 481 Παρίσι, πλας ντε Βοζ, αρχιτέκτονες Κλ. Σατιγιόν, Λ. Μετεζώ και ντυ Σερσώ (Claude Chatillon, Louis Métezeau, Jean Baptiste Androuet du Cerceau), 1605-1612
Η πλατεία και οι γύρω κατοικίες σχεδιάστηκαν εξαρχής ως ενιαίο σύνολο. Στόχος: να προσελκύσουν υφαντουργούς από τη Φλάνδρα για να εργαστούν στα βασιλικά υφαντουργεία.

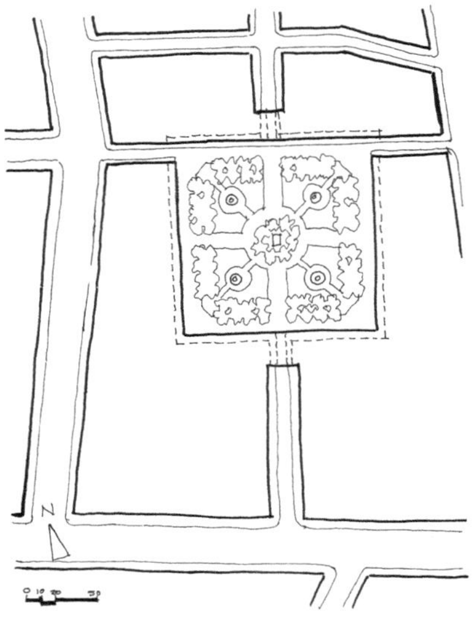

481

482

483

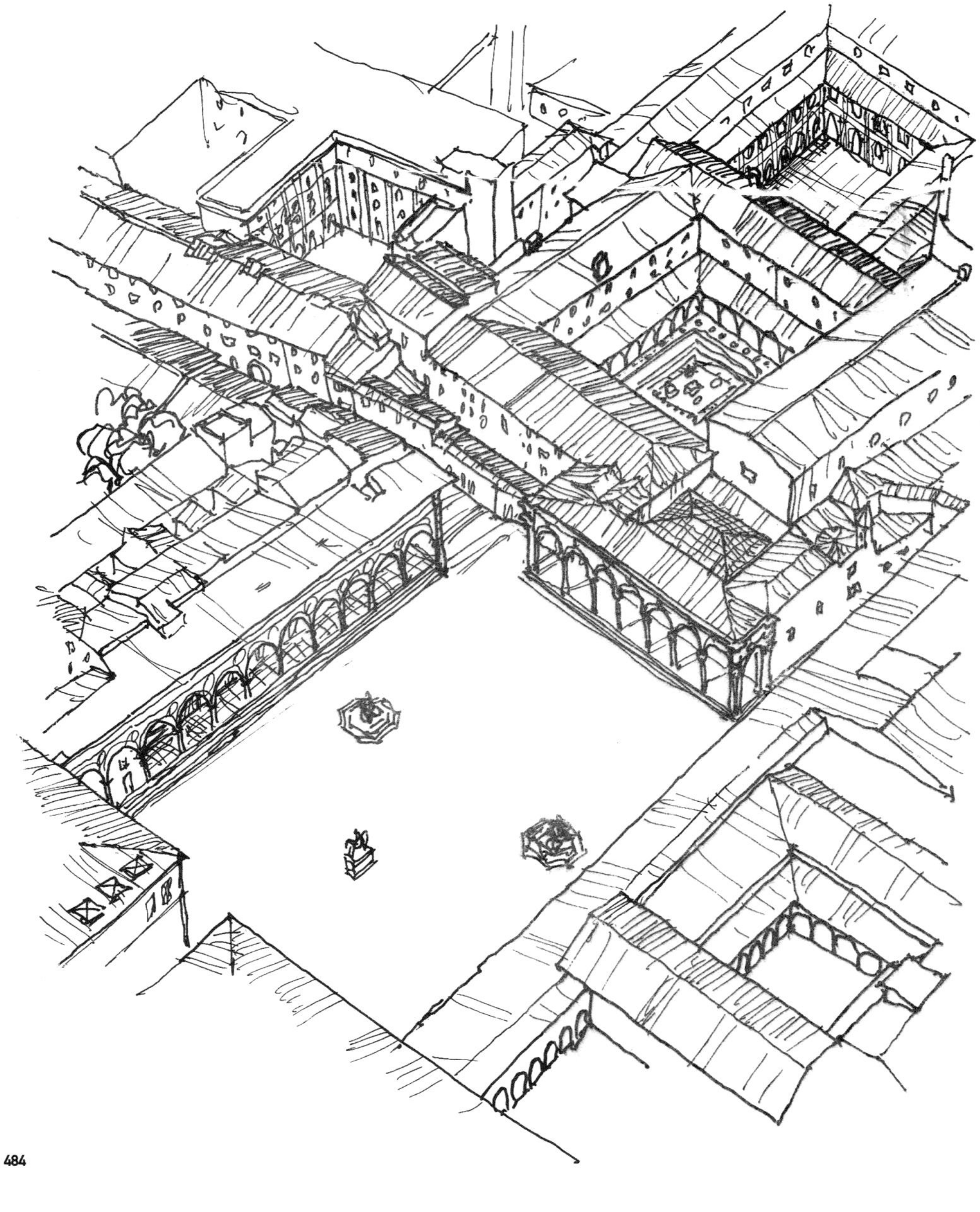

484

Side elevations consisting of buildings
Παρειές δρόμου που απαρτίζονται από κτίρια

Continuity of side elevations. The importance of facades / Με συνεχές μέτωπο κτιρίων. Η σημασία των όψεων

482, 483, 484 Florence, piazza della Santissima Annunziata
The arcade of the Confraternita dei Servi di Maria on the northwestern side of the square, by Sangallo and D'Angolo, is an exact replica of the one built 100 years earlier by Brunelleschi for the Ospedale degli Innocenti, on the southeastern side of the square. This is a tribute to Brunelleschi by two great architects but also expresses the profound respect that public space inspired.

482, 483, 484 **Φλωρεντία, πλατεία Σαντίσιμα Ανουντσιάτα, 16ος αι.**
Η στοά Κονφρατερνιτά ντέι Σέρβι ντι Μαρία, των αρχιτεκτόνων Α. Σανγκάλο και Μπ. ντ' Ανιόλο (Antonio da Sangallo, Baccio d'Agnolo), 1516-1525, στη βορειοδυτική πλευρά της πλατείας, είναι πιστή επανάληψη της στοάς του Οσπεντάλε ντέλι Ινοτσέντι στη νοτιοανατολική πλευρά, που σχεδίασε κι έκτισε νωρίτερα ο Μπρουνελέσκι (Brunelleschi). Στόχος των αρχιτεκτόνων ήταν η συμμετρική ολοκλήρωση της πλατείας, αποτίοντας ταυτοχρόνως και φόρο τιμής προς τον εξαίρετο εκείνο αρχιτέκτονα που είχε ζήσει 100 χρόνια πριν.

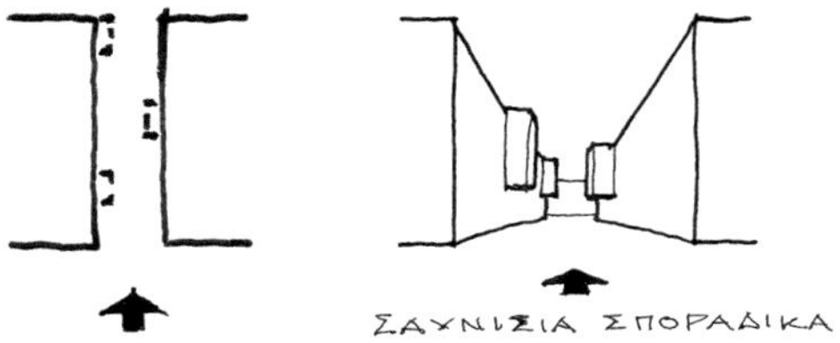

485

486

487

488

Buildings with projections, enclosed balconies, etc.
Παρειές δρόμων με κτίρια που έχουν προεξοχές στον όροφο (σαχνισιά)

485 Schematic drawing
Enclosed balconies at random, scattered.

485 **Παρειές δρόμων με κτίρια που έχουν προεξοχές στον όροφο**
Σποραδικά σαχνισιά.

486 Jerusalem, old city
Enclosed balconies over stepped street with bridge that connects opposite buildings.

486 **Ιεροσόλυμα, παλαιά πόλη**
Σαχνισιά πάνω από κλιμακωτό δρόμο με γέφυρα που ενώνει κτίρια.

487, 488 Heraclion, Crete, French windows
These closed balconies are like protruding eyes that follow passersby. This could give a feeling of security, but, on the other hand, it creates a feeling of uneasiness.

487, 488 **Ηράκλειο, σαχνισιά**
Τα σαχνισιά είναι σαν προεξέχοντα μάτια που παρακολουθούν τους περαστικούς.

489

490

Side elevations in wings
Παρειές δρόμου κατά πτέρυγες

489, 490 Genoa, Strada Nuova, 19th century, the importance of side elevations
489 An example of a street at the point of disintegration of its urban character. Yet intermediate garden walls complete the continuity of the street elevation of buildings.

490 The continuous façade on the left defines the street, while the interrupted elevation on the right reduces this impression.

489, 490 **Γένοβα, Στράντα Νουόβα, 19ος αι.**
489 Παράδειγμα δρόμου στο μεταίχμιο του αστικού χαρακτήρα.

490 Η συνεχής όψη των κτιρίων αριστερά ορίζει σαφώς τον δρόμο, ενώ η διακοπτόμενη στα δεξιά μειώνει την εντύπωση της συνέχειας.

491

492

493

494

Street elevations with protruding stairs
Παρειές δρόμων με προεξέχουσες σκάλες

491 Tinos island
This stair serves two houses on both sides of the street, by bridging over it.

491 Τήνος
Η σκάλα αυτή εξυπηρετεί συγχρόνως δύο κατοικίες εκατέρωθεν του δρόμου, περνώντας σαν γέφυρα από πάνω του. Αυτό θα πει οικονομία!

492 Mykonos island, stairs
The street acquires a particularly intimate character as the higher levels are served by open staircases protruding into the public space of the street.

492 Μύκονος
Ο δρόμος αποκτά ιδιαίτερα οικείο χαρακτήρα εδώ, όπου ο πρώτος όροφος των κτιρίων εκατέρωθεν εξυπηρετείται με σκάλες που ξεκινούν από τον δημόσιο χώρο.

493 Skyros island
The stairs leading to the upper floors starting from the street in all directions.

493 Σκύρος
Οι σκάλες που οδηγούν στον όροφο ξεκινούν από τον δρόμο, άλλοτε κάθετα κι άλλοτε παράλληλα προς αυτόν.

494 Paros island
The simplest of means create a streetscape of richness and variety, presenting an expression of a century-old civilization. The building in the background bridges over the street.

494 Πάρος
Τα απλούστερα των μέσων δημιουργούν ένα τοπίο πλούσιο σε ποικιλία μορφών αρμονικά συντεθειμένων, ως έκφραση ενός πολιτισμού αιώνων. Το κτίριο στο βάθος επεκτείνεταιι πάνω από τον δρόμο.

495

496

497

Street elevations with protruding stairs
Παρειές δρόμων με προεξέχουσες σκάλες

495, 497, 498 Paros island
495 Functionalism in its starkest form.
497 The stairs to the houses on each side of the street add to the intimacy of the place.
498 Typical Aegean street setting with stairs.

495, 497, 498 Πάρος
495 Η λειτουργικότητα στο έπακρον.
497 Οι σκάλες που οδηγούν στις κατοικίες στις δύο πλευρές του δρόμου δίνουν ένα πιο οικείο τόνο στο αστικό τοπίο.
498 Χαρακτηριστικές σκάλες της αιγαιοπελαγίτικης πολεοδομίας.

496 Streets elevations with protruding stairs
496 Παρειές δρόμων με προεξέχουσες σκάλες

499 Corfu, old town, stairs
Stairs projecting into a street hidden by a high wall and an elaborate ironwork door.

499 Κέρκυρα
Εδώ η σκάλα περιβάλλεται από μάντρα, οπότε έχει κι αυλόπορτα.

498

499

500

501

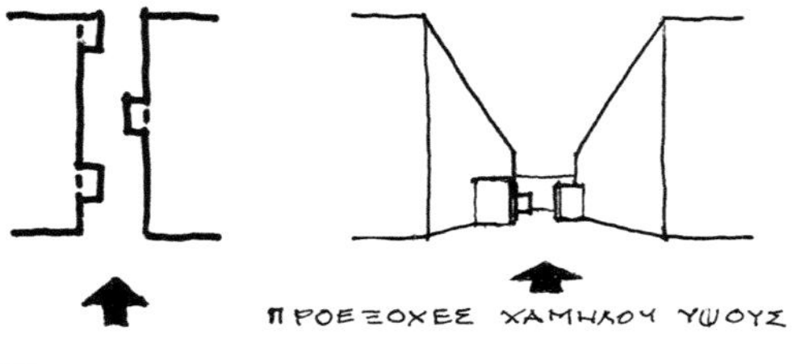

502

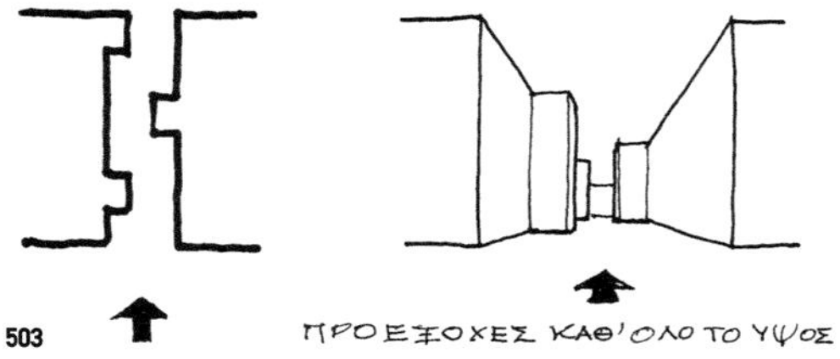

503

Side elevations projecting with porticoes and arcades / Παρειές δρόμων με στοές που προεξέχουν

500, 501 Bologna
Buildings may protrude but the sidewalk is continuous, moving without interruption, through porticos and arcades.

500, 501 Μπολόνια
Τα κτίρια μπορεί να προεξέχουν από την οικοδομική γραμμή, το πεζοδρόμιο όμως συνεχίζει χωρίς διακοπές κάτω από τις στοές.

502, 503 Low and full-height projections with porticoes and arcades
502, 503 Παρειές δρόμων με στοές που προεξέχουν

504

505

506

Side elevetions projecting with porticoes and arcades / Παρειές δρόμων με στοές που προεξέχουν

504, 505, 506, 507, 508 Santiago de Compostela, calle Villar
504 Here again the continuity of the footway is established through intermediate porticoes and arcades.
505 The arcades may be interrupted at intervals but the continuity of the street is not affected.
506 The interest of the cityscape is accentuated by the zigzagging axis, the view of the bell tower and primarily by the projection of the buildings over arcades.
507 The interrupted arcades give rhythm to the street that follows the passerby along his way.
508 The row of interrupted porticoes and arcades.

504, 505, 506, 507, 508 Σαντιάγκο ντε Κομποστέλα, οδός Βιγιάρ
504 Κι εδώ ο πεζόδρομος συνεχίζεται κάτω από τη στοά.
505 Οι στοές διακόπτονται αλλά όχι κι ο πεζόδρομος.
506 Το ενδιαφέρον του περαστικού διεγείρεται από τον κλιμακωτό άξονα, από τη θέα του καμπαναριού της εκκλησίας και κυρίως από την προεξοχή του κτιρίου με τη στοά από κάτω.
507 Οι διακοπτόμενες στοές προσδίδουν ρυθμό που ακολουθεί τον δρόμο και την πορεία του διαβάτη.
508 Οι στοές διακόπτονται κάθε τόσο.

507

508

509

510

511

512

Side elevations, projecting with porticoes and arcades / Παρειές δρόμων με στοές που προεξέχουν

509 Pisa, projecting porticoes, via Oberdan
509 Πίζα, οδός Ομπερτάν

510 Bologna
The projecting buildings over the sidewalk with arcades underneath add to the interest of the streetscape.

510 Μπολόνια
Τα προεξέχοντα κτίρια πάνω από το πεζοδρόμιο, με τη στοά από κάτω, προσθέτουν στο ενδιαφέρον του δρόμου.

511 Corfu
Corfu displays all the trimmings that can provide charm and attractiveness to an urban setting. Steps along its wavy streets going up or down, tiny squares, porticoes that project over the street providing shelter to the passer-by.

511 Κέρκυρα
Η Κέρκυρα διαθέτει όλα τα στοιχεία που μπορούν να καταστήσουν μια πόλη ελκυστική και μαγευτική. Βαθμίδες στους κυματοειδείς δρόμους που ανεβαίνουν και κατεβαίνουν σχηματίζοντας μικρές πλατείες, στοές που προεξέχουν και προσκαλούν στη σκιά τους τον διαβάτη.

512 Corfu, arcade over the sidewalk
The discontinuity of this arcade adds an element of ambiguity to the street. It looks like a passage which cannot be completed. This arcade follows a discontinuous sidewalk. At both its ends there are steps meant for giants.

512 Κέρκυρα, παρόδια στοά εκτός οικοδομικής γραμμής
Η ασυνέχεια των στοών που προεξέχουν από την οικοδομική γραμμή προσθέτει το στοιχείο του αναπάντεχου στον δρόμο. Αυτήν τη στοά όμως τη χαρακτηρίζει μια αντίφαση: μοιάζει με πέρασμα, αλλά πώς να την περάσεις;! Αναπτύσσεται πάνω από ένα ασυνεχές πεζοδρόμιο. Στις δύο άκρες της στοάς σχηματίζονται βαθμίδες κατάλληλες μόνο για γίγαντες.

513

514

Other types of elevation
Άλλου είδους παρειές

513 Bern, flags
The flags, representing the cantons of the Swiss federation, that adorn the street elevations on festive occasions, change the character of the public space and give it a new meaning.

513 Βέρνη, σημαίες
Οι σημαίες όλων των καντονίων της Ελβετίας σε μια εορταστική εκδήλωση αλλάζουν τη μορφή της κεντρικής αρτηρίας της ιστορικής πόλης, έστω και για σύντομο μόνο χρονικό διάστημα.

514 Corfu, N. Theotoki street, flags
On national holidays and local processions of the remains of St Spyridon, when flags are raised to honor the occasion, the street changes in appearance.

514 Κέρκυρα, οδός Νικηφόρου Θεοτόκη, σημαίες
Όταν, σε εθνικές εορτές και τοπικές λιτανείες του Αγ. Σπυρίδωνα, αναρτώνται σημαίες για να τιμήσουν την περίσταση, ο δρόμος αλλάζει όψη.

515 Seville, flowers
The flowers in hanging flower pots and on balconies give a particular character of openheartness to the street.

515 Σεβίλλη, άνθη
Τα άνθη στις κρεμαστές γλάστρες και στους εξώστες προσδίδουν ιδιαίτερα ευχάριστο χαρακτήρα στον δρόμο.

515

516

517

518

Other types of elevations / Άλλου είδους παρειές

516 Athens, Faliron Bay development project, first prize in architectural competition in 1969 (by V. Bogakos, C. Decavalla & N. Valsamakis)
Three elements define this footway. The row of palm trees, the lamp-posts in a row and the masts of the boats in the water.

516 Αθήνα, Φαληρικός όρμος, πρόταση διαμόρφωσης, πρώτο βραβείο αρχιτεκτονικού διαγωνισμού το 1969 (αρχιτέκτονες: Νίκος Βαλσαμάκης, Κωνσταντίνος Δεκαβάλλας, Βασίλης Μπογάκος)
Τρία στοιχεία ορίζουν τον χώρο του πεζοδρόμου: η δενδροστοιχία, οι φανοστάτες σε γραμμική ανάπτυξη και οι ιστοί των σκαφών κατά μήκος της προβλήτας.

517 Manhattan, Battery Esplanade
The linear arrangement of trees, street lights, as well as free-standing buildings along the river waterfront, creates one of the most attractive open spaces of New York's residential areas.

517 Μανχάταν, η σπιανάδα του Μπάτερυ
Η γραμμική διάταξη που έχουν οι δενδροστοιχίες, οι φανοστάτες και τα πανταχόθεν ελεύθερα κτίρια κατά μήκος του ποταμού Χιούστον, δημιουργούν έναν από τους ελκυστικότερους ελεύθερους χώρους του αστικού συνόλου της Νέας Υόρκης.

518 Hydra island
The street lights and the masts of the fishing boats along the water front define the footway.

518 Ύδρα, άλμπουρα
Τα άλμπουρα των καραβιών αποτελούν μία από τις παρειές της προκυμαίας.

B2.4 The ceiling (arcades, passages, markets, pergolas, etc.)

An urban public space –a street, a square or a park– is normally conceived as completely open to the sky. Still urban public space can be an arcade on a street front or around a square, a covered passage, even a covered market (or bazaar).
But a street or square can be covered by a pergola. Even a street under bridges or portals or arches or flying buttresses is semi-covered. We encounter such streets very often in the Aegean islands and in many other places around the world.

Arcades with panels

Michelangelo, in his design for the Capitol in Rome as we have already seen in Part A, proved that he was not only a great sculptor but a great architect as well.
Except for his exquisite setting of the buildings, the Conservatorio and the Palazzo Nuovo, around the square, that was later followed by Bernini in St Peter's square, the elevations of the buildings as well as their arcades are one more example of his architectural ingenuity.
In this case Michelangelo uses a series of architectural refinements that complement one another. First comes the differentiation in scale between the elevations of the buildings and their arcades. While the pilasters with their Corithian capitals continue through the whole height of the buildings, the columns with the Ionic capitals that frame the arcade openings reach only to their architrave or lintel at the height of the arcade ceiling, forming an independent colonnade that belongs only to the portico.
The second is the repetition of the colonnade of the façade on the interior wall of the arcade, with two columns surmounted by Ionian capitals on the right and left of a pilaster, creating the illusion of autonomy of the interior space of the arcade, with its different architectural expression from the rest of the building.
The third is the shaping of the ceiling of the arcade, that consists of a row of single panels supported by the four columns with the Ionian capitals in the shape of canopies. Canopies similar to those that were used to protect and impose important people, or religious relics during official processions. This gives the feeling of importance to a person walking under the arcade. Finally the rhythm created by the row of ceiling canopies adds to this exquisite architectural achievement.

519

Arcades with panels and canopies
Στοές με φατνώματα

519 The capitol arcade, Rome, 16th century
The portico of the Conservatory as it is perceived by the passerby under the coffered ceiling.
519 Στοά Καπιτωλίου, Ρώμη, Μιχαήλ Άγγελος, 16ος αι.
Η στοά του Κονσερβατόριου όπως την αντιλαμβάνεται ο περαστικός περπατώντας κάτω από τα φατνώματα.

520

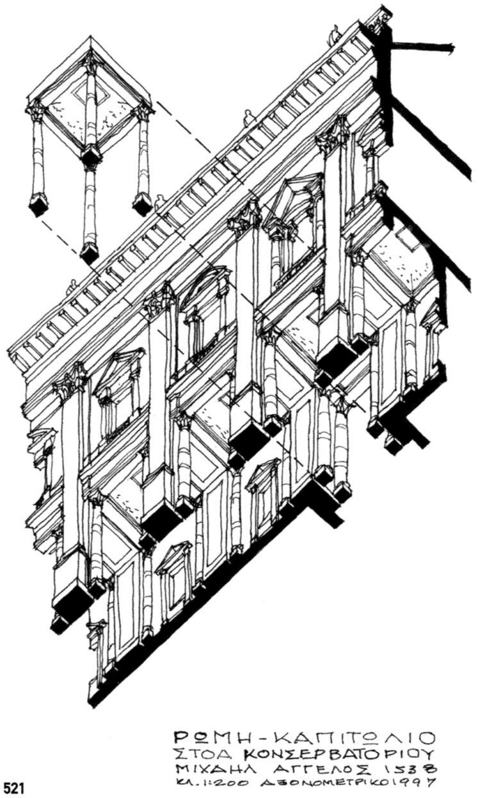

521

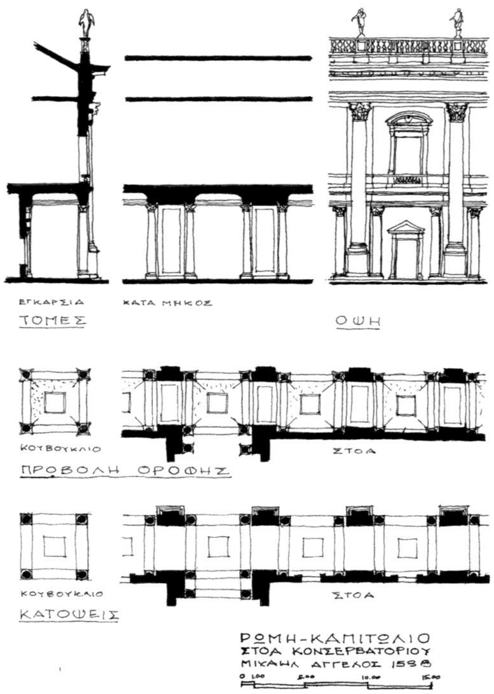

522

Arcades with flat ceiling and ceilings with panels and canopies / Στοές με οροφές επίπεδες ή με φατνώματα

520 Venice
A religious procession in St Mark's square in Venice with a canopy over the sacred relics.

520 Βενετία
Λιτανεία στην πλατεία του Αγ. Μάρκου στη Βενετία με το κουβούκλιο πάνω από τα ιερά κειμήλια.

521, 522 The Capitol arcade, Rome
Axonometric, drawing, plans and sections

521, 522 Στοά Καπιτωλίου, Ρώμη
Αξονομετρικό, κάτοψη, άνοψη οροφής, τομή και όψη.

B2.4 Οροφή (στοές, αγορές, κληματαριές κ.λπ.)

Ως δημόσιος χώρος συνήθως νοείται ο ελεύθερος χώρος –πλατεία, άλσος ή δρόμος– ανοικτός προς τον ουρανό. Αλλά δημόσιος χώρος μπορεί επίσης να είναι μία στοά –διαμπερής ή παρόδια κατά μήκος οδού, ή γύρω από πλατεία–, ή και μια καλυμμένη αγορά, ένα παζάρι. Όμως ακόμη κι οι δρόμοι ή οι πλατείες δεν έχουν πάντα για οροφή τον ουρανό. Είναι φορές που καλύπτονται με πέργολες ή κληματαριές. Άλλοτε πάλι, κάποιοι δρόμοι διέρχονται κάτω από γέφυρες, πορτοσιές, ή τόξα αντισεισμικής αντιστήριξης, όπως συχνά συμβαίνει στα νησιά του Αιγαίου καθώς και σε πολλά άλλα μέρη.

Παρόδιες στοές με φατνώματα

Ο Μιχαήλ Άγγελος στη διαμόρφωση του Καπιτωλίου στη Ρώμη, όπως ήδη είδαμε στο Μέρος Α΄, απέδειξε πως δεν ήταν μόνον εξαιρετικός γλύπτης αλλά και ταλαντούχος αρχιτέκτων. Εκτός από τη σοφή διάταξη των κτιρίων του Κονσερβατορίου και του Παλάτσο Νουόβο –σήμερα μουσείο του Καπιτωλίου– την οποία αργότερα εφήρμοσε και ο Μπερνίνι (Bernini) στην πλατεία του Αγίου Πέτρου, οι προσόψεις των κτιρίων κι οι στοές τους αποτελούν άλλο ένα δείγμα της αρχιτεκτονικής του ευρηματικότητας.

Εδώ ο Μιχαήλ Άγγελος χρησιμοποιεί μια σειρά από αρχιτεκτονικές εκλεπτύνσεις, όπου η μία έρχεται να συμπληρώσει την άλλη. Πρώτη έρχεται η διαφοροποίηση της κλίμακας στη διαμόρφωση των όψεων των κτιρίων από εκείνη της στοάς. Ενώ οι παραστάδες με τα ρωμαιοκορινθιακού τύπου κιονόκρανα συνεχίζουν καθ' όλο το ύψος των διώροφων κτιρίων του Κονσερβατορίου και του Μουσείου του Καπιτωλίου, οι κίονες με τα ιωνικά κιονόκρανα, που πλαισιώνουν τα ανοίγματα της στοάς εκατέρωθεν των παραστάδων, φθάνουν μόνον ώς το επιστύλιο, αποτελώντας έτσι μια πρόσθετη κιονοστοιχία που ανήκει αποκλειστικά και μόνον στη στοά.

Το δεύτερο στοιχείο είναι η επανάληψη της ιωνικής κιονοστοιχίας της πρόσοψης στον τοίχο του βάθους της στοάς, που με τη σειρά της πλαισιώνει ένα αντίγραφο της παραστάδας της πρόσοψης, δημιουργώντας έτσι μια αίσθηση αυτονομίας της στοάς, αφού έχει δύο συμμετρικές εσωτερικές όψεις.

Το τρίτο είναι η διαμόρφωση της οροφής της στοάς, που αποτελείται από ξεχωριστά φατνώματα μεταξύ τεσσάρων κιόνων, δημιουργώντας έτσι την εντύπωση μιας σειράς από κουβούκλια-σκιάδια, ακριβώς όπως εκείνα που χρησιμοποιούσαν για να προστατέψουν αλλά και να προβάλουν τιμώμενα πρόσωπα σε επίσημες τελετές και θρησκευτικές λιτανείες, ή όπως τον Επιτάφιο. Αυτό δίνει στον περαστικό, που ακολουθεί τον άξονα της στοάς, μιαν ανεπαίσθητη εντύπωση ανάτασης κι ευφορίας. Εξάλλου, η αλληλουχία των φατνωμάτων κατά μήκος της διαδρομής δημιουργεί ένα ρυθμό που έρχεται να συμπληρώσει το εξαίρετο αυτό αρχιτεκτονικό σύνολο.

523

524

Arcades with panels
Παρόδιες στοές με φατνώματα

523, 524 Vicenza, Palazzo Chiericati, architect Andrea Palladio
523 The arcade as seen from the square.
524 The pattern of the ceiling derives from the structural elements: columns, beams and masonry.

523, 524 Βιτσέντζα, παλάτσο Κερικάτι, αρχιτέκτων Παλλάντιο
523 Η όψη από την πλατεία.
524 Το σχέδιο της οροφής ανταποκρίνεται στα δομικά στοιχεία των υποστυλωμάτων των δοκών και της λιθοδομής.

525

526

Arcades with panels
Στοές με φατνώματα

525 Milan, the square of the Duomo
The excessive decoration of the 19th century.

525 Μιλάνο, πλατεία Ντουόμο
Η υπερβολική διακόσμηση του 19ου αι.

Arcades with vaults
Παρόδιες στοές με κυλινδρικούς θόλους

526 Florence, Uffici, by Vasari
Elaborate vaulted ceiling with clearstorey openings to illuminate the dark sides of the arcade integrated in the superb ceiling decoration.

526 Φλωρεντία, Ουφίτσι, αρχιτέκτων Βασάρι
Είναι αξιοσημείωτη η υπέροχη διακόσμηση της οροφής, που ενσωματώνει τους φεγγίτες οι οποίοι φωτίζουν ώς και τις προθήκες των μαγαζιών που βρίσκονται στο βάθος της.

527

528

529

Arcades with flat wooden ceilings
Στοές παρόδιες με οροφές επίπεδες από ξύλο

527 Vicenza, Teatro Olympico, architect Andrea Palladio
The wooden ceiling in its simplest form.
527 Βιτσέντζα, θέατρο Ολύμπικο, αρχιτέκτων Παλλάντιο
Ξύλινη οροφή στην απλούστερή της μορφή. Η στοά οδηγεί προς το περίφημο θέατρο Ολύμπικο.

528 Santiago de Compostela
Arcade with a more sophisticated wooden ceiling.
528 Σαντιάγκο ντε Κομποστέλα
Παρόδια στοά με ξύλινη οροφή πιο εξεζητημένη.

529 Salamanca, the arcade on plaza Mayor, architects Alberto de Churriguera, Andrés Garca de Quinones
Wooden ceiling next to the plaza.
529 Σαλαμάνκα, αρχιτέκτονες Α. Τσουριγκέρα και Α. Γκαρθία ντε Κινιόνες (Alberto de Churriguera, Andrés Garca de Quinones)
Στοά με ξύλινη οροφή στην κεντρική πλατεία Μαγιόρ.

530 Corfu
The repetition of arches provides a rhythm along the way.
530 Κέρκυρα
Η επανάληψη του τόξου δίνει ένα ρυθμό.

531 Cairo Ibn Tulun
A highly decorated wooden ceiling covers the arcade around the enclosed square of the shrine.
531 Κάιρο Ιμπν Τουλούν
Μία άκρως διακοσμημένη ξύλινη οροφή καλύπτει την περιφερειακή στοά του αιθρίου του τεμένους.

530

531

532

533

534

Arcades with cross vaults
Παρόδιες στοές με σταυροθόλια

532 Bologna
The ceilings of the arcades have been treated with particular care. This is a demostration of respect to public space.

532 Μπολόνια
Στην Μπολόνια οι οροφές των στοών αποτελούν πάντα αντικείμενο ιδιαίτερης επιμέλειας. Άλλη μια ένδειξη σεβασμού προς τον δημόσιο χώρο.

533 Bologna
The arcades near the University of Bologna. One of the oldest in the world, built in 1088, they initially served as sites of learning, as was the tradition with ancient Greek peripatetic and stoic philosophers.

533 Μπολόνια
Οι στοές κοντά στο Πανεπιστήμιο –ένα από τα δύο παλαιότερα της Ευρώπης (1088)– χρησιμοποιούνταν ως χώροι διδασκαλίας κατά τους πρώτους αιώνες λειτουργίας του Πανεπιστημίου. Το ίδιο συνέβαινε στην αρχαία Ελλάδα, όπου οι περιπατητικοί φιλόσοφοι κι οι στωικοί δίδασκαν στις στοές.

534 Pisa, Palazzo Arcidiocesi
An example of simple cross vaults without decorations.

534 Πίζα, παλάτσο Αρκιντιοτσέζι
Παράδειγμα με απλά σταυροθόλια δίχως διακόσμηση.

535

536

537

538

539

Arcades with cross vaults
Στοές με σταυροθόλια

535 Prague
The medieval arcades in the historic town with their cross vaults compete with each other.

535 Πράγα
Οι μεσαιωνικές στοές της παλιάς πόλης με τα σταυροθόλιά τους συναγωνίζονται η μία την άλλη.

536, 537, 538 Prague
Cross vaults can be very simple without decoration.

536, 537, 538 Πράγα
Απλά σταυροθόλια χωρίς διακοσμήσεις.

539 Santiago de Compostela, Cathedral, cloister
A Gothic ceiling with vaults and ribs in all its splendor.

539 Σαντιάγκο ντε Κομποστέλα, το περιστύλιο του καθεδρικού ναού
Η γοτθική οροφή με τα σταυροθόλια και τις νευρώσεις τους σε όλη τη μεγαλοπρέπειά της.

540

541

542

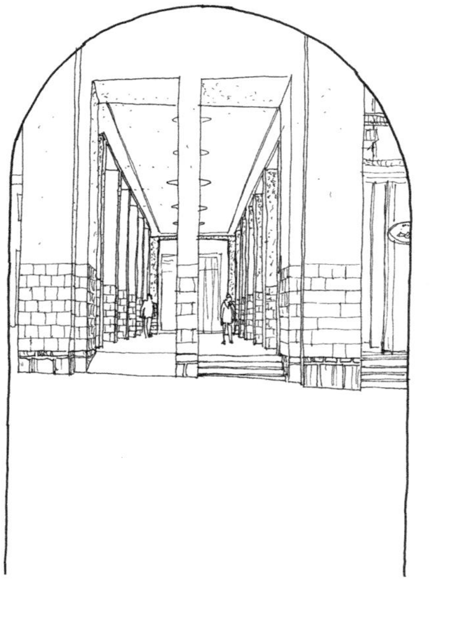

543

Contemporary arcades
Παρόδιες στοές, σύγχρονες

540 Bologna University, 20th century
The city continues the tradition of the middle ages providing walking space for academic debate. A modern version of the cross vault ceiling of the earlier city arcades.

540 Μπολόνια, πανεπιστήμιο, 20ός αι.
Η πόλη της Μπολόνια, συνεχίζοντας τη μεσαιωνική παράδοση, εξακολουθεί να προσφέρει ημιυπαίθριους χώρους για την τόνωση του ακαδημαϊκού διαλόγου υπό τη μορφή παρόδιων στοών. Μια σύγχρονη εκδοχή σταυροθολίων.

541 Athens, arcades on Sekeri street
All buildings on the street are designed by known Greek architects of the Modern Movement. They were all addicted to flat ceilings. Arcades were imposed in the early '50s in a number of streets in Athens.

541 Αθήνα, στοά οδού Σέκερη
Όλα τα κτίρια αυτής της στοάς σχεδιάστηκαν από γνωστούς Έλληνες αρχιτέκτονες του Μοντέρνου Κινήματος. Όλοι τους οπαδοί της επίπεδης οροφής. Υποχρεωτικές παρόδιες στοές επιβλήθηκαν σε ορισμένους δρόμους της Αθήνας από τις αρχές της δεκαετίας του '50.

542 Paris
Arcade in Défense district.

542 Παρίσι
Στοά στη Ντεφάνς.

543 Frankfurt
The urge for originality is not always functionally correct. The column on the center line does not seem to make sense. But it is of a certain interest.

543 Φρανκφούρτη
Η πρόθεση για πρωτοτυπία δεν μπορεί να είναι πάντα λειτουργικά ορθή. Το υποστύλωμα στον άξονα της στοάς δεν πείθει ότι υπαγορεύεται από στατικές ανάγκες. Δεν παύει όμως να δημιουργεί ενδιαφέρον.

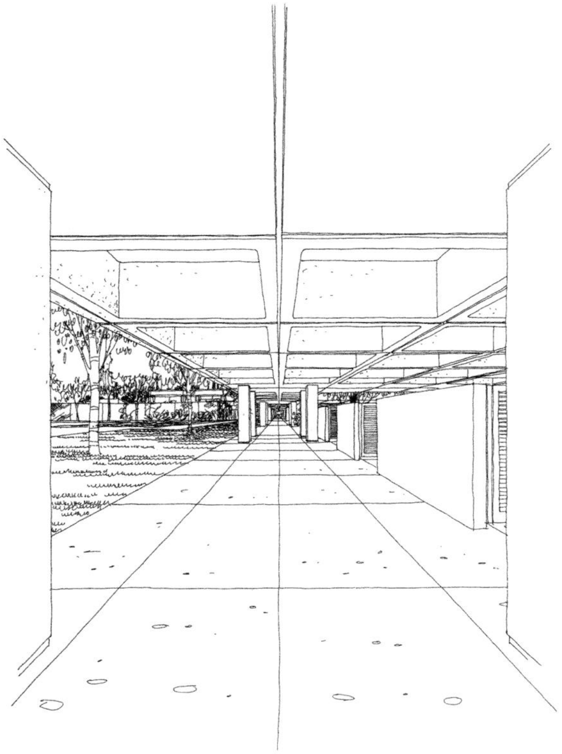

544

545

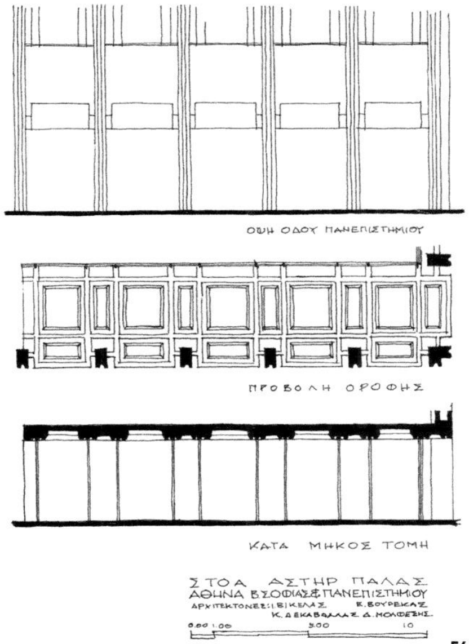

546

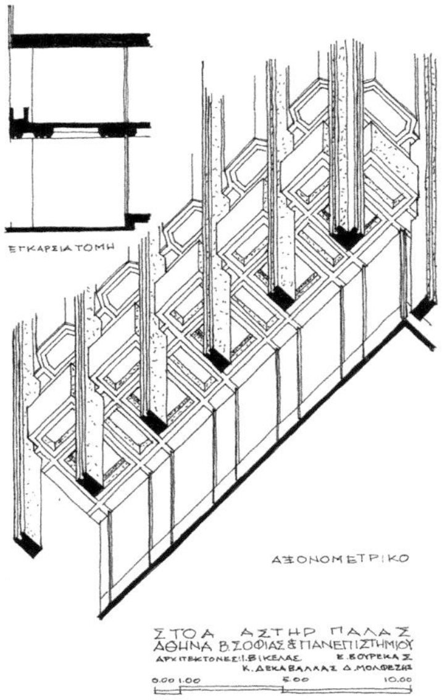

547

Proposed and implemented projects
by C. Decavalla and collaborators
Προτάσεις και πραγματοποιήσεις του συγγραφέα
και των συνεργατων του

544 **Athens, Faliron Bay development project, first prize in architectural competition in 1969 (by V. Bogakos, C. Decavalla & N. Valsamakis)**

544 **Αθήνα, Φαληρικός όρμος, πρόταση διαμόρφωσης, πρώτο βραβείο αρχιτεκτονικού διαγωνισμού το 1969 (αρχιτέκτονες: Νίκος Βαλσαμάκης, Κωνσταντίνος Δεκαβάλλας, Βασίλης Μπογάκος)**

545, 546, 547 Athens, Astir Palas Hotel (now Ministry of Foreign Affairs), 1980
The ceiling of the arcade corresponds to the concrete structure and creates a rhythmical sequence perceived by the pedestrian. Architects: C. Decavalla, D. Molfesis, V. Vikelas and E. Vourekas.

545, 546, 547 Αθήνα, Β. Σοφίας και Πανεπιστημίου, ξενοδοχείο «Αστήρ Παλάς» (νυν Υπ. Εξωτερικών), 1980
Η μορφή της οροφής ακολουθεί τη στατική επίλυση του φέροντα οργανισμού από οπλισμένο σκυρόδεμα, εκφράζοντας τη στατικότητα του κτιρίου. Συγχρόνως δημιουργείται ένας ρυθμός που ακολουθεί τον διαβάτη. Αρχιτέκτονες Ιωάννης Βικέλας, Μανώλης Βουρέκας, Κωνσταντίνος Δεκαβάλλας και Δημοσθένης Μολφέσης.

548

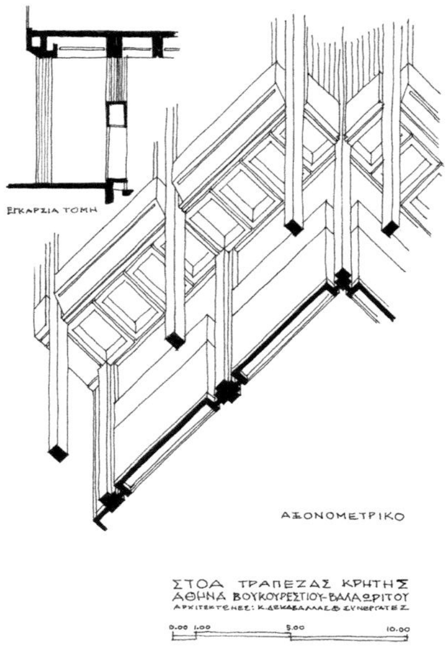

549

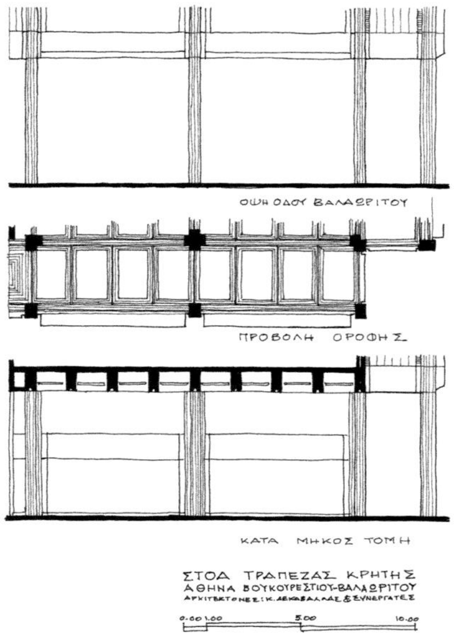

550

Proposed and implemented projects by C. Decavalla and collaborators / Προτάσεις και πραγματοποιήσεις του συγγραφέα και των συνεργατών του

548, 549, 550 Athens, Bank of Crete (now Eurobank), 1975
The ceiling of the arcade is formed by the concrete structure. The caissons serve as lighting fixtures with fluorescent light over a screen of stainless steel scales. The ceiling continues through the building. Architects C. Decavalla and I. Chitzanidou-Vlachaki.

548, 549, 550 Αθήνα, οδός Βαλαωρίτου και Βουκουρεστίου, Τράπεζα Κρήτης (νυν Eurobank), 1975
Η μορφή της φωτεινής οροφής προκύπτει από την επίλυση του στατικού φορέα από οπλισμένο σκυρόδεμα. Η ίδια οροφή συνεχίζεται στο εσωτερικό του κτιρίου. Αρχιτέκτονες Κωνσταντίνος Δεκαβάλλας και Ιουλία Χιτζανίδου-Βλαχάκη.

551

552

Cantilevers instead of arcades
Παρόδιες στοές εν προβόλω

551 Athens, Panepistimiou street, Bank of Piraeus, architect Sir Basil Spence
A modern version of an arcade. Although it does not lack rationalism, the absence of columns reduces its impact on the urban landscape.

551 Αθήνα, οδός Πανεπιστημίου, τράπεζα Πειραιώς, αρχιτέκτων σερ Μπέιζιλ Σπενς (sir Basil Spence)
Μια σύγχρονη εκδοχή στοάς. Παρ' όλο που δεν στερείται ορθολογισμού, η έλλειψη υποστυλωμάτων μειώνει τη σημασία της ως στοιχείου του αστικού χώρου επειδή διαχέεται προς το δρόμο.

552 Athens, Solonos street, architect T. Zenetos
Takis Zenetos was well known for his architectural experiments.

552 Αθήνα, οδός Σόλωνος, αρχιτέκτων Τάκης Ζενέτος
Ο Τάκης Ζενέτος ήταν γνωστός για τις νεωτεριστικές του αναζητήσεις.

553

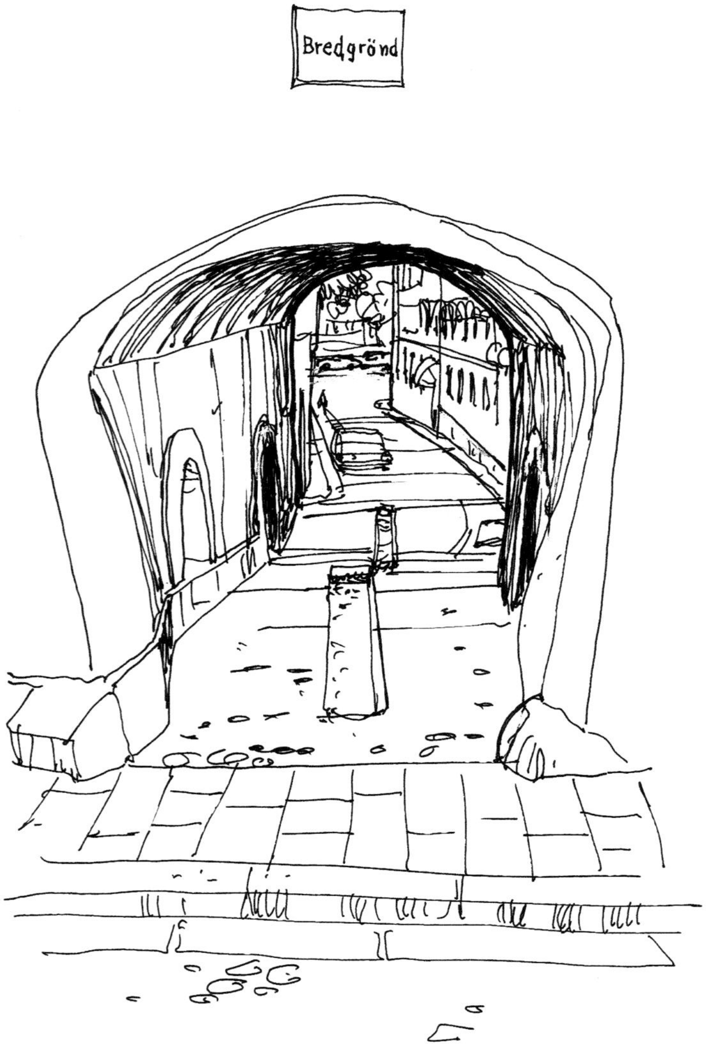

554

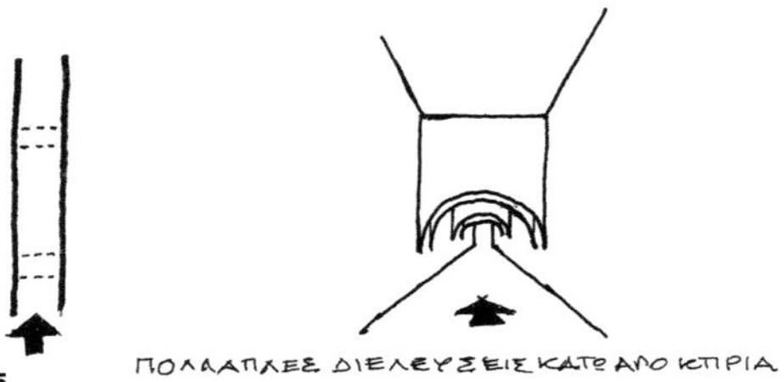

555

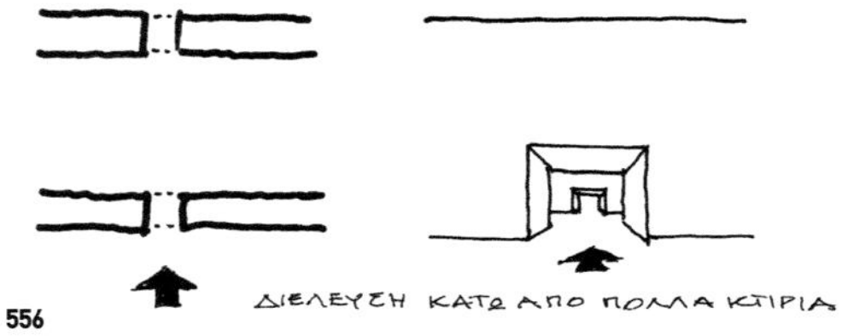

556

557

558

Streets under buildings / Δρόμοι κάτω από κτίρια

553, 554 Stockholm, Gamlastan
Two passages under buildings in the old town of Gamlastan, Stockholm.

553, 554 Στοκχόλμη, παλαιά πόλη
Δύο διελεύσεις κάτω από κτίρια στην ιστορική πόλη.

555, 556, 557, 558 Streets under buildings
555, 556, 557, 558 Διελεύσεις κάτω από κτίρια

559

561

560

Streets under buildings / Δρόμοι κάτω από κτίρια

559, 560 Siena
Buildings over the street are part of the concept that a town is not just a two-dimensional plan.

559, 560 Σιένα
Οι γέφυρες που ενώνουν τα κτίρια πάνω από τον δρόμο αποτελούν τμήμα του τρισδιάστατου ιστού της πόλης, η οποία βέβαια δεν είναι ένας επίπεδος χάρτης.

561 Milan
Arcades, arches, winding ways, all combined together form an attractive environment full of surprises rather rarely encountered in a great metropolis.

561 Μιλάνο
Πορτοσιές, αψίδες, στρεβλός άξονας. Όλα μαζί τα στοιχεία αυτά δημιουργούν ένα ελκυστικό περιβάλλον γεμάτο εκπλήξεις.

562

563

564

565

Streets under buildings / Δρόμοι κάτω από κτίρια

562, 564 Rabat-Salé, Morocco
562 The narrow square and the Madrasah at the end of the covered street.
564 Through the gate the old fortifications and the Atlantic ocean beyond.

562, 564 Ραμπάτ Σαλέ, Μαρόκο
562 Στο τέλος του καλυμμένου δρόμου, η μικρή πλατεία με το τζαμί και τον μεντρεσέ.
564 Πέρα από την πύλη οι παλιές οχυρώσεις κι ο Ατλαντικός.

563 Morocco, road under building
The elegance of Islam adds to the charm of this bridging over the street.

563 Μαρόκο
Η κομψότητα του Ισλάμ προσδίδει ιδιαίτερη χάρη σε αυτήν τη γεφύρωση.

565 Rabat, the Medina
One of the many entrances to the old city.

565 Ραμπάτ, Μεδίνα
Μία από τις πολλές εισόδους στην παλαιά πόλη.

566

567

568

569

Streets under buildings / Δρόμοι κάτω από κτίρια

566 Tunis, the Souks
The chiaroscuro of the interrupted ceiling of the bazaar makes the place livelier.

566 Τύνιδα, το Σουκ
Η εναλλαγή φωτός και σκιάς αυξάνει τη γοητεία του χώρου.

567, 568, 569 Tunis
Each time someone passes underneath a building, he has the impression of leaving a precisely defined space for another one.

567, 568, 569 Τύνιδα
Κάθε διέλευση κάτω από κτίριο δημιουργεί την ψευδαίσθηση ότι μπαίνεις σε άλλο χώρο.

570

571

572

Streets under buildings / Δρόμοι κάτω από κτίρια

Jerusalem, old city
570 The street is transformed into a series of semi-autonomous entities and small squares.
571 The successive arches and bridges over the narrow street create the impression of one continuous roof.

Ιεροσόλυμα, παλαιά πόλη
570 Τα κτίρια που γεφυρώνουν τον δρόμο τον υποδιαιρούν σε μια σειρά από ξεχωριστούς ελεύθερους χώρους και μικρές πλατείες.
571 Η πυκνή επανάληψη από πύλες κι αψίδες πάνω από τον στενό δρόμο δημιουργεί την εντύπωση μιας συνεχούς οροφής.

572 Jaffa, Palestine
Houses bridging over the street.

572 Γιάφα, Παλαιστίνη
Σπίτια πάνω από τον δρόμο.

573

574

575

Streets under buildings / Δρόμοι κάτω από κτίρια

573 Rethymno, Crete
The world beyond seems to invite you.

573 Ρέθυμνο, Κρήτη
Πόσο ελκυστικός δείχνει ο κόσμος πέρα από την πορτοσιά.

574 Chios island
The houses bridging over the street subdivide it into a multiplicity of distinct places that function as separate entities enhancing a feeling of intimacy.

574 Χίος
Τα σπίτια που επεκτείνονται πάνω από τον δρόμο, τον χωρίζουν κατά διαστήματα σε διακεκριμένα τμήματα που λειτουργούν ως επί μέρους ανεξάρτητοι χώροι, τους οποίους εύκολα οικειοποιούνται οι περίοικοι.

575 Patmos island
This could have been a town gate in the old days.

575 Πάτμος
Σε κάποια άλλη εποχή η διάβαση αυτή ίσως να ήταν πύλη της πόλης.

576

577

578

579

580

Streets under buildings / Δρόμοι κάτω από κτίρια

576 Santorini, Fira
The street moves under a series of arches.
The last one carries a bell tower.

576 Σαντορίνη, Φηρά
Δρόμος κάτω από καμπαναριό.

577, 578, 579, 580 Paros island
The sequence of arches under buildings subdivide the street into distinct open spaces akin to private courtyards. This enhances the feeling of intimacy that unites those living in the vicinity.

577, 578, 579, 580 Πάρος
Η σειρά των αψίδων κάτω από τα κτίρια υποδιαιρεί τον δρόμο σε συγκεκριμένους αυτοτελείς ελεύθερους δημόσιους χώρους, σαν ιδιωτικές αυλές, ενισχύοντας έτσι το αίσθημα της οικειοποίησης του χώρου από τους περίοικους.

581

582

Streets under buildings / Δρόμοι κάτω από κτίρια

581, 582 Freiburg, gate
Most medieval towns and cities at one time or other expanded beyond their town walls. Towers and gates remained not only as historic reminders but as landmarks and important elements in the town's structure.

581, 582 Φράιμπουργκ, πύλη
Οι περισσότερες μεσαιωνικές πόλεις κάποια στιγμή επεκτάθηκαν πέρα από τα τείχη τους. Οι πύλες τους, όπου παρέμειναν, δεν αποτελούν απλώς ανάμνηση του ιστορικού τους παρελθόντος, αλλά κι ένα σημαντικό τοπόσημο που εμπλουτίζει με την παρουσία του τη δομή της πόλης.

583 Stein Am Rein
As the town grew the gate to the walled city became one more element of urban design.

583 Στάιν αμ Ράιν
Όπως και στο Φράιμπουργκ, όταν η πόλη ξεπέρασε τα ιστορικά της τείχη, οι πύλες της μετατράπηκαν σε ορόσημα μέσα στον ιστό της.

584 Zurich, Clausius street
Is the street continuous under the building? Or does the building extend over the street?

584 Ζυρίχη, οδός Κλόσιους
Ο δρόμος συνεχίζει κάτω από το κτίριο ή μήπως το κτίριο εκτείνεται πάνω από τον δρόμο;

583

584

585

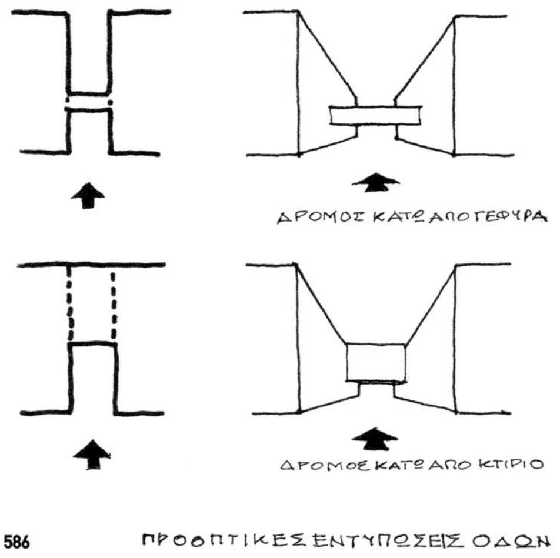

586

Streets under buildings / Δρόμοι κάτω από κτίρια

585 Rouen, the cathedral
The bridge that spans over the street as an extension of the rectory, mounted by a beautiful clockwork, offers townspeople a useful time piece. One should note the differentiation of the vertical axis of the clock that follows the centerline of the street below, and that of the window and the roof above it, that accentuate the center between the cathedral and the building on the other side of the street.

585 Ρουέν, ο καθεδρικός ναός
Η γέφυρα πάνω από τον δρόμο με το ρολόι της δεν προσφέρει στους πολίτες μόνο την πληροφορία για την ώρα, αλλά κι ένα εξαίρετο έργο τέχνης για την τέρψη τους. Ιδιαίτερο ενδιαφέρον παρουσιάζει η μετατόπιση του άξονα της σύνθεσης. Το ρολόι ακολουθεί τον άξονα του δρόμου που περνά από κάτω, ενώ το άνοιγμα πάνω από το ρολόι βρίσκεται στη μέση της απόστασης ανάμεσα στον ναό και στο απέναντι κτίριο, όπως άλλωστε κι η στέγη.

586 Road under bridge and road under building
586 Δρόμος κάτω από γέφυρα και δρόμος κάτω από κτίριο

587

588

Streets under bridges
Δρόμοι κάτω από κτίρια που γεφυρώνουν

587 London, from Piccadilly street to Regent street
A passage under buildings.

587 Λονδίνο, από την Πικαντίλι στρητ στην Ρήτζεντ στρητ
Πέρασμα κάτω από μια σειρά αψίδες με κτίρια.

588 Barcelona, old town
This combination of Baroque and late Flamboyant Gothic urban architecture transforms a rather somber street into a fiesta.

588 Βαρκελώνη, παλαιά πόλη
Ο συνδυασμός όψιμου γοτθικού ρυθμού και πρώιμου Μπαρόκ προσδίδει εορταστικό χαρακτήρα σε ένα μάλλον σκοτεινό δρόμο.

589

590

Streets under bridges
Δρόμοι κάτω από κτίρια που γεφυρώνουν

589 Paris
Street under a bridge connecting the two buildings of a well-known department store.

589 Παρίσι
Ο δρόμος περνά κάτω από γέφυρα που ενώνει τα δύο κτίρια γνωστού πολυκαταστήματος.

590 Frankfurt Am Main, Römerberg development
A contemporary version of bridges over a narrow alley.

590 Φρανκφούρτη, Ρέμερμπεργκ
Γέφυρες με σκαλοπάτια πάνω από στενό σε μια σύγχρονη εκδοχή.

591

592

593

Streets under gates / Δρόμοι κάτω από πύλες

591, 592 Corfu, Esplanade
This very formal archway of the Governor's palace invites you to discover the mythical world beyond.

591, 592 Κέρκυρα, Σπιανάδα
Η αψίδα στο ανάκτορο του Κυβερνείου είναι πρόσκληση για εξερεύνηση του κόσμου από την άλλη πλευρά.

593 London, Regent park, Chester terrace
The street passes under a portal that demarcates a particular neighborhood.

593 Λονδίνο, Ρήτζεντ παρκ, Τσέστερ τέρας
Ο δρόμος περνά κάτω από την πύλη που οριοθετεί μια συγκεκριμένη περιοχή.

594

595

596

597

598

Streets under earthquake proofing arches
Δρόμοι κάτω από αντισεισμικές αψίδες

594, 595, 596, 597, 598 Streets under earthquake proofing arches
Arches over the street reinforce the buildings' resistance to earthquakes. They add also to the attractiveness of the place giving it a rhythmical quality.

594, 595, 596, 597, 598 Περάσματα κάτω από αντισεισμικές αψίδες
Οι αψίδες πάνω από τον δρόμο είχαν ως στόχο την ενίσχυση και την προστασία των κτιρίων από τον σεισμό. Σύστημα που μέχρι σήμερα δεν έχει διαψευσθεί επί αιώνες. Προσδίδουν όμως επιπλέον και μια ποιότητα στο αστικό περιβάλλον. Αυτό που ήταν πρακτικά αναγκαίο αποκτά πρόσθετα και καθαρά αισθητική διάσταση.

594 Rhodes island / Ρόδος
595 Santorini island, Fira / Φηρά Σαντορίνης
596 Mykonos island / Μύκονος
597 Santorini island / Σαντορίνη
598 Chios island / Χίος

599

600

601

Streets under earthquake proofing arches
Δρόμοι κάτω από αντισεισμικές αψίδες

599, 600 Tunisia
Arches and gates subdivide the street into autonomous spaces accentuating the element of privacy, as they do in the Aegean islands.
599 Ksar.
600 Kairouan.
599, 600 Τυνησία
Τόξα και αψίδες υποδιαιρούν τον χώρο σε σχεδόν αυτόνομες περιοχές, όπως και στα νησιά του Αιγαίου.
599 Κσαρ.
600 Κερουάν.

601 Perugia
Arches over the stepped street.
601 Περούτζα
Οι αψίδες πάνω από τον κλιμακωτό δρόμο.

602 Mystras
Once these elements were gates, now they are just arches. But, they still subdivide the space.
602 Μυστράς
Κάποτε ήταν πύλες, σήμερα μένουν οι αψίδες. Δεν παύουν όμως να υποδιαιρούν τον χώρο.

603 Jerusalem
603 Ιεροσόλυμα

602

603

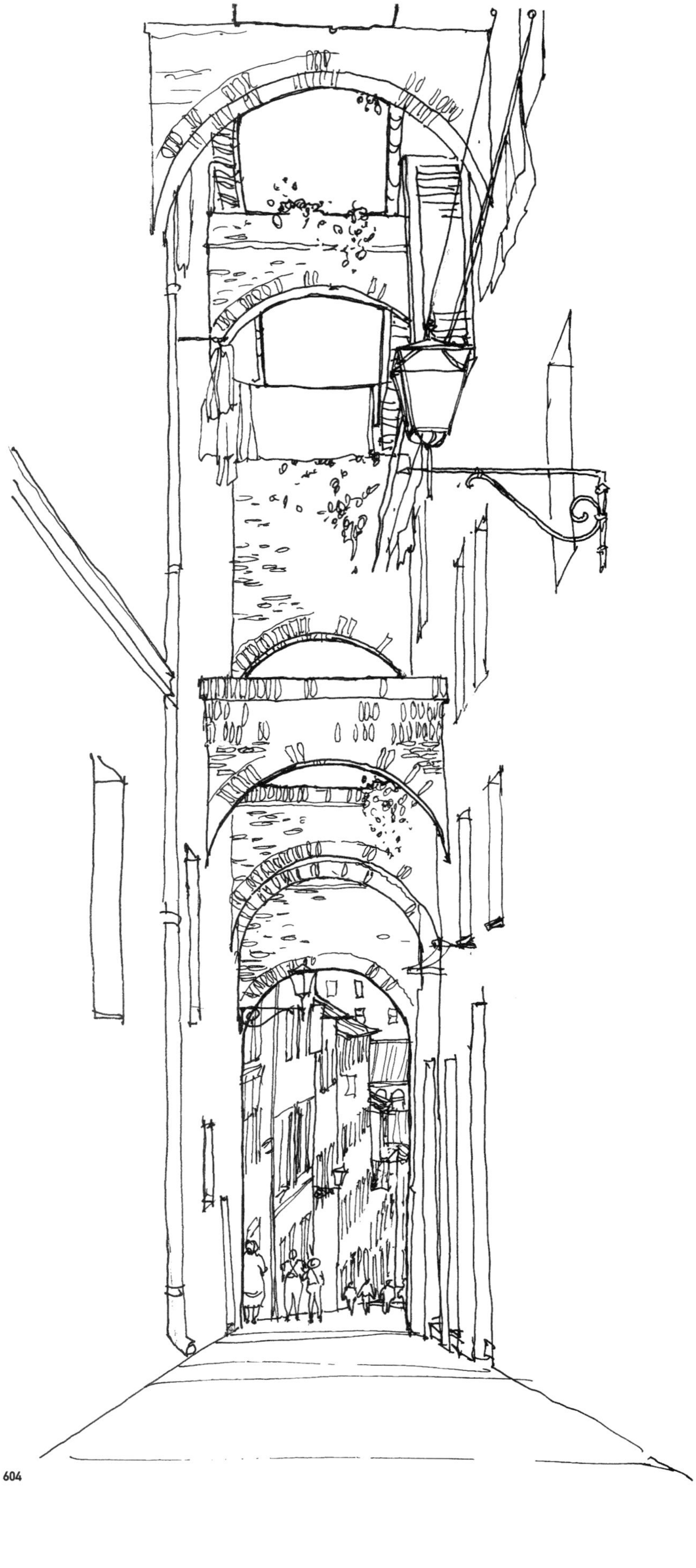

604

605

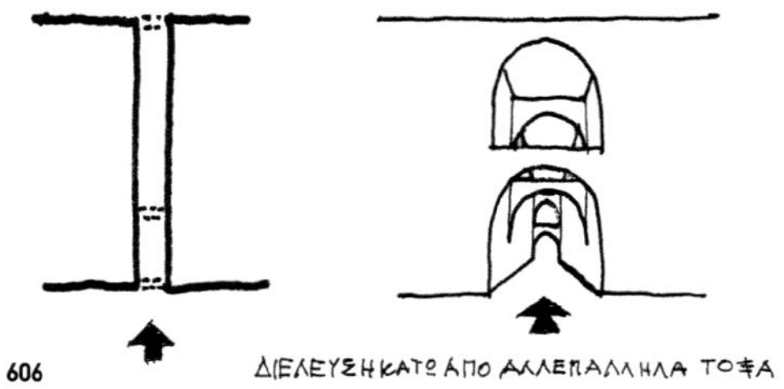

606

Streets under a multiplicity of arches
Δρόμοι κάτω από πολλαπλές αψίδες

604 Siena
Multiple arches, one above the other, create a feeling of intensity.

604 Σιένα
Οι πολλαπλές αψίδες δίνουν μια ένταση στον στενό δρόμο.

605 Santorini
605 Σαντορίνη

606 Passage under a multiplicity of arches
606 Διέλευση κάτω από πολλαπλές αψίδες

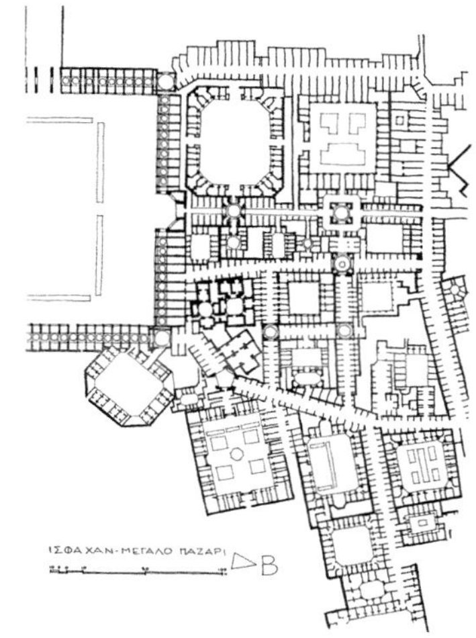

607

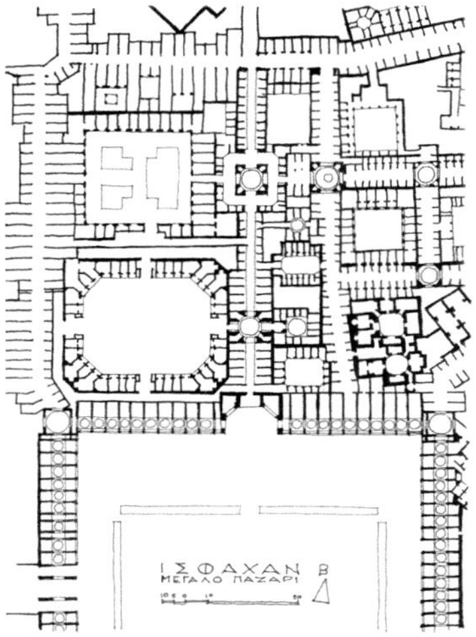

608

609

Covered markets, exhibition halls and bazaars
Καλυμμένες αγορές και παζάρια

607, 608 Isfahan, the bazaar, 17th-18th century
The three Shah Abbas of Iran, the 1st, the 2nd and the 3rd, endowed the city of Isfahan with a network of public spaces which was never surpassed in elegance. A combination of integral development and quality of design which seems almost natural.

607, 608 Ισπαχάν, το παζάρι, 17ος-18ος αι.
Οι τρεις σάχηδες της Περσίας, Αμπάς Α΄, Αμπάς Β΄ και Αμπάς Γ΄, προίκισαν το Ισπαχάν με ένα δίκτυο δημοσίων χώρων απαράμιλλης κομψότητας που δεν ξεπεράστηκε ποτέ σε μορφή και χάρη. Η αλληλουχία των χώρων αυτών –παζάρια, τζαμιά, μεντρεσέδες, χαμάμ, καραβανσεράγια– μοιάζει σχεδόν φυσική.

609 Isfahan, the bazaar
In this representation of Pascal Cost (1867), the spaciousness is exaggerated. Still, the elegance of the wall decorations, combined with an exquisite layout, create a unique architectural achievement, comparable only to other public buildings, lavished on his capital by Shah Abbas.

609 Ισπαχάν, το παζάρι
Στην αναπαράσταση αυτή του Πασκάλ Κόστ (1867), ο χώρος παρουσιάζεται μεγαλύτερος από την πραγματικότητα. Παρ' όλα αυτά, αποδίδεται σωστά η ατμόσφαιρα, καθώς κι η υψηλή ποιότητα της διακόσμησης.

610

612

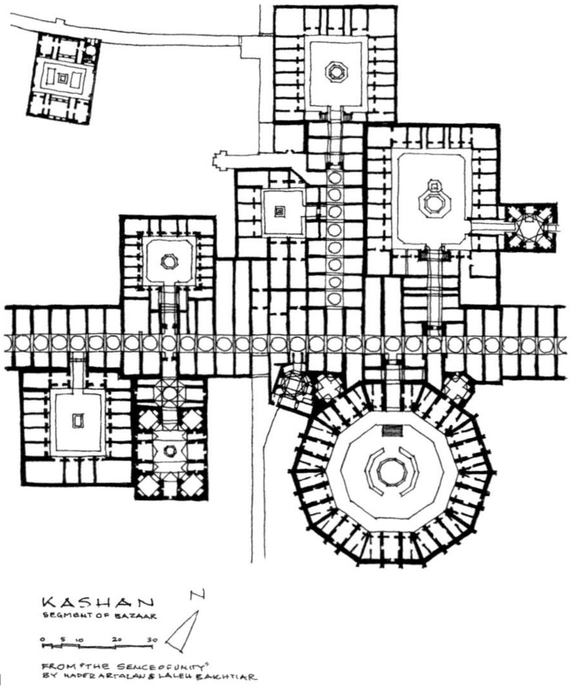

611

Covered markets, exhibition halls and bazaars
Καλυμμένες αγορές και παζάρια

610, 611 Kashan, the bazaar, 12th century
This design is based on the rules of Persian musical harmony.

610, 611 Κασχάν, το παζάρι 12ος αι.
Όλη η διάταξη είναι βασισμένη στους αρμονικούς κανόνες της περσικής μουσικής.

612 Kashan, the bazaar today
612 Κασχάν, το παζάρι σήμερα

613

614

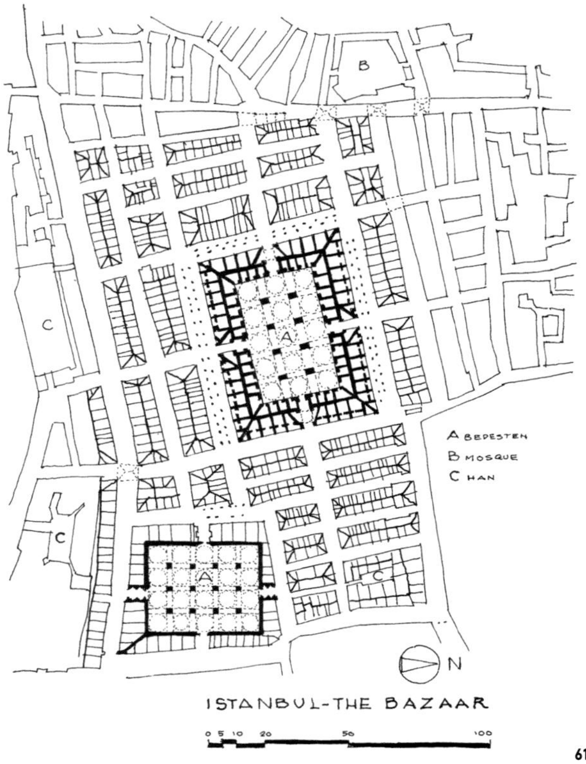

615

Covered markets, exhibition halls and bazaars
Καλυμμένες αγορές και παζάρια

613, 614, 615 Istanbul, the bazaar
613 In this 19th century drawing the dimensions have been exaggerated. Still the elegance of the ceiling decoration is genuine.
614, 615 The bazaar today.

613, 614, 615 Κωνσταντινούπολη, το παζάρι
613 Από αναπαράσταση του 19ου αι. Στις παλιές αναπαραστάσεις οι διαστάσεις είναι υπερβολικές όσον αφορά το μέγεθος του χώρου. Η απόδοση όμως της κομψότητας του διακόσμου της οροφής είναι σωστή.
614, 615 Το παζάρι ως έχει σήμερα.

616

617

618

619

Covered markets, exhibition halls and bazaars
Καλυμμένες αγορές και παζάρια

616, 617 Jerusalem, the bazaar
The market street is completely protected from direct sunlight and rain, with natural lighting and ventilation from lateral clearstorey windows over the shop fronts.

616, 617 Ιεροσόλυμα, το παζάρι
Ο δρόμος της αγοράς είναι πλήρως προστατευμένος από τον έντονο ηλιασμό και τη βροχή. Ο φυσικός φωτισμός εξασφαλίζεται από ανοίγματα στη μία πλευρά του θόλου.

618, 619 Tunisia, Sidi bou Said
For security reasons this arcade closes at night. This is an extreme form of appropriation of public space.

618, 619 Τύνιδα, Σίντι μπου Σάιντ
Για λόγους ασφαλείας, ο χώρος κλείνει το βράδυ. Ακραία μορφή οικειοποίησης του δημόσιου χώρου.

620

621

622

Commercial passages / Διαμπερείς εμπορικές στοές

620 Athens, Koniari-Mela arcade, 54 Hermou street
The very simple design of the glazed ceiling accentuates the elaborate treatment of the side elevations creating a particularly elegant space. Unfortunately this passage no longer exists. It has become a department store.

620 Αθήνα, στοά Κόνιαρη-Μελά, Ερμού 54
Η πολύ απλή μορφή της γυάλινης οροφής τονίζει τον πλούτο της διακόσμησης των παρειών, με αποτέλεσμα τη δημιουργία ενός εξαιρετικού περιβάλλοντος. Φευ η στοά αυτή δεν υπάρχει πια. Έχει μετατραπεί σε εμπορικό κατάστημα.

621 Padua, Palazzo della Ragione
The market arcade.

621 Πάντοβα, παλάτσο Ρατζόνε
Η στοά της αγοράς.

622 London, Crystal Palace, 19th century, exhibition hall by Sir Joseph Paxton
This brilliant and unsurpassed prototype of a large number of exhibition halls and arcades was unfortunately destroyed by fire in 1936.

622 Λονδίνο, Κρύσταλ Πάλας, 19ος αι., αρχιτέκτων σερ Τζόουζεφ Πάξτον
Το αξεπέραστο πρότυπο πολλών εκθεσιακών χώρων. Ατυχώς, κατεστράφη ολοσχερώς από πυρκαγιά το 1936.

623

624

625

626

Commercial passages / Διαμπερείς εμπορικές στοές

623 Genoa, Galleria Mazzini, 19th century
The highly elaborated stepped glass ceiling follows the incline of the arcade floor.

623 Γένοβα, γκαλερία Ματσίνι, 19ος αι.
Η εξεζητημένη κλιμακωτή οροφή της στοάς, που ακολουθεί την κλίση του δαπέδου, δεν παύει να έχει τη χάρη της χυτοσιδηράς κατασκευής, τόσο χαρακτηριστικής του 19ου αιώνα.

624, 625 Paris, passage Panoramas and Gallerie de la Madeleine
A rhythm is established all along these passages by rows of arches with glazed roofs in between.

624, 625 Παρίσι, πασάζ Πανοραμά και γκαλερί ντε λα Μαντελέν
Η σειρά των αψίδων που χωρίζουν τη γυάλινη οροφή προσδίδουν ενδιαφέρον σε αυτές τις στοές.

626 Athens, the Arsakion passage, architect C. Maroudis
This late 19th century arcade with its glass roof was fully renovated at the end of the 20th century.

626 Αθήνα, στοά Αρσακείου, αρχιτέκτων Κ. Μαρούδης
Η υαλοσκεπής αυτή στοά του τέλους του 19ου αι. ανακαινίστηκε πλήρως στο τέλος του 20ού αι.

627

628

629

Commercial passages / Διαμπερείς εμπορικές στοές

627, 629, 630 Milan, Galleria Vittorio Emanuele, 1865-77, architect Giuseppe Mengoni
627 The entrance to the passage from the Duomo square.
629 This elaborate triumph of eclecticism over more sober good taste, crowned by a magnificent glass roof in the shape of a central dome and four side vaults, houses one of the most expensive shopping streets in Milan.
630 The choosing of the site next to the Cathedral as its location, somehow symbolized the advent of the middle class. Mercantile activities acquire a new dignity.

627, 629, 630 Μιλάνο, Γκαλερία Βιττόριο Εμμανουέλε Β΄, 1865-77, αρχιτέκτων Τζουζέπε Μενγκόνι (Giuseppe Mengoni)

627 Η είσοδος προς τη στοά από την πλατεία του Ντουόμο.
629 Ένας από τους ακριβότερους εμπορικούς δρόμους του Μιλάνου.
630 Η επιλογή της θέσης της στοάς πλάι στον καθεδρικό ναό συμβολίζει την άνοδο του κοσμικού κράτους. Οι εμπορικές επιχειρήσεις παίρνουν το πάνω χέρι.

628 Vienna, Freyung passage, architect Ferstel, 1856-60
The only arcade in town, but with all the attributes of Viennese elegance.

628 Βιέννη, Φράιγιουνγκ πασάζ, αρχιτέκτων Φέρστελ (Ferstel), 1856-60
Η μόνη διαμπερής στοά της Βιέννης.

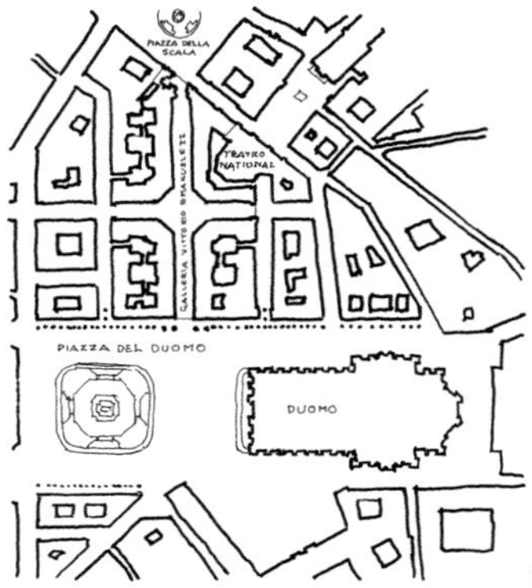

630

631

632

633

634

Commercial passages / Διαμπερείς εμπορικές στοές

631 San Fransisco, Crocker Galleria
The handsome glass roof of this arcade was inspired from its more classical predecessors, like the Galleria Vittorio Emanuele in Milan. The footbridges on the first and second floors make the space more interesting.

631 Σαν Φρανσίσκο, Κρόκερ Γκαλέρια
Η γυάλινη οροφή της στοάς αυτής αντλεί την έμπνευσή της από τα κλασικά παραδείγματα στοών του 19ου αι., όπως της Βιττόριο Εμμανουέλε στο Μιλάνο. Ενδιαφέρουσες γέφυρες εξασφαλίζουν την εσωτερική επικοινωνία στον α΄ και τον β΄ όροφο.

632 Stuttgard, Calver passage, by Kammerer, Belz and Partners, 1975-78
A modern version of 19th century arcades.

632 Στουτγάρδη, Κάλβερ πασάζ, αρχιτέκτονες Χ. Κάμερερ, Γ. Μπελτζ και συνεργάτες, 1975-78
Μια σύγχρονη εκδοχή των στοών του 19ου αι.

633 Passage, Scheveningen, Hague, by Elkelen, Cedrits and Hiddelhoek
Yet another modern version of the cylindrical glass vault, but with side aisles and very little glass.

633 Πασάζ, Τσχέιβενίνγκεν, Χάγη, αρχιτέκτονες Έλκεντεν, Σέντριτς και Χίντελχουκ
Άλλη μια σύγχρονη εκδοχή του γυάλινου κυλινδρικού θόλου, αλλά με πολύ λίγο γυαλί.

634 New York
A post-modern approach.

634 Νέα Υόρκη
Μια μεταμοντέρνα εκδοχή.

635

636

637

638

Commercial passages / Διαμπερείς εμπορικές στοές

635 London, Royal Opera arcade, 19th century, by J. Nash and G. Repton
Interesting ceiling with skylights. A surviving version of the Lowther Arcade.

635 Λονδίνο, Ρόγιαλ Όπερα Αρκέιντ, 19ος αι., αρχιτέκτονες Τζον Νας και Τζωρτζ Ρέπτον (John Nash, George Repton)
Ενδιαφέρουσα οροφή με κυκλικά ανοίγματα που θυμίζουν τα παζάρια της Ανατολής.

636 London, Piccadilly arcade, early 20th century, by T. Jell
One of the most elegant arcades of London, beautifully preserved after a century.

636 Λονδίνο, Πικαντίλι Αρκέιντ, αρχές 20ού αι., αρχιτέκτων Τ. Τζελ (T. Jell)
Μια από τις κομψότερες διαμπερείς στοές που έχει διατηρηθεί και συντηρηθεί με τρόπο άψογο για σχεδόν έναν αιώνα.

637 Newcastle, Royal Arcade 1831 by J. Dobson
An improved version of the Lowther Arcade in London. Demolished in 1963 to facilitate vehicular traffic.

637 Νιούκασελ, Ρόγιαλ Αρκέιντ, 1831-1832, αρχιτέκτων Τζον Ντόμπσον (John Dobson)
Μια βελτιωμένη εκδοχή της Λούθερ Αρκέιντ του Λονδίνου. Κατεδαφίστηκε το 1963 για τη διευκόλυνση της τροχαίας κυκλοφορίας.

638 London, Lowther arcade, 1830
Prototype for many arcades in the UK, demolished in 1902. The circular roof openings covered by glass domes remind us of similar openings in Middle Eastern bazaars.

638 Λονδίνο, Λούθερ Αρκέιντ, 1830
Το πρότυπο για πολλές διαμπερείς στοές στο Ηνωμένο Βασίλειο, κατεδαφίστηκε το 1902. Τα κυκλικά ανοίγματα στην οροφή είναι ίδια με της Ρόγιαλ Αρκέιντ στο Νιούκασελ.

639

640

641

Plants and pergolas / Φυτά, κληματαριές και πέργολες

639, 640 Paros island
There is a remarkable consistency between the various elements of this street.

639, 640 Πάρος
Υπάρχει μια θαυμαστή συνέπεια μεταξύ των στοιχείων που απαρτίζουν αυτόν το δρόμο.

641 Kokkari, Samos island
Street covered with climbing vines.

641 Κοκκάρι, Σάμος
Δρόμος καλυμμένος με κληματαριά.

642

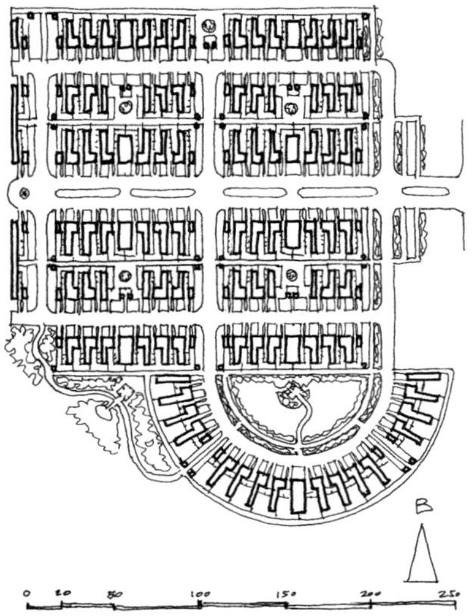

643

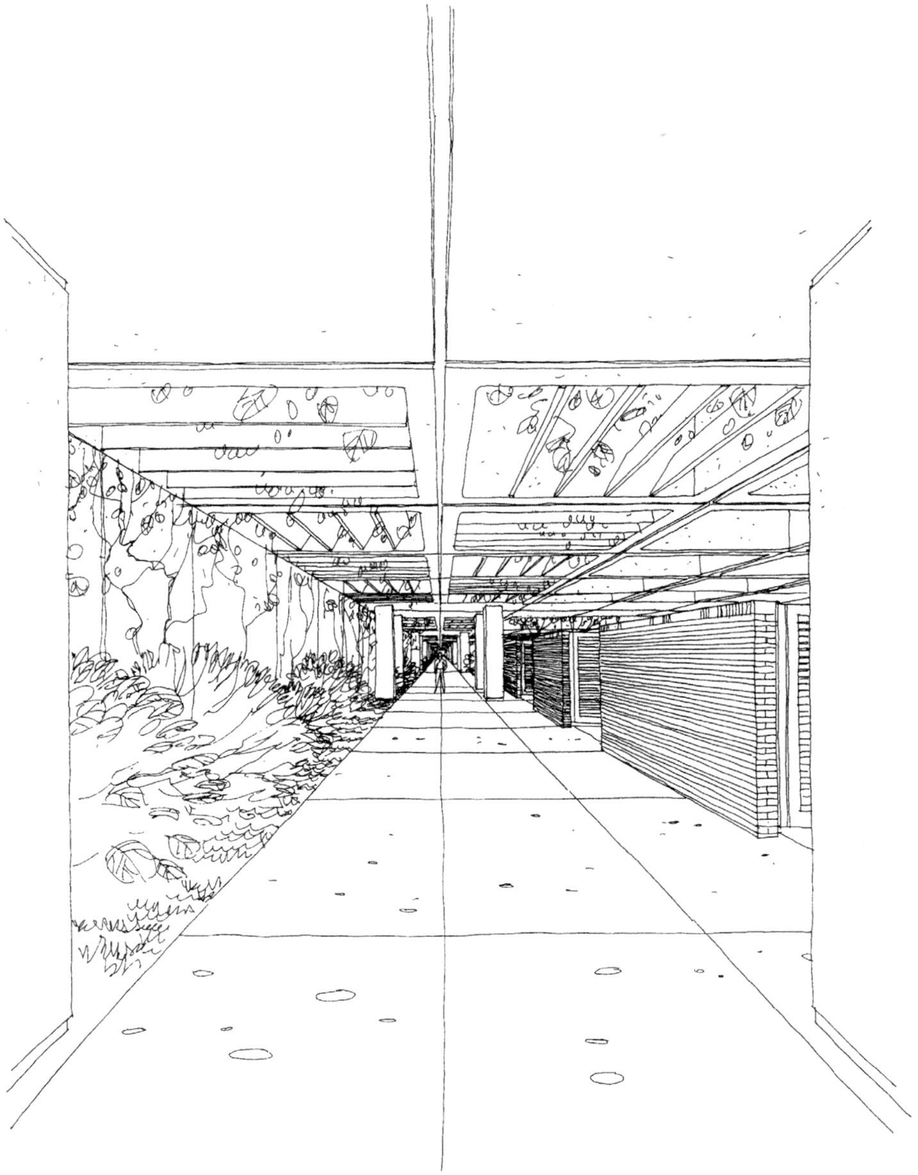

644

645

Plants and pergolas / Φυτά, κληματαριές και πέργολες

642, 643 Boca Raton, Florida
642 The pedestrian way acquires an intimate, sophisticated and even urban character in the way this simple pergola is designed.
643 The formality of the plan does not interfere with the human scale that permeates the whole project.

642, 643 Μπόκα Ρατόν, Φλόριδα
642 Ο πεζόδρομος, παρότι αστικός, αποκτά έναν οικείο χαρακτήρα λόγω του τρόπου με τον οποίο σχεδιάστηκε η εξαιρετικά απλή μορφή της κληματαριάς.
643 Ο μορφοκρατικός χαρακτήρας της διάταξης του οικισμού δεν επεμβαίνει στην ανθρώπινη κλίμακα που διαποτίζει την όλη σύνθεση.

644 Athens, Faliron Bay development project, first prize in architectural competition in 1969 (by V. Bogakos, C. Decavalla & N. Valsamakis)
This pedestrian way is covered by a system of shades and climbing vines in the form of a pergola.
644 Αθήνα, Φαληρικός όρμος, πρόταση διαμόρφωσης, πρώτο βραβείο αρχιτεκτονικού διαγωνισμού το 1969 (αρχιτέκτονες: Νίκος Βαλσαμάκης, Κωνσταντίνος Δεκαβάλλας, Βασίλης Μπογάκος)
Ο πεζόδρομος καλύπτεται με σύστημα από σκιάδια κι αναρριχητικά φυτά.

645 Rhodes island, Hilton hotel, by A. Georgiadis, C. Decavalla, K. Kyriakidis and A. Tombazis
Footway covered by a pergola.
645 Ρόδος, ξενοδοχείο Χίλτον (αρχιτέκτονες: Αντώνης Γεωργιάδης, Κωνσταντίνος Δεκαβάλλας, Κυριάκος Κυριακίδης, Αλέξανδρος Τομπάζης)
Πεζόδρομος καλυμμένος με κληματαριά.

646

648

649

647

Suspended items / Αναρτήσεις μεταξύ κτιρίων

646 Zurich
A ceiling of flags representing the various Cantons of Switzerland add to the cheerfulness of this pedestrian street in the commercial center of the city.

646 Ζυρίχη
Ένας ουρανός από σημαίες που αντιστοιχούν στα διάφορα καντόνια της Ελβετίας, όλο χαρά και ζωή, καλύπτει έναν από τους εμπορικότερους πεζοδρόμους στην καρδιά της Ζυρίχης.

647 Stockholm, Drottninggatan
The flags hanging from wires give a festive appearance to this exclusively pedestrian street.

647 Στοκχόλμη, πεζόδρομος Ντρότνιγκ γκάταν
Οι σημαίες που κρέμονται από συρματόσχοινα δίνουν μια εορταστική ατμόσφαιρα στον πεζόδρομο.

648 Sperlonga, Italy
A winding stepped street with a ceiling of hanging laundry.

648 Σπερλόγκα, Ιταλία
Ένας κλιμακωτός ελικοειδής δρόμος καλυμμένος με την μπουγάδα που κρέμεται από πάνω.

649 Corfu
The laundry and the passage under the building at the end of the street create the illusion of a covered space. The balconies and the window shutters protruding over the street give it life.

649 Κέρκυρα
Η μπουγάδα και το πέρασμα κάτω από το κτίριο στο τέρμα του δρόμου δημιουργούν την ψευδαίσθηση μιας οροφής. Οι εξώστες και τα ανοιχτά φύλλα των πατζουριών δίνουν πρόσθετη ζωή σ' έναν δρόμο χωρίς κίνηση.

650

651

652

653

Other types of cover / Άλλου είδους καλύψεις

650, 651 Tinos island
Multiple awnings give a playfulness to the ceiling, accentuated by the scattered shadow pattern.

650, 651 Τήνος
Οι πολλές και διαφορετικές τέντες προσδίδουν στην οροφή μια ποικιλία που εντείνεται από το παιχνίδισμα φωτός και σκιάς.

652 Tunisia, Sidi bou Said
The brightly colored awnings offer shade but also help to define the street as a shopping area.

652 Τυνησία, Σίντι μπου Σάιντ
Οι πολύχρωμες τέντες προσφέρουν τη σκιά τους και συγχρόνως τονίζουν τον εμπορικό χαρακτήρα του πεζόδρομου.

653 Baghdad, bazaar 1854
The awnings create an "One Thousand and One Nights" atmosphere.

653 Βαγδάτη, το παζάρι, 1854
Το παζάρι κάτω από τις τέντες θά 'λεγε κανείς πως βγαίνει από το «Χίλιες και Μία Νύχτες».

PART C

Form, materials & street furniture

From Part B it has become clear that the most important factors in shaping open public space –parks, squares, streets, passageways etc.– and that should, as such, be the primary responsibility of the community and particularly of public administration, are the pavement, water, works of art, as well as the various articles that compose the street furniture and planting.
These components in shaping the open public spaces in our towns and villages will be examined in the chapters that follow.

Subjects discussed:
C1 The pavement
C2 Water
C3 Works of art
C4 Street furniture
C5 Planting

ΜΕΡΟΣ Γ΄

Μορφή, κατασκευή κι εξοπλισμός

Όπως προέκυψε ήδη από το Μέρος Β΄ του βιβλίου, εκείνο το τμήμα του δημόσιου ελεύθερου χώρου –άλση, πλατείες, στοές, οδοί και πεζόδρομοι– που αφορά άμεσα στην ευθύνη του συνόλου, και ειδικότερα της δημόσιας διοίκησης, είναι ό,τι έχει σχέση με το δάπεδο του χώρου καθώς και με τα διάφορα στοιχεία που τον εξοπλίζουν ή τον καλλωπίζουν. Αυτά είναι: το οδόστρωμα, το νερό –όμβριο ή καλλωπιστικό–, τα έργα τέχνης, η επίπλωση και η φύτευση. Τα στοιχεία αυτά θα εξετασθούν αναλυτικά στα κεφάλαια που έπονται.

Εξεταζόμενα θέματα:
Γ1 Το οδόστρωμα
Γ2 Το νερό
Γ3 Έργα τέχνης
Γ4 Επίπλωση δημόσιου χώρου
Γ5 Φύτευση

C1 The Pavement

C1.1 The continuity of the surface of the pavement

The specific distinction between an undeveloped and a developed area lies primarily in the quality of its floor.
A pavement, in contrast to natural soil, is that particular element that allows people to appropriate an area. The safety degree guaranteed to people is the main element of its qualification.
A floor with traps and snares is automatically rendered unsuitable for normal human use.
A dangerous ground of this kind can be of various types: natural soil, or semi developed pavement with holes or openings, sloping or with a warped surface. Even improperly maintained paved surfaces can be dangerous.
Actually the most important characteristic of a pavement is its ability to assure a safe and easy to walk on surface. A pavement must offer a smooth and even surface so as to ensure the greatest security for the pedestrian.
Any tiny obstacle that cannot be immediately perceived becomes yet another snare to the unwary stroller. People must be able to walk off their guard, without having to be afraid that they are running the risk of stumbling, falling down and hurting themselves. Even worse, to miss one's footing, break or sprain one's leg.
In the good old days, when the teaching of Architecture was more practical, and private insurance companies had to cover the cost of accidents, single or double steps could never be found in urban public areas. Steps would always be three or more.
Since the teaching of Architecture no longer occupies itself with the study of nature and the practice of rationalism, but follows a more lofty system of metaphysics, as well as semiology, linguistics, sociology, psychology etc., and the expenses for street accidents are covered by state agencies, single steps as well as all other types of traps have a tendency to proliferate in urban public areas.
In the city of Athens when arcades along the street elevation of buildings were instituted in the '50s, no consideration was given to geometry. Thus single, or even double steps, appear where two streets with a strong incline intersect. No one thought, or refused to think, for reasons of economy, that the intersection of two inclined streets can be achieved only through the use of an intermediate level surface.
In the event of the intersection of two slopping streets, the sides of this level surface must be equal to the width of the streets. With the addition of arcades, this level surface has to increase at the expense of the length of the inclined street, thus augmenting the slope.
It is obvious that arcades along streets with a strong incline should be avoided. The lack of traps is not sufficient for guaranteeing the safety of the casual stroller. In order that an open public area be safe, it is important that the incline of its surface is not excessive.
The steepest slope must allow for elementary comfort while the lowest for easy drainage.
When a slope exceeds 6% it would be advisable to provide for steps along its side. An incline up to 12% could be bearable for normal people but is forbidding for individuals with disabilities, including mothers with small children in perambulators, as well as people carrying heavy loads. In exceptional cases an incline of up to 15% can be tolerated, but it is best to avoid these.

Γ1 Το οδόστρωμα

Γ1.1 Η συνέχεια του δαπέδου

Η ειδοποιός διαφορά μεταξύ του αδιαμόρφωτου και του διαμορφωμένου χώρου είναι η ποιότητα του δαπέδου. Το δάπεδο ή οδόστρωμα, σε αντίθεση με το φυσικό έδαφος, είναι το στοιχείο εκείνο που επιτρέπει στον άνθρωπο να οικειοποιηθεί τον χώρο. Ο βαθμός ασφάλειας που παρέχει είναι και το κύριο στοιχείο που ορίζει την ποιότητά του. Ένα δάπεδο με «παγίδες» γίνεται αυτομάτως απαγορευτικό για κάθε ανθρώπινη χρήση. Επικίνδυνο είναι το δάπεδο αν έχει στρεβλές ή κεκλιμένες επιφάνειες, τρύπες και ανοίγματα, ή και πλακοστρώσεις που δεν έχουν συντηρηθεί σωστά. Το πιο σημαντικό χαρακτηριστικό του δαπέδου είναι λοιπόν η βατότητά του. Η επιφάνειά του οφείλει να είναι λεία και επίπεδη, ώστε να παρέχει τη μεγαλύτερη δυνατή ασφάλεια στον πεζό. Κάθε μικρό εμπόδιο που δεν γίνεται άμεσα αντιληπτό αποτελεί «παγίδα». Ο περιπατητής πρέπει να μπορεί να βαδίζει αμέριμνα, χωρίς το φόβο ότι μπορεί κάπου να σκοντάψει και να πέσει.
Την εποχή που η διδασκαλία της Αρχιτεκτονικής ήταν πιο πρακτική, κι εκεί όπου οι ασφαλιστικές εταιρείες επωμίζονταν το βάρος της αποζημίωσης των ατυχημάτων, ποτέ σε δημόσιο χώρο δεν κατασκευάζονταν μονές ή διπλές βαθμίδες. Οι βαθμίδες ήταν πάντα από τρεις και πάνω. Από τότε που η διδασκαλία της Αρχιτεκτονικής εγκατέλειψε τη μελέτη της φύσης και την άσκηση στον ορθολογισμό, και ακολούθησε έναν κακώς εννοούμενο δρόμο μεταφυσικής θεώρησης της αρχιτεκτονικής, της σημειολογίας, της ανθρωπολογίας, της κοινωνιολογίας ή της ψυχολογίας, και που τις αποζημιώσεις των ατυχημάτων τις επωμίζονται ταμεία υγείας τα οποία ελέγχονται από δημόσιες υπηρεσίες, τα μονά σκαλοπάτια και οι «παγίδες» στους δημόσιους χώρους πολλαπλασιάζονται χωρίς τελειωμό. Έτσι στην Αθήνα, όταν στη δεκαετία του '50 θεσπίστηκαν οι στοές κατά μήκος ορισμένων δρόμων, αγνοήθηκε τελείως η γεωμετρία και ξεφύτρωσαν σε διασταύρωση κεκλιμένων δρόμων μονές βαθμίδες ή σε ζεύγη, κανείς δεν σκέφτηκε, ή δεν θέλησε να σκεφτεί, ότι η διασταύρωση κεκλιμένων επιπέδων γίνεται με τη μεσολάβηση ενός οριζόντιου επιπέδου.
Στην περίπτωση δύο διασταυρούμενων οδών, το κάθε ζεύγος παραλλήλων πλευρών του οριζοντίου αυτού επιπέδου είναι ίσο με το πλάτος ενός από τους δύο διασταυρωμένους δρόμους. Είναι φυσικό, ότι με τη διαπλάτυνση που έχει ως επακόλουθο η προσθήκη στοών στους δρόμους αυτούς, πρέπει το οριζόντιο αυτό επίπεδο να έχει πλευρές ίσες προς το άθροισμα των δύο εκατέρωθεν στοών με το εύρος του δρόμου. Πράγμα που σημαίνει ότι μειώνεται αντίστοιχα το μήκος του κεκλιμένου τμήματος του δρόμου και αυξάνεται η κλίση. Σε δρόμους με πολύ μεγάλη κλίση είναι προτιμότερο να μην υπάρχουν στοές.
Για να είναι πραγματικά βατό το δάπεδο του δημοσίου χώρου πρέπει οι κλίσεις να είναι άνετες. Η μεγαλύτερη κλίση δεν πρέπει να υπερβαίνει εκείνη της άνετης κίνησης στους δρόμους, αλλά ταυτόχρονα πρέπει να είναι τόση ώστε να γίνεται σωστά η απορροή των υδάτων. Εκεί που η κλίση υπερβαίνει το 6%, καλό είναι να υπάρχει και ραμπόσκαλα παραπλεύρως. Κλίση μέχρι 12% είναι ανεκτή για πεζούς αλλά όχι για άτομα με ειδικές ανάγκες, ούτε για μητέρες με μωρά σε καρότσια ή για ανθρώπους που έρχονται φορτωμένοι από την αγορά. Σε εξαιρετικές περιπτώσεις μπορεί το δάπεδο να έχει κλίση έως 15% αλλά τέτοιες κλίσεις πρέπει να αποφεύγονται.

The continuity of the surface of the pavement
Η συνέχεια του δαπέδου

654, 655, 656 The importance of continuity for pavement surfaces. Intersection of sloping streets with arcades
654, 655 Wrong ways.
656 The correct way.
654, 655, 656 Διασταύρωση δύο οδών με κλίση και στοές
654, 655 Λανθασμένη διάταξη.
656 Ορθή διάταξη.

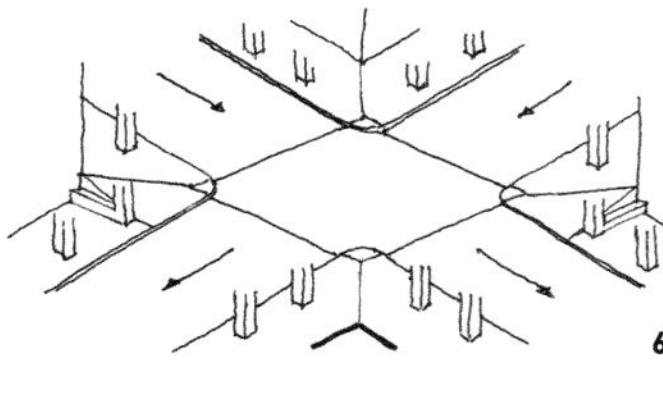
654

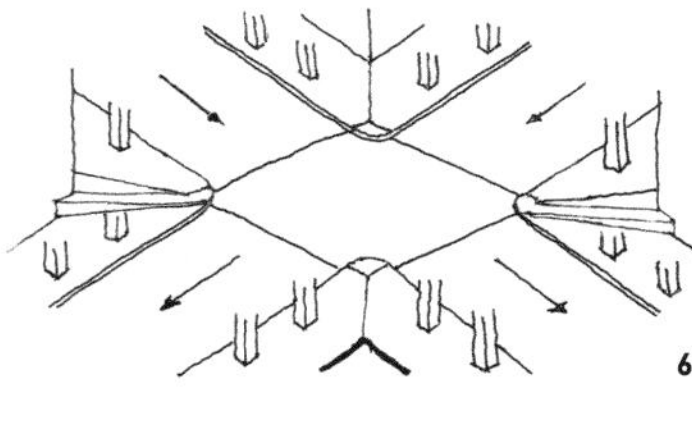
655

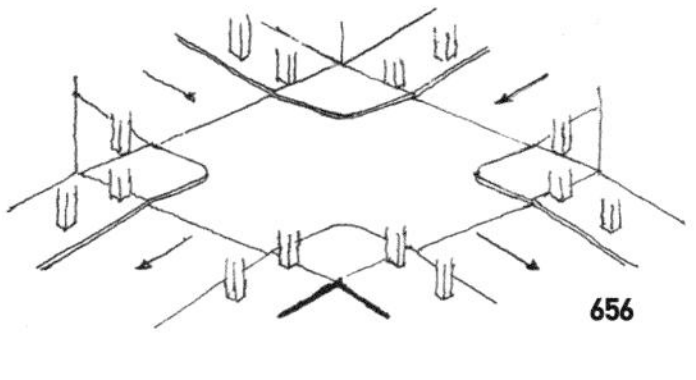
656

C1.2 Forms and patterns

One of the basic considerations in our ability to discern forms and patterns in the pavement of a free public area, is the fact that the height of the eye level above ground is infinitesimal in comparison to the size of the public area.
This explains why the shapes and patterns produce a different impression according to the angle and the distance from which they are observed. Accordingly, in a square, as opposed to a street, the forms and patterns of the pavement produce a multiplicity of impressions, depending on the angle of observation. Still it is possible, in a square, to define a street through the appropriate use of a pattern, as in the case of Castle Square in Prague, thus simplifying the design problem.

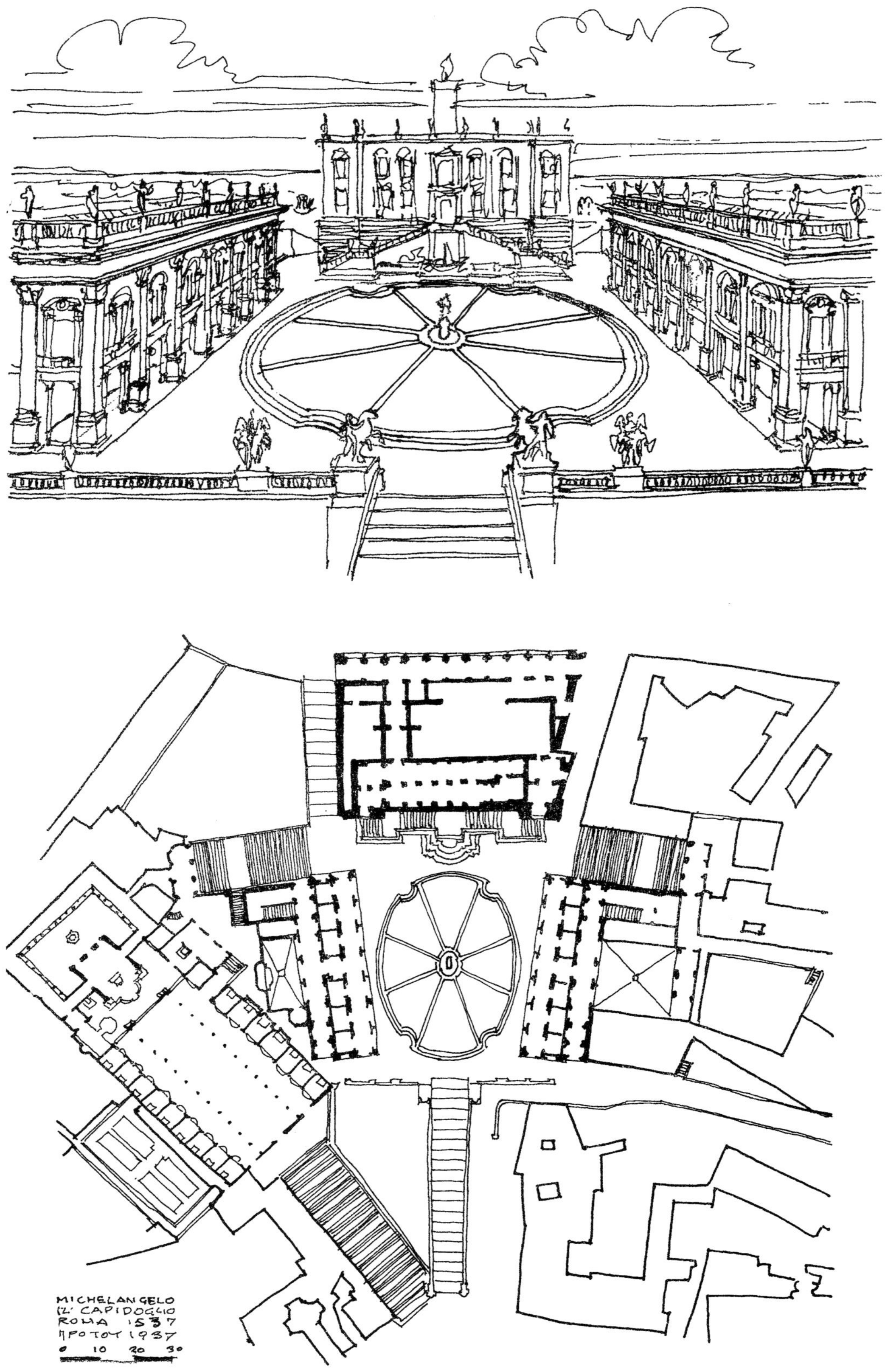

657

Forms and patterns / Σχήματα και μορφές

657 Rome, Campidoglio square. Late Baroque paving until 1937
Since the time when Michelangelo designed the pavement of the Campidoglio square until 1937, a variety of patterns was applied, according to the prevealing tastes of each period. The last one was in late Baroque style.
657 Ρώμη, Καπιτώλιο. Το δάπεδο προ του 20ού αι., σχέδιο του όψιμου Μπαρόκ
Από την εποχή που ο Μιχαήλ Άγγελος σχεδίασε το δάπεδο της πλατείας του Καπιτωλίου έως το 1937 εφαρμόστηκαν διάφορα σχέδια ανάλογα με τις εκάστοτε επικρατούσες αντιλήψεις. Το τελευταίο ήταν της εποχής του Ροκοκό.

Γ1.2 Σχήματα και μορφές

Ένα από τα βασικά δεδομένα σχετικά με το πώς αντιλαμβανόμαστε τη μορφή του οδοστρώματος στον δημόσιο χώρο, είναι ότι το ύψος του ματιού από το επίπεδο του δαπέδου είναι εξαιρετικά μικρό σε σχέση με τις διαστάσεις του χώρου. Οι μορφές και τα σχήματα δίνουν άλλην εντύπωση ανάλογα με την οπτική γωνία και την απόσταση από την οποία τα κοιτάζουμε. Έτσι, σε μια πλατεία, οι οπτικές γωνίες από τις οποίες γίνονται αντιληπτά τα σχήματα και οι μορφές ενός δαπέδου είναι κατά πολύ περισσότερες από ό,τι σε ένα δρόμο.
Βεβαίως μέσα σε μια πλατεία είναι δυνατόν να ορισθούν κάποιοι δρόμοι με κατάλληλη μορφολόγηση του καταστρώματος, όπως π.χ. στην πλατεία του Κάστρου της Πράγας, οπότε το έργο του αρχιτέκτονα περιορίζεται σ' αυτό.

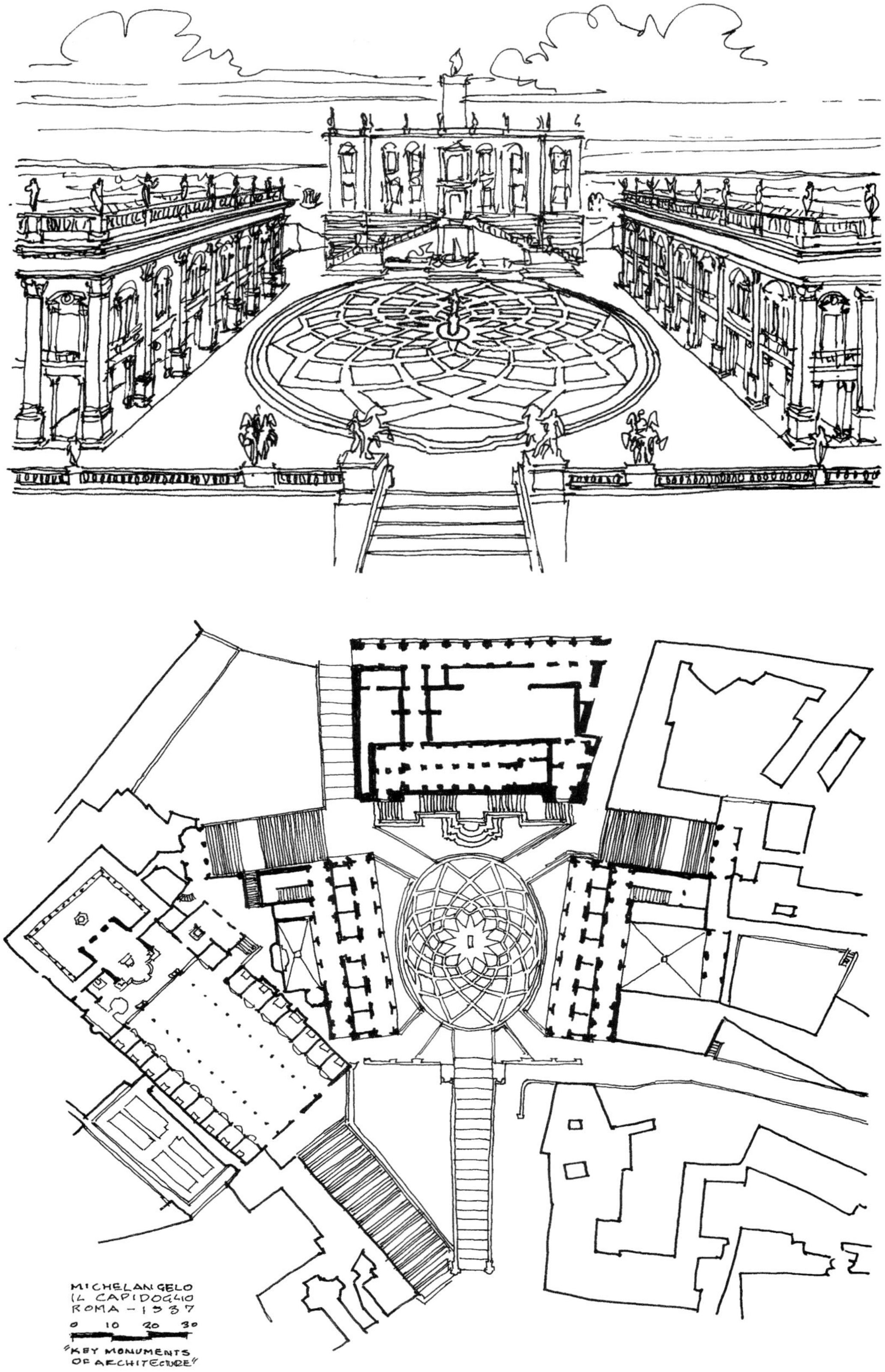

658

Forms and patterns / Σχήματα και μορφές

658 Rome, Campidoglio by Michelangelo, restored in 1937
The importance of the quality of a paving is aptly illustrated by the example of Michelangelo's paving that was carried out according to his drawings only four centuries later. Meanwhile various designs were used following the fashion of each period.

658 Ρώμη, Καπιτώλιο. Το δάπεδο μετά το 1937, σχέδιο του Μιχαήλ Αγγέλου
Η σπουδαιότητα του δαπέδου είναι ολοφάνερη με το παράδειγμα του σχεδίου του Μιχαήλ Αγγέλου, που εφαρμόσθηκε όμως μόνον τέσσερις αιώνες αφότου σχεδιάστηκε (1539).

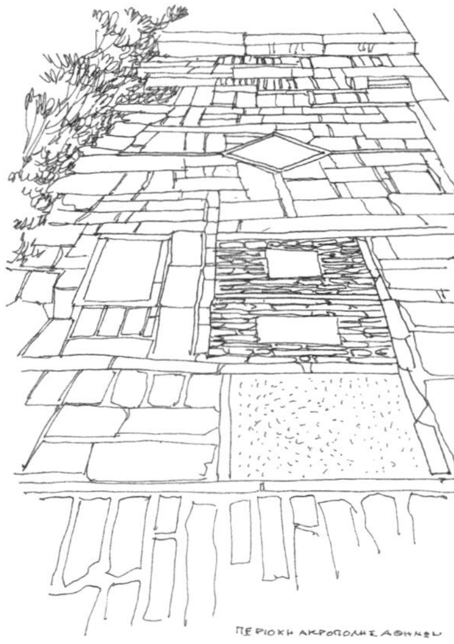

659

660

661

662

663

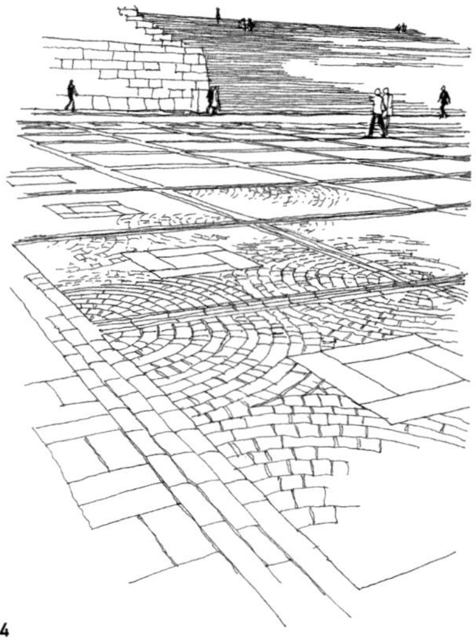

664

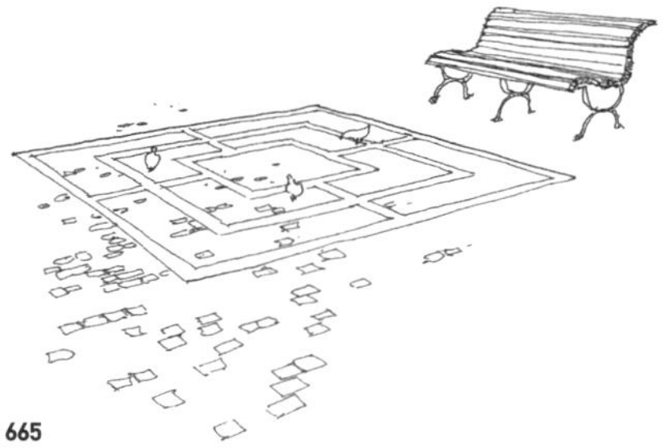

665

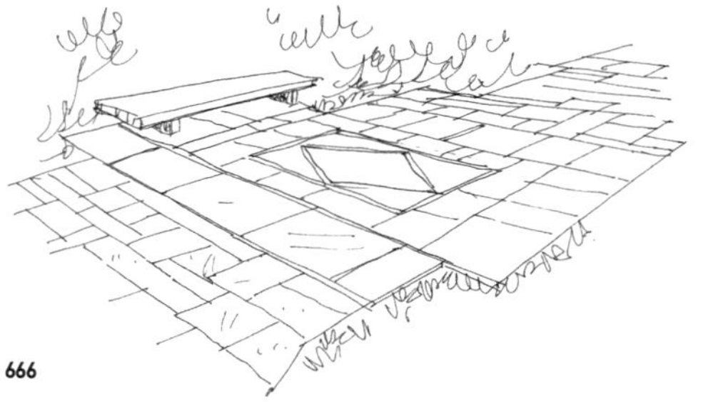

666

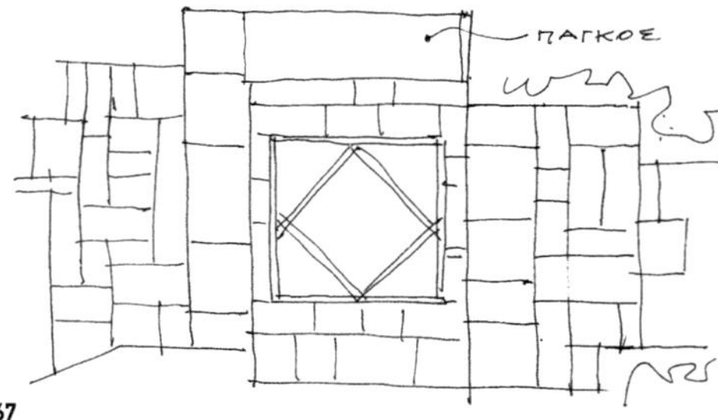

667

Forms and patterns / Σχήματα και μορφές

659, 660, 661 Athens, Acropolis, approaches by D. Pikionis
Footways leading to the entrance of the Acropolis.
Mosaic made out of second-hand white marble slabs.

659, 660, 661 Αθήνα, πρόσβαση προς την Ακρόπολη. Το πλακόστρωτο του Δημήτρη Πικιώνη
Οι πεζόδρομοι που οδηγούν στην Ακρόπολη, στρωμένοι με μαρμαρόπλακες που προήλθαν από αποξηλώσεις, σε γεωμετρικές μορφές. Ένα είδος ανακύκλωσης!

662, 663 A diagonal pattern formed by the alternation of materials and colors. Perception changes according to the point of view

662 The paving perceived at a right angle to the wide side of the rectangle.

663 The same pavement seen from the narrow side of the rentangles.

662, 663 Η διαγώνιος σχεδιασμένη με εναλλαγή υλικών ή χρωμάτων. Η διαφορετική αντίληψη ανάλογα με την οπτική γωνία

662 Το οδόστρωμα ιδωμένο κάθετα στην πλατειά πλευρά των ορθογώνιων σχημάτων.

663 Το ίδιο οδόστρωμα ιδωμένο κάθετα στην οπτική πλευρά των ορθογώνιων σχημάτων.

664 Helsinki, Senate Square, cobblestones
A straightforward pattern covers nearly the entire this square, with an excellent effect. Still cobblestones cannot be considered as an appropriate material for pedestrian areas.

664 Ελσίνκι, πλατεία Συγκλήτου
Ένα απλούστατο ορθογωνικό σχέδιο καλύπτει το σύνολο της σημαντικής αυτής πλατείας με άριστο αποτέλεσμα. Παρ' όλον τούτο οι κυβόλιθοι δεν αποτελούν το καλύτερο υλικό για τη διάστρωση χώρων πεζών.

665 Istanbul
Pavement in a game pattern.

665 Κωνσταντινούπολη, τρίλιες
Προσφορά στο παιχνίδι.

666, 667 Athens, project for the transformation of Dionysiou Areopagitou street into a pedestrian lane by O.P.A.M. (M. Vourekas, A. Georgiades, V. Grigoriadis, C. Decavalla)

666, 667 Αθήνα, πρόταση για την πεζοδρόμηση της Διονυσίου Αρεοπαγίτου, μελέτη Ο.Π.Α.Μ. (Ομάς Πολεοδομικών-Αρχιτεκτονικών Μελετών: Μ. Βουρέκας, Α. Γεωργιάδης, Β. Γρηγοριάδης, Κ. Δεκαβάλλας)

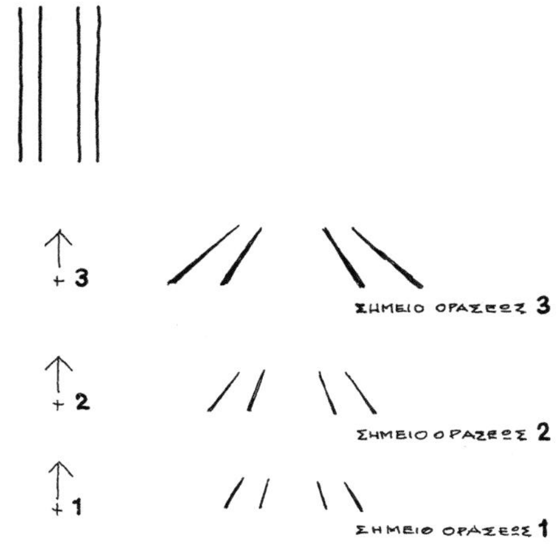

668

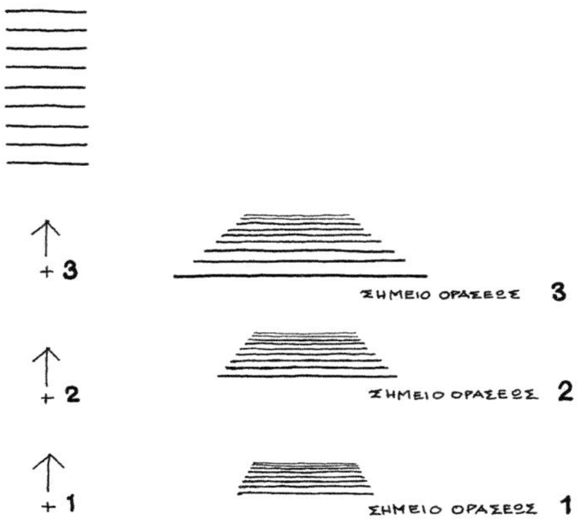

669

670

671

The perception of parallel lines
Η αντίληψη των παράλληλων γραμμών

668, 669 The perception of parallel lines
668 Parallel to the direction of movement.
669 Perpendicular to the direction of movement.

668, 669 Η αντίληψη των παράλληλων γραμμών
668 Όταν είναι παράλληλες με τον δρόμο.
669 Όταν είναι κάθετες προς τον δρόμο.

670 Santorini island, "Cadena" paving or chain pattern. (Reconstruction after the earthquake of 1956)
There is an admirable simplicity in the way the structure of this traditional pavement dictates its aesthetic expression. Implanting white limestones in parallel rows at a distance of 80 centimeters and filling the space in between with dark volcanic cobblestones provides for a highly resistant pavement.

670 Σαντορίνη, ανοικοδόμηση 1956-60. Το παραδοσιακό σύστημα της καδένας
Είναι πράγματι αξιοθαύμαστη η λιτότητα αυτής της διαμόρφωσης που υπαγορεύεται από την κατασκευαστική αναγκαιότητα του έργου. Η εμφύτευση λευκών ασβεστόλιθων σε παράλληλες γραμμές, σε απόσταση περίπου 80 εκ., και το γέμισμα των ενδιάμεσων λωρίδων με μαύρους ηφαιστειογενείς λίθους, εξασφαλίζει άριστη αντοχή.

671 Prague, Pražský hrad (the Castle of Prague), modern pavement in stone slabs
The path to be followed from gate to gate is clearly marked.

671 Πράγα, το Κάστρο, σύγχρονο πλακόστρωτο
Η διαδρομή από τη μια πύλη στην άλλη είναι ξεκάθαρα προσδιορισμένη.

672

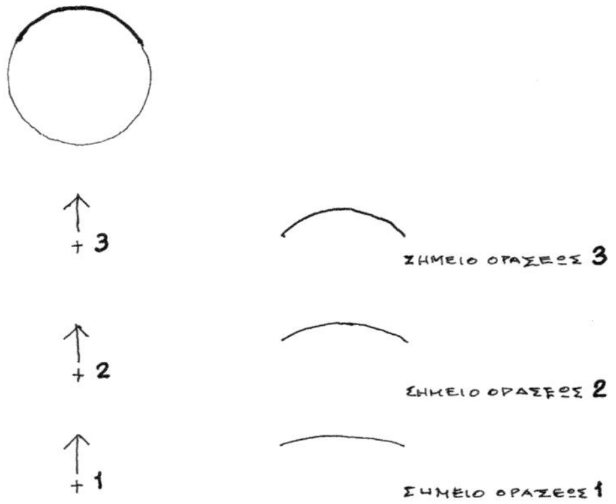

677

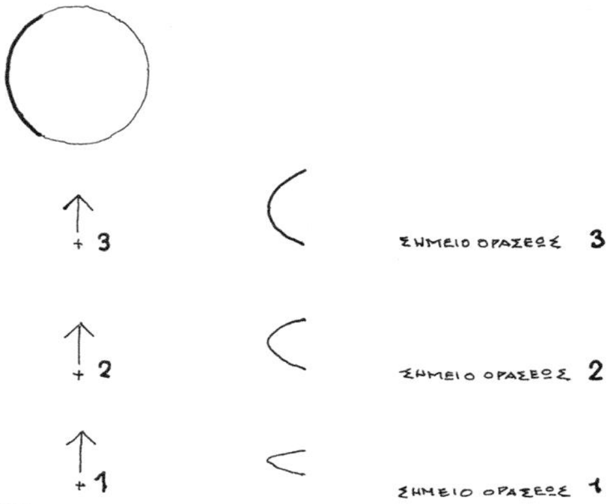

678

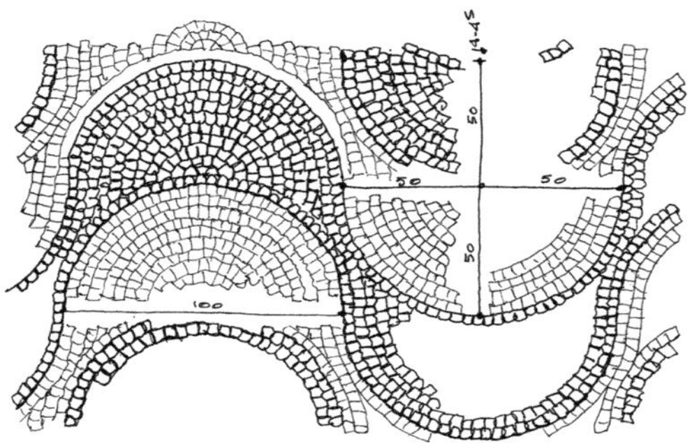

673

674

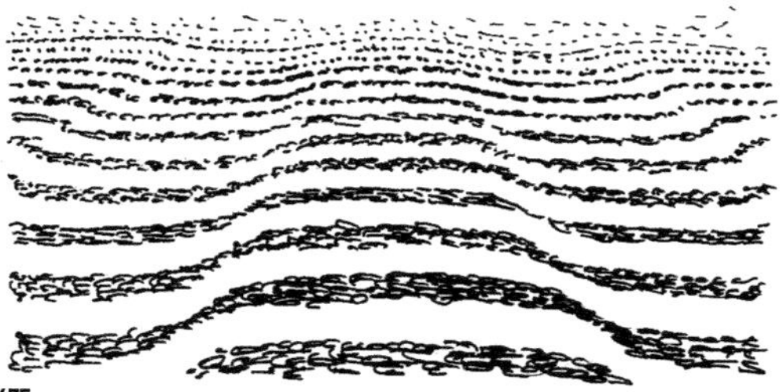

675

676

The perception of circles and waves
Η αντίληψη του κύκλου & των κυμάτων

672 Alicante
The undulating pattern, in three colors, of this pavement enlivens this beautiful rambla. This same pavement seen from the side presents a completely different image.

672 Αλικάντε, Ράμπλα, οδόστρωμα με κυματοειδές σχέδιο
Οι τρεις έγχρωμες κυματοειδείς λωρίδες δίνουν πρόσθετη ζωηράδα στην πανέμορφη αυτή Ράμπλα.

677, 678 The perception of circles and waves
677 The perception of a curve perpendicular to the road axis.
678 The perception of a curve parallel to the road axis.

677, 678 Η αντίληψη του κύκλου και των κυμάτων
677 Η αντίληψη του τόξου ενός κύκλου κάθετου προς τον άξονα του δρόμου.
678 Η αντίληψη του τόξου ενός κύκλου παράλληλου προς τον άξονα του δρόμου.

673, 674, 675, 676 Alicante, paving with an undulating pattern
673 Plan.
674 Alicante, undulating pavement pattern. Forms change as the point of view shifts.
675 View along the street axis.
676 View from the side.

673, 674, 675, 676 Αλικάντε, η μορφή αλλάζει όψη ανάλογα με τη θέση του παρατηρητή
673 Κάτοψη.
674 Ιδωμένο από το πλάι.
675 Ιδωμένο κατά μήκος του άξονα.
676 Ιδωμένο από το πλάι.

679

680

681

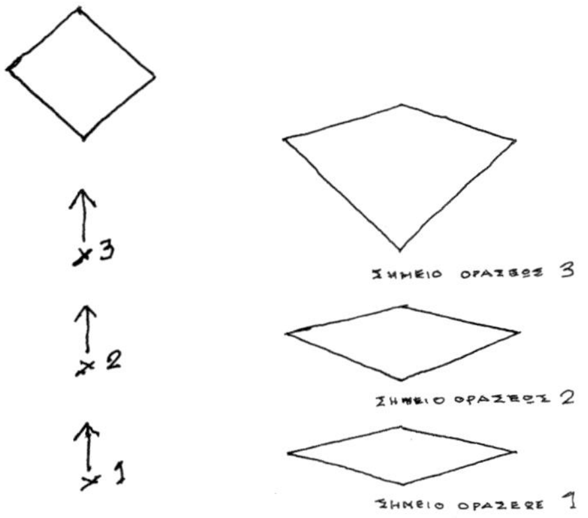

682

683

684

Other forms and patterns
Άλλα σχήματα και μορφές

679 Seville
The street pavement is in pebble encrusted concrete, subdivided into lozenges by marble stripes.

679 Σεβίλλη
Οδόστρωμα φτιαγμένο με βότσαλα σε τσιμέντο, υποδιαιρεμένο σε ρόμβους με μαρμάρινες λωρίδες. Ένα σύστημα αρκετά διαδεδομένο στη Μεσόγειο.

680 Corfu
New paving in a historic town following the traditional pattern, but with modern techniques. A certain slickness can hardly be avoided.

680 Κέρκυρα
Νέο λιθόστρωτο σε παραδοσιακό οικισμό, το οποίο ακολουθεί την παραδοσιακή μορφή με σύγχρονα τεχνικά μέσα. Η στιλπνότητα και η αίσθηση επιτήδευσης είναι μάλλον ξένες προς τον χώρο. Οι διαγώνιες πάντως επιβάλλονται.

681 Budapest
Meander patterns on the street paving add rhythm and give a sense of luxury on a low budget.

681 Βουδαπέστη
Οι μαίανδροι στο πλακόστρωτο δείχνουν ίδιοι απ' όποια πλευρά κι αν τους δει κανείς.

682 The perception of a lozenge
682 Η αντίληψη του ρόμβου

683 Corfu, paving
A first-class flooring for pedestrian ways. Also a fine example of a successful integration of a manhole into the pavement pattern.

683 Κέρκυρα, πλακόστρωτο
Άριστο δάπεδο για χώρους πεζών. Συνάμα δείγμα επιτυχούς ενσωμάτωσης φρεατίου στο πλακόστρωτο.

684 Helsinki
A composition using a pattern of squares.

684 Ελσίνκι
Σύνθεση με τετράγωνα.

685

686

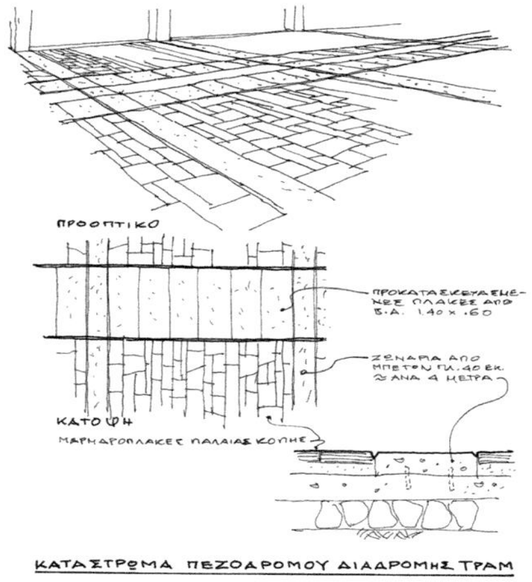

687

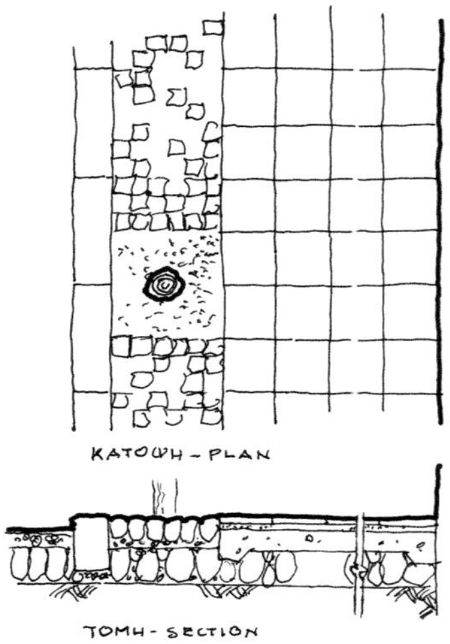

688

689

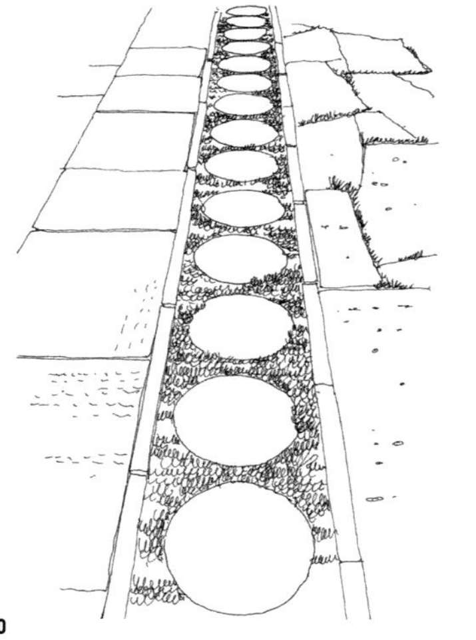

690

685 Helsinki
Security zone all along the cycling lane in cobblestones for the protection of pedestrians.

685 Ελσίνκι
Ζώνη ασφαλείας με λιθόστρωτο με καλντερίμι ανάμεσα στο πεζόδρομο και τον ποδηλατόδρομο.

686, 688 Security zone along the curb
It is recommended that cobblestones should only be used in areas where it would be preferable to keep pedestrians away for security reasons.

C1.3 Materials

One could say that paving materials are quite numerous. The main differentiation is between water proof and water absorbing materials.
Another differentiation could be between smooth and rough surfaces. Smooth pavements are a must for all areas at the disposal of people. In these areas no single or double steps as well as curbs should be allowed as they are traps for the pedestrians. Rough surfaces should be used for security reasons, on those parts of the pavement that represent a danger for pedestrians, such as along the curb. These are sometimes combined with planting.
Appropriate materials for this kind of rough pavement are cobblestones, which are definitely not recommended for footways that are open to the general public. Furthermore, slip-proof materials should be used on sloping ground.

Γ1.3 Υλικά κατασκευής και διάστρωσης

Τα υλικά κατασκευής ενός οδοστρώματος είναι αμέτρητα. Εκεί που υπάρχει διαφοροποίηση είναι μεταξύ υδατοπερατών και στεγανών. Επίσης σχετική διαφοροποίηση υπάρχει μεταξύ λείων και ανώμαλων. Τα λεία οδοστρώματα επιβάλλονται σε όλες τις περιοχές όπου κινείται ελεύθερα ο πεζός. Ανώμαλο δάπεδο συνιστάται να χρησιμοποιείται αποκλειστικά και μόνο σε περιοχές του καταστρώματος οι οποίες για λόγους ασφαλείας του πεζού, πρέπει να είναι δυσάρεστες στο βάδισμα. Τέτοιες περιπτώσεις είναι οι ζώνες μεταξύ του αυτοκινητόδρομου και του πεζοδρομίου. Ένα από τα πιο κατάλληλα υλικά για αυτές τις ζώνες είναι ο κυβόλιθος, κοινώς το καλτερίμι, που αντιθέτως δεν συνιστάται για περιοχές όπου η κίνηση του πεζού πρέπει να είναι απρόσκοπτη. Σε μεγάλες κλίσεις συνιστώνται αντιολισθηρά δάπεδα.

686, 688 Ζώνη ασφαλείας κατά μήκος κράσπεδου
Η χρήση λιθόστρωτου συνιστάται μόνο όπου χρειάζεται να αποτρέπεται η κίνηση των πεζών.

687 Athens, Dionysiou Areopagitou street
Project for the transformation of the street leading to the Acropolis, into a pedestrian lane equipped with a tramway, by O.P.A.M. (M. Vourekas, A. Georgiades, V. Grigoriadis, C. Decavalla).

687 Αθήνα, οδός Διονυσίου Αρεοπαγίτου
Λεπτομέρειες κατασκευής του καταστρώματος στη θέση των σιδηροτροχιών, από την πρόταση της Ο.Π.Α.Μ. (Μ. Βουρέκας, Α. Γεωργιάδης, Β. Γρηγοριάδης, Κ. Δεκαβάλλας).

689 Siena, Il Campo
The carved stone traffic obstacles are combined with the fishbone brick floor of the square and the stone pavement to create a harmonious whole.

689 Σιένα, Ιλ Κάμπο
Τα μονολιθικά εμπόδια από λαξευμένο μάρμαρο συνδυάζονται με τα υλικά του καταστρώματος: τούβλο σε μορφή ψαροκόκαλου στην πλατεία και λιθόστρωτο στον περιφερειακό δρόμο.

690 Stockholm, architect Erik Gunnar Asplund
An original pavement pattern.

690 Στοκχόλμη, αρχιτέκτων Έρικ Γκούναρ Άσπλουντ
Ιδιότυπη πλακόστρωση.

C1.4 Permanent crossings and saddles

In certain sectors of our cities and towns, where large numbers of people move on foot and where low speed must be imposed on motorcars, a secure way to obtain this is the integration of bumps or saddles into the road. Where a street presents a steep slope, one uses shallow steps instead of saddles. These steps have to be at an equal distance from each other, not exceeding 2.10 m., and at distances of a precise number of paces plus one step.

Γ1.4 Μόνιμες διελεύσεις και σαμάρια

Σε περιοχές μεγάλης κίνησης πεζών ή σε περιοχές κατοικίας, όπου επιβάλλεται η χαμηλή ταχύτητα οχημάτων, ένας ασφαλής τρόπος για να επιτευχθεί αυτό είναι η κατασκευή σαμαριών. Εκεί που ο δρόμος έχει μεγάλη κλίση, αντί για σαμάρια μπορούν να μπουν βαθμίδες με τη μορφή ραμπόσκαλας. Οι βαθμίδες πρέπει να είναι σε τακτές και μικρές αποστάσεις, κάτω των 2,10 μ., αλλά σε αποστάσεις βημάτων συν βαθμίδα. Τα ίδια ισχύουν και για τις διασταυρώσεις.

691

692

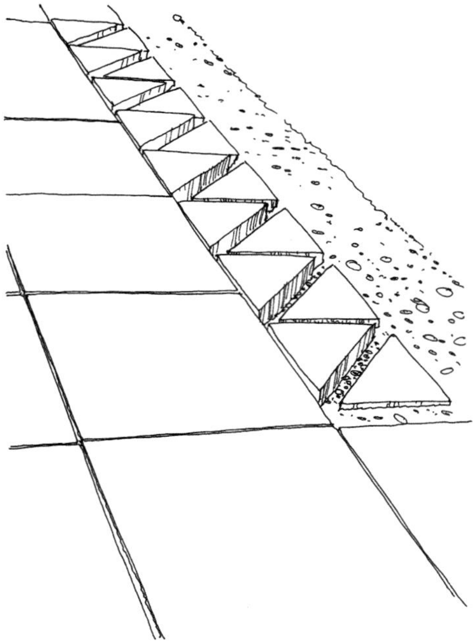

693

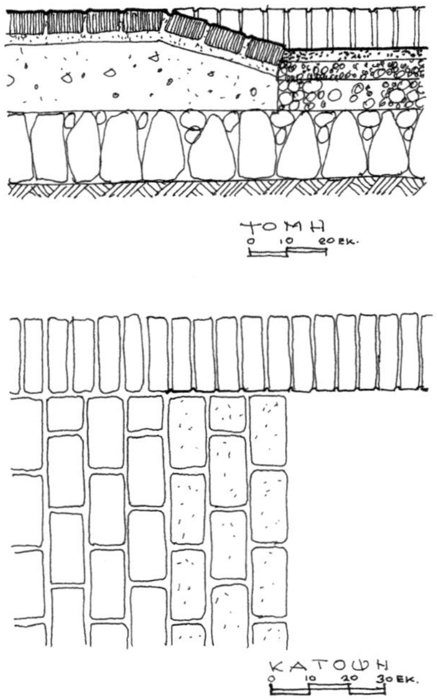

694

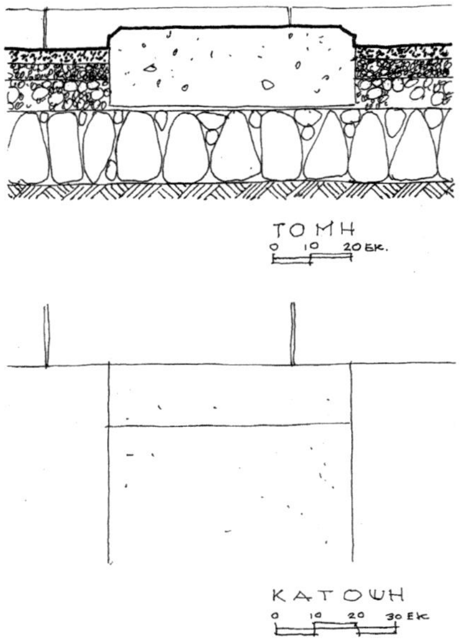

695

Permanent crossings and saddles
Μόνιμες διελεύσεις και σαμάρια

691, 694 Pedestrian crossing, construction detail
The differentiation of paving materials at pedestrian crossings flush or slightly elevated acts as a restraining factor for speeding motorists.

691, 694 Διάβαση πεζών, κατασκευή από πλίνθους
Η διαφοροποίηση των υλικών διάστρωσης σε θέσεις διελεύσεως πεζών, με ανύψωση ή και χωρίς ανύψωση, αποτελεί ανασταλτικό ψυχολογικά παράγοντα για τους οδηγούς των τροχοφόρων.

692 Obstacle to limit vehicular speed in the form of a saddle embedded in the construction of the road.

692 Σαμάρι περιορισμού ταχύτητας οχημάτων, ενσωματωμένο στην κατασκευή του οδοστρώματος.

693 Helsinki, provision for cycling in the city
Paving with slots for bicycle parking.

693 Ελσίνκι, μέριμνα για στο ποδήλατο
Πλακόστρωτο με σχισμές για τη στάθμευση ποδηλάτων.

695 Saddle to limit vehicular speed, construction detail.

695 Σαμάρι περιορισμού ταχύτητας οχημάτων, λεπτομέρεια κατασκευής.

696

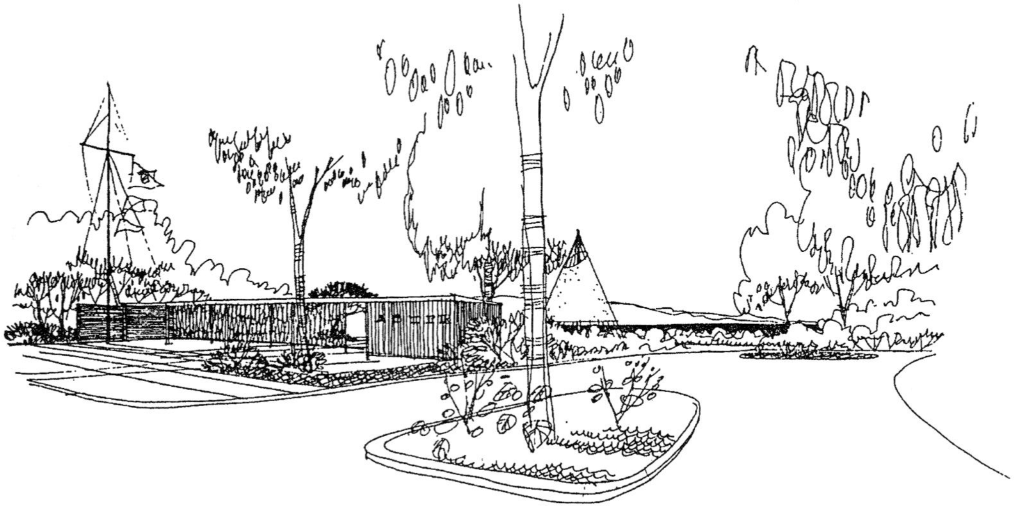

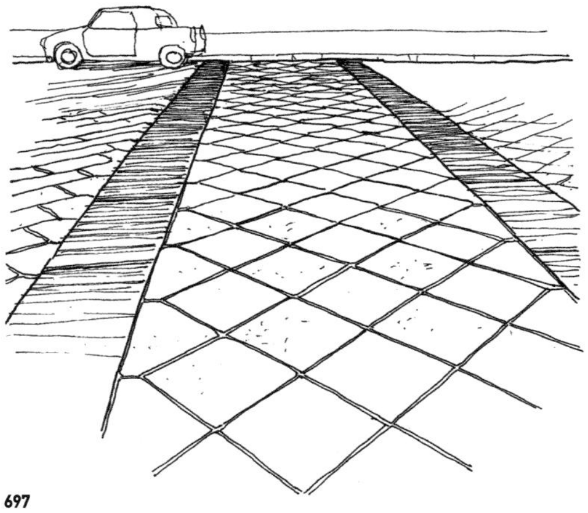

697

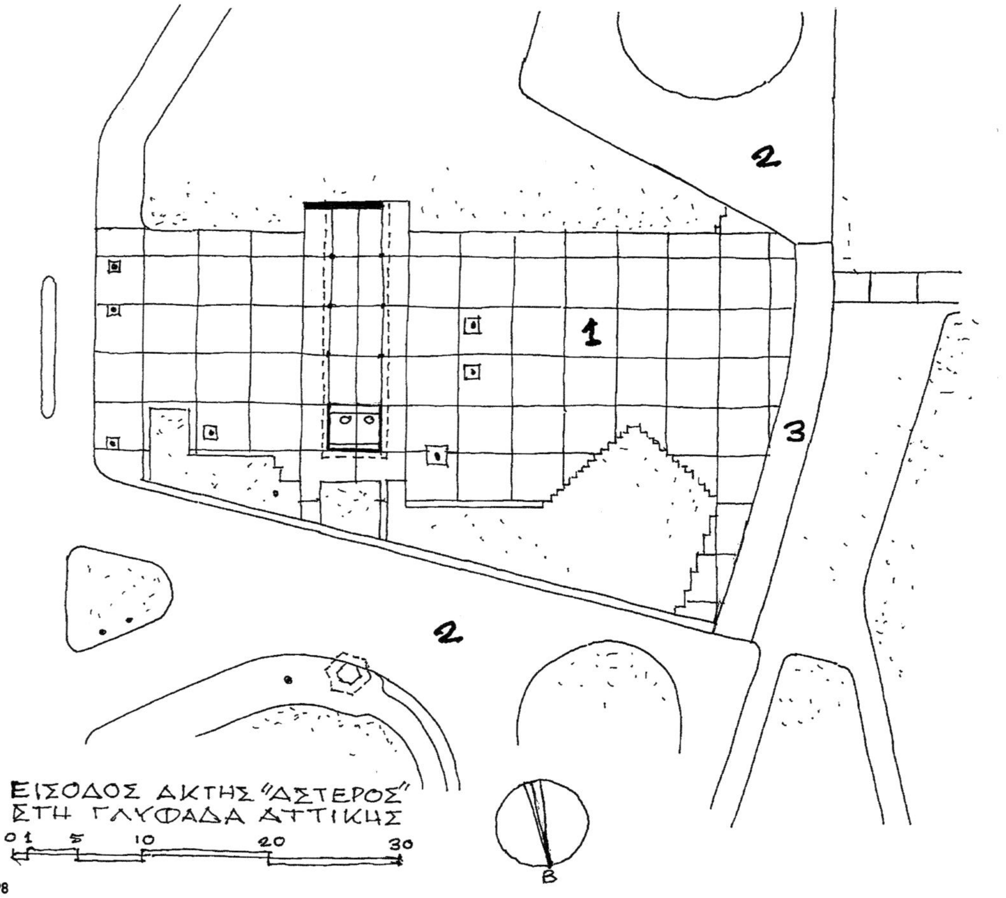

698

Permanent crossings and saddles
Μόνιμες διελεύσεις και σαμάρια

696 Pasadena, Los Angeles
Permanent marking of the pedestrian level crossing. Brick pavement encased in concrete edgings.

696 Πασαντήνα, Λος Άντζελες
Μόνιμη σήμανση της διάβασης των πεζών. Δάπεδο από συμπαγή τούβλα εγκιβωτισμένα σε λωρίδες από σκυρόδεμα.

697 Milano, via Sant' Ambrogio, permanent pedestrian crossing
Diagonal stone slab pavement encased in darker stone edging.

697 Μιλάνο, οδός Άγ. Αμβρόσιου, διάβαση πεζών
Μόνιμη σήμανση της διάβασης των πεζών. Δάπεδο από μαρμαρόπλακες σε διαγώνιο σχέδιο, εγκιβωτισμένες σε λωρίδες από πιο σκούρες πέτρινες πλάκες.

698 Athens, Glyfada Astir beach, entrance, 1955
Differentiation of the pavement according to three different types of circulation:
1. pedestrian only, 2. vehicular, 3. mixed.

698 Αθήνα, ακτή Αστέρα Γλυφάδας, η παλαιά είσοδος του 1955
Το διαφοροποιημένο οδόστρωμα ορίζει τις τρεις διαφορετικές λειτουργίες: πεζοί, οχήματα, μικτή χρήση.
1. Πεζοί, 2. Οχήματα, 3. Πεζοί και οχήματα.

C1.5 Steps and curbs

Where the incline is steep and steps are used, these can be of various types and shapes.
Curbs were instituted in ancient times between sidewalks and the main road in order to protect pedestrians from the free flowing rainwater on the surface of the street.
A good example is Pompey. A number of flat stones at a slight distance from each other at intersections, allowed people on foot to cross the street without the risk of getting wet feet, while the carriage wheels could pass between them.
Curbs are a permanent hazard for the unwary pedestrian and, as long as a rainwater drainage system, with underground piping, is in use, there is no need for them. They are no longer in use in many cities, as, for example, Edinburgh.
In Greece this system has been successfully used since the early '50s in the Asteria beach installations in Glyfada Athens.
Still, for as long as curbs still exist, special care has to be taken for disabled individuals, by removing the curb at street intersections and, in general, at road crossings.
Furthermore, these have to be easily perceived and easy to use. The same applies in the case of steps.

Γ1.5 Βαθμίδες και κράσπεδα

Όπου η κλίση είναι μεγάλη και υπάρχουν βαθμίδες, αυτές μπορούν να είναι διαφόρων ειδών και μορφών.
Τα κράσπεδα των πεζοδρομίων κατά την αρχαιότητα είχαν ως προορισμό την προστασία των πεζών από τα όμβρια. Παράδειγμα οι δρόμοι της Πομπηίας, όπου στις διασταυρώσεις υπήρχαν, για τη διέλευση των πεζών, λίθοι που εξείχαν σε απόσταση βήματος, οι οποίοι τους επέτρεπαν να διασχίζουν τον δρόμο χωρίς να βρέχονται τα πόδια τους, ενώ οι τροχοί των τροχοφόρων περνούσαν ανάμεσα στους λίθους.
Το κράσπεδο σήμερα αποτελεί «παγίδα» για τους πεζούς, και εφόσον μια περιοχή διαθέτει σύστημα υπόγειας απομάκρυνσης των όμβριων, δεν απαιτείται η ύπαρξή του, όπως, για παράδειγμα, στο Εδιμβούργο. Αλλά και στην Ελλάδα το σύστημα δοκιμάστηκε με επιτυχία στην ακτή του Αστέρα της Γλυφάδας ήδη από το 1955. Όταν όμως υπάρχουν κράσπεδα, πρέπει να λαμβάνεται μέριμνα για τα πρόσωπα με κινητικά προβλήματα και το κράσπεδο να «σβήνει» σταδιακά στις διασταυρώσεις και εν γένει στις διαβάσεις των πεζών. Αυτές πρέπει να είναι σαφείς, εύκολα αντιληπτές και άνετες στη χρήση. Το ίδιο ισχύει και για τις βαθμίδες.

699

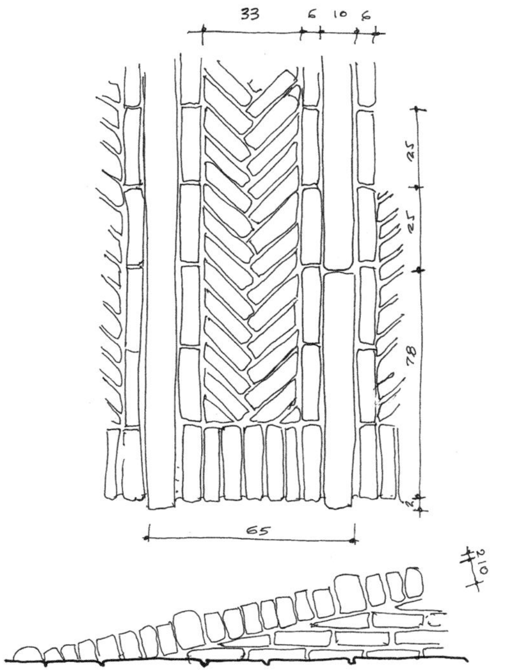

700

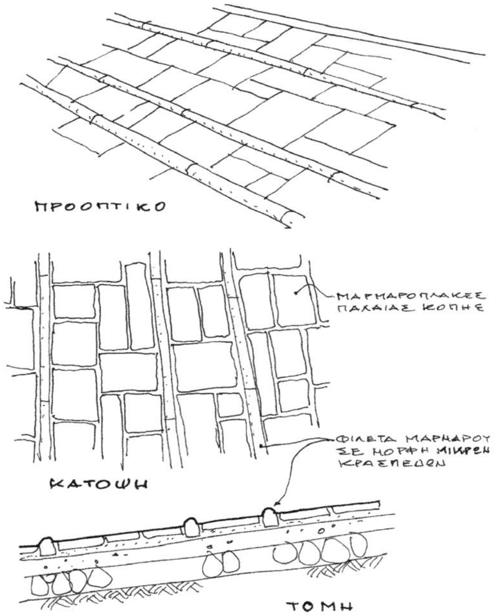

701

Steps / Βαθμίδες

699, 700 San Gimignano, piazza del Duomo
Steps are nearly non-existent here.

699, 700 Σαν Τζιμινιάνο, πιάτσα ντελ Ντουόμο
Οι βαθμίδες εδώ είναι σχεδόν ανύπαρκτες.

701 Athens, stepped ramp
Project for the transformation of Dionysiou Aeropagitou street into a pedestrian way by O.P.A.M. (M. Vourekas, A. Georgiades, V. Grigoriadis, C. Decavalla). A sloping road with projecting white marble stripes to prevent its use by motorcars.

701 Αθήνα, ραμπόσκαλα
Πρόταση για την πεζοδρόμηση της οδού Διονυσίου Αρεοπαγίτου από την Ο.Π.Α.Μ. (Μ. Βουρέκας, Α. Γεωργιάδης, Β. Γρηγοριάδης, Κ. Δεκαβάλλας). Κεκλιμένο επίπεδο με φιλέτα μαρμάρου, με στόχο τη δυσκολία διέλευσης τροχοφόρων.

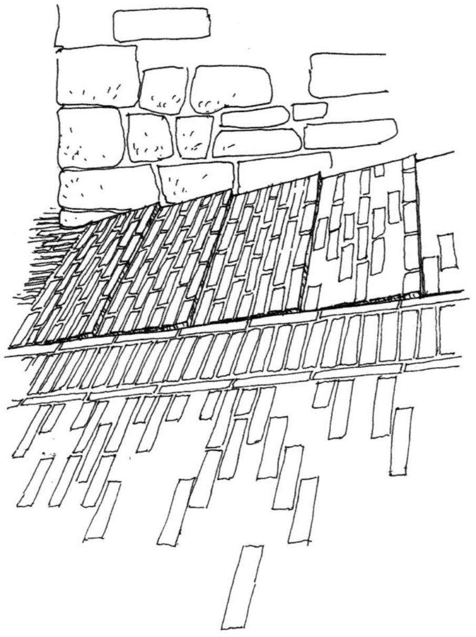

702

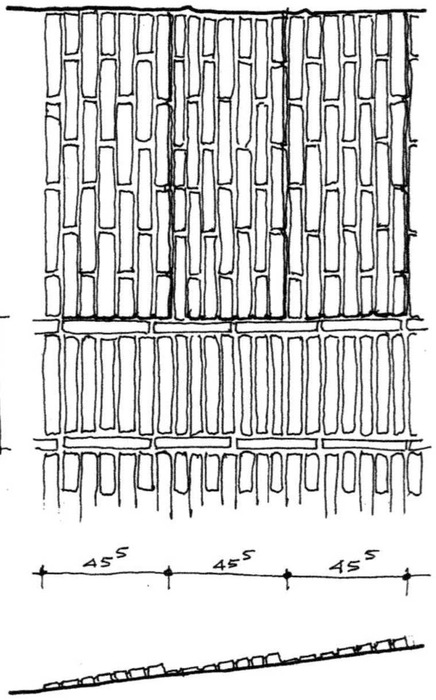

703

704

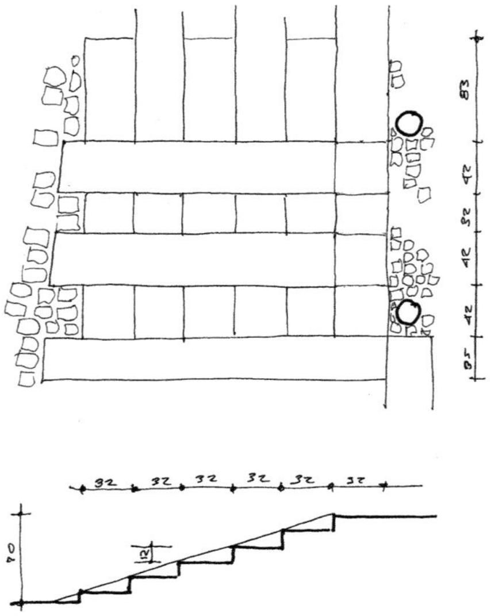

705

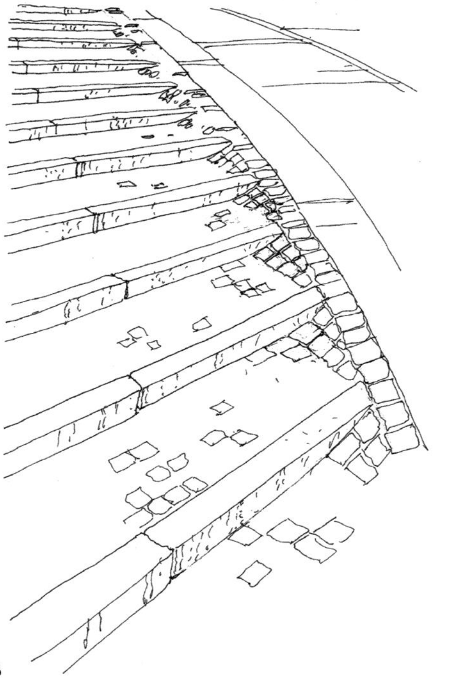

706

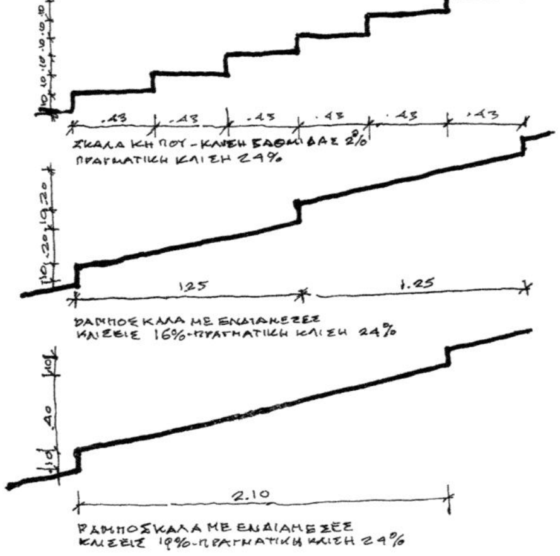

707

Steps / Βαθμίδες

702, 703 Perugia, ramp with steps
702, 703 Περούτζια, ραμπόσκαλα

704, 705 Aalborg, steps with ramps for wheels
This system allows for the use of all kind of wheeled vehicles – children perambulators etc.

704, 705 Ώλμποργκ, βαθμίδες με ράμπες για τροχούς
Το σύστημα αυτό επιτρέπει την εύκολη κίνηση στα καροτσάκια.

706 Zurich
A sloping street of cobblestones with steps which restricts the movement of motorcars.

706 Ζυρίχη
Κεκλιμένο επίπεδο από κυβόλιθους με βαθμίδες, το οποίο περιορίζει τη διέλευση αυτοκινήτων.

707 Steps and ramps (according to Frank Schuster)
707 Βαθμίδες και ραμπόσκαλα (βλ. και Φρανκ Σούστερ)

708

709

Curbs / Κράσπεδα

708 Zurich, curb with ramp in cobblestone for disabled people

708 Ζυρίχη, κράσπεδο με κλίση για άτομα με ειδικές ανάγκες

709 Edinburgh, Castlehill
The carved stone obstacles allow for a continuous road paving without curbstones. These are replaced by a shallow carved stone drain.

709 Εδιμβούργο, Κάστλχιλ
Τα εμπόδια αυτά από λαξευμένο λίθο εν σειρά καθιστούν περιττό το κράσπεδο, που παρουσιάζει κινδύνους για τους πεζούς και που εδώ αντικαθίσταται με ρείθρο από λαξευμένη πέτρα.

710 Edinburgh, ramps for the handicapped
The pedestrian crossing is paved with bricks in order to be differentiated from the rest of the road. The slopping part of the curb is treated in a slip-proof way.

710 Εδιμβούργο, κεκλιμένο κράσπεδο για άτομα με ειδικές ανάγκες
Διάβαση πεζών στρωμένη με πλίνθους για να ξεχωρίζει από το κατάστρωμα του δρόμου. Κεκλιμένη επιφάνεια από γρανίτη επεξεργασμένο με φραπίνα (ντεσιλίδικο) ώστε να εξασφαλίζεται η αντιολισθηρότητα.

711 Milan, ramps for the handicapped
Standardized ramp for the handicapped in white marble slabs.

711 Μιλάνο, κεκλιμένο επίπεδο για άτομα με κινητικά προβλήματα
Τυποποιημένο κεκλιμένο επίπεδο για άτομα με κινητικά προβλήματα από πλάκες λευκού μαρμάρου σε σχήμα τραπεζίου.

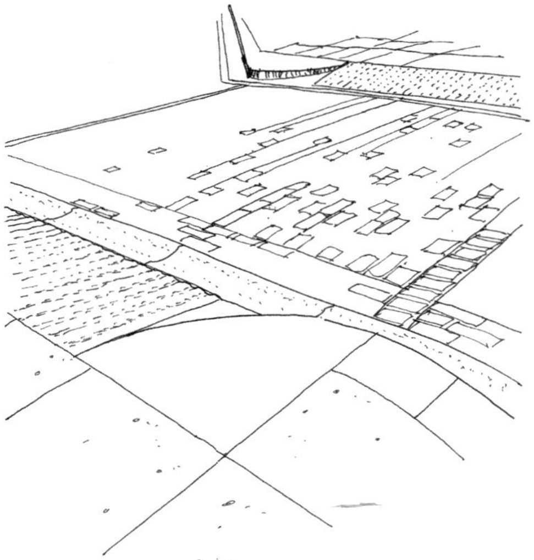

710

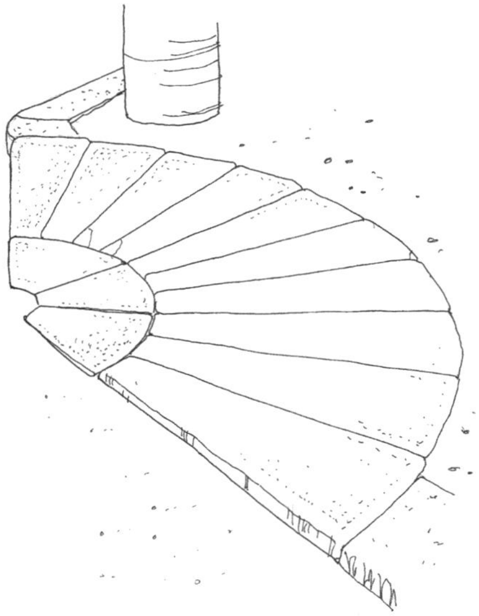

711

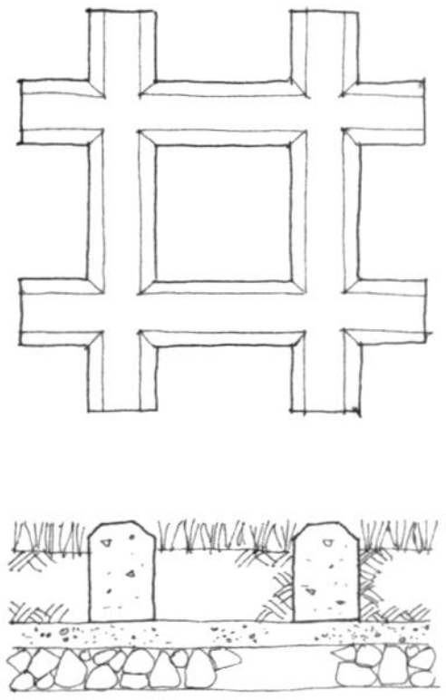

712

713

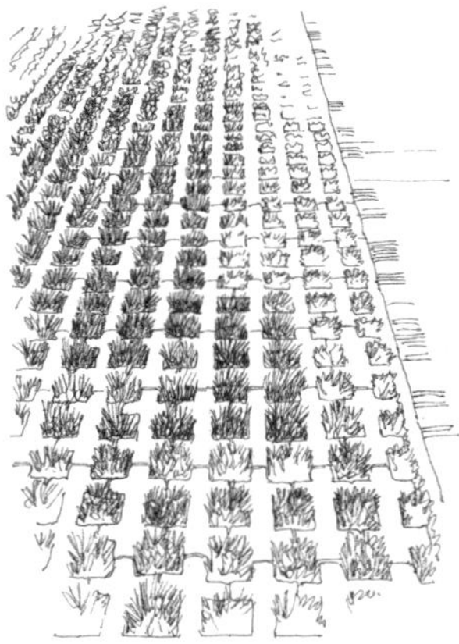

714

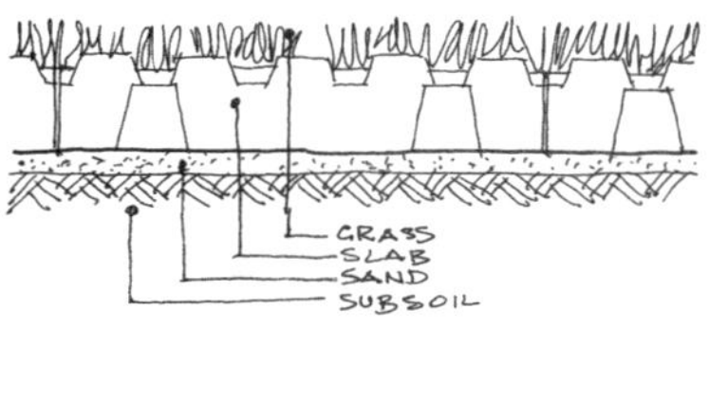

715

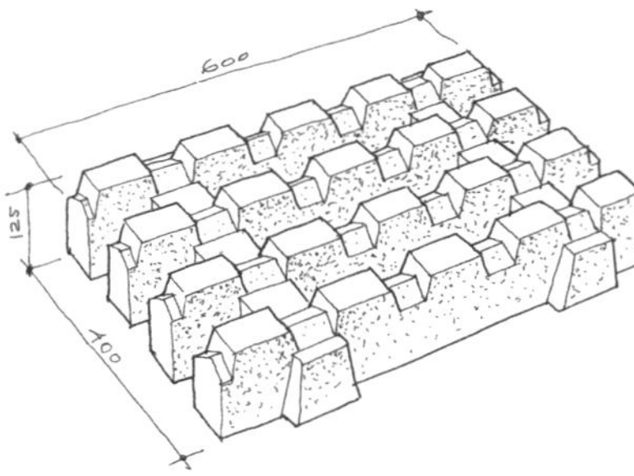

716

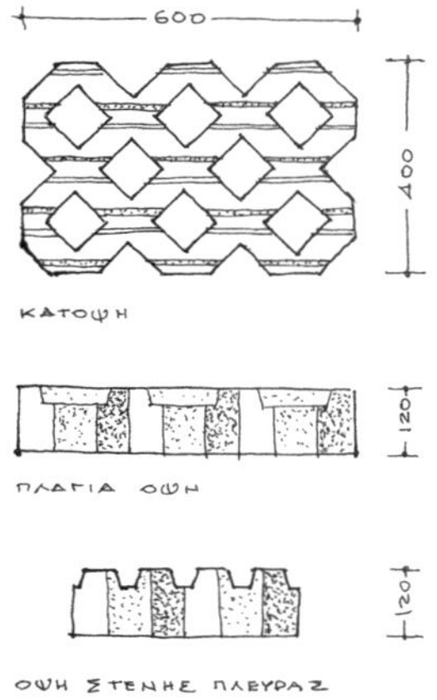

717

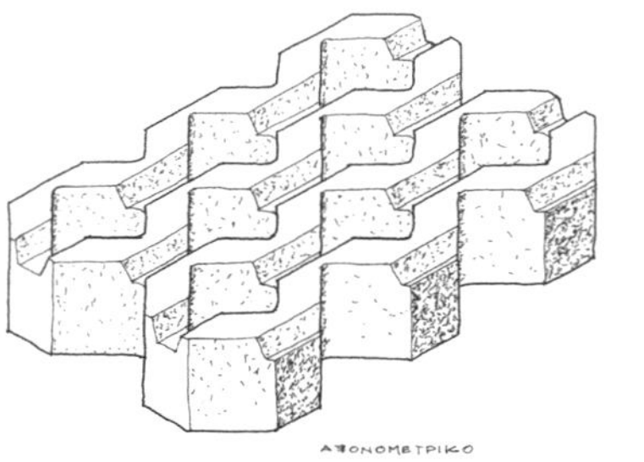

718

719

720

C1.6 Water absorbing pavement

Water-absorbing pavements can be subdivided into three main categories for areas where vehicles and people move at a low speed.
The first is gravel road, not recommended for climates with low temperature, because of frost. The other two consist of special cement blocks of two main types. The second one is of interlocking blocks over a well compressed gravel and stone base. The last system consists of concrete blocks with openings for planting grass in a base as above, with earth in the openings.

Γ1.6 Υδατοπερατά οδοστρώματα

Ήδη από μακρού χρόνου, τρία είδη υδατοπερατών οδοστρωμάτων χρησιμοποιούνται σε περιοχές όπου τα οχήματα κινούνται με χαμηλές ταχύτητες. Το ένα είναι το κουρασάνι, που όμως δεν ενδείκνυται για περιοχές με χαμηλές θερμοκρασίες λόγω της παγωνιάς. Το δεύτερο είναι η διάστρωση με ειδικούς κυβόλιθους που κλειδώνουν ο ένας με τον άλλον, πάνω σε καλά κυλινδρωμένο υπόβαθρο από λιθόστρωμα και χαλίκι. Αυτό το σύστημα λειτουργεί τελικά ως στραγγιστήριο. Το τρίτο είδος υδατοπερατού οδοστρώματος αποτελείται από το ίδιο υπόβαθρο, πάνω στο οποίο τοποθετούνται ειδικοί διάτρητοι τσιμεντόλιθοι, των οποίων τα ανοίγματα συμπληρώνονται με χώμα και φυτεύονται με γρασίδι.

Water absorbing pavement
Υδατοπερατά οδοστρώματα

712, 713 Grass cell pavement
These blocks allow the rainwater to penetrate the soil under the pavement, preventing it, in this way, from running freely onto the road surface or from adding to the load the drainage system has to carry. Their prime use is in parking lots and footways.

712, 713 Χλοοκύτταρα: τσιμεντόλιθοι με κυψέλες για γρασίδι
Οι κυβόλιθοι αυτοί επιτρέπουν στα όμβρια να φθάνουν στο χώμα κάτω από το κατάστρωμα. Με τον τρόπο αυτό δεν υπάρχουν επιφανειακά ρέοντα ύδατα που να επιβαρύνουν το σύστημα αποχέτευσης ομβρίων. Έχουν επίσης το πλεονέκτημα της αύξησης του πρασίνου στην πόλη. Κύρια χρήση τους είναι στις θέσεις στάθμευσης των οχημάτων, αλλά και σε πεζοδρόμια και πεζοδρόμους.

714 Zurich, cement blocks: "grass cell" with openings
Pavement in cement blocks with openings of the "grass cell" type for pedestrian ways and parking lots.

714 Ζυρίχη, χλοοκύτταρα: τσιμεντόλιθοι με κυψέλες
Διάστρωση χώρου στάθμευσης και πεζόδρομου με χλοοκύτταρα.

715, 716, 717, 718 Grass cell pavements in a car parking area. Grass cell pavements, monoslab

715, 716, 717, 718 Χλοοκύτταρα με γρασίδι σε χώρο στάθμευσης αυτοκινήτων. Χλοοκύτταρα «μόνο-σλαμπ» (monoslab) για γρασίδι

719, 720 Zurich, setting of the water absorbing pavement sidewalk
The cement blocks are cut to fit the shape of the area.
The task is completed with the help of a vibrator.
The specially-designed blocks interlock with each other creating a firm surface without mortar, over a base of well compressed crushed stone and sand. Rainwater filters freely through the joints.

719, 720 Ζυρίχη, τοποθέτηση του οδοστρώματος
Οι ειδικά μελετημένοι τσιμεντόλιθοι «κλειδώνουν» μεταξύ τους και δημιουργούν μια σταθερή επιφάνεια χωρίς κονίαμα. Τα όμβρια διοχετεύονται στο έδαφος μέσα από τους ελεύθερους αρμούς και το υπόστρωμα.
Οι τσιμεντόλιθοι κόβονται για να προσαρμοστούν στο σχήμα του πεζοδρομίου. Το έργο αποτελείται από υπόβαθρο 3Α πάνω σε υπόστρωμα από καλοκυλινδρωμένα χαλίκια με άμμο και αποπερατώνεται με τη χρήση ταλαντωτή για να στρωθούν καλά οι τσιμεντόλιθοι.

C2 Water

C2.1 The importance of water in towns

Water from a certain point of view can be considered as the most important element for humans, with the exception of air and oxygen. As a result water appears in towns and cities in a variety of forms. First comes rainwater from which people must protect themselves, but can derive a great variety of uses and services, beginning with the satisfaction of ones basic needs.

Then comes irrigation, transportation, air conditioning and so on, and finally decoration and beautification.

C2.2 Drainage

Every now and then humanity suffers from floods and inundations that cover enormous expansions ignoring state borders.

These inundations are primarily due to human interference with nature, as in deforestation in order to acquire more land for cultivation.

On a more reduced scale, they are caused by the destruction of vegetation in restricted areas, as was the case with the hedges in Normandy in Northern France, the "Bocage", as well as other places.

Except for great floods that fortunately happen at far apart intervals, there are others on a smaller scale due to the destruction of the man-built terracing walls along sloping ground for the retaining of the soil, primarily throughout Greece and the Middle East.

Finally and unfortunately, the systematic water proofing of all urban surfaces has become common practice, and not only for buildings. Most streets, sidewalks, parking lots, squares etc. are covered with water-proof materials.

Furthermore, although in most countries legislation for the protection of waterways is in force, most stream beds are reduced to allow for widening of motorways.

The result of all these interventions with nature are the floods that occur in our towns and cities every now and then.

Under these conditions it becomes imperative that, if the local absorption of rain water is not possible, a comprehensive drainage system must be installed for its efficient removal.

It is obvious that one of the major problems in the design of footways and pedestrian areas in towns and cities is rainwater drainage.

Even when water absorbing materials are used, the possibility of flooding caused by torrential rains exists. The faster rainwater is drained, the sooner pedestrian areas will present a safe dry surface.

The drainage of rain water can be achieved in three ways, either by free surface flowing, by underground ducts or by water absorbing pavements.

There is no doubt that surface drainage is simpler and costs less. This is the reason why it was in practice in most ancient cities and today it is still in use in most small communities.

The underground drainage system requires appropriate openings on the pavement for the escape of rainwater.

The forms and shapes of these openings must be properly designed in order not to become one more trap to the unwary people on foot or on bicycle, or mothers with little children in perambulators.

On the other hand their presence in the free open public space can add to the architectural quality of the area. Such examples are the drainage openings in the Topkapi Palace grounds in Istanbul. This same system was copied in the old Plaka district in the town of Athens, some years ago, but unfortunately it was later abolished and in many places replaced by unattractive grates.

In the case of surface-flowing drainage, this is achieved by the use of gutters. What is important in this case is the type and shape of this gutter. Under certain conditions it could become an important element of the design of a pedestrian area.

721

722

723

Drainage / Η απομάκρυνση των ομβρίων

721 Pompeii
Rainwater flows freely on paved streets. Pedestrians cross on elevated curb stones.

721 Πομπηία
Τα νερά της βροχής τρέχουν ελεύθερα στους λιθόστρωτους δρόμους ενώ οι πεζοί τους διασχίζουν πάνω σε σειρά από υπερυψωμένους τετράγωνους λίθους.

722, 723 Skiathos Island
Two examples of typical surface drainage on Skiathos Island. The paving of the street with flagstones does not try to hide the slight incline of the street surface towards the axis. On the contrary, the incline is accentuated by the slanting flagstones (flooring on both sides of the drain is at an angle towards the direction of running water).

722, 723 Σκιάθος
Δύο χαρακτηριστικά παραδείγματα τυπικής απορροής ομβρίων στη Σκιάθο. Το πλακόστρωτο όχι μόνο δεν επιδιώκει να αποκρύψει την ελαφριά κλίση προς τον άξονα της οδού, αλλά αντιθέτως την τονίζει με τη λοξή τοποθέτηση των σχιστολιθικών πλακών ως προς την κατεύθυνση των υδάτων.

Γ2 Το νερό

Γ2.1 Η σημασία του νερού στην πόλη

Για τον άνθρωπο, το νερό είναι ίσως το πιο σημαντικό στοιχείο της φύσης μετά το οξυγόνο. Έτσι υπεισέρχεται παντοιοτρόπως στην πόλη. Πρώτα-πρώτα σαν βροχή, από την οποία πρέπει ο κάτοικος της πόλης να προστατευθεί. Από εκεί και πέρα το νερό έχει να προσφέρει μια σειρά από υπηρεσίες, ξεκινώντας από την ύδρευση και άρδευση, έως τις μεταφορές και τον κλιματισμό. Τέλος, τον καλλωπισμό.

Γ2.2 Η απομάκρυνση των ομβρίων

Κατά περιοδικά διαστήματα, η ανθρωπότητα υποφέρει από τρομερές πλημμύρες που κατακλύζουν εκτάσεις χωρίς βέβαια να σέβονται τα κρατικά σύνορα! Οι πλημμύρες αυτές οφείλονται κατά κύριο λόγο στην επέμβαση του ανθρώπου στην ισορροπία της φύσης, με την καταστροφή των δασών και την αντικατάστασή τους από καλλιέργειες. Σε μικρότερη κλίμακα, αποδίδονται και στην καταστροφή βλάστησης περιορισμένης έκτασης.
Πέρα από τις πλημμύρες αυτές, που ευτυχώς δεν συμβαίνουν πολύ συχνά, υπάρχουν και μικρότερες που οφείλονται σε φαινόμενα τοπικά. Τέτοιο φαινόμενο είναι η εγκατάλειψη των αναβαθμών, έργα του ανθρώπινου μόχθου, που επί αιώνες συγκρατούσαν τα εδάφη και τα όμβρια σε πλαγιές ορεινών περιοχών, στις αρχαιότερες κατοικημένες και καλλιεργημένες περιοχές της γης, όπως π.χ. στην Ελλάδα και στη Μέση Ανατολή. Επίσης, φαινόμενο που σήμερα δυστυχώς βαίνει επεκτεινόμενο με γεωμετρική πρόοδο, η συστηματική στεγανοποίηση του εδάφους των κατοικημένων περιοχών. Εκτός από τα κτίρια, επιφάνειες όπως οι δρόμοι, οι χώροι στάθμευσης αυτοκινήτων, τα πεζοδρόμια, τα αθλητικά γήπεδα, οι πλατείες, τα αίθρια, οι αυλές, οι ακάλυπτοι και τα αεροδρόμια αποτελούνται κατά το μεγαλύτερό τους μέρος από αδιάβροχα υλικά. Τέλος, παρά την ύπαρξη σχετικής νομοθεσίας, στις περισσότερες χώρες του κόσμου παρατηρείται και το φαινόμενο περιορισμού, εγκιβωτισμού ή και πλήρους εξαφάνισης της φυσικής κοίτης ρευμάτων και χειμάρρων.
Στις σύγχρονες πόλεις λοιπόν, όταν η συγκράτηση των ομβρίων δεν είναι εφικτή για διάφορους λόγους, η ταχεία απορροή τους είναι υψίστης σημασίας. Αποτελεί μάλιστα ένα από τα κύρια προβλήματα του πεζοδρόμου. Σε περίπτωση καταρρακτώδους βροχής, ακόμα και σε υδατοπερατά οδοστρώματα, επέρχεται πολύ γρήγορα ο κορεσμός του υπεδάφους και τα νερά ρέουν επιφανειακά. Όσο πιο σύντομη είναι η απορροή τους τόσο πιο γρήγορα στεγνώνει ο δρόμος.
Τα συστήματα απορροής διαιρούνται σε δύο βασικές κατηγορίες, τα επιφανειακά και τα υπόγεια. Στην πρώτη περίπτωση το κύριο μέλημα είναι τα νερά να ρέουν σε θέσεις του δρόμου που δεν χρησιμοποιούνται ιδιαίτερα ούτε από πεζούς ούτε από οχήματα. Το επιφανειακό σύστημα από τη φύση του είναι απλούστερο και φθηνότερο, κι έτσι το συναντούμε σε αρχαίες και ιστορικές πόλεις ή σε σύγχρονους οικισμούς μικρής κλίμακας. Το υπόγειο σύστημα, απ' την άλλη, έχει ανάγκη από ανοίγματα στο οδόστρωμα για την απορροή των ομβρίων υδάτων προς τους υπόγειους αγωγούς. Το είδος των ανοιγμάτων δεν πρέπει να είναι τυχαίο, γιατί τότε μπορεί να καταστεί «παγίδα» για τους πεζούς, τους ποδηλάτες ή για αναπηρικά και παιδικά καροτσάκια. Αντίθετα, όταν είναι σωστά μελετημένα, η μορφή τους μπορεί να αποτελέσει συνθετικό στοιχείο του ελεύθερου χώρου και να συμβάλει στην αισθητική του. Το ίδιο βέβαια ισχύει και για τα ρείθρα που οδηγούν στους υπόγειους αγωγούς.
Επιτυχημένος αισθητικά σχεδιασμός ρείθρων και ανοιγμάτων για την απορροή των υδάτων έγινε στο Τοπ Καπί της Κωνσταντινούπολης. Το ίδιο αυτό σύστημα εφαρμόστηκε και στην ανάπλαση της περιοχής της Πλάκας στην Αθήνα αλλά αργότερα δυστυχώς καταργήθηκε.

724

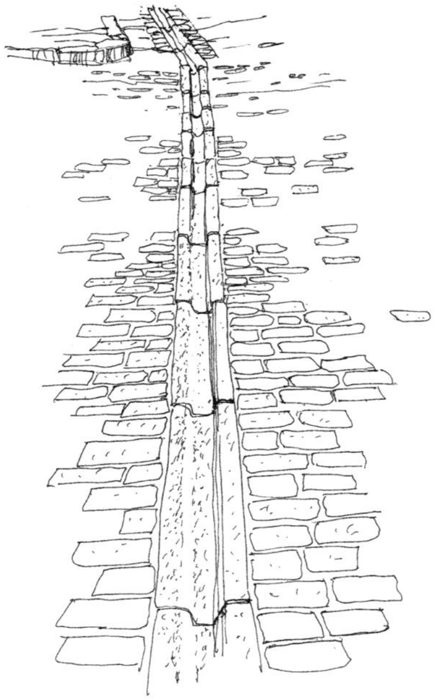

725

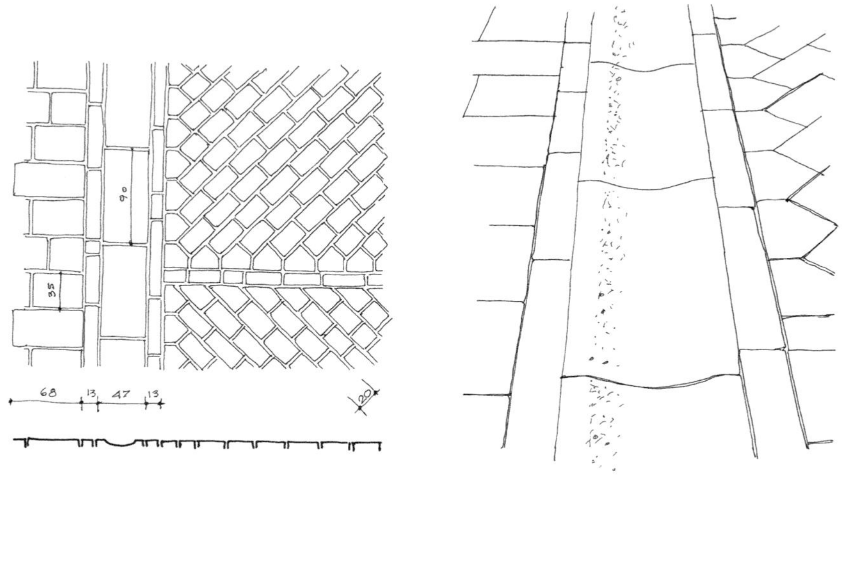

726

Drainage / Η απομάκρυνση των ομβρίων

724 Jerusalem, surface rainwater drainage
Modern use of traditional ways. A well-restored rainwater surface drainage system. A small difference in the level of the street, combined with a slight incline of the street surface on each side, solves the problem in an economic way, that is also pleasant to the eye.

724 Ιεροσόλυμα
Η αναβίωση της παράδοσης. Μια μικρή διαφοροποίηση στη στάθμη της κεντρικής λωρίδας στο πλακόστρωτο, κατά μήκος του άξονα, με ελαφριά κλίση εκατέρωθεν, λύνει το πρόβλημα οικονομικά κι ευχάριστα στο μάτι.

725 Stockholm, Gamla Stan
Carved stone surface drain crossing the street.
The rounded edges prevent people from stumbling.

725 Στοκχόλμη, παλαιά πόλη
Οχετός από λαξευτή πέτρα. Δεν είναι ό,τι καλύτερο καθότι είναι επικίνδυνο για τους πεζούς.

726 Surface drainage details

726 Επιφανειακή απορροή ομβρίων, λεπτομέρειες

727

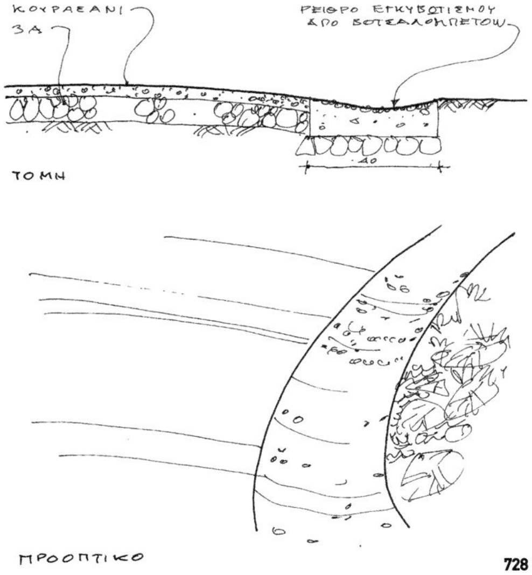

728

729

Surface drainage / Επιφανειακή απορροή ομβρίων

727 Malaga, the Moorish Castle of Alcazaba
Typical surface rainwater disposal system with central drain from the times of Islam.

727 Μάλαγα, το κάστρο της Αλκαζάμπα
Η κλασική απορροή με το κεντρικό χαντάκι. Στην περίπτωση αυτή ιδιαίτερα περιποιημένο.

728 Attica, Glyfada 1955
In the "Astir" beach development of Glyfada in 1955 gutters were used instead of a curbs.

728 Αττική, Γλυφάδα 1955
Στην ακτή του Αστέρα της Γλυφάδας αντί για κράσπεδο χρησιμοποιήθηκαν ρείθρα.

729 Jerusalem, old city
Stepped footway with surface rainwater drainage under arches and buildings. A striking urban landscape combination.

729 Ιεροσόλυμα, παλαιά πόλη
Επιφανειακή απορροή υδάτων. Περάσματα κάτω από κτίρια. Το σύνολο αποτελεί μια εντυπωσιακή αστική σύνθεση.

730

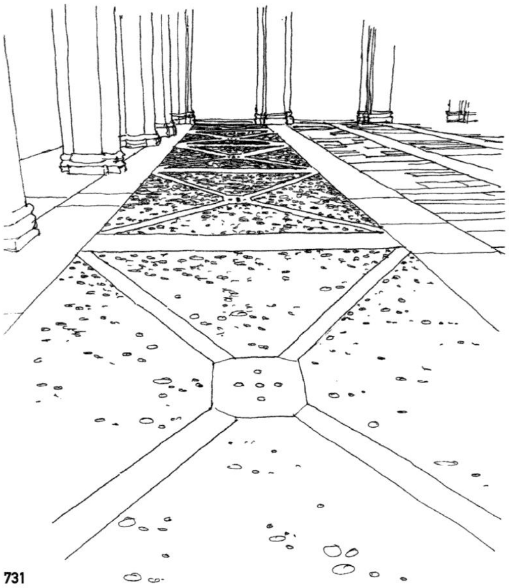

731

732

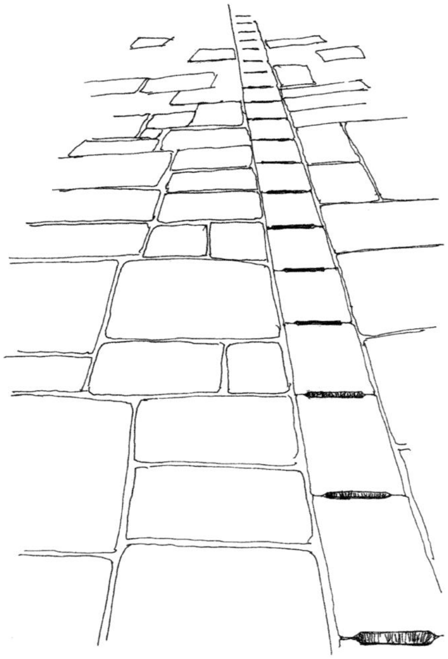

733

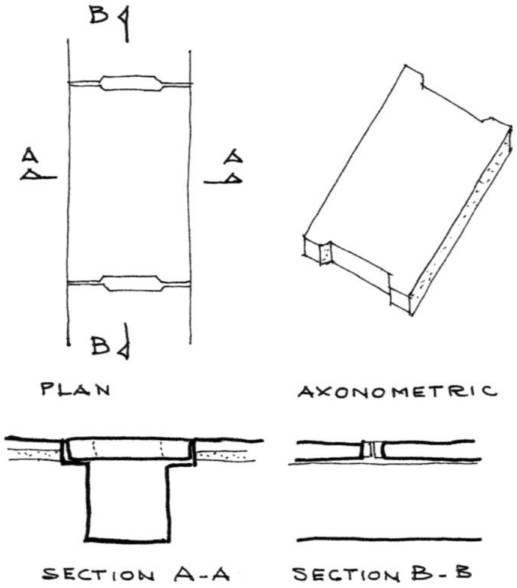

734

Drainage by underground ducts
Απορροή ομβρίων με αγωγό

730 Istanbul, Topkapi
In the Topkapi Palace gardens the marble slabs with the openings at the joints for the rainwater to drain through are still functioning quite efficiently after centuries in use.

730 Κωνσταντινούπολη, Τοπ Καπί
Στα ανάκτορα του Τοπ Καπί, που σήμερα είναι μουσείο, τα εδώ και αιώνες μαρμάρινα καλύμματα με τα ανοίγματα στους αρμούς λειτουργούν ακόμη.

731 Milano, St Ambrosio's entrance court
The rainwater drainage system becomes an integral part of the pavement's design pattern.

731 Μιλάνο, Άγιος Αμβρόσιος
Το σύστημα απορροής των ομβρίων ενσωματώνεται στο διάκοσμο του πλακόστρωτου, αποτελώντας το κύριο στοιχείο σχεδιασμού.

732 Zurich, drainage by iron grids
A discrete iron grid at the junction of the street pavement with the pedestrian lane. One should notice the elegant cylindrical stone motorcar obstacle that also serves as a seat. The paving of the pedestrian lane is in water absorbing mortar free interlocking cement blocks.

732 Ζυρίχη, απορρόφηση με σχάρα
Διακριτική σχάρα απορροής ομβρίων στη συνάντηση του πεζοδρομίου με τον πεζόδρομο, ο οποίος είναι κι αυτός στρωμένος με τσιμεντόλιθους χωρίς κονίαμα, πράγμα που επιτρέπει τη διείσδυση του νερού της βροχής στο έδαφος. Ας σημειωθεί το κυλινδρικό προκατασκευασμένο εμπόδιο σε ύψος καθίσματος.

733 Athens, Kithathineon street Plaka district, part of the new pedestrian network
The drainage of rain water through slits in the marble flooring is similar to the one in Topkapi Palace in Istanbul. This handsome drainage system, installed in the early eighties, was later altered and in some places the slits were filled with cement and replaced by cast iron grids.

733 Οδός Κυδαθηναίων, Αθήνα
Οι μαρμάρινες πλάκες καλύπτουν τον οχετό με ανοίγματα στους αρμούς. Τέτοιες πλάκες τοποθετήθηκαν στην Αθήνα στην οδό Κυδαθηναίων γύρω στο 1980, αλλά αργότερα δυστυχώς καλύφθηκαν οι αρμοί με τσιμέντο και τοποθετήθηκαν χυτοσιδηρές σχάρες. Αυτά συμβαίνουν όταν η αρχιτεκτονική υποχωρεί μπροστά στα εργολαβικά μικροσυμφέροντα.

734 Istanbul & Athens, rainwater drain detail
White marble slabs over the drain allow the rainwater to seep through the openings of the joints.

734 Κωνσταντινούπολη και Αθήνα, λεπτομέρεια οχετού
Οι μαρμάρινες πλάκες καλύπτουν τον οχετό με ανοίγματα στους αρμούς.

C2.3 Water supply

As Vitruvius so aptly stressed twenty centuries ago, water is of prime importance when choosing the location of a new city.
From there on, it is a question of transporting the water from its sources to the right places in order to service the citizens in a plurality of ways, i.e. covering their personal needs, irrigation, transportation, air conditioning, beautification and decoration.
The most primitive way to acquire water for a human settlement is the collection and storage of rainwater in underground cisterns. The next system, as long as underground water exists, is to collect it with the use of wells.
These systems do not always guarantee that the collected water will be appropriate for drinking.
In more developed countries, water was carried from natural sources, even from great distances in two ways, either with underground ducts or with aqueducts.
Ancient Romans prided themselves for their aqueducts and rightly so. These aqueducts were not only achievements of technology. They were also works of art and architecture, that far from downgrading the environment, they enriched it as can be attested by aqueducts that still stand since Roman times like the one in Nîmes in Southern France or in Segovia in Spain.
The underground system had the advantage of supplying water under pressure, as long as the natural source was located at a higher level. This allowed for water jets, which, except for their aesthetic value, served as cooling devices, during the summer, for public and private places, primarily in the Middle East.

Γ2.3 Ύδρευση

Ο πιο πρωτόγονος τρόπος ύδρευσης ενός οικισμού είναι η συλλογή των ομβρίων σε υπόγειες δεξαμενές. Ο επόμενος, εφόσον υπάρχουν υπόγεια ύδατα, είναι με πηγάδια. Συστήματα που δεν εξασφαλίζουν ότι το νερό αυτό είναι πάντα πόσιμο.
Όπως τονίζει ο Βιτρούβιος, το νερό ήταν πάντα ένας σοβαρός παράγων στην επιλογή της θέσης για την ίδρυση μιας πόλης. Από εκεί και πέρα υπήρχε το καθαρά τεχνικό πρόβλημα της μεταφοράς του νερού από τις πηγές του στα κατάλληλα σημεία για την εξυπηρέτηση των πολιτών, είτε για την ύδρευσή τους είτε για λόγους αρδευτικούς, κλιματιστικούς, καλλωπιστικούς, ακόμα και μεταφορικούς.
Στους πιο προηγμένους λαούς η μεταφορά του νερού από τις πηγές πραγματοποιείτο με δύο κυρίως τρόπους: με υπόγειες σήραγγες ή με υδραγωγεία. Οι αρχαίοι Ρωμαίοι ήταν περήφανοι για τα υδραγωγεία τους. Και δικαίως, τα υδραγωγεία αυτά δεν ήταν μόνο επιτεύγματα τεχνολογικά αλλά και έργα τέχνης συνάμα, που αντί να υποβαθμίζουν το περιβάλλον, το εμπλουτίζουν. Το μαρτυρούν όσα στέκουν έως τις μέρες μας, όπως της Νιμ στη νότιο Γαλλία και της Σεγκόβια στην Ισπανία, που έφερναν το νερό από μεγάλες αποστάσεις.
Με το σύστημα της υπόγειας σήραγγας υπήρχε το πρόσθετο πλεονέκτημα της παροχής νερού υπό πίεση, εφόσον η πηγή προέλευσής του βρισκόταν σε μεγαλύτερο υψόμετρο, πράγμα που επέτρεπε, εκτός από κρήνες, να υπάρχουν και πίδακες, οι οποίοι, πέρα από την αισθητική τους παρουσία στον αστικό χώρο, έπαιζαν και τον ρόλο κλιματιστικών μηχανημάτων, ιδίως στις πόλεις της Μέσης Ανατολής.

735

736

737

738

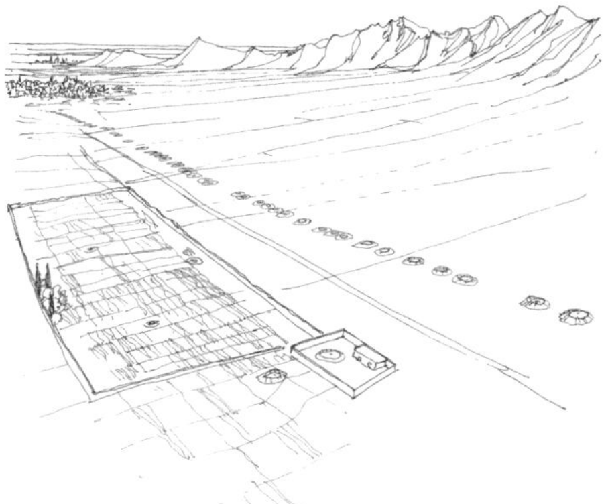
739

Water supply / Ύδρευση

735 Segovia, Spain, the Roman aqueduct
This magnificent work of infrastructure imposes itself not only by its size but by the quality and refinement of its architecture also.

735 Σεγκόβια, το ρωμαϊκό υδραγωγείο
Είναι φανερή η μεγαλοπρέπεια του τεχνικού έργου, το οποίο επιβάλλεται όχι μόνο με το μέγεθός του αλλά και με την αισθητική του παρουσία.

736 Pont du Gard, Roman aqueduct in Nimes, South France
Here again it is obvious that a purely technical work of infrastructure had to have an aesthetic presence as well.

736 Νιμ, το ρωμαϊκό υδραγωγείο, τώρα Πον Ντυ Γκαρ
Κι εδώ είναι εύκολα αντιληπτό ότι για τους Ρωμαίους ένα καθαρά τεχνικό έργο δεν έπαυε να έχει αισθητικές απαιτήσεις.

737 Ancient Rome
Location of aqueducts and steam baths.

737 Αρχαία Ρώμη
Υδραγωγεία και θέρμες.

738 Baroque Rome
Fountain and water supply system.

738 Η Ρώμη του Μπαρόκ
Κρήνες και προέλευση υδάτων.

739 Isfahan, the aqueduct
The row of earth mounts shows the position of the excavated wells that were joined underground with vaulted ducts to form the subterranean aqueduct that carried water from the surrounding mountain range for the city and the beautiful gardens with their fountains and springs.

739 Ισπαχάν, το υδραγωγείο, 17ος αι.
Για να επιτευχθεί η αναγκαία πίεση ώστε να λειτουργήσουν οι πίδακες, έπρεπε ο υπόγειος αγωγός να είναι σφραγισμένος. Έτσι για την κατασκευή του άνοιγαν πηγάδια εν σειρά τα οποία, αφού τα ένωναν με υπόγειους αγωγούς, τα σφράγιζαν. Η θέση τους προδίδεται από τα προϊόντα εκσκαφής που σχηματίζουν λοφίσκους στην επιφάνεια του εδάφους σε όλο το μήκος της διαδρομής του αγωγού!

740

741

742

C2.4 Water fountains

Water fountains were a must for any human settlement since ancient times. In some cases the fountain consisted of a natural source, which was actually the reason for the location of the settlement, properly accommodated to be easily used by the inhabitants. Public water fountains in most cases were the only means for supplying fresh drinking water.

Water fountains in ancient Greek cities were treated as a particularly important element in shaping the environment at open public spaces, as can be attested from archaeological sites in Asia Minor and mainland Greece. This tradition persisted throughout the ages. During the Renaissance, primarily in Papal Rome, a large number of exquisite fountains adorned the city. This continued during the Baroque period and into the middle of the 19th century, when water was supplied to the majority of homes in modern towns and cities.

Nowadays water fountains have a more or less decorative purpose in open public spaces.

Γ2.4 Κρήνες

Η κρήνη αποτελούσε ανέκαθεν στοιχείο της πόλης ή του οικισμού. Δεν νοείτο οικισμός, όσο μικρός ή φτωχός κι αν ήταν, που να μην διέθετε κρήνη. Η κρήνη ήταν για τους κατοίκους η μόνη πρόσβαση στο νερό. Σε πολλές περιπτώσεις, η κρήνη δεν ήταν ουσιαστικά τίποτα άλλο από μια διαμόρφωση της φυσικής πηγής ώστε να είναι εύχρηστη η λήψη ύδατος. Μάλιστα η ύπαρξη πηγής ήταν συχνά ένας από τους λόγους για να αναπτυχθεί εκεί ένας οικισμός.

Οι κρήνες στην αρχαία Ελλάδα ήταν αντικείμενο ιδιαίτερης προβολής στον αστικό χώρο, όπως μαρτυρούν τα ερείπιά τους στη Μικρά Ασία και στον Ελλαδικό χώρο. Το ίδιο ισχύει και για την αρχαία Ρώμη. Την παράδοση αυτή ξαναβρίσκουμε κατά την Αναγέννηση, ιδίως στην Παπική Ρώμη, με μια πλειάδα από εξαίρετες κρήνες, και συνεχίζεται κατά την περίοδο του Μπαρόκ έως και τα μέσα του 19ου αι., οπότε το τρεχούμενο νερό μπήκε σε όλα τα κτίρια των ανεπτυγμένων χωρών.

Σήμερα, με εξαίρεση τις κρήνες πόσιμου νερού σε θέσεις όπου συγκεντρώνεται ή διέρχεται μεγάλο πλήθος, οι κρήνες αποτελούν κυρίως διακοσμητικά στοιχεία του δημόσιου ελεύθερου χώρου και επέχουν θέση έργων τέχνης, καμιά φορά δικαίως.

Water fountains from the past
Κρήνες του παρελθόντος

740 Athens, Agora, the Nymphaeum fountain 2nd century A.D. according to J. M. Camp
The Athens Acropolis looms above the ancient Agora and this elaborate Hellenistic fountain.

740 Αθήνα, Αρχαία Αγορά, Νυμφαίο ή η κρήνη των Παρθένων. Βάσει αναπαράστασης του J. M. Camp
Η κρήνη και η Αρχαία Αγορά των Αθηνών κάτω από τη σκιά της Ακρόπολης.

741 Priene, fountain
A simple but decorative presence in the townscape.

741 Πριήνη
Μια λιτή αλλά αρμονική παρουσία στον αστικό χώρο.

742 Rome, Villa Giulia, fountain of the virgins or nymphaeum ("Fontana dell'Acqua Vergine")

742 Ρώμη, βίλα Τζούλια, Νυμφαίον ή η κρήνη των Παρθένων

743

744

Water fountains from the past
Κρήνες του παρελθόντος

743 Jerusalem, Bab al-Silsila, fountain of the chain
The chain in the form of a relief can be seen at the base of the fountain.

743 Ιεροσόλυμα, Μπαμπ αλ-Σιλσίλα, η κρήνη της Πύλης της Αλύσου
Η αλυσίδα βρίσκεται ως ανάγλυφο στη βάση της κρήνης.

744 Magnesia on the Meandros river, fountain (from a reconstruction by J. Krische)
The fountain as a watering place. Still it had to be part of the urban landscape with its architectural presence.

744 Μαγνησία στον Μαίανδρο ποταμό, κρήνη στην αγορά. Βάσει σχεδίου του J. Krische
Ακόμα και μια καθαρά χρηστική κατασκευή στον αστικό χώρο έχει αισθητικές απαιτήσεις.

745

746

747

748

Water fountains from the past
Κρήνες του παρελθόντος

745, 746, 747, 748 Rome, Quattro Fontane (Four Fountains)
745 Tiber by Domenico Fontana.
746 Juno or Fidelity by Domenico Fontana.
747 Godess Diana or Fortitude by Pietro da Cortona.
748 Avia or the Nile by Domenico Fontana.

745, 746, 747, 748 Ρώμη, Κουάτρο Φοντάνε (Τέσσερις κρήνες)
745 Τίβερης από τον Ντομένικο Φοντάνα.
746 Τζούνο (θεά Ήρα) ή η Αφοσίωση από τον Ντομένικο Φοντάνα.
747 Ντιάνα (θεά Άρτεμις) ή η Καρτερία από τον Πιέτρο Ντα Κόρτονα.
748 Άβια ή Νείλος από τον Ντομένικο Φοντάνα.

749

750

751

Water fountains from the past
Κρήνες του παρελθόντος

749 Rome, piazza Navona (Navona Square), by Bernini
The Moor Fountain (La Fontana del Moro) with the fountain of the four rivers in the background.

749 Ρώμη, πιάτσα Ναβόνα, η κρήνη του Μαυριτανού, έργο του Μπερνίνι
Το νερό προερχόταν από το περίφημο υδραγωγείο της αρχαίας Ρώμης, Άκουα Βίργκο, που εξακολουθεί να είναι εν χρήσει ακόμη και σήμερα.

750 Rome, piazza Navona (Navona Square), Fontana dei Quattro Fiumi or "Fountain of the Four Rivers", by Bernini (Nile, Danube, Ganges and River Plate)
The four rivers spring from a rock that forms a pedestal supporting an obelisk.

750 Ρώμη, πιάτσα Ναβόνα, η κρήνη των Τεσσάρων Ποταμών
Οι τέσσερις ποταμοί σε αυτήν την κρήνη του Μπερνίνι, Γάγγης, Νείλος, Δούναβης και Ρίο ντελ Πλάτα, κάθονται στον βράχο που αποτελεί το βάθρο του οβελίσκου. Κι εδώ το νερό προέρχεται από την Άκουα Βίργκο.

751 Rome, Fontanone ("The big fountain") also known as the Fontana dell'Acqua Paola

751 Ρώμη, Φοντανόνε ή Φοντάνα ντελ Άκουα Πάολα

752

753

754

Water fountains from the past
Κρήνες του παρελθόντος

752 Siena
The good mother earth provides plentifully for her children and offers fresh spring water to the thirsty under the gaze of Satyr masks.

752 Σιένα
Η καλή μάνα γη φροντίζει για τα παιδιά της και προσφέρει γάργαρο νερό στους διψασμένους διαβάτες υπό τα όμματα Σατύρων.

753 Rome, Quirinale Square, Monte Cavallo
This ancient Roman fountain from a single granite block, facing the entrance to the Quirinale is surmounted by an obelisk and the statues of Castor and Pollux, copies of ancient Greek originals.

753 Ρώμη, πλατεία Κυρναλίου, Μόντε Καβάλο
Το μονολιθικό ρωμαϊκό συντριβάνι από ολόσωμο γρανίτη, μπροστά στην είσοδο του Κυρναλίου, πλαισιώνεται από τον οβελίσκο και τα αγάλματα του Κάστορα και του Πολυδεύκη, ρωμαϊκά αντίγραφα ελληνικών πρωτοτύπων.

754 Rome, fountain of the Bees (Fontana delle Api), by Bernini
Three bees sprout water in this fountain that represent an enormous open sea shell. A present to the people of Rome from Pope Urban the VIII Barberini. The three bees were the emblem of the Barberinis.

754 Ρώμη, η κρήνη των Μελισσών, έργο του Μπερνίνι, 1654
Τρεις μέλισσες ρίχνουν νερό στην κρήνη που αποτελείται από μια τεράστια ανοικτή αχιβάδα, δώρο στους πολίτες της Ρώμης από τον Πάπα Ουρβανό Η΄, κατά κόσμον Μαφέο Μπαρμπερίνι, πλάι στην ομώνυμη πλατεία.

755

756

757

758

Water fountains from the past
Κρήνες του παρελθόντος

755 Padua, Piazza delle Erbe (Delle Erbe Square)
The fountain in front of Palazzo della Ragione with the sundial at the top floor.

755 Πάντοβα, πιάτσα ντελ Έρμπε
Η κρήνη μπροστά από το Παλάτσο Ρατζόνε με το ηλιακό του ρολόι.

756 Rome, fountain of Tartaruga
The young fauns trying to throw the tortoises that are above their head into the water, is an often recurring theme in Renaissance and Baroque art in Italy.

756 Ρώμη, η κρήνη με τις Χελώνες
Οι νεαροί φαύνοι που προσπαθούν να ρίξουν στο νερό τις χελώνες που βρίσκονται πάνω από τα κεφάλια τους, είναι θέμα προσφιλές στην Αναγέννηση και το Μπαρόκ.

757 Vienna, the Donnerbrunnen fountain
A perfect blending of the heroic figures and the idlers of the square. Only the scale differs.

757 Βιέννη, κρήνη Ντόνερ
Απόλυτη ταύτιση των ηρώων που πλαισιώνουν την κρήνη και των αργόσχολων. Μόνον η κλίμακα διαφέρει!

758 Florence, Piazza della Santissima Annunziata
The twin fountains that decorate the square, precursors of Bernini's pair in St Peter's square in Rome, continue to offer their refreshing water to the passersby.

758 Φλωρεντία, πιάτσα Σαντίσιμα Ανουντσιάτα
Οι δίδυμες κρήνες που στολίζουν την πλατεία προσφέρουν ακόμη και σήμερα το δροσερό τους νερό στους διαβάτες.

759

760

761

762

Water fountains from the past
Κρήνες του παρελθόντος

759 Florence, Santa Croce square
The fountain becomes a focal point that invites the passersby for refreshment and repose.

759 Φλωρεντία, πιάτσα Σάντα Κρότσε
Η κρήνη αποτελεί ένα τοπόσημο που προσελκύει τον διαβάτη για να ξαποστάσει.

760 Rome, piazza Barberini, the fountain of the Triton by Bernini

760 Ρώμη, πιάτσα Μπαρμπερίνι, η κρήνη του Τρίτωνα του Μπερνίνι

761 Florence, Della Signoria Square (Piazza della Signoria). Fountain by Giambologna
Ocean and his Tritons seem very much at ease among the tourists.

761 Φλωρεντία, πιάτσα ντέλα Σινιορία, κρήνη, έργο του Τζανμπολόνια
Ο Ωκεανός και οι Τρίτωνες που τον περιστοιχίζουν δεν φαίνεται να έχουν πρόβλημα με τους τουρίστες.

762 Budapest
This fountain is definitely in its appropriate place. The same cannot be said for all the buildings that surround it.

762 Βουδαπέστη
Η κρήνη κατέχει τη θέση που της αρμόζει. Δεν μπορεί να πει κανείς το ίδιο και για όλα τα κτίρια που την πλαισιώνουν.

763

764

765

Water fountains from the past
Κρήνες του παρελθόντος

763, 764, 765 Typical traditional Swiss fountains that combine function with art
763 Zurich, Spiegelgasse.
764 Zurich, Bahnhof Erenbach.
765 Zurich, Paradeplatz. Sidewalk cafes and pop musicians alongside this historical fountain at the edge of one of Zurich's most famous squares.

763, 764, 765 Χαρακτηριστικές ιστορικές κρήνες των ελβετικών πόλεων, που συνδυάζουν το πρακτικό με την τέχνη
763 Ζυρίχη, Σπίγγελγκασε.
764 Ζυρίχη, Μπάνχοφ Έτενμπαχ.
765 Ζυρίχη, Παράντεπλατς. Υπαίθρια καφενεία και πλανόδιοι μουσικοί πλάι στην ιστορική κρήνη που κοσμεί την περίμετρο της σημαντικότερης ίσως πλατείας της Ζυρίχης.

766

767

768

769

Water fountains from the past
Κρήνες του παρελθόντος

766, 767, 768, 769 Typical traditional Swiss fountains that combine function with art
766 Zurich, Stüssihofstatt. Typical Swiss fountain with a statue. The warrior stands guard over the housewives as they collect water. Note the way water reaches the edge of the fountain.
767 Stein am Rhein.
768 Schaffhausen. Typical Swiss fountain. The practical spirit combined with creative art.
769 Bern. Here one can find a harmonius combination of a fountain with a tower in the background over a passage. Such elements make this city so attractive.

766, 767, 768, 769 Χαρακτηριστικές ιστορικές κρήνες των ελβετικών πόλεων, που συνδυάζουν το πρακτικό με την τέχνη
766 Ζυρίχη, Στουσίχοφστατ. Ο στρατιώτης στέκεται φρουρός πάνω από τις νοικοκυρές που έρχονται να πάρουν νερό. Είναι αξιοπρόσεκτος ο τρόπος που το νερό φθάνει μέχρι το χείλος της δεξαμενής για να ευκολύνει το γέμισμα του κουβά.
767 Στάιν-αμ-Ράιν.
768 Σάφχαουζεν, διατηρητέος οικισμός.
769 Βέρνη. Εδώ η κρήνη, ο πύργος και το πέρασμα κάτω από την αψίδα του συνδυάζονται αρμονικά στο αστικό τοπίο.

770

771

772

773

774

775

Contemporary fountains
Σύγχρονες κρήνες

770 New York, Metropolitan Museum of Art
A Japanese water fountain from a single marble block.
770 Νέα Υόρκη, Μητροπολιτικό Μουσείο Τέχνης
Ιαπωνική κρήνη από μονοκόμματο τάκο μαρμάρου.

771 Prague
Water fountain in a carved marble block.
771 Πράγα
Κρήνη από μονοκόμματο τάκο μαρμάρου.

772 Zurich, Kantonsspital area
A handsome minimalist fountain carved in stone.
772 Ζυρίχη, Καντόνσπιταλ
Κρήνη λαξευμένη στην πέτρα.

773 Helsinki
Fountain, architect Alvar Aalto.
773 Ελσίνκι
Κρήνη, έργο του αρχιτέκτονα Άλβαρ Άαλτο.

774 Zurich, Kantonsspital area
Fountain carved in stone, adorned with a work of art in the form of a boulder or bulb. Sometimes one wonders how the artistic mind works.
774 Ζυρίχη
Κρήνη λαξευμένη στην πέτρα, διακοσμημένη με αφηρημένο έργο τέχνης το οποίο θα μπορούσε να λείπει.

775 Zurich, St Petershof
An attempt to transform a bronze fountain into a contemporary work of art.
775 Ζυρίχη, Σεντ Πέτερσχοφ
Απόπειρα μετατροπής ορειχάλκινης κρήνης σε έργο τέχνης.

776 Zurich, municipal fountain
Typical municipal fountain in stainless steel. Note the step for children.
776 Ζυρίχη
Σύγχρονη δημοτική κρήνη με σκαλοπάτι για τα παιδιά.

776

777

778

779

780

781

782

Contemporary fountains
Σύγχρονες κρήνες

777 Winterthur
The traditional Swiss fountain crowned with a modern statue – a young girl holding a fish. One cannot be sure if this was the most appropriate solution.

777 Βίντερτουρ
Μια παραδοσιακή ελβετική κρήνη με επίστεψη σύγχρονου έργου τέχνης που απεικονίζει μια κοπέλα με ένα ψάρι στο χέρι. Δεν μπορεί να πει κανείς με σιγουριά ότι πρόκειται για την καλύτερη λύση.

778 Budapest, Vuci Utca pedestrian street
778 Βουδαπέστη, πεζόδρομος οδού Βάκι

779 Athens
Fountain in a public park.

779 Αθήνα
Κρήνη σε δημόσιο κήπο.

780 Athens, Byzantine & Christian Museum
Fountain in the forecourt of the former Duchess of Plaisance mansion.

780 Αθήνα, Βυζαντινό Μουσείο
Κρήνη στο προαύλιο του πρώην ανακτόρου της δούκισσας της Πλακεντίας.

781 Verona, Castelvecchio Museum remodeled by C. Scarpa
Elaborate fountain combining historical elements with modern design.

781 Βερόνα, Μουσείο Τέχνης του Καστελβέκιο
Κρήνη στον κήπο μπροστά στην είσοδο του μουσείου, το οποίο διασκεύασε ο αρχιτέκτων Κάρλο Σκάρπα.

782 Stockholm, fountain by Sigurd Leverenz
This drinking fountain with steps for young children is the work of Leverenz, one of the most talented and original Swedish architects of the 20th century.

782 Στοκχόλμη, κρήνη, έργο του αρχιτέκτονα Σ. Λέβερεντς
Η πρωτότυπη αυτή κρήνη είναι ειδικά σχεδιασμένη για παιδιά. Οι αναβαθμοί τους επιτρέπουν να φτάσουν εύκολα στο νερό.

C2.5 Water as air conditioning agent

Since ancient times we have examples of towns and cities that are surrounded by water in the forms of ditches and canals, with an air conditioning purpose. Such is the ancient town of Thebes in Egypt, using water from the Nile. Air conditioning was one of the reasons for the use of water jets not only in public places.

Γ2.5 Κλιματισμός

Ήδη από την αρχαιότητα έχουμε παραδείγματα από πόλεις που περιβάλλονται από νερό υπό μορφή τάφρων ή καναλιών με στόχο τη βελτίωση του κλίματος. Τέτοια περίπτωση ήταν η αρχαία Θήβα της Αιγύπτου, όπου το νερό του Νείλου δρόσιζε τον οικισμό.

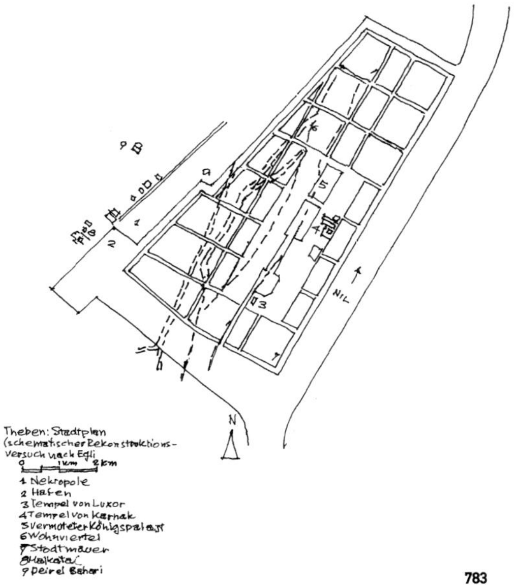

783

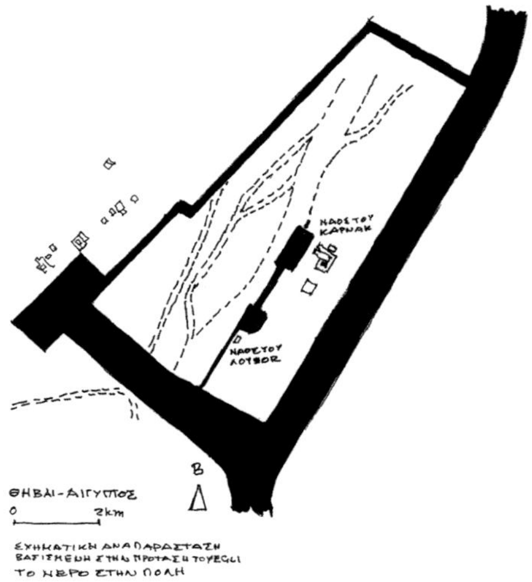

784

783, 784 Thebes, Ancient Lucsor, air conditioning
The river bed of the Nile has been through a lot of modifications during the last 30 centuries. The city was on the western shore of the river. A ditch surrounded it from the north and included the harbor in the south-western side. A canal along the central axis brought river water to the heart of the city and in front of the Royal palace, thus improving the dry climate.

783, 784 Αρχαία Θήβα, κλιματισμός
Η κοίτη του Νείλου άλλαξε κατά τους τελευταίους 30 αιώνες. Η αρχαία πόλη ήταν στη δυτική όχθη του ποταμού. Μια τάφρος την περιέβαλλε από βόρεια και δυτικά, ενώ το λιμάνι βρισκόταν στη νοτιοδυτική πλευρά. Ένα κανάλι στον κεντρικό άξονα έφερνε το νερό στην καρδιά της πόλης έως το ανάκτορο, βελτιώνοντας έτσι το ξηρό κλίμα.

C2.6 Irrigation

Under certain conditions even irrigation can become an element of town planning. We encounter this for example in Angor, the capital city of the Khmer empire during the 9th to the 14th centuries A.D.

Γ2.6 Άρδευση

Ακόμα και η άρδευση καμιά φορά γίνεται πολεοδομικό στοιχείο, όταν το απαιτούν οι παραγωγικές συνθήκες. Τέτοια παραδείγματα έχουμε στην Άπω Ανατολή, όπως π.χ. στην πόλη του Ανγκόρ, πρωτεύουσα των Χμερ από τον 9ο έως τον 14ο αι. μ.Χ.

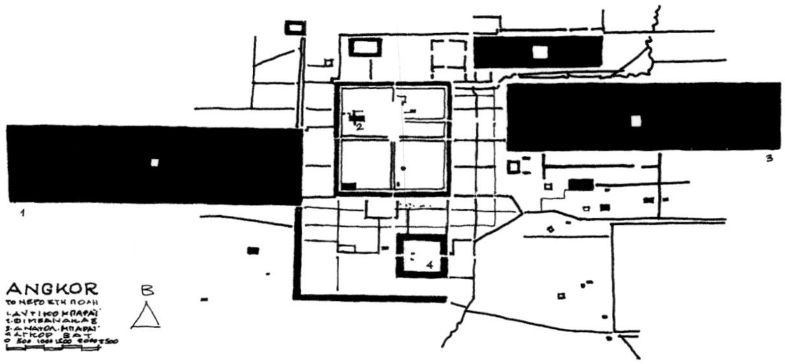

785

785 Angor, the capital city of the Khmer empire 9th-14th centuries
The grid of the city plan covers an area 21 by 8 km including the vast rectangular artificial lakes (the barays) necessary for the irrigation of the surrounding rice fields. The city itself is crisscrossed by an enormous number of canals on an Hippodamian pattern. The city could not survive without irrigation control.

785 Ανγκόρ, πρωτεύουσα των Χμερ 9ος-14ος αι.
Ο ορθογώνιος σχεδιασμός της πόλης καταλαμβάνει έκταση 21x8 χλμ. και περιλαμβάνει τις τεράστιες τεχνητές λίμνες άρδευσης των ορυζώνων που την περιβάλλουν. Ένα πλέγμα καναλιών σε ιπποδάμεια διάταξη διασχίζει την πόλη, η οποία εξαρτιόταν απόλυτα από το αρδευτικό σύστημα.

786

787

788

789

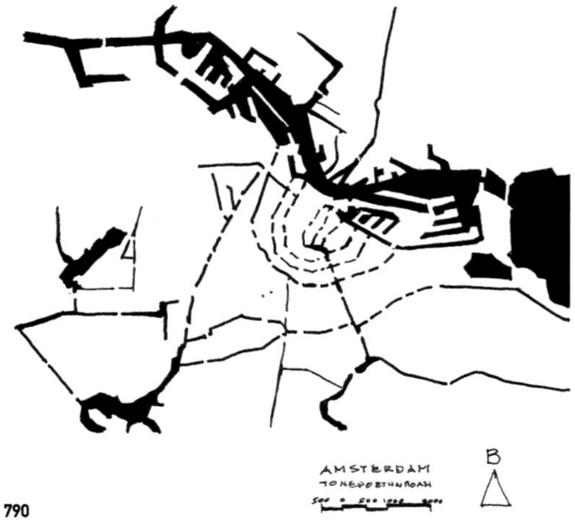

790

791

Water as a means of transportation: rivers and canals / Το νερό ως μέσο μεταφορών: ποτάμια και κανάλια

786, 787 Delft
The canals that crisscross the city, in all directions, used to be the main means of transportation in the past. Today their presence represents an important contribution to the quality of life in the city.

786, 787 Ντελφτ
Τα κανάλια που διασχίζουν την πόλη προς όλες τις κατευθύνσεις αποτελούσαν άλλοτε τις κύριες αρτηρίες της. Σήμερα συμβάλλουν μια σημαντικά στην ποιότητα και τη ζωντάνια του αστικού χώρου.

C2.7 Water as a means of transportation: rivers and canals

Water in the form of a river, a lake or the open sea, always facilitated transportation. Whenever it was possible water entered cities in the form of canals, primarily in the Far East. Such an example exists in Europe, since the 5th century A.D., the most prominent example being Venice, built on a group of islands in the northern Adriatic sea. Later on, other cities were developed with canals and waterways, i.e. Amsterdam, Delft or St Petersburg. In these cases water replaces streets up to a point. But it mainly lents a certain character, to the environment, creating a series of interesting and attractive impressions, while helping in the improvement of the climate.

Γ2.7 Το νερό ως μέσο μεταφορών: ποτάμια και κανάλια

Το νερό ήταν πάντα στοιχείο που διευκόλυνε τις μεταφορές ως ποτάμι, λίμνη ή θάλασσα. Με τη μορφή καναλιών μπήκε στην πόλη, όπου ήταν εφικτό. Στην Ευρώπη έχουμε τέτοια παραδείγματα ήδη από τον 5ο μ.Χ. αι., με ακραία περίπτωση τη Βενετία, κτισμένη σε μια συστάδα νησίδων στη βόρεια Αδριατική. Αργότερα αναπτύχθηκαν πόλεις όπως το Άμστερνταμ, το Ντελφτ ή η Πετρούπολη. Εδώ το νερό υποκαθιστά τους δρόμους έως ένα βαθμό. Προσδίδει επίσης έναν ορισμένο χαρακτήρα στην πόλη δημιουργώντας μια ολόκληρη σειρά από ενδιαφέρουσες και ευχάριστες εντυπώσεις.

788 Amsterdam
One of the larger canals of the city with a motorway on the left.

788 Άμστερνταμ
Ένα από τα ευρύτερα κανάλια της πόλης πλαισιωμένο από αυτοκινητόδρομο.

789 St Petersburg
A bridge under an arcade. One of the many canals of this magnificent "Venice of the north".

789 Αγία Πετρούπολη
Γέφυρα κάτω από αψίδα. Ένα από τα πολλά κανάλια της μεγαλόπρεπης «Βενετίας του Βορρά».

790 Amsterdam, water in the city
Water is an inseparable element of the city of Amsterdam. All transportation used to be by canal.

790 Άμστερνταμ
Το νερό αποτελεί αναπόσπαστο μέρος της πόλης και κάποτε εξασφάλιζε όλες τις εσωτερικές μεταφορές της.

791 St Petersburg, water in the city
Peter the Great's connection to Holland influenced the selection of the site and the layout of this great historical city. Water is everywhere.

791 Αγία Πετρούπολη
Δεν υπάρχει αμφιβολία πως η σχέση του Μεγάλου Πέτρου με το Άμστερνταμ και την Ολλανδία γενικότερα επηρέασε την επιλογή του για τη θέση της νέας πρωτεύουσάς του.

792

793

C2.8 Water as a decorative element

Water as an element of decoration is used in two distinct ways. In a state of absolute calm as a reflecting surface, what the French call "un miroir d'eau", or running water in the form of a spring, a jet, or a waterfall. As a reflecting surface it can be used to bring more light into an enclosed space or to mirror an important monument or building, even trees in a garden.
Water jets were widely used during the Renaissance in Europe, as well as in the Middle East, primarily in Persia – modern Iran. A water jet can only function when water is under pressure. This was not easy to achieve. This difficulty is probably the reason that made such elements to be desirable in gardens and public space. Nowadays jets present no problem as they function with pumps. Maybe this is the cause of their relative neglect. Water jets, we should not forget, are not only elements of decoration; they also serve as air conditioners. In dry climates during the summer months, the presence of water helps to add a little humidity to the dry air, thus improving the climatic conditions.

Γ2.8 Το νερό ως καλλωπιστικό στοιχείο

Το νερό χρησιμοποιείται για καλλωπισμό με δύο κυρίως τρόπους. Σε απόλυτη ηρεμία ως καθρέφτης, ή ρέον σε μορφή καταρράκτη ή πίδακα. Σαν καθρέφτης μπορεί να λειτουργεί αφ' ενός άμεσα, καθρεφτίζοντας ένα μνημείο ή τα δένδρα και τα φυτά ενός κήπου, ή ακόμα και κάποια κτίρια, και αφ' ετέρου έμμεσα, αντανακλώντας το φως σ' ένα κλειστό αίθριο ώστε να αυξάνει τη φωτεινότητα του χώρου.
Το σιντριβάνι είχε μεγάλη διάδοση κατά την Αναγέννηση στη Δυτική Ευρώπη αλλά και στη Μέση Ανατολή, ιδίως στην Περσία, το σημερινό Ιράν. Για να υπάρχει πίδακας ή σιντριβάνι, απαιτείται το νερό να είναι υπό πίεση, πράγμα αρκετά δύσκολο. Ίσως αυτή η δυσκολία να ήταν που το έκανε τόσο ποθητό στους κήπους και τους δημόσιους χώρους. Σήμερα τα σιντριβάνια λειτουργούν με αντλίες, πράγμα πολύ εύκολο. Ίσως γι' αυτό να έχουν ελαφρώς εγκαταλειφθεί. Το σιντριβάνι όμως δεν είναι απλώς ένα ακόμα καλλωπιστικό στοιχείο, λειτουργεί κι αυτό ως κλιματιστικός μηχανισμός. Σε περιοχές με ξηρό κλίμα το καλοκαίρι τα σιντριβάνια υγραίνουν την ατμόσφαιρα και βελτιώνουν γενικά το κλίμα.

Water as a decorative element
Το νερό ως καλλωπιστικό στοιχείο

792 Rome, Tivoli, Villa d'Este
Springs, fountains, water jets, artificial lakes in the magnificent villa d'Este garden in Tivoli. Even on a small scale water can enchant the visitor.

792 Ρώμη, Τίβολι, βίλα ντ' Έστε
Εκτός από τα κύρια υδάτινα στοιχεία –σιντριβάνια, κρήνες, τεχνητές λίμνες– που απαρτίζουν τον θαυμάσιο κήπο της βίλας ντ' Έστε, το νερό ακόμη και σε μικρή κλίμακα τέρπει και ψυχαγωγεί τον περιπατητή.

793 Rome, villa Borghese, public garden
The shape and form of the edge of each basin is of extreme importance, as far as the aesthetic effect of falling water is concerned.

793 Ρώμη, βίλα Μποργκέζε, δημόσιος κήπος
Η μορφή και το σχήμα της διατομής του χείλους κάθε λεκάνης παίζουν σημαντικό ρόλο για την αισθητική του νερού που τρέχει.

794

795

796

Water as a decorative element
Το νερό ως καλλωπιστικό στοιχείο

794 Alhambra, Granada, the fountain of the lions
The cooling of this patio provides one more opportunity for the creation of a work of art.

794 Αλάμπρα, η κρήνη με τα λιοντάρια
Ο δροσισμός του αιθρίου που προσφέρει το σιντριβάνι αποτελεί μια ευκαιρία για τη δημιουργία ενός έργου τέχνης.

795 Rome, St Peter's square, architect Bernini
The value of the spring does not rely only on its air conditioning effect during the summer months. Its presence is also important for its aesthetic value in a public space. Even the sound of running water creates an enchanting effect.

795 Ρώμη, πλατεία Άγ. Πέτρου, αρχιτέκτων Μπερνίνι
Τα σιντριβάνια δεν επιτελούν βέβαια πρακτικό απλώς έργο, ως κλιματιστικά του δημοσίου χώρου, προσφέρουν συνάμα αισθητική απόλαυση, όχι μόνο για το μάτι αλλά και για το αφτί, με τον γοητευτικό τους ήχο.

796 Generalife, Granada
The use of water as a mirror adds to the aesthetic value of the Generalife Gardens of the Alhambra palace. The combination of the water mirror with small water jets is a lesson in the design of gardens that illustrates the refined lifestyle of the last Muslim Nasrite Kings of Granada.

796 Χενεραλίφε, Γρανάδα
Η χρήση του νερού ως καθρέπτη προσθέτει στην αισθητική των κήπων. Στο Χενεραλίφε, στους κήπους του ανακτόρου της Αλάμπρας, ο συνδυασμός του καθρέπτη με μικρά συντριβάνια είναι ένα μάθημα κηποτεχνίας, που απεικονίζει τον εκλεπτυσμένο τρόπο ζωής των Νασριδών, των τελευταίων μωαμεθανών βασιλιάδων της Γρανάδας.

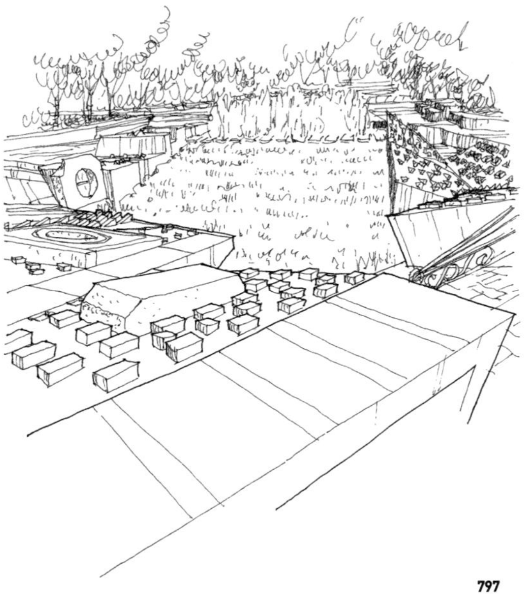

797

798

Other types of running water in gardens and squares / Άλλου είδους ρέοντα ύδατα

797 Larissa, by the sculptress Nella Golanta
A contemporary version of a fountain that combines water jets with waterfalls in an abstract composition.

797 Λάρισα, κρήνη, έργο της γλύπτριας Νέλλας Γκόλαντα
Μια σύγχρονη εκδοχή κρήνης που συνδυάζει σιντριβάνια με καταρράκτες σε μια αφηρημένη σύνθεση.

798 Minneapolis, Central square
An excellent example of the use of water in an open public space. Designed by Paul Friedberg.

798 Μινεάπολη, κεντρική πλατεία
Ένα θαυμάσιο παράδειγμα της χρήσης του νερού σε έναν ελεύθερο δημόσιο χώρο. Αρχιτέκτων Π. Φρίντμπεργκ.

799

800

801

Mirror / Καθρέπτης

799, 800 Taj Mahal, reflecting pool with water springs
The water adds to the magic of this unique architectural masterpiece. Water was always an important element of Hindu garden architecture.

799, 800 Ταζ Μαχάλ
Το νερό καθρεπτίζοντας το μοναδικό αυτό αριστούργημα της ινδικής αρχιτεκτονικής προβάλλει τη μαγεία του.

801 Alhambra, Granada
A reflecting pool illuminates interior spaces.

801 Αλάμπρα, Γρανάδα
Εδώ το νερό, μόνιμα σε κατάσταση ηρεμίας, αντικατοπτρίζοντας το φως της ημέρας, φωτίζει τους εσωτερικούς χώρους.

C3 Works of Art

C3.1 Location

The location of works of art in an open public space is of prime importance. Their location on the periphery of a public space presents a multitude of advantages. Most obvious is the fact that the number of works of art that can be placed on the perimeter is much larger than that which can be placed in the center, only one such element can usually be accommodated. At the same time there is a great advantage in keeping the center of a public place free and open to all kinds of gatherings, manifestations or happenings.
On the other hand, the uniqueness of a central location enhances the importance of the work of art, while at the same time it gives a special identity to the square. The Piazza della Signoria in Florence is a good example of the successful peripheral location of works of art, primarily in front of the Palazzo Vecchio, although one piece of sculpture could be considered as centrally located. To these one should add the works of art of the Loggia Dei Lanzi, on the south side of the square.
A good example for a central location is the equestrian statue of Marcus Aurelius on the Campidoglio by Michelangelo, which was not meant for gatherings of any sort. A similar case is Place Vendôme in Paris, although there an obelisk instead of a work of art is found.

802

Γ3 Έργα τέχνης

Γ3.1 Γενικά, χωροθέτηση

Η θέση του έργου τέχνης στον ελεύθερο δημόσιο χώρο είναι ιδιαίτερης σημασίας. Η τοποθέτηση των έργων στην περίμετρο του χώρου παρουσιάζει πλείστα όσα πλεονεκτήματα. Τα κυριότερα είναι ότι στην περίμετρο ενός χώρου μπορούν να στηθούν πολύ περισσότερα έργα απ' ό,τι στο κέντρο, όπου συνήθως τοποθετείται ένα και μοναδικό. Άλλωστε, ο κεντρικός χώρος της πλατείας καλό είναι να παραμένει ελεύθερος για εκδηλώσεις παντός είδους. Από την άλλη μεριά, η κεντρική χωροθέτηση προβάλλει τη σημασία του έργου τέχνης και προσδίδει ένα συγκεκριμένο χαρακτήρα στον χώρο.
Παράδειγμα επιτυχημένο της περιμετρικής χωροθέτησης των έργων τέχνης είναι η πιάτσα ντε λα Σινιορία στη Φλωρεντία, κυρίως μπροστά στο Παλάτσο Βέκιο, όπου υπάρχει ακόμα η περίφημη Λότζα ντέι Λάντσι με τα γλυπτά στη νότια πλευρά της, παρότι ένα από τα αγάλματα θα μπορούσε κανείς να πει πως κατέχει κεντρική θέση.
Καλό παράδειγμα κεντρικής χωροθέτησης είναι το Καπιτώλιο στη Ρώμη, έργο του Μιχαήλ Αγγέλου, με το έφιππο άγαλμα του ρωμαίου αυτοκράτορα Μάρκου Αυρηλίου στο κέντρο. Εδώ είναι σαφής η πρόθεση: η πλατεία δεν προορίζεται για συναθροίσεις. Το ίδιο θα μπορούσε κανείς να πει και για την πλατεία Βαντόμ στο Παρίσι, μόνο που εδώ το κεντρικό στοιχείο δεν είναι έργο τέχνης αλλά οβελίσκος.

Location / Χωροθέτηση των έργων τέχνης

802, 803 Florence, "Della Signoria" square (Piazza della Signoria)
The placing of works of art on the periphery of the square, according to Camillo Sitte, leaves the central area free for all kinds of activities, while allowing for a multitude of works of art to be added through the ages.

802, 803 Φλωρεντία, πιάτσα ντέλα Σινιορία
Σύμφωνα με τον αρχιτέκτονα και σημαντικό θεωρητικό της πολεοδομίας, Καμίλλο Ζίτε, η χωροθέτηση των έργων τέχνης στην περίμετρο της πλατείας αφήνει ελεύθερο τον κεντρικό χώρο για άλλες δραστηριότητες.

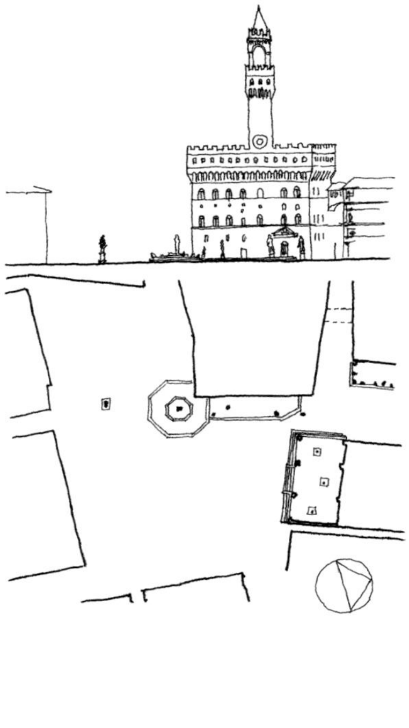

803

804

805

806

C3.2 The Past

Works of art in public places have a very long history, but unfortunately an enormous number has been destroyed by early Christians as heathen symbols. A good example is the equestrian statue of the Roman Emperor Marcus Aurelius that Michelangelo placed in the centre of the Capitoline square. This is the only Roman equestrian statue in bronze that survived because it was erroneously believed that it represented Constantine the Great, and was placed in front of the church of St John of the Lateran.

In Western Europe works of art and statues little by little started to return to open public places, until the Renaissance brought a surge in the demand to the point that sculptors too acquired great importance, and cities were striving to secure their services. Such was the case of the city of Padova and the equestrian statue of the condottiere Gattamelata. The city of Padova wanting to express its gratitude to the great condottiere Erasmo da Narni or Gattamelata, "spotted cat", decided to erect an equestrian statue in brass in his honour. In order to achieve this they invited the most important sculptor at that time, the Florentine Donatello, close friend of Cosimo de Medici, ruler of Florence. This statue would be the first equestrian statue cast in bronze since Roman times. To achieve this it was necessary to construct a foundry, to train skilled workmen and to have Donatello visit Rome in order to study the statue of Marcus Aurelius on the Capitol. Finally, ten years later, the statue of Gattamelata was mounted on one side of the main square of Padova. Such was the joy and pride of the inhabitants of Padova in the statue, but also for the prestige that their town had acquired by the presence of the great artist in their city, that they suggested he stay with them forever, under the same financial conditions as when he worked on the statue. Donatello declined the offer and returned to his city near his friend Cosimo, and, after his death, was buried next to him.

Γ3.2 Τα έργα τέχνης κατά το παρελθόν

Τα έργα τέχνης στους δημόσιους χώρους έχουν πολύ μακρά ιστορία και δυστυχώς στην Ευρώπη τα τεκμήρια έχουν ως επί το πλείστον εξαφανιστεί ή καταστραφεί από τους πρώτους Χριστιανούς, ως σύμβολα της ειδωλολατρίας. Χαρακτηριστικό παράδειγμα είναι το έφιππο άγαλμα του Μάρκου Αυρήλιου, που αναφέραμε πιο πάνω. Το άγαλμα αυτό είναι το μόνο ρωμαϊκό ορειχάλκινο άγαλμα που σώθηκε από την καταστροφική μανία των πρώτων Χριστιανών, επειδή πίστεψαν ότι απεικόνιζε τον Άγ. Κωνσταντίνο κι έτσι το έστησαν έξω από το ναό του Αγ. Ιωάννη του Λατερανού.

Στη Δυτική Ευρώπη, οι ανδριάντες και τα αγάλματα επανήλθαν σιγά-σιγά στον δημόσιο ελεύθερο χώρο, και κατά την Αναγέννηση πια φούντωσαν, οπότε οι γλύπτες έγιναν περιζήτητοι κι οι πόλεις άρχισαν να ερίζουν ποια θα τους πρωτοκαπαρώσει. Χαρακτηριστική είναι η ιστορία του έφιππου αγάλματος του Γκαταμελάτα στην Πάντοβα. Η πόλη της Πάντοβας, αισθανόμενη ευγνωμοσύνη προς τον κοντοτιέρε (μεγάλο πολέμαρχο) Εράσμο ντα Νάρνι, αποφάσισε να του στήσει έναν ανδριάντα από ορείχαλκο. Για τον σκοπό αυτό κάλεσε τον μεγαλύτερο γλύπτη της εποχής, τον Φλωρεντίνο Ντονατέλο, φίλο του άρχοντα της Φλωρεντίας, Κόζιμο των Μεδίκων. Το γλυπτό αυτό θα ήταν το πρώτο ορειχάλκινο έφιππο άγαλμα μετά τη Ρωμαϊκή εποχή. Για να γίνει το έργο χρειάστηκε να στηθεί χυτήριο, να εκπαιδευτούν τεχνίτες και να επισκεφτεί ο Ντονατέλο τη Ρώμη για να μελετήσει το άγαλμα του Μάρκου Αυρηλίου. Τελικά, μετά από δέκα ολόκληρα χρόνια το έφιππο άγαλμα του Γκαταμελάτα στήθηκε στη μια πλευρά της κύριας πλατείας στην Πάντοβα. Τόση ήταν η χαρά των κατοίκων για το άγαλμα, αλλά και τόση η αίγλη που προσέδιδε στην πόλη τους η παρουσία του μεγάλου καλλιτέχνη, ώστε του πρότειναν να παραμείνει στην Πάντοβα για πάντα, υπό τους ίδιους όρους όπως όταν έφτιαχνε το άγαλμα. Ο Ντονατέλο όμως δεν έμεινε, επέστρεψε στη Φλωρεντία κοντά στον φίλο του τον Κόζιμο, και όταν πέθανε, ετάφη πλάι του.

The Past / Τα έργα τέχνης κατά το παρελθόν

804 Padova, work of art, Sant'Antonio square, "The Condottiere Gattamelata" (Erasmo da Narni, nicknamed "spoted cat") by Donatello
The statue is placed next to the Cathedral on the margins of the square. It is the first statue in bronze since the time of the Roman Empire and represented a technical breakthrough (1450).

804 Πάντοβα, πιάτσα Σαντ' Αντόνιο, άγαλμα του Κοντοτιέρε (πολέμαρχου) Γκαταμελάτα (η «παρδαλή γάτα»)
Το έργο αυτό του Ντονατέλο, τοποθετημένο πλάι στην εκκλησία του Αγ. Αντωνίου στις παρυφές της πλατείας, είναι το πρώτο έφιππο άγαλμα από ορείχαλκο μετά τη ρωμαϊκή εποχή.

805 Vicenza, the statue of Palladio
A rare exception. The architect is not only remembered but also honored.

805 Βιτσέντζα, το άγαλμα του Αντρέα Παλλάντιο μπροστά στη Βασιλική
Μια σπάνια εξαίρεση: ο αρχιτέκτονας όχι μόνον μνημονεύεται αλλά και τιμάται!

806 Jena, Germany, statue of Kurfürst Johann Friedrich
The statue of the magnanimous founder of Jena University is placed on the northern part of the Market square facing the fountain at the southern end.

806 Ιένα, Γερμανία
Το άγαλμα του πρίγκιπα Φρειδερίκου του Μεγαλόψυχου, ιδρυτού του Πανεπιστημίου της Ιένας, είναι τοποθετημένο στη μια πλευρά της πλατείας, έναντι της κρήνης που βρίσκεται στο νότιο άκρο.

C3.3 Contemporary works of art

If there is one point, where modern times compete with the past, in the architecture of public urban spaces this is in the erection of statues and works of art in public places. The incorporation of works of art in open public spaces nowadays is very often quite successful, but other times most definitely not. This starts from the location, the type and the number of works of art, their compatibility, but also from the architecture of the surrounding buildings. The problem arises from the fact that usually there is no previously established plan for the location and kind of work of art to be incorporated in an open public area. In most cases the decision to place a work of art in an open public space is taken ad hoc, as the case presents itself, and not always by qualified persons. As a result, instead of improving the environment, it is sometimes downgraded.

As an example of an unhappy marriage of incompatible works of art, at the time when this chapter was written in the year 2000, the "World Trade Centre" square in New York was chosen. This same "World Trade Centre" with it's twin towers, by the architect Yamasaki, that acquired world fame because it was so criminally and savagely attacked and destroyed. To start with, the works of art in the square created a certain awkwardness and ambiguity, as far as their location was concerned. The centrally placed globe was not in the actual centre of the square, while the peripheral location of the sculpture on the center line of the Church street approach to the square, acquired a much greater importance. As for the third work of art, you had to look for it, as it was only visible from a very short distance. In the analytical study that follows, a number of alternatives have been tried, starting with the elimination of all works of art followed by an attempt to select one of the three sculptures as a unique work of art in the most appropriate location, then an attempt is made to combine two out of the three in a harmonious coexistence. Finally the elimination of all three is examined with their replacement by another single work of art in the right size for this particular square and in the most appropriate location.

Γ3.3 Τα έργα τέχνης σήμερα

Αν υπάρχει στην αρχιτεκτονική του δημόσιου ελεύθερου χώρου ένα σημείο όπου η εποχή μας συναγωνίζεται το παρελθόν, αυτό είναι η ενσωμάτωση έργων τέχνης και γλυπτών στους δημόσιους χώρους. Η ενσωμάτωση αυτή άλλοτε είναι επιτυχής και άλλοτε ατυχής. Αυτό εξαρτάται από τη θέση, το είδος και τον αριθμό των έργων τέχνης, την αρμονική σχέση μεταξύ τους αλλά κι από την αρχιτεκτονική του περιβάλλοντος χώρου. Το πρόβλημα συνήθως έγκειται στο ότι δεν υπάρχει εκ των προτέρων ενιαία μελέτη για την ένταξη των έργων τέχνης στον χώρο. Κατά περίπτωση αποφασίζεται η προσθήκη νέων έργων τέχνης κι οι εκάστοτε αρμόδιοι, για την επιλογή του έργου ή την ακριβή θέση του στον χώρο, δεν είναι πάντα οι πιο κατάλληλοι για να εξασφαλίσουν ότι το τελικό αποτέλεσμα θα αναβαθμίσει τον χώρο και δεν θα τον υποβαθμίσει.

Σαν κύριο παράδειγμα ατυχούς συνδυασμού έργων τέχνης όταν γραφόταν αυτό το κεφάλαιο, είχε ληφθεί το Γουόρλντ Τρέιντ Σέντερ, οι Δίδυμοι Πύργοι της Νέας Υόρκης, που έγιναν παγκοσμίως ξακουστοί με την κατάρρευσή τους το 2001, κατόπιν εγκληματικής ενέργειας τρομοκρατών. Κατ' αρχάς οι θέσεις των γλυπτών παρουσίαζαν μια αμηχανία και ασάφεια ως προς τη χωροθέτησή τους. Η υποτιθέμενη κεντρική τοποθέτηση της μεγάλης σφαίρας δεν ήταν κεντρική, ενώ η περιφερειακή τοποθέτηση του γλυπτού στον άξονα της προσπέλασης από την οδό Τσερτς πρόβαλε ως πιο σημαντική. Όσο για το τρίτο γλυπτό, ούτως ή άλλως χανόταν στη θέση που βρισκόταν, και το αντιλαμβανόταν κανείς μόνον όταν το πλησίαζε. Στα σχέδια που παρατίθενται, επιχειρήθηκε μια σειρά από παραλλαγές με πλήρη αφαίρεση των τριών γλυπτών, μια εξέταση για το ποιο από τα τρία θα είχε νόημα να παραμείνει ως το μοναδικό, ή ποια θα είχαν ανά δύο την πιο αρμονική παρουσία. Τέλος εξετάζεται η περίπτωση της απομάκρυνσης και των τριών και της αντικατάστασής τους από ένα άλλο μοναδικό, στην κατάλληλη θέση και με το αρμόζον μέγεθος.

807

808

809

Contemporary works of art
Τα έργα τέχνης σήμερα

807 Los Angeles
The spidery quality of Calder's sculpture seems to fit in the modern urban scene perfectly. It forms a focal point of interest and relieves the severity of modern architecture.

807 Λος Άντζελες, έργο του Κάλντερ
Το ανάλαφρο αυτό έργο του Κάλντερ δημιουργεί ένα εστιακό σημείο ενδιαφέροντος και διασκεδάζει την αυστηρή γραμμή της όψης του κτιρίου γραφείων.

808 Chicago, Richard Michael Daley Plaza, a work of art by Picasso depicting a horse, with the Richard Daley Center in background
The size of the sculpture fits perfectly to the scale of the surrounding buildings.

808 Σικάγο, το άλογο του Πικάσο μπροστά στο Ρίτσαρντ Ντάλυ Σέντερ
Το μέγεθος του γλυπτού εναρμονίζεται με την κλίμακα των κτιρίων που το περιβάλλουν.

809 Rome, Vatican city, Beldevere, sculptor Arnaldo Pomodoro
Abstract art in a particularly traditional environment.

809 Ρώμη, πόλη του Βατικανού, Μπελντεβέρε, έργο του Αρνάλντο Πομοντόρο
Αφηρημένη τέχνη σε ένα παραδοσιακό περιβάλλον.

810

811

816

812

813

814

815

Contemporary works of art
Σύγχρονα έργα τέχνης

810 Brasilia, "Meteoro" by Bruno Giorgi
Abstract sculpture in the pond in front of the Itamaraty palace (Ministry of Foreign Affairs) with the National Congress building in the background.

810 Μπραζίλια, μπροστά στο Υπουργείο Εξωτερικών, «Μετέωρο» έργο του Μπρούνο Τζόρτζι
Στο βάθος το κτίριο του Κοινοβουλίου και της Γερουσίας.

811 Brasilia, Cathedral of Brasilia (Catedral Metropolitana Nossa Senhora Aparecida), architect Oscar Niemeyer, sculptor Alfredo Ceschiatti, 1970
Saint John by Alfred Ceschiatti, one of the four Evangelists, in front of the Cathedral. The other three Evangelists are opposite Saint John. One can make out the entrance to the Cathedral that is mainly underground.

811 Μπραζίλια, καθεδρικός ναός, αρχιτέκτων Όσκαρ Νιμάγιερ, γλυπτό του Αλφρέντο Τσεσκάτι, 1970
Ο Ευαγγελιστής Ιωάννης. Απέναντι, εκτός εικόνας, οι λοιποί τρεις Ευαγγελιστές, που όλοι μαζί φυλάνε φρουροί για να μείνουν αμόλυντες οι ψυχές των πιστών.

812 Brasilia, sculptor Bruno Giorgi
The statue of Justice by Bruno Giorgi near the Federal High Court building.

812 Μπραζίλια, πλατεία των Τριών Εξουσιών, έργο του Μπρούνο Τζόρτζι
Το άγαλμα της Δικαιοσύνης μπροστά στο κτίριο του Ανωτάτου Ομοσπονδιακού Δικαστηρίου.

813 Brasilia, the Three Powers square (Praça dos três Poderas), "Os Candangos" by Bruno Giorgi
The statue of the Candangos in front of the Federal High Court building by Bruno Giorgi.

813 Μπραζίλια, πλατεία των Τριών Εξουσιών, έργο του Μπρούνο Τζόρτζι
Οι Καντάνγκος μπροστά στο κτίριο του Ανωτάτου Ομοσπονδιακού Δικαστηρίου.

814 Zurich, Pelicanstrasse, sculpture by Max Bill
The work of a fine artist is not only adopted but completely appropriated by the citizens.

814 Ζυρίχη, Πέλικαν στράσε, έργο του Μαξ Μπιλ
Ένα εξαίρετο έργο τέχνης του Μαξ Μπιλ, πλήρως οικειοποιημένο από περίοικους και επισκέπτες.

815 Winterthur, Holidi by Werner Jans
A children's playground can also contain works of art.

815 Βίντερτουρ, Γκράμπεν, ξύλινος Γκάλιβερ του γλύπτη Βέρνερ Γιάνς
Και ένας παιδότοπος μπορεί να περιέχει έργα τέχνης.

816 Paris, La Défense, sculpture by Niki de Saint Phalle
Terrified people trying to run away from the haunting monsters of Niki De Saint Phalle.

816 Παρίσι, Λα Ντεφάνς, σύμπλεγμα της εικαστικού Νίκι ντε Σαν Φαλ
Οι περαστικοί τρομοκρατημένοι προσπαθούν να γλιτώσουν από τα γιγάντια τέρατα της Νίκι Ντε Σαν Φαλ!

817 (III)

818 (II)

819 (I)

Contemporary works of art
Σύγχρονα έργα τέχνης

817, 818, 819 Manhattan, World Trade Center plaza
(All texts concerning the W.T.C. were written before its destruction in 2001)
Three works of art compete to draw the attention of the visitor. Each of them acquires a certain importance depending on the position of the observer. Still none of them seems absolutely satisfactory and the way they are interrelated does not enhance their aesthetic value. The sphere in the center of the square should have been the most important of the three, as it occupies the center. But it is not, as the approach to the square is one-sided from Church street from the east. In this way the work of art nearer to this approach acquires a greater importance.

817, 818, 819 Μανχάταν, πλατεία του Γουέρλντ Τρέιντ Σέντερ (Όλα τα κείμενα για το Γ. Τ. Σ. γράφτηκαν πριν την καταστροφή του το 2001)
Τρία έργα τέχνης ανταγωνίζονται ποιο θα τραβήξει την προσοχή του περαστικού. Το καθένα αποκτά μεγαλύτερη σημασία ανάλογα με τη θέση του παρατηρητή. Παρ' όλον τούτο, κανένα δεν φαίνεται απόλυτα ικανοποιητικό, η δε σύνθεσή τους είναι μάλλον δυσάρεστη. Η σφαίρα που κατέχει το κέντρο της πλατείας, θα μπορούσε να είναι το σημαντικότερο από τα τρία έργα τέχνης, αλλά δε συμβαίνει κάτι τέτοιο, επειδή η προσπέλαση της πλατείας γίνεται μονόπλευρα από την Τσερτς στρητ από ανατολάς.
Το γλυπτό I που είναι πλησιέστερο προς την είσοδο της πλατείας αποκτά ιδιαίτερη σημασία.

820 Manhattan, W.T.C. plaza
This square of the W.T.C., designed by the architect Minoru Yamasaki, did not awaken any particular interest, as the twin towers stole the show, until the World financial center was created next to it on the Hudson River front. Since then it acquired a greater importance and is worth a more thorough examination to determine its merits and its shortcomings. Perhaps an architectural striptease could help to evaluate it.

820 Μανχάταν, πλατεία του Γουέρλντ Τρέιντ Σέντερ
Η πλατεία αυτή, έργο του αρχιτέκτονα Μινόρου Γιαμασάκι, υπήρχε για πολλά χρόνια χωρίς να της δίνει κανείς σημασία. Από τότε όμως που δημιουργήθηκε απέναντί της, προς την πλευρά του ποταμού Χάτσον, το Γουέρλντ Φαϊνάνσιαλ Σέντερ, απέκτησε μεγαλύτερη σημασία και αξίζει μια πιο προσεκτική ανάλυση. Ίσως ένα αρχιτεκτονικό στριπτίζ βοηθήσει στην αξιολόγηση των αρετών της.

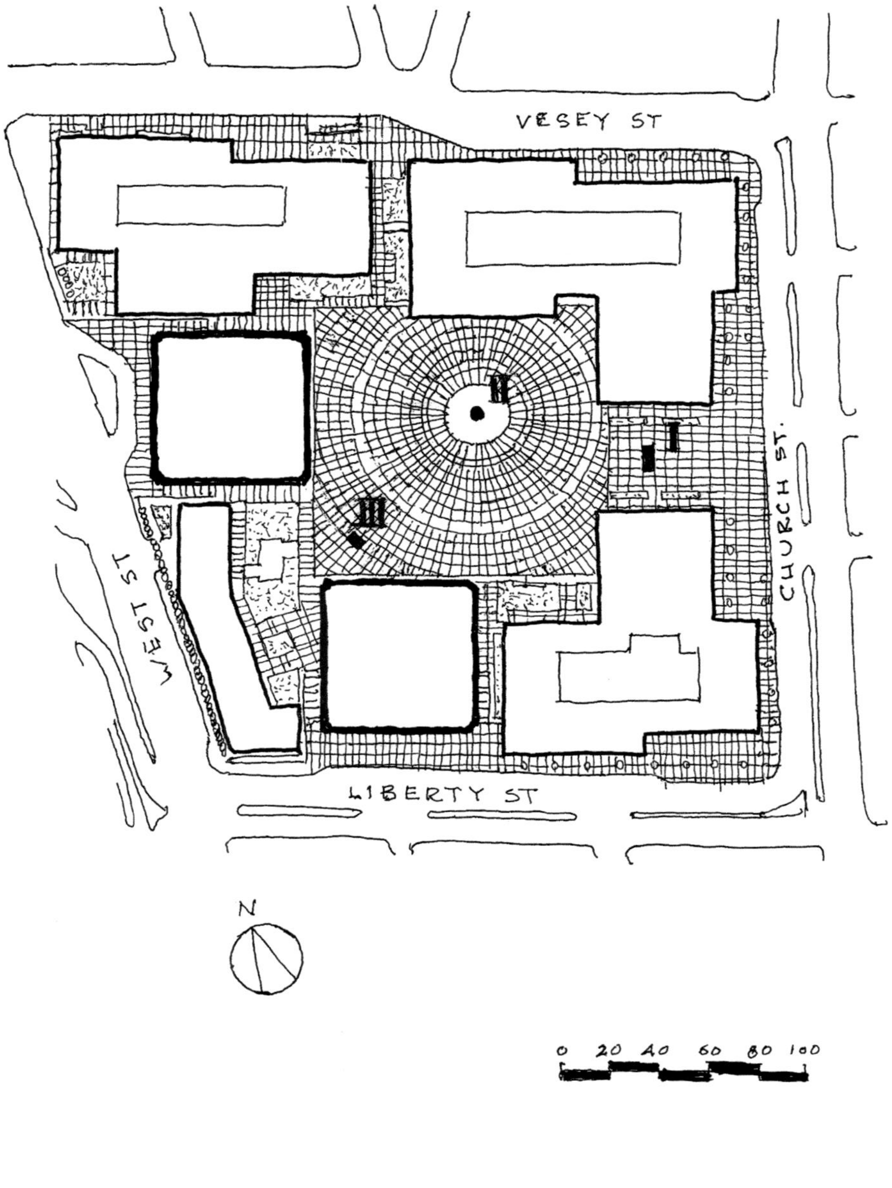

820

821

822

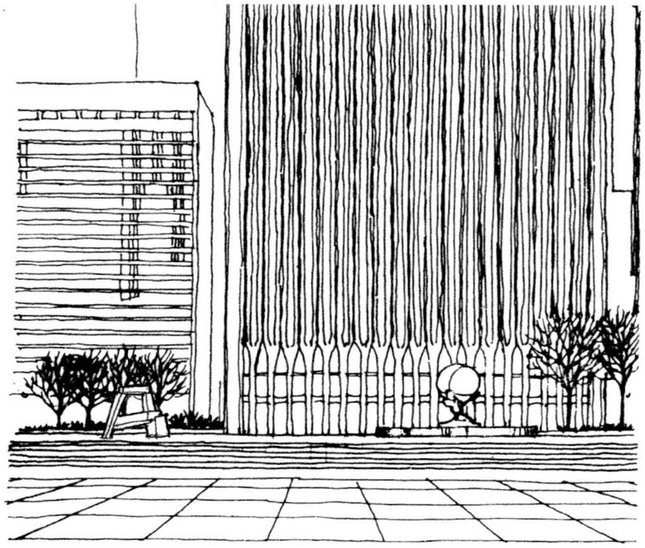

823

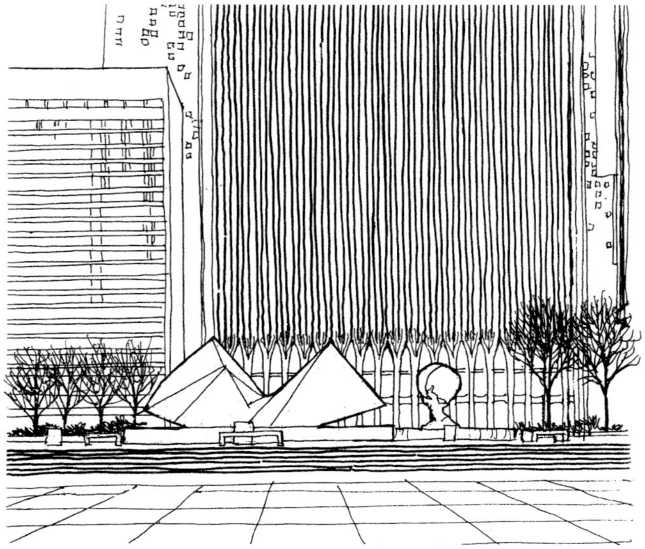

824

Contemporary works of art
Σύγχρονα έργα τέχνης

821 Manhattan, W.T.C. plaza, as it was
Three competing works of art.

821 Μανχάταν, πλατεία του Γουέρλντ Τρέιντ Σέντερ, όπως ήταν
Τρία έργα τέχνης που αντιμάχονται το ένα τ' άλλο.

822 Manhattan, W.T.C. plaza, two works of art: both to the left of the pathway to the square, without the one in the center (II in fig. **820**)
The piece of art in the foreground attracts all the attention.

822 Μανχάταν, πλατεία του Γουέρλντ Τρέιντ Σέντερ, δύο έργα τέχνης: τα δύο αριστερά της πορείας μέσα από την πλατεία, χωρίς το κεντρικό (II στην εικ. **820**)
Το γλυπτό στο πρώτο πλάνο ελκύει όλη την προσοχή.

823 Manhattan, W.T.C. plaza, with trees and two works of art, one to the far left (III in fig. **820**) and the other in the center (II in fig. **820**)
With the elimination of the sculpture near the pathway from Church Street, the lack of balance is obvious.

823 Μανχάταν, πλατεία του Γουέρλντ Τρέιντ Σέντερ, δύο έργα τέχνης το ένα στο άκρο αριστερά (III στην εικ. **820**) και το άλλο στη δεσπόζουσα θέση του κέντρου (II στην εικ. **820**)
Με την κατάργηση του γλυπτού στην ανατολική προσπέλαση της πλατείας από την Τσερτς στριτ, η έλλειψη ισορροπίας είναι εμφανής.

824 Manhattan, W.T.C. plaza, two works of art: the central one (II in fig. **820**) and the one (I in fig. **820**) on the Church Street approach
This seems more satisfactory. Still the fact that the center is not free prevents it from being suitable for gatherings.

824 Μανχάταν, πλατεία του Γουέρλντ Τρέιντ Σέντερ, δύο έργα τέχνης: το κεντρικό (II στην εικ. **820**) και το γλυπτό (I στην εικ. **820**) πλάι στην προσπέλαση από την Τσερτς στριτ στα ανατολικά
Αυτή η λύση δείχνει πιο ισορροπημένη. Ωστόσο, χωρίς το κεντρικό έργο τέχνης, η πλατεία θα παρείχε περισσότερες δυνατότητες για εκδηλώσεις.

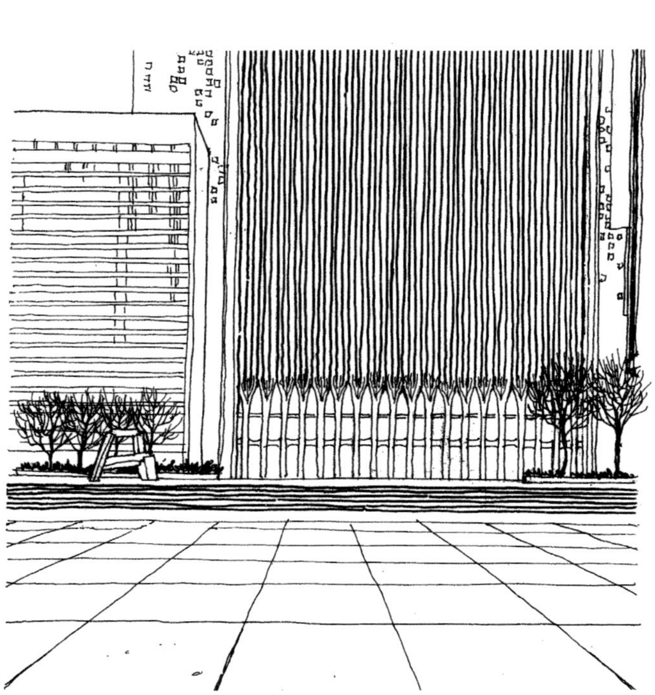

825

826

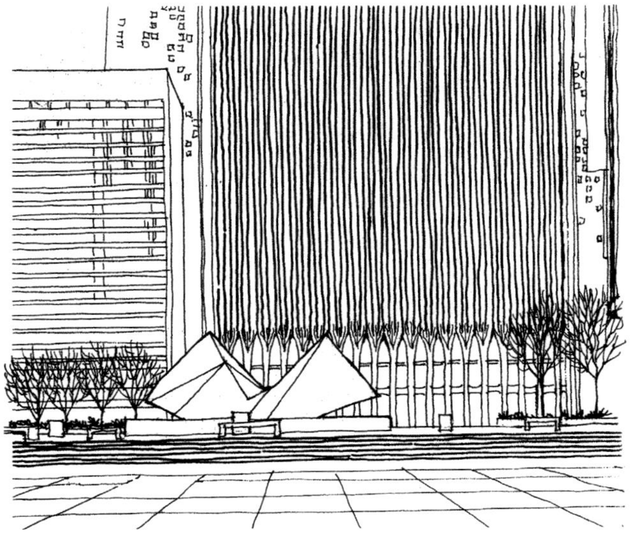

827

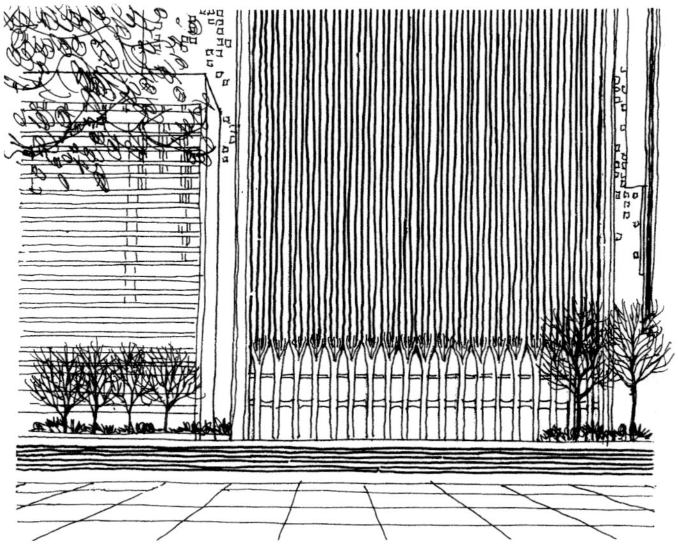

828

Contemporary works of art
Σύγχρονα έργα τέχνης

825 Manhattan, W.T.C. plaza, a work of art to the far left
This might have made Camillo Sitte happy. But is it the right work of art at the right place?

825 Μανχάταν, πλατεία του Γουέρλντ Τρέιντ Σέντερ, ένα έργο τέχνης στο άκρο αριστερά
Αυτό θα ευχαριστούσε τον Καμίλιο Ζίτε! Αλλά είναι άραγε βέβαιο πως αυτό είναι το κατάλληλο έργο τέχνης στη σωστή θέση;

826 Manhattan, W.T.C. plaza, a single work of art in the center
With the single work of art and trees the square acquires a certain balance, as well as a serenity in harmony with the buildings that surround it. Camillo Sitte would not agree, but still the sculpture in the center sometimes presents certain advantages. It draws attention away from the buildings that surround it. In this case one cannot be sure this work of art is the most appropriate one.

826 Μανχάταν, πλατεία του Γουέρλντ Τρέιντ Σέντερ, ένα έργο τέχνης στο κέντρο
Με ένα μόνον έργο τέχνης και τα δένδρα, η πλατεία δείχνει ήρεμη, ισορροπημένη και σε αρμονία με τα κτίρια που το περιβάλλουν. Ο Καμίλλο Ζίτε θα διαφωνούσε, αλλά το γλυπτό στο κέντρο καμιά φορά παρουσιάζει το πλεονέκτημα ότι συγκεντρώνει την προσοχή, ώστε τα κτίρια που το περιβάλλουν να μην είναι πια τόσο αντιληπτά! Στην προκειμένη περίπτωση είναι αμφίβολο αν το έργο είναι το πιο κατάλληλο.

827 Manhattan, W.T.C., Plaza, one work of art (I in fig. 820) in the foreground
The presence of a work of art on the left side along the main passage, gives a certain dignity to an otherwise indifferent space.

827 Μανχάταν, πλατεία του Γουέρλντ Τρέιντ Σέντερ, ένα έργο τέχνης (I στην εικ. 820) σε πρώτο πλάνο
Η τοποθέτηση ενός σημαντικού έργου τέχνης στην αριστερή πλευρά της πορείας μέσα από την κύρια πρόσβαση προσδίδει κάποια οντότητα σε έναν κατά τα άλλα αδιάφορο χώρο.

828 Manhattan, W.T.C. plaza, without works of art but with trees
Trees in the middle of the city are often a blessing. One should wish there were more of them.

828 Μανχάταν, πλατεία του Γουέρλντ Τρέιντ Σέντερ, δίχως έργα τέχνης, αλλά με δένδρα
Τα δένδρα στο κέντρο της πόλης είναι ευλογία. Θα ήλπιζε κανείς να υπήρχαν περισσότερα.

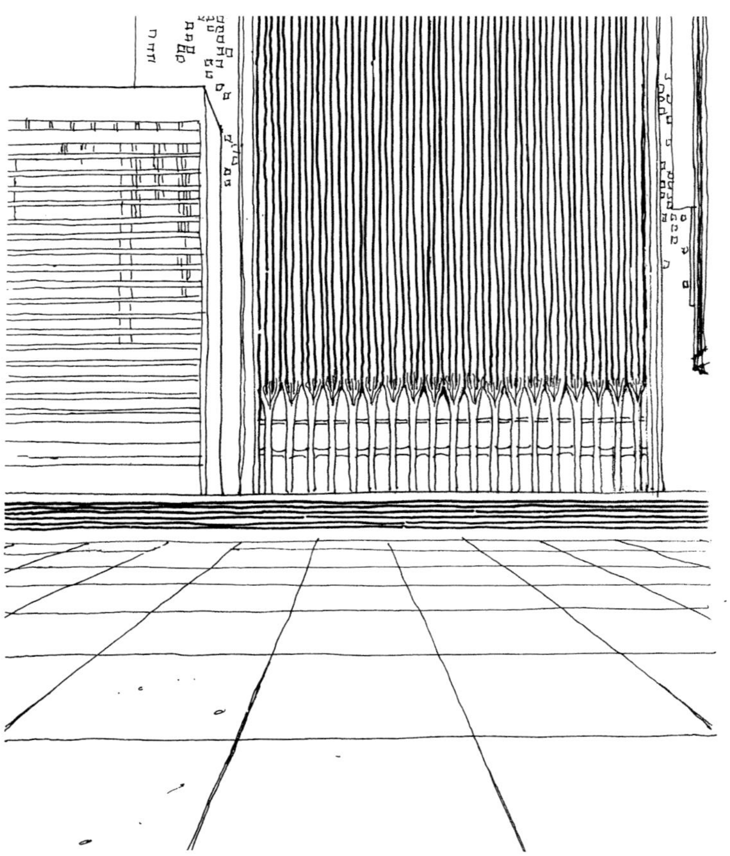

829

830

831

Contemporary works of art
Σύγχρονα έργα τέχνης

829 Manhattan, W.T.C. plaza, bare
Deprived of works of art or trees, the square would undoubtedly look empty and drab.

829 Μανχάταν, πλατεία του Γουέρλντ Τρέιντ Σέντερ, γυμνή
Δίχως έργα τέχνης και δίχως δένδρα, ο χώρος δείχνει άδειος κι εγκαταλελειμμένος, «Öd' und leer» όπως θα έλεγε κι ο Τ. Σ. Έλιοτ.

830 Manhattan, W.T.C. plaza
Maybe a single sculpture by Alexander Calder would have been sufficient for this square.

830 Μανχάταν, πλατεία Γουέρλντ Τρέιντ Σέντερ, πρόταση του συγγραφέα για τοποθέτηση έργου του Αλεξάντερ Κάλντερ
Με ένα έργο του Αλεξάντερ Κάλντερ είναι αμφίβολο αν θα απαιτείτο κάποιο άλλο.

831 Chicago, Federal Center Plaza
There is something in Alexander Calder's work that adds value and quality to the area that surrounds it.

831 Σικάγο, Φέντεραλ Σέντερ Πλάζα
Υπάρχει πάντα κάτι στα έργα του Αλεξάντερ Κάλντερ που προσθέτει ιδιαίτερη αξία και ποιότητα στον χώρο που τα περιβάλλει.

832

834

833

835

Contemporary works of art
Σύγχρονα έργα τέχνης

832, 833 Paris, Palais Royal, “Les colonnes de Buren” by Daniel Buren
One wonders what inspired this work of art. Was it Rabat? Was it Winterthur? Or could it be both?

832, 833 **Παρίσι, παλέ Ρουαγιάλ, οι κολώνες του Μπυρέν**
Από πού άραγε προήλθε η έμπνευση; Από το Ραμπάτ και τις κολώνες του Αλ Χασάν ή από τα εμπόδια για τα αυτοκίνητα του παιδότοπου στο Γκράμπεν του Βίντερτουρ;

834, 835 Paris, Palais Royal
The interior square as it used to be.

834, 835 **Παρίσι, παλέ Ρουαγιάλ**
Όπως ήταν προτού προστεθούν τα έργα του Μπυρέν.

836

837

838

839

840

841

Contemporary works of art
Σύγχρονα έργα τέχνης

836, 837 Rabat, the columns of the Hassan Mosque
What was meant to be the greatest mosque of the Islamic world was never completed. What stands in its place today is most impressive. That does not prevent people from feeling at home among the columns.

836, 837 Ραμπάτ, οι κολώνες του Αλ Χασάν
Το Αλ Χασάν επρόκειτο να είναι το μεγαλύτερο τέμενος του Ισλάμ. Ό,τι απέμεινε σήμερα εντυπωσιάζει. Παρ' όλα ταύτα οι άνθρωποι οικειοποιούνται τον χώρο κι απολαμβάνουν τη σκιά των στύλων.

838 Winterthur, playground in Graben
Could these very practical obstructions for motorcars, easily discerned at night and doubling up as seats, for the protection of a children's playground, ever be mistaken for a work of art?

838 Βίντερτουρ, παιδότοπος στο Γκράμπεν
Εμπόδια για την προστασία του παιδότοπου από τα αυτοκίνητα.

839 Schaffhausen, Fronwag Platz, 1973
When a detachment of "Europa Nostra" visited one of the best preserved Swiss traditional communities, Schaffhausen, in 1973, they were astonished by the sight of an enormous abstract work of art in the center of the main square, the Fronwag Platz. They would have felt a great relief if they had known that some years later this work of art would be removed and the square would once more acquire its traditional aspect, with its historical fountain in sight once again.

839 Σάφχαουζεν, Φρόνβαγκ πλατς, 1973
Όταν το 1973 κλιμάκιο της Europa Nostra επισκέφθηκε έναν από τους τελειότερα συντηρημένους ιστορικούς οικισμούς της Ελβετίας, το Σάφχαουζεν, με έκπληξή τους αντιμετώπισαν ένα τεράστιο αφηρημένο έργο τέχνης στην κεντρική πλατεία Φρόνβαγκ. Θα αισθάνονταν μεγάλη ανακούφιση αν ήξεραν ότι μετά από κάποια χρόνια αυτό το έργο τέχνης θα απομακρυνόταν και θα αποκαλυπτόταν η ιστορική κρήνη που έκρυβε.

840 Schaffhausen, Fronwag Platz
The square without the abstract work of art, as it was before 1973.

840 Σάφχαουζεν, Φρόνβαγκ πλατς
Η πλατεία χωρίς το αφηρημένο έργο τέχνης, όπως ήταν προ του 1973.

841 Schaffhausen, Fronwag Platz, 1996
The historical fountain fully rehabilitated.

841 Σάφχαουζεν, Φρόνβαγκ πλατς, 1996
Η ιστορική κρήνη πλήρως αποκαλυμμένη.

C4 Street furniture

C4.1 Lighting

Among various types of lighting used in open public spaces, the most common is the lamppost. Next come lights suspended from or attached on buildings that surround the open public space, street or square. From there on there are a multitude of lighting systems mainly placed at a low level.
Although lighting systems of motorways belong to the lighting of open public spaces, these should not be included in our study as they do not belong to the pedestrian areas of the city. Still their study is of great interest as they very often represent a highly developed technical achievement and sometimes from an aesthetic point also.
The lighting of squares and streets is a very old affair, since ancient times when they used torches in special stone or metal sockets. The most important development was the advent of public illumination by gas light during the 19th century. Even today a large number of street lights, primarily in traditional sectors of towns and cities, have retained the form and shape of the gas light. Little by little and only after the beginning of the 20th century did crystal globes make their appearance. Today the trend is for light posts with reflectors that allow for a variety of shapes.
As has already been mentioned, the illumination of open public spaces can be achieved in a variety of ways but there must always be a way to keep their electric wiring out of sight. With the development and expansion of towns and cities, electric lampposts started to proliferate in even greater numbers with a simultaneous search for special and new forms.
In general, the shape and form of lampposts that prevailed in the early days of electric lighting had to be easily adaptable to their environment, traditional or other. Some of these, due to the high quality of their design, improved an otherwise indifferent urban environment.
In the meantime gas lighting lampposts started being adapted to electrical lighting. In the middle of the 20th century, with the mass conversion of gas light lampposts into electric ones, a longing for the former started developing, resulting in their rise in demand. In this way cheap imitations were produced, as well as elaborate and flashy ones, unfortunately not in the best of taste. The problem with these last lampposts is not only that they proliferate, but that they are more or less in competition with the architecture of the second half of the 20th century.
Simultaneously, since the end of the 19th century, there is a rise in the way municipal authorities replace discreet gas light lampposts with out of scale flamboyant imitations that interfere with the architectural monuments they are supposed to illuminate, by pretending to be works of art. With the advent of electricity and the replacement of the gas pipe by electric wire one would have expected the development of suspended lighting fixtures. Still this is not the case, as well as with the location of lighting fixtures on walls of surrounding buildings, although first-rate lighting fixtures have been produced for this purpose.
In the meantime lampposts monopolize the lighting of open public spaces and pedestrian ways even today in our towns and cities. Still there is a type of open public space illumination that is on the rise. That is low level lighting. Low level lighting hidden among plants and primarily illuminating the floor is sometimes embedded in it.
The tendency today in the development of lighting fixtures, starting with crystal globes of clear glass or opaque, is more or less towards indirect lighting where the lighting source is hidden and does not dazzle people at night. In this way we witness today the development of various types of lampposts equipped with reflectors. This offers an opportunity for the development of interesting forms in the design of lighting fixtures for open public spaces and pedestrian ways. The location of the lighting of any type must be the most appropriate for the particular environment and the best for illumination. In the case of lampposts, their location and form has to be in harmony with the particular architecture of each public space, such as works of art and fountains.

842

843

844

Lampposts and their location
Φανοστάτες, χωροθέτηση

842 Rome, the Capitol
The lampposts on the side of the square leave the center free for the statue of Marcus Aurelius.

842 Ρώμη, Καπιτώλιο
Οι φανοστάτες στην περίμετρο της πλατείας αφήνουν ελεύθερο τον κεντρικό χώρο για το άγαλμα του Μάρκου Αυρηλίου.

843 Copenhagen, Christiansborg Palace, the forecourt with the race course
The lampposts, as well as the trees on the periphery of the square, leave the great central part free for horse racing.

843 Κοπεγχάγη, ανάκτορα Κρίστιανμποργκ, το μεγάλο προαύλιο
Οι φανοστάτες τοποθετημένοι στην περίμετρο της πλατείας, όπως και τα δένδρα, αφήνουν τον χώρο ελεύθερο για διάφορες δραστηριότητες. Στην προκειμένη περίπτωση ιππικές ασκήσεις.

844 London
The lampposts along the center line of this narrow pedestrian street, ensure ample overall lighting and add a cheerful note to the otherwise dull space.

844 Λονδίνο
Οι φανοστάτες στον άξονα του στενού αυτού πεζόδρομου εξασφαλίζουν άπλετο φωτισμό και διασκεδάζουν έναν κατά τα άλλα ανιαρό δρόμο.

Γ4 Επίπλωση δημόσιου χώρου

Γ4.1 Φωτισμός

Από τους διάφορους τρόπους φωτισμού του ελεύθερου δημοσίου χώρου πεζών, ο πιο συνηθισμένος είναι με φανοστάτες. Έπονται τα φανάρια ή τα φωτιστικά, τα αναρτημένα ή στερεωμένα στους τοίχους των κτιρίων που πλαισιώνουν και ορίζουν τον δημόσιο ελεύθερο χώρο, είτε είναι δρόμος είτε πλατεία. Από εκεί και πέρα υπάρχουν πολλοί άλλοι τρόποι φωτισμού, κυρίως με χαμηλά φωτιστικά.

Στα φωτιστικά του δημοσίου χώρου συγκαταλέγονται και οι διάφοροι τρόποι φωτισμού αυτοκινητοδρόμων, επειδή όμως δεν αφορούν σε χώρους πεζών δεν θα μας απασχολήσουν, παρότι η μελέτη τους παρουσιάζει ενδιαφέρον λόγω της αρτιότητας που πολλές φορές τους χαρακτηρίζει από λειτουργική αλλά και αισθητική άποψη.

Ο φωτισμός των οδών είναι παλαιά υπόθεση, από την εποχή που έβαζαν αναμμένους πυρσούς σε ειδικούς υποδοχείς, πέτρινους ή μεταλλικούς, στους τοίχους των κτιρίων. Η μεγάλη εξέλιξη σημειώθηκε τον 19ο αι. με τη χρήση φωταερίου. Η μορφή μάλιστα των περισσοτέρων παραδοσιακών φανοστατών που υπάρχουν σήμερα παραπέμπει στα φανάρια του γκαζιού. Τον 20ό αι. πολλοί από τους φανοστάτες του γκαζιού άρχισαν να μετατρέπονται σε ηλεκτρικούς και να πολλαπλασιάζονται με αυξανόμενο ρυθμό, με αντίστοιχη αναζήτηση άλλων πιο κατάλληλων μορφών. Συγχρόνως όμως άρχισε και η απομίμηση φαναριών φωταερίου, φευ όχι των καλύτερων παραδειγμάτων. Το πρόβλημα με τις απομιμήσεις αυτές δεν είναι μόνον ότι μπαίνουν πλέον οπουδήποτε, αλλά ότι δύσκολα εναρμονίζονται με την αρχιτεκτονική του δεύτερου ημίσεως του 20ού αι.

Παράλληλα, από τις αρχές του 20ού αι. παρατηρείται ένα άλλο φαινόμενο: οι δημοτικές αρχές των πόλεων δεν αρκούνται στις απομιμήσεις, αλλά δημιουργούν φανταχτερά και φωνακλάδικα νέα φωτιστικά, εμπνευσμένα δήθεν από τους φανοστάτες του φωταερίου, με πολλαπλά φωτιστικά σώματα, σχεδιασμένα με το άκρον άωτον της κακογουστιάς. Τα τοποθετούν μάλιστα στη θέση των παλαιοτέρων, διακριτικών και απέριττων του γκαζιού, καταστρέφοντας έτσι κάθε ίχνος ισορροπίας του αστικού περιβάλλοντος, καθώς είχαν την πρόθεση να μονοπωλήσουν τον χώρο με αξιώσεις έργου τέχνης. Τέτοιες περιπτώσεις έχουμε στην πρόσβαση προς το Κάστρο της Πράγας ή στην Ακαντεμί πλατς (πλατεία της Ακαδημίας) του Βερολίνου.

Το ηλεκτρικό ρεύμα απαλλάσσει τον φωτισμό από τον σωλήνα του φωταερίου, ο οποίος αντικαθίσταται με ηλεκτρικό καλώδιο. Συνεπώς θα περίμενε κανείς μεγάλη ανάπτυξη των αναρτημένων φωτιστικών, καθώς και εκείνων που τοποθετούνται σε εξωτερικούς τοίχους κτιρίων. Όμως δεν παρατηρείται κάτι τέτοιο, παρότι έχουν εμφανιστεί πρώτης τάξεως φωτιστικά στον τομέα αυτόν. Οι φανοστάτες εξακολουθούν να μονοπωλούν το φωτισμό των δημοσίων χώρων των σύγχρονων πόλεων.

Πολλές από τις μορφές που επικράτησαν έχουν το προσόν να προσαρμόζονται εύκολα σε οποιοδήποτε περιβάλλον, ιστορικό ή μη. Ορισμένοι από αυτούς θα μπορούσε κανείς να πει ότι, λόγω της σχεδιαστικής τους ποιότητας, αναβάθμιζαν περιοχές που κατά τα άλλα δεν είχαν τίποτα το ιδιαίτερο να επιδείξουν.

Η θέση των φωτιστικών, κρυφών ή εμφανών, πρέπει να είναι εκείνη που εξασφαλίζει το καλύτερο φωτιστικό αποτέλεσμα. Όσον αφορά τους φανοστάτες όμως, η θέση και η μορφή τους πρέπει επιπλέον να εναρμονίζονται με τον περιβάλλοντα χώρο και τα έργα τέχνης. Η καλωδίωση βέβαια όλων των φωτιστικών πρέπει οπωσδήποτε να είναι κρυφή.

Τα φωτιστικά που δείχνουν στις μέρες μας τάση ανάπτυξης είναι τα χαμηλού ύψους και τοποθετούνται σε παρτέρια ανάμεσα σε φυτά, ή καμιά φορά ενσωματώνονται στο δάπεδο. Το ηλεκτρικό φωτιστικό, που ξεκίνησε με γυάλινες σφαίρες, τώρα τείνει προς έναν πιο έμμεσο φωτισμό, όπου η φωτεινή πηγή παύει να είναι ορατή, για να μην τυφλώνει με το θάμπος της. Έτσι βλέπουμε σήμερα διάφορους τύπους φωτιστικών με ανακλαστήρες, που δίνουν την ευκαιρία για αναζήτηση νέων μορφών στον σχεδιασμό του φωτισμού του δημοσίου χώρου.

845

846

847

Lighting / Φωτισμός

845 Rome, Piazza Navona
The lampposts on the circumference of this historic square are in absolute harmony with the environment of this ancient Roman hippodrome, and allow for a free open space around the central Baroque fountains. Only one of the lampposts unfortunately finds itself in the center of the approach to the square. Let us hope that it will be relocated.

845 Ρώμη, πιάτσα Ναβόνα
Οι φανοστάτες στην περιφέρεια της πλατείας εναρμονίζονται πλήρως με το περιβάλλον κι αφήνουν ελεύθερο τον κεντρικό χώρο του κάποτε ρωμαϊκού ιπποδρόμου και τα σιντριβάνια της εποχής του Μπαρόκ που την κοσμούν. Ο φανοστάτης όμως που βρίσκεται στον άξονα της προσπέλασης είναι σε λάθος θέση.

846 Ulm
The alignment of lampposts and trees accentuates the urban character at this pedestrian street.

846 Ουλμ
Η εν ευθεία ανάπτυξη των φωτιστικών στοιχείων και των δένδρων τονίζουν τον αστικό χαρακτήρα του δρόμου.

847 Zurich
The alignment of trees and lampposts allow for a maximum of free space for people on foot but also for an open air coffee shop.

847 Ζυρίχη
Η εν σειρά χωροθέτηση δένδρων και φανοστατών αφήνει ελεύθερο τον υπόλοιπο χώρο για την κίνηση των πεζών και την εγκατάσταση υπαίθριου καφενείου.

848

849

Location of lighting posts
Χωροθέτηση φανοστατών

848, 849 London, Regent street
The decision to build a church at the point where Regent street meets Portland Place was considered at the time as a stroke of genius by the architect John Nash (1752-1835). Today the lamppost on the centerline steals the show.

848, 849 Λονδίνο, Ρήτζεντ στρητ
Η απόφαση να κτιστεί μια εκκλησία εκεί που η Ρήτζεντ στρητ συναντά την Πόρτλαντ Πλέις θεωρήθηκε εύρημα του αρχιτέκτονα Τζον Νας (1752-1835). Σήμερα την παράσταση κλέβει ο τριπλός φανοστάτης που προστέθηκε ακριβώς μπροστά της, στον άξονα της Ρήτζεντ στρητ.

850 London, Westminster Bridge
Gothic Revival architecture in harmony with the house of Parliament. Traditionally shaped lampposts perfectly alligned with the bridge's parapet.

850 Λονδίνο, γέφυρα του Ουέστμινστερ
Νεογοτθική Αναγέννηση σε αρμονική σχέση με το κτίριο του Κοινοβουλίου. Απόλυτη ευθυγράμμιση με το στηθαίο της γέφυρας.

851 Lucerne, bridge
The lampposts decorating this bridge, although exaggerated, are in harmony with the wrought iron railings and the carved stone parapet of this bridge.

851 Λουκέρνη, γέφυρα
Ο πλούσιος σφυρήλατος σιδηρούς διάκοσμος των φανοστατών εναρμονίζεται πλήρως με το κιγκλίδωμα της πεζογέφυρας και τη λαξευτή λιθοδομή του κρηπιδώματος.

850

851

852

853

854

855

856

857

858

Traditional lampposts
Παραδοσιακοί φανοστάτες

852 Athens, Presidential Palace
Under certain circumstances, this typical imitation of a gas-light fixture can be justified.

852 Αθήνα, Προεδρικό Μέγαρο
Υπό ορισμένες συνθήκες αιτιολογείται η απομίμηση φωτιστικών με φωταέριο.

853 Paris, Place des Vosges
A particularly elegant lamppost in harmony with the architecture of the 17th century buildings that surround it.

853 Παρίσι, Πλας ντε Βοζ
Ένας ιδιαίτερα κομψός φανοστάτης απόλυτα εναρμονισμένος με την αρχιτεκτονική των κτιρίων που περιβάλλουν την ωραιότατη αυτή πλατεία του 17ου αι.

854 Venice, St Moise
In rare occasions these lampposts in imitation of gas-lights can be effective. In this case a traditional lamppost is in the right place.

854 Βενετία, Σαν Μοϊζέ
Ένας παραδοσιακός φανοστάτης στη σωστή του θέση. Σε σπάνιες μόνο περιπτώσεις μπορούν οι απομιμήσεις φωτιστικών φωταερίου να είναι ικανοποιητικές.

855 Rome, Piazza del Quirinale
Sophisticated lampposts in harmony with the square.

855 Ρώμη, πλατεία Κυριναλίου
Εξεζητημένοι φανοστάτες σε αρμονική σχέση με την πλατεία.

856 Venice, Piazza San Marco
These lampposts are at razor's edge between good and bad taste. Still they should be forgiven because they provide a festive note.

856 Βενετία, πλατεία Αγίου Μάρκου
Οι φανοστάτες της πιατσέτας βρίσκονται στα όρια μεταξύ καλού και κακού γούστου. Συγχωρούνται όμως γιατί δίνουν μια γιορτινή εικόνα.

857 London, Piccadilly Circus
Traditional single light and triple light lampposts.

857 Λονδίνο, Πικαντίλι Σέρκους
Κλασικοί παραδοσιακοί φανοστάτες απλοί και τριπλοί.

858 Athens, Zappeion gardens
It is interesting to compare these elegant lampposts with those of Akademie Platz in Berlin and those in the square in front of the Palace in Prague.

858 Αθήνα, Ζάππειο
Έχει ενδιαφέρον να συγκρίνουμε τους κομψούς αυτούς φανοστάτες μ' εκείνους της Ακαντεμί Πλατς στο Βερολίνο κι εκείνους μπροστά στην είσοδο των ανακτόρων στην Πράγα.

859

860

861

Traditional lampposts
Παραδοσιακοί φανοστάτες

859, 860 Berlin, Akademie Platz
859 The new monstrous lampposts at the two ends of this historic square –"Gendarmerie Markt" in the good old days– represent the worst kind of kitsch in comparison with the frugal elegance of the lampposts of the middle of the 19th century they have replaced.
860 Berlin, Akademie Platz, 19th century.

859, 860 Βερολίνο, Ακαντεμί Πλατς
859 Οι τερατώδεις φανοστάτες στις δύο άκρες της ιστορικής αυτής πλατείας, μνημειώδες δείγμα κιτς του χειρίστου είδους, αντικατέστησαν τους κομψότατους στην λιτότητά τους φανοστάτες των μέσων του 19ου αι.
860 Βερολίνο, η Ακαντεμί Πλατς τον 19ο αι.

861 Prague, Hradcanske Namesti
These lampposts, from the end of the 19th century, are even more preposterous than those of Akademie Platz in Berlin.

861 Πράγα, πλατεία Χρατσάνι
Οι φανοστάτες αυτοί του τέλους του 19ου αι. ξεπερνούν σε βαρβαρότητα κι αυτούς ακόμα της Ακαντεμί Πλατς του Βερολίνου, σε αντίθεση προς την κομψότητα των έναντι ανακτόρων.

862

863

864

865

Contemporary lampposts
Σύγχρονοι φανοστάτες

862 Munich, historical center, pedestrian street
In this first integral attempt to create an exclusively pedestrian precinct in the historical sector of the city, lampposts were selected with great care. The architects decided to use a contemporary design with a most happy result.

862 Μόναχο, ιστορικό κέντρο, πεζόδρομος
Στην πρώτη προσπάθεια δημιουργίας ενός τομέα της πόλης για την αποκλειστική χρήση των πεζών στο ιστορικό κέντρο του Μονάχου, τα φωτιστικά επελέγησαν με τη δέουσα επιμέλεια. Οι αρχιτέκτονες δεν δίστασαν να χρησιμοποιήσουν σύγχρονο σχεδιασμό με ευχάριστο αποτέλεσμα.

863 Dresden
A row of contemporary lampposts. An attempt to soften the starkness of a plain form by introducing a variety of heights does not seem to be very successful in this particularly traditional environment.

863 Δρέσδη
Μία συστοιχία από σύγχρονους φανοστάτες.
Η προσπάθεια να διασκεδαστεί η πολύ απλή τους μορφή με διαφοροποίηση του ύψους τους, δεν στέφθηκε με επιτυχία στο παραδοσιακό περιβάλλον της ιστορικής πλατείας.

864 Helsinki
Single transparent globes. Contemporary frugal elegance.

864 Ελσίνκι
Εν σειρά σύγχρονη και κομψότατη λιτότητα.

865 Mineapolis, Nicolet Mall
A very elegant lamppost. In the distance one of the main footbridges. Note the curving design of the street pavement aimed at reducing the speed of motor traffic.

865 Μινεάπολη, Νικολέτι Μωλ
Ένα πολύ κομψό φωτιστικό. Στο βάθος η πεζογέφυρα. Ιδιαίτερο ενδιαφέρον παρουσιάζει η κυματοειδής χάραξη του κατααστρώματος για τη μείωση της ταχύτητας των οχημάτων.

866

867

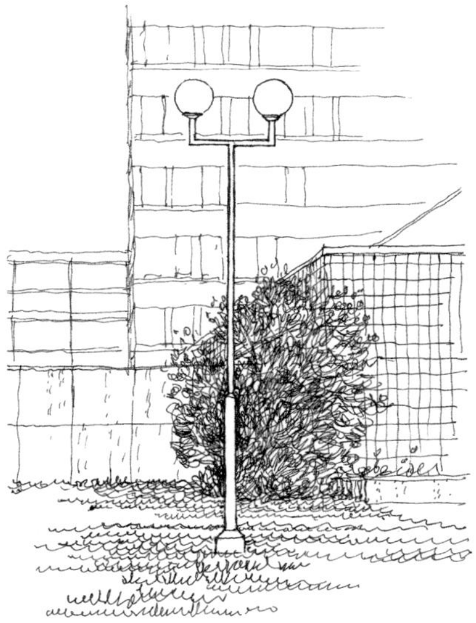

868

Contemporary lampposts
Σύγχρονοι φανοστάτες

866 Stockholm, Frescati University Campus, architect Ralph Erskine
Translucent globes in a row.

866 Στοκχόλμη, Πανεπιστήμιο Φρεσκάτι, αρχιτέκτων Ραλφ Έρσκιν
Σφαίρα από διαφανές γυαλί.

867 Athens, Eolou street
Simple opaline globes in a row.

867 Αθήνα, πεζόδρομος οδού Αιόλου
Απλή γαλακτώδης σφαίρα σε σειρά.

868 Helsinki
An extremely simple and very handsome lamppost.

868 Ελσίνκι
Διπλές γαλακτώδεις σφαίρες. Ένας πολύ απλός και εξαιρετικά επιτυχημένος φανοστάτης.

869 Paris, La Défense
Triple opaline globes in a row.

869 Παρίσι, Ντεφάνς
Τριπλές γαλακτώδεις σφαίρες σε σειρά.

870 Zurich, Schwamendingen
Another example of a contemporary lamppost that blends successful with the environment.

870 Ζυρίχη, Σβάμεντινγκεν
Άλλο ένα παράδειγμα σύγχρονου σχεδιασμού που εναρμονίζεται τέλεια με το περιβάλλον.

871 Athens, the Old Parliament square
A lamppost of a very simple design with five opaline globes in harmony with the neoclassic architecture of the Parliament building.

871 Αθήνα, πλατεία της Παλαιά Βουλής
Ένας φανοστάτης απλής μορφής με πέντε γαλακτώδεις γυάλινες σφαίρες εναρμονίζεται με το απέριττο νεοκλασικό κτίριο της Παλιάς Βουλής.

872 Prague, the historic city's square
A contemporary design in perfect harmony with the traditional architecture of this historic square.

872 Πράγα, πλατεία της παλαιάς πόλης
Ένα άψογο σύγχρονο σχέδιο που εναρμονίζεται πολύ εύκολα με την παραδοσιακή αρχιτεκτονική.

869

870

871

872

873

874

875

876

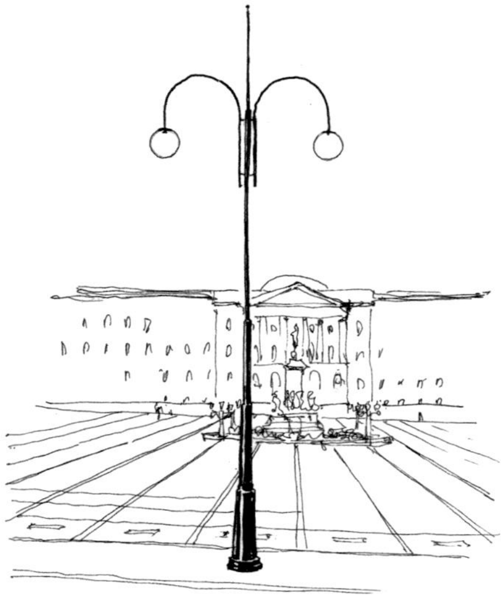

877

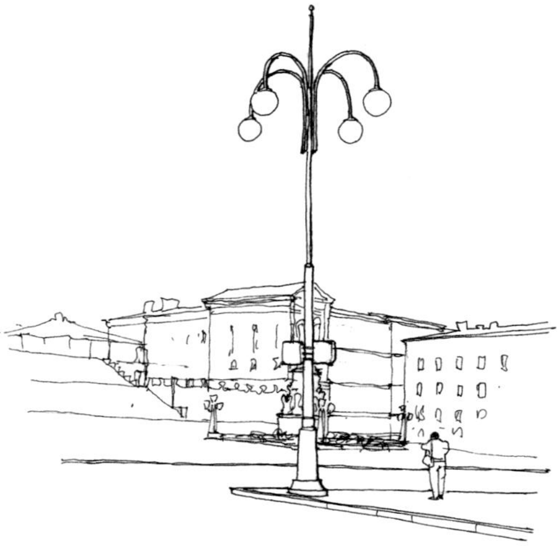

878

Contemporary lampposts
Σύγχρονοι φανοστάτες

873 Zurich, the town hall bridge
A successful contemporary design in an agreeable environment.

873 Ζυρίχη, στην είσοδο της γέφυρας του Δημαρχείου
Επιτυχημένο σύγχρονο σχέδιο σε ένα ευχάριστο περιβάλλον.

874 Leipzig
A multiplicity of light globes at ground level and on a single lamppost of extreme height. A contemporary lighting system in absolute harmony with the historic square and the traditional architecture of the surrounding buildings.

874 Λειψία
Πολλαπλά φωτιστικά σώματα σε ενιαίο φανοστάτη μεγάλου ύψους. Ένα σύγχρονο σύστημα φωτισμού απόλυτα συμβατό με την ιστορική πλατεία και την παραδοσιακή αρχιτεκτονική. Ενδιαφέρον έχει η συμπλήρωση του φωτισμού της πλατείας με χαμηλού ύψους φωτιστικά μέσα στους χώρους πρασίνου.

875 Athens, Cathedral square
New lampposts in metal and opaque glass globes consistent with the renovation of the square. The cast iron neoclassic pole has been retained out of respect for the neoclassic architecture of the cathedral.

875 Αθήνα, πλατεία Μητροπόλεως
Νέοι φανοστάτες, συνεπείς με τη σύγχρονη ανάπλαση της πλατείας, από μέταλλο και σφαίρες από λευκό θαμπόγυαλο. Ο χυτοσίδηρος όμως παραμένει νεοκλασικής μορφής, από σεβασμό προς τη νεοκλασική αρχιτεκτονική του κτιρίου της Μητρόπολης.

876 Zurich, Paradeplatz
A rather bulky lamppost but otherwise in harmony with Zurich's banking district.

876 Ζυρίχη, Παράντεπλατς
Λίγο βαρύς αλλά γενικά ευχάριστος φανοστάτης για το τραπεζικό κέντρο της Ζυρίχης.

877, 878 Helsinki
An attempt for elegance. The same basic design adapted for two or more globes.

877, 878 Ελσίνκι
Γαλακτώδεις γυάλινες σφαίρες. Το ίδιο βασικό σχέδιο μπορεί να προσαρμοσθεί από δύο έως περισσότερες φωτιστικές σφαίρες.

879

880

881

882

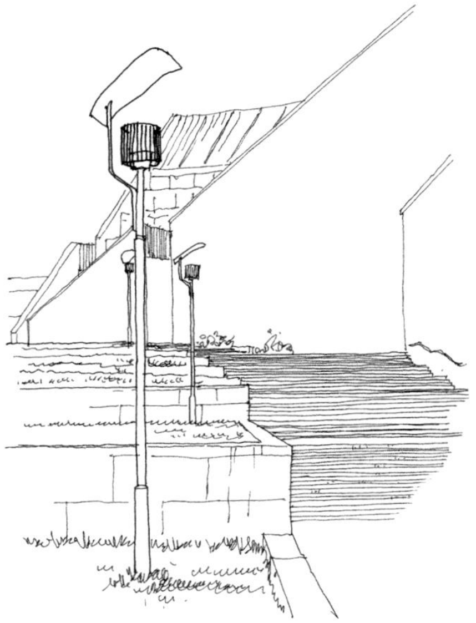

883

Contemporary lampposts
Σύγχρονοι φανοστάτες

879 Athens, Acadimias street, architect Yannis Vikelas
These handsome lampposts have opaque glass louvers to reduce the glare from the glass globes.

879 Αθήνα, οδός Ακαδημίας, αρχιτέκτων Γιάννης Βικέλας
Αυτοί οι καλοσχεδιασμένοι φανοστάτες έχουν περσίδες από θαμπόγυαλο για να περιορίσουν το θάμπος από τα σφαιρικά φωτιστικά σώματα.

880, 881, 882, 883, 884, 885 Lampposts with build-in reflectors casting the light towards the pavement
880 Athens, Zalokosta street.
881 Stockholm.
882 Helsinki, Museum of Contemporary Art.
883 Finland, Otaniemi Polytechnic School, architect Alvar Aalto
884, 885 Athens. Single lampposts with incorporated reflector.

880, 881, 882, 883, 884, 885 Φανοστάτες με ανακλαστήρες που κατευθύνουν το φως προς το οδόστρωμα
880 Αθήνα, οδός Ζαλοκώστα.
881 Στοκχόλμη.
882 Ελσίνκι, Μουσείο Σύγχρονης Τέχνης.
883 Φινλανδία, Πολυτεχνείο του Οτανέμι, αρχιτέκτων Άλβαρ Άαλτο.
884, 885 Αθήνα. Μονά φωτιστικά με κρυφό ανακλαστήρα.

884

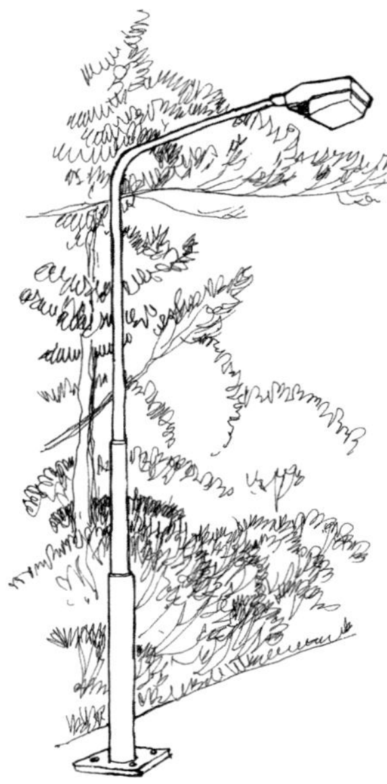

885

886

887

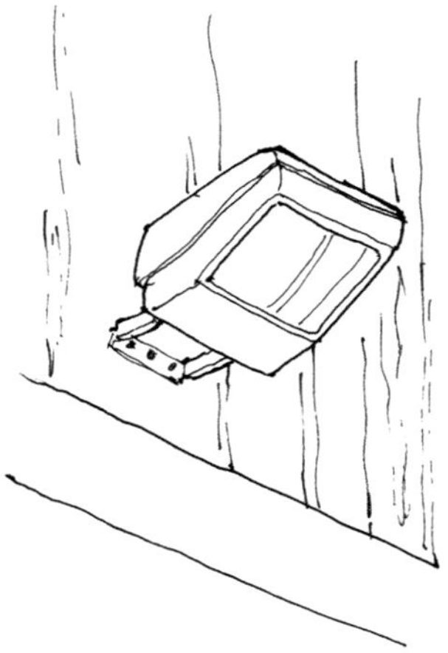

888

Contemporary lampposts
Σύγχρονοι φανοστάτες

886 Stockholm, underground square
The lighting consists of fixtures under the transparent glass bottom of a pool above. During the daytime, daylight filters through the water.

886 Στοκχόλμη, υπόγεια πλατεία
Ο φωτισμός γίνεται με φώτα οροφής τοποθετημένα μέσα σε γυάλινους κυλίνδρους, κάτω από το νερό της τεχνητής λίμνης που βρίσκεται από πάνω. Την ημέρα ο φυσικός φωτισμός διαχέεται μέσα απ' το νερό.

887 Corfu, Esplanade (Spianada)
A handsome traditional suspended light from the arch of the arcade all along the front of the Esplanade, in harmony with the traditional architecture of the area. It is interesting to note that the light is suspended from the former gas pipe.

887 Κέρκυρα, Σπιανάδα
Τα κομψά αναρτημένα φωτιστικά κάτω από τις αψίδες της στοάς του Λιστόν, κατά μήκος της Σπιανιάδας, εναρμονίζονται πλήρως με την αρχιτεκτονική διαμόρφωση του χώρου. Έχει ενδιαφέρον να παρατηρήσει κανείς ότι το φωτιστικό αναρτάται από τον σωλήνα του φωταερίου.

888 Athens, light fixed on the building
An elegant light that does not obstruct the sidewalk, with a hidden reflector.

888 Αθήνα, φως επί τοίχου
Μια διακριτική λύση με κρυφό ανακλαστήρα που αφήνει ελεύθερο το πεζοδρόμιο.

C4.2 Bus-stops and entrances to stations

The entrances to Metro stations in Paris are probably the oldest of urban transportation stops in existence, with a particular claim to a special character. Fortunately they have not been modernised up to now. These stations are a first-rate example of the aesthetic quality that can be reached in the design of public space furniture. Nowadays there is still an effort to supply good design in public space furniture, very often with success.
In the case of the Paris Metro stations, the aesthetic fashion at the time, the "art Nouveau", had developed a complete vocabulary that covered all expressions of art, starting with the form of lettering and reaching to every household utensil, machinery as well as the architecture and interior design of buildings. This aesthetic trend did not last long; it was soon replaced by "Art Deco" at the beginning of the 20th century, which in turn was replaced very soon by the "Modern Movement" which lasted longer. Today, after the adventure of "Post Modernism" it is not certain where we stand. This is actually our main problem as far as aesthetic expression is concerned. Still there can be no doubt that our main concern in the design of a station for any transportation means, a bus, a trolley, a streetcar, the metro or whatever else, should be functionalism. Comfortable seating, protection from rain, snow and the sun in the summer, and furthermore easy to read signs and maybe space for advertisements. Location on the other hand is dictated by the itinerary and the mode of transportation.
In the examples that follow, advantages and disadvantages are analysed and evaluated.

889

Γ4.2 Στάσεις και είσοδοι σταθμών

Οι είσοδοι του μετρό στο Παρίσι ίσως να είναι οι παλαιότερες στάσεις αστικών μεταφορικών μέσων με ιδιαίτερο χαρακτήρα. Ευτυχώς δεν τους εκσυγχρόνισαν ακόμα! Οι σταθμοί αυτοί είναι ένα άριστο παράδειγμα της αισθητικής ποιότητας στην οποία μπορούν να φθάσουν στοιχεία εξοπλισμού του δημόσιου ελεύθερου χώρου. Και σήμερα σε πολλές περιπτώσεις επιδιώκεται η αισθητική ποιότητα των στάσεων των μεταφορικών μέσων, άλλοτε με επιτυχία και άλλοτε όχι.
Στην περίπτωση των στάσεων του μετρό στο Παρίσι, η αισθητική της εποχής, το Αρ Νουβό, διέθετε ένα πλήρες λεξιλόγιο που, εκτός από την αρχιτεκτονική και την εσωτερική διακόσμηση των κτιρίων, κάλυπτε και όλες τις άλλες εκφράσεις τέχνης: από τους τυπογραφικούς χαρακτήρες έως αντικείμενα καθημερινής χρήσης, μηχανήματα, κ.λπ. Αυτό το αισθητικό ύφος δεν κράτησε πολύ, και στις αρχές του 20ού αι. αντικαταστάθηκε από το ρεύμα του Αρ Ντεκό, που κι αυτό πολύ σύντομα έδωσε τη θέση του στο Μοντέρνο Κίνημα, το οποίο κράτησε περισσότερο. Σήμερα, όμως, μετά την περιπέτεια του Μεταμοντέρνου δεν είναι σίγουρο πού βρισκόμαστε. Εδώ έγκειται το πρόβλημα της αισθητικής έκφρασης.
Δεν υπάρχει αμφιβολία πως το πρωταρχικό σε μια στάση μεταφορικού μέσου, είτε είναι τροχιόδρομος, μετρό, λεωφορείο, τρόλεϊ, είτε οτιδήποτε άλλο, είναι η λειτουργική αρτιότητα. Καθίσματα άνετα, σκιασμός, προστασία από καιρικές συνθήκες γενικά, και επιπλέον ορατή επιγραφή, ενίοτε δε και επιφάνεια για διαφημίσεις. Η θέση επίσης έχει σημασία. Αυτή όμως αναγκαστικά ακολουθεί το δρομολόγιο του μεταφορικού μέσου και τα σημεία στάσης.
Στα παραδείγματα που παρατίθενται αναλύονται τα πλεονεκτήματα και τα τυχόν μειονεκτήματά τους.

Bus-stops and entrances to stations
Στάσεις και είσοδοι σταθμών

889 Paris, Art Nouveau metro station, Hector Guimmard, beginning of the 20th century
This metro station at the Louvre represents the triumph of consistent design. All elements and component parts belong to the same aesthetic expression.

889 Παρίσι, είσοδος μετρό σε στιλ Αρ Νουβώ, Εκτόρ Γκιμάρ, αρχή 20ού αι.
Η είσοδος του μετρό στο Λούβρο αντιπροσωπεύει το θρίαμβο της σχεδιαστικής συνέπειας. Όλα τα στοιχεία που τον απαρτίζουν ανήκουν στην ίδια καλλιτεχνική έκφραση.

890

891

892

893

894

895

896

897

Bus-stops and entrances to stations
Στάσεις και είσοδοι σταθμών

890 Paris, bus stop
890 Παρίσι, στάση λεωφορείων

891, 892 Holland, the Hague
This bus stop shelter is not very different from the French one. In this case, as with the one in Athens, it has various possibilities of adaptability with very few structural modifications.

891, 892 Ολλανδία, Χάγη
Το στέγαστρο αυτό δεν διαφέρει πολύ από το προηγούμενο Γαλλικό, έχει όμως τη δυνατότητα προσαρμογής σε διαφορετικές περιπτώσεις, με μικρές μόνο δομικές αλλαγές.

893 Stockholm
The ownership and maintenance of this rather elegant bus stop was entrusted by the municipal transport company to a private company that covers its expenses by renting advertising space.

893 Στοκχόλμη
Μια κομψή στεγασμένη στάση λεωφορείου. Ο δήμος κερδίζει από την ενοικίαση της διαφημιστικής επιφάνειας.

894, 895 Athens, Klafthmonos square
In this case local climatic conditions allow for a more or less protected shelter. Otherwise the idea is not very different from other European cases. Still the design could have been more attractive.

894, 895 Αθήνα, πλατεία Κλαυθμώνος
Δύο περιπτώσεις με το ίδιο βασικό σχέδιο. Ένα πιο προστατευμένο και ένα λιγότερο. Εδώ οι κλιματικές συνθήκες επιτρέπουν τη χρήση λιγότερο προστατευμένων στεγάστρων. Ο σχεδιασμός βέβαια θα μπορούσε να είναι πιο ελκυστικός. Με και χωρίς διαφημιστικές επιφάνειες.

896 Budapest

896 Βουδαπέστη

897 Zurich, Kloten airport
A glass-covered portico protects people arriving or departing by taxicab.

897 Ζυρίχη, αεροδρόμιο Κλότεν
Υαλόφρακτη στοά που προστατεύει τους πελάτες των ταξί κατά την αποβίβαση και επιβίβασή τους.

C4.3 Show Cases

One item that is not very often present in pedestrian ways is showcases. Many municipalities erect showcases in order to acquire additional income, but only in particular locations. A showcase offers more than an income to the municipality, it is a means of information for the wider public on what the market has to offer. The form and shape as well as the appropriate location of a showcase in an open public area must achieve its purpose without obstructing the view and the free movement of people.

Γ4.3 Προθήκες

Ένα σχετικά σπάνιο στοιχείο στους χώρους πεζών είναι οι προθήκες, κοινώς βιτρίνες. Πολλοί δήμοι τις κατασκευάζουν σε επιλεγμένες θέσεις ώστε να έχουν ένα πρόσθετο εισόδημα. Μια προθήκη παίζει όμως κι έναν άλλο ρόλο που δεν πρέπει να μας διαφεύγει: της ενημέρωσης για τι προσφέρει η αγορά. Η μορφή όπως και η θέση της προθήκης στον δημόσιο ελεύθερο χώρο, πρέπει να επιτελεί τον προορισμό της χωρίς να παρεμβάλει εμπόδια στην ελεύθερη θέα και κίνηση των πεζών.

Show Cases / Προθήκες

898, 899, 900 Show cases
898 Dresden, a cage for drunkards. Some types of street furniture tend to become obsolete. Such is the case of this medieval show case-cage for the exposure of drunkards.
899 Munich, Kaufingerstrasse. Not particularly elegant municipal showcases.
900 Zurich, Bahnhofstrasse. municipal showcases, much more attractive than the ones in Munich.

898, 899, 900 Προθήκες
898 Δρέσδη, κλουβί για τους μεθυσμένους. Ορισμένα είδη εξοπλισμού του δημόσιου χώρου, όπως αυτή η μεσαιωνική προθήκη για τη διαπόμπευση των μεθυσμένων, έχουν πια εγκαταλειφθεί!
899 Μόναχο, κεντρικός πεζόδρομος της Κάουφινκερ στράσε. Όχι ιδιαίτερα κομψές δημοτικές προθήκες.
900 Ζυρίχη, Μπάνχοφ στράσε. Δημοτικές προθήκες, σαφώς καλύτερες από του Μονάχου.

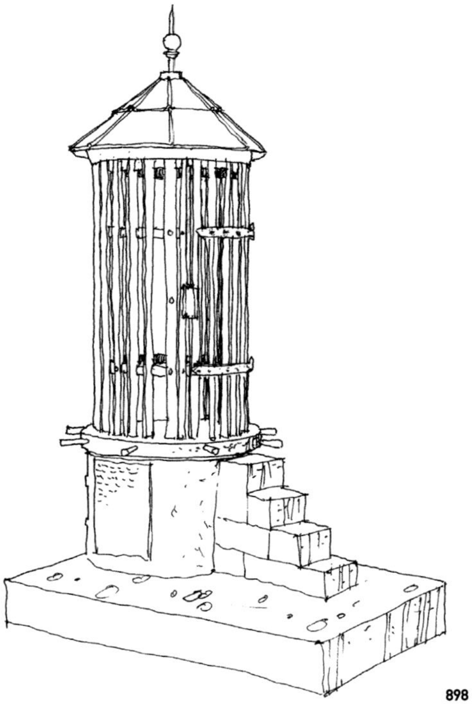

898

899

900

C4.4 Benches and Seats

Open public areas as well as footways should provide seating facilities for people who need to take a rest, have a chat or enjoy the environment. Furthermore they may need to sit, in order to rearrange parcels, check their wallet, keep notes or simply read their newspaper or book without having to pay in an open air coffee shop or confectionery.

It is obvious that seating facilities, usually in the shape of a bench, are an integral part of public open space, pedestrian ways or even sidewalks. There are innumerable types of benches. We can still divide them into two main categories: immovable and movable. From there on it is possible to subdivide them on the basis of their construction materials be it stone, wood, or metal, simple or sophisticated, with a back or without a back and so on.

Γ4.4 Πάγκοι

Ο δημόσιος ελεύθερος χώρος οφείλει να διαθέτει καθίσματα για τους πεζούς ώστε να μπορούν να αναπαυθούν, να κουβεντιάσουν, να απολαύσουν τον χώρο γύρω τους ή απλώς να διαβάσουν την εφημερίδα ή το βιβλίο τους, χωρίς να αναγκαστούν να πληρώσουν για να καθίσουν σε υπαίθριο ζαχαροπλαστείο.

Είναι φανερό πως το κάθισμα, συνήθως υπό μορφή πάγκου, αποτελεί αναπόσπαστο στοιχείο του δημόσιου ελεύθερου χώρου. Είδη πάγκων υπάρχουν αμέτρητα. Μπορούμε όμως να τα χωρίσουμε σε κατηγορίες. Οι δύο βασικές κατηγορίες είναι μόνιμοι και κινητοί. Αυτοί πάλι μπορούν να υποδιαιρεθούν βάσει των υλικών κατασκευής τους όπως σε: κτιστούς, ξύλινους ή μεταλλικούς, απλούς ή μεικτούς, με πλάτη ή χωρίς.

901

903

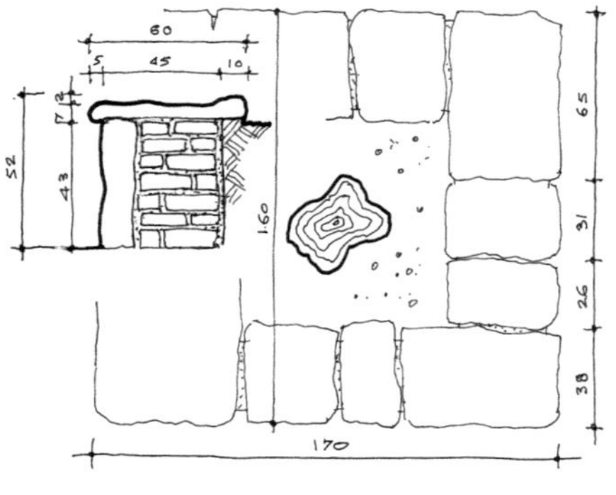

902

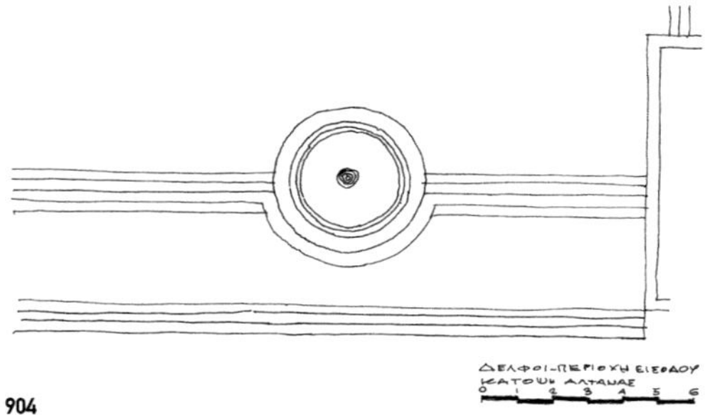

904

Fixed benches / Μόνιμοι πάγκοι

901, 902, 903, 904 The parapet surrounding the tree functions as a bench
A parapet that surrounds a tree or a flowerbed can be used as a bench. This is a remnant of the past, that survives to this day, because it is natural, practical and finally a handsome presence in the urban setting.
901, 902 Athens, Acropolis, seat in masonry around a tree trunk.
903, 904 Delphi. A type of seat that belongs to popular tradition and has survived through the ages, combining functionality with atractiveness.

901, 902, 903, 904 Το πεζούλι που ορίζει το παρτέρι λειτουργεί ως πάγκος
Τύπος καθίσματος από τη λαϊκή παραδοσιακή αρχιτεκτονική, που επιβίωσε μέσα στους αιώνες ακριβώς γιατί αποτελεί λύση πρακτική και εντέλει φυσική και όμορφη.
901, 902 Αθήνα, Ακρόπολη, κτιστός πάγκος από λιθοδομή.
903, 904 Δελφοί, αλτάνα και πεζούλι με βαθμίδες από λιθοδομή.

Fixed benches

Fixed benches can be of various kinds, starting from simple stone parapets or in concrete, of simple or extravagant design. Then come those of mixed construction, usually wood planks on stone, concrete or steel bases. Finally those that are exclusively in iron are easier to maintain than those in wood, but wood is a much friendlier material.

Μόνιμοι πάγκοι

Οι κτιστοί πάγκοι μπορεί να είναι διαφόρων λογιών, από απλά πέτρινα πεζούλια έως τις πιο εξεζητημένες κατασκευές από οπλισμένο σκυρόδεμα. Οι μεικτοί, με βάσεις συνήθως κτιστές ή χυτές από οπλισμένο σκυρόδεμα και ξύλινες σανίδες για το κάθισμα, προσφέρονται για μεγάλο αριθμό παραλλαγών. Το ίδιο και οι μεικτοί από σίδερο και ξύλο. Όσοι κατασκευάζονται αποκλειστικά από μέταλλο –σίδερο συνήθως– με λάμες, σωλήνες ή κοιλοδοκούς, σε διάφορους συνδυασμούς και μορφές, απαιτούν μικρότερη συντήρηση απ' ό,τι οι μεικτοί με ξύλο, αλλά δεν είναι τόσο ευχάριστοι στο κάθισμα.

905

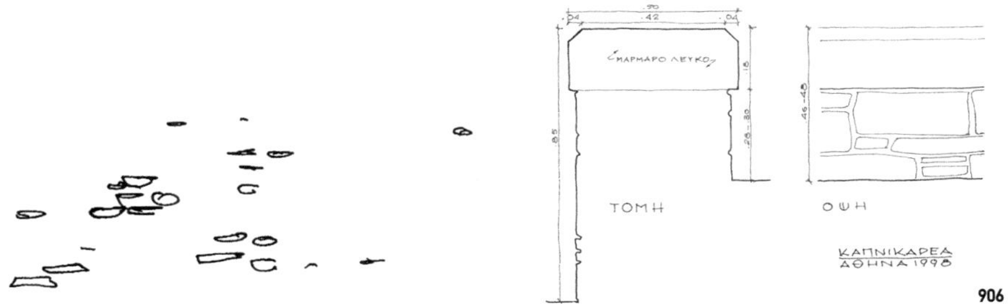

906

Fixed benches / Μόνιμοι πάγκοι

905, 906 Athens, Kapnikarea Church in the central quarter
The parapet around the church serves as a seat. In the old days for the faithful, today for the tourists.

905, 906 Αθήνα, η εκκλησία της Καπνικαρέας
Το πεζούλι, που περιβάλλει την εκκλησία και χρησιμεύει για κάθισμα, είναι κι αυτό χαρακτηριστικό της λαϊκής αρχιτεκτονικής παράδοσης.

907 Athens, landscaping of the archaeological sites
A design submitted as part of a project by a team with the participation of the author.

907 Αθήνα, ενοποίηση αρχαιολογικών χώρων
Πάγκος από προκατασκευασμένο οπλισμένο σκυρόδεμα. Από την πρόταση ομάδας αρχιτεκτόνων με συμμετοχή του συγγραφέα.

908 Stockholm, concrete bench
A very interesting attempt to create a certain sculptural form.

908 Στοκχόλμη, πάγκος από μπετόν
Ενδιαφέρουσα προσπάθεια πλαστικότητας.

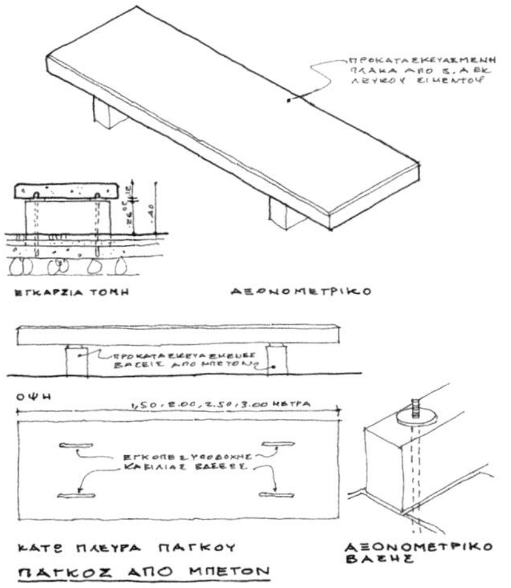

907

908

909

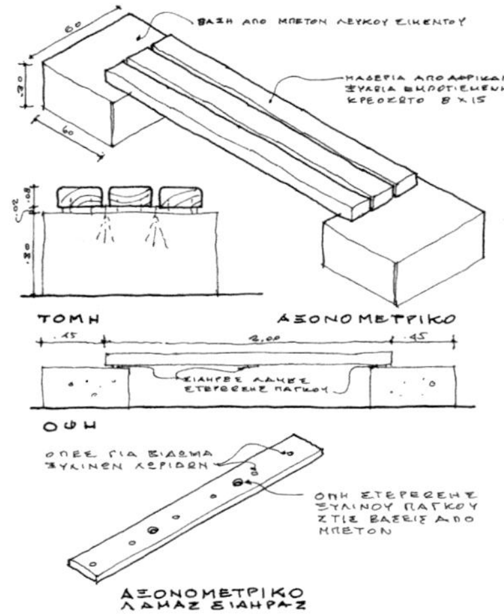

910

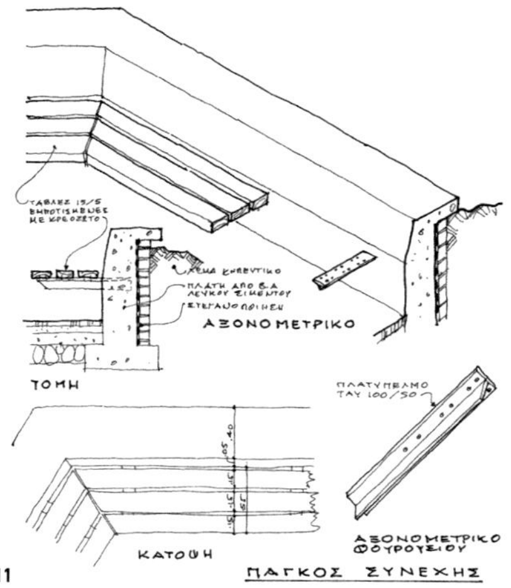

911

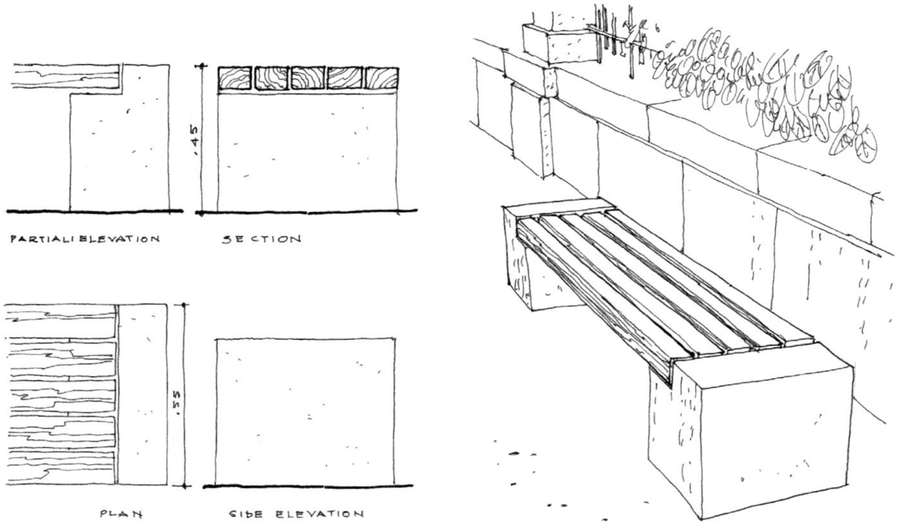

912

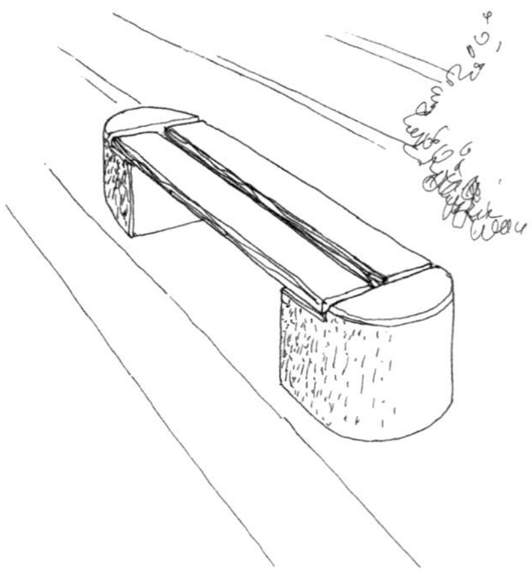

913

Immovable benches in wood
Μόνιμοι πάγκοι από ξύλο

909 Athens, Theseum area
A successful design of benches in wood incorporated on gradients in an amphitheatrical arrangement.

909 Αθήνα, περιοχή Θησείου
Επιτυχημένη δημιουργία κερκίδων για ομάδες επισκεπτών.

910, 911 Athens landscaping of the archaeological sites
910 A design submitted by a group of architects in collaboration with the author. A wooden bench on precast concrete supports.
911 Combined wooden bench on steel supports fixed on a concrete retaining wall.

910, 911 Ενοποίηση αρχαιολογικών χώρων. Πρόταση ομάδας αρχιτεκτόνων με τη συμμετοχή του συγγραφέα
910 Σύνθετη κατασκευή από προκατασκευασμένο οπλισμένο σκυρόδεμα και ξύλο.
911 Σύνθετη κατασκευή από οπλισμένο σκυρόδεμα και ξύλο, σε σιδηρούς προβόλους.

912 Athens, Queen Amalia boulevard
A practical sober and aesthetically perfect design for wooden benches on precast supports of artificial stone.

912 Αθήνα, Λεωφόρος Β. Αμαλίας
Μία πρακτική, λιτή και αισθητικά άρτια λύση, ξύλινες λουρίδες σε βάσεις από τεχνητούς λίθους.

913 Zurich, Kloten airport
There is no doubt that in an area where a lot of people move the rounded ends of the supports in artificial stone of these wooden benches is a must. Furthermore the two planks that form the bench with rainwater draining through the centerline, is most functional. Still the end result is not particularly pleasing.

913 Ζυρίχη, αεροδρόμιο Κλότεν
Σ' έναν χώρο όπου συνωστίζεται πολύς κόσμος, η ημικυλινδρική απόληξη των βάσεων από τεχνητούς λίθους είναι αναμφίβολα απαραίτητη. Οι δύο τάβλες που αποτελούν τον πάγκο, με την απορροή των ομβρίων στον άξονα, είναι το άκρον άωτον της λειτουργικότητας. Παρ' όλα αυτά, το τελικό αποτέλεσμα δεν ικανοποιεί αισθητικά.

914

915

916

917

918

Immovable benches in wood
Μόνιμοι πάγκοι από ξύλο

914 Stockholm, Drottninggatan
Double benches out of steel and wood along the central line of this most important pedestrian street.

914 Στοκχόλμη, Ντρότνινγκάταν
Πάγκοι από ξύλο και μέταλλο στον άξονα του κεντρικού αυτού πεζόδρομου.

915 Zurich, Werdmuller platz
Meandering wooden bench both with and without a back.

915 Ζυρίχη, Βέρντμυλε πλατς
Ελισσόμενος ξύλινος πάγκος σε μεταλλικά στηρίγματα. Άλλα τμήματα με πλάτη και άλλα χωρίς.

916 Stockholm, bench designed by the architect Sigurd Lewerentz
Lewerentz, one of the most original 20th century Swedish architects, designed this bench made of wood and bent steel pipes. Here again as with the bench in Kloten, the two central planks slope gently towards the centerline for the swift drainage of rainwater.

916 Στοκχόλμη, πάγκος σε σχέδιο του αρχιτέκτονα Λέβερεντς
Ο Λέβερεντς, ένας από τους πλέον πρωτότυπους Σουηδούς αρχιτέκτονες του 20ού αι., σχεδίασε μεταξύ άλλων κι αυτόν τον πάγκο από ξύλο, κυρτωμένο σωλήνα και κυρτωμένες σιδερογωνιές. Κι εδώ, όπως και στον πάγκο στο Κλότεν της Ζυρίχης, οι δύο τάβλες που απαρτίζουν το κάθισμα είναι κεκλιμένες προς τον άξονα και την εγκοπή απορροής ομβρίων.

917 Athens, Zappeion public garden
Benches as a part of the steel pipe railing made of wood planks on steel supports.

917 Αθήνα, δημόσιος κήπος Ζαππείου
Υπαίθριοι πάγκοι ως τμήμα του κιγκλιδώματος, από σιδεροσωλήνα, σιδερογωνιές και ξύλο.

918 Zurich, center
The base of the tree is surrounded by a parapet that serves as a bench. The diameter of the space around the tree is such, that rain water can reach its feeding roots in the circumference while the foliage protects from the sun during the summer months.

918 Ζυρίχη, κέντρο
Οι διαστάσεις της αλτάνας επιτρέπουν αφενός τη διείσδυση του νερού της βροχής στα ακρορίζια και αφετέρου στη σκιά του φυλλώματος να καλύπτει κατά το θέρος τους καθισμένους. Μια σύγχρονη εκδοχή ενός παραδοσιακού συστήματος.

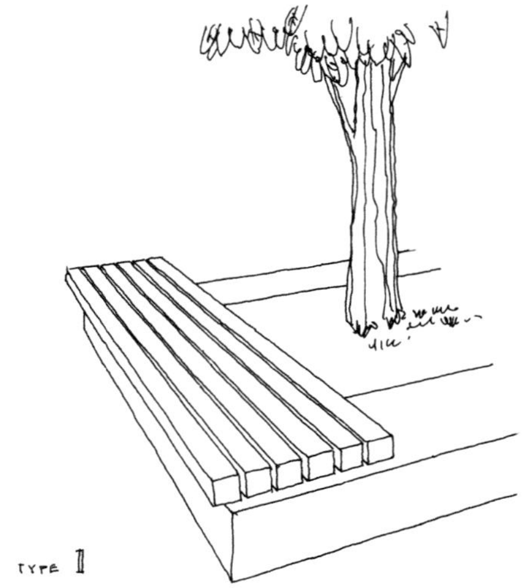

919

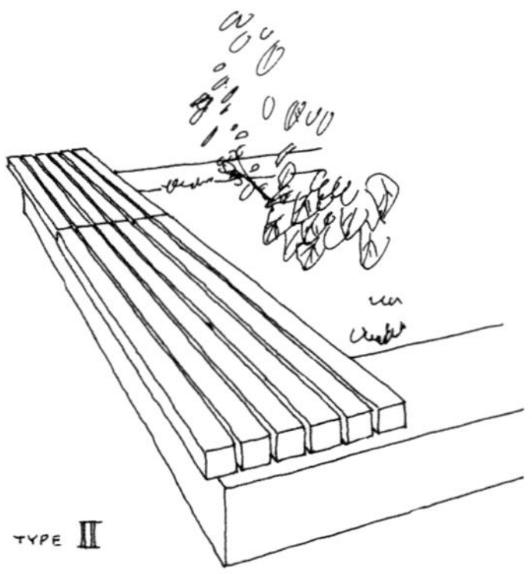

920

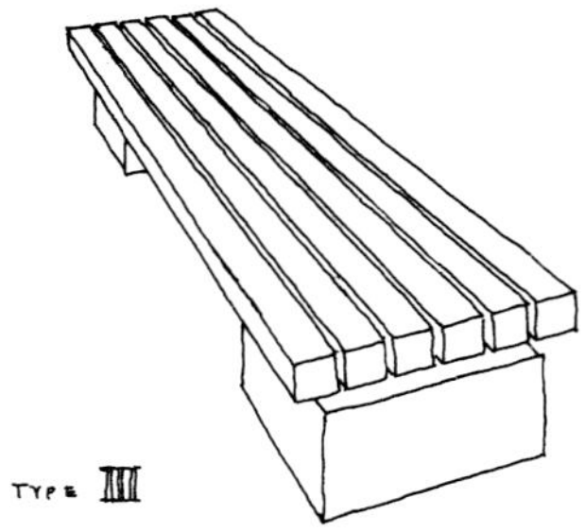

921

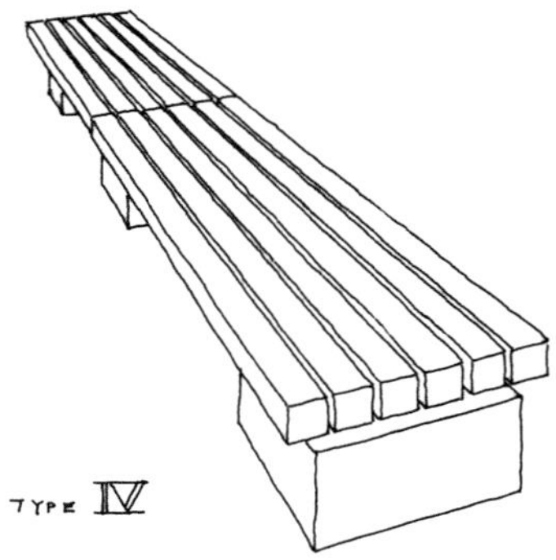

922

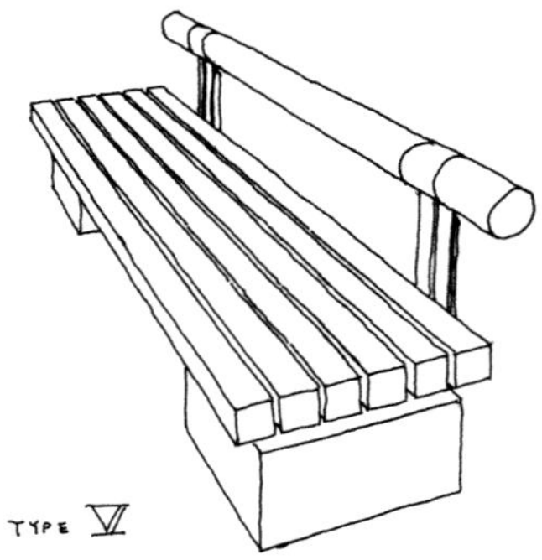

923

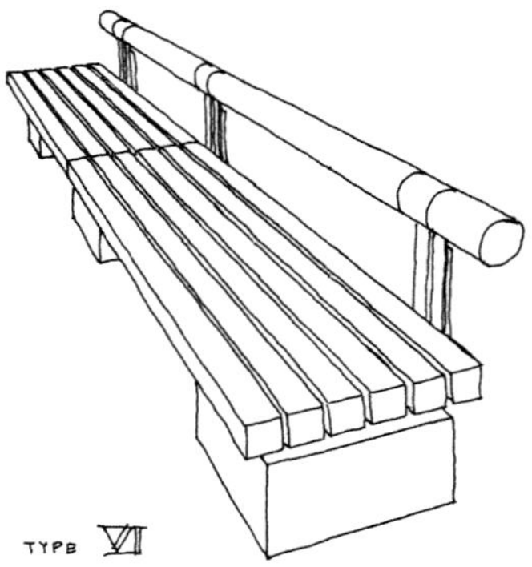

924

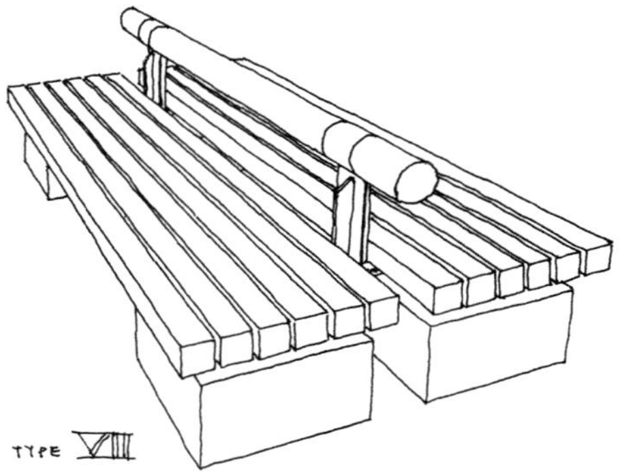

925

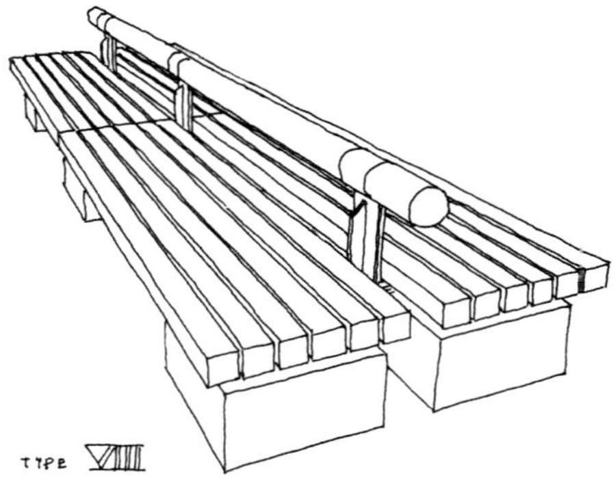

926

Immovable benches in wood
Μόνιμοι πάγκοι από ξύλο

919-927 Athens, Panepistimiou - Academia area
An attractive basic design in eight variations. Wood with stainless steel supports on concrete blocks or parapet.

919-927 Αθήνα, περιοχή Πανεπιστημίου και Ακαδημίας
Ενα ενδιαφέρον βασικό σχέδιο με οκτώ παραλλαγές. Κατασκευή από ξύλο με στηρίγματα από ανοξείδωτο χάλυβα σε βάσεις από κυβόλιθους σκυροδέματος ή πεζούλα.

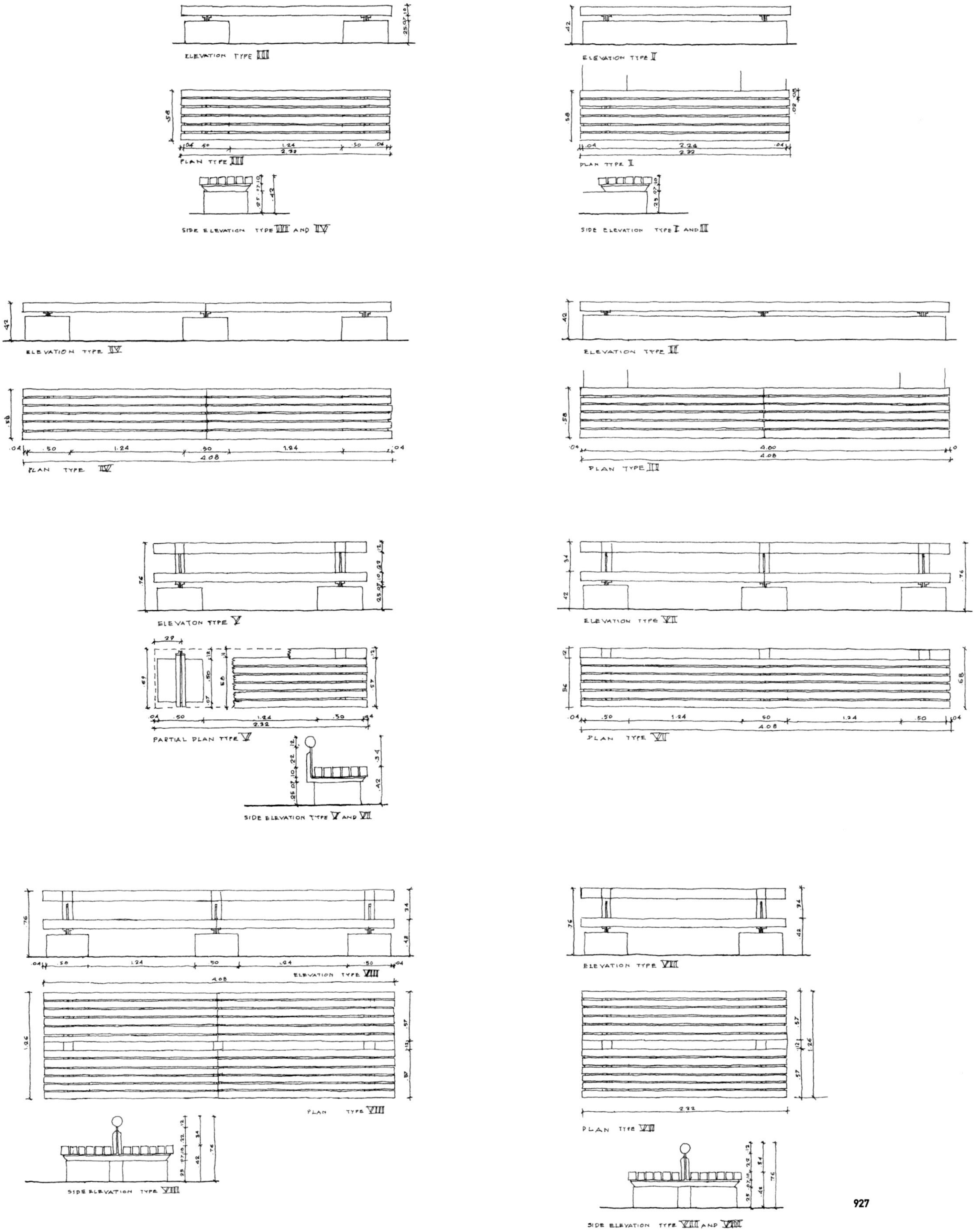
ELEVATION TYPE III
ELEVATION TYPE I
PLAN TYPE III
PLAN TYPE I
SIDE ELEVATION TYPE III AND IV
SIDE ELEVATION TYPE I AND II
ELEVATION TYPE IV
ELEVATION TYPE II
PLAN TYPE IV
PLAN TYPE II
ELEVATON TYPE V
ELEVATION TYPE VI
PARTIAL PLAN TYPE V
PLAN TYPE VI
SIDE ELEVATION TYPE V AND VI
ELEVATION TYPE VIII
ELEVATION TYPE VII
PLAN TYPE VIII
PLAN TYPE VII
SIDE ELEVATION TYPE VIII
SIDE ELEVATION TYPE VII AND VIII

928

929

930

Fixed benches in metal
Μόνιμοι μεταλλικοί πάγκοι

928 Vienna, Kartner strasse
A bench that encircles a tree in vertical iron bands. One should note the iron grill surrounding the bench.

928 Βιέννη, Κέρντνερ στράσε
Πάγκος από κατακόρυφες μεταλλικές λάμες που περιβάλλει δένδρο. Έχει ενδιαφέρον η εσχάρα στο δάπεδο γύρω από τον πάγκο.

929 Helsinki
This metal bench of pristine and purist design could have been movable, if it had a second support.

929 Ελσίνκι
Ο απέριττος αυτός μεταλλικός πάγκος θα μπορούσε να είναι και κινητός,αρκεί να είχε δεύτερο στήριγμα.

930 Athens, National Garden
A bench that encircles a tree in horizontal iron bands.

930 Αθήνα, Εθνικός κήπος
Πάγκος από οριζόντιες μεταλλικές λάμες που περιβάλλει δένδρο.

Movable benches

Movable benches have the great advantage that they can be carried to a shady place in summer or a sunny place in winter, also to a protected corner from the wind in winter or the opposite in summer. The problem is that at least two people are needed to move them and then they are left in any place, creating a feeling of neglect and disorder.
These benches must have a certain weight to prevent people from removing them, but on the other hand they must not weigh too much, so that two people can carry them. This is a field that has not been properly developed until now and allows for a lot of possibilities, design-wise. I still remember a sunny spring day I was walking in the old town square in Prague, a couple of young girls lifted their wood and metal bench and moved it away from the shadow to a sunny location, and resumed their sitting.

Κινητοί πάγκοι

Θυμάμαι μια ηλιόλουστη ανοιξιάτικη μέρα που περιδιάβαζα στην Πράγα και βρέθηκα στην κεντρική πλατεία της παλαιάς πόλης, όπου ήταν τοποθετημένοι πάγκοι από ξύλο σε μεταλλικό σκελετό παραδοσιακής μορφής. Κάποια στιγμή αντιλήφθηκα μια ομάδα νεαρών που σηκώθηκαν από τον πάγκο στον οποίο κάθονταν και που τον είχε φτάσει η σκιά, τον σήκωσαν στα χέρια, τον μετέφεραν πιο πέρα στον ήλιο και ξανακάθισαν.
Οι κινητοί πάγκοι λοιπόν έχουν το πλεονέκτημα έναντι των σταθερών ότι τους μεταφέρει κανείς στη σκιά ή σε δροσερό μέρος το καλοκαίρι, ενώ το χειμώνα στον ήλιο και σε μέρος υπήνεμο. Πρέπει να έχουν αρκετό βάρος ώστε να μην τους κλέβουν, αλλά όχι τόσο που να είναι ασήκωτοι. Το μειονέκτημά τους είναι ότι αφού μετακινηθούν, εγκαταλείπονται σε μια τυχαία θέση, δημιουργώντας αίσθηση ακαταστασίας κι εγκατάλειψης. Συνήθως κατασκευάζονται από σιδερένιες λάμες, σκέτες ή σε συνδυασμό με ξύλο, καμιά φορά μόνον από ξύλο. Πιστεύω πάντως ότι μπορεί κανείς να αναζητήσει νέες μορφές, που να εναρμονίζονται με το συγκεκριμένο περιβάλλον του εκάστοτε δημόσιου ελεύθερου χώρου.

931

932

933

Movable benches / Κινητοί πάγκοι

931 Island of Aegina, St Nicola's church
The wrong way to treat a good idea. The movable bench is both too heavy and of rather crude design.
On the other hand the permanent masonry seat all along the church adds to the charm of the setting.

931 Αίγινα, ο Άγιος Νικόλαος στο λιμάνι
Ανεπιτυχής χειρισμός μιας καλής ιδέας. Ο κινητός πάγκος είναι πολύ βαρύς και μάλλον ατυχούς σχεδιασμού. Όμως το κτιστό κάθισμα κατά μήκος του τοίχου της εκκλησίας, καθώς και το πεζούλι που περιβάλλει την αυλή της, προσθέτουν στην ατμόσφαιρα του χώρου.

932 Prague, Central square, old town
Movable bench. Two young girls move their bench to a more agreeable location. The ability to move a bench according to the prevailing weather conditions, from shadow to a sunny location or vice versa, offers great advantages.

932 Πράγα, κεντρική πλατεία στην Παλαιά Πόλη
Κινητός υπαίθριος πάγκος. Οι δύο κοπέλες τον μεταφέρουν σε πιο υπήνεμο μέρος της πλατείας. Η μετακίνησή του, ανάλογα με τις συνθήκες που επικρατούν, επιτρέπει την επιλογή καλύτερης θέσης κατά περίπτωση.

933 Stockholm, Branda Tomten square, old city
Movable benches in iron and wood. A classic design.

933 Στοκχόλμη, πλατεία Μπρέντα Τόμτεν στην Παλαιά Πόλη
Κινητός πάγκος από μέταλλο και ξύλο.

934

935

936

C4.5 Streetsigns and advertisements

Advertising boards when independent from buildings, represent an income for a municipality. Streetsigns on the other hand are more or less inevitable in any public place, in order to inform the public of all kinds of services, such us public transportation. Their location has to be carefully selected in order not to interfere with the free movement of people or obstruct the view. Still they must be placed in a way that allows them to be immediately seen. This means that they must be placed at right angle to the passage of people on foot, and at such a height that they cannot be missed.

In the early '50s a mini skyscraper was built in Manhattan N.Y. on Park Avenue, the famous Lever House, on plans drawn by Gordon Bunshaft, the most important of the S.O.M. architects. Except for the quality of the architectural design, what mostly impressed New Yorkers was the fact that only a limited part of the lot was used for the building; the remainder, as well as an important part of the ground floor of the building, suitably landscaped, was left open to the public.

This sacrifice of valuable land in order to serve the public had advertisement as its main motive. Indeed the name Lever became famous in New York and everybody learned that the Lever brothers produced soap and the sales started moving up. The experiment paid off but unfortunately there were no imitators, although the value of a building does not always depend on its volume. The most important element is the quality of living or working conditions which most definitely do not depend on a building's volume.

The method of advertising by the quality of a building is quite old, widely spread and continues to be widely used around the world in religious buildings for the advancement of a religion, of an ideology, a political movement or even a regime. Temples since time immemorial have always been a subject of extreme architectural quality in order to attract, enchant and persuade visitors for the truths and spiritual values they represent.

There is no doubt that not everyone has the opportunity to advertise his product by building a mini-skyscraper, or any other kind of building. As a result, advertisements tend to take the shape of poster billboards on buildings or as free standing or on bus stands. Sometimes specific wall surfaces are provided by the municipality for rent.

For an advertisement to be effective, it has to be easily perceived by people on their way. Such are those that are at right angles to the direction of the street, either on panels at ground floor level or suspended from higher up. Advertisements fixed on the facades of buildings or on the sidewalk along the building line, parallel to the direction of the street, are not only useless but, even worse, tend to hide and distort the elevation of a building. In the good old days in the countries of Western Europe as in England, when a new shop was inaugurated, the proprietor used to say "I am hanging my shield" on which the name and identity of the new shop was printed. This shield was always at right angles to the direction of the street. This system continues to be the most effective as far as shops are concerned. But advertisements are not only related to shops. Thus a variety of surfaces are provided by the municipalities to be rented for advertisements. Since the middle of the nineteenth century, cylindrical columns were provided by various municipalities for this purpose. These cylinders usually serve other purposes also, such as ventilation of public underground spaces, or are combined with lighting and so on.

FOOTNOTE

Shinto temples in Japan are built from scratch every twenty years or so, on an adjoining lot. This allows them to be always new, or to put it in a different way, they never grow old.

But aesthetics and architectural quality were not sufficient to ensure the efficiency of the message. The shape and the location was particularly important, not only as a means of promotion of an ideology or religion, but as a presence in the townscape as a landmark. Such were the minarets in the countries of Islam or the church towers in Europe. Here we could add the belfries of town halls although that was not their primary aim.

Streetsigns and advertisements
Διαφημιστικές πινακίδες και επιγραφές

934 Lucerne (Lüzern), old wooden covered footbridge
The paintings on the panels between the rafters, at right angle to the movement of the passersby, cannot remain unnoticed.

934 Λουκέρνη, παλαιά καλυμμένη ξύλινη πεζογέφυρα
Οι ζωγραφικοί πίνακες στα ψαλίδια της ξύλινης στέγης, κάθετα προς την κίνηση, είναι αδύνατο να μη γίνουν αντιληπτοί από τους περαστικούς.

935, 936 Beijing, summer palace garden's covered passage
The paintings above the entrance to the covered passage ways cannot be missed. A perfect lesson for placing information panels on pedestrian passages.

935, 936 Πεκίνο, θερινά ανάκτορα, οι στοές του κήπου
Οι ζωγραφικοί πίνακες που είναι τοποθετημένοι στο αέτωμα το οποίο σχηματίζει η στέγη της στοάς, κάθετα προς τον διερχόμενο, είναι ένα τέλειο μάθημα για την τοποθέτηση διαφημιστικών πινακίδων σε πεζόδρομους.

937, 939 Edinburgh, old town, The Writer's Museum
The shield advertising the Writer's Museum, hangs at right angles to the path of the passerby along the narrow alley. One cannot miss the high pictorial quality: an author at his writing table.

937, 939 Εδιμβούργο, το Μουσείο των Συγγραφέων
Η διαφημιστική επιγραφή είναι αναρτημένη κάθετα προς τη διαδρομή του περαστικού. Η καλλιτεχνική της αξία είναι εμφανής.

938 Tunis, Medina
It is impossible to miss the shield hanging at right angles to the narrow footway.

938 Τυνησία, Μεντίνα
Η αναρτημένη πινακίδα κάθετα προς τον πεζόδρομο φαίνεται από παντού.

Γ4.5 Διαφημιστικές πινακίδες και επιγραφές

Οι διαφημιστικές πινακίδες, όπως οι προθήκες, όταν δεν ενσωματώνονται στα κτίρια, αποτελούν πηγή εισοδήματος για τους δήμους. Οι πινακίδες είναι άλλωστε στοιχείο κατά το πλείστον απαραίτητο στον δημόσιο ελεύθερο χώρο για παροχή πληροφοριών, όπως π.χ. στις στάσεις των μεταφορικών μέσων. Πρέπει να είναι ευδιάκριτες και εύκολα αντιληπτές, χωρίς η θέση τους να εμποδίζει την ορατότητα ή την ελεύθερη διέλευση των πεζών. Πρέπει λοιπόν να τοποθετούνται κάθετα προς την κίνηση των πεζών, σε τέτοιο ύψος ώστε να μην κρύβονται από τους περαστικούς.
Οι στάσεις των μεταφορικών μέσων προσφέρονται ως διαφημιστικοί χώροι. Το ίδιο ισχύει και για άλλου είδους στοιχεία εξοπλισμού, όπως δημόσιοι τηλεφωνικοί θάλαμοι, κυλινδρικές στήλες του 19ου αι. που συνδυάζονται καμιά φορά με τον φωτισμό ή με τον εξαερισμό υπογείων δημοσίων χώρων.
Εδώ υπάρχει τεράστιο περιθώριο φαντασίας, για παράδειγμα το κτίριο της βιομηχανίας απορρυπαντικών Λήβερ (Lever) στο Μανχάταν της Νέας Υόρκης. Το περίφημο Λήβερ Χάους, αυτός ο ουρανοξύστης-νάνος σχεδιασμένος από τον Γκόρντον Μπάνσαφτ (Gordon Bunshaft), τον ικανότερο από τους αρχιτέκτονες του γραφείου S.O.M., ανεγέρθηκε στην αρχή της δεκαετίας του '50. Εκτός από την ποιότητα του σχεδίου, αυτό που εντυπωσίασε τους Νεοϋορκέζους ήταν ότι έκανε χρήση μικρού μόνο ποσοστού της επιτρεπόμενης κάλυψης, αφήνοντας σημαντικό τμήμα οικοπέδου άκτιστο, σε μορφή ελεύθερου δημοσίου χώρου για τους πεζούς, κατάλληλα φυτεμένου. Αλλά και το υπόλοιπο ισόγειο του κτιρίου, με εξαίρεση την είσοδο, αποτελούσε ελεύθερο δημόσιο καλυμμένο χώρο.
Η «θυσία» αυτή του επιτρεπόμενου συντελεστή δόμησης, και κυρίως των χώρων του ισογείου, δεν είχε αλτρουιστικά μόνον κίνητρα. Στόχος ήταν η έμμεση διαφήμιση της εταιρείας Λήβερ και των απορρυπαντικών που παρήγαγε, με την καλή εντύπωση που έκανε η χειρονομία της αυτή προς την πόλη και τους πολίτες. Το πείραμα πέτυχε. Δυστυχώς όμως δεν βρήκε μιμητές, παρότι από άποψη οικονομικής εκμετάλλευσης δεν συμφέρει πάντα η εξάντληση του συντελεστή δόμησης. Η απόσβεση και το εισόδημα ενός ακινήτου δεν συναρτώνται μόνον με τον όγκο, αλλά και με την ποιότητα των προς εκμετάλλευση χώρων.
Η χρήση της αρχιτεκτονικής ως μέσου για διαφήμιση ή προπαγάνδα είναι παμπάλαια και ευρύτατα διαδεδομένη ακόμα και σήμερα, όταν πρόκειται να προπαγανδιστεί ένα πολιτικό καθεστώς, μια θρησκεία ή μια ιδεολογία. Παγκοσμίως οι ναοί, από την αρχαιότητα ήδη, είναι αντικείμενα ιδιαίτερης αρχιτεκτονικής φροντίδας, ώστε να ελκύσουν, να γοητεύσουν και να πείσουν για την αλήθεια των όσων πρεσβεύουν.
Δεν υπάρχει αμφιβολία πως δεν έχουν όλοι την ευκαιρία να διαφημίσουν τα προϊόντα τους κτίζοντας ουρανοξύστες. Συνεπώς, η διαφήμιση παίρνει τη μορφή πινακίδας ή αφίσας αναρτημένης ή τοποθετημένης στον δρόμο, πάνω σε κτίρια ή σε ειδικές θέσεις που παρέχονται από τον δήμο έναντι ενοικίου.
Για να είναι μια διαφήμιση αποτελεσματική πρέπει να πιάνει το μάτι του περαστικού. Να βρίσκεται δηλαδή στο ύψος του ισογείου, για τις μικρές αποστάσεις ή, για τις πιο μεγάλες, αναρτημένη από κτίριο. Διαφημίσεις όπως αυτές που είναι πάνω στην όψη του κτιρίου, ή σε πανό στερεωμένα στο οδόστρωμα κατά μήκος της οικοδομικής γραμμής, παράλληλα με την κίνηση του δρόμου, δεν είναι μόνον άχρηστες, αλλά ακόμα χειρότερα, κρύβουν ή και αλλοιώνουν την αρχιτεκτονική του κτιρίου, παραμορφώνοντάς το. Άλλοτε στις χώρες της Δυτικής Ευρώπης, όπως η Αγγλία, όταν κάποιος άνοιγε ένα μαγαζί, κρεμούσε απ' έξω το δικό του shield, το θυρεό του δηλαδή, που σημαίνει επίσης ασπίδα, οικόσημο και έμβλημα. Και φυσικά τον αναρτούσε κάθετα προς την όψη του καταστήματος και στην πορεία των περαστικών.
Είναι σαφές πως η διαφήμιση δίνει τεράστιες ευκαιρίες για την ανάπτυξη της αρχιτεκτονικής και της τέχνης στον δημόσιο χώρο. Όμως, ο ανεξέλεγκτος πολλαπλασιασμός των διαφημιστικών στοιχείων στον δημόσιο χώρο όχι μόνον δημιουργεί κορεσμό και μειώνει τελικά σε μεγάλο βαθμό την αποτελεσματικότητα των διαφημίσεων, αλλά τον υποβαθμίζει με την κακοφωνία των αλληλοαναιρούμενων συνθημάτων και εικόνων.

ΥΠΟΣΗΜΕΙΩΣΗ
Στην Ιαπωνία όχι μόνον φροντίζουν για την αισθητική αρτιότητα των ναών Σίντο, αλλά κάθε είκοσι χρόνια ο ναός ξανακτίζεται δίπλα στον υφιστάμενο, που στην συνέχεια κατεδαφίζεται, για να δώσει μελλοντικά τη θέση του σε άλλον. Έτσι διατηρούνται οι ναοί αυτοί συνεχώς σε νεόδμητη κατάσταση, ή αν προτιμάτε, δεν παλιώνουν ποτέ.
Πέρα όμως από την αισθητική και την αρχιτεκτονική ποιότητα, η μορφή και η χωροθέτηση του κτιρίου πάντοτε έπαιζε σημαντικό ρόλο, όχι απλώς για την προβολή της θρησκείας ή της ιδεολογίας, αλλά ως παρουσία στον ιστό της πόλης, ως ορόσημο. Χαρακτηριστικά παραδείγματα οι μιναρέδες στο Ισλάμ και τα καμπαναριά στις χριστιανικές πόλεις. Εδώ θα μπορούσαμε να προσθέσουμε και τους πύργους των δημαρχείων στη Δυτική Ευρώπη, παρότι άλλος ήταν αρχικά ο στόχος τους.

937

938

939

940

941

942

943

944

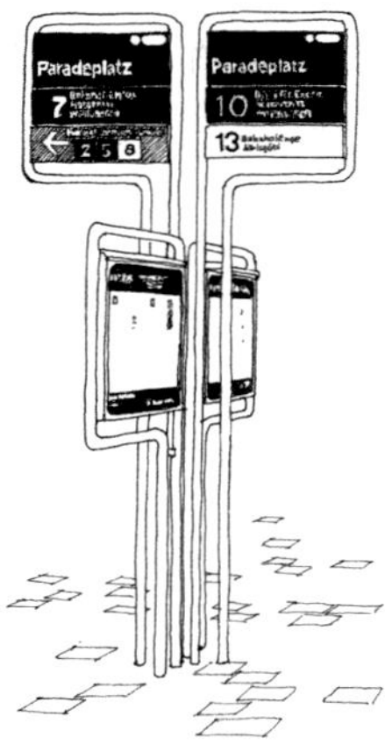

945

Streetsigns and advertisements
Διαφημιστικές πινακίδες και επιγραφές

940, 941, 942 Advertising columns
940 Paris, 19th century. Toilet and advertising column.
941 Frankfurt, a modern version.
942 Berlin, a modern version.

940, 941, 942 Στήλες για διαφημίσεις
940 Παρίσι, 19ος αι. Ουρητήριο και διαφημιστική στήλη.
941 Φρανκφούρτη, σύγχρονη εκδοχή.
942 Βερολίνο, σύγχρονη εκδοχή.

943 Budapest
Interesting combination of a protective railing around a tree trunk with advertising panels. In a big city where advertising space is in great demand and can be highly detrimental to the cityscape, if not properly controlled, the use of existing space to cover this demand can be of great help as long as it is well designed.

943 Βουδαπέστη
Ενδιαφέρων συνδυασμός προστασίας κορμού δένδρων και διαφημιστικών πινακίδων. Σε μια σύγχρονη πόλη όπου οι διαθέσιμες επιφάνειες για διαφημίσεις είναι περιζήτητες και καμιά φορά επιζήμιες για το οπτικό περιβάλλον, η χρήση υφιστάμενων διαθέσιμων επιφανειών μπορεί να καλύψει διαφημιστικές ανάγκες χωρίς να μειώσει την αισθητική του αστικού χώρου, αρκεί οι πινακίδες να είναι καλοσχεδιασμένες.

944 Zurich, Paradeplatz
Advertising boards at right angles to the direction of the passerby.

944 Ζυρίχη, Παράντεπλατς
Διαφημιστικές πινακίδες κάθετες προς την κατεύθυνση του περαστικού.

945 Zurich, Paradeplatz, streetcar stop
Information panels at right angles to the strollers' path. In both directions the impact is obvious.

945 Ζυρίχη, Παράντεπλατς, στάση τραμ
Παράδειγμα καλού και αποτελεσματικού σχεδιασμού.

946

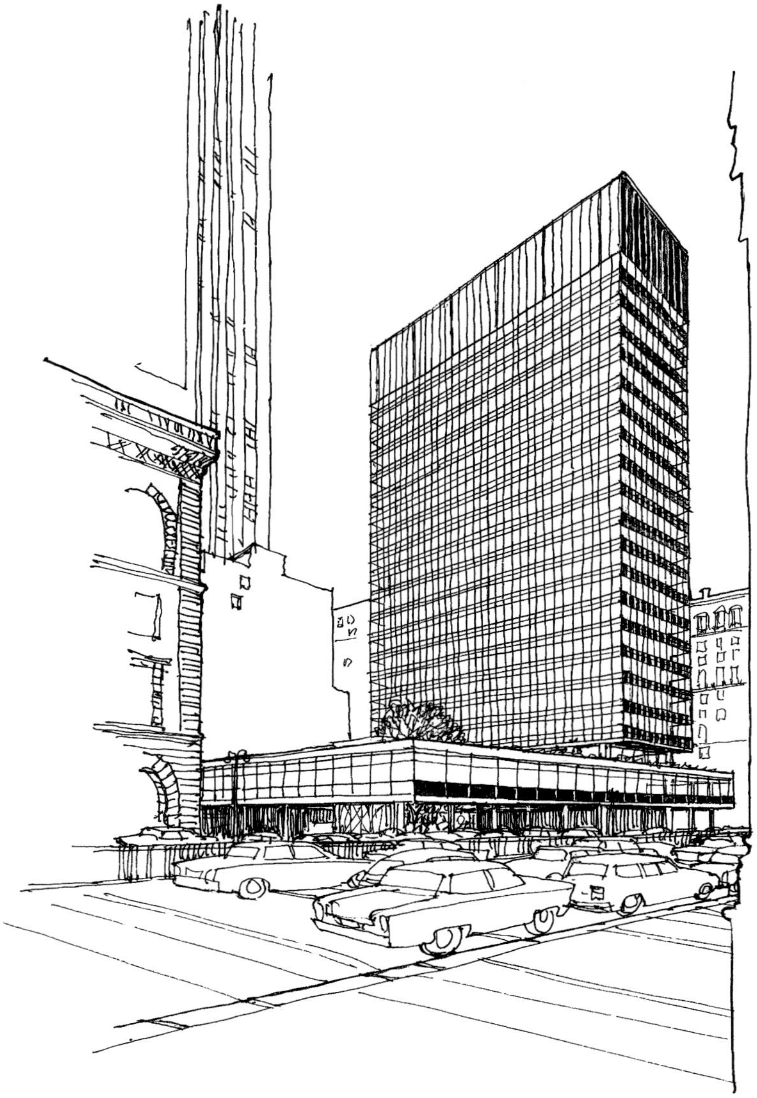

947

Streetsigns and advertisements
Διαφημιστικές πινακίδες και επιγραφές

946, 947, 948, 949 The building as an advertisement. Manhattan, Lever House, architect Gordon Bunshaft of S.O.M.
Besides being a successful advertisement, Lever House offers a service to the congested town center by opening up the patio on the ground floor to pedestrian circulation as a shortcut. It is of interest to note that at the time when it was decided by the Lever Bros Inc. not to exhaust the volume allowed by the building regulations, the chairman of the board of directors was an architect.
946 The interior courtyard open to the public.
948 The free space on the ground floor is equal to that taken up by the building.
949 Floor plan and section.

946, 947, 948, 949 Το κτίριο ως έμμεση διαφήμιση, Μανχάταν, Λήβερ Χάους, αρχιτέκτων Γκόρντον Μπάνσαφτ του γραφείου S.O.M.
Το Λήβερ Χάους, αποδίδοντας το ισόγειό του σε ελεύθερη δημόσια χρήση, αφενός πέτυχε άριστη έμμεση διαφήμιση για τα προϊόντα του, και αφετέρου προσέφερε ανεκτίμητη υπηρεσία στην πόλη, διευκολύνοντας την κυκλοφορία των πεζών και παρέχοντας έναν ευχάριστο χώρο ανάπαυσης. Ενδιαφέρον έχει πως, όταν η εταιρία αποφάσισε να μην εξαντλήσει τον συντελεστή δόμησης, ο πρόεδρος του Δ.Σ. της ήταν αρχιτέκτων!
946 Εσωτερικό αίθριο.
948 Ο ελεύθερος χώρος του ισογείου είναι περίπου το 50% της επιφάνειας του οικοπέδου.
949 Κάτοψη ορόφου και τομή.

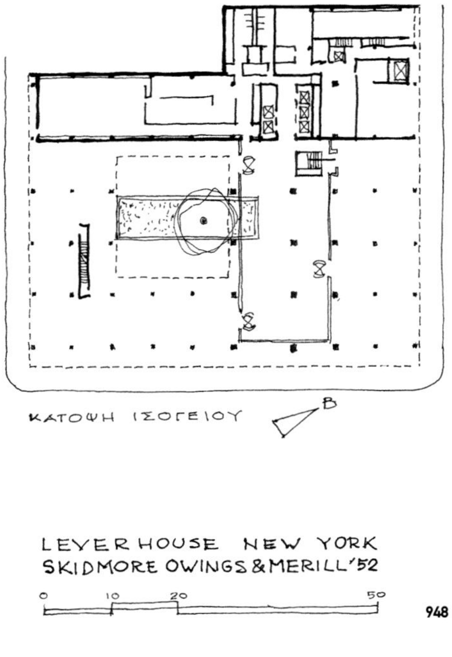

948

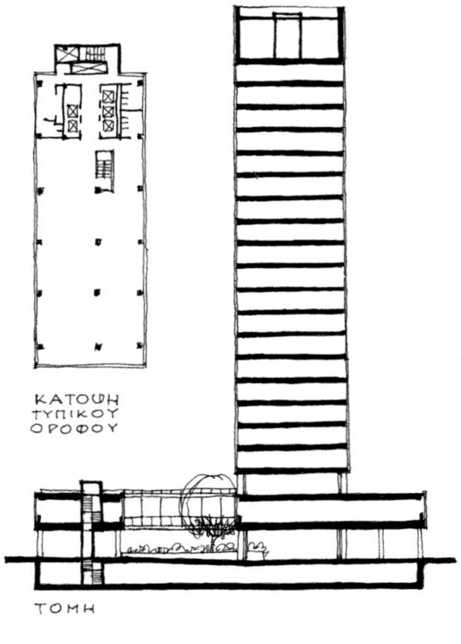

949

950

951

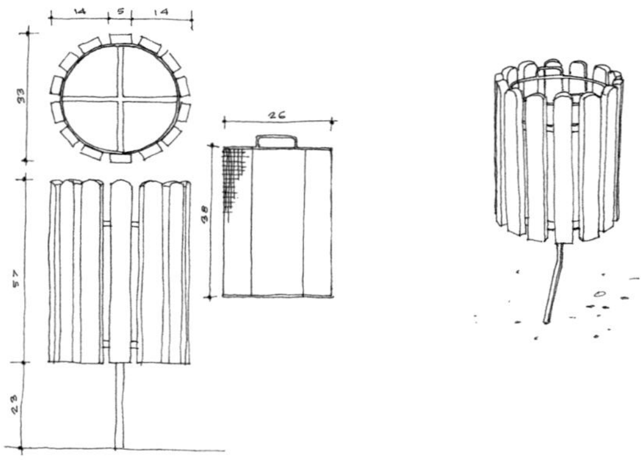

952

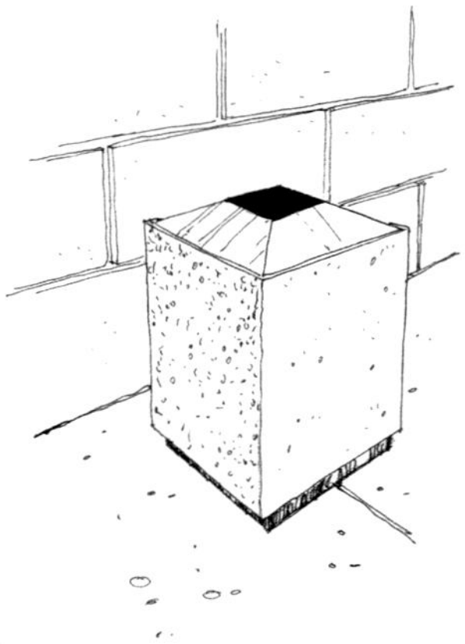

953

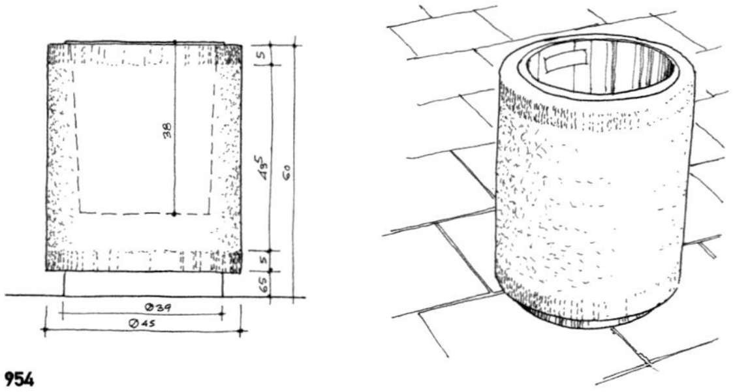

954

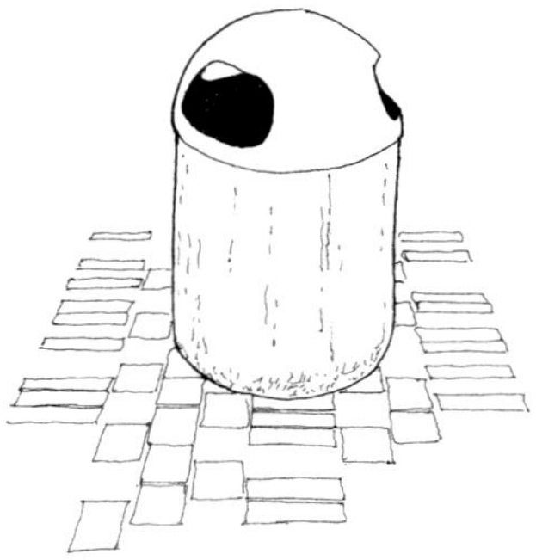

955

956

C4.6 Trashcans

The most important point in the design of trashcans is their functionality and efficiency. Primarily they must attract people to use them, and secondly they must present no problem to the municipal attendant responsible for emptying them. The main difficulty is how to combine them with an ashtray. Simultaneously their weight must be such that they are not easily moved or overturned, still easy to handle by the attendant. Another problem is rainwater and snow. Here certain cases are examined, with no pretence that all problems have been solved. Finally, to stress another point, the trashcan design must be compatible and in harmony with its environment. As far as materials for their construction are concerned, these may vary.

Γ4.6 Δοχεία απορριμμάτων

Το σημαντικότερο στοιχείο στον σχεδιασμό των δοχείων απορριμμάτων είναι η λειτουργικότητά τους. Πρέπει να είναι εύχρηστα και για τον περαστικό και για τον υπάλληλο καθαριότητας του δήμου. Το βάρος τους καλό είναι να μην επιτρέπει την εύκολη μετακίνησή τους ή την ανατροπή τους. Άλλα ζητήματα που πρέπει να συνυπολογίζονται κατά τον σχεδιασμό των δοχείων είναι ο συνδυασμός τους με σταχτοδοχείο και η αντιμετώπιση του νερού της βροχής και του χιονιού. Τέλος τα υλικά κατασκευής μπορούν να ποικίλλουν αλλά η εμφάνιση να εναρμονίζεται με το περιβάλλον. Εδώ εξετάζονται ορισμένα παραδείγματα, χωρίς όμως να μπορεί να πει κανείς ότι έλυσαν όλα τα προβλήματα.

Trashcans / Δοχεία απορριμμάτων

950, 951, 952, 953, 954, 955, 956 Artificial stone with metal basket with or without cover
950 Helsinki A good modern design.
951 Paris
A more demanding design in harmony with the bus stop shed.
952 Athens, National garden
An extremely discrete design that fits easily in the planted environment.
953, 955 U.S.A.
Two good examples of an efficient, although rather plain, piece of street furniture.
954 Berlin, Alexanderplatz
A straightforward design both well-designed and easy to maintain. The artificial stone element is both steady and hard to move. It provides good protection to the movable bucket inside.
956 Zurich, Kloten airport, trashcan and ashtray
Each of these items presents some design merit. Their combination on the other hand is not a happy one.

950, 951, 952, 953, 954, 955, 956 Δοχεία απορριμμάτων από τεχνητό λίθο και μέταλλο μετά ή άνευ καλύμματος
950 Ελσίνκι
Πετυχημένος σύγχρονος σχεδιασμός.
951 Παρίσι
Ένα πιο απαιτητικό σχέδιο.
952 Αθήνα, Εθνικός κήπος, σίδερο και ξύλο
Μια διακριτική παρουσία στο φυτεμένο περιβάλλον.
953, 955 Η.Π.Α.
Δύο ενδιαφέροντα παραδείγματα λειτουργικών λύσεων, χωρίς ιδιαίτερες αισθητικές απαιτήσεις.
954 Βερολίνο, Αλεξάντερ Πλατς
Καλοσχεδιασμένο και ευκολοσυντήρητο δοχείο. Καλή προστασία του κινητού κάδου στο εσωτερικό και αρκετά βαρύ ώστε να μην μετακινείται εύκολα.
956 Ζυρίχη, αεροδρόμιο Κλότεν, καλάθι απορριμμάτων και σταχτοδοχείο από μέταλλο
Το κάθε ένα από αυτά τα δύο αντικείμενα χωριστά ίσως να έχει κάποιες σχεδιαστικές αρετές, αλλά σε συνδυασμό μάλλον αλληλοεξοντώνονται.

C4.7 Telephone booths

In 1884 Jules Verne was writing "The Begum's millions" where he describes a ministerial cabinet meeting that takes place, without any of its members leaving his private home, by telephone. More than a century later we can say that Jules Verne was prophetic although the presence of the telephone in our midst has surpassed even his wilder imaginary forecasts. These last thirty years the mobile phone is everywhere in our life. Still the presence of the telephone booths is a must in open public spaces, and continues to proliferate, not only in underdeveloped countries or those under development, but even in highly developed ones like Switzerland.
The best known telephone booths are those of the United Kingdom: the well-known crimson telephone booths of the beginning of the 20th century. These telephone booths in Art Deco style manage to adapt themselves to any townscape although quite a number of architectural styles have succeeded each other during these hundred years. A well-thought and well-designed form can easily be incorporated in any environment or any other period as long as it has character.
Although the telephone is more than a hundred years old, telephone booths only recently started again to acquire interesting architectural form that would add to the townscape, with the exception of the telephone booths in the U.K. Such well-designed telephone booths are the cylindrical, all crystal ones in the city of Zurich.
At the same time there is a development in the design of open telephone stands. These were developed primarily for indoor use. In this way a new item was added to the equipment of open public space, which needs careful study and appropriate design in order to enhance the environment, instead of downgrading it, as is unfortunately very often the case with street furniture. In conclusion, we could say that telephone booths, according to the climate, can be enclosed or open air. Still when they are located in places with a lot of noise, it is best to use the enclosed type. On the other hand enclosed telephone booths must be well-ventilated. The form and shape of telephone booths must be such that it can easily fit into every environment. Finally, most adaptable are those that are more transparent.

Γ4.7 Τηλεφωνικοί θάλαμοι

Τα τελευταία χρόνια η κινητή τηλεφωνία έχει αλλάξει τα δεδομένα της επικοινωνίας. Παρ' όλα αυτά, εγκαθίστανται όλο και περισσότεροι τηλεφωνικοί θάλαμοι, κι όχι μόνο σε υπανάπτυκτες ή υπό ανάπτυξη χώρες, αλλά ακόμα και σε εξαιρετικά ανεπτυγμένες, όπως π.χ. η Ελβετία.
Οι πιο γνωστοί είναι οι εμβληματικοί κόκκινοι θάλαμοι σε στυλ Αρ Ντεκό του Ηνωμένου Βασιλείου. Παρότι σχεδιάστηκαν στις αρχές του 20ού αι., και έκτοτε μεσολάβησαν πολλά αρχιτεκτονικά κινήματα, εξακολουθούν να εντάσσονται θαυμάσια στο αστικό περιβάλλον. Μια καλομελετημένη και καλοσχεδιασμένη μορφή εντάσσεται εύκολα στο περιβάλλον, έστω κι αν ανήκει σε άλλη τεχνοτροπία και εποχή.
Το τηλέφωνο έχει ηλικία μεγαλύτερη των 100 ετών, παρ' όλον τούτο οι τηλεφωνικοί θάλαμοι, με εξαίρεση βέβαια εκείνους του Ηνωμένου Βασιλείου, μόνον τα τελευταία χρόνια άρχισαν να αποκτούν ενδιαφέρουσα αρχιτεκτονική μορφή που συμβάλλει στην αναβάθμιση του αστικού τοπίου. Επιτυχημένο παράδειγμα οι κυλινδρικοί, κρυστάλλινοι θάλαμοι της Ζυρίχης.
Παράλληλα, έχουν εξελιχθεί και τα δημόσια τηλέφωνα σε ανοικτά κουβούκλια, που πρωτοεμφανίστηκαν σε κλειστούς χώρους. Οι τηλεφωνικοί θάλαμοι ανάλογα με το κλίμα μπορεί να είναι κλειστοί ή ανοικτοί. Όταν όμως τοποθετούνται σε μέρη με πολύ θόρυβο, καλό είναι να είναι κλειστοί, αλλά με σωστό εξαερισμό. Η αισθητική τους πρέπει να είναι τέτοια ώστε να ταιριάζει σε οποιονδήποτε περιβάλλοντα χώρο, και ως επί το πλείστον αυτοί που το καταφέρνουν είναι οι διαφανείς.

957

958

959

960

Telephone booths / Τηλεφωνικοί θάλαμοι

957 London
The traditional British telephone booth has become part of the environment, acquiring the position of an institution.
957 Λονδίνο, παραδοσιακός τηλεφωνικός θάλαμος
Ο εμβληματικός τηλεφωνικός θάλαμος των βρετανικών νήσων.

958 Zurich, Bahnhofstrasse
Contemporary high tech design in shock-resistant curved glass panels.
958 Ζυρίχη, Μπάνχοφστρασε
Σύγχρονος σχεδιασμός από καμπυλωμένο άθραυστο κρύσταλλο. Αρχιτεκτονική έκφραση τεχνολογίας αιχμής.

959 Brussels
Open public telephone stands in shock-resistant curved glass.
959 Βρυξέλλες
Δημόσια ανοικτά τηλέφωνα από μεταλλική βάση και καμπυλωμένο κρύσταλλο. Μια διακριτική παρουσία στον δημόσιο χώρο.

960 Paris
An excellent design. A contemporary public telephone booth in unbreakable plate glass.
960 Παρίσι
Υποδειγματικός σχεδιασμός. Ένας σύγχρονος τηλεφωνικός θάλαμος από άθραυστο κρύσταλλο.

961

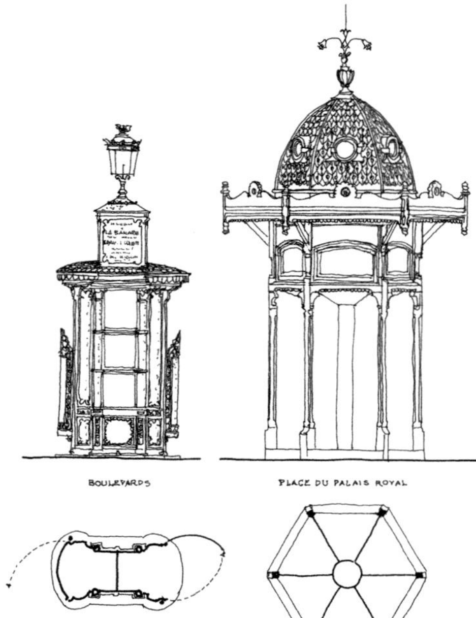

962

C4.8 Public toilets and letter boxes

One of the characteristics of our time is the gradual reduction of public urinals in open public spaces. This is the reason why the examples shown here belong to the 19th century.

One other item of street furniture that has been around for much more than one century and has more or less changed very little in design, is the letter box. These same letter boxes for which poems and songs have been written. Such boxes are definitely those of the U.K. which survive not only in the British Islands but around the world where the British Commonwealth once imposed its uniformity. If their form was perfect or not is of no importance. As with the British telephone booths, they have acquired an emblematic presence in the urban environment. In other places letterboxes do not enjoy such prestige. In this way their shape and form is adapted to their function and the prevalent fashion of the day.

The development of the internet and email, the fax and courier service may have reduced the bulk of correspondence that is serviced by the post. Still it does not seem probable that letter boxes are going to be abolished. Correspondence or letter writing still fulfills certain human needs that cannot be easily satisfied otherwise.

Γ4.8 Τουαλέτες και ταχυδρομικά κουτιά

Ένα από τα φαινόμενα της εποχής μας είναι ότι μειώνονται σταδιακά οι τουαλέτες στους ελεύθερους δημόσιους χώρους. Ίσως αυτό να οφείλεται στο ότι οι κάτοικοι των πόλεων κυκλοφορούν πεζή όλο και λιγότερο. Για τον λόγο αυτόν τα παραδείγματα που παρατίθενται είναι των μέσων του 19ου αι.

Ένα από τα στοιχεία εξοπλισμού του δημοσίου χώρου, των οποίων η παρουσία, αλλά ενίοτε και η μορφή, παραμένει ίδια περισσότερο από έναν αιώνα, είναι τα ταχυδρομικά κουτιά, για τα οποία μάλιστα έχουν γραφτεί ποιήματα και τραγούδια. Χαρακτηριστικό παράδειγμα εκείνα του Ηνωμένου Βασιλείου που επικρατούν ακόμη και σήμερα, όχι μόνον στη Μεγάλη Βρετανία αλλά σε όλα τα μήκη και πλάτη της πάλαι ποτέ Βρετανικής Αυτοκρατορίας. Το αν η μορφή τους είναι τέλεια ή όχι, δεν έχει σημασία. Όπως και ο πύργος του Άιφελ, η παρουσία τους στον δημόσιο χώρο είναι εμβληματική. Σε άλλα μέρη τα ταχυδρομικά κουτιά δεν έχουν τόσο δυνατή παράδοση, κι έτσι η μορφή τους εξυπηρετεί τη λειτουργικότητά τους ή τα γούστα της εκάστοτε εποχής.

Η ανάπτυξη της τεχνολογίας με το φαξ, το διαδίκτυο και την ηλεκτρονική αλληλογραφία, μπορεί ενδεχομένως να έχει μειώσει τον όγκο της αλληλογραφίας που διακινείται μέσω ταχυδρομείου, παρ' όλα ταύτα, η κατάργησή του δεν φαίνεται πιθανή. Το ταχυδρομείο εξακολουθεί να πληροί ορισμένες ανθρώπινες ανάγκες που δεν μπορούν να καλυφθούν αλλιώς.

963

964

965

966

967

Toilets / Ουρητήρια

961, 962 Urinals for public areas, Paris, 1860
961 Particular care has been taken in the design of these service elements so that they should cover more than one purpose in order to guarantee their being rentable.
962 In this case the primary purpose is the main objective, although street lighting is added in one of these designs.

961, 962 Δημόσιες ανδρικές τουαλέτες, Παρίσι, 1860
961 Χαρακτηριστικός σχεδιασμός του 19ου αιώνα. Ιδιαίτερη προσοχή έχει δοθεί κατά το σχεδιασμό αυτών των καθαρά χρηστικών στοιχείων του εξοπλισμού των δρόμων ώστε να καταστούν οικονομικά ανταποδοτικά ως διαφημιστικές στήλες.
962 Σ' αυτήν την περίπτωση ο σχεδιασμός αρκέστηκε να καλύψει τον κύριο στόχο, παρόλο που το ένα από αυτά τα σχέδια έχει συνδυάσει και τον φωτισμό του δημοσίου χώρου.

Letter boxes / Ταχυδρομικά κουτιά

963, 964, 965, 966, 967 Mail boxes
963 Tortola, Virgin Islands. A traditional British mailbox on a tropical island.
964 Italy. The intent to give plasticity to its design is obvious.
965 France. A successful contemporary design.
966 Germany. A very interesting design.
967 Denmark. An attempt at the modernization of the traditional mail box.

963, 964, 965, 966, 967 Ταχυδρομικά κουτιά
963 Τορτόλα, Παρθένοι νησοί. Παραδοσιακό ταχυδρομικό κουτί του Ηνωμένου Βασιλείου σε ένα τροπικό νησί.
964 Ιταλία. Είναι σαφής η επιθυμία για πλαστικότητα στον σχεδιασμό.
965 Γαλλία. Μια επιτυχημένη εκδοχή του 20ού αι.
966 Γερμανία. Μια πολύ ενδιαφέρουσα εκδοχή.
967 Δανία. Μια προσπάθεια εκσυγχρονισμού του παραδοσιακού ταχυδρομικού κουτιού.

C4.9 Obstacles for cars

Obstacles for motorcars have nowadays acquired an important place as far as street furniture is concerned. These obstructions cover a large number of different elements, from railings to cylindrical seats from granite or artificial stone to metal. Finally there are two points that are important. The first is that they must be able to stop a motorcar from encroaching the sidewalk. The second is that they should not become traps for pedestrians. When we mention traps we mean that they should not prevent someone from getting out of a car to the sidewalk, but primarily they must not be in the way of firemen or an ambulance. This means that railings should be excluded.

Γ4.9 Εμπόδια αυτοκινήτων

Τα εμπόδια για τη διέλευση και την παράνομη στάθμευση των αυτοκινήτων έχουν σήμερα σημαντική θέση ανάμεσα στα στοιχεία που αποτελούν τον εξοπλισμό του δημόσιου ελεύθερου χώρου. Τα εμπόδια αυτά παίρνουν πολλές διαφορετικές μορφές: από κιγκλιδώματα έως κυλινδρικά καθίσματα από γρανίτη ή άλλο αδρανές υλικό. Τελικά δύο πράγματα έχουν σημασία: το πρώτο είναι να εμποδίζουν αποτελεσματικά την άνοδο και την παράνομη στάθμευση των αυτοκινήτων στο πεζοδρόμιο και το δεύτερο, να μην αποτελούν «παγίδες» για τους ανθρώπους, να μην εμποδίζουν δηλαδή ούτε κάποιον να βγει από το αυτοκίνητό του, ούτε το πέρασμα σε πεζούς και κυρίως σε πυροσβέστες ή τραυματιοφορείς. Ως εκ τούτου τα κιγκλιδώματα καλό είναι να αποκλείονται σε κάθε περίπτωση.

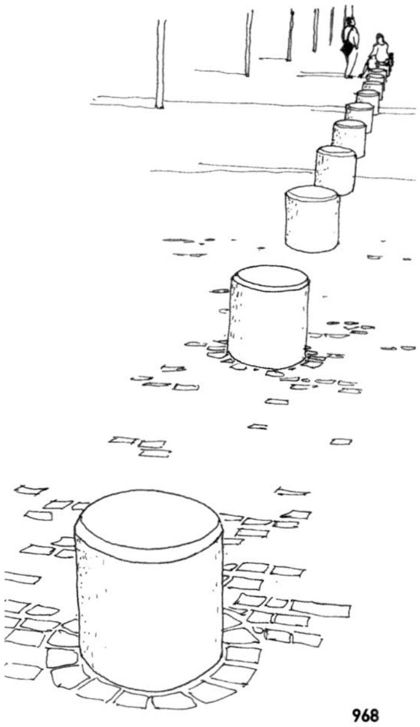

968

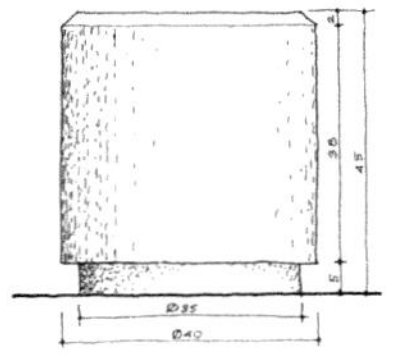

969

970

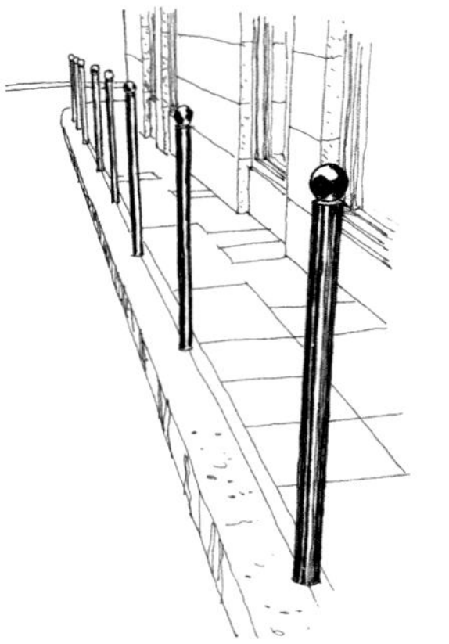

971

972

973

Obstacles for cars / Εμπόδια αυτοκινήτων

968, 969 Helsinki, Museum of Modern Art
The size, shape and dimensions of this very handsome piece of street furniture in carved stone, combines its use as a car obstacle with its use as a seat for tired people.

968, 969 Ελσίνκι, Μουσείο Σύγχρονης Τέχνης
Τα εμπόδια αυτά, με τη μορφή, τις διαστάσεις, και το υλικό κατασκευής τους, όχι μόνον δεν υποβαθμίζουν αισθητικά τον δημόσιο χώρο, αλλά συνδυάζουν τον πρωταρχικό τους στόχο με τη δυνατότητα να χρησιμεύουν ως κάθισμα στον καταπονημένο περαστικό.

970 Zurich
Car obstacles combined with seating facilities and benches. A practical as well as an attractive combination. Artificial blocks, 40 cm high, all along the curb, form at the same time the supports for the wooden benches.

970 Ζυρίχη
Εμπόδια αυτοκινήτων που συγχρόνως αποτελούν πάγκους και καθίσματα. Μια πρακτική αλλά και κομψή λύση. Κύβοι από γρανίτη ύψους 40 εκ. κατά μήκος του κράσπεδου αποτελούν και τις βάσεις για τους ξύλινους πάγκους.

971, 972 Athens, narrow pavement
When the pavement is too narrow, car obstacles should not be bulky. Both these examples can be considered as rather successful. Still they present hazards for people at night.

971, 972 Αθήνα, στενό πεζοδρόμιο
Όταν το πεζοδρόμιο είναι πολύ στενό, τα εμπόδια δεν πρέπει να είναι ογκώδη. Τα δύο αυτά παραδείγματα λύνουν το πρόβλημα με έναν μάλλον κομψό αλλά και επικίνδυνο για τους πεζούς τρόπο.

973 Athens, Hypsilantou street
Stainless steel motorcar obstacles with chain, designed to stop motorcycles from parking on the sidewalk, and people from jaywalking around the street. But there is a problem in case of an ambulance or a fire engine.

973 Αθήνα, οδός Υψηλάντου
Αυτός ο αισθητικά άρτιος φράκτης εμποδίζει όχι μόνον τα οχήματα να ανέβουν στο πεζοδρόμιο, αλλά και τους πεζούς να διασχίσουν το οδόστρωμα έξω από τις διαβάσεις. Τι γίνεται όμως στην περίπτωση ασθενοφόρου ή πυροσβεστικού;

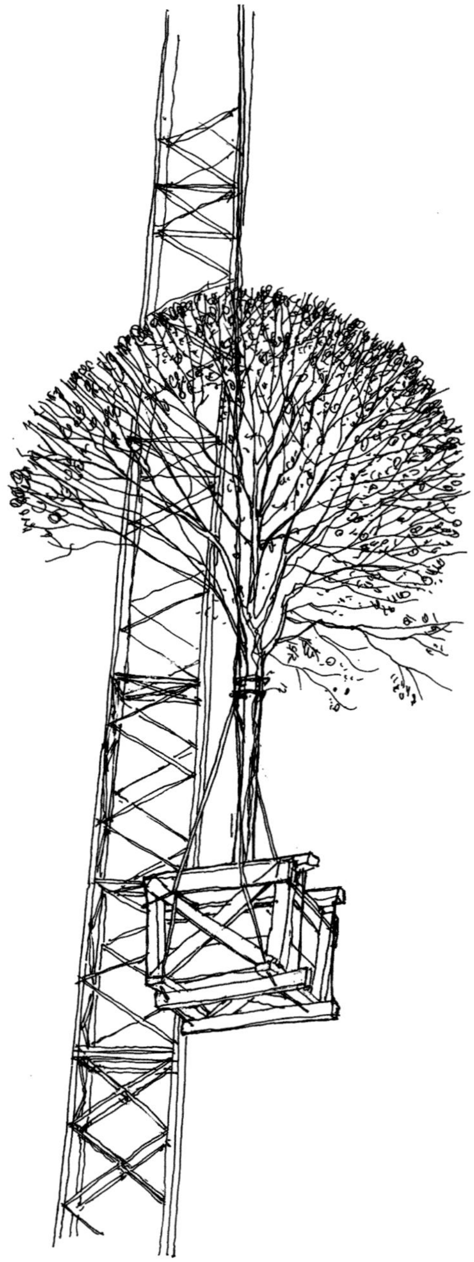

974

C5 Planting

Except for parks, malls and squares, plants in a city belong to four distinct categories:
1. Trees of all types.
2. Shrubs and bushes.
3. Grass and flowers.
4. Climbing plants.

Trees are the right choice whenever a shadow is desirable in the summertime while the pavement must allow people to move freely. Shrubs and bushes in a city are primarily used to hide from view undesirable installations or any other item that must not be seen. Flowers should be used sparingly on the elevations of buildings primarily or along the building line, while grass should be used in parking lots or footways in combination with the water absorbing precast pavements of the "grasscel" type. Finally climbing plants should be used on the facades of buildings or in pergolas covering footways or squares.

C5.1 Trees

When we examine the importance of trees in relation to pedestrian ways, in the urban tissue, we must keep in mind all the parameters that enter the subject "trees in townscape". Beyond the importance of rows of trees along avenues as decorative elements of open public space or as the main element in a park, trees have an important place in the urban landscape by improving microclimatic conditions and providing appropriate free space in parks, malls or squares, as a refuge in case of earthquakes or other calamities.
When we speak about trees, we have to be precise about what trees we are talking about. There are a vast number of types and categories of trees, and this is the cause of many misunderstandings. Trees used for pedestrian areas must comply with a number of prerequisites and conditions, according to their destination and location. Trees along footways have to permit people to walk under them, carrying an umbrella, without any problem. This means that trees along a footway must be planted at a stage of development that complies with these requirements. The growth of a tree until it reaches its final form, height and width of foliage is a time-consuming procedure. This is why trees in an urban area must come from special, for this purpose, nurseries, and should be used only after they reach a proper size and maturity.
Since the 19th century, special carriages were invented for the transportation and easy planting of full-grown trees. Nowadays this kind of work is simplified with the mechanical equipment at our disposal, winches, lorries etc. as long as nurseries provide appropriate trees for each case. That is true for municipalities, as Paris or New York, that possess such nurseries, but others, like Athens, don't. As a result they plant trees still too young, which of course is less costly.
As for the nurseries, it is of prime importance that they should be local, in this way all trees are acclimatized. Still the most important for a nursery is to be able to produce trees of the local flora as well as full grown trees according to expected demand. It is obvious that when imported trees are used it is not easy for local nurseries to grow them and there will always be problems with the planting of new trees.
The shape of a tree depends, except for its natural form, on the way it is trimmed. Trimming should be carried out in such a way as to give the tree the appropriate shape. In most cases it is desirable that the branches of a tree should start from a height that allows not only for a free view under the canopy of foliage, but also in case of a row of trees along a motorway, for two-storey buses as well.
Still beyond the organizational and technical infrastructure for the realization of a successful tree planting, there is always the problem of a successful upkeep. A problem of organization, management, financing and providing the proper team of gardeners for planting and maintenance. There is today furthermore an important technology concerning the planting and maintenance of trees that must be studied and applied by a specially trained personnel.
From there on for the upkeep of trees it is necessary for the tree to be able to get proper nourishment. Except for the manure that will be provided by the municipality, it is also necessary that the tree is properly watered, meaning, from its peripheral roots. It should be kept in mind that trees are fed by their end roots at an approximate distance from the tree trunk equivalent to the foliage canopy above. This can be achieved by using water-absorbing pavement around the tree. In order to plant fully grown trees it is necessary to provide for a large area around the tree trunk to be excavated.
It is important that the original planting should be carried out with all due care. This saves in maintenance cost. According to the type of tree, the right way to plant means the right time of the year, with the soil already properly treated, and the suitable protection for the newly planted tree. A proper system of ventilation of the roots must be provided for as well as the proper protection from strong winds, passersbys and mainly from dogs.
Tree planting has three important points. First, is the choice of the right tree, from the point of view of size, the blossoming season and the coloring. Second, the appropriate composition of the trees in order to acquire the desired effect. Third, the right kind of trimming to give them the desired appearance. In a normal row of trees along a street, the trees have to be the same all along in terms of form and size. In this case if a tree dies for whatever reason it will have to be replaced by a new tree exactly the same as the one that died and the other trees of the same row. In other cases, trees in a row can be of different species when a color composition is desired.

Trees / Δένδρα

974 Transportation of tree, late 20th century
A modern way of transporting and planting full grown trees by crane.

974 Δενδροφύτευση, τέλος 20ού αι.
Σύγχρονος τρόπος μεταφοράς και φύτευσης πλήρως ανεπτυγμένου δένδρου με γερανό.

Γ5 Φύτευση

Πέρα από άλση και πλατείες, τα φυτά στην πόλη διακρίνονται σε τέσσερις βασικές κατηγορίες:

1. Υψηλό πράσινο ή δένδρα από χαμηλά έως υψηλά.
2. Μεσαίο πράσινο ή θάμνοι από χαμηλοί έως υψηλοί.
3. Χαμηλό πράσινο από άνθη ή χλόη.
4. Αναρριχώμενο πράσινο, με άνθη ή δίχως.

Δένδρα ενδείκνυται να φυτεύονται όπου το έδαφος πρέπει να μείνει ελεύθερο κι όπου χρειάζεται σκιά το καλοκαίρι. Οι θάμνοι στην πόλη έχουν προορισμό να κρύβουν ανεπιθύμητες στη θέα εγκαταστάσεις ή αντικείμενα. Τα άνθη έχουν τη θέση τους, με φειδώ όμως, κυρίως στις προσόψεις των κτιρίων, ενώ η χλόη σε μορφή χλοοτάπητα, στα υδατοπερατά καταστρώματα πεζοδρομίων και χώρων στάθμευσης αυτοκινήτων. Τέλος, τα αναρριχώμενα μπορούν να παίξουν σημαντικό ρόλο, πάνω σε πέργολες στις πλατείες και στα άλση ή πρασινίζοντας προσόψεις κτιρίων.

Γ5.1 Δένδρα

Καλό είναι, όταν εξετάζουμε το ρόλο των δένδρων στους χώρους πεζών στον αστικό ιστό, να μην παραβλέπουμε καμία από τις παραμέτρους που υπεισέρχονται στο θέμα. Πέρα από τη σημασία τους ως καλλωπιστικό πράσινο, ή ως κύριος παράγοντας στα αστικά άλση και τις πλατείες, καθώς φυσικά και ως δενδροστοιχία, τα δένδρα, συμβάλλουν σημαντικά στη δημιουργία μικροκλίματος και αποτελούν, υπό μορφή ελεύθερων δημοσίων χώρων, καταφύγιο στην περίπτωση σεισμού.

Η δενδροφύτευση των αστικών χώρων (δρόμοι, πλατείες) είναι τελείως διαφορετικό θέμα από τη δενδροκαλλιέργεια ή τη δασοπονία, αλλά και από τη φύτευση σε μεγάλα πάρκα ή άλση. Η επιλογή των κατάλληλων κάθε φορά δένδρων εξαρτάται από τα δεδομένα του χώρου, τα οποία δεν μπορούν να παραβιασθούν δίχως αρνητικά αποτελέσματα. Άλλο είναι ένα δένδρο καλλωπιστικό, άλλο ένα δένδρο για σκιά, άλλο ένα οπωροφόρο και άλλο ένα δένδρο για τη δημιουργία φράχτη. Σπάνιες, π.χ., είναι οι περιπτώσεις που τα οπωροφόρα έχουν τη θέση τους στον αστικό ιστό.

Τα είδη των δένδρων που χρησιμοποιούνται σε περιοχές πεζών πρέπει να πληρούν ορισμένες προδιαγραφές, αναλόγως με τη θέση και τον προορισμό τους. Στα πεζοδρόμια, π.χ., τα δένδρα πρέπει να είναι αρκετά ψηλά, ώστε με το κατάλληλο κλάδεμα, η κόμη τους να ξεκινάει όχι απλώς πάνω από τα κεφάλια των πεζών, αλλά να επιτρέπει και τη χρήση ομπρέλας.

Για να αναπτυχθεί πλήρως ένα δένδρο, να αποκτήσει δηλαδή την τελική του μορφή –ύψος, εύρος κόμης κ.τλ.– χρειάζονται πολλά χρόνια. Γι' αυτό πρέπει τα δένδρα στον αστικό χώρο να προέρχονται από ειδικά για τον σκοπό αυτόν φυτώρια και να μεταφυτεύονται μόνον όταν έχουν φθάσει στο επιθυμητό στάδιο ανάπτυξης.

Ήδη από τον 19ο αι., οι πρόγονοί μας είχαν σοφιστεί ειδικά οχήματα για τη μεταφορά και εύκολη μεταφύτευση μεγάλων δένδρων. Σήμερα η εργασία αυτή είναι πολύ ευκολότερη με τα μέσα που διαθέτουμε. Προϋπόθεση όμως είναι η ύπαρξη κατάλληλων φυτωρίων. Δυστυχώς δεν επικρατεί πάντα αυτή η άποψη. Καλά οργανωμένες πόλεις, όπως το Παρίσι ή η Νέα Υόρκη, διαθέτουν τέτοιου είδους φυτώρια, αλλά σε πόλεις όπως η Αθήνα τα δένδρα μεταφυτεύονται όταν είναι ακόμα πολύ μικρά, πράγμα πολύ φθηνότερο.

Τα φυτώρια είναι πολύ σημαντικό να είναι τοπικά, ώστε τα δένδρα να είναι ήδη εγκλιματισμένα, και κυρίως να διαθέτουν δένδρα της τοπικής χλωρίδας, πλήρως ανεπτυγμένα, βάσει της προβλεπόμενης ζήτησης. Όταν γίνεται χρήση εισαγόμενων δένδρων –πλην ορισμένων εξαιρέσεων–, τότε ούτε κατάλληλα τοπικά φυτώρια είναι εύκολο να αναπτυχθούν, ούτε θα υπάρχει ποτέ επιτυχημένη δενδροφύτευση.

Η μορφή του δένδρου εξαρτάται, εκτός από τη φυσική του ανάπτυξη, από τον τρόπο κλαδέματος. Το κλάδεμα πρέπει να γίνεται έτσι ώστε να οδηγείται το δένδρο στην εκάστοτε επιθυμητή μορφή. Ως επί το πλείστον επιθυμητό είναι να ξεκινά η διακλάδωση του δένδρου από τέτοιο ύψος ώστε η κόμη του όχι μόνον να μην εμποδίζει τη θέα, αλλά εάν αποτελεί μέρος δενδροστοιχίας κατά μήκος αμαξωτής οδού, να είναι δυνατή η κίνηση διώροφου λεωφορείου κάτω από αυτήν.

Πέραν όμως από την οργανωτική και την τεχνική υποδομή για τη σωστή δενδροφύτευση, υπάρχει πάντα το πρόβλημα της σωστής συντήρησης. Χρειάζεται δηλαδή οργάνωση, χρηματοδότηση και στελέχωση των συνεργείων δενδροφύτευσης και περιποίησης. Σήμερα υπάρχει πια σημαντική τεχνογνωσία για τη σωστή φύτευση και περιποίηση των δένδρων, η οποία πρέπει να μελετάται και να εφαρμόζεται από κατάλληλα καταρτισμένο εργατοτεχνικό προσωπικό των δήμων.

Για να διατηρούνται τα δένδρα σε καλή κατάσταση, είναι ανάγκη να μπορούν να «τραφούν» σωστά. Καλό είναι να υπάρχει φροντίδα ώστε το λίπασμα να παρέχεται χωρίς δυσκολία και το νερό της βροχής να μπορεί να φτάνει στα ακρορίζια, ειδάλλως είναι άχρηστο κι ενδεχομένως βλαβερό για το δένδρο, αν προκαλέσει σήψη της βάσης του κορμού. Τα ακρορίζια από τα οποία τρέφεται το δένδρο βρίσκονται περιφερειακά του κορμού σε απόσταση που είναι ίση με την περιφέρεια της κόμης του. Ως εκ τούτου, πρέπει στη θέση αυτή το κατάστρωμα να αποτελείται από υδατοπερατά στοιχεία ή σχάρα. Η φύτευση μεγάλων δένδρων εξ αρχής, επιβάλλει ο χώρος γύρω από τον κορμό να έχει το απαραίτητο εύρος ώστε να μην καταστρέφεται το οδόστρωμα με τη μεταφύτευση.

Όσο πιο σωστή γίνεται η αρχική φύτευση τόσο λιγότερη επιβάρυνση έχει η περιποίηση. Σωστή φύτευση σημαίνει, ανάλογα με το είδος και το μέγεθος του δένδρου, να γίνεται κατάλληλη προετοιμασία του εδάφους, η ενδεδειγμένη περίφραξη του δένδρου μόλις φυτεύεται, να υπάρχει μέριμνα για εξαερισμό του ριζικού συστήματος και προστασία του νεοφυτεμένου δένδρου από τους κινδύνους που διατρέχει, δηλαδή από τον δυνατό άνεμο, τους περαστικούς και τα κατοικίδια ζώα, κυρίως τους σκύλους.

Ένα άλλο ζήτημα είναι εκείνο της αισθητικής, με τρία κυρίως σημεία: πρώτον, την εκλογή των κατάλληλων δένδρων από άποψη μεγέθους, εποχής άνθησης και χρωματικής παρουσίας· δεύτερον, την κατάλληλη σύνθεση των δένδρων ώστε να παρουσιάζουν στο σύνολό τους την επιθυμητή εικόνα κάθε εποχή του έτους, και τρίτον, όπως αναφέραμε, το κατάλληλο κλάδεμα έτσι ώστε η παρουσία τους στον χώρο να είναι η ενδεδειγμένη.

Σε μια συνήθη δενδροστοιχία, για παράδειγμα, τα δένδρα που την αποτελούν πρέπει να είναι τα ίδια σε όλο της το μήκος, ακόμα και από άποψη μεγέθους και μορφής. Στην περίπτωση αυτή, αν ένα από τα δένδρα ξεραθεί, θα πρέπει φυσικά να αντικατασταθεί με ένα ίδιο σε μέγεθος και μορφή. Σε άλλες δενδροστοιχίες μπορεί τα δένδρα να εναλλάσσονται εάν επιδιώκεται η δημιουργία χρωματικών συνθέσεων.

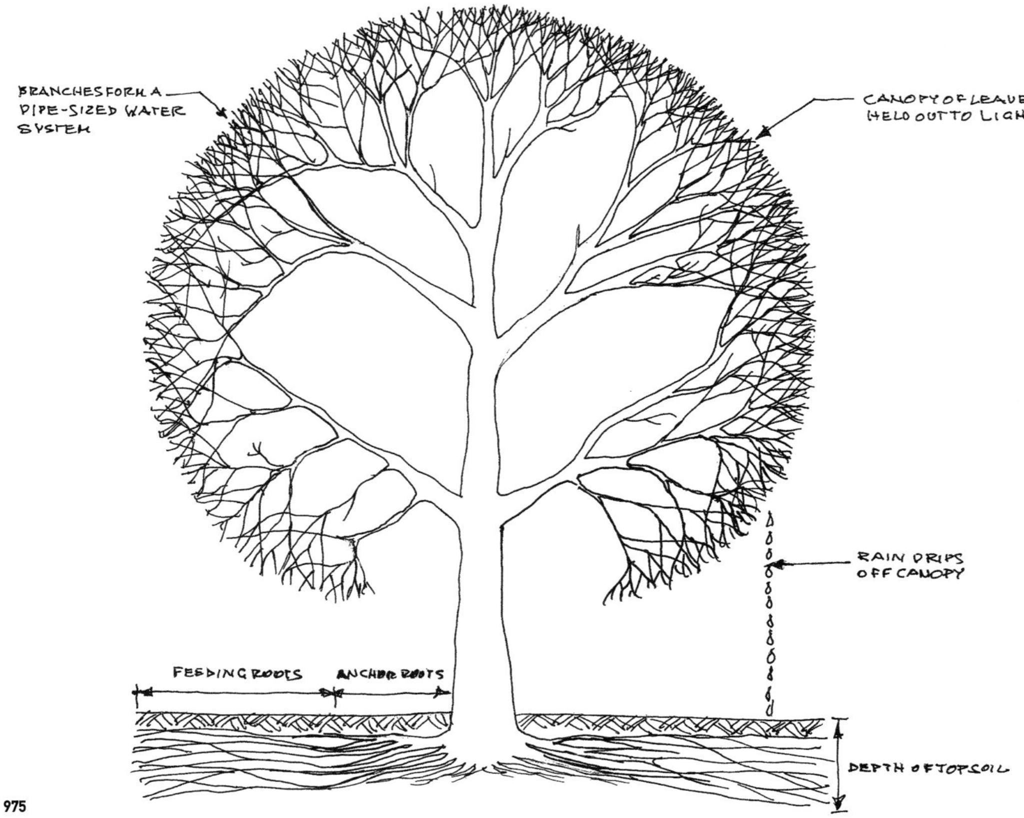

975

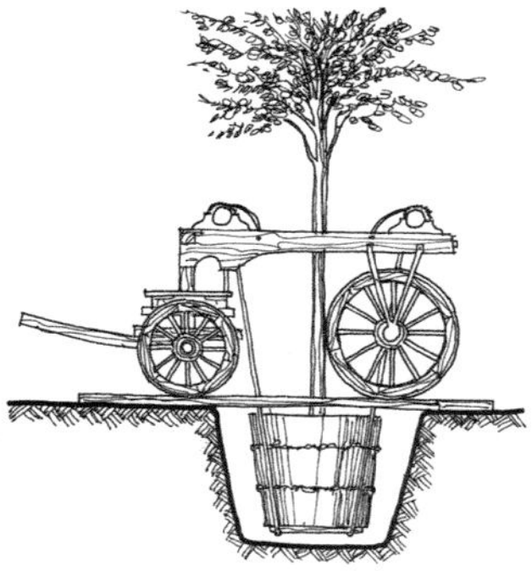

976

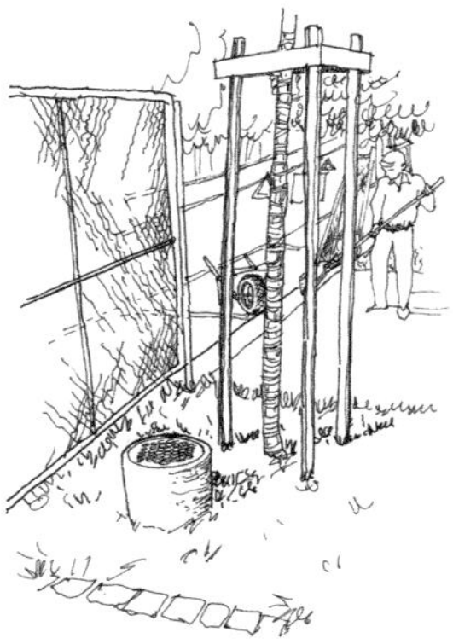

977

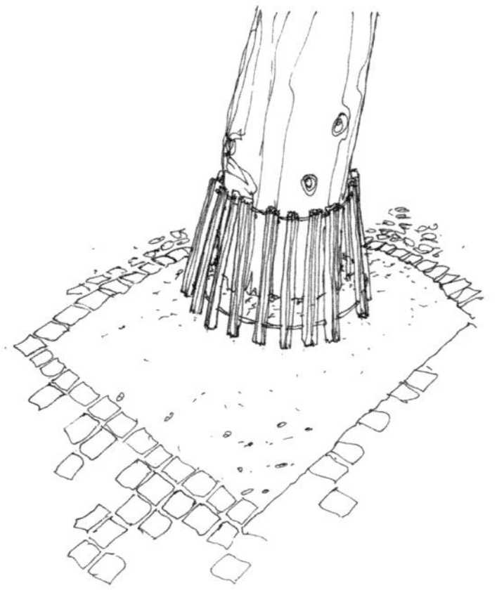

978

979

The protection of a newly planted tree
Προστασία νεοφυτεμένου δέντρου

975 Root and branch system
The tree is fed by small peripheral roots. The base of the tree trunk is the foundation that supports the tree. The tree is watered from the dripping foliage.

975 Δένδρα, ριζικό σύστημα και κόμη
Το δένδρο τρέφεται από τα ακρορίζια που βρίσκονται στην περιφέρεια του ριζικού συστήματος και συμπίπτουν με την περιφέρεια της κόμης, από όπου πέφτει και το νερό της βροχής. Η βάση του κορμού είναι το θεμέλιο στο οποίο στηρίζεται το δένδρο.

976 Transportation of tree, Paris 1850
Tree-lifting machine for the transportation of full-grown trees for Parisian avenues.

976 Δενδροφύτευση, Παρίσι, 1850
Μηχάνημα για τη μεταφορά και φύτευση πλήρως ανεπτυγμένων δένδρων για δενδροστοιχίες.

977 Zurich, planting of young trees
The tree trunk is protected by a special bandage and is supported by four poles. An airshaft has been installed for the roots as well as for deep watering. Frames with wire mesh are in readiness to be installed around it.

977 Ζυρίχη, φύτευση νέων δένδρων
Ο κορμός προστατεύεται με ειδικό επίδεσμο και υποστηρίζεται από τρεις πασσάλους. Ένας αεραγωγός έχει τοποθετηθεί για το ριζικό σύστημα αλλά και για βαθύ πότισμα. Τελάρα με μεταλλικό πλέγμα προετοιμάζονται για την εγκατάστασή τους γύρω από το δένδρο ενόσω είναι τρυφερό.

978 Zurich, protection of the trunk
Not very beautiful but very practical.

978 Ζυρίχη, προστασία κορμού
Όχι πολύ ελκυστικό αλλά λειτουργικά σωστό σύστημα.

979 Schafhaussen, protective railing
The protection of the tree trunks while they are still young is a necessary precaution that is not always very easy to handle in an attractive way. Still a simple solution like this one is a safe bet.

979 Σάφχαουζεν, προστατευτικό κιγκλίδωμα
Η προστασία των δένδρων όσο είναι ακόμα μικρά, είναι μια αναγκαία πρόληψη που δεν οδηγεί πάντα σε ελκυστικές λύσεις. Παρ' όλον τούτο, ένα απλό κιγκλίδωμα, όπως εν προκειμένω, είναι η ασφαλέστερη λύση.

980

981

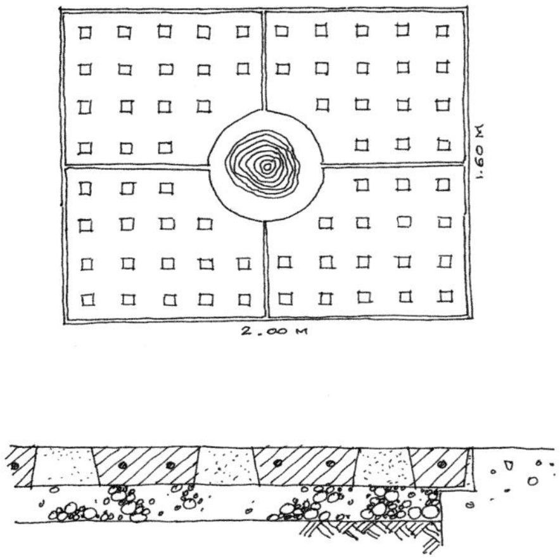

982

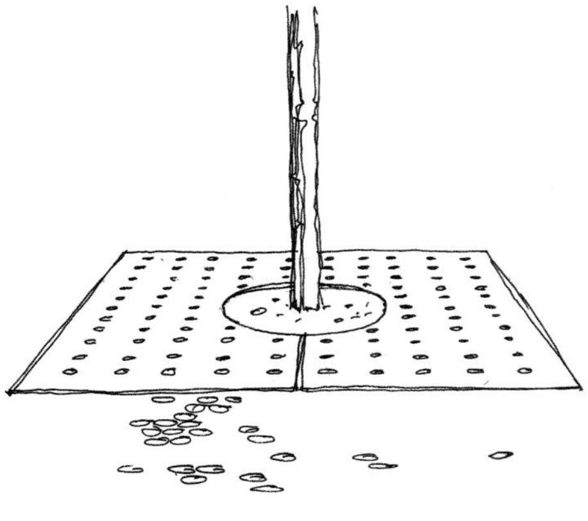

983

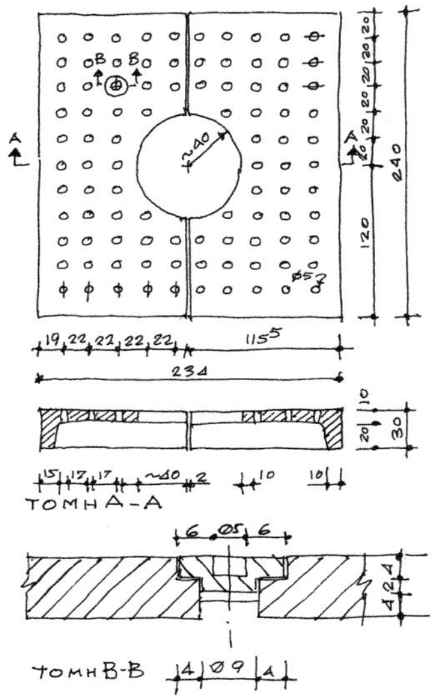

984

The shaping of a tree base
Η διαμόρφωση της βάσης του δέντρου

980 Athens, Zappeion
The row of tree trunks gives the illusion of enclosure separating the pedestrian area of calm, getting together and conversation, from the area of movement.

980 Αθήνα, Ζάππειο
Η ευθύγραμμη φύτευση ορίζει συγκεκριμένο χώρο πεζών. Οι διάτρητες προκατασκευασμένες πλάκες από τσιμέντο αποτελούν έναν οικονομικό τρόπο διαχείρισης του εδάφους στη βάση του δένδρου.

981 Wienna, Kartner Strasse, tree base
A second grill in the shape of a square surrounds the base of the tree to allow the rainwater, dripping from the leaves, reach to the feeder roots.

981 Βιέννη, Κέρντνερ στράσε, πεζόδρομος
Μέσω περιφερειακής εσχάρας, τα όμβρια φθάνουν τα ακρορίζια από όπου τρέφεται το δένδρο.

982 Athens, Zappeion
Note the very simple and straightforward perforated concrete slabs that form the base of the trees, 1x0,8 m each.

982 Αθήνα, Ζάππειο
Διαμόρφωση γύρω από τη βάση των δένδρων με διάτρητα στοιχεία από γαρμπιλόδεμα, διαστάσεων 1x0,8 μ. το καθένα.

983, 984 Manheim, tree base
A system similar to the concrete slabs in Zappeion, Athens but in two slabs.

983, 984 Μάνχαϊμ, βάση δένδρων
Το σύστημα με διάτρητες πλάκες από τεχνητό λίθο γύρω από τους κορμούς των δένδρων είναι μια εύκολη λύση χαμηλού κόστους, παρόμοια μ' εκείνη του Ζαππείου.

985

987

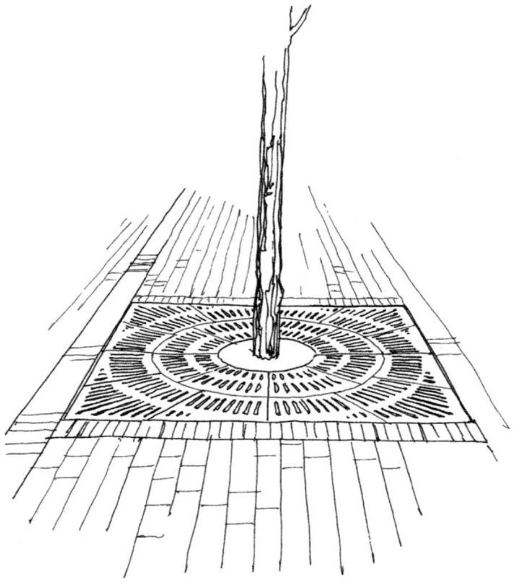

989

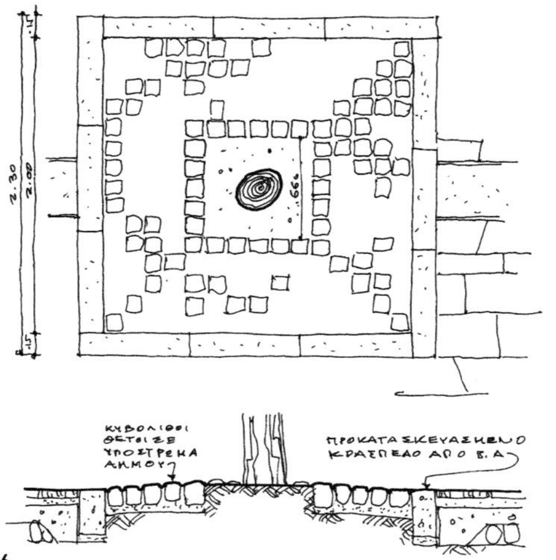

986

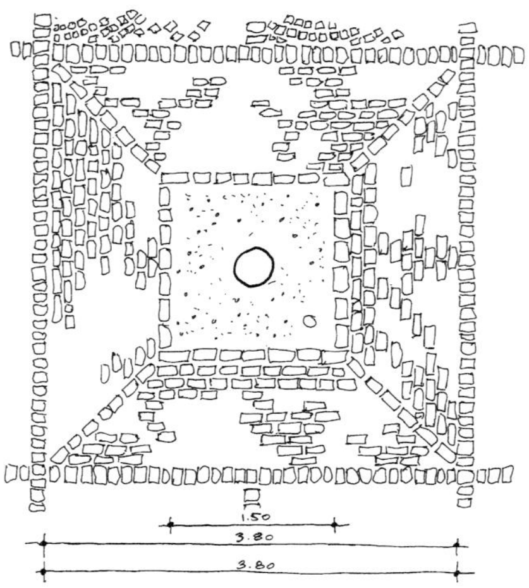

988

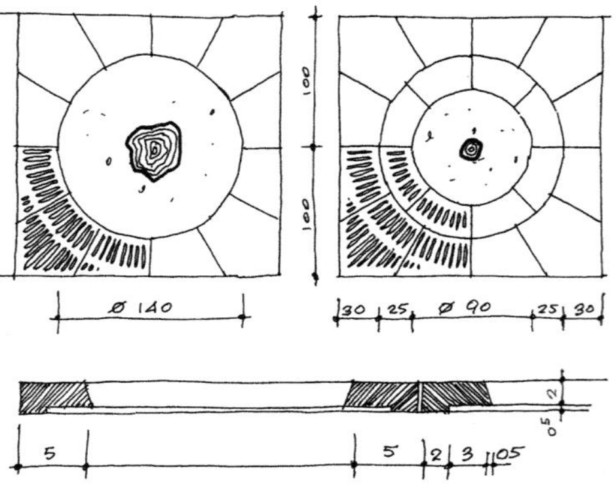

990

991

The shaping of a tree base
Η διαμόρφωση της βάσης του δέντρου

985, 986 Tree base in cobblestones

985, 986 Αλτάνα δεντροστοιχίας με κυβόλιθους

987, 988 Aachen, tree base in cobblestones
The cobblestones are set without mortar thus allowing the rainwater to penetrate the soil beneath.

987, 988 Άαχεν, βάση δένδρου με κυβόλιθους
Οι κυβόλιθοι γύρω από τη βάση του δένδρου είναι τοποθετημένοι δίχως κονίαμα, πράγμα που επιτρέπει στο νερό της βροχής να διεισδύει στο έδαφος.

989, 990 Bonn
A system consisting of multiple metal grills around the tree trunk.

989, 990 Βόννη
Σύστημα με πολλαπλές μεταλλικές εσχάρες γύρω από τον κορμό των δένδρων.

991 Zurich, Bahnhofstrasse
A highly sophisticated interlocking iron grid that allows for the expansion of the free area around the tree trunk. Note the opening on the pavement for the ventilation of roots.

991 Ζυρίχη, Μπάνχοφστράσε, πεζόδρομος
Ένα υπερεξελιγμένο σύστημα από εσχάρες που κλειδώνουν μεταξύ τους. Είναι αξιοπρόσεκτο το κυκλικό άνοιγμα στο κατάστρωμα του δρόμου, για τον εξαερισμό του ριζικού συστήματος και το πότισμα σε βάθος.

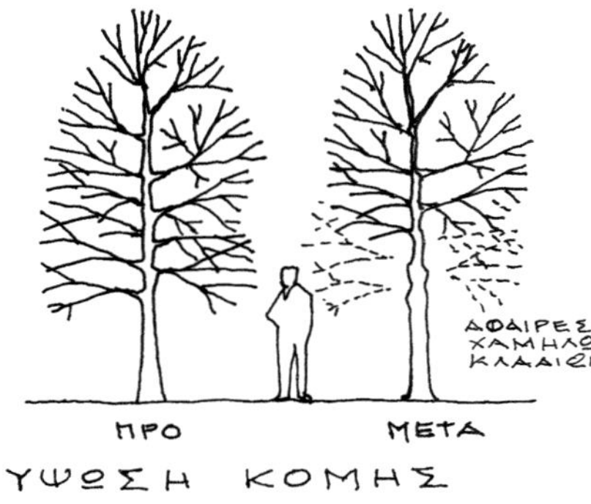

992

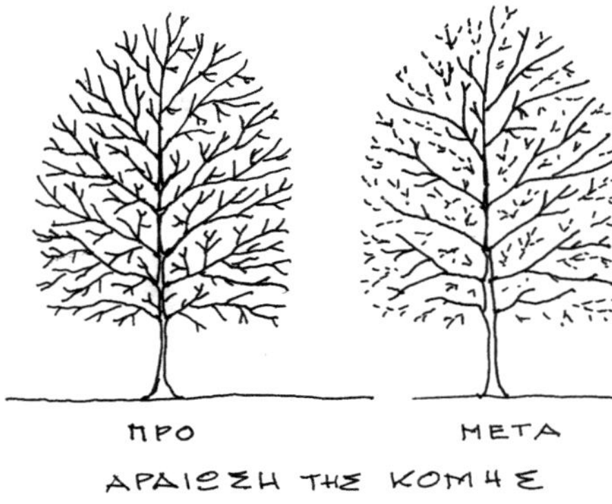

993

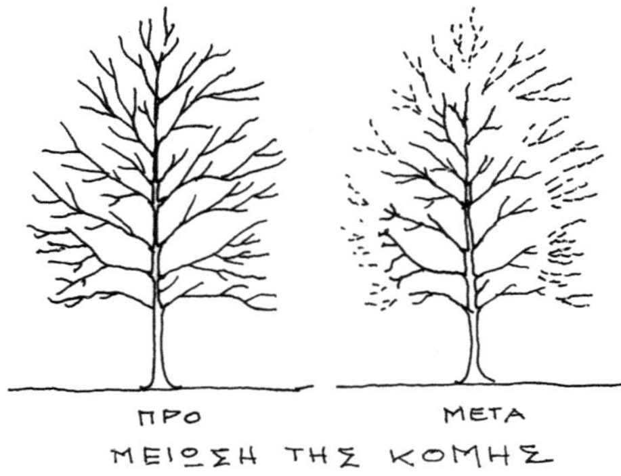

994

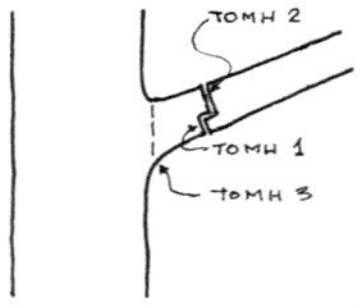

995

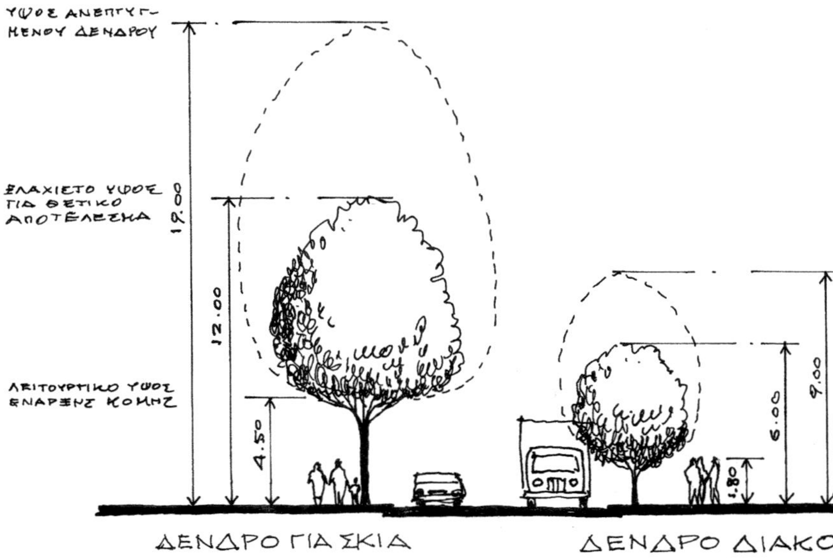

996

Trees' trimming / Κλάδεμα των δένδρων

Trimming has two purposes: the aesthetic presence and the functionality of the tree
Στόχος του κλαδέματος είναι η αισθητική παρουσία και η λειτουργικότητα του δένδρου

992 Cutting the lower branches to allow for free circulation under the tree.
992 Αφαίρεση των χαμηλών κλαδιών για την ύψωση της κόμης.

993 Thinning down of the foliage.
993 Αραίωση της κόμης.

994 Reduction of foliage.
994 Μείωση της κόμης.

995 Trimming method.
995 Τεχνική κλαδέματος.

996 Comparison between large and small trees
When comparing big with small trees, the advantages of large trees both from aesthetic and functional points of view are obvious. Furthermore large trees provide shadow while small trees are purely decorative.

996 Σύγκριση μεταξύ μεγάλων και μικρών δένδρων
Τα μεγάλα δένδρα εξασφαλίζουν σκιά, τα μικρά είναι κατάλληλα μόνο για διακόσμηση ή για απόκρυψη μιας δυσάρεστης θέας. Το μικρό δένδρο μπορεί να γίνει εμπόδιο στην ομαλή κυκλοφορία.

997, 998 Sections of streets with rows of trees
A comparison between small and large trees. The advantage of large trees is obvious.

997, 998 Τομές οδών με δένδρα σε δενδροστοιχίες
Είναι σαφή τα λειτουργικά και τα αισθητικά πλεονεκτήματα των μεγάλων δένδρων έναντι των μικρών.

997

998

999

1000

1001

C5.2 Tree alignment
Γ5.2 Η σημασία της δενδροστοιχίας

999 London, Carlton House, the mall
The rows of trees on the right and left define a space that becomes completely independent from St James Park on the left and Carlton Terrace to the right.

999 Λονδίνο, Κάρλτον Χάους, το μωλ
Οι δύο δενδροστοιχίες ορίζουν έναν αυτόνομο χώρο ανάμεσα στο Κάρλτον Τέρας, και το πάρκο του Σέντ Τζέιμς.

1000 London, Carlton House, the mall
The tree trunks on the left repeat the rhythm of the Carlton House Terrace colonnade to the right, thus accentuating the calm restrain of this Neoclassical urban setting.

1000 Λονδίνο, Κάρλτον Χάουζ, το μωλ
Οι κορμοί των δένδρων αριστερά καθρεφτίζουν την κιονοστοιχία του Κάρλτον Χάους Τέρας στα δεξιά.

1001 Manhattan, New York, 3rd Avenue
Even a few trees can humanize an important motorway.

1001 Μανχάταν, Νέα Υόρκη, 3η λεωφόρος
Ακόμη και λίγα δένδρα αρκούν για να εξανθρωπίσουν μια σημαντική οδική αρτηρία.

1002

1003

Tree alignment
Η σημασία της δενδροστοιχίας

1002 Barcelona, La Rambla, the alignment
The rows of tall trees in straight lines create an agreeable perspective, and define a pedestrian precinct completely cut-off from vehicular movement. This is enhanced by sidewalk coffee houses.

1002 Βαρκελώνη, Ράμπλα
Οι συνεχείς δενδροστοιχίες σε συνδυασμό με τους φανοστάτες ορίζουν τον χώρο των πεζών και δημιουργούν την κατάλληλη απομόνωση από την κίνηση και τη βαβούρα της πόλης. Οι εν σειρά καφενέδες συμβάλλουν στη γαλήνια ατμόσφαιρα.

1003 Athens
A double row of trees provides for the complete shading of the street surface during summer months.

1003 Αθήνα
Η διπλή δενδροστοιχία στον πεζόδρομο εξασφαλίζει την πλήρη σκίαση κατά το θέρος.

1004 Athens, Hadrian's gate, Lysikrates street
This street has the merit of starting from the ancient Greek monument of Lysicrates (Lantern of Diogenes) and ending at Hadrian's gate, two monuments of ancient Athens of particular importance. To add trees would be detrimental.

1004 Αθήνα, Πύλη του Αδριανού, οδός Λυσικράτους
Ο δρόμος αυτός έχει το μεγάλο προσόν να ξεκινά από το μνημείο του Λυσικράτους (φανάρι του Διογένους) και να καταλήγει στην Πύλη του Αδριανού, δύο σημαντικά μνημεία της αρχαιότητας. Στη συγκεκριμένη περίπτωση δεν χρειάζονται άλλα δένδρα. Αρκούν αυτά που υπάρχουν στις αυλές των σπιτιών.

1004

1005

1006

C5.3 What should be avoided in tree planting

Γ5.3 Λάθη προς αποφυγή

1005, 1006 Athens, Lysicrates street
1005 As it is today. The Lysicrates monument, well hidden behind the unkempt foliage, performs a vanishing act. The presence of parked motorcars along the curb contributes to the downgrading of this culturally very important street.
1006 As it could be. With well-trimmed foliage and no motorcars. One can makes out the Acropolis Walls as well as the Lysicrates monument below them.

1005, 1006 Αθήνα, οδός Λυσικράτους
1005 Πού είναι το μνημείο; Κρυμμένο πίσω από τα φυλλώματα. Τα σταθμευμένα κατά μήκος του πεζοδρομίου οχήματα συμβάλλουν στην υποβάθμιση του μοναδικού αυτού δρόμου.
1006 Όπως θα μπορούσε να είναι, με καλοκλαδεμένα τα φυλλώματα και δίχως σταθμευμένα αυτοκίνητα. Το τείχος της Ακρόπολης είναι ορατό με το μνημείο του Λυσικράτους στους πόδες του.

1007

1008

What should be avoided in tree planting
Λάθη προς αποφυγή

1007, 1008 Athens, Kapnikarea street
1007 The planting and other obstacles are part of the recent transformation of this street into a pedestrian way. Sometimes one wonders about the lack of care and interest displayed by municipal councils in their decision making.
1008 Kapnikarea Street as it could be without shrubbery and railings.

1007, 1008 Αθήνα, οδός Καπνικαρέας
1007 Η φύτευση και τα λοιπά εμπόδια είναι στοιχεία της πρόσφατης μετατροπής του δρόμου σε πεζόδρομο. Διερωτάται κανείς με πόση αδιαφορία λαμβάνονται οι αποφάσεις των δημοτικών συμβουλίων.
1008 Πώς θα μπορούσε να είναι ο πεζόδρομος αν έλειπαν τα δενδρύλλια και τα λοιπά εμπόδια.

C5.4 Shrubs and bushes

The main purpose of shrubs or bushes in the urban landscape is to hide undesirable elements from view. For this reason they are primarily used in the central dividing area between the two streams of motorcars on motorways, in order to prevent the dazzling of drivers from motorcar lights coming from the other direction. Another common use is to create a hedge between a motorway and an area devoted to pedestrians. In selecting bushes one has to take into consideration the height of the object to be hidden above street level, and accordingly choose low or higher bushes.

Γ5.4 Θάμνοι

Η κύρια λειτουργία των θάμνων στον αστικό χώρο είναι η απόκρυψη κάποιων ανεπιθύμητων στοιχείων. Ανάλογα φυσικά με το τι θέλουμε να κρύψουμε, επιλέγουμε χαμηλούς ή ψηλούς θάμνους. Άλλη χρησιμότητα είναι η δημιουργία φράχτη για να απομονωθεί κάποιος χώρος από τα αυτοκίνητα, ιδίως χώρος καθήμενων. Οι θάμνοι είναι σχετικά φθηνοί και δεν απαιτούν ιδιαίτερη περιποίηση εκτός από κλάδεμα. Γι' αυτόν τον λόγο δυστυχώς συχνά τους φυτεύουν εκεί όπου έπρεπε να υπάρχουν δένδρα.

C5.5 Flowers

The role of flowers is purely decorative, but they need constant care, and this means high cost in personnel and materials. Unfortunately the erroneous use of flowers is most common. So, we notice tripods in wrought iron carrying flower pots of various shapes and forms decorating and cluttering sidewalks and creating problems to people walking by without offering any kind of aesthetic result. Flowers very seldom have a successful presence in free public areas, except in public gardens and parks where they belong, as well as on the facades of buildings.
Very few have managed to achieve a positive urban environment with flowers, as is the case of Roberto Burle Marx, who has designed flower gardens in Brazil. His way of planting and color combination - but with wildlife plants and cactuses – has been successfully tried on the slopes of the Castle of Barcelona.

Γ5.5 Άνθη

Τα άνθη έχουν καθαρά διακοσμητικό ρόλο, χρειάζονται όμως πολλή περιποίηση, κι αυτό συνεπάγεται σημαντική δαπάνη σε κηπουρούς και υλικά. Ευτυχώς η ανάγκη για λουλούδια στον αστικό χώρο είναι περιορισμένη. Δυστυχώς όμως η λανθασμένη χρήση τους είναι συχνή, κι έτσι βλέπουμε τρίποδα από σφυρηλατημένο σίδερο με γλαστράκια ποικιλόμορφα με βαμβακούλες, καθώς και διάφορες άλλες αμφιβόλου αισθητικής ανθοδόχες να κατακλύζουν τον δημόσιο χώρο εμποδίζοντας τους πεζούς, χωρίς να προσφέρουν τίποτα απολύτως. Τα άνθη σπανίως έχουν επιτυχή παρουσία στους ελεύθερους δημόσιους χώρους, παρά μόνον στα άλση και στους δημόσιους κήπους όπου και ανήκουν, αλλά και σε προσόψεις των κτιρίων.
Λίγοι κατορθώνουν να δώσουν μια θετική παρουσία στα άνθη. Σε αυτούς συγκαταλέγεται ο Ρομπέρτο Μπουρλ Μαρξ (Roberto Burle Marx) που επί χρόνια σχεδίαζε ανθόκηπους στη Βραζιλία. Ο τρόπος φύτευσης και συνδυασμού χρωμάτων του Ρομπέρτο Μπουρλ Μαρξ –αλλά με άγρια φυτά και κάκτους– ακολουθείται με επιτυχία και στις πλαγιές του φρουρίου της Βαρκελώνης.

1009

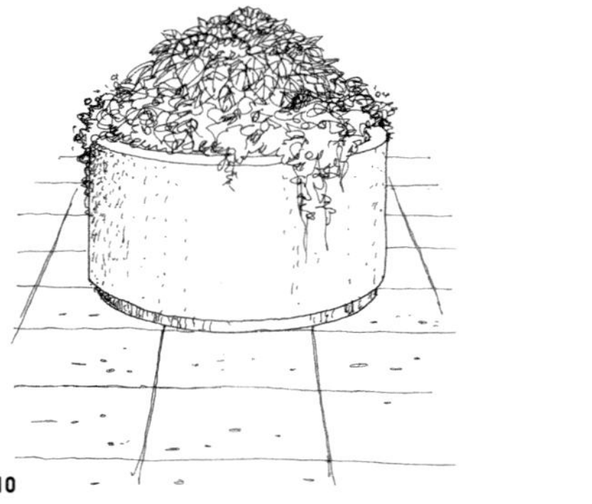

1010

Shrubs and bushes / Θάμνοι

1009 St Petersburg
Except for the row of trees, shrubs are used for the concealment of motorcars.

1009 Αγία Πετρούπολη
Οι θάμνοι συμπληρώνουν τη δενδροστοιχία ώστε να κρυφτούν εντελώς τα αυτοκίνητα που κινούνται στη λεωφόρο.

Flowers / Άνθη

1010 U.S.A, flower box
An attractive modern design.

1010 Η.Π.Α., ανθοδόχη
Ελκυστικός σύγχρονος σχεδιασμός.

C5.6 Climbing plants

When a street is too narrow and the planting of trees is not convenient, a similar result for shading can be achieved with the use of pergolas. There are many examples of this kind of planting in traditional urban scenes. Climbing plants need a certain light infrastructure to support them. This can become one more design element for the creation of an attractive environment. Climbing plants, aside from their importance as providers of an agreeable space in the form of a pergola over a footway, can be present in the urban landscape as part of a shading device on the southern elevations of buildings in summer.

Γ5.6 Αναρριχώμενα

Τα αναρριχώμενα δημιουργούν ευχάριστους χώρους, σχηματίζοντας πάνω σε πέργολες μια δροσερή οροφή, πρασινίζουν τις όψεις των κτιρίων και συμβάλλουν αποφασιστικά στον κλιματισμό του αστικού χώρου. Στους πολύ στενούς δρόμους, όπου η φύτευση δένδρων είναι αδύνατη, μπορεί να επιτευχθεί παρεμφερές αποτέλεσμα με τη χρήση πέργολας ή κληματαριάς και αναρριχώμενων φυτών. Τέτοια παραδείγματα υπάρχουν πολλά στην παραδοσιακή πολεοδομία. Η τεχνική υποδομή που απαιτείται για τη στήριξή τους μπορεί να αποτελέσει άλλο ένα στοιχείο που καλλωπίζει τον χώρο και του δίνει συνάμα ιδιαίτερο χαρακτήρα.

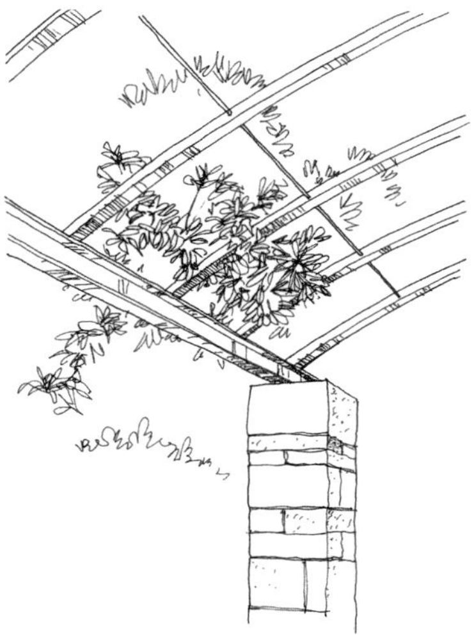

1011

1013

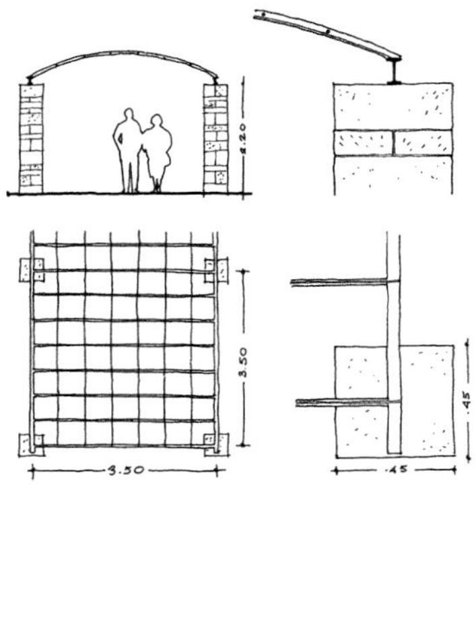

1012

Climbing plants / Αναρριχώμενα

1011, 1012, 1013 Athens, pergola in the National Garden
A simple and straightforward design.

1011, 1012, 1013 Αθήνα, κληματαριά στον Εθνικό κήπο
Μια απλή και πετυχημένη λύση.

PART D

The urban dimension

The past, the present and the future

In this, last part, the possibility of coexistence of a contemporary town or city with pedestrians and under what conditions this can be achieved, is examined.

As a first successful example of such a city, Venice is analyzed, as it is today. There follows an examination of the 20th century ideal of gigantism as can be attested by projects and realizations of new cities and interventions in existing ones.

From there on the new awareness and interest, that has been building up these last few decades for pedestrian space in our towns and cities is scrutinized for whatever insights it can provide us, to enable us to envisage the future.

Subjects discussed:

D1 The past up to the 20th century

D2 The 20th century

D3 Contemporary trends and functions of public space

ΜΕΡΟΣ Δ΄

Η πολεοδομική διάσταση

Το παρελθόν, το παρόν και το μέλλον

Στο Μέρος Δ΄ εξετάζεται η δυνατότητα συνύπαρξης μιας σύγχρονης πόλης με τον πεζοπορούντα κάτοικό της ή επισκέπτη, και οι απαραίτητες προϋποθέσεις γι' αυτό. Ως πρώτο παράδειγμα επιτυχούς πόλης για πεζούς εξετάζεται η σημερινή Βενετία, στη συνέχεια οι πολεοδομικές απόψεις του 20ού αιώνα –πραγματοποιημένες ή μη– σε νέες πόλεις ή σε επεμβάσεις στις υφιστάμενες. Εξετάζεται επίσης το ενδιαφέρον που αναπτύσσεται τις τελευταίες δεκαετίες για τον πεζό στην πόλη, ως θεωρία και πράξη. Τέλος, σημειώνονται οι σημερινές τάσεις με τη μορφή που παίρνουν μέσα στον αστικό ιστό καθώς και οι προοπτικές που ανοίγονται για το μέλλον.

Εξεταζόμενα θέματα:

Δ1 Το παρελθόν έως τον 20ό αιώνα

Δ2 Ο 20ός αιώνας

Δ3 Οι σημερινές τάσεις και οι λειτουργίες του δημόσιου χώρου

D1 The past up to the 20th century

Venice, the pedestrian city, a lesson in town planning

The urban tissue

Venice is the perfect example of a modern city with a population of approximately a quarter million inhabitants and no wheeled traffic whatsoever. Still it is one of the six main ports of Italy.

Venice, built on a number of islands in the Laguna Veneta, off the Adriatic coast of Italy, is connected to the mainland with the industrial center of Mestre, at a distance of 4 km to the west, by motorway and railway.

A substantial part of the population of Venice commutes daily to the mainland, where it is employed, while visitors reach the town by moving in the opposite direction.

Still both road and rail stop at the western entrance to the island group, where large multistorey parking areas are located. From there on all transportation serving Venice is by boat or on foot.

To the gondolas and barges of the past, relying on manpower, modern motorboats have been added, but a speed limit of 7,5 km/h has been imposed.

In this way Venice could be considered as a unique case of a modern city with no wheeled traffic and a low-speed transportation system.

On top of the normal needs of a modern city, Venice has to cope with one of the largest tourist trades in the world.

Δ1 Το παρελθόν έως τον 20ό αιώνα

Βενετία, η πόλη των πεζών, ένα μάθημα πολεοδομίας

Ο ιστός της πόλης

Η Βενετία είναι ένα τέλειο δείγμα μιας σύγχρονης πόλης με πληθυσμό σχεδόν 270.000 κατοίκων χωρίς ίχνος τροχοφόρου οχήματος. Παρόλον τούτο αποτελεί έναν από τους 6 κυριότερους λιμένες της Ιταλίας. Κτισμένη σε μια πλειάδα από νησίδες στη λιμνοθάλασσα Βενέτικα της Αδριατικής, έχει ενωθεί με την ενδοχώρα της Ιταλίας, που απέχει 4 χλμ., με έναν υπεραστικό αυτοκινητόδρομο και μια σιδηροδρομική γραμμή, στη θέση του βιομηχανικού κέντρου της, στο Μέστρε.

Ένα σημαντικό τμήμα του πληθυσμού της Βενετίας μεταβαίνει καθημερινά στην αντίπερα στεριά, όπου εργάζεται. Εκτός από τις συνηθισμένες ανάγκες μιας σύγχρονης πόλης, η Βενετία πρέπει να ανταποκρίνεται και στις απαιτήσεις της μεγαλύτερης ίσως συγκέντρωσης επισκεπτών του κόσμου.

Παρά ταύτα, και η οδική αρτηρία και ο σιδηρόδρομος σταματούν στο δυτικότερο άκρο του νησιωτικού συμπλέγματος της Βενετίας, όπου έχουν κατασκευαστεί πολυώροφοι σταθμοί αυτοκινήτων. Από εκεί και πέρα, όλη η εσωτερική κυκλοφορία και όλες οι μεταφορές πραγματοποιούνται με πλωτά μέσα ή με τα πόδια. Σήμερα στις γόνδολες και τις μαούνες του παρελθόντος έχουν προστεθεί και μηχανοκίνητα σκάφη, υπό την αυστηρή όμως απαγόρευση της υπέρβασης της ταχύτητας των 7,5 χλμ. /ώρα.

Παρότι σε ορισμένα σημεία του συγκροτήματος δεν είναι δυνατή η πρόσβαση με μηχανοκίνητο μέσο (πλωτό), οι δυσκολίες ξεπερνιούνται εύκολα και τελικά το σύστημα λειτουργεί εξ ίσου καλά, αν όχι καλύτερα απ' ό,τι λειτουργούσε την εποχή που η Βενετία ήταν το κέντρο μιας εμπορικής αυτοκρατορίας, όταν το κυκλοφοριακό της σύστημα υπερείχε αναμφισβήτητα εκείνου των άλλων χερσαίων μεγαλουπόλεων. Το πιο ενδιαφέρον είναι ότι σήμερα το μεγαλύτερο ποσοστό των μεταφορικών μέσων είναι δημόσιας χρήσης, ενώ ελάχιστοι κάτοικοι χρησιμοποιούν ιδιωτικά πλωτά μέσα.

Η Βενετία λοιπόν, παρότι δεν είναι απόλυτα αυτάρκης αστική περιοχή, αφού είναι άρρηκτα συνδεδεμένη με σημαντικές βιομηχανικές εγκαταστάσεις στο Μέστρε, μπορεί να θεωρηθεί ως η μοναδική περίπτωση σύγχρονης πόλης δίχως τροχοφόρα μέσα, με ένα μεταφορικό σύστημα με πολύ χαμηλές ταχύτητες.

The urban tissue / Ο ιστός της πόλης

1014 Venice, main canal system.
1014 Βενετία, το κύριο δίκτυο καναλιών.

1015 Principal pedestrian ways, squares and local distributors. Main canals are also shown (major street network is in black).
1015 Οι κύριες οδοί και οι σημαντικότερες πλατείες (το κύριο οδικό δίκτυο σημειώνεται με μαύρο).

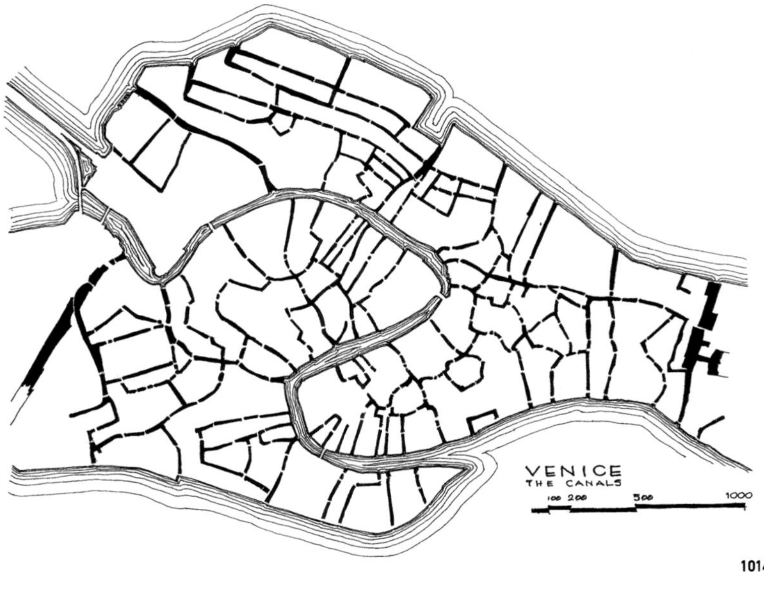

1014

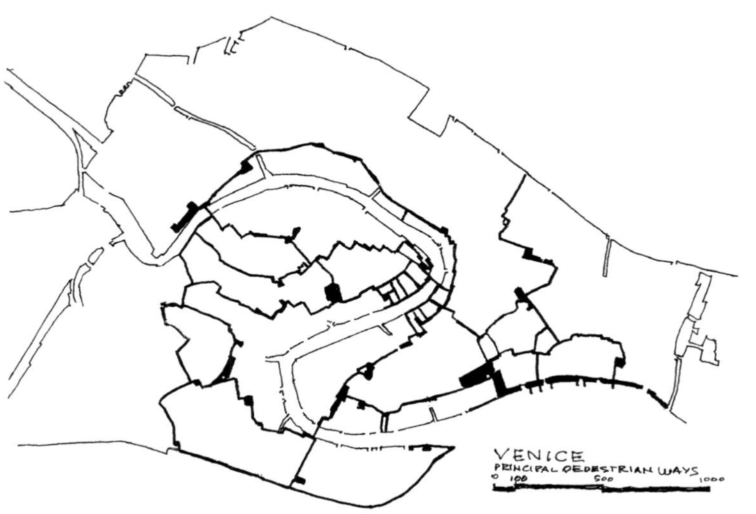

1015

1016

1017

1018

The canals

All mechanical transportation and public services are carried out by motorboats of various types, mostly for public use, serving as buses, fire engines and taxi cabs. Furthermore very few of the inhabitants own a private motor boat.

The Grand Canal, the most important feature of the layout of Venice, divides the city in two, as it winds through the urban tissue. It has a length of 3.8 km, a width between 40 and 75 m and serves as the main thoroughfare of the city of Venice.

From the Grand Canal a number of waterways, serving as main distributors of a total length of 135 km, are used by waterbuses.

Further on, an extensive network of narrower canals serve as local distributors, reaching every corner of the urban complex.

Τα κανάλια

Όλες οι μεταφορές με μηχανικά μέσα εκτελούνται με μηχανοκίνητα σκάφη διαφόρων τύπων, κυρίως δημόσιας χρήσης, που λειτουργούν ως λεωφορεία, ταξί και πυροσβεστικές αντλίες. Ελάχιστοι από τους κατοίκους της Βενετίας διαθέτουν ιδιόκτητο μεταφορικό σκάφος.

Το Κανάλ Γκράντε, 3,8 χλμ. περίπου, το σημαντικότερο στοιχείο στον πολεοδομικό ιστό της πόλης, τη χωρίζει στα δύο καθώς τη διασχίζει κυματοειδώς. Από το Κανάλ Γκράντε ξεκινάει ένας αριθμός από κανάλια μέσου μεγέθους που διανέμουν την πλωτή μετακίνηση σε όλη την πόλη, με συνολικό μήκος 135 χλμ., μέσω ενός δεύτερου δικτύου από μικρότερα κανάλια, που το συμπληρώνει φθάνοντας ώς την κάθε γωνιά της.

The canals / Τα κανάλια

1016 Venice, Canal Grande
The main thoroughfare of Venice with the Rialto Bridge, Ponte di Rialto, in the background.

1016 Βενετία, το Κανάλ Γκράντε και το Πόντε ντι Ριάλτο
Πεζογέφυρα και εμπορικός δρόμος συνδυάζονται πάνω από το Κανάλ Γκράντε, την κύρια μεταφορική αρτηρία της Βενετίας.

1017 Venice, medium size canals
Transportation of goods can be carried out only on canals, but people can also use the numerous gondolas at their disposal.

1017 Βενετία, κανάλι μέσου μεγέθους
Η μεταφορά των αγαθών πραγματοποιείται μόνο μέσω καναλιών. Αυτό δεν εμποδίζει τη χρήση τους και από το κοινό, που έχει στη διάθεσή του έναν πολυάριθμο στόλο από πλωτά μέσα. Η γόνδολα προηγήθηκε εκατοντάδες χρόνια του αυτοκινήτου!

1018 Venice, foot bridges crossing over canals
Where a street meets a canal, a stepped bridge allows for the necessary clearance for the passage of gondolas and barges.

1018 Βενετία, πεζογέφυρες πάνω από κανάλι
Όποτε ένας πεζόδρομος συναντά ένα κανάλι, μια κλιμακωτή γέφυρα εξασφαλίζει αρκετό ύψος από κάτω ώστε να περνάνε άνετα γόνδολες και μαούνες.

The bridges

Continuity in the movement of people along the footways is achieved by a substantial number of bridges where they intersect with the canals. Most of the bridges are stepped to allow proper headroom for the free passage along the waterways below them. Only three bridges have been built over the Grand Canal, a fact that disrupts somehow the free movement of pedestrians.

The most important of these is the Ponte di Rialto, the bridge that unites the Campo San Bartolomeo with the Ruga degli Orefici and the Campo de Rialto, historically the heart of business and commerce. This area today is still the main marketplace of Venice.

The bridge itself, dating from the 16th century, with shops on both sides to the right and left, which are a later addition, is a substantial commercial center.

It is important to note that for the design of this bridge an architectural competition was proclaimed, and entries from the most famous architects of Italy at that time were submitted, including those by Palladio, Vignola, Sansovino and Michelangelo.

Finally the work was entrusted to Da Ponte in 1588 and was completed in 1591.

Aside from canal bridges there is another set of bridges connecting buildings over streets, canals and passages that give an extra dimension to the urban tissue of Venice.

The most famous of these is the Ponte dei Sospiri that reaches from the Doge's Palace to the prison over the canal that separates the two buildings.

Οι γέφυρες

Η συνέχεια στην κίνηση των πεζών εξασφαλίζεται μέσω ενός σημαντικού αριθμού από γέφυρες σε όσα σημεία το κύριο οδικό δίκτυο διακόπτεται από κανάλι. Οι περισσότερες από τις γέφυρες αυτές έχουν βαθμίδες ώστε να υπάρχει το απαραίτητο ύψος για να περνούν από κάτω τα σκάφη. Μόνον τρεις γέφυρες έχουν κατασκευαστεί πάνω από το Κανάλ Γκράντε, πράγμα που παρουσιάζει προβλήματα στην απρόσκοπτη κίνηση των πεζών.

Η πιο σημαντική από τις γέφυρες είναι η Πόντε ντι Ριάλτο, που ενώνει την πλατεία Κάμπο ντι Μπαρτολομέο με τη Ρούγκα ντι Ορεφίτσι και το Κάμπο Ριάλτο, το ιστορικό αλλά και σημερινό εμπορικό κέντρο της Βενετίας. Η γέφυρα που χρονολογείται από τον 16ο αι., με καταστήματα και στις δύο πλευρές της –μια κατοπινή προσθήκη– αποτελεί η ίδια ένα ζωντανό εμπορικό κέντρο.

Εδώ ας σημειωθεί ότι για τον σχεδιασμό της είχε προκηρυχθεί αρχιτεκτονικός διαγωνισμός και είχαν υποβληθεί προτάσεις από τους γνωστότερους αρχιτέκτονες της Ιταλίας εκείνης της εποχής. Μεταξύ άλλων, του Παλλάντιο (Andrea Palladio), του Βινιόλα (Vignola), του Σανσοβίνο (Jacopo d'Antonio Sansovino) και του Μιχαήλ Αγγέλου. Τελικά, το έργο ανατέθηκε το 1588 στον Ντα Πόντε (Antonio da Ponte) και ολοκληρώθηκε το 1591.

Εκτός από τις γέφυρες που ενώνουν δρόμους πάνω από κανάλια, υπάρχουν και γέφυρες που ενώνουν κτίρια πάνω από δρόμους και κανάλια, πράγμα που δίνει πρόσθετη διάσταση στον πολεοδομικό ιστό της Βενετίας. Η πιο σημαντική από αυτές τις γέφυρες είναι η Γέφυρα των Στεναγμών, που ενώνει το παλάτι των Δόγηδων με τις φυλακές, πάνω από το κανάλι που χωρίζει τα δύο αυτά κτίρια.

1019

1020

The bridges / Οι γέφυρες

1019 Venice, Bridge of Sighs (Ponte dei Sospiri)
The most famous –or should we say infamous– foot bridge of Venice was not open to the public. It connected the Doge's Palace, Palazzo Ducale di Venezia, with the Government buildings on the other side of the narrow canal. The high quality of the Baroque design should be noted.

1019 Βενετία, η Γέφυρα των Στεναγμών
Η πιο γνωστή γέφυρα της Βενετίας δεν ήταν ανοικτή στο κοινό. Ένωνε το παλάτι των Δόγηδων με το κυβερνητικό κτίριο στην άλλη πλευρά του καναλιού. Η υψηλή ποιότητα της αρχιτεκτονικής Μπαρόκ της Γέφυρας των Στεναγμών είναι άλλο ένα τεκμήριο για τη σημασία που έδιναν οι πολιτισμένοι αυτοί άνθρωποι στη μορφή των έργων τεχνικής υποδομής.

1020 Venice, foot bridges crossing over canals
Where a street meets a canal, a stepped bridge allows for the necessary clearance for the passage of gondolas and barges.

1020 Βενετία, πεζογέφυρες πάνω από κανάλι
Όποτε ένας πεζόδρομος συναντά ένα κανάλι, μια κλιμακωτή γέφυρα εξασφαλίζει αρκετό ύψος από κάτω ώστε να περνάνε άνετα γόνδολες και μαούνες.

1021

1023

1022

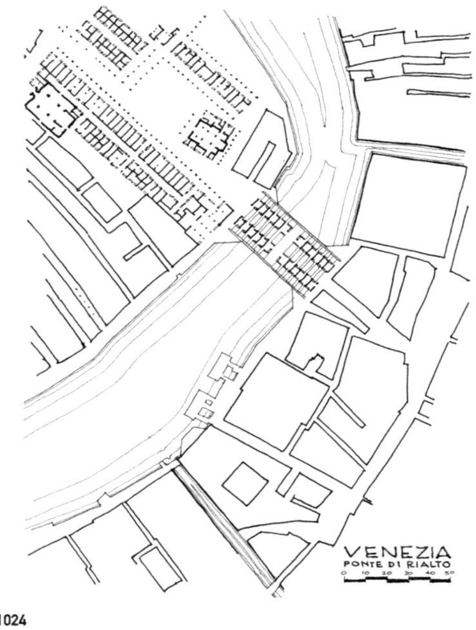

1024

The bridges / Οι γέφυρες

1021, 1022 Venice, the Rialto bridge steps
1021 Venice may be level but whenever streets cross canals we encounter steps. Rialto bridges over the main waterway of Venice, the Canal Grande, and as a result its height above city level is important.
1022 As we cross to the other side of Canal Grande we reach the main market of the city, the Campo di Rialto.

1021, 1022 Βενετία, οι βαθμίδες της γέφυρας του Ριάλτο
1021 Μπορεί η Βενετία να είναι επίπεδη, αλλά έχει βαθμίδες εκεί όπου οι δρόμοι της διασχίζουν τα κανάλια. Το Ριάλτο γεφυρώνει την κύρια υδάτινη αρτηρία της Βενετίας, το Κανάλ Γκράντε, οπότε το ύψος του αναγκαστικά είναι μεγάλο.
1022 Μόλις διασχίζει κανείς τη γέφυρα του Ριάλτο αντικρίζει το Κάμπο ντι Ριάλτο, την κύρια αγορά της πόλης.

1023 Venice, the approach to the Rialto Bridge
Crowds of eager tourists prepare to take by assault the shops on the bridge and the market beyond.

1023 Βενετία, προσπέλαση προς το Ριάλτο
Η Βενετία σήμερα είναι ένα τεράστιο εμπορικό κέντρο. Η γέφυρα του Ριάλτο δεν αποτελεί εξαίρεση.

1024 Venice, the Rialto bridge and the surrounding area, plan
The bridge was designed as a shopping street, with a central and two side lanes. The shops can be entered from both sides and consist of four rows of six arches each with two higher arches in the middle, set on each side of the center lane. The high quality of the design is characteristic of Venetian public works architecture.

1024 Βενετία, η γέφυρα Ριάλτο και η ευρύτερη περιοχή της
Η γέφυρα σχεδιάστηκε ως εμπορικός δρόμος, με έναν κεντρικό δρόμο και δύο πλάγιες διελεύσεις.
Τα καταστήματα εξυπηρετούνται από δύο πλευρές, και αποτελούνται από τέσσερις πτέρυγες, με έξι αψίδες η κάθε μία και με δύο υψηλότερες στο μέσο, εκατέρωθεν του κεντρικού δρόμου. Η υψηλή ποιότητα της αρχιτεκτονικής της γέφυρας είναι χαρακτηριστική για τη δημόσια αρχιτεκτονική της Βενετίας.

Streets and alleys

A network of pedestrian ways consists of a continuous system of streets and alleys of various widths, with a total length of nearly 140 km.

Δρόμοι και δρομάκια

Το σύστημα πεζοδρόμων της Βενετίας αποτελείται από ένα εξαιρετικά πολύπλοκο αλλά συνεχές δίκτυο συνολικού μήκους περίπου 140 χλμ.

1025

1026

Streets and alleys / Δρόμοι και δρομάκια

1025 Venice, Via Freze
Typical street near Saint Mark's Square with shops and sidewalk cafés.

1025 Βενετία, Βία Φρέτσε
Χαρακτηριστικός δρόμος κοντά στην πλατεία του Αγ. Μάρκου, με καταστήματα και καφενεία.

1026 Venice, Campo San Bartolomeo
Central commercial street.

1026 Βενετία, Κάμπο Σαν Μπαρτολομέο
Κεντρικός εμπορικός δρόμος.

1027 Venice, the complete street network (in black)
1027 Βενετία, το πλήρες οδικό δίκτυο (σε μαύρο)

1028 Venice, alley with steps over bridge and an overhang of vines
The foliage that hides the sky accentuates the sense of narrowness.

1028 Βενετία, στενό που καταλήγει σε γέφυρα με βαθμίδες
Οι φυλλωσιές που κρύβουν τον ουρανό εντείνουν την αίσθηση στενότητας του χώρου.

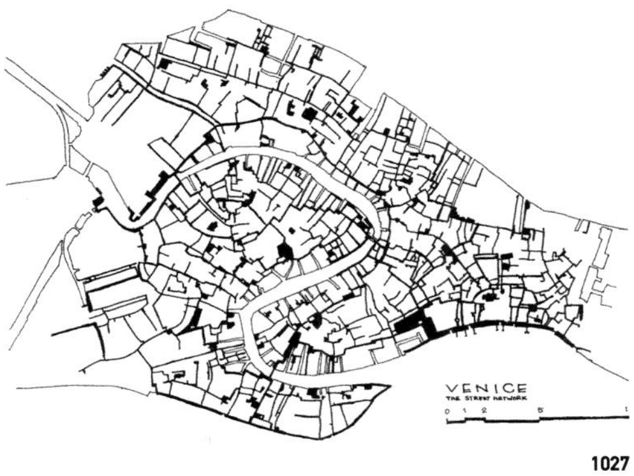

1027

1028

1029

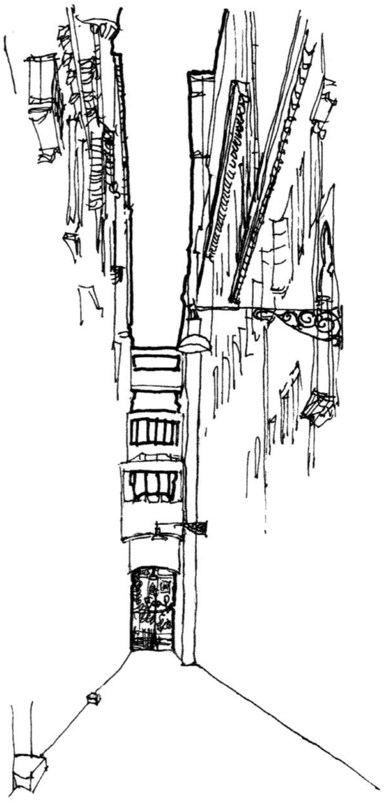

1030

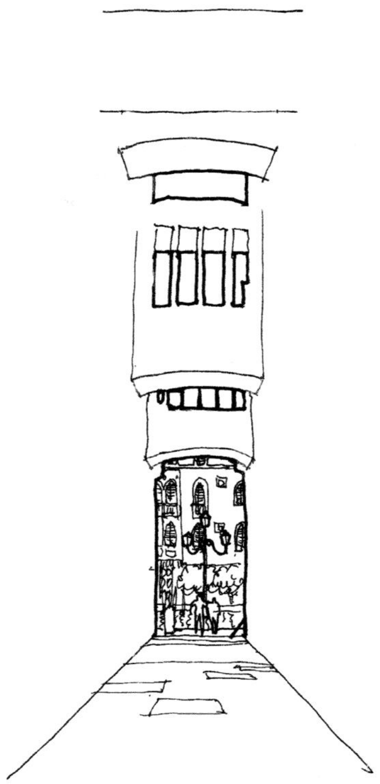

1031

1032

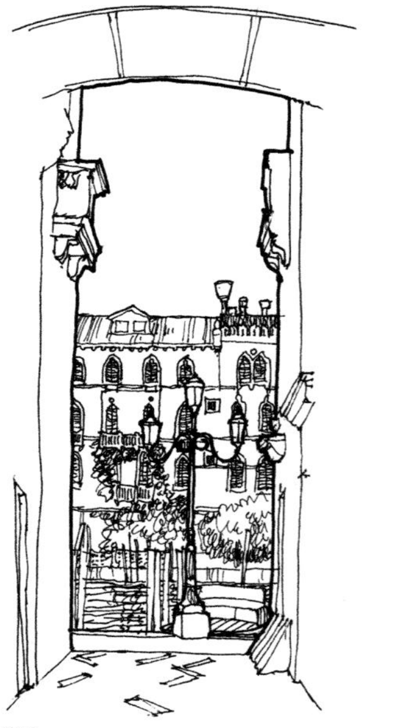

1033

Passages under bridges and arches

In an urban setting that developed through the ages in a rational way, passages under buildings, bridges and arches could not be absent.

Περάσματα κάτω από γέφυρες και αψίδες

Όπως είναι αναμενόμενο, σε έναν πολεοδομικό ιστό που αναπτύχθηκε μέσα στους αιώνες στηριζόμενος στη λογική και όχι σε γραφειοκρατικούς κανονισμούς, δεν θα μπορούσαν να λείψουν οι διελεύσεις κάτω από κτίρια και αψίδες.

Passages under bridges and arches
Περάσματα κάτω από γέφυρες και αψίδες

1029 Venice, approach to Saint Mark's Square, the Merceria
Most entrances to Saint Mark's Square are either through a passage or under arches. The square is typical of enclosed public spaces open only to the sea.

1029 Βενετία, προσβάσεις προς την πλατεία του Αγ. Μάρκου, η Μερτσερία
Οι περισσότερες είσοδοι προς την πλατεία πραγματοποιούνται μέσω στοάς ή κάτω από αψίδες. Η πλατεία είναι ένας τυπικός περίκλειστος ελεύθερος δημόσιος χώρος.

1030, 1031, 1032, 1033 Venice, approach to the Grand Canal
1030 The difference in the height of arches and bridges along the way accentuates the impression of variety in the urban setting.
1031 The bridges over the lane give the impression of a continuous ceiling.
1032 As we approach, the ceiling gets more open.
1033 Although the vista (view) at the end of the alley remains the same, the impression is of constant change as one progresses on the way to the canal. It should be noted that the difference in level of various arches and bridges accentuates the impression of a continuous variation.

1030, 1031, 1032, 1033 Προσπέλαση προς το Κανάλ Γκράντε
1030 Η διαφορά ύψους από γέφυρα σε γέφυρα ενισχύει την εντύπωση της συνεχούς εναλλαγής του τοπίου του δρόμου.
1031 Οι γέφυρες που ενώνουν τα κτίρια δημιουργούν την εντύπωση μιας συνεχούς οροφής.
1032 Όσο πλησιάζουμε, το άνοιγμα της οροφής μεγαλώνει.
1033 Παρ' όλο που η θέα στην άκρη του στενού είναι πάντα η ίδια, η εντύπωση που έχει κανείς καθώς προχωρεί προς το κανάλι είναι μιας συνεχούς εναλλαγής της εικόνας.

Squares

A large number of squares –"Campos"– mostly of modest size, are distributed throughout the city, thus completing this unique urban pedestrian environment. The most important of these squares is the Piazza San Marco with the adjacent Piazzeta. This exquisite civic space is analyzed in detail further on. The Piazza San Marco, a masterpiece of urban design, is the result of a series of happy interventions in the urban tissue of this important sector of Venice. Edmund Bacon refers to the spirit of urban aesthetics that has consistently guided all interventions through the ages. This is one more aspect of the importance of Venice as a case study of a modern exclusively pedestrian city.
The drawings of this chapter illustrate quite clearly some of the stages of this development from the 14th to the 15th century and finally to the changes that were brought to the southern side of the square during the 16th century and more recently by Napoleon Bonaparte in 1810, to the western side.
In the first drawing the Piazzeta forms an extension of the Grand Canal on firm soil, but simultaneously symbolizes the opening of Venice to the sea. In the 13th century the seafront acquired the two enormous granite columns that symbolize the entrance to the city from the sea, while giving a sense of enclosure to the square. The figures on top of the columns, each of a different origin, represent a lion symbol of the power of the Venetian Republic and Saint Theodore.

1034

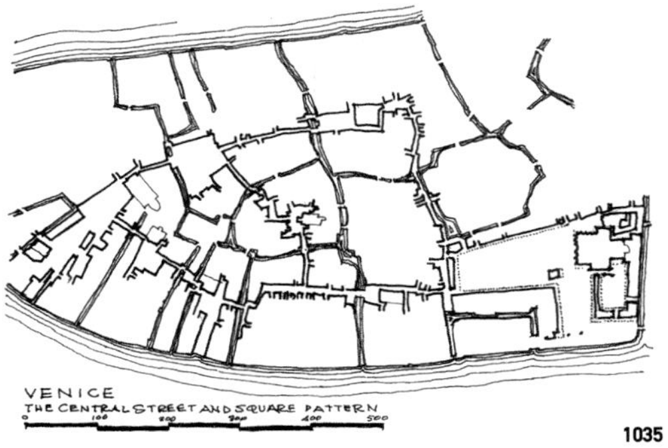

1035

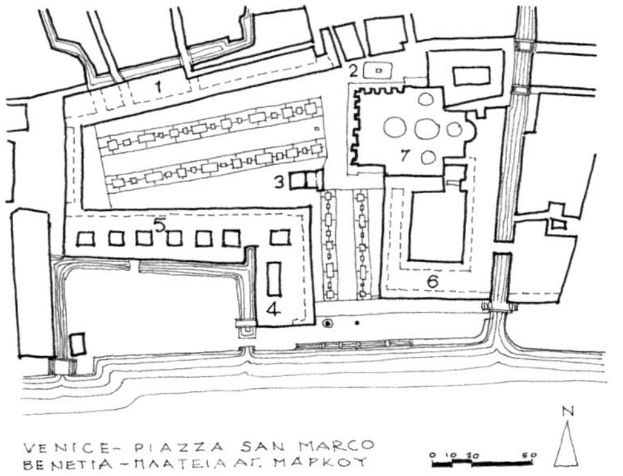

1036

Saint Mark's Square / Πιάτσα σαν Μάρκο

1034 Venice, Saint Mark's Square
The trapezoid shape of the main square, with its wide base in front of Saint Mark's Cathedral, tends to give the impression of a shorter distance but makes the cathedral look smaller too.
The newer Procuratie building with its colonnade and portico presents a high affinity to older buildings to the north of the square (on the left) but it is not identical with them. This near uniformity gives unity, dignity but also elegance to the square.

1034 Βενετία, πλατεία Άγ. Μάρκου
Το τραπεζοειδές σχήμα της κύριας πλατείας, με τη βάση του στην πλευρά του ναού του Αγ. Μάρκου, δημιουργεί την ψευδαίσθηση ότι η απόσταση είναι πολύ μικρότερη απ' ό,τι στην πραγματικότητα, καθιστώντας το ναό πιο προσιτό και οικείο.
Το Νέο Προκουράτιε, με την κιονοστοιχία του και τη στοά του, δίνει την εντύπωση πως είναι ίδιο με το παλιό Προκουράτιε, που βρίσκεται απέναντί του, στη βορεινή πλευρά της πλατείας (αριστερά στο σκίτσο), χωρίς όμως να είναι. Αυτή η ομοιότητα προσδίδει ενότητα και κομψότητα στην πλατεία.

1035 Venice, squares and streets
Walking through Venice one encounters a variety of open spaces connected to roads and alleys. Each of these is a landmark and they are all interconnected by a maze of alleyways.

1035 Βενετία, πλατείες και δρόμοι, η περιοχή του κέντρου
Περπατώντας στη Βενετία συναντά κανείς έναν αριθμό από υπαίθριους χώρους, μικρούς και μεγάλους, που απαρτίζουν μιαν αλυσίδα από πλατείες διαφόρων μορφών. Καθεμιά τους είναι ένα τοπόσημο στην πόλη και ενώνονται μεταξύ τους σ' έναν λαβύρινθο από στενά.

1036 Venice, Saint Mark's Square
1. Procuratie Vecchie, architect Bartolomeo Bon il Giovane (1490-1512).
2. St Mark's Clock Tower, 1499. architect Mauro Codussi (1440-1504).
3. St Mark's Campanile, 1172. After its collapse of 1902, reconstructed in its present form in 1912.
4. National Library of St Mark's, architect Jacopo d'Antonio Sansovino (1486-1570).
5. Procuratie Nuove, architect Vincenzo Scamozzi (1552-1616).
6. Doge's Palace.
7. Saint Mark's Cathedral.

1036 Βενετία, πλατεία Άγ. Μάρκου
1. Προκουράτιε Βέκιε, 1517-1538, αρχιτέκτων Μπαρτολομέο Μπον (Bartolomeo Bon il Giovane).
2. Πύργος ρολογιού: αρχιτέκτων Μάουρο Κοντούσι (Mauro Codussi), 1440–1504.
3. Καμπανίλε, 1172, ανακατασκευή το 1912 μετά από κατάρρευση το 1902.
4. Βιβλιοθήκη: αρχιτέκτων Σανσοβίνο (Antonio Sansovino) (1486-1570).
5. Προκουράτιε Νουόβο: αρχιτέκτων Βιντσέντζο Σκαμότσι (Vincenzo Scamozzi), 1552-1616.
6. Παλάτι των Δόγηδων.
7. Εκκλησία Αγ. Μάρκου.

1037

1038

Saint Mark's Square / Πιάτσα σαν Μάρκο

1037 Venice, Saint Mark's Square from the Piazzetta
The narrow space between the square and the Piazzetta, far from dividing the two squares, acts as a link between them.

1037 Βενετία, πλατεία Άγ. Μάρκου από την Πιατσέτα
Το στενό πέρασμα ανάμεσα στις δυο πλατείες –την πλατεία του Αγ. Μάρκου και την Πιατσέτα– όχι μόνο δεν τις χωρίζει, αλλά αντίθετα λειτουργεί ως συνδετικός κρίκος.

1038 Venice, Saint Mark's Square, the enclosure
The columns with the insignia of the Serenissima Repubblica on the waterfront, between the palazzo Ducale (Doge's Palace) and the library, close the only side of the group of squares that opens to a wider space, the lagoon with the opposite island of San Giorgio Maggiore.

1038 Βενετία, Πλατεία Άγ. Μάρκου, ο περίκλειστος χώρος
Οι στύλοι με τα σύμβολα της Γαληνότατης Δημοκρατίας στο μέτωπο προς τη θάλασσα, μεταξύ του Παλατιού των Δόγηδων και της Βιβλιοθήκης, κλείνουν τη μόνη ανοικτή πλευρά του συγκροτήματος των δύο πλατειών προς έναν ευρύτερο χώρο, τη λιμνοθάλασσα και το νησί του Σαν Τζόρτζιο Ματζόρε.

Πλατείες

Ένας μεγάλος αριθμός από κάμπι, πλατείες περιορισμένης κυρίως έκτασης, κατανέμεται σε όλο το μήκος και το πλάτος της Βενετίας, συμπληρώνοντας μ' αυτόν τον τρόπο το μοναδικό αυτό αστικό περιβάλλον, το αφιερωμένο στους πεζούς. Η πιο σημαντική από τις πλατείες αυτές είναι η πλατεία του Αγίου Μάρκου με την παράπλευρη Πιατσέτα. Το επίτευγμα αυτό του αστικού σχεδιασμού είναι αποτέλεσμα μιας σειράς από επιτυχημένες παρεμβάσεις στον αστικό ιστό του κεντρικού τομέα της Βενετίας.

Ο Έντμουντ Μπέικον αναφέρεται στο πνεύμα της αστικής αισθητικής που διά μέσου των αιώνων οδήγησε όλες τις επεμβάσεις στη Βενετία με συνέπεια και σταθερότητα. Αυτή είναι άλλη μια πτυχή της σημασίας που έχει η Βενετία ως πρότυπο πόλης αποκλειστικά για πεζούς.

Τα σχέδια που συνοδεύουν αυτό το κεφάλαιο εικονίζουν ορισμένα από τα στάδια αυτής της εξέλιξης από τον 14ο έως τον 15ο αι., καθώς και τις αλλαγές στη μεσημβρινή πλευρά της πλατείας του Αγ. Μάρκου κατά τον 16ο αι. και στη δυτική πλευρά της το 1810 από τον Ναπολέοντα Βοναπάρτη.

Μέχρι τον 12ο αι. η Πιατσέτα ήταν μια διαπλάτυνση του Κανάλ Γκράντε στο σταθερό έδαφος, ενώ συγχρόνως συμβόλιζε το άνοιγμα της Βενετίας προς τη θάλασσα. Τον 13ο αι. διευρύνθηκε και το μέτωπό της απέκτησε τους δύο τεράστιους γρανιτένιους στύλους που συμβολίζουν την είσοδο στην πόλη από τη θάλασσα, ενώ συγχρόνως δίνουν μια αίσθηση περίφραξης της πλατείας. Τα γλυπτά στην κορυφή των στύλων, διαφορετικής προέλευσης το καθένα, παριστάνουν ένα λιοντάρι, σύμβολο ισχύος της Ενετικής Δημοκρατίας, και τον Άγιο Θεόδωρο, προστάτη της.

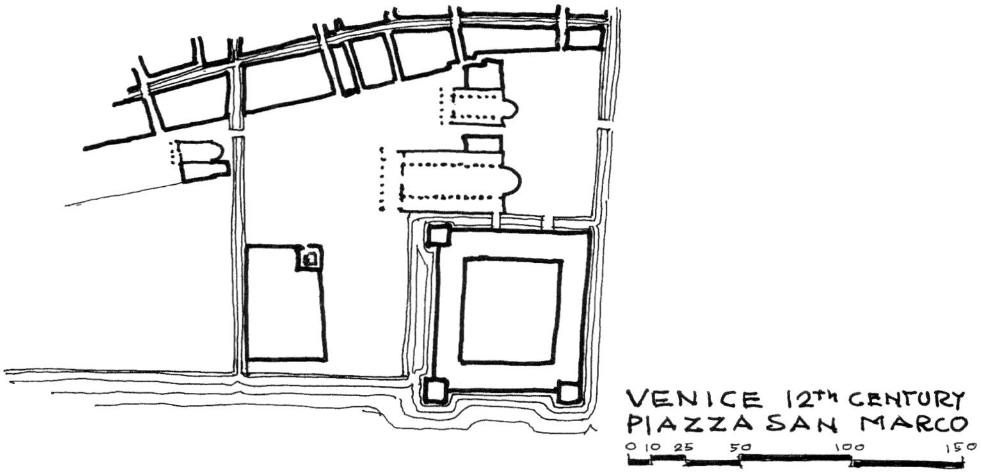

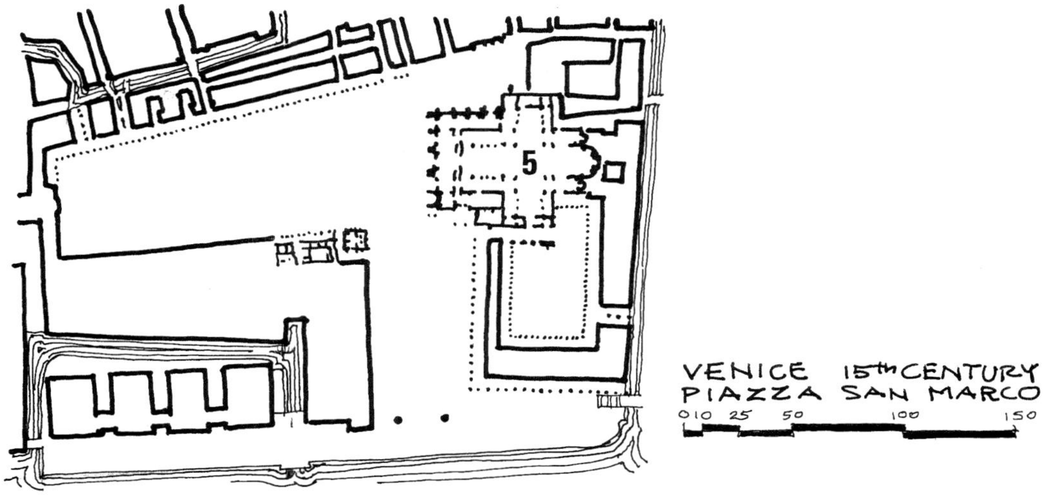

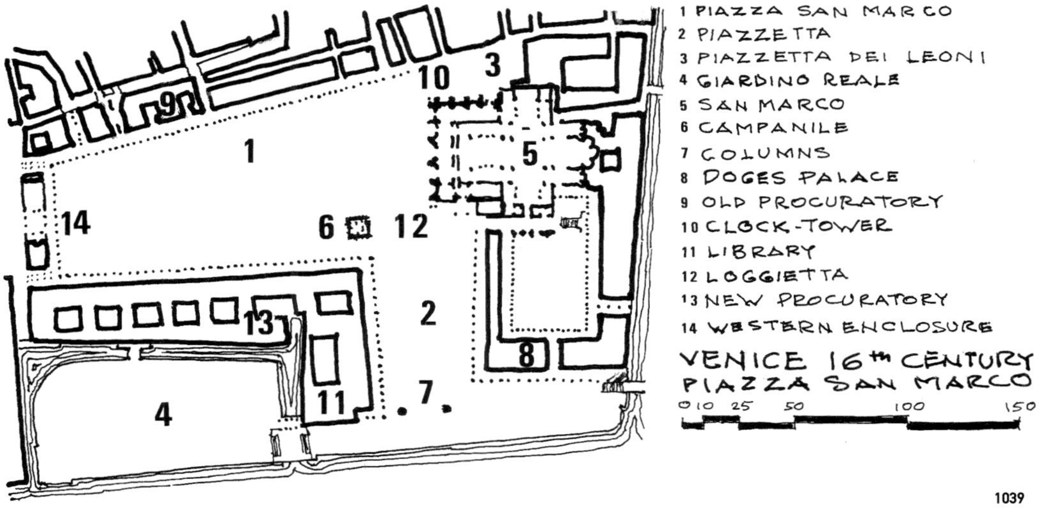

1039

Saint Mark's Square / Πιάτσα σαν Μάρκο

1039 Venice, Saint Mark's Square, the evolution
Saint Mark's Square is an example of judicious town planning. What started as the square in front of Saint Marcus Cathedral (top drawing) through a number of successive and successful town planning steps reached today's exquisite form. The first step was the enlargement to the west in the 15th century (middle drawing). Next came the northern elevation of the square with the arcade. Finally the tearing down of the mint and its replacement by the new Procuratie and the library by Sansovino, thus liberating the Campanile (bottom drawing). The involvement of talented architects like Sansovino in this process is characteristic of the level of civilization of the Venetian Republic.

1. Saint Mark's Square
2. Piazzetta.
3. Piazzetta dei Leoni.
4. Giardino Reale.
5. Saint Marcus Cathedral .
6. Campanile.
7. Columns.
8. Doge's Palace.
9. Procuratie Vecchie.
10. St Mark's Clock Tower.
11. National Library of St Mark's.
12. Loggietta.
13. Procuratie Nuove.
14. Western enclosure.

1039 Βενετία, η εξέλιξη της πλατείας του Αγ. Μάρκου
Η πλατεία του Αγ. Μάρκου είναι υπόδειγμα εμπνευσμένου πολεοδομικού σχεδιασμού. Αυτό που ξεκίνησε ως πλατεία μπροστά στον καθεδρικό ναό του Αγ. Μάρκου (σχέδιο 1), έφθασε με μια σειρά από επιτυχημένες επεμβάσεις στη σημερινή εξαίρετη μορφή. Το πρώτο βήμα σε αυτές τις σημαντικές μεταμορφώσεις ήταν η επέκταση της πλατείας προς δυσμάς (σχέδιο 2), μετά ήρθε η κατεδάφιση του Νομισματοκοπείου και η αντικατάστασή του από το νέο κτίριο του Προκουράτιε και τη Βιβλιοθήκη (σχέδιο 3). Με τον τρόπο αυτόν ελευθερώθηκε κι ο πύργος του Καμπανίλε. Η συμμετοχή ταλαντούχων αρχιτεκτόνων όπως ο Σανσοβίνο σε αυτή τη διαδικασία αποτελεί μαρτυρία για το επίπεδο πολιτισμού της Ενετικής Δημοκρατίας.

1. Πιάτσα Σαν Μάρκο.
2. Πιατσέτα.
3. Πιατσέτα ντέι Λεόνι.
4. Τζαρντίνι Ρεάλι.
5. Ναός Αγ. Μάρκου.
6. Καμπανίλε.
7. Κολώνες.
8. Παλάτι των Δόγηδων.
9. Παλαιό Προκουράτιε (Προκουράτιε Βέκιε).
10. Πύργος ρολογιού.
11. Βιβλιοθήκη.
12. Λοτζέτα.
13. Νέο Προκουράτιε (Προκουράτιε Νουόβο).
14. Δυτική παρειά.

1040

1041

1042

Other squares / Άλλες πλατείες

1040 Venice, Piazza San Fantin
One of the many squares of Venice with a fountain. Their restricted size adds to the charm of Venetian squares.

1040 Βενετία, πιάτσα Σαν Φαντίν
Μια από τις πολλές πλατείες της Βενετίας με κρήνη. Οι περιορισμένες τους διαστάσεις προσθέτουν στη γοητεία τους.

1041 Venice, Campo Sant'Angelo
Some of the squares in Venice are quite substantial in size. Campo Sant'Angelo is a good example.

1041 Βενετία, Κάμπο Σαντ Άντζελο
Μερικές από τις βενετσιάνικες πλατείες είναι μεγαλύτερες απ' ό,τι θα περίμενε κανείς. Τέτοια είναι το Κάμπο Σαντ Άντζελο.

1042 Venice, piazza Fenice
The square named after the famous theater, Teatro La Fenice, mainly used as a sidewalk restaurant, is partly covered by climbing vines.

1042 Βενετία, πιάτσα Φενίτσε
Η πλατεία, που πήρε το όνομά της από το περίφημο θέατρο, χρησιμοποιείται κυρίως ως υπαίθριο εστιατόριο. Σημαντικό τμήμα της καλύπτεται από κληματαριά.

Interior courts, colonnades and elevated arcades

Unlike most other Italian cities, due to high building density, Venice has few interior courtyards or patios, worth writing about, except the magnificent atrium of the Palazzo Ducale. This space, surrounded by an arcade on two levels, open to the general public, adds one more dimension to the Piazza San Marco and Piazzetta complex.
The most important concentration of porticos, arcades and colonnades in Venice are to be found around the Piazza San Marco and the Dodge's Palace. All these arcades owe their exquisite quality to the talent and abilities of a number of important architects who worked on their design and realization through the centuries, starting with Giovanni and Bartolomeo Bon, father and son, during the 14th century.

Εσωτερικές αυλές και αίθρια. Παρόδιες και υπερυψωμένες στοές

Η Βενετία, λόγω της υψηλής οικοδομικής της πυκνότητας, αντίθετα προς άλλες ιταλικές πόλεις, έχει πολύ λίγες εσωτερικές αυλές και αίθρια άξια λόγου. Εξαίρεση αποτελεί το θαυμάσιο αίθριο του Παλατιού των Δόγηδων. Αυτός ο χώρος που περιβάλλεται από στοές σε δύο επίπεδα και είναι ανοικτός στο κοινό, προσθέτει μια ακόμα διάσταση στο αστικό σύμπλεγμα Πιάτσα Σαν Μάρκο – Πιατσέτα.
Η μεγαλύτερη συγκέντρωση περιστυλίων και στοών στη Βενετία βρίσκεται γύρω από την πλατεία του Αγ. Μάρκου και το Παλάτι των Δόγηδων. Όλες αυτές οι στοές και τα περιστύλια οφείλουν την εξαίσια παρουσία τους σε μια πλειάδα από εξαιρετικούς αρχιτέκτονες που ασχολήθηκαν με τον σχεδιασμό και την πραγματοποίησή τους μέσα στους αιώνες, αρχίζοντας τον 14ο αι. με τους Ιωάννη και Μπαρτολομέο Μπουόν, πατέρα και γιο.

1043

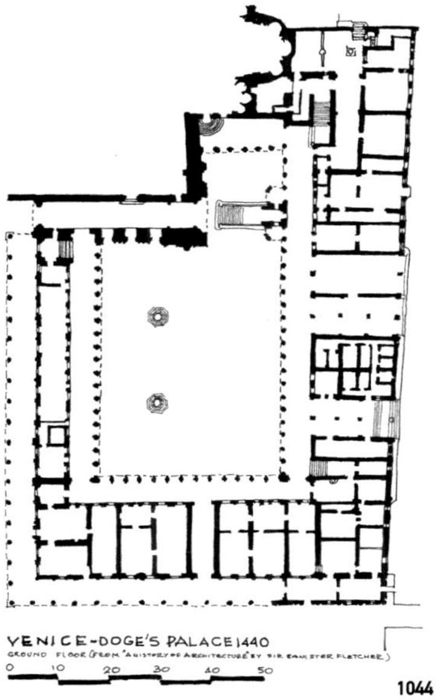

1044

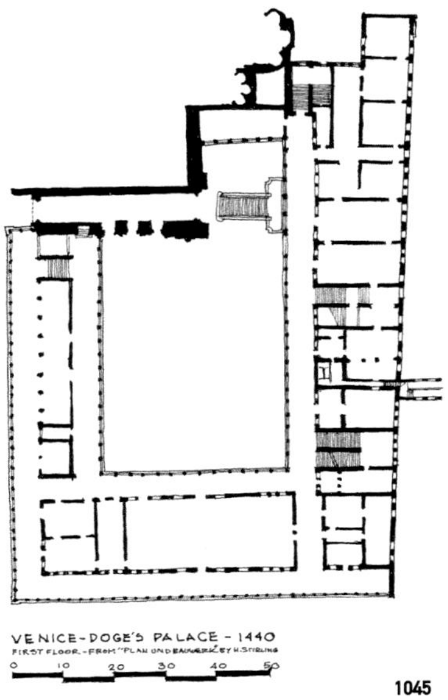

1045

Interior courts, colonnades and elevated arcades
Εσωτερικές αυλές και αίθρια. Παρόδιες και υπερυψωμένες στοές

1043 Venice, Doge's Palace, the arcade along the square
The triumph of strict geometry and formalism.

1043 Βενετία, το παλάτι των Δόγηδων, η στοά προς την πλατεία
Εδώ επικρατεί η αυστηρή γεωμετρία και η ορθόδοξη μορφολογία.

1044 Venice, Doge's Palace, ground floor plan
More than 50% of the ground floor of the Palace consists of public space in the form of atriums and arcades. The same is true of the first floor, in the form of elevated arcades.

1044 Βενετία, το Παλάτι των Δόγηδων, το ισόγειο
Πάνω από το 50% της δομημένης επιφάνειας του ισογείου αποτελείται από ελεύθερους δημόσιους χώρους, υπό μορφή αιθρίου και στοών, που επαναλαμβάνονται και στον α΄ όροφο.

1045 Venice, Doge's Palace, first floor plan

1045 Βενετία, το Παλάτι των Δόγηδων, πρώτος όροφος

1046

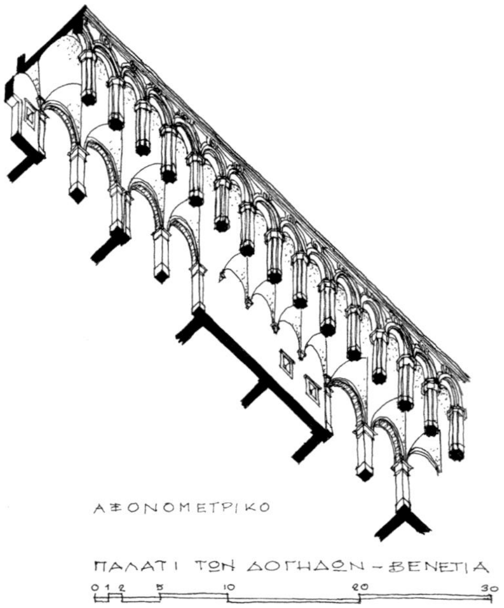

1047

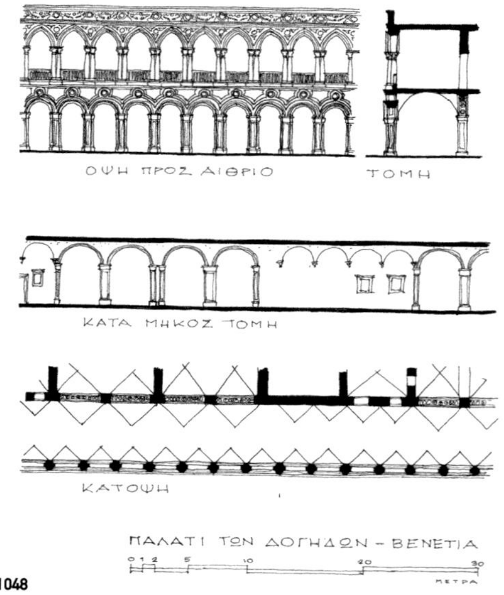

1048

Interior courts, colonnades and elevated arcades
Εσωτερικές αυλές και αίθρια. Παρόδιες και υπερυψωμένες στοές

1046, 1047, 1048 Venice, Doge's Palace, the arcade around the interior courtyard

A triumph of rationalism over formalism. Here again, as is the case with Ancient Greek arcades, the columns along the patio elevation are double in number from those in the interior side. The vaults of the ceiling along the interior follow the larger pattern, whenever there are openings, reverting to the prevailing exterior pattern where there is a wall.

1046, 1047, 1048 Βενετία, το Παλάτι των Δόγηδων, η εσωτερική στοά του αιθρίου

Η επικράτηση του ορθολογισμού έναντι της μορφοκρατίας. Κι εδώ, όπως στις αρχαίες ελληνικές στοές, τα υποστυλώματα κατά μήκος της όψεως του αιθρίου είναι κατά πολύ πυκνότερα από τα υποστυλώματα του βάθους της στοάς. Τα δε φατνώματα της οροφής από τη μεριά του βάθος της στοάς, όπου υπάρχουν ανοίγματα, τα ακολουθούν, ενώ εκεί που υπάρχει τοίχος ακολουθούν την εξωτερική κιονοστοιχία.

1049

1050

1051

1052

Stairs and steps

Although Venice is a level city built on mud-flats, one encounters stairs and steps every time the street crosses a canal. To facilitate the handicapped, the Municipality of Venice has provided special elevators at the most important crossings.

Κλίμακες και βαθμίδες

Όπως ήδη ειπώθηκε, παρόλο που η Βενετία είναι μια απόλυτα επίπεδη πόλη κτισμένη σε αμμονησίδες, συναντάμε σκάλες και βαθμίδες κάθε φορά που ένας δρόμος περνάει πάνω από ένα κανάλι. Κλίμακες όμως συναντάμε και αλλού, όπως στο Παλάτι των Δόγηδων.

Stairs and steps / Κλίμακες και βαθμίδες

1049 Venice, Doge's Palace, elevated colonnade
The elegant stairs leading to the colonnade on the first floor in the inner courtyard.

1049 Βενετία, το Παλάτι των Δόγηδων, εσωτερική αυλή
Η κομψή σκάλα που οδηγεί στην περιφερειακή στοά του ορόφου.

1050, 1051, 1052 Venice, the Orseolo footbridge
The Municipality of Venice takes good care of people with special needs. The side elevator solves the problem.
1051 The footbridge going up.
1052 The footbridge going down.

1050, 1051, 1052 Βενετία, η γέφυρα Ορσεόλο
Ο δήμος της Βενετίας μεριμνεί για τα άτομα με ειδικές ανάγκες. Το αναβατόριο λύνει το πρόβλημα.
1051 Η γέφυρα ανεβαίνοντας.
1052 Η γέφυρα, κατεβαίνοντας.

1053

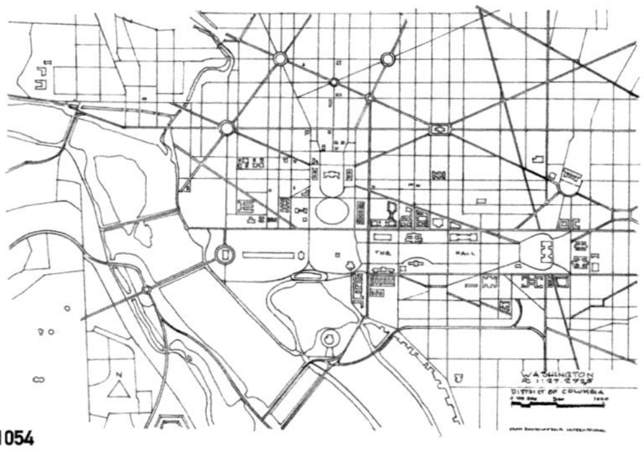

1054

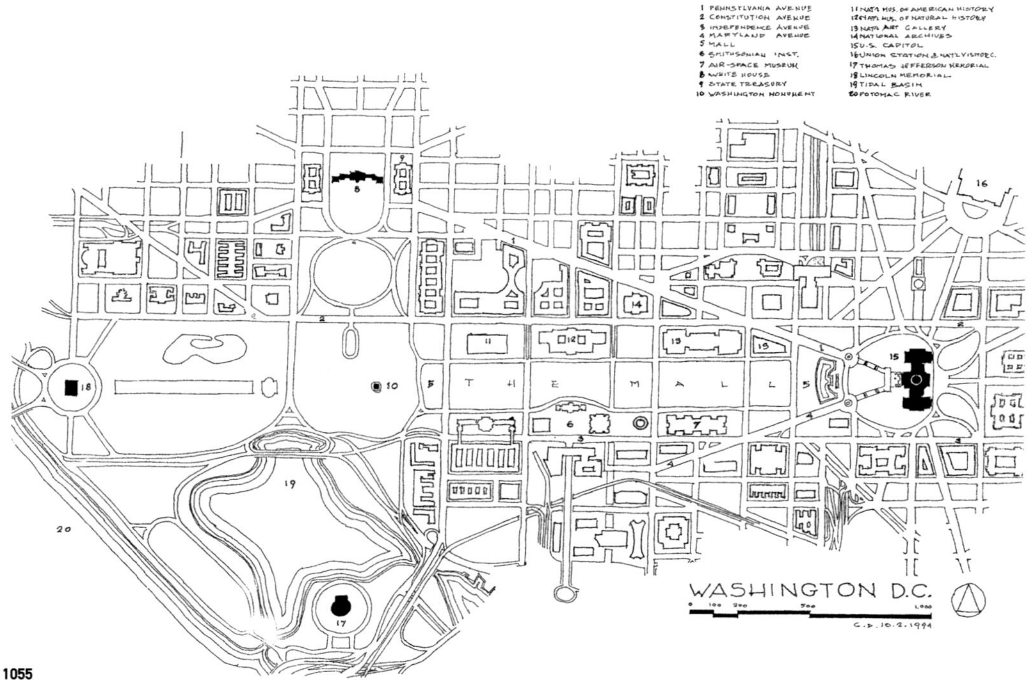

1055

D2 The 20th century

New towns, interventions and rehabilitations

D2.1 Gigantism

Gigantism in our times reappears at the beginning of the 20th century with the extension of the central axis of Washington D.C., from 2,500 to 3,500 m, with the reclaiming of the marches along the Potomac river, around 1910, supposedly according to L'Enfant's original plan.

More than ten years later, in 1922, the Lincoln Memorial was erected at the end of the great axis and the large artificial rectangular lake was created.

Δ2 Ο 20ός αιώνας

Νέες πόλεις και επεμβάσεις

Δ2.1 Ο Γιγαντισμός

Ο γιγαντισμός ξαναεμφανίζεται στις αρχές του 20ού αι. στην Ουάσινγκτον με την επέκταση του κεντρικού της άξονα από 2.500 μ. σε 3.500 μ., μετά την αποξήρανση των βαλτότοπων του ποταμού Ποτόμακ, βάσει υποτίθεται του πρωταρχικού σχεδίου του Λανφάν, που εν τω μεταξύ είχε τελείως ξεχασθεί.

Δέκα χρόνια αργότερα, το 1922, εγείρεται στο τέλος του άξονα το μνημείο του Λίνκολν, και κατασκευάζεται η μεγάλη τεχνητή λίμνη, όπως ήδη αναφέρθηκε στο Μέρος Α΄.

Washington D.C. / Ουάσινγκτον

1053 Washington D.C. 1790-1817, the radiating avenues, the plan by L'Enfant
The central axis does not surpass 2.5 km in length.

1053 Ουάσινγκτον, 1790-1817 οι ακτινωτές λεωφόροι, το σχέδιο του Λανφάν
Ο κεντρικός άξονας δεν υπερβαίνει τα 2,5 χλμ. σε μήκος.

1054 The three-pronged design, of Baroque inspiration, as extended in 1907 by a well-intentioned committee, set up by Congress to ensure the proper application of L'Enfant's original plan.

1054 Το εμπνευσμένο από το Μπαρόκ αρχικό σχέδιο επανεξετάσθηκε το 1907, βάσει οδηγιών της επιτροπής που σύστησε το Κογκρέσο με σκοπό τη σωστή εφαρμογή του σχεδίου του Λανφάν! Έτσι ο κεντρικός άξονας επεκτάθηκε κι έφθασε τα 3,5 χλμ.

1055 As was the case nearly one hundred years before in St Petersburg, the northern radial avenue, i.e. Pennsylvania, acquired a much greater importance as it leads from the Capitol to the White House.

1055 Όπως 100 χρόνια νωρίτερα στην Αγ. Πετρούπολη, η βόρεια ακτινωτή λεωφόρος της Πενσυλβανίας απέκτησε συν τω χρόνω πολύ μεγαλύτερη σημασία, λόγω του ότι συνδέει το Καπιτώλιο με τον Λευκό Οίκο.

1056

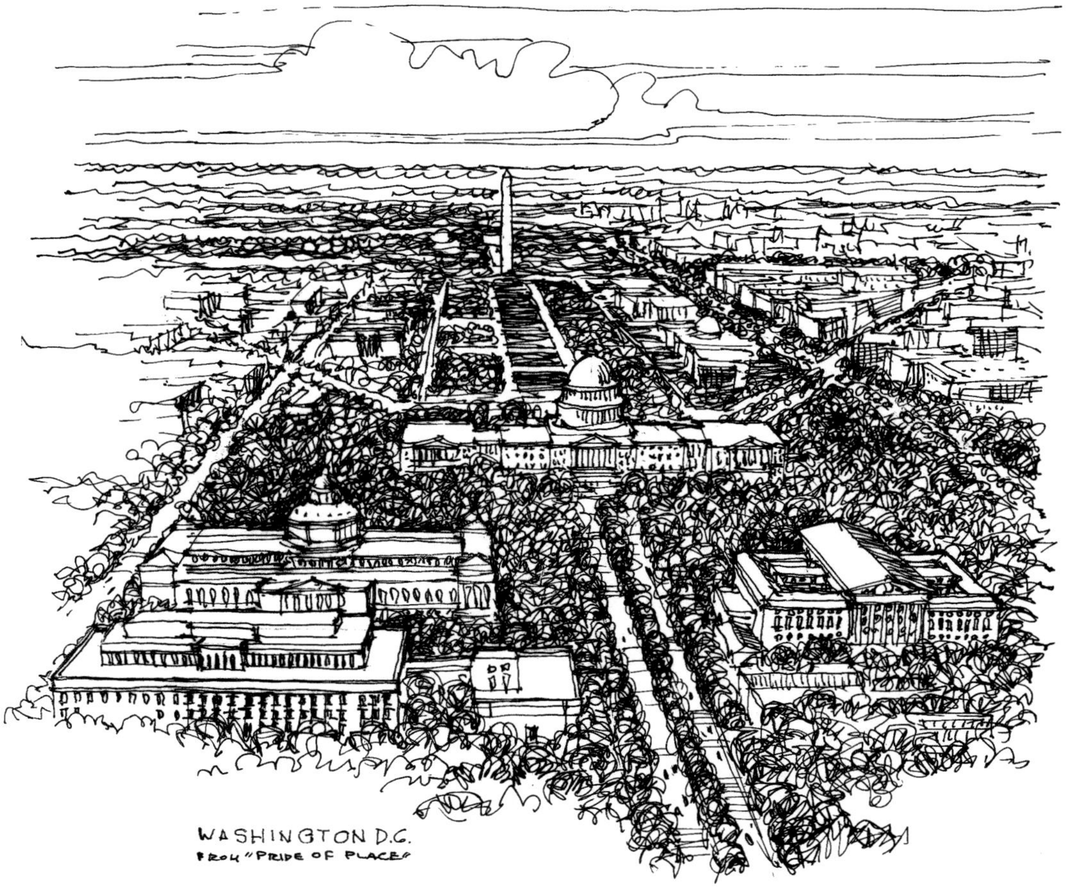

1058

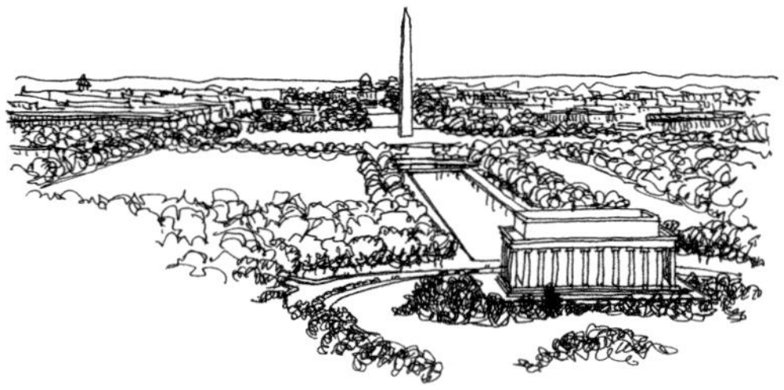

1057

1059

Washington D.C. / Ουάσινγκτον

1056 Washington D.C., view from the foot of the Capitol
The mall and the obelisk in the distance. The monumentality of the space gets a bit lost because of the size of the scale.

1056 Ουάσινγκτον, η θέα του Μωλ από την πρόσβαση στο κτίριο του Καπιτωλίου
Ο κύριος άξονας με τον οβελίσκο στο βάθος. Ο μνημειακός χαρακτήρας χάνεται λόγω του γιγαντισμού της κλίμακας.

1057 Washington D.C., the Lincoln Memorial
The central axis as seen from its western end of the Potomac river with the Lincoln Memorial in the foreground. Far away in the distance is the Capitol.

1057 Ουάσινγκτον, το μνημείο του Λίνκολν
Ο κεντρικός άξονας όπως φαίνεται από το άκρο του στον ποταμό Ποτόμακ, με το μνημείο του Λίνκολν σε πρώτο πλάνο. Στο βάθος μόλις και διακρίνεται το κτίριο του Καπιτωλίου.

1058 The Federal Capital in all its grandeur. The mall extending for 3.5 km to the new Potomac river bank, with the Capitol in the foreground, the obelisk in its center and the Lincoln Memorial barely discernible at the end of the axis.

1058 Η ομοσπονδιακή πρωτεύουσα σε όλο της το μεγαλείο. Ο κεντρικός άξονας των 3,5 χλμ. με το Καπιτώλιο στο προσκήνιο και τον οβελίσκο στο κέντρο. Το Μνημείο του Λίνκολν στο τέλος του άξονα σχεδόν δεν διακρίνεται.

1059 Washington D.C., the Lincoln Memorial from the East
The committee set up by Congress in 1907 added this pool and the Lincoln Memorial on land reclaimed from the river, lengthening the mall by one more kilometer.

1059 Ουάσινγκτον, το μνημείο του Λίνκολν από ανατολάς
Η επιτροπή που όρισε το Κογκρέσο το 1907 προσέθεσε την τεχνητή λίμνη και το Μνημείο του Λίνκολν σε έδαφος που αποκτήθηκε με την πρόσχωση του ποταμού, επιμηκύνοντας για ένα ακόμη χιλιόμετρο το Μωλ, την κεντρική ζώνη χλοοτάπητα.

1060

1061

Washington D.C. / Ουάσινγκτον

1060 Washington D.C. the Mall
Walking along the Mall, one loses all sense of the scale of the space. Even the obelisk gets confused with the flagpoles.

1060 Ουάσινγκτον, το Μωλ
Περπατώντας κατά μήκος του κεντρικού άξονα, χάνει κανένας την αίσθηση της μεγαλοπρέπειας του χώρου. Ακόμα και ο οβελίσκος μπερδεύεται με τα κοντάρια για τις σημαίες.

1061 Washington D.C., 20th century
During W.W.II in the early '40s, the Mall was covered with temporary structures connected to the war effort. Some years later it acquired a new purpose when, during the Civil Rights march, it served as the ground for the canvas city, erected to house the followers of Martin Luther King.

1061 Ουάσινγκτον, 20ός αι.
Κατά τη διάρκεια του Β΄ Παγκοσμίου πολέμου το Μωλ καλύφθηκε από προκατασκευασμένα παραπήγματα για τη στέγαση των δημοσίων υπηρεσιών που ήταν συνδεδεμένες με την πολεμική προσπάθεια. Αργότερα, την εποχή των εκδηλώσεων για τα ανθρώπινα δικαιώματα των εγχρώμων, βρήκε νέο προορισμό όταν καλύφθηκε με αντίσκηνα για τη στέγαση των οπαδών του Μάρτιν Λούθερ Κινγκ.

New Delhi

In 1911, following the coronation of king George V of Great Britain as emperor of India, the transfer of the Indian government from Calcutta to Delhi, the new capital, was announced. As was to be expected, from the start, the ancient city of Delhi with its innumerable monuments could not comply with the constantly increasing demands of the unified administration. At the same time it was also not in a position to express the magnificence and prestige of the British Empire of India. In order to solve the problem of lack of sufficient space, the extension of the city to the South was decided, by the special town planning committee that was appointed for this purpose, and the plans were entrusted to the architect Edwin Lutyens.

The new city answered to the full all the expectations for the imperial capital and the architect was honored with the title of "Sir". The area covered by the extension included a high ground 15 m above the flatland, the Roshima. By cutting and reducing the top of this high ground by 6 m and filling some gorges and ravines, a platform was created of a length of 3 km, ideal for the location of the governmental buildings.

In his plans for New Delhi, Lutyens took full advantage of all the possibilities offered by the site, creating an axis 3 km long, the Rajpath. At the western end the Viceroy's palace is situated – today the presidential mansion (Rashtrapati Bhavan) – flanked by two government buildings, while at the eastern end an archway was erected, a monument to those fallen during World War I – today called the Gate of India.

The great axis as well as the diagonal avenues to its right and left are reminiscences of L'Enfant's Washington D.C. plan. The republic of the ex-colonial states of America, teaches magnificence to the mother state, for the launching of a new gigantic republic in another ex-colony.

The plan does not end here, with the central administration axis, but continues in the same formalistic way, in the new commercial areas of the city, Connaught square, which is the starting point of a number of radiating avenues is an important commercial sector of the city of New Delhi today.

Νέο Δελχί

Το 1911, επ' ευκαιρία της στέψης του Γεωργίου Ε΄, η Μεγάλη Βρετανία ανήγγειλε τη μεταφορά της Διοίκησης των Ινδιών (όπως ονομαζόταν τότε η Ινδία) από την Καλκούτα στο Δελχί, που ανακηρύχθηκε πρωτεύουσα. Από την αρχή αναγνωρίστηκε ότι η ιστορική αυτή πόλη με τα αναρίθμητα μνημεία της ούτε επαρκούσε για τις ολοένα αυξανόμενες ανάγκες της ενοποιημένης πια διοίκησης, ούτε ήταν ικανή να εκφράσει το μεγαλείο και το γόητρο της Βρετανικής Αυτοκρατορίας. Για να λυθεί το πρόβλημα του χώρου, η πολεοδομική επιτροπή που διορίστηκε αποφάσισε να επεκταθεί η πόλη προς τον νότο, και για να σωθεί το γόητρο της Αυτοκρατορίας ανατέθηκε το σχέδιο στον σπουδαίο Άγγλο αρχιτέκτονα Σερ Έντουιν Λ. Λούτιενς (Sir Edwin L. Lutyens).

Η νέα πόλη ανταποκρίθηκε πλήρως στις αυτοκρατορικές προσδοκίες και ο αρχιτέκτων τιμήθηκε με τον τίτλο του Σερ. Η περιοχή της επέκτασης περιελάμβανε ένα ύψωμα, το Ρωσίμα, περίπου 15 μ. πάνω από τον κάμπο. Κόβοντας τα 6 μ. της κορυφής και επιχωματώνοντας ορισμένες χαράδρες, δημιουργήθηκε ένα πλάτωμα μήκους πάνω από 3 χλμ., ιδεώδες για την εγκατάσταση δημόσιων κτιρίων. Στο σχέδιο του Νέου Δελχί ο Λούτιενς εκμεταλλεύτηκε πλήρως την ευκαιρία αυτή δημιουργώντας έναν μεγάλο μνημειακό άξονα, μήκους 3 χλμ.. Στο δυτικό άκρο, πλαισιωμένο από διοικητικά κτίρια, τοποθετήθηκε το ανάκτορο του Αντιβασιλέα –σήμερα Προεδρικό Μέγαρο– το Ραστραπάτι Μπαουάν (Rashtrapati Bhawan) και στο ανατολικό, το μνημείο των πεσόντων στον πόλεμο –μια αψίδα, που σήμερα ονομάζεται η Πύλη των Ινδιών.

Ο μεγάλος άξονας και το διαγώνιο σύστημα των οδών είναι και τα δύο αναμνήσεις της Ουάσινγκτον του Λανφάν. Η Δημοκρατία της πρώην αποικίας διδάσκει μεγαλοπρέπεια στη μητρική χώρα, η οποία λανσάρει τελικά μια καινούρια γιγαντιαία Δημοκρατία σε μιαν άλλη αποικία.

Το σχέδιο, όμως, δεν αρκείται στον κεντρικό αυτόν άξονα. Προχωρεί τη μορφοκρατική σχεδίαση και στις εμπορικές περιοχές της νέας πόλης. Η πλατεία Κόνωτ, που αποτελεί εστιακό σημείο από το οποίο ξεκινούν ακτινωτά δρόμοι, είναι το επίκεντρο εμπορικής δραστηριότητας.

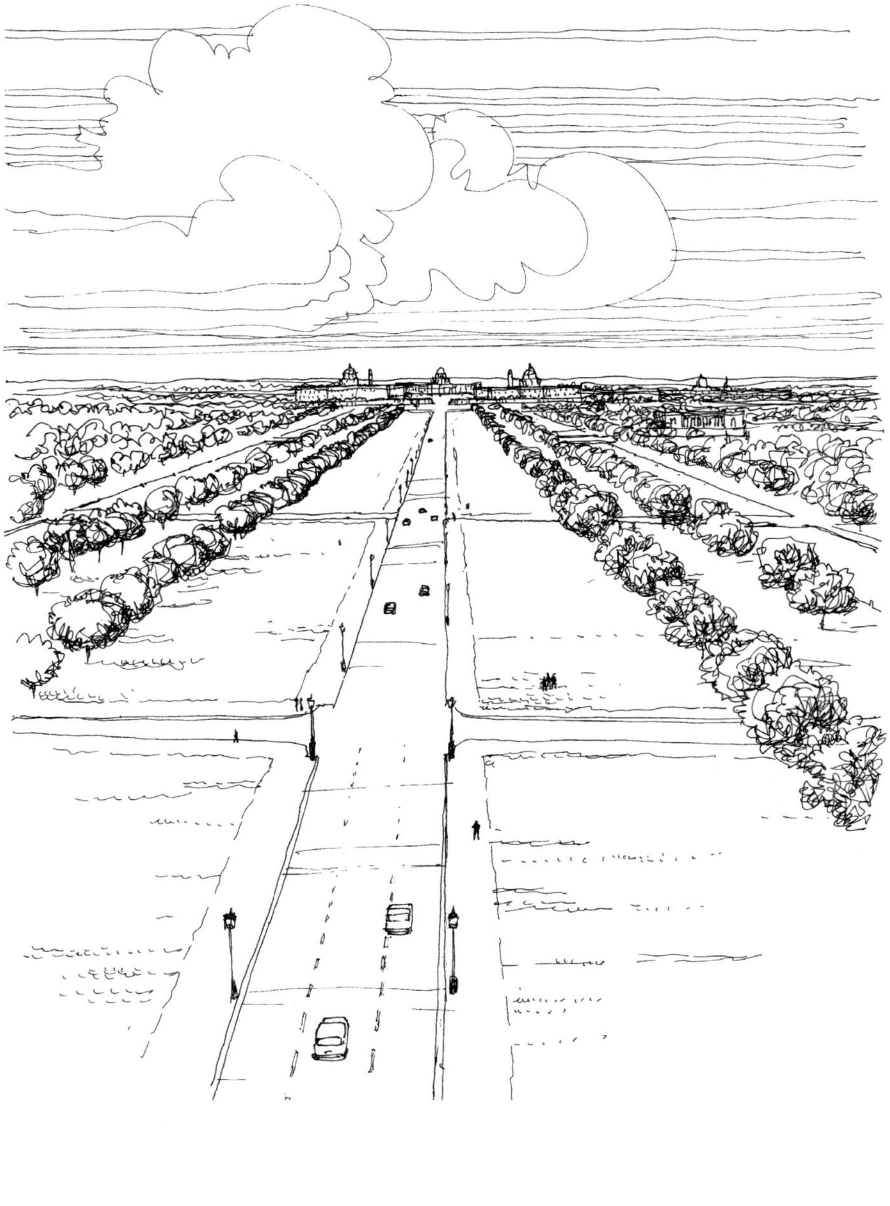

1062

New Delhi / Νέο Δελχί

1062 New Delhi, the Rajpath
At a distance of nearly 3 km it is hard to discern even the impressive group of Government buildings at the end of the Rajpath.

1062 Νέο Δελχί, το Ράζπαθ
Σε απόσταση 3 χλμ. δύσκολα διακρίνει κανείς ακόμα κι ένα συγκρότημα τόσο επιβλητικό όσο το Κυβερνείο στο τέλος του Ράζπαθ, έστω κι αν σταθεί στην κορυφή της αψίδας.

1063

1064

1065

1066

New Delhi / Νέο Δελχί

1063, 1064, 1065, 1066 New Delhi, the Rajpath, the central axis and the "Rashtraparti Bhavan"
1066 Only after reaching beyond the column can the architectural merits of the Government buildings be appreciated.

1063, 1064, 1065, 1066 Νέο Δελχί, ο κεντρικός άξονας του Ράζπαθ και το Κυβερνείο
1066 Το κτίριο του Κυβερνείου όπως τελικά αποκαλύπτεται αφού προσπεράσει κανείς την κολώνα που βρίσκεται στον άξονα.

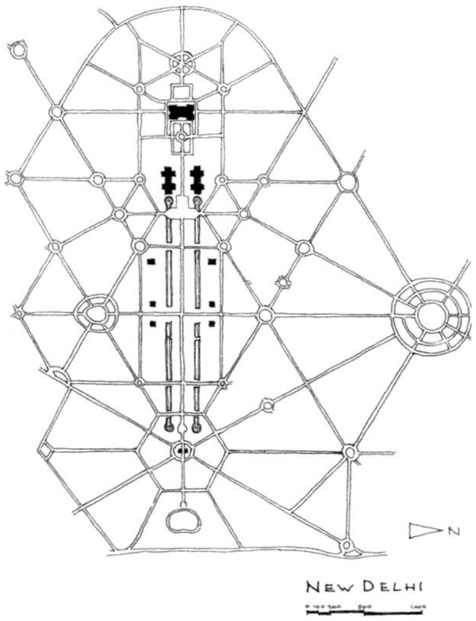

1067

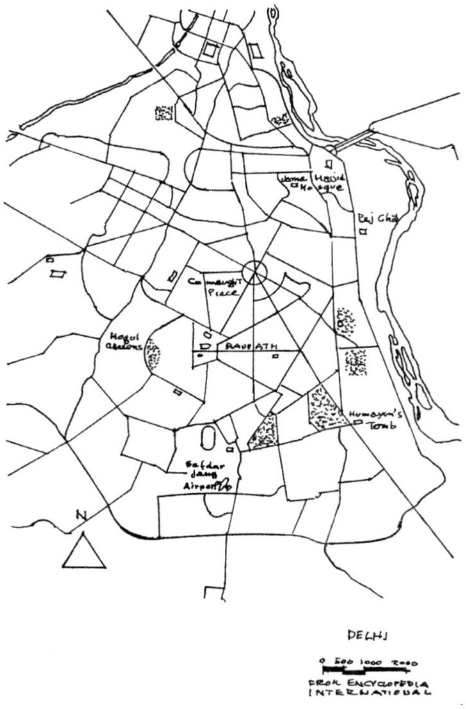

1068

1069

New Delhi / Νέο Δελχί

1067 New Delhi, plan 1911-1920
New Delhi developed to the south of the old town, according to Sir Edwin Lutyens plans. This New Delhi is dominated by the Rajpath, a nearly 3 km long ceremonial axis-mall.

1067 Νέο Δελχί, το σχέδιο, 1911-1920
Το Νέο Δελχί αναπτύχθηκε στα νότια της παλιάς πόλης βάσει των σχεδίων του σερ Έντουιν Λούτιενς. Στο νέο αυτό Δελχί δεσπόζει το Ράζπαθ, ένας μνημειακός άξονας μήκους 3 χλμ.

1068 New Delhi, today.

1068 Νέο Δελχί, ως έχει σήμερα.

1069 New Delhi, the Rajpath
The triumphal arch at the end of tha Rajpath owes its existence to the Paris Étoile but falls a bit short of it architecturally.

1069 Νέο Δελχί, το Ράζπαθ
Η Αψίδα του Θριάμβου στο τέλος του μνημειακού άξονα χρωστά πολλά στην Ετουάλ του Παρισιού, χωρίς όμως να είναι ισάξιά της από αρχιτεκτονική άποψη.

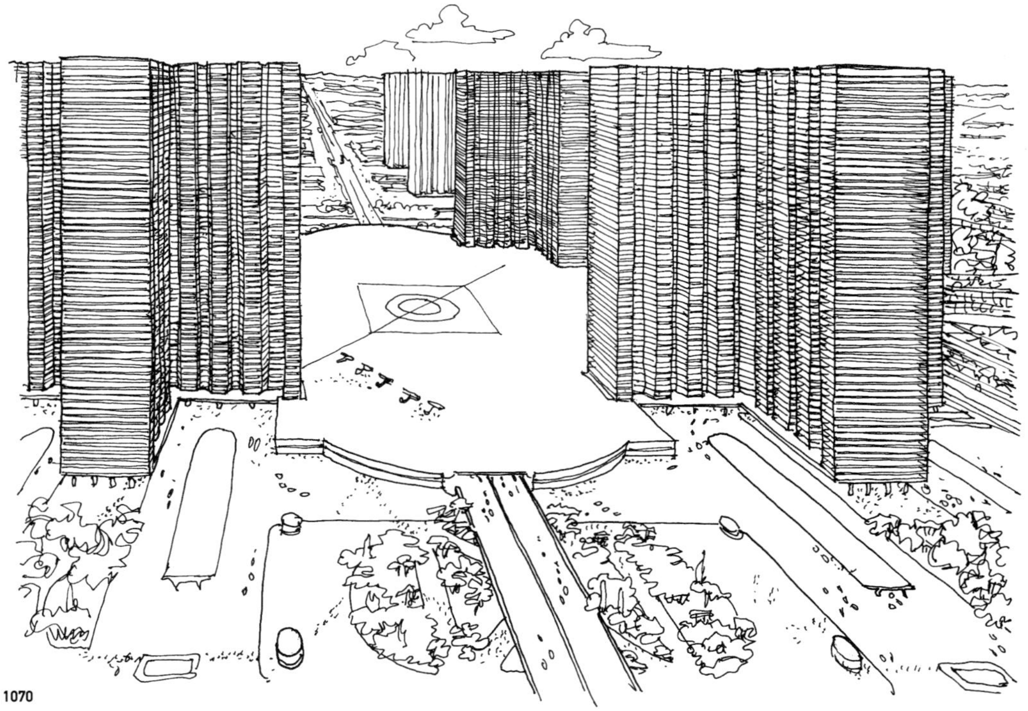
1070

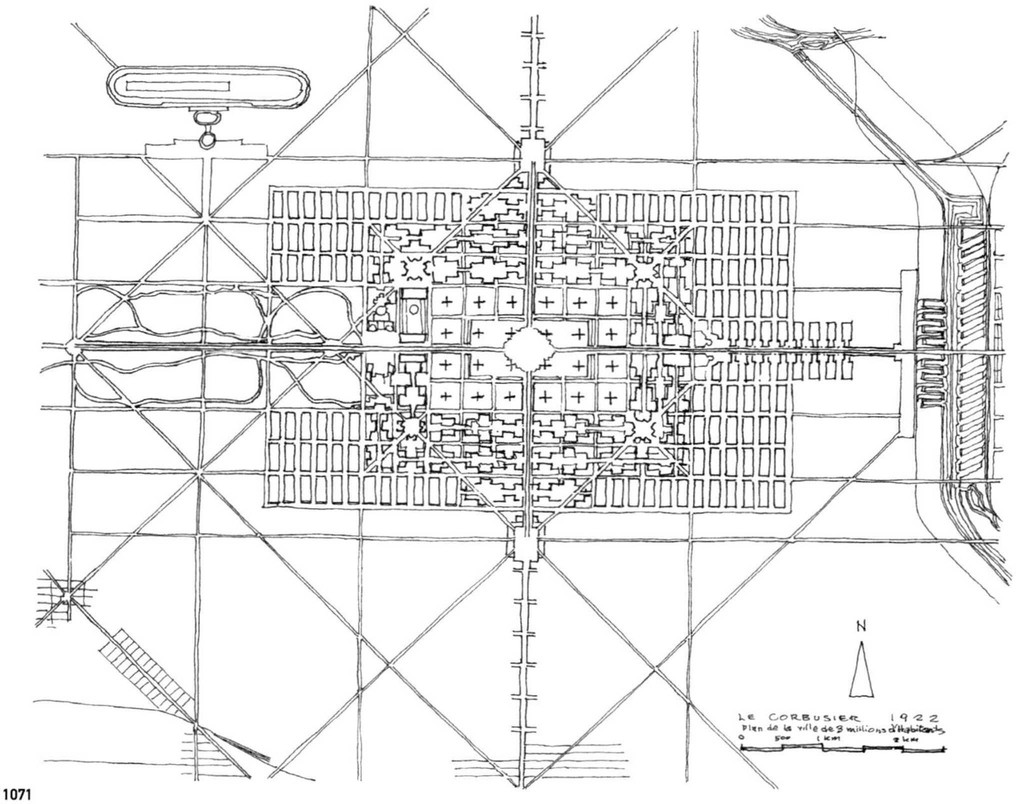

1071

Le Corbusier, city of 3,000,000 inhabitants

One day of July 1922, M. Temperal, director of the Salon d'Automne asked his friend Le Corbusier to design some element of street furniture, a fountain or something to that effect, for the exhibition. Le Corbusier accepted with great pleasure, and without any compensation designed a city of 3,000,000 inhabitants.

In this city, where complete separation of the various sectors was envisaged: residential, central, industrial, green areas, central airport, with 50-storey high skyscrapers, he did not manage to avoid gigantism. The central axis reached 10 km in length with archways of gigantic proportions at both its ends. Furthermore, he did not avoid radial diagonal avenues.

Η πόλη των 3.000.000 κατοίκων του Λε Κορμπυζιέ

Μια μέρα τον Ιούλιο του 1922 ο Μ.Τεμποράλ, διευθυντής του πολεοδομικού τμήματος της έκθεσης Σαλόν ντ' Ωτόν (Salon d'Automne), ζήτησε από τον φίλο του, Λε Κορμπυζιέ, να σχεδιάσει κάποιο στοιχείο αστικού εξοπλισμού, μια κρήνη ή κάτι παρεμφερές. Ο Λε Κορμπυζιέ δέχτηκε ευχαρίστως και άνευ αποζημιώσεως σχεδίασε μια σύγχρονη πόλη για 3.000.000 κατοίκους.

Η πόλη αυτή, όπου προβλεπόταν σαφής διαχωρισμός των διαφόρων τομέων –κατοικία, κεντρικές λειτουργίες, βιομηχανική ζώνη, χώροι πρασίνου, κεντρικό αεροδρόμιο με ουρανοξύστες 50 ορόφων κ.τ.λ.– δεν μπόρεσε να αποφύγει το γιγαντισμό. Ο κεντρικός άξονας-αρτηρία υπερβαίνει τα 10 χλμ., με Αψίδες Θριάμβου γιγαντιαίων διαστάσεων.

Le Corbusier, city of 3,000,000 inhabitants
Η πόλη των 3.000.000 κατοίκων του Λε Κορμπυζιέ

1070, 1071 Le Corbusier, scheme for a city of 3,000,000 inhabitants, Ville Contemporaine, 1922
1070 The downtown airport.
1071 Le Corbusier in 1922 manages to combine all the prerequisites of a modern city-downtown airport over a transportation center, with separation of motor traffic from pedestrian circulation – with all the trappings of Baroque urban design, i.e. the diagonal road system overlapping the rectangular street pattern. The central axis has a length of nearly 11 km.

1070, 1071 Η πόλη των 3.000.000 κατοίκων του Λε Κορμπυζιέ, 1922
1070 Το αεροδρόμιο στο κέντρο της πόλης.
1071 Ο Λε Κορμπυζιέ σ' αυτή του την πρόταση κατάφερε να συνδυάσει όλα τα χαρακτηριστικά μιας σύγχρονης πόλης (κεντρικό αεροδρόμιο πάνω από συγκοινωνιακό κόμβο, πλήρη διαχωρισμό τροχοφόρων από την κυκλοφορία των πεζών) με γνωρίσματα της πολεοδομίας του Μπαρόκ, όπως το διαγώνιο οδικό σύστημα που επικάθεται στον ιπποδάμειο ιστό της πόλης. Ο κεντρικός άξονας είναι σχεδόν 11 χλμ.

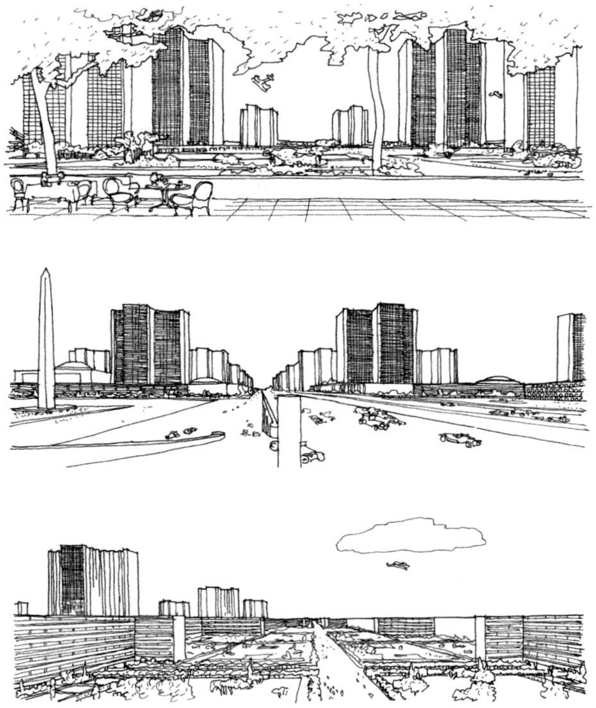

1072

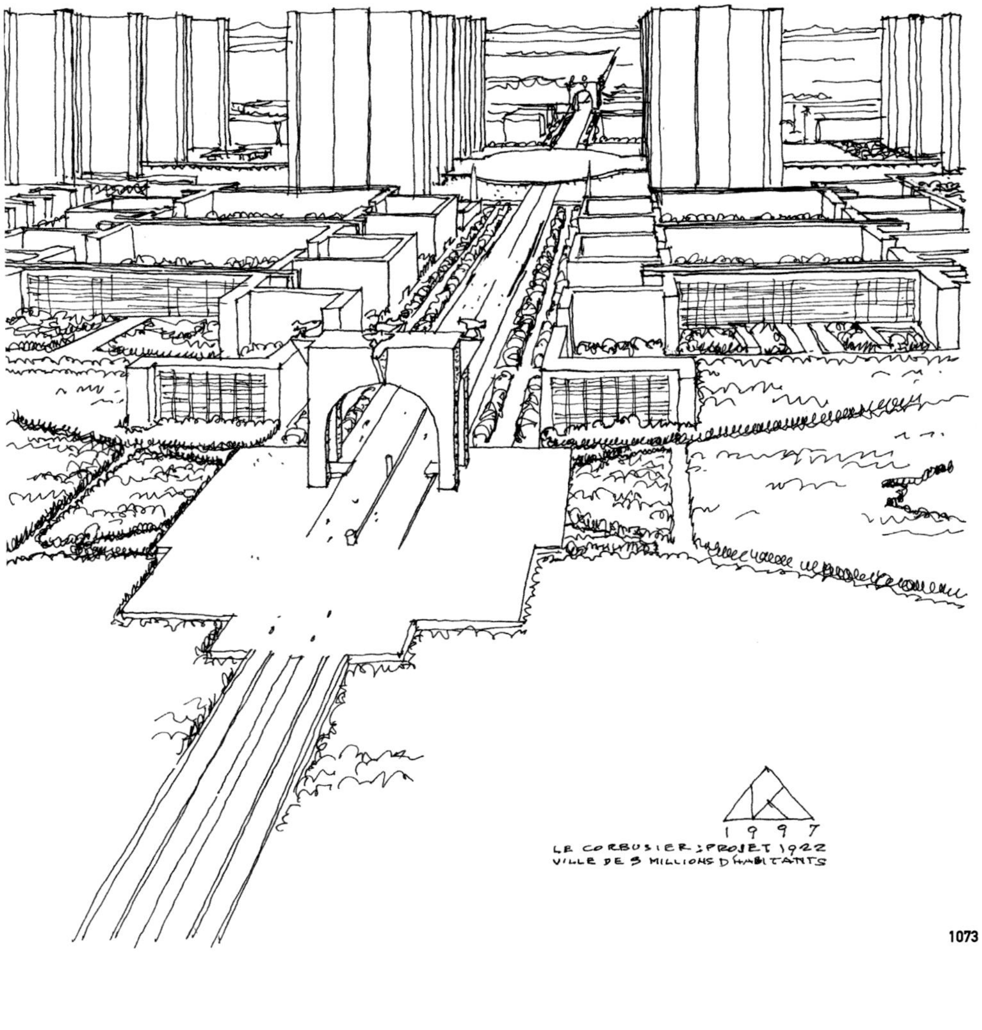

1073

Le Corbusier, city of 3,000,000 inhabitants
Η πόλη των 3.000.000 κατοίκων του Λε Κορμπυζιέ

1072 Above: View of the city center from one of the numerous roof gardens. Note the airplane preparing to land. Middle: View of the center from the main thoroughfare. Bottom: View of one of the residential quarters.

1072 Άνω: Όψη του κέντρου της πόλης από έναν από τους πολυάριθμους κρεμαστούς κήπους. Ένα αεροπλάνο είναι έτοιμο να προσγειωθεί.
Μέση: Όψη του κέντρου της πόλης από τον κύριο οδικό άξονα. Σε πρώτο πλάνο αριστερά ένας οβελίσκος, κατάλοιπο της πολεοδομίας του Μπαρόκ.
Κάτω: Όψη μίας από τις γειτονιές αμιγούς κατοικίας.

1073 A reminder of the Champs Elysées in Paris with the Arc de Triomphe and a little reminder of the Étoile. One wonders if Albert Speer got his inspiration for Hitler's Berlin from Le Corbusier.

1073 Η πλατεία με την Αψίδα του Θριάμβου στο κέντρο της και μνήμες από την Ετουάλ. Διερωτάται κανείς μήπως ο Άλμπερτ Σπέερ (Albert Speer) άντλησε την έμπνευσή του για το Βερολίνο του Γ΄ Ράιχ από τον Λε Κορμπυζιέ.

Albert Speer's Berlin

The plans of the new city of Berlin present features of a certain particularity. It was said that Adolph Hitler, the absolute dictator of Germany and the Third Reich (1933-1945), drew them himself.
The great Assembly Hall, a kind of Walhalla –250 m in diameter– was intended as a sort of Pantheon of the Third Reich and would have as its first occupant Adolph Hitler himself. The size was to be in proportion to the 1,000 years of life of the Third Reich, that is why it was placed next to the Reichstag, which was thus completely dwarfed. Democracy vanishes completely before the symbol of the nation and the master-race.
The whole composition is inspired by Paris, and the great axis of the Champs Elysées with its 3,500 m in length. This is the prototype, but in the plans for Berlin capital of the Third Reich and the whole world, the central axis reaches 5,000 m. While in Paris the Arc de Triomphe has a height of 50 m approximately, 22 m in depth and 45 m in width, in Berlin it would have a height of 120 m, 125 m in length and a width of 160 m (50 times the volume of the Arc de Triomphe).
In the endeavor to achieve a theocratic gloss, a special design of the approach from the R.R. Station was devised. All along the axis, on the right and left, a series of guns was to be placed –spoils of future victories– in imitation of the entrance of the Temple of Karnak in Egypt. With the difference that in Karnak the procession way was in honor of the union of the pharaoh with the sun and the moon, and was adorned with ram-headed sphinxes.

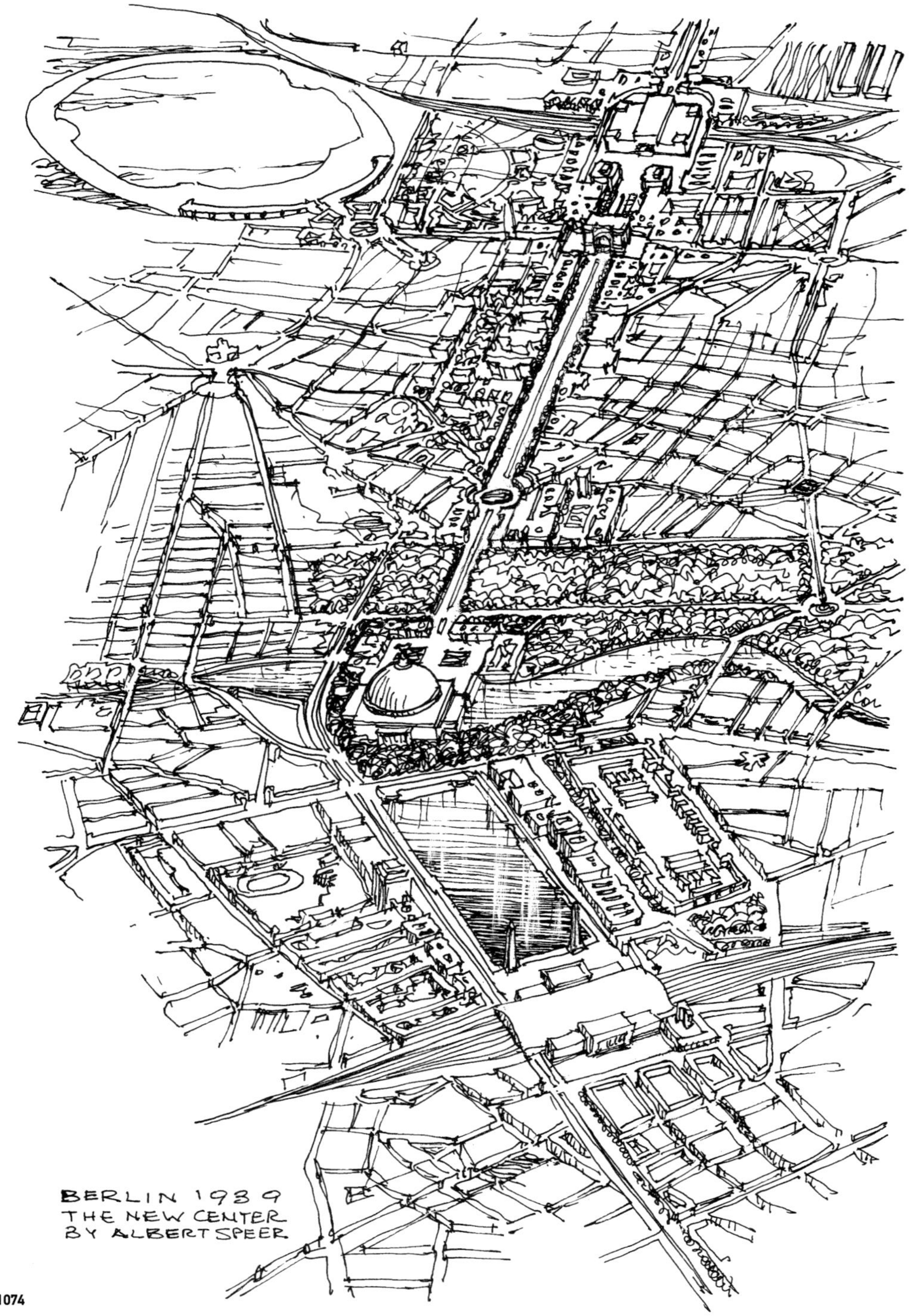

1074

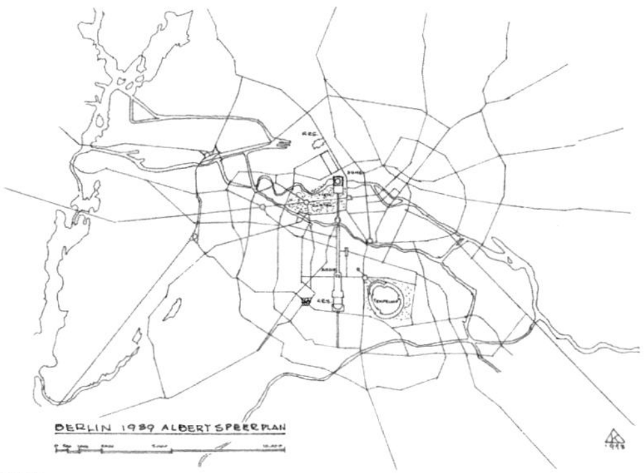

1075

Albert Speer's Berlin
Το Βερολίνο του Άλμπερτ Σπέερ

1074, 1075 Berlin, Albert Speers Plan, 1937-1939
From these drawings it is clear that Berlin in the '30s had not yet overcome Napoleon's victory over the Prussian army at Jena in 1806. The desire to emulate and even surpass the Champs Elysées with its triumphal arch is quite obvious in Speer's scheme for a five kilometer axis with an assembly hall, 290 meters high, more than three times the domes of the Pantheon or the Invalides at its northern end. The arch itself is 2.5 times higher than the Arc de Triomphe in Paris. This indeed is the Triumph of Gigantism.
1074 The new center as seen from the North.

1074, 1075 Βερολίνο, η πρόταση του Άλμπερτ Σπέερ, 1937-1939
Από τα σκαριφήματα είναι εύκολο να διαπιστώσει κανείς πως το Βερολίνο της δεκαετίας του '30 δεν είχε ακόμα ξεπεράσει το αίσθημα κατωτερότητας από την ήττα του πρωσικού στρατού από τον Ναπολέοντα στην Ιένα το 1806.
Στο σχέδιο του Σπέερ είναι φανερή η επιθυμία να υπερβεί τα Ηλύσια πεδία με την Αψίδα του Θριάμβου τους. Στη βόρεια άκρη του άξονα των 5 χλμ. το τεράστιο κτίριο των συνελεύσεων είναι τρεισήμισι φορές υψηλότερο από το Μέγαρο των Αναπήρων (Ενβαλίντ) ή του Πανθέου. Όσο για την Αψίδα του Θριάμβου, αυτή ξεπερνά 49 φορές την αψίδα του Παρισιού σε όγκο. Εδώ πρόκειται πράγματι για τον θρίαμβο του γιγαντισμού.
1074 Η θέα από βόρεια.

Το Βερολίνο του Άλμπερτ Σπέερ

Τα σχέδια αυτού του «νέου Βερολίνου» έχουν ορισμένα χαρακτηριστικά που του προσδίδουν ιδιαιτερότητα. Λένε πως τα σχέδια είναι του ίδιου του Αδόλφου Χίτλερ, του απόλυτου δικτάτορα της Γερμανίας και ιδρυτή του Γ΄ Ράιχ (1933-1945).

Το Μέγαρο των Συνελεύσεων διαμέτρου 250 μ., είδος Βαλχάλα ή Πανθέου του Γ΄ Ράιχ, θα είχε πρώτο ένοικο τον Χίτλερ. Το μέγεθός της έπρεπε να είναι τέτοιο, ώστε να ανταποκρίνεται στα 1.000 χρόνια που προέβλεπε για ζωή του Γ΄ Ράιχ ο Χίτλερ, γι' αυτό τοποθετήθηκε πλάι στο Κοινοβούλιο, που θα φαινόταν νάνος πλάι του. Η Δημοκρατία εξαφανίζεται μπροστά στο σύμβολο του έθνους και της φυλής.

Η όλη σύνθεση είναι εμπνευσμένη από το Παρίσι. Ο μεγάλος άξονας των Ηλυσίων Πεδίων με τα 3.500 μ. μήκος είναι το πρότυπο, αλλά στο νέο Βερολίνο «πρωτεύουσα του Γ΄ Ράιχ και του κόσμου όλου» ο άξονας είναι 5.000 μ. Ενώ στο Παρίσι η Αψίδα του Θριάμβου έχει ύψος 49,5 μ., βάθος 22 μ. και πλάτος 45 μ., στο Βερολίνο έχει ύψος 120 μ., βάθος 125 μ. και πλάτος 160 μ. (50 φορές μεγαλύτερη).

Στην προσπάθεια να δημιουργηθεί μια θρησκευτική επίφαση, επιλέχτηκε η μορφή της εισόδου στον άξονα από το νέο σιδηροδρομικό σταθμό. Κατά μήκος του άξονά της προβλεπόταν να στηθούν δεξιά και αριστερά κανόνια –λάφυρα μελλοντικού πολέμου– κατ' απομίμηση της τελετουργικής πρόσβασης της εισόδου στο Καρνάκ, με τις δυο σειρές από κριάρια. Μόνο που στο Καρνάκ η τελετουργία συμβολίζει την ένωση του Φαραώ με τον Ήλιο και τη Σελήνη.

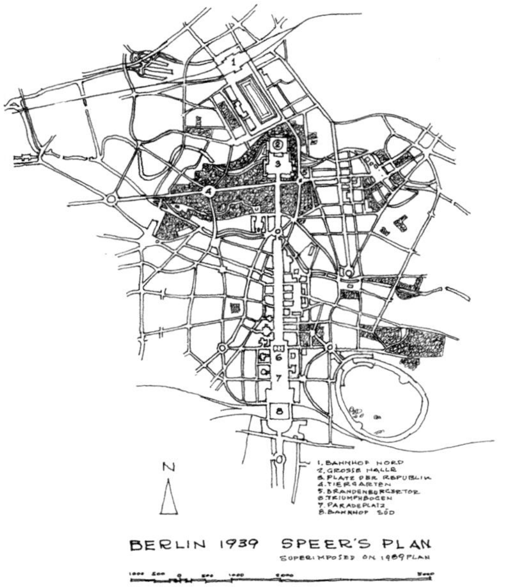

1076

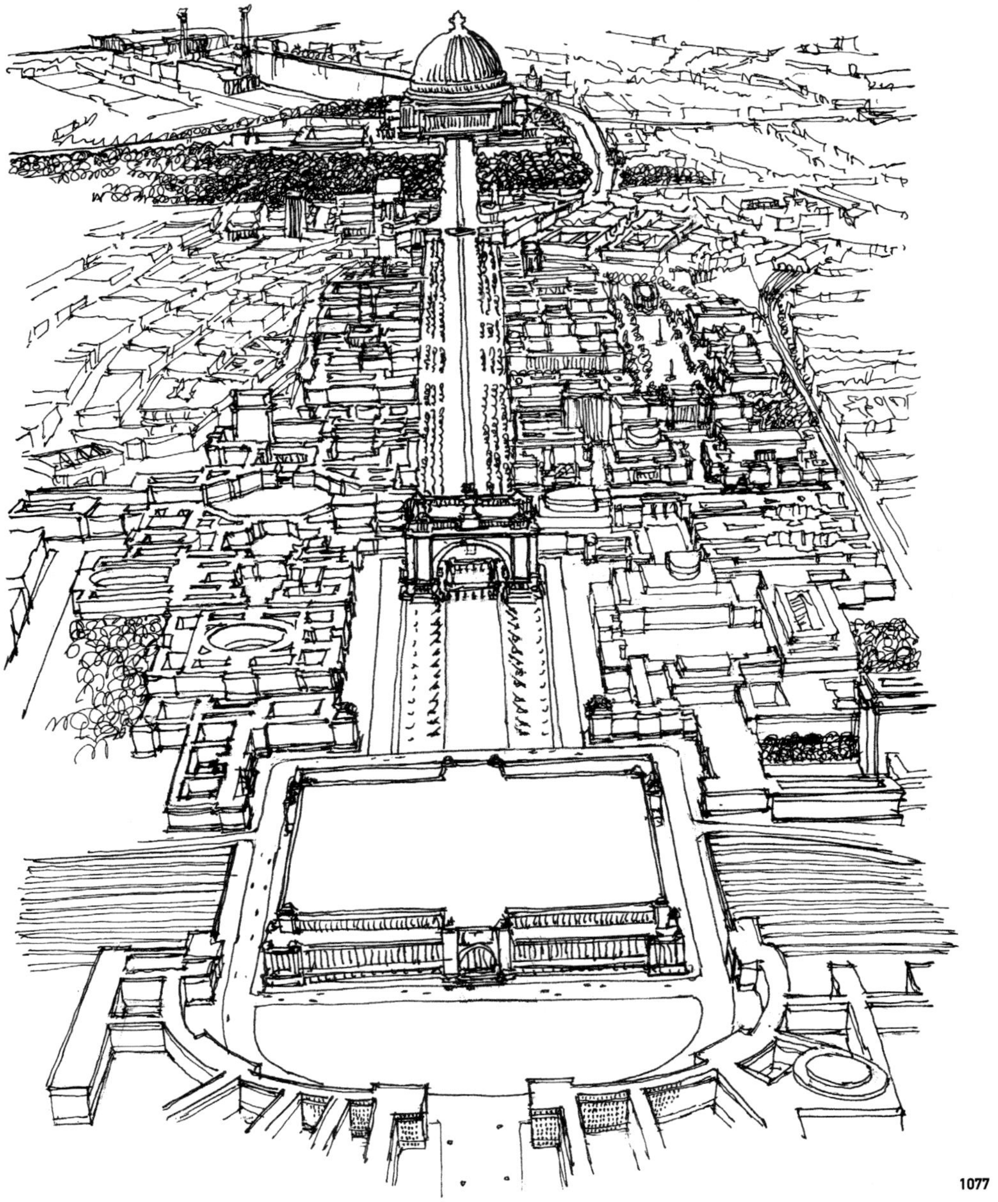

1077

Albert Speer's Berlin
Το Βερολίνο του Άλμπερτ Σπέερ

1076 Albert Speer's Berlin
The plan.

1076 Το Βερολίνο του Άλμπερτ Σπέερ
Το σχέδιο.

1077 The center seen from the South
The triumphal arch and the Reichstag at the end, dominate the town center.

1077 Το νέο κέντρο, άποψη από νότια
Η μεγάλη αψίδα και στο άκρο το Μέγαρο των Συνελεύσεων θα κυριαρχούσαν στο κέντρο της πόλης.

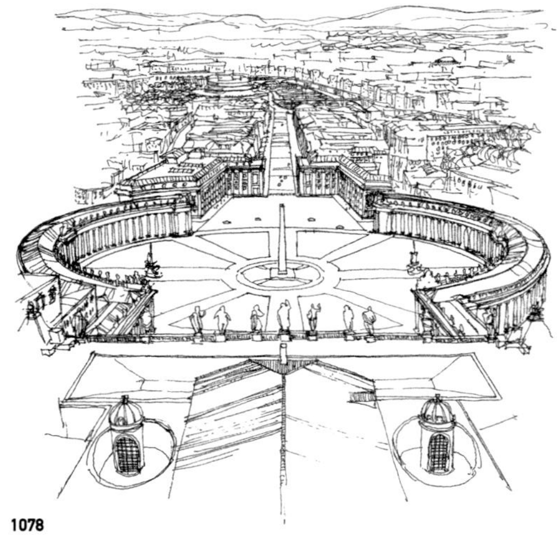

1078

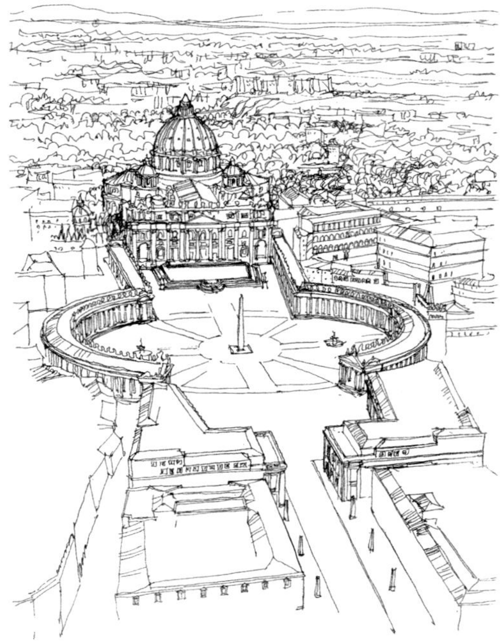

1079

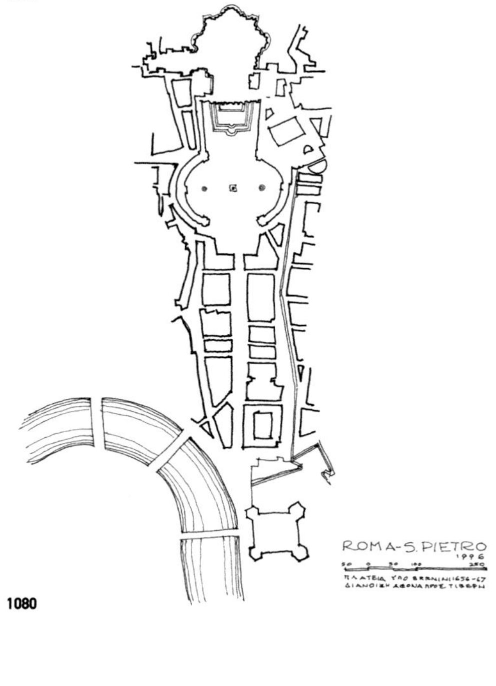

1080

The Via della Conciliazione in Rome

The Via della Conciliazione in Rome is a first-rate example of 20th century gigantism or preferably monumentality.

When Bernini designed the piazza San Pietro in Rome, he had in mind an enclosed public space in front of St Peter's cathedral, in the good old tradition of church squares. The area between the piazza and the Castel Sant'Angelo – Hadrian's mausoleum – consisted of a maze of narrow streets in a densely built-up part of the city. The idea of an opening towards the river Tiber at Castel Sant'Angelo presented itself several times since Bernini's time with no success until the advent of Fascism in Italy.

But in the middle of the 20th century, in 1936, the century with a desire for gigantism, at last it got started, and the dictator Benito Mussolini broke ground for a project that finally materialized only 14 years later, in 1950.

An axis of one kilometer in length was opened, as all buildings along this axis were demolished but at quite a cost. The work was carried out according to the plans drawn by the architects Marcello Piacentini and Attilio Spaccarelli to whom Benito Mussolini had entrusted the design. In this way the square and San Pietro's cathedral are discerned from quite a distance, eliminating, in this way, the element of surprise, so dear to the pre-Baroque period. The cost on the other hand was exceedingly high in the number of monuments that were torn down, primarily churches, although some of them were rebuild in other places in Rome.

Η Βία ντέλα Κοντσιλιατσιόνε στη Ρώμη

Η Βία ντέλα Κοντσιλιατσιόνε στη Ρώμη είναι χαρακτηριστικό παράδειγμα γιγαντισμού του 20ού αι. ή, αν προτιμάτε, της μνημειακής κλίμακας.

Όταν ο Μπερνίνι σχεδίαζε την πλατεία του Αγίου Πέτρου (1656-1667), είχε ως στόχο έναν περίκλειστο χώρο, σύμφωνα με την παράδοση του παλιού καλού καιρού που ήθελε κλειστές τις πλατείες μπροστά σε εκκλησία. Η περιοχή μεταξύ της πλατείας του Αγίου Πέτρου και του Καστέλ Σαντ Άντζελο ήταν ένας λαβύρινθος από δρομάκια και σοκάκια μέσα σε πυκνή δόμηση. Η ιδέα της διάνοιξης ενός άξονα προς τον ποταμό Τίβερη είχε εμφανισθεί μερικές φορές στο παρελθόν ως σύμβολο ενότητας της θρησκευτικής με την εγκόσμια εξουσία, χωρίς όμως να πραγματοποιηθεί ποτέ.

Το 1936, προς το μέσο του 20ού αι., του αιώνα του γιγαντισμού, το έργο τελικά ξεκίνησε. Ο δικτάτορας Μπενίτο Μουσολίνι αυτοπροσώπως, με μιαν αξίνα στο χέρι, έδωσε το σύνθημα για την έναρξη των κατεδαφίσεων, αντί για θεμέλιο λίθο. Το έργο κράτησε έως το 1950, 14 ολόκληρα χρόνια, και κόστισε ουκ ολίγα.

Ένας άξονας μήκους ενός χιλιομέτρου δημιουργήθηκε μεταξύ του πρόναου του Αγίου Πέτρου και του ποταμού Τίβερη, στη θέση του Καστέλ Σαντ Άντζελο –πρώην μαυσωλείου του Αδριανού–, βάσει των σχεδίων των αρχιτεκτόνων Πιατσεντίνι (Marcello Piacentini) και Σπακαρέλι (Attilio Spaccarelli), στους οποίους είχε αναθέσει τη μελέτη ο Μπενίτο Μουσολίνι. Έτσι, το συγκρότημα του ναού του Αγίου Πέτρου και της πλατείας του Μπερνίνι γίνονται αντιληπτά από μεγάλη απόσταση και χάνεται το στοιχείο της έκπληξης, που ήταν τόσο αγαπητό πριν από την εποχή του Μπαρόκ. Το κόστος όμως της διάνοιξης υπήρξε πολύ βαρύ για τα μνημεία και κυρίως για τις εκκλησίες που κατεδαφίστηκαν, αν και ορισμένες ανακατασκευάστηκαν σε άλλα σημεία της Ρώμης.

The Via della Conciliazione in Rome
Η Βία ντέλα Κοντσιλιατσιόνε στη Ρώμη

1078 Rome St Peter and Via della Conciliazione. The axis to the river Tiber
The square today is diffused towards the river. The square no longer belongs to the Cathedral.

1078 Ρώμη, η πλατεία του Αγ. Πέτρου και η Βία ντέλα Κοντσιλιατσιόνε, ο άξονας από τον ναό προς τον Τίβερη
Η πλατεία σήμερα διαχέεται προς τον ποταμό. Έχει πάψει να είναι η πλατεία του ναού.

1079 Rome St Peter and via Della Concilazione
View towards the Cathedral.

1079 Ρώμη, η Βία ντέλα Κοντσιλιατσιόνε και η πλατεία του Αγ. Πέτρου
Θέα προς τον ναό.

1080 Rome St Peter and Via della Conciliazione
In 1936, at the time of Fascism in Italy, it was decided to open the axis from St Peter's Cathedral to the river Tiber. The opening up of the Via della Conciliazione and Pius XII square, was Mussolini's great achievement in his attempt to surpass the monumentality of the Baroque. The Via della Conciliazione, a monument of fascist inspiration, managed to introduce tediousness into what Bernini intended as a breathtaking experience.

1080 Ρώμη, η Βία ντέλα Κοντσιλιατσιόνε
Το 1936, την εποχή του φασισμού στην Ιταλία, αποφάσισαν να διανοίξουν τον άξονα από τον Άγ. Πέτρο έως τον ποταμό Τίβερη. Η διάνοιξη της οδού της Συμφιλίωσης και η πλατεία του Πίου του XII, οι οποίες αντικατέστησαν την πιάτσα Ρουστικούτσι, αποτελούν μέγα επίτευγμα του Μουσολίνι και αντιπροσωπεύουν την προσπάθειά του να ξεπεράσει σε μεγαλείο την εποχή του Μπαρόκ. Άλλη μια βάρβαρη έκφραση του φασισμού, σε αντίθεση με το κομψό πνεύμα του Μπερνίνι.

D2.1.2 Recent examples of gigantism

Monumental scale does not only belong to the past, or the first half of the 20th century with the extension of Washington D.C. and the new capital of India, New Delhi, as well as the attempts and achievements of the nazis and fascists, in their striving to leave their imprint for the future centuries. The most important attempts and realizations of gigantism belong to the second half of the 20th century. Such examples are the cases of Défense in Paris, Chandigarh by Le Corbusier, Brasilia by Lucio Costa with buildings by Oscar Niemeyer and the Tien An Men square in Beijing.

Paris, Défense

In 1950 the Municipality of Paris decided to create a new experimental auxiliary business center on the outskirts of the city at a place named Défense, at the location where, along the Louvre Champs Elysées axis, at a distance of 7 km, a statue had been erected in memory of the successful defense of Paris during the war of 1870, at the location of an important traffic junction.

The original plan of 1950 with the rather conventional skyscrapers brings to mind, more or less, the Rockefeller Center in Manhattan. Later, in 1964, the creation of a large elevated pedestrian precinct was decided over the intersection of the main arteries below, as well as over all vehicular traffic with large multi-storey buildings and skyscrapers on its periphery. This offered the opportunity to create a monumental axis 8 km in length. No other city possessed something similar. Brazilia came into being later. The decision was reached without delay. With the Louvre -Défense axis Paris surpassed by far the ceremonial Beijing axis in length. With only one difference: in Beijing the axis ends up at the temples of Agriculture and Celestial Harmony, whereas in Paris, it ends at a contemporary temple of greed and gain.

Finally in 1971 an architectural competition was announced for the design of the building that would close the axis, resulting in the Grande Arche by the Danish architect Otto von Spreckelsen, which indeed closed most efficiently the great axis without obstructing the view to the horizon beyond.

Nowadays a substantial number of people visit the area, primarily because of the Grande Arche. That does not prevent it from being one more monument to urban gigantism.

Δ2.1.2 Πρόσφατα παραδείγματα μνημειακού γιγαντισμού

Η μνημειακή κλίμακα δεν υπήρξε ίδιον παλαιότερων μόνον εποχών αλλά κυρίως του 20ού αιώνα, όπως είδαμε. Και μάλιστα το φαινόμενο δεν περιορίστηκε στο πρώτο μισό του, με τα έργα στην Ουάσινγκτον, το Νέο Δελχί, ή με τις προσπάθειες του ναζισμού και του φασισμού να δημιουργήσουν ένα μνημειακό γιγαντισμό με μεγαλοπρεπείς διανοίξεις, όπως του Αγ. Πέτρου στη Ρώμη και του Σπέερ για το Βερολίνο, με στόχο να αφήσουν τη σφραγίδα τους στην αιωνιότητα. Οι σημαντικότερες εκφράσεις μνημειακού γιγαντισμού στον 20ό αι. πραγματοποιήθηκαν μετά τον Β΄ Παγκόσμιο πόλεμο. Τέτοια παραδείγματα είναι η Ντεφάνς στο Παρίσι, η Σαντιγκάρ στην Ινδία που σχεδιάστηκε από τον Λε Κορμπυζιέ, η Μπραζίλια που σχεδιάστηκε από τον Λούτσιο Κόστα (Lucio Costa) με κτίρια του Όσκαρ Νιμάγιερ (Oscar Niemeyer) και η νέα πλατεία Τιέν Αν Μεν στο Πεκίνο.

Παρίσι, Ντεφάνς

Το 1950 οι πολεοδομικές αρχές του δήμου του Παρισιού άρχισαν να αναζητούν λύση για την αποσυμφόρηση του κέντρου των οικονομικών δραστηριοτήτων της πόλης τους. Τελικά, έκριναν πως η πλέον ενδεδειγμένη θέση για το νέο πειραματικό δορυφορικό κέντρο για στέγαση κτιρίων γραφείων έξω από την πόλη, ήταν ο οδικός κόμβος της Ντεφάνς (Άμυνα). Εκεί δηλαδή όπου είχε στηθεί το 1883 το άγαλμα σε ανάμνηση της επιτυχημένης άμυνας του Παρισιού κατά τον πόλεμο του 1870, σ' ένα σημαντικό σταυροδρόμι πάνω στον άξονα των Ηλυσίων Πεδίων, σε απόσταση 7 χλμ. περίπου από το Λούβρο.

Το αρχικό σχέδιο με ουρανοξύστες –μάλλον συμβατικό– θύμιζε λίγο το Ροκφέλερ σέντερ στο Μανχάταν της Νέας Υόρκης. Αργότερα, το 1964, αποφασίστηκε η δημιουργία μιας εκτεταμένης περιοχής πεζών σε μια πλατφόρμα πάνω από όλη την τροχαία κυκλοφορία, με ουρανοξύστες στην περιφέρειά της.

Εκ των πραγμάτων παρουσιαζόταν η ευκαιρία να δημιουργηθεί ένας μνημειακός άξονας 8 χλμ. Καμιά άλλη πόλη δεν διέθετε κάτι τέτοιο –η Μπραζίλια δεν υπήρχε ακόμα. Η απόφαση πάρθηκε αβίαστα. Με τον οδικό άξονα Λούβρου-Ντεφάνς το Παρίσι ξεπέρασε κατά πολύ τον τελετουργικό άξονα του αυτοκρατορικού Πεκίνου. Με μια διαφορά: στο Πεκίνο ο άξονας αυτός καταλήγει στους ναούς της Γεωργίας και της Ουράνιας Αρμονίας, ενώ στο Παρίσι σε έναν σύγχρονο ναό αφιερωμένο στις θεότητες της πλεονεξίας και του κέρδους!

Το 1971 οργανώθηκε αρχιτεκτονικός διαγωνισμός για το κτίριο στο τέρμα του άξονα κι έτσι δημιουργήθηκε η Μεγάλη Αψίδα, Λα Γκραντ Αρς, έργο του Δανού αρχιτέκτονα Όττο φον Σπρέκελσεν (Otto von Spreckelsen), που πράγματι είναι ένα τέρμα για τον μεγάλο άξονα χωρίς να κλείνει τη θέα προς τον ορίζοντα!

Σήμερα, η περιοχή δέχεται τεράστιο αριθμό επισκεπτών, κυρίως λόγω της Μεγάλης Αψίδας, δεν παύει όμως να αποτελεί άλλο ένα μνημείο στον αστικό γιγαντισμό.

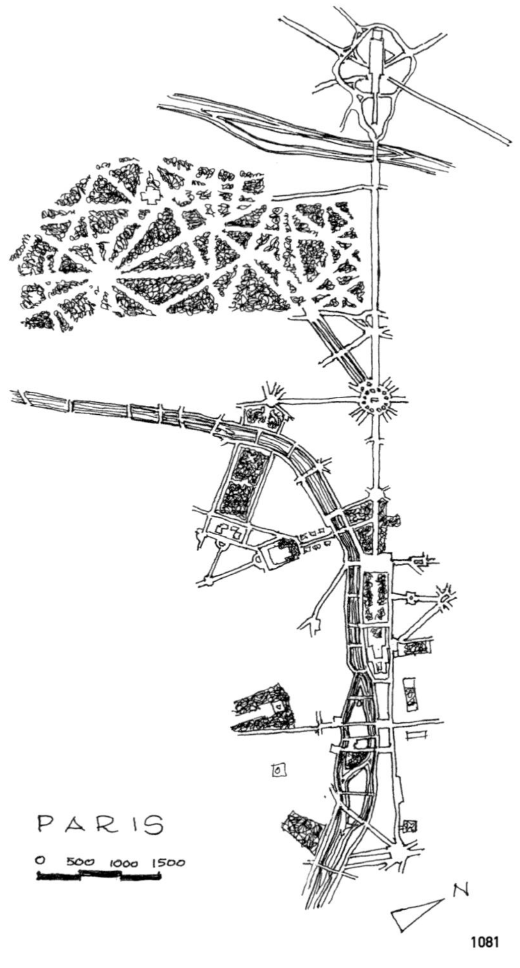

1081

Paris, Défense / Παρίσι, Ντεφάνς

1081 The new axis Louvre-Défense, 1950

1081 Νέος άξονας Λούβρο-Ντεφάνς, 1950

1082

Paris, Défense / Παρίσι, Ντεφάνς

1082, 1083 Plan by M. C. Nicod, 1950
No separation of traffic is envisaged. The motorcar is the King. There seems to be a strong influence from the architecture of the R.C.A. group of buildings in Manhattan.

1082, 1083 Το σχέδιο του Μ. Κ. Νικό, 1950
Στο σχέδιο αυτό δεν φαίνεται καμιά πρόθεση για διαχωρισμό τροχοφόρων-πεζών. Το αυτοκίνητο είναι βασιλιάς. Μια παράξενη επιρροή της αρχιτεκτονικής του Ρόκφελερ Σέντερ φαίνεται να διέπει την όλη σύνθεση.

1084 The original plan
The Baroque design of the round point "de la Défense" was the obvious inspiration for this first approach to the transformation of the area into the financial district of Paris. This was an Étoile without an Arc de Triomphe.

1084 Το πρώτο σχέδιο, 1950
Δεν χωρά αμφιβολία πως η έμπνευση για τη μορφή του νέου αστικού κέντρου οικονομικών δραστηριοτήτων ήταν το Μπαρόκ ύφος του οδικού κόμβου της Ντεφάνς. Μια νέα Ετουάλ δίχως Αψίδα του Θριάμβου.

1085 The final plan, 1971
The whole new financial district of Paris is developed on an elevated platform, exclusively for pedestrians. All traffic is located underneath. There, well hidden from above, are railroad stations and a complicated network of level and multilevel crossings, that serve vehicular traffic. The central axis of the urban development is the extension of the Louvre-Champs Elysées-Arc de Triomphe -Avenue de la Grande Armée axis.

1085 Το τελικό σχέδιο, 1971
Ολόκληρο το νέο οικονομικό κέντρο του Παρισιού, αναπτύσσεται σε ένα υπερυψωμένο επίπεδο, αφιερωμένο αποκλειστικά στους πεζούς. Όλη η τροχαία κίνηση βρίσκεται από κάτω, σ' ένα περίπλοκο δίκτυο διασταυρώσεων και ανισόπεδων κόμβων, όπου κρύβονται επίσης και οι σιδηροδρομικοί σταθμοί. Ο κεντρικός άξονας του συγκροτήματος είναι η συνέχεια και το τέλος του λεγόμενου «Ιστορικού Άξονα» Λούβρο-Ηλύσια πεδία-Αψίδα του Θριάμβου-Λεωφόρος της Μεγάλης Στρατιάς.

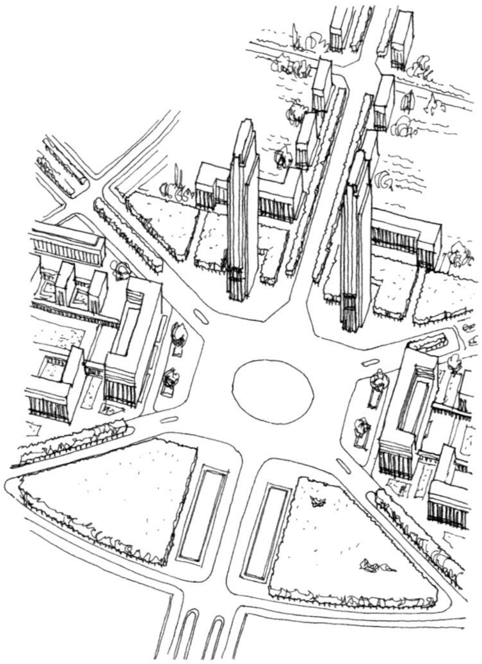

1083

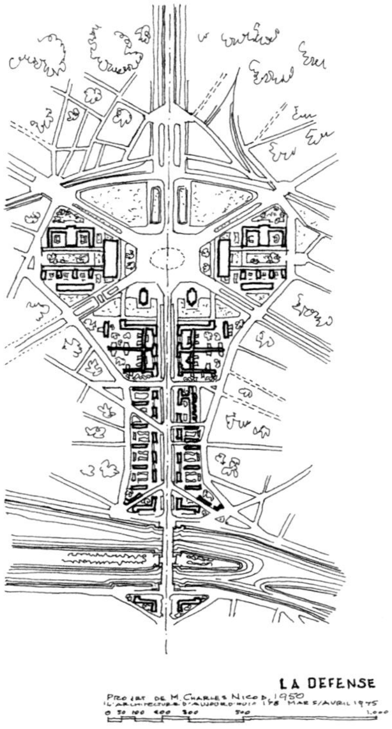

1084

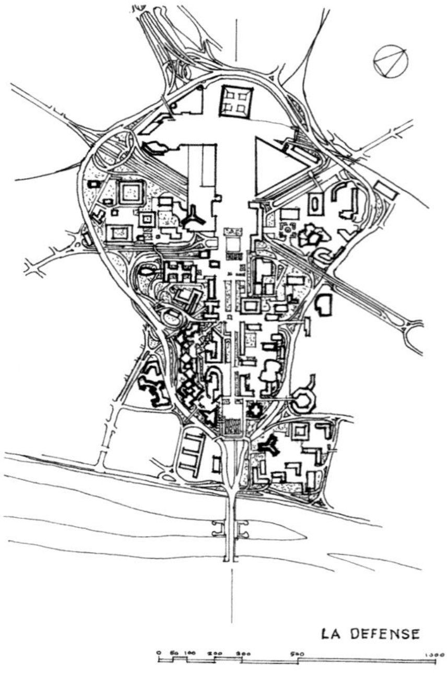

1085

1086

1087

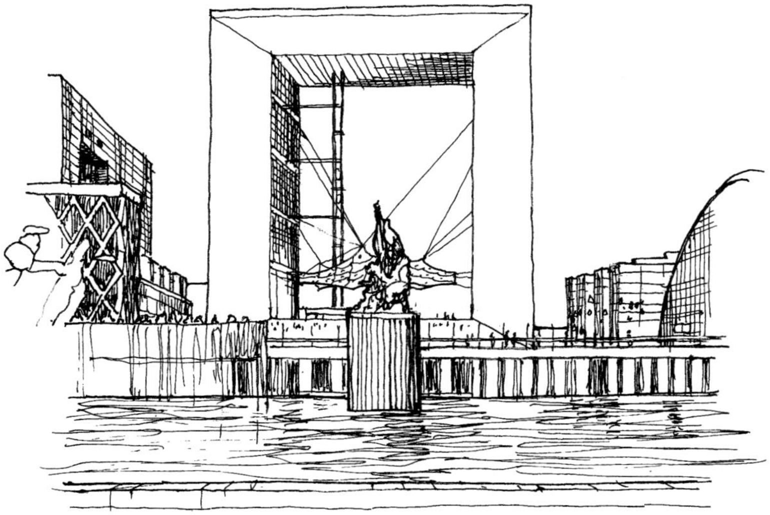

1088

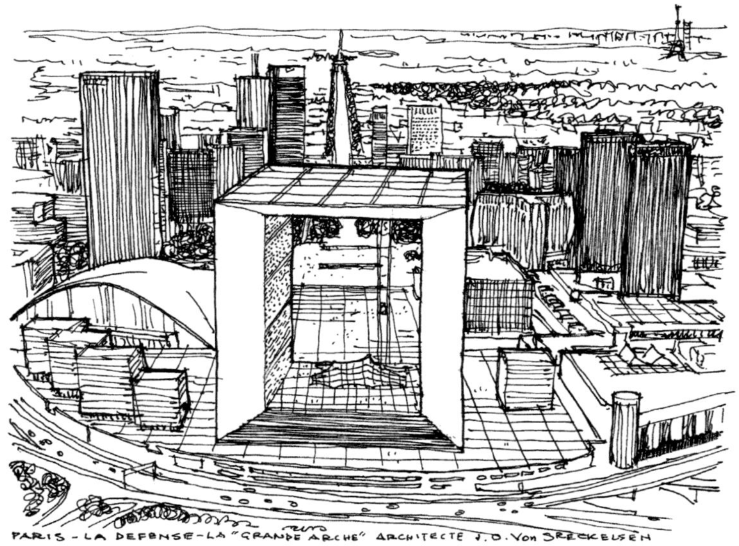

1089

Paris, Défense / Παρίσι, Ντεφάνς

1086 The Arc de Triomphe axis
From the central pedestrian way of the Défense district, on a clear day one can distinguish far away the Arc de Triomphe.

1086 Ο άξονας της Αψίδας του Θριάμβου
Από τον κεντρικό πεζόδρομο της Ντεφάνς, μια μέρα αιθρίας, μπορεί κανείς να διακρίνει στο βάθος του ορίζοντα την Αψίδα του Θριάμβου. Πιο πέρα στα 8 χλμ. βρίσκεται το Λούβρο.

1087 None of the characteristics of modern town planning seems to have been forgotten. Wide open spaces with green lawns, large water surfaces that reflect the tall buildings all around, modern works of art, even by Alexander Calder, passages under buildings, footbridges crossing over the streets, trees and bushes. All this without an appealing result. Could it be a lack of inspiration or a humanitarian vision?

1087 Κανένα από τα χαρακτηριστικά του σύγχρονου πολεοδομικού σχεδιασμού δεν φαίνεται να ξεχάστηκε. Ευρείες πλατείες με χλοοτάπητες, μεγάλες υδάτινες επιφάνειες καθρεφτίζουν τα γύρω πανύψηλα κτίρια, σύγχρονα έργα τέχνης, ακόμα και του Κάλντερ, περάσματα κάτω από κτίρια, πεζογέφυρες πάνω από τους δρόμους, δένδρα και θάμνοι. Χωρίς όμως αποτέλεσμα. Μήπως λείπει η αστική αρχιτεκτονική έμπνευση; Ή ένα ανθρωποκεντρικό όραμα;

1088 Paris, La Défense. The Grande Arche
1088 Παρίσι, Ντεφάνς. Η Μεγάλη Αψίδα

1089 End of the 20th century. The 8 km long axis
Without any doubt the building at the end of the whole composition of La Défense is quite handsome. Still the slight deviation from the main axis as a response to the Louvre's center line, is a refinement not easily discerned by common man.

1089 Τέλος 20ού αι. Κεντρικός άξονας 8 χλμ.
Χωρίς αμφιβολία η Μεγάλη Αψίδα, το κτίριο που κλείνει την όλη σύνθεση της Ντεφάνς, είναι πράγματι ωραίο. Παρ' όλα ταύτα η ελαφριά απόκλιση του άξονα ως ανταπόκριση στο Λούβρο, είναι μία εκλέπτυνση που μάλλον δύσκολα μπορεί να γίνει αντιληπτή από τον κοινό θνητό.

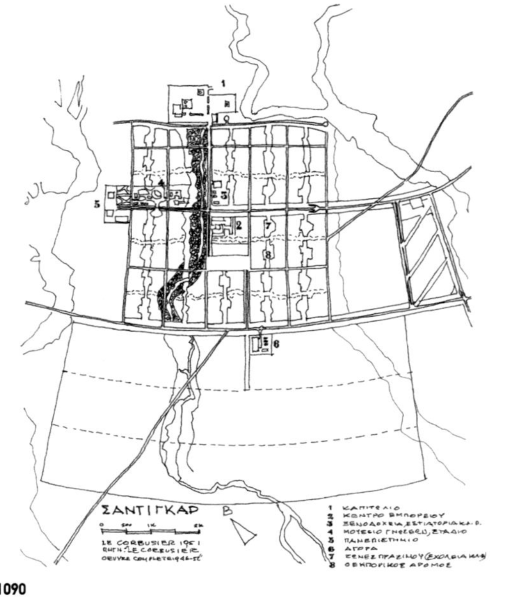

1090

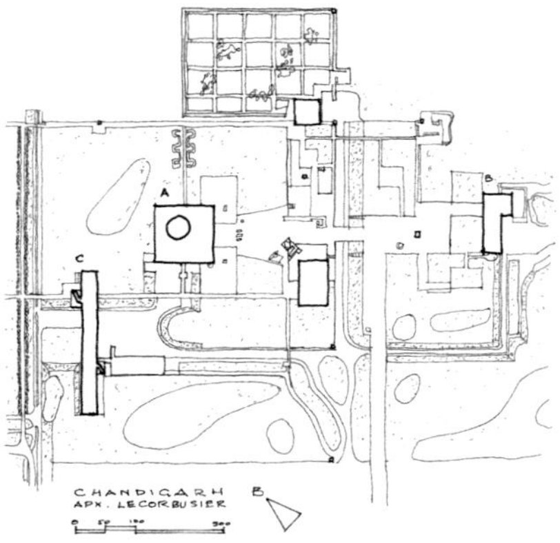

1091

Chandigarh / Σαντιγκάρ

1090 Chandigarh, Le Corbusier 1951
The plan follows a grid-iron street pattern with 14 neighborhoods and a Commercial Center in the middle. Five parallel linear parks from Southwest to Northeast divide each neighborhood in two and provide for the natural ventilation of the city as a whole. A substantial wooded park traverses the city from Northeast to Southwest, along the river. Future expansion is provided for to the Southwest of the city, beyond its limits in an area of approximately 250 acres.

1090 Σαντιγκάρ, Λε Κορμπυζιέ, 1951
Το σχέδιο βασίζεται σε ένα ελεύθερο ιπποδάμειο σύστημα, με 14 συνοικίες και ένα κέντρο εμπορικών δραστηριοτήτων στη μέση. Πέντε παράλληλες ζώνες στενού πρασίνου και πεζοδρόμων διασχίζουν το συγκρότημα από νοτιοδυτικά προς βορειοανατολικά, ενώ το ποτάμι που διέρχεται μέσα από την πόλη με την ίδια κατεύθυνση, δίνει την ευκαιρία για την ανάπτυξη μιας σημαντικής ζώνης πλούσιου πράσινου κατά μήκος του. Η όλη διάταξη έχει σαφή βιοκλιματικά προτερήματα. Η μελλοντική ανάπτυξη της πόλης προβλέπεται προς τη μεσημβρία, ενώ το διοικητικό κέντρο της πολιτείας του Πάντζαμπ επεκτείνεται στο βόρειο άκρο της πόλης, έξω από τα όριά της, σε μια έκταση 1.000 στρεμμάτων περίπου.

Chandigarh

Chandigarh belongs to the new cities that were founded, inaugurated and developed on the basis of a comprehensive plan, during the last 50 years of the 20th century. Chandigarh was designed for 500,000 inhabitants in order to be the capital city of the Punjab state of India. Thus a group of government buildings was included in the plans, at the north-eastern end of a winding planted pedestrian mall with a width of 300 m approximately, and another axis at right angles to the first one. This second axis ends beyond the city north-western limits, with the Universities compound. The government center covers an area of 1,500x700 m approximately, with a distance between the buildings of the House of Parliament and the High Court, that face each other, of more than 700 m.

The result of this, as is the case every time the monumental scale prevails, is that people are dwarfed and lost in an urban setting that surpasses and annihilates them. Even more suppressive is the scale in Brasilia.

It would be interesting to recollect at this point what preceded Le Corbusier's undertaking the plans for the new capital city of Punjab.

When in 1945 it was decided that the United Nations building would be located in New York, all member states sent an architect to participate in the design of the building that would be carried out in common. Some countries sent architects of world fame, such as Le Corbusier by France, others talented architects that had just started their career, as Finn Juhl from Denmark. Still others, architects rather unknown internationally but cultured and with good manners, such as Antoniades from Greece. The USA delegated Harrison, who was the son in law of Rockefeller, who had donated the land for the building to be erected. Poland sent Matthew Nowicki, a young architect with exceptional talent and capability.

Matthew Nowicki in no time won over all his colleagues with his wonderful sketches and drawings, and the originality of his ideas. Within a very short time many American architectural firms started contacting him, with offers of collaboration on a variety of projects. Thus he collaborated with W.H. Deitrick and F. Severud for the new covered arena in Raleigh in North Carolina.

At the same time the Indies that had just acquired their independence and had become the Republic of India, decided to commission the plans for a new capital city of the Indian state of the Punjab, Chandigarh. No one was surprised when they entrusted M. Nowicki to draw the plans, as he was the architect everybody was praising at that time. In collaboration with his partner A. Mayer, Nowicki got enthusiastically involved with this new project. He traveled to India, signed contracts, set up a town planning agency and started throwing ideas on paper. But fate had other plans. In one of his return journeys from India to New York, in 1949, the plane got lost and so did M. Nowicki and his marvelous ideas for the new capital of Punjab.

The government of India, after the loss of their architect, wasted no time looking around. Immediately they contacted Le Corbusier, who undertook without delay the drawing of plans from scratch. Here at last was the opportunity he was praying for all his life, to be commissioned to design a new city. The capital of a state of 30,000,000 people, part of the confederation of Indian States, the most populous democracy on earth. In his plans for Chandigarh, Le Corbusier incorporated all his ideas for a contemporary city as well as many new ideas that India inspired, even some of the theocratic concepts of the ancient civilizations that survived in a dormant state in these ex-Brahman and Buddhist parts of the East. In this way Le Corbusier's plan for Chandigarh illustrate the ideas of the universe as he interpreted them.

Σαντιγκάρ

Η Σαντιγκάρ ανήκει στις νέες πόλεις που είδαμε να χτίζονται βάσει ενιαίου σχεδίου τα τελευταία 50 χρόνια. Σκοπός της ίδρυσής της ήταν να γίνει η πρωτεύουσα του ομόσπονδου κράτους του Πάντζαμπ για έναν πληθυσμό 500.000 κατοίκων. Έτσι, στο σχέδιο προβλέφτηκε και μελετήθηκε το συγκρότημα των δημοσίων κτιρίων στο βορειοανατολικό άκρο ενός οδικού άξονα πεζών μήκους 5.000 μ., παράλληλα με μια ζώνη πρασίνου, εύρους περίπου 300 μ., κι έναν κάθετο άξονα που καταλήγει στο συγκρότημα των πανεπιστημιακών κτιρίων στο βορειοδυτικό του άκρο. Το συγκρότημα των δημοσίων κτιρίων έχει έκταση 1.500 επί 750 μ. περίπου, με απόσταση περίπου 700 μ. ανάμεσα στα κτίρια του Κοινοβουλίου και του Δικαστικού Μεγάρου, που αντικρίζουν το ένα το άλλο. Το αποτέλεσμα είναι και εδώ, όπως κάθε φορά που χρησιμοποιείται η μνημειακή κλίμακα, ο άνθρωπος να χάνεται μέσα στην τεράστια έκταση που τον ξεπερνά και τον εκμηδενίζει. Ακόμη πιο έντονη είναι η επιβολή της κλίμακας στην Μπραζίλια.

Έχει ενδιαφέρον όμως να πάρουμε τα πράγματα από την αρχή. Όταν το 1945 αποφασίστηκε η κατασκευή του κτιρίου των Ηνωμένων Εθνών στη Νέα Υόρκη,

1091 By locating the Government center to the northeast and outside the city limit, Le Corbusier introduced one more element of the traditional Eastern Imperial City, where the seat of the Government had to be out of reach for common people.
Still the scale in this case belongs to modern gigantism covering an area of one square km.

1091 Με τη χωροθέτηση του διοικητικού κέντρου στο βορειοανατολικό άκρο και έξω από τα όρια της πόλης, ο Λε Κορμπυζιέ εισάγει εκ νέου άλλο ένα στοιχείο της παραδοσιακής αυτοκρατορικής πρωτεύουσας της Ανατολής. Με τη διαφορά, όμως, ότι η κλίμακα εδώ ανήκει στον σύγχρονο γιγαντισμό, καταλαμβάνοντας έκταση πάνω από ένα τετραγωνικό χιλιόμετρο.

όλες οι συμμαχικές χώρες έστειλαν από έναν αρχιτέκτονα για να λάβει μέρος στον σχεδιασμό που θα γινόταν από κοινού. Άλλοι έστειλαν αρχιτέκτονες διεθνούς φήμης, όπως η Γαλλία που έστειλε τον Λε Κορμπυζιέ. Άλλοι, αρχιτέκτονες ταλαντούχους που μόλις είχαν αρχίσει την καριέρα τους, όπως ο Φιν Γιουλ από τη Δανία, άλλοι μάλλον άγνωστους διεθνώς, αλλά με καλούς τρόπους και αξιοπρεπείς, όπως ο Αντωνιάδης από την Ελλάδα. Οι Η.Π.Α. έστειλαν τον Χάρισον, τον γαμπρό του Ρόκφελερ, που είχε δωρίσει το γήπεδο για να κτιστεί το νέο κτίριο, και η Πολωνία τον Μάθιου Νογουίκι, έναν νέο αρχιτέκτονα με εξαίρετο ταλέντο και ικανότητα.

Ο Μάθιου Νογουίκι γοήτευσε όλους τους συναδέλφους του με τα ωραία σκίτσα του και τις πρωτότυπες ιδέες του. Μέσα σε λίγους μήνες άρχισαν να του γίνονται προτάσεις για συνεργασία από αμερικανικά αρχιτεκτονικά γραφεία, και συνεργάστηκε με τους Ντήτρικ και Φρεντ Σέβερουντ για το νέο κλειστό στάδιο του Ράλεϊ στη Β. Καρολίνα.

Την ίδια εποχή οι Ινδίες, που μόλις αποκτούσαν την ανεξαρτησία τους και μετονομάζονταν σε Ινδία, αποφάσισαν να σχεδιάσουν και να κατασκευάσουν τη νέα πρωτεύουσα του Πάντζαμπ, το Σαντιγκάρ. Κανείς δεν εξεπλάγη λοιπόν που αποτάθηκαν στον Μ. Νογουίκι, που εκείνη την εποχή ήταν ο πιο παινεμένος αρχιτέκτων του κόσμου, και στον συνεργάτη του Άλμπερτ Μάγιερ. Ο Νογουίκι ρίχτηκε στο έργο με ενθουσιασμό, πήγε στην Ινδία, υπέγραψε συμβάσεις, οργάνωσε γραφείο και ξεκίνησε να ρίχνει ιδέες στο χαρτί. Αλλά φευ, το πεπρωμένο είχε άλλα σχέδια. Σε μια επιστροφή του από την Ινδία στη Νέα Υόρκη το 1949, το αεροπλάνο χάθηκε και μαζί ο Νογουίκι και οι ωραίες του ιδέες για την πρωτεύουσα του Πάντζαμπ.

Η ινδική Κυβέρνηση, μπροστά στην απώλεια του αρχιτέκτονά της, δεν έχασε τον καιρό της ψάχνοντας. Αμέσως απευθύνθηκε στον Λε Κορμπυζιέ και του ζήτησε να αναλάβει αυτός. Ο Λε Κορμπυζιέ δεν δίστασε στιγμή. Εδώ του δινόταν η ευκαιρία που περίμενε μια ζωή: ο σχεδιασμός της πρωτεύουσας ενός Ομόσπονδου Κράτους, μιας πολιτείας 30.000.000 κατοίκων στη Δημοκρατία της Ινδίας, την πολυπληθέστερη Δημοκρατία του κόσμου. Στο σχέδιό του για τη Σαντιγκάρ, ο Λε Κορμπυζιέ ενσωμάτωσε όλες του τις ιδέες για μια σύγχρονη πόλη και πολλές νέες ιδέες που του ενέπνευσαν ο τόπος και ο χώρος, ακόμη και ορισμένες θεοκρατικές αντιλήψεις των αρχαίων πολιτισμών που επιβίωναν σε λανθάνουσα κατάσταση στις βραχμανικές και βουδιστικές περιοχές της Άπω Ανατολής. Τελικά, όμως, το σχέδιο του Λε Κορμπυζιέ, ενώ απεικονίζει την ιδέα του Κόσμου, στερείται κεντρικού μνημειακού άξονα.

1092

1093

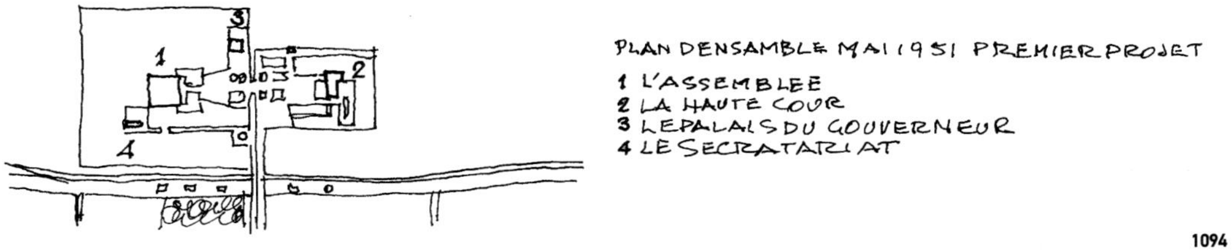

1094

1095

Chandigarh / Σαντιγκάρ

1092, 1093, 1094, 1095 Chandigarh, the Government center (the concept)
The attempt to reach magnificence through gigantism is quite obvious.

1092, 1093, 1094, 1095 Σαντιγκάρ, το διοικητικό κέντρο (η γενική ιδέα)
Η επιδίωξη της μεγαλοπρέπειας μέσα από τον γιγαντισμό είναι εμφανής.

1096

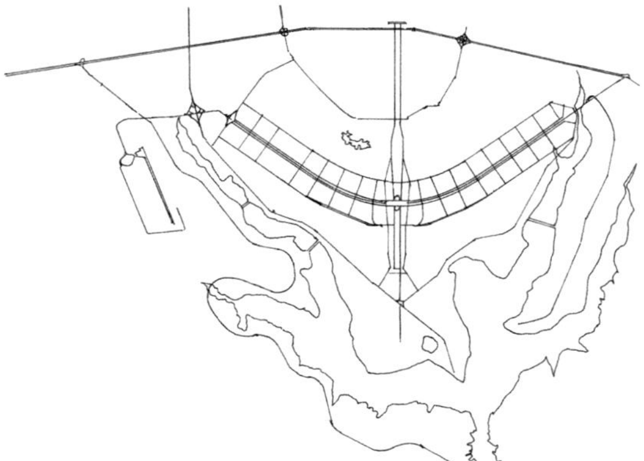

1097

Brasilia / Μπραζίλια

1096 This is not a distant view of a City from the surrounding countryside. It is the monumental axis of Brazilia from the heights of the TV tower base!

1096 Δεν πρόκειται για τη θέα της πόλης από τις εξοχές που την περιβάλλουν. Είναι ο Μνημειακός Άξονας όπως φαίνεται από το ύψωμα του Πύργου της Τηλεόρασης.

1097 Brasilia, the central axis
The distance between the government center and the TV Tower is 3 km. The total length of this axis is more than 8 km.

1097 Μπραζίλια, ο κεντρικός άξονας
Ο κεντρικός άξονας έως τον Πύργο της Τηλεόρασης είναι 3 χλμ., ενώ συνολικά υπερβαίνει τα 8 χλμ.

Brasilia

Brasilia, as Washington D.C., was designed with two main axes. Still in the case of Brasilia the perpendicular axis is longer (13.5 km) and is curved. The central axis is 8 km long and starts from the square of the Three Powers, i.e. the Congress, the Presidency and the High Court, and ends at the railroad station that today is nearly out of use. Halfway approximately between the government center and the railway station, on a slight rise of the ground that overlooks the central axis as well as the whole city, the tower of the Radio T.V. is located on a triangular platform, which in its turn is carried by three enormous supports consisting of twin pillars each. In the same way as with the famous obelisk at the George Washington Memorial in Washington D.C., here again the only point that can be seen throughout the new city of Brasilia is the T.V. tower.

Brasilia embodies and expresses the great dream of the 20th century. To start with, the Modern Movement in architecture, with Le Corbusier's theories in town planning, as handled by two of his stoutest supporters in the New World, the Brazilian architects Lucio Costa and Oscar Niemeyer. Then followed the dream of a society of equality, based on the rational development of a great country like Brazil and finally, the venture for a new capital far away from the pressures and influences of private interests.

When president Juscelino Kubitschek during the '50s decided the transfer of the capital from Rio de Janeiro to the virgin lands of central Brazil, 1,000 km further inland, in order to offer incentives for the balanced development of the vast expanses and the innumerable wealth-producing resources of the land, he contacted his bosom friend, the architect Oscar Niemeyer, in the same way as Adolf Hitler had Albert Speer some years earlier. The main difference is that in the case of Brasilia an international competition was proclaimed with a jury consisting of Paulo Antunes Ribeiro, representative of the Brazilian Institute of Architects and Horta Barbosa, representatives of the Brazilian Institute of Engineers, Oscar Niemeyer and his close friend Stamos Papadakis, representative of NovoCap, as well as Sir William Holford and Andre Sive. These two last ones, replaced Maxwell Fry and Charles Asher, who were not close friends of Oscar Niemeyer.

The first prize was granted to Lucio Costa, who had Oscar Niemeyer as his beloved student and later collaborator. The second prize was awarded to Boruch Milman, João Henrique Rocha and Ney Fontes Gonçalves.

Lucio Costa's plan for the new capital city, Brasilia in 1957, has the shape of an airplane placed next to an artificial lake on a shallow rise of the ground. The two wings, on the right and left consist of the residential area, while the fuselage in the center starting from the lake to the East with the Federal Government Center, reaches a distance of more than 8 km to the West, the railway station as has already been mentioned. At the site where the central axis or Eixo Monumental intersects the curving axis of the wings at a lower level, the main intercity bus station is located next to a multilevel traffic junction. The choice of this location for its bus station, at the epicenter of the capital city of Brazil, at a distance of 1,000 km from Rio de Janeiro and the densely populated East Coast, is due to the fact that the railroad with its terminal station exiled at the tail of the Eixo Monumental, is today in decline. The whole city has been designed around the motorcar. Pedestrians have been abolished. They belong to the past.

According to Lucio Costa's plan, the design of the street pattern has achieved the ideal state, where the motorcar can circulate freely without any restriction. On the other hand the extremely low density allows for extensive green areas of parkland, with distances between buildings so great that pedestrian circulation is discouraged. The Eixo Monumental from the intercity bus station to the square of the Three Powers, 3.5 km in length and 0.5 km in width with the government buildings to the right and the left, is actually a symbol of the authority of the state. All the buildings of this government center have been designed by Oscar Niemeyer as well as the Cathedral, the churches, the monument to Kubitschek, the monuments in general as well as a great number of other buildings. Some of these buildings without any doubt attest to Niemeyer's talent, and are once more proof of the refinement and high degree of perfection that the Modern Movement achieved in Brazil.

The city designed for 600,000 inhabitants has already surpassed 2,500,000 inhabitants, but half of this population lives in favelas (shanty towns) on the outskirts of the designed city, including the garden city on the eastern shore of the lake. At the time when the city was under construction from 1956 to 1961, it was necessary to house all those who worked for this great project, engineers, builders, workers, craftsmen, technical personnel and administrators. The housing of all these people was the first installment of the favelas at a distance from the new city.

The extensive green areas of the city as well as the Eixo Monumental have been an important pole of attraction for the development of shanty towns within the limits of the city boundaries. But the police is on its guard and every such attempt lasts a short while. Still one wonders till when a country, where the population grows unchecked and socioeconomic differentiations are enormous, will be able to retain the constantly augmenting pressure of the homeless.

But let us return to our subject. What is the role of an axis with monumental dimensions in the life of a city, or even for the glamour of the Brazilian Republic? What really impresses us with Brasilia is the fact that a new city was designed and built in record time. From there on only on paper can one understand the value of the central axial design. If one attempts to walk along the Eixo Monumental in order to feel the magnificence of its design, the only feeling that prevails is that of utter loneliness, where he is the only soul on foot. Motorcars circulate all around and he must take good care. The only exception is on Sundays, the day of the open-air market at the foot of the T.V. tower. Then and only then, the famous Eixo Monumental comes to life under the triangular restaurant still out of use, I believe. The only spot from where one can have a comprehensive view of the magnificent design of the administration center of Brazil, with its twin towers and the rows of administration buildings to the right and left, that is to say, the triangular elevated restaurant at the foot of the T.V. tower, remains closed to the public. It is out of use I guess because no one cares to enjoy the view of Lucio Costa's plan and Oscar Niemeyer's architectural achievements while taking his meal.

1098

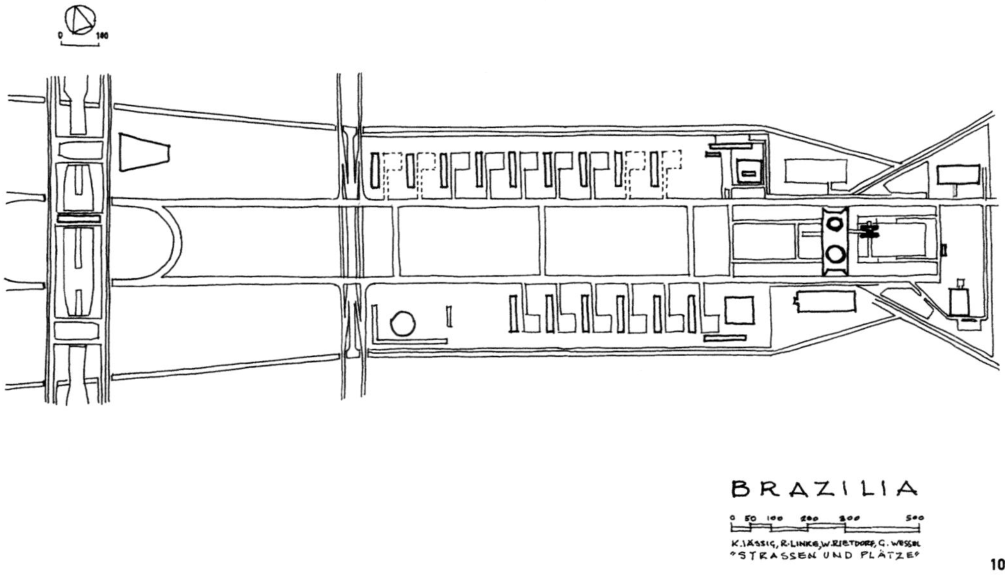

1099

Brasilia / Μπραζίλια

1098 The central mall, the monumental axis, as seen from the ramp of the elevated square on the roof of the House of Parliament looking westwards. At the highest ground of the Eixo Monumental, the T.V. tower dominates the view (the modern bell-tower, the symbol of modern communications). The governmental buildings are arranged in two rows to the left and the right.

1098 Βλέποντας προς δυσμάς
Η κεντρική «αλάνα», ο Μνημειακός Άξονας δηλαδή, όπως φαίνεται από την ράμπα της Βουλής κοιτάζοντας προς δυσμάς. Στο υψηλότερο σημείο του δεσπόζει στον ορίζοντα ο Πύργος της Τηλεόρασης, το σύγχρονο αντίστοιχο του καμπαναριού, σύμβολο της σύγχρονης επικοινωνίας. Δεξιά κι αριστερά τα κτίρια των υπουργείων και των δημοσίων υπηρεσιών, σε ομοιόμορφες σειρές.

1099 The eastern part of the monumental axis, with the mall flanked by the rows of Ministries and Government buildings. At the western end is the bus station. At the eastern end is the Parliament Building with its twin tower and the square of the Three Powers flanked by the Federal High Court and the Presidency.

1099 Το ανατολικό τμήμα του Έιξο Μονουμεντάλ με τον επιμήκη ελεύθερο χώρο που περιβάλλεται από υπουργεία και δημόσια κτίρια. Στο δυτικό άκρο του τμήματος αυτού βρίσκεται ο σταθμός των υπεραστικών λεωφορείων. Στο ανατολικό άκρο, η πλατεία των Τριών Εξουσιών, που περιβάλλεται από το κτίριο του Κοινοβουλίου και της Γερουσίας, με εκατέρωθεν τα κτίρια του Ανωτάτου Δικαστηρίου και της Προεδρίας. Η πόλη αναπτύσσεται δεξιά και αριστερά από τον κεντρικό άξονα.

1100

Brasilia / Μπραζίλια

1100 Looking East
The central mall with the twin tower of Parliament Building at its end flanked by the Government Building and the Cathedral, all designed by Oscar Niemeyer. The mall is impressive but the space is empty. Where are the people, the citizens of this grandiose capital?

1100 Βλέποντας προς ανατολάς
Η κεντρική «αλάνα» και, στο βάθος προς ανατολάς, οι δίδυμοι πύργοι της Βουλής. Εκατέρωθεν της Βουλής τα δημόσια κτίρια και ο καθεδρικός ναός. Η θέα είναι εντυπωσιακή, ο χώρος όμως άδειος. Πού είναι οι άνθρωποι, οι πολίτες αυτής της μεγαλόπρεπης πρωτεύουσας;

Μπραζίλια

Η Μπραζίλια, όπως και η Ουάσινγκτον, έχει σχεδιαστεί με δύο βασικούς άξονες. Στην περίπτωση όμως της Μπραζίλια ο κάθετος άξονας είναι ο μεγαλύτερος, έχει μήκος 13,5 χλμ. και είναι καμπύλος. Ο κεντρικός άξονας είναι μήκους 8 χλμ. και ξεκινά από την πλατεία των Τριών Εξουσιών –δηλαδή το Κοινοβούλιο (Κογκρέσο), το Προεδρικό Μέγαρο και το Ανώτατο Δικαστήριο– και καταλήγει στον σιδηροδρομικό σταθμό, που σήμερα είναι σχεδόν σε αχρηστία. Στα μισά περίπου του δρόμου μεταξύ Κογκρέσου και σιδηροδρομικού σταθμού, σε ένα ύψωμα που δεσπόζει του κεντρικού άξονα αλλά και της πόλης, βρίσκεται ο Πύργος Ραδιοφωνίας-Τηλεόρασης, ο οποίος εδράζεται πάνω σε τριγωνική πλατφόρμα που στεγάζει εστιατόριο. Η πλατφόρμα-εστιατόριο, με τη σειρά της, στηρίζεται στο έδαφος με τρεις τεράστιες βάσεις από δίδυμους πυλώνες. Όπως το μνημείο του Γεωργίου Ουάσινγκτον στην Ουάσινγκτον, ο περίφημος οβελίσκος, έτσι κι εδώ, το μόνο ορατό από όλη την πόλη εστιακό σημείο είναι ο Πύργος της Τηλεόρασης.
Η πόλη της Μπραζίλια ενσαρκώνει το μεγάλο όνειρο του Μεσοπολέμου. Πρώτον, το Μοντέρνο Κίνημα στην αρχιτεκτονική, με τις θεωρίες του Λε Κορμπυζιέ στην πολεοδομία όπως τις χειρίστηκαν δύο από τους σημαντικότερους οπαδούς του στο Νέο Κόσμο, οι Βραζιλιάνοι αρχιτέκτονες Λούτσιο Κόστα και Όσκαρ Νιμάγιερ. Δεύτερον, το όραμα μιας κοινωνίας της ισότητας, βασισμένης στην ορθολογική, οικονομική ανάπτυξη μιας μεγάλης χώρας όπως η Βραζιλία, και τέλος η επιθυμία για μια πρωτεύουσα μακριά από τις πιέσεις και τις επιρροές των ομάδων συμφερόντων.
Όταν ο Πρόεδρος Ζουσελίνου Κουμπιτσέκ (Josceli-no Kubitschek) κατά τη διάρκεια της δεκαετίας του '50, αποφάσισε να μεταφέρει την πρωτεύουσα από το Ρίο ντε Τζανέιρο και την πυκνοκατοικημένη ακτή του Ατλαντικού προς τις παρθένες και ακατοίκητες περιοχές της κεντρικής Βραζιλίας, 1.000 χλμ. πιο πέρα, με στόχο τη δημιουργία κινήτρων για την ισόρροπη οικονομική ανάπτυξη των αχανών εκτάσεων και των αμέτρητων πλουτοπαραγωγικών πόρων της χώρας, απευθύνθηκε στον επιστήθιο φίλο του, αρχιτέκτονα Όσκαρ Νιμάγιερ. Όπως είχε κάνει περίπου είκοσι χρόνια πριν κι ο Αδόλφος Χίτλερ με τον Άλμπερτ Σπέερ. Η διαφορά όμως είναι ότι στην περίπτωση της Μπραζίλια, προκηρύχθηκε πολεοδομικός διαγωνισμός με κριτική επιτροπή αποτελούμενη από τον Πάολο Αντόνες Ριμπέιρο (Paulo Antones Ribeiro), εκπρόσωπο του Συλλόγου αρχιτεκτόνων της Βραζιλίας, τον Όρτα Μπαρμπόσα (Horta Barbosa), εκπρόσωπο του Συλλόγου Πολιτικών Μηχανικών, τον Όσκαρ Νιμάγιερ και τον στενό του φίλο Στάμο Παπαδάκη, εκπροσώπους του Νόβοκαπ (NOVOCAP) του οργανισμού νέας πρωτεύουσας, και τους Σερ Γουίλιαμ Χόλφορντ (Sir William Holford) και Αντρέ Σιβ (Andre Sive), επίσης φίλους του Νιμάγιερ. Οι δύο τελευταίοι αντικατέστησαν τους Μάξουελ Φράι (Maxwell Fry) και Τσαρλς Άσερ (Charles Acher) που είχαν αρχικά επιλεγεί, επειδή δεν ήταν στενοί φίλοι του Όσκαρ Νιμάγιερ!
Το πρώτο βραβείο απενεμήθη στον Λούτσιο Κόστα, του οποίου ο Νιμάγιερ ήταν αγαπημένος συνεργάτης και μαθητής, παρά τις αντιρρήσεις του Ριμπέιρο. Ένα δεύτερο βραβείο απενεμήθη στους Μπ. Μίλμαν, Ζ. Χ. Ρόσα και Ν. Φ. Γκονσάλβες. Το σχέδιο του Λούτσιο Κόστα για τη νέα πρωτεύουσα, την Μπραζίλια του 1957, έχει τη μορφή αεροπλάνου που κάθεται πάνω σ' ένα χαμηλό ύψωμα πλάι σε μια εκτεταμένη, τεχνητή λίμνη. Στα δύο φτερά βρίσκονται οι περιοχές κατοικίας, ενώ η άτρακτός του ξεκινά από τη λίμνη ανατολικά, με το ομοσπονδιακό διοικητικό κέντρο της χώρας, και φτάνει με την ουρά της πάνω από 8 χλμ. πιο πέρα, στα δυτικά, στον σιδηροδρομικό σταθμό, όπως αναφέρθηκε πιο πάνω. Στη θέση που ο άξονας της ατράκτου, ή Μνημειακός Άξων (Eixo Monumental), διασταυρώνεται με τον καμπύλο άξονα των φτερών, βρίσκεται ο σταθμός των υπεραστικών λεωφορείων σε ανισόπεδο κόμβο και στο χαμηλότερο επίπεδο. Η θέση αυτού του σταθμού των λεωφορείων στο επίκεντρο της νέας πρωτεύουσας, σε απόσταση 1.000 χλμ. από το Ρίο ντε Τζανέιρο και τις κατοικημένες και αναπτυγμένες περιοχές της χώρας, εξηγείται από το γεγονός ότι ο σιδηρόδρομος, του οποίου ο σταθμός έχει εξορισθεί στην ουρά του αεροπλάνου, βρίσκεται σε παρακμή. Όλη η πόλη άλλωστε, εν ονόματι του αυτοκινήτου, έχει κατ' ουσίαν καταργήσει τους πεζούς.

Σύμφωνα με τα σχέδια του Λούτσιο Κόστα, το οδικό δίκτυο αποτελεί ένα τέλειο σύστημα, ώστε η κυκλοφορία του αυτοκινήτου να είναι πιο άνετη, ενώ η πυκνότητα της δόμησης είναι τόσο χαμηλή, με εκτεταμένες περιοχές πρασίνου μεταξύ των κτιρίων, ώστε οι αποστάσεις να αποθαρρύνουν την κυκλοφορία των πεζών.

Ο Μνημειακός Άξονας, από τον υπεραστικό σταθμό των λεωφορείων έως την πλατεία των Τριών Εξουσιών, μήκους 3,5 χλμ. και εύρους 500 μ., με τα κτίρια των υπουργείων δεξιά κι αριστερά, αποτελεί το σύμβολο της κρατικής εξουσίας. Όλα τα κτίρια του διοικητικού κέντρου έχουν σχεδιαστεί από τον Νιμάγιερ, καθώς και ο καθεδρικός ναός, οι εκκλησίες, τα μνημεία γενικά καθώς και εκείνο στον Κουμπιτσέκ, τα μουσεία και πολλά άλλα. Ορισμένα από τα κτίρια αυτά χωρίς αμφιβολία αποτελούν μαρτυρίες του ταλέντου του Νιμάγιερ και αποδεικνύουν τον βαθμό της αισθητικής τελειότητας την οποία μπόρεσε να φθάσει το Μοντέρνο Κίνημα στη Βραζιλία.

Η πόλη είχε σχεδιαστεί για 600.000 κατοίκους και ήδη σήμερα έχει ξεπεράσει τα 2.500.000. Ο μισός όμως πληθυσμός ζει σε φαβέλες (παραγκουπόλεις) έξω από τη σχεδιασμένη πόλη, στην οποία συγκαταλέγεται και η Κηπούπολη στην ανατολική όχθη της λίμνης. Όταν κατασκευαζόταν η πόλη, από το 1956 έως το 1961, χρειάστηκε να στεγαστούν όλοι όσοι εργάζονταν γι' αυτό το έργο, μηχανικοί, οικοδόμοι, εργάτες, τεχνίτες, διαχειριστές, κ.λπ. Η στέγαση όλου αυτού του κόσμου αποτέλεσε και τον πρώτο πυρήνα για τις φαβέλες, που έχουν κρατηθεί σε αρκετή απόσταση από τη σχεδιασμένη πόλη.

Οι μεγάλες όμως εκτάσεις με γρασίδι μέσα στην πόλη, καθώς κι ο Έιξο Μονουμεντάλ, ασκούν μιαν ακαταμάχητη έλξη για τη δημιουργία παραγκουπόλεων μέσα στην πόλη. Η αστυνομία, όμως, επαγρυπνεί και κάθε απόπειρα είναι ολιγόχρονη. Μέχρι πότε όμως, σε μια χώρα όπου ο πληθυσμός αυξάνεται ανεξέλεγκτα και οι κοινωνικο-οικονομικές διαφοροποιήσεις είναι τεράστιες, θα μπορέσει να συγκρατηθεί το ολοένα μεγαλύτερο ρεύμα των αστέγων;

Ας επανέλθουμε όμως στο θέμα μας. Τι ρόλο παίζει ο άξονας με τις μνημειακές διαστάσεις στη ζωή της πόλης ή έστω στο μεγαλείο της Βραζιλιάνικης Δημοκρατίας; Αυτό που καταπλήσσει στην Μπραζίλια είναι ότι μια νέα πόλη προγραμματίστηκε, σχεδιάστηκε και κτίστηκε μέσα σε χρόνο ρεκόρ. Από εκεί και πέρα μόνο στο χαρτί παίζει ρόλο ο αξονικός σχεδιασμός. Αν κανείς επιχειρήσει, παρά τις συμβουλές των ντόπιων, να περπατήσει στον Έιξο Μονουμεντάλ για να αισθανθεί το μεγαλείο του σχεδίου, βρίσκεται να είναι ο μοναδικός σε μιαν αχανή έρημο. Αυτοκίνητα όμως κυκλοφορούν γύρω του και πρέπει να έχει το νου του. Μόνη εξαίρεση είναι η Κυριακή, η ημέρα της λαϊκής αγοράς στα πόδια του πύργου της Τηλεόρασης. Τότε και μόνον τότε ο περίφημος Άξονας ζωντανεύει τοπικά, κάτω από το επίσης περίφημο, τριγωνικό εστιατόριο, που όμως δεν λειτουργεί. Το μόνο σημείο από το οποίο μπορεί κανείς να έχει μια ολοκληρωμένη θέα –για να μην πω τη μόνη θέα– του μεγαλειώδους σχεδίου του διοικητικού κέντρου της Βραζιλίας, δηλαδή το τριγωνικό εστιατόριο της Τηλεόρασης, παραμένει κλειστό, γιατί όπως φαίνεται, κανένας δεν ενδιαφέρεται την ώρα που τρώει να απολαμβάνει συνάμα το σχέδιο του Λούτσιο Κόστα και τα αρχιτεκτονικά έργα του Νιμάγιερ!

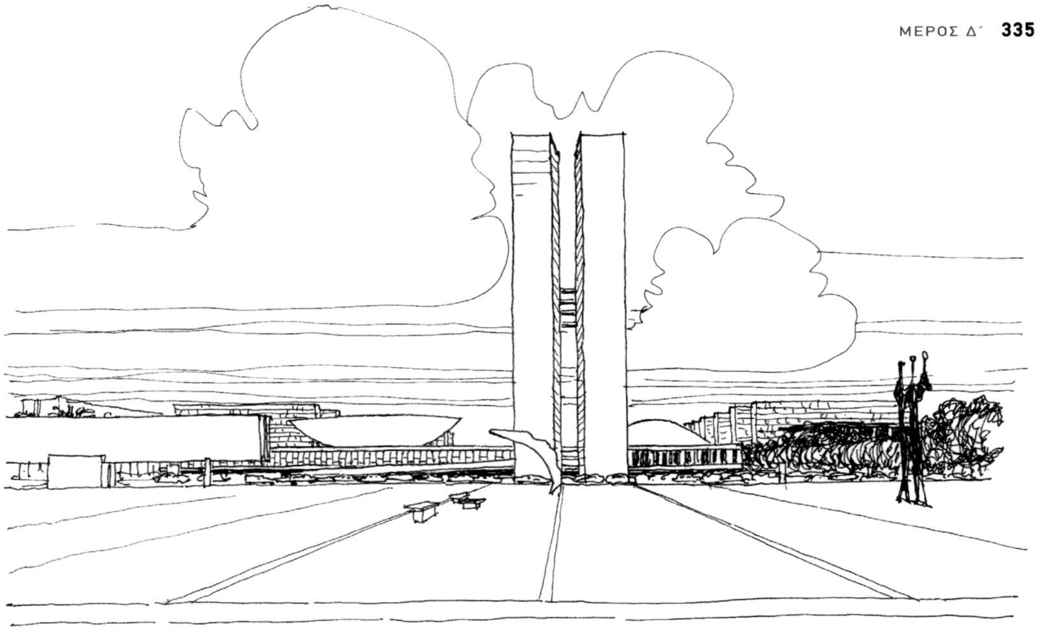

1101

1102

Brasilia / Μπραζίλια

1101 Brasilia, the square of the Three Powers
The house of Parliament is dwarfed by the huge empty square.

1101 Μπραζίλια, πλατεία των Τριών Εξουσιών
Το Κοινοβούλιο χάνεται στο βάθος της έρημης πλατείας.

1102 Brasilia, the TV Tower
Every Sunday a flea market fills the free space at the foot of the T.V. Tower. This is the only moment when this tiny area of the Eixo Monumental comes to life with festive crowds having fun. The T.V. restaurant above is out of use.

1102 Μπραζίλια, ο Πύργος της Τηλεόρασης
Κάθε Κυριακή οργανώνεται ένα λαϊκό πανηγύρι στα πόδια του Πύργου της Τηλεόρασης. Είναι η μόνη στιγμή που ένα μέρος του Μνημειακού Άξονα ζωντανεύει και υπενθυμίζει ότι κάπου εκεί γύρω υπάρχει μια πόλη με κατοίκους.

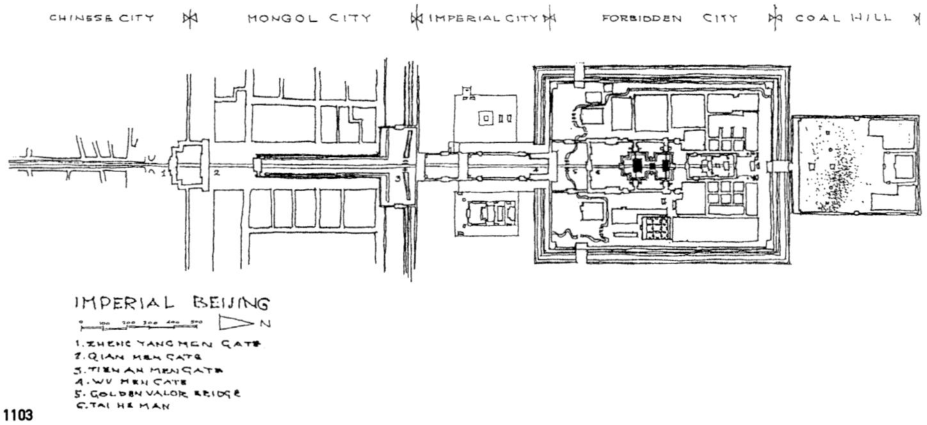

1103

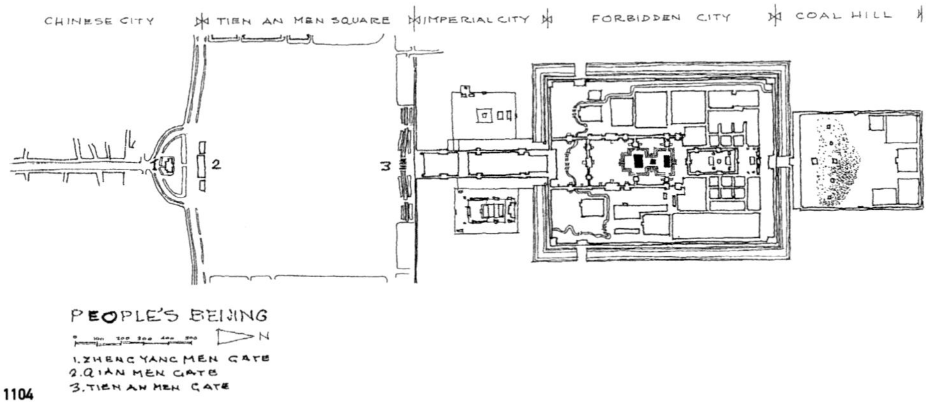

1104

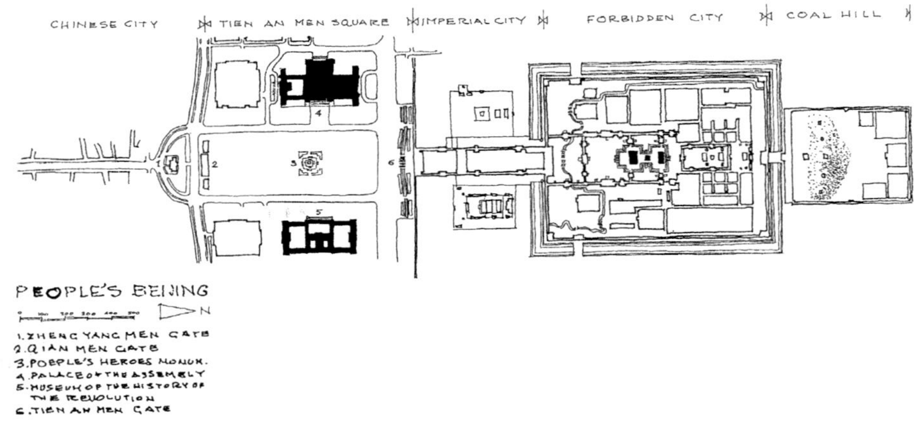

1105

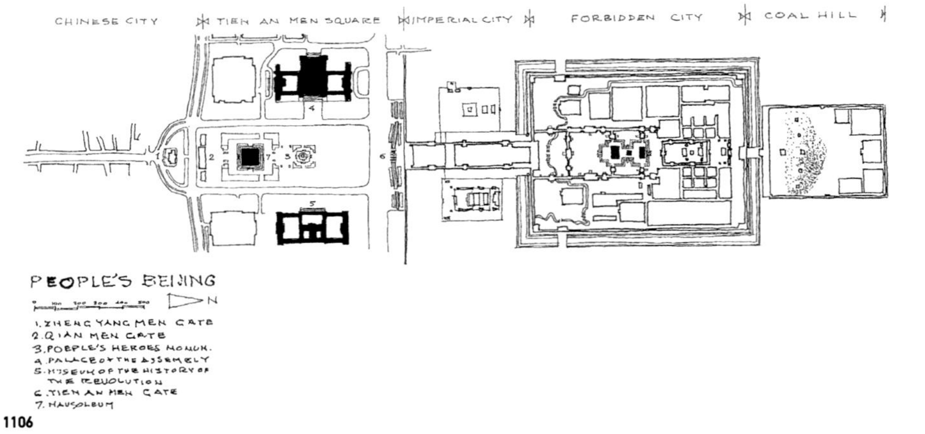

1106

Tien An Men, Beijing

In 1958, as we have already seen in Part A, Mao Tse-tung interfered in a most destructive way in the well-balanced urban tissue of Imperial Beijing. In the name of "power to the people" he replaced the ceremonial way, leading to the Temples of Celestial Harmony and Agriculture, in front of the Tien An Men gate (Gate of Celestial Peace), with an enormous square, the size of 94 football fields. The equivalent of 65 ha, larger than the one Adolf Hitler was contemplating building for Berlin, the capital city of the third Reich and the whole world.

This square that was meant as a meeting place for large popular gatherings and celebrations with banners, kites, balloons and red flags, demonstrated its real purpose in 1990 when the student uprising and demonstrations were put down with the use of armored cars and tanks.

Today the square has lost some of its size as a mausoleum to Mao Tse-tung has been erected in its southern part, as well as the buildings for the Museum of the Revolution and the Convention Hall to the right and left by his successors, taking quite a sizable chunk of the square.

Τιέν Αν Μεν, Πεκίνο

Όπως ήδη είδαμε στο πρώτο μέρος, ο Μάο Τσε Τουνγκ το 1958 επενέβη βάναυσα στην αυτοκρατορική πρωτεύουσα της Κίνας και εν ονόματι της λαϊκής κυριαρχίας, διέλυσε τον πολεοδομικό ιστό της πόλης, δηλαδή την τελετουργική οδό που οδηγούσε από την πύλη της Ουράνιας Γαλήνης, την Τιέν Αν Μεν, στους ναούς της Ουράνιας Αρμονίας και της Γεωργίας, δημιουργώντας τη γιγαντιαία πλατεία Τιέν Αν Μεν.

Η πλατεία είχε έκταση 94 γηπέδων ποδοσφαίρου, δηλαδή 650 στρέμματα περίπου, και ήταν μεγαλύτερη και από αυτήν που οραματιζόταν ο Αδόλφος Χίτλερ για το Βερολίνο, «πρωτεύουσα του Τρίτου Ράιχ και του κόσμου όλου».

Η πλατεία αυτή, που ρόλος της υποτίθεται ήταν να φιλοξενεί τις μεγάλες λαϊκές εκδηλώσεις με τις κόκκινες σημαίες, τα μπαλόνια, τους χαρταετούς και τα λάβαρα, έδειξε το αληθινό της πρόσωπο το 1990, όταν έγινε το σύμβολο της αιματηρής καταστολής των φοιτητικών διαδηλώσεων. Τότε αποκαλύφθηκε ο πραγματικός της προορισμός: ένας χώρος για την ανάπτυξη αρμάτων μάχης.

Σήμερα η πλατεία έχει χάσει αρκετό από το μέγεθός της, καθώς οι επίγονοι του Μεγάλου Τιμονιέρη φρόντισαν για την ανέγερση στο νότιο τμήμα μεγαλειώδους μαυσωλείου στη μνήμη του, που μαζί με τα νέα κτίρια της Συνέλευσης και του Μουσείου της Επανάστασης εκατέρωθεν, καταλαμβάνουν μεγάλο χώρο.

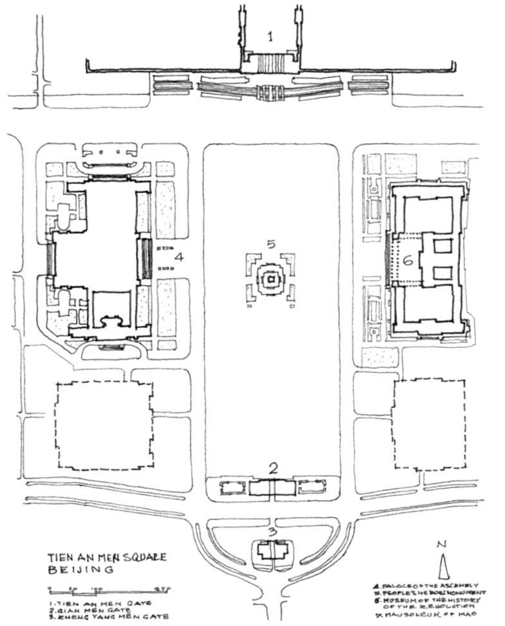

1107

1108

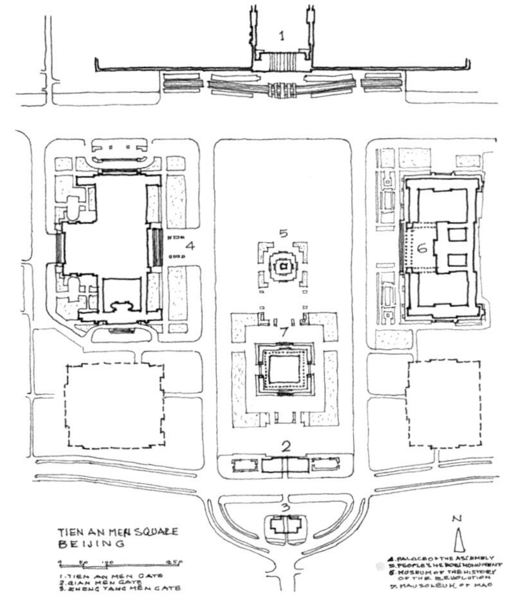

1109

1110

Tien An Men, Beijing / Τιέν Αν Μεν, Πεκίνο

Beijing, Tien An Men transformations

1103 In 1660 the imperial Ceremonial Way in front of Tien An Men Gate, leading from the Forbidden City to the temples of Celestial Harmony and Agriculture, went through a row of gates. One of these, between the Imperial City and the Mongol City, is Tien An Men (the gate of Celestial Peace). This drawing depicts the 17th century layout.

1104 In 1960, Mao's intervention disrupts the ceremonial way, creating Tien An Men square, nearly a square kilometer in size. The triumph of gigantism.

1105, 1107 In 1980, with the construction of the Museum of the Revolution and the Assembly Hall, Mao's square is reduced to one third of its original size.

1106, 1109 Finally, in 1990, at the end of the 20th century, Mao's heirs reduce its size even more with the erection of Mao's Mausoleum on its southern part. But the Ceremonial Way was never restored.

1108 The Ceremonial Way that led to the Temples of Celestial Harmony and Agriculture.

1110 No more ceremonial way. Mao's square of the masses in all its inhuman greatness.

Πεκίνο, οι μεταμορφώσεις της Τιενανμέν

1103 Το 1660 ο τελετουργικός άξονας που οδηγούσε από την Απαγορευμένη Πόλη προς τους ναούς της Γεωργίας και της Ουράνιας Αρμονίας, περνούσε από μια σειρά πυλών. Μία απ' αυτές, μεταξύ της Αυτοκρατορικής Πόλης και της Μογγολικής, είναι η Τιέν Αν Μεν (Πύλη της Ουράνιας Γαλήνης). Στο σχέδιο αυτό απεικονίζεται η ιστορική διάταξη του 17ου αι.

1104 Το 1960 η επέμβαση του Μάο διαλύει τον τελετουργικό άξονα, δημιουργώντας την περίφημη ομώνυμη πλατεία, σχεδόν ένα τετραγωνικό χιλιόμετρο σε έκταση. Η αποκορύφωση του γιγαντισμού.

1105, 1107 Το 1980, με την ανέγερση του Μουσείου της Επανάστασης και του κτιρίου της Συνέλευσης, η πλατεία των μαζών του Μάο περιορίζεται από τους επιγόνους του στο ένα τρίτο.

1106, 1109 Το 1990, στο τέλος του 20ού αι., οι επίγονοι του Μάο περιορίζουν την έκταση της πλατείας άλλη μια φορά, στήνοντας το Μαυσωλείο του Μάο στο νότιο τμήμα. Η τελετουργική οδός όμως δεν αποκαταστάθηκε.

1108 Η τελετουργική οδός που οδηγούσε στους ιερούς ναούς της Ουράνιας Αρμονίας και της Γεωργίας.

1110 Η απόλυτη εξαφάνιση της τελετουργικής οδού. Η πλατεία των μαζικών εκδηλώσεων του Μάο σε όλη τη μεγαλόπρεπη απανθρωπιά της.

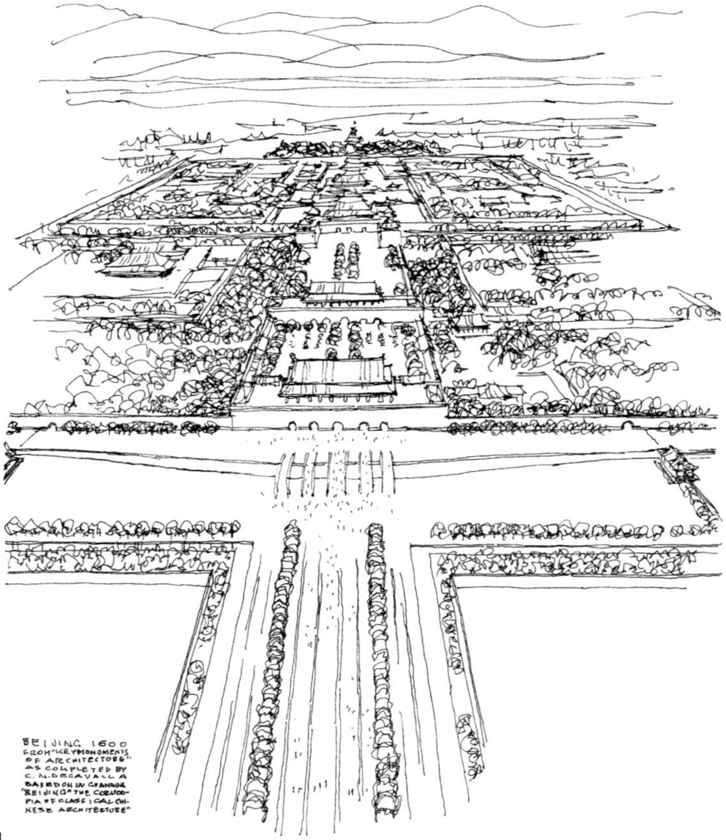

1111

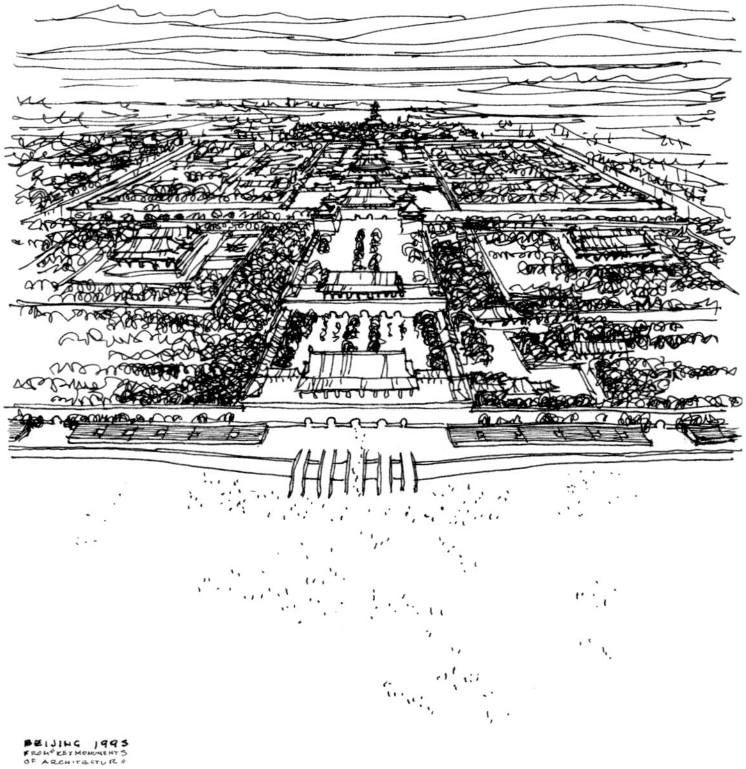

1112

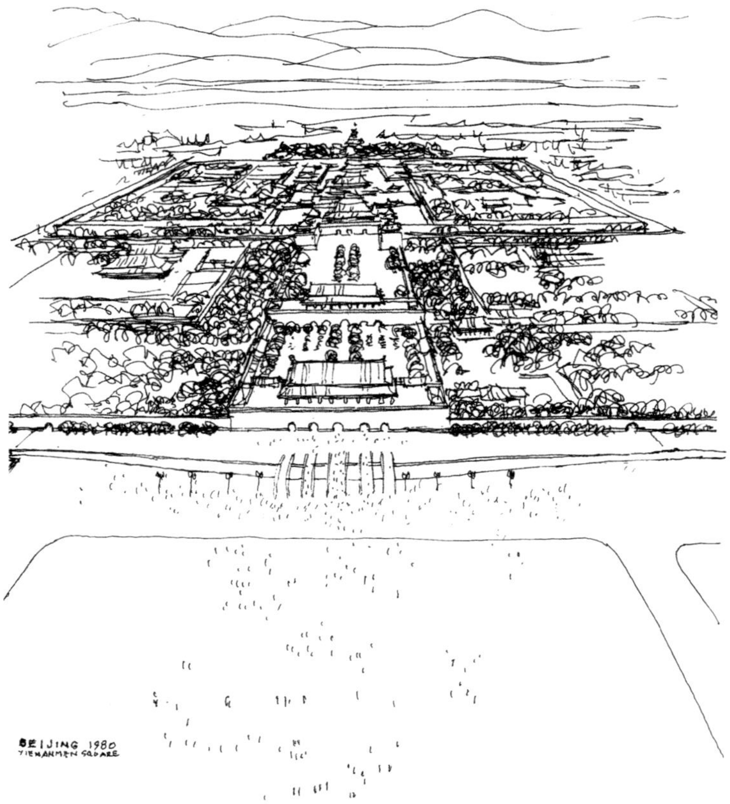

1113

Tien An Men, Beijing / Τιέν Αν Μεν, Πεκίνο

1111 The Ceremonial Way and the Tien An Men gate, that lead from the Mongol to the Imperial City and finally to the Forbidden City, in 1960.

1111 Η τελετουργική οδός και η πύλη Τιέν Αν Μεν, κοιτώντας από τη Μογγολική πόλη προς την Αυτοκρατορική και πέρα απ' αυτήν, στην Απαγορευμένη το 1660.

1112 After 1960. Mao's square in its full glory.

1112 Μετά το 1960. Η απεραντοσύνη της πλατείας του Μάο.

1113 Since 1980, certain attempts have been made to reduce the size of this inhuman and chaotic space.

1113 Μετά το 1980 κάποια απόπειρα περιορισμού του χαώδους απάνθρωπου χώρου επιχειρείται με διάφορους τρόπους.

1114

1115

D2.1.3 Comparisons

In Greece the human scale, the sense of "measure", was never abandoned. This was not always the case in Western European town planning as can be attested from the examples that follow.

Δ2.1.3 Συγκρίσεις

Στον ελληνικό χώρο δεν έπαψε ποτέ να επικρατεί η ανθρώπινη κλίμακα, το μέτρο, πράγμα που ξεχάστηκε πολλές φορές στην πολεοδομία των δυτικών χωρών, όπως προκύπτει από τα παρακάτω παραδείγματα.

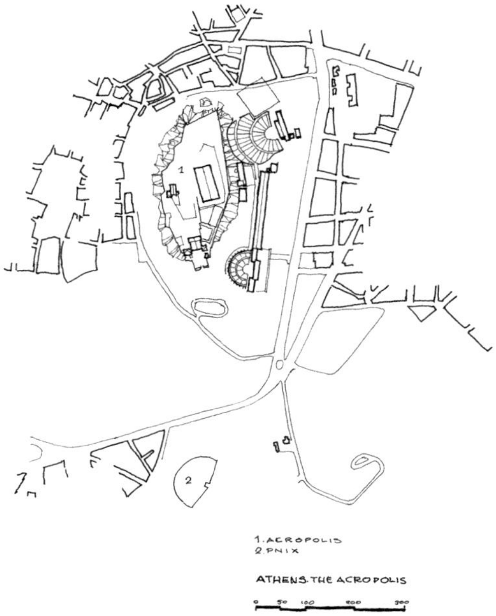

1116

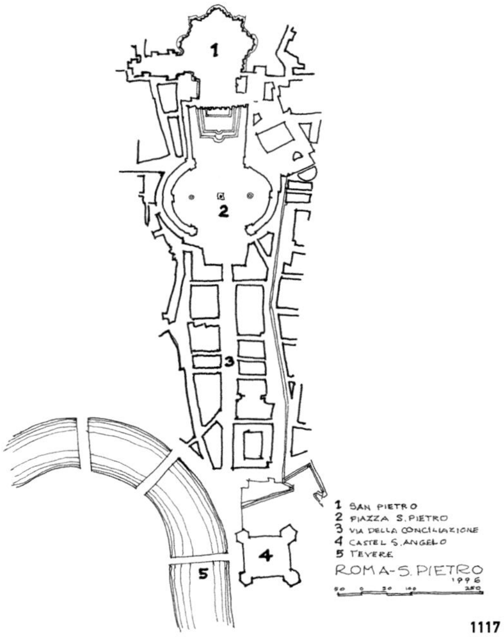

1117

Comparisons / Συγκρίσεις

1114, 1116 Athens Acropolis
The view of the Sacred Rock from the Pnyx on the Hill of the Nymphs.

1114, 1116 Η Ακρόπολη των Αθηνών
Όπως φαίνεται από την Πνύκα.

1115, 1117 Rome, St Peter's Basilica
St Peter's Basilica seen from the same distance as the Acropolis of Athens from Pnyx.

1115, 1117 Ο Άγιος Πέτρος στη Ρώμη
Όπως φαίνεται από την ίδια απόσταση από την οποία φαίνεται στην εικ. **1114** η Ακρόπολη.

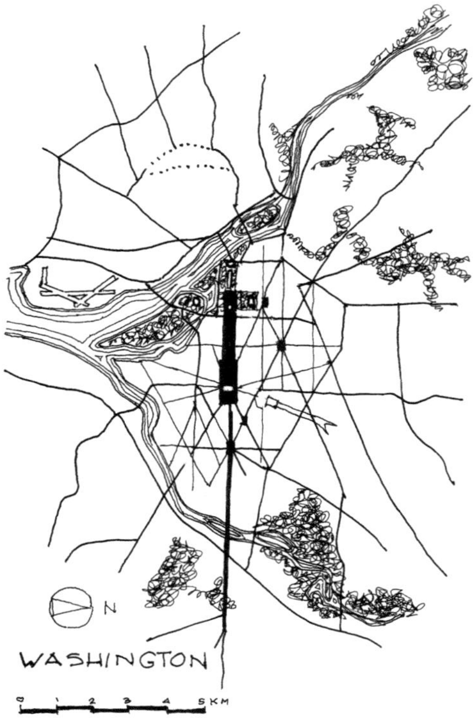

1118

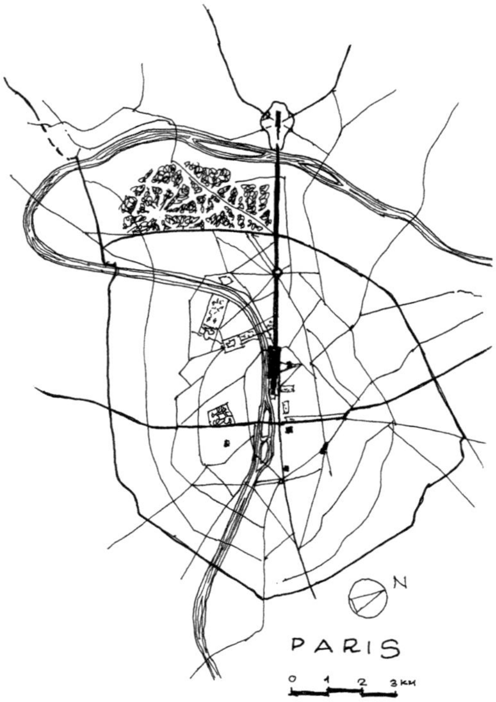

1119

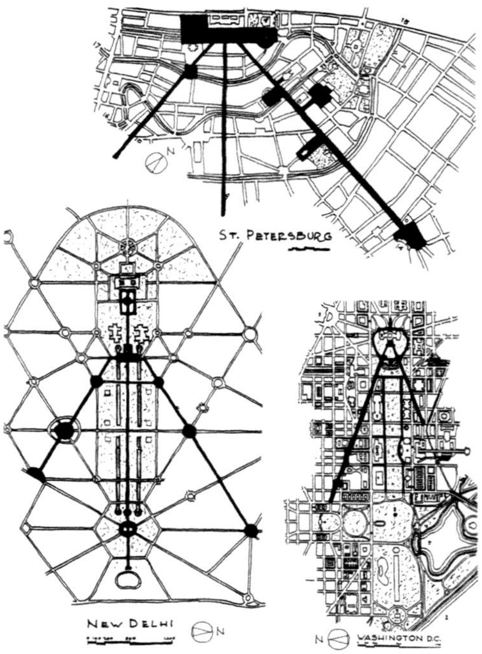

1120

1121

Comparisons / Συγκρίσεις

1118 Washington D.C. (scale 1:200.000)
An 8 km long axis from river to river with the Capitol in the middle. 3.5 km are taken up by the Mall between the Capitol and the Lincoln Memorial.

1118 Ουάσινγκτον (κλίμακα 1:200.000)
Ένας άξονας 8 χλμ. μήκος από ποτάμι σε ποτάμι, με το Καπιτώλιο στη μέση. Τα 3,5 χλμ. καταλαμβάνονται από το Μωλ, μεταξύ Καπιτωλίου και μνημείου του Λίνκολν.

1119 Paris, the Louvre-Défense axis as is now (scale 1:200.000)
The central axis is more than 8 km in length.

1119 Παρίσι, ο άξονας Λούβρο-Ντεφάνς ως έχει σήμερα (κλίμακα 1:200.000)
Ο κεντρικός άξονας ξεπερνά τα 8 χλμ.

1120 New Delhi in comparison with St Petersburg and Washington D.C. (scale 1:100.000)
The plan of New Delhi follows the Baroque tradition as established for new Capitals during the 18th and 19th centuries and expanded in the beginning of the 20th century for Washington D.C. with a touch of the Paris Étoile.

1120 Το Νέο Δελχί σε σύγκριση με την Αγ. Πετρούπολη και την Ουάσινγκτον (κλίμακα 1:100.000)
Το σχέδιο του Νέου Δελχί ακολουθεί την παράδοση του Μπαρόκ για τις νέες πρωτεύουσες, όπως καθιερώθηκε με την Ουάσινγκτον κατά τον 18ο και συνεχίστηκε στον 19ο και στις αρχές του 20ού αι., με μια μικρή δόση από την Ετουάλ του Παρισιού, αλλά και της διαγώνιας διάταξης των λεωφόρων στο κέντρο της Αγ. Πετρούπολης.

1121 Speer's project for a new Berlin (scale 1:200.000)

In his plans Speer aims to surpass the Louvre-Étoile axis in Paris as well as the Capitol-Lincoln Memorial axis in Washington D.C.

1121 Η πρόταση του Σπέερ για το κέντρο του Βερολίνου (κλίμακα 1:200.000)

Στόχος του Σπέερ, ήταν να ξεπεράσει τον άξονα Ετουάλ-Λούβρου του Παρισιού και τον άξονα Καπιτωλίου-Μνημείου Λίνκολν της Ουάσινγκτον.

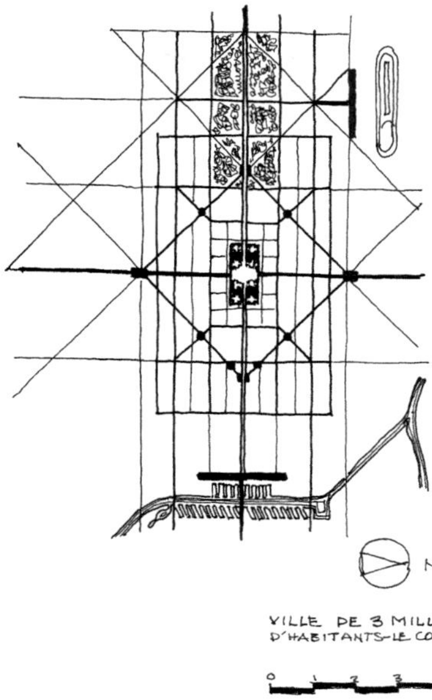

1122

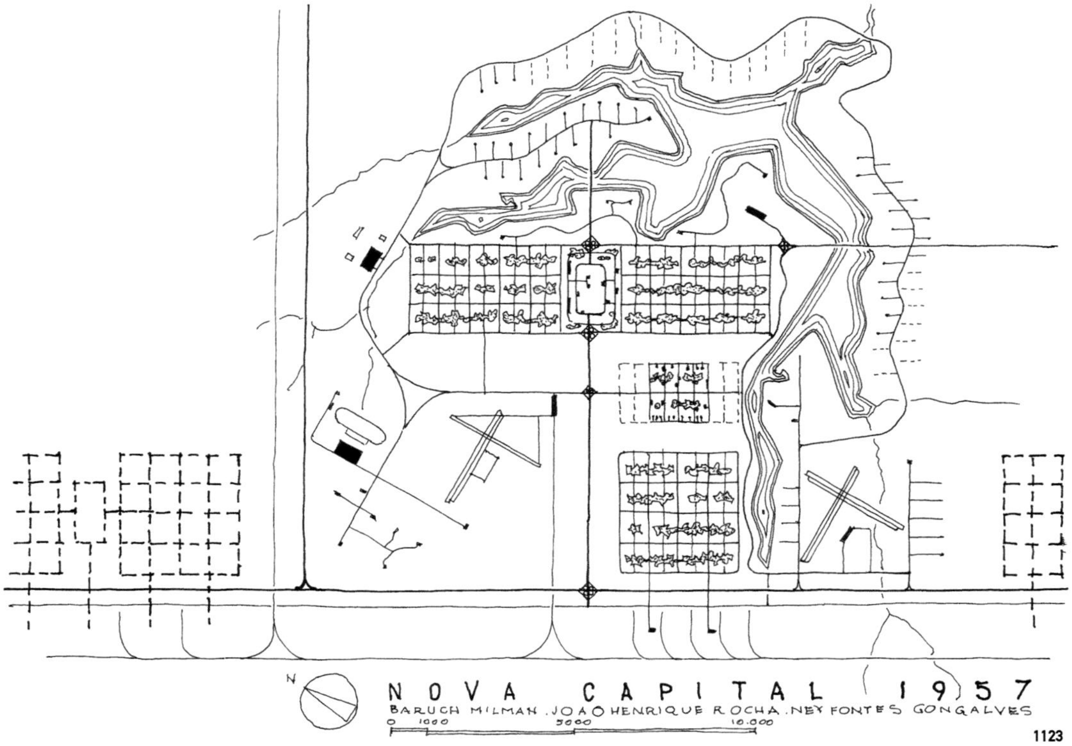

1123

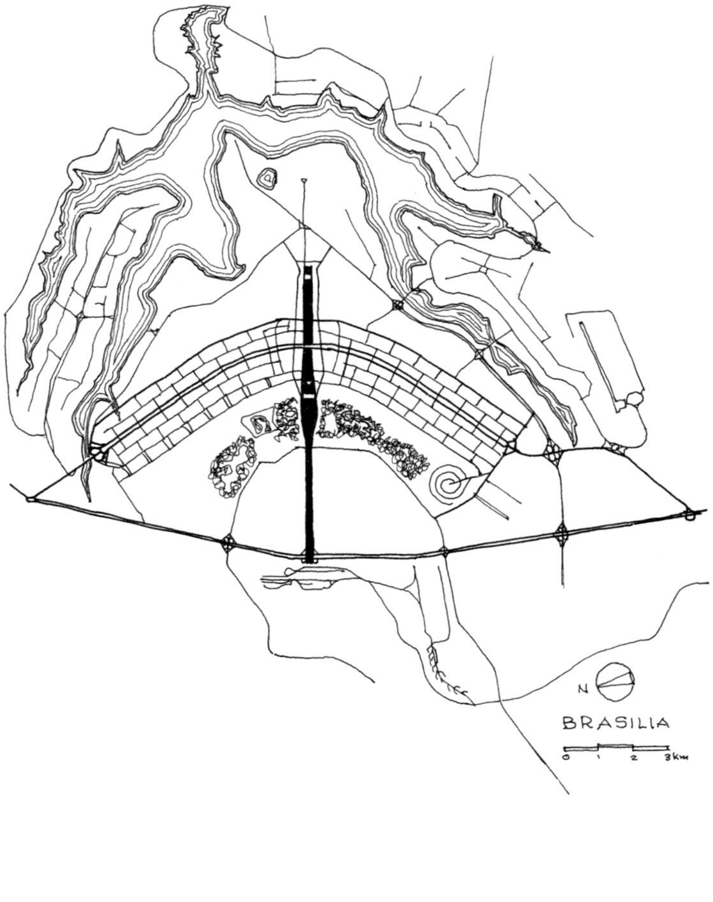

1124

Comparisons / Συγκρίσεις

1122 A city for 3,000,000 inhabitants, Le Corbusier, 1922 (scale 1:200.000)
Le Corbusier does not avoid Baroque diagonal avenues.

1122 Η πόλη των 3.000.000 κατοίκων του Λε Κορμπυζιέ, 1922 (κλίμακα 1:200.000)
Ο Λε Κορμπυζιέ δεν μπόρεσε να αποφύγει την πομπώδη διάταξη που υπαγορεύει ο πολεοδομικός σχεδιασμός του Μπαρόκ.

1123 Brasilia, 2nd Prize, architects B. Milman, J. H. Rocha, N. F. Gonçalves (scale 1:200.000)
A rational project without gigantism.

1123 Μπραζίλια, Β΄ βραβείο, αρχιτέκτονες Μπ. Μίλμαν (B. Milman), Ζ. Χ. Ρόσα (J. H. Rocha), Ν. Φ. Γκονσάλβες (N. F. Gonçalves) (κλίμακα 1:200.000)
Μια ρασιοναλιστική πρόταση δίχως γιγαντισμούς.

1124 Brasilia, Eixo Monumental, Lucio Costa (scale 1:200.000)
This 9 km long axis leads to the railroad station.

1124 Μπραζίλια, Έιξο Μονουμεντάλ, το σχέδιο του Λούτσιο Κόστα (κλίμακα 1:200.000)
Ο άξονας αυτός, συνολικού μήκους 9 χλμ., καταλήγει στο δυτικό του άκρο στον σταθμό του σιδηροδρόμου.

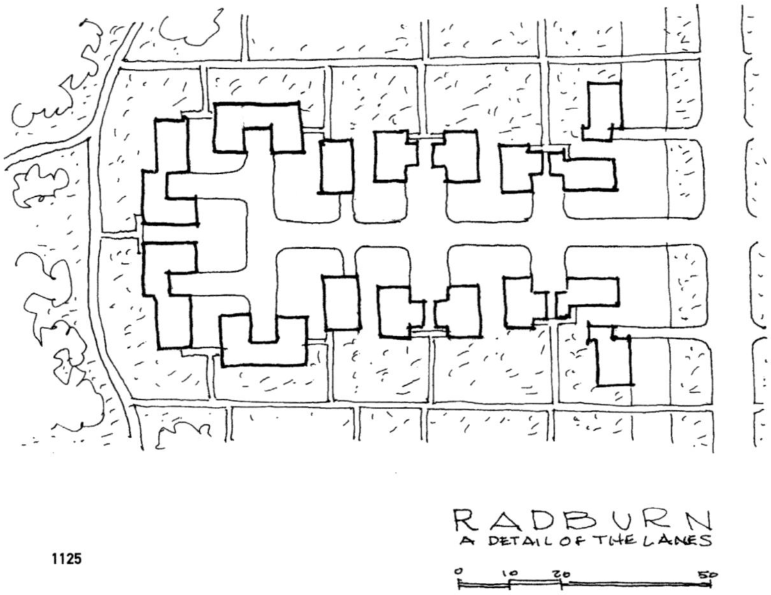

1125

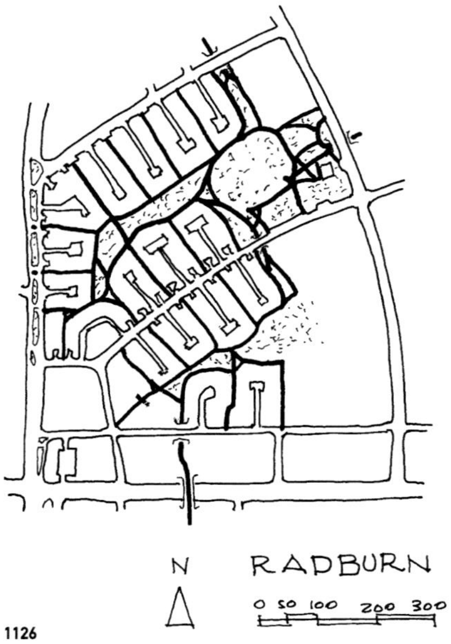

1126

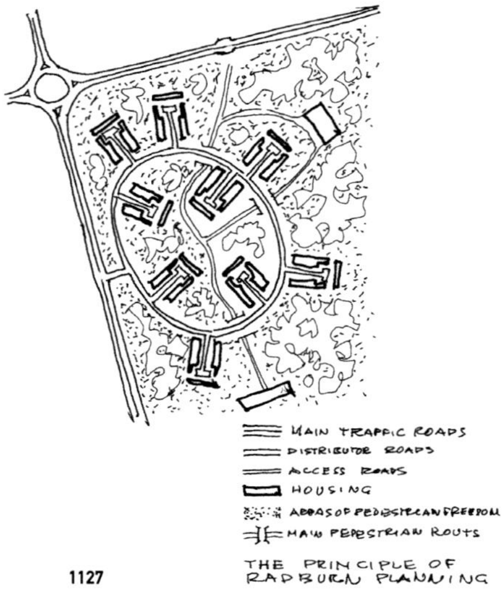

1127

1128

Residential areas / Περιοχή κατοικίας

1125, 1126, 1127, 1128 Radburn, Garden city, 1922, architects Clarence Stein & Henry Wright
1125 A neighbourhood.
1126 A first attempt to separate pedestrian circulation from vehicular traffic. (Pedestrian ways in black.)
1127 Typical layout.
1128 General layout. Low density and large common green areas and parks are the main characteristics of this plan.

1125, 1126, 1127, 1128 Ράντμπερν, Κηπούπολη, 1922, αρχιτέκτονες Κλάρενς Στάιν και Χένρι Ράιτ
1125 Μια γειτονιά.
1126 Η πρώτη πραγματοποίηση οικισμού με βάσει τον διαχωρισμό οχημάτων-πεζών. (Η κυκλοφορία των πεζών σημειώνεται με μαύρο.)
1127 Τυπικό διάγραμμα διάταξης.
1128 Σχέδιο γενικής διάταξης. Η χαμηλή πυκνότητα δόμησης και οι εκτεταμένοι χώροι κοινόχρηστου πρασίνου χαρακτηρίζουν την όλη σύνθεση.

D2.2 Human scale. Early ideals and realizations

D2.2.1 Small settlements. Residential areas

Between 1908 and 1927, in less than 20 years, Ford Industries produced 15,000,000 Model T motorcars with the mass production system and at a low price. In 1928 the architects Clarence Stein and Henry Wright designed the garden city of Radburn in New Jersey for the City Housing Corporation, a private development company, on a two square mile area (approximately 4,5 km^2) for a total population of 25,000 inhabitants. Their objective was to achieve a design that would provide an answer to the problems created by the advent of the motorcar, at least in the residential areas of American towns and cities. In this way the "Radburn system" came into being that attempted to ensure certain requirements as:

a) The inhabitants should be able to live without any problem caused by vehicular traffic and their children should be able to go to school or to the playgrounds and parks without any risk from motorcars.

b) The plan of the settlement should be easily understood in a way that allows the inhabitant a complete picture of the layout of the area around his place of residence and the visitor to find without difficulty his way.

c) The inhabitants should be able to drive and park their motorcar next to their doorstep.

d) Parking space should be provided for visitors and caterers.

The governing ideas of the Radburn plan were:

a. The creation of a super city-block – or as we should say today, an environmental precinct – without any through traffic.

b. The establishment of a pedestrian street layout or pattern completely independent from the traffic network, that would connect all the sectors that generate pedestrian circulation.

Another characteristic of Radburn was the subdivision into neighborhoods of 7,500 to 10,000 inhabitants. This number was considered as the most appropriate for a school complex and a commercial center. A distance of 750 m was considered as maximum for an elementary school. The main cultural and educational center was located at the center of gravity of the settlement, at an equal distance from the schools, surrounded by a large green area with sports grounds and recreational facilities. The greatest distance from residences did not exceed 1.5 km.

Radburn was never completed and the ideas that it promoted had little appeal in the U.S. Still in the reduced part that was realized, its aims were achieved. The Radburn ideal found its adherents in Europe during the years between the wars, but mainly during the postwar reconstruction of destroyed cities, and the extension of existing ones as well as in the satellite cities around many urban centers in order to harness urbanization.

It should also be noted that the idea of the neighborhood had been proposed, but on a completely different basis, in the Soviet Union by Goldberg and Dal

Gaganoff in 1931 in the new plan of Magnitogorsk. Today this city is one of the most important metallurgical centers of Russia. The aim was socioeconomic and the plan provided for only centralized heavy traffic circulation and the grouping of residential units around shopping centers, schools, nurseries, restaurants, etc. The smallest collective consisted of five-storey housing units for 1,000 to 1,200 inhabitants. One elementary school was provided for every two of these collectives, while high schools were for 1,000 students and a neighborhood would consist of 10,000 inhabitants. Open spaces were computed on the basis of $10m^2$ per inhabitant on top of parks and squares.

The main purpose of the plan was to free women from house chores by providing communal cooking facilities and laundries. This would allow them to devote themselves to socially more useful tasks. Footways in this case were just a byproduct of other more important targets.

One of the more interesting examples in postwar England is the way the "Radburn principle" was applied, primarily in the satellite towns after 1955, as in Shefield (Norfolk Park and Gleadless Valley) and in Basildon, Stevenage and others. In Basildon we encounter a project for a covered public parking area with heavy traffic lanes above, instead of individual garages.

In Greece the only attempt at the application of the Radburn principle before WWII was in the refugee housing projects that were finally replaced by new ones after the war, on a limited scale.

The "Radburn principle" was applied, more or less, in the reconstruction of the earthquake-stricken island of Santorini in 1956-1960, in the extension of the original villages as well as in the new settlement of Kamari. In this case the new footways followed the existing cobblestone footway pattern.

Later the system was applied again to the vacation village of Apollonion at Porto Rafti by C. Doxiades. From there on the Radburn system became a must for all new master plans that were commissioned. More recently, in the master plan for the town of Corfu a similar system was proposed in conjunction with the superblock and the neighborhood on the basis of the distribution of elementary schools.

Δ2.2 Η ανθρώπινη κλίμακα. Τα πρώτα ιδανικά, οι πρώτες πραγματοποιήσεις

Δ2.2.1 Μικροί οικισμοί. Περιοχή κατοικίας

Μεταξύ του 1908 και του 1927, σε διάστημα μικρότερο από 20 χρόνια, η βιομηχανία Φορντ παρήγαγε 15.000.000 αυτοκίνητα Μόντελ Τ, με σύστημα μαζικής παραγωγής και σε χαμηλή τιμή!

Το 1928 οι αρχιτέκτονες Κλάρενς Στάιν (Clarence Stein) και Χένρυ Ράιτ (Henry Wright) σχεδίασαν την κηπούπολη Ράντμπερν στη Νέα Υερσέη, για τη Σίτι Χάουζινγκ Κορπορέισον, μια ιδιωτική εταιρεία ανάπτυξης, σε μια έκταση δύο τετραγωνικών μιλίων (περίπου 4.500 στρέμματα) για έναν πληθυσμό 25.000 κατοίκων. Στόχος τους ήταν να δώσουν μιαν απάντηση στα προβλήματα που έθετε το αυτοκίνητο στην αμερικανική πόλη, τουλάχιστον στις περιοχές κατοικίας. Έτσι γεννήθηκε η «διάταξη Ράντμπερν» (Radburn) που ικανοποιούσε συγκεκριμένες απαιτήσεις όπως:

α) Οι κάτοικοι να μπορούν να ζουν σε συνθήκες ασφαλείας και να μην ενοχλούνται από την κίνηση των τροχοφόρων. Τα παιδιά τους να μπορούν να παίζουν στο ύπαιθρο και να πηγαίνουν στο σχολείο χωρίς να κινδυνεύουν από το αυτοκίνητο.

β) Η διάταξη του οικισμού να είναι εύκολα κατανοητή, έτσι ώστε να έχει ο καθένας πλήρη εικόνα της περιοχής που κατοικεί κι οι επισκέπτες να βρίσκουν εύκολα τον δρόμο τους.

γ) Οι κάτοικοι να μπορούν να φέρουν το αυτοκίνητό τους ώς την πόρτα τους και να το παρκάρουν.

δ) Να υπάρχει αρκετός χώρος στάθμευσης για τους επισκέπτες και τους προμηθευτές.

Οι κατευθυντήριες γραμμές του «συστήματος Ράντμπερν» ήταν:

α. Η δημιουργία ενός οικοδομικού «υπερτετραγώνου», απελευθερωμένου από κάθε είδους διερχόμενη τροχαία κίνηση.

β. Η δημιουργία ενός δικτύου πεζοδρόμων, τελείως χωριστά από το τροχαίο οδικό δίκτυο, το οποίο να ενώνει όλες τις περιοχές που συγκεντρώνουν και παράγουν την κυκλοφορία των πεζών.

Άλλο χαρακτηριστικό του Ράντμπερν ήταν ο διαχωρισμός σε γειτονιές των 7.500-10.000 κατοίκων. Ο αριθμός αυτός θεωρήθηκε ο κατάλληλος για να εξυπηρετείται από ένα σχολικό συγκρότημα και ένα εμπο-

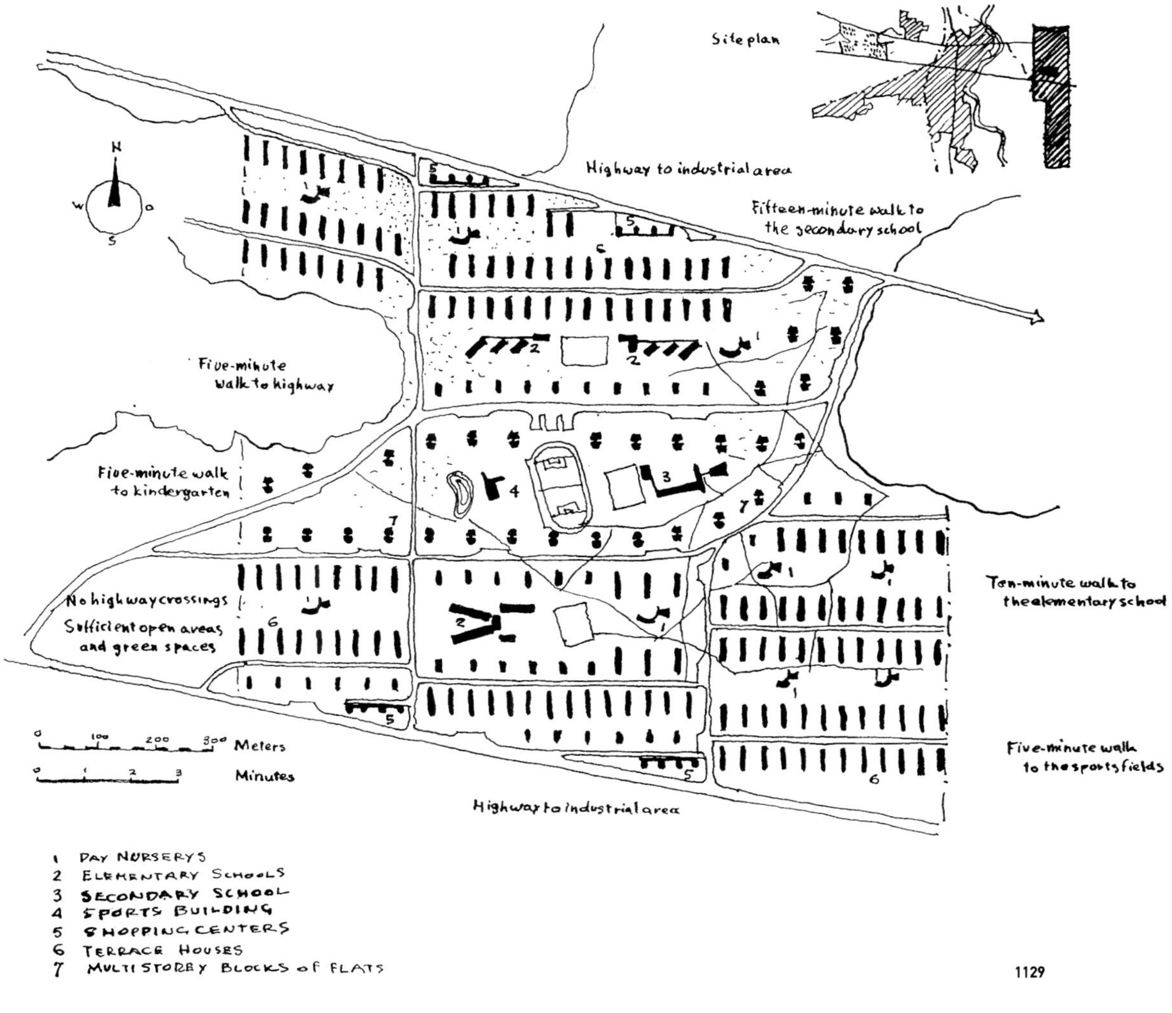

1129

Residential areas / Περιοχή κατοικίας

1129 Germany, Dessau, early '30s
A borough unit with full segregation traffic from pedestrian circulation.

1129 Ντεσάου, Γερμανία, αρχές του '30
Ο οικισμός χωροθετείται μεταξύ δύο κύριων αυτοκινητοδρόμων. Στο εσωτερικό του προβλέπεται πλήρης διαχωρισμός τροχοφόρων από πεζούς.

1130

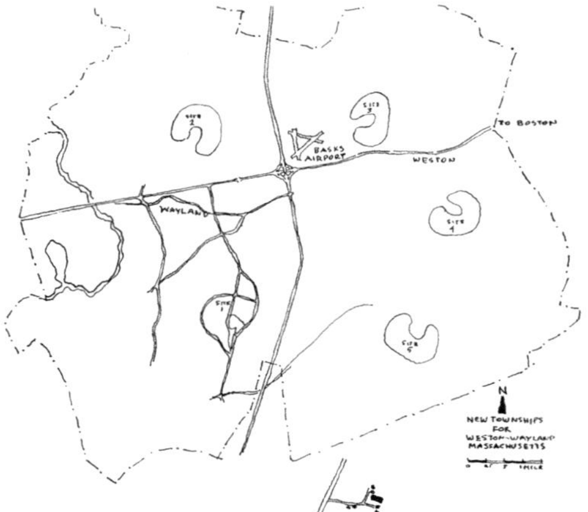

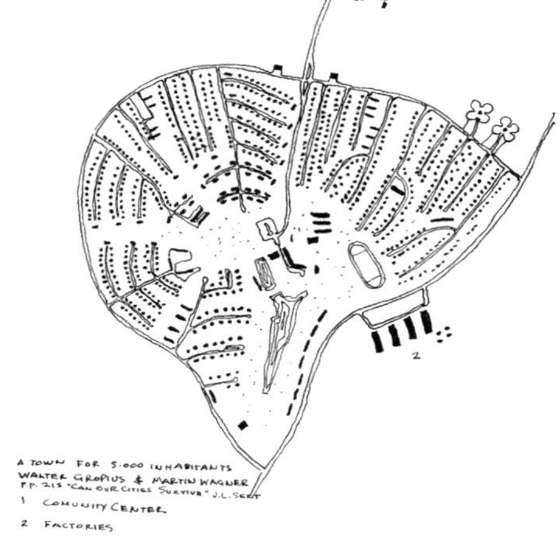

1131

ρικό κέντρο. Ως μεγαλύτερη δυνατή απόσταση κατοικίας από δημοτικό σχολείο θεωρήθηκαν τα 750 μ. Οι κύριες πολιτιστικές και εκπαιδευτικές χρήσεις τοποθετήθηκαν στο κέντρο του οικισμού, σε ίση απόσταση από τα σχολικά συγκροτήματα, με μια μεγάλη έκταση πρασίνου γύρω τους για αναψυχή και αθλητισμό. Η μεγαλύτερη απόσταση κατοικίας από το κέντρο αυτό δεν ξεπερνούσε τα 1.500 μ.

Το Ράντμπερν δεν ολοκληρώθηκε ποτέ κι οι ιδέες του δεν είχαν μεγάλη απήχηση στην Αμερική. Παρ' όλα αυτά, στο περιορισμένο τμήμα που πραγματοποιήθηκε, οι στόχοι πέτυχαν και η ιδέα του Ράντμπερν βρήκε εφαρμογή στην Ευρώπη του μεσοπολέμου και κυρίως μεταπολεμικά, όταν τέθηκε το μεγάλο πρόβλημα της ανοικοδόμησης των κατεστραμμένων αστικών περιοχών και της δημιουργίας επεκτάσεων και δορυφόρων πόλεων γύρω από τα μεγάλα αστικά κέντρα για την επίλυση του προβλήματος της αστυφιλίας.

Εδώ πρέπει να αναφερθεί ότι η ιδέα της «γειτονιάς» είχε παρουσιαστεί το 1931 στη Σοβιετική Ένωση από τους Γκόλντμπεργκ (Goldberg) και Νταλ Γκαγκάνοφ (Dal Gaganoff) με εντελώς άλλους στόχους, και προτάθηκε για το νέο σχέδιο του Μαγκνιτογκόρσκ (Magnitogorsk), το οποίο σήμερα είναι ένα από τα πιο σημαντικά μεταλλουργικά κέντρα της Ρωσίας. Ο στόχος ήταν πολιτικο-οικονομικός και το σχέδιο προέβλεπε κεντρικούς δρόμους μόνον για βαριά κυκλοφορία και μια ιεράρχηση μονάδων κατοικίας με βάση τα καταστήματα, τα σχολεία, τους βρεφονηπιακούς σταθμούς, τα εστιατόρια, κ.λπ. Η μικρότερη μονάδα ήταν ένα σύνολο από πενταώροφες κατοικίες για 1.000 έως 1.200 κατοίκους. Ένα δημοτικό σχολείο θα εξυπηρετούσε δύο τέτοιες μονάδες, ενώ τα γυμνάσια θα ήταν για 1.000 μαθητές και κάθε «γειτονιά» θα αποτελείτο από 10.000 κατοίκους. Οι ελεύθεροι χώροι είχαν υπολογισθεί με βάση τα 10 $μ^2$ ανά κάτοικο, χώρια από τις πλατείες και τα πάρκα.

Τελικός σκοπός ήταν η απελευθέρωση της γυναίκας από τη φροντίδα του σπιτιού και του παιδιού, με την παροχή κοινών μαγειρείων και πλυντηρίων, ώστε να ασχοληθεί με έργα «κοινωνικά πιο χρήσιμα». Οι πεζόδρομοι εδώ ήταν μόνον υποπροϊόν άλλων στόχων.

Από τα πιο ενδιαφέροντα μεταπολεμικά παραδείγματα αυτού του συστήματος στην Αγγλία ήταν η εφαρμογή που έγινε μετά το 1955 κυρίως στις πόλεις-δορυφόρους, όπως στο Σέφιλντ (Norfolk Park and Gleadless Valley) και στο Μπάζιλντον, αλλά και σε παλαιότερες «νέες πόλεις» («new towns»), όπως το Στήβενεϊτζ. Μάλιστα στο Μπάζιλντον εμφανίζεται και η πρόταση συστήματος υπόστεγων πάρκινγκ, αντί για ατομικά γκαράζ, με υπερυψωμένους δρόμους από πάνω.

Στην Ελλάδα η μόνη πραγματοποιημένη οργανωμένη δόμηση προ του Β΄ Παγκοσμίου Πολέμου ήταν τα συγκροτήματα των προσφυγικών κατοικιών, που αντικαταστάθηκαν με νέα μεταπολεμικά.

Μετά τον Β΄ Παγκόσμιο Πόλεμο, η εφαρμογή του «συστήματος Ράντμπερν» έγινε σε μικρή κλίμακα στην ανοικοδόμηση της Σαντορίνης το 1956, υπό την καθοδήγηση του συγγραφέα, στην επέκταση παλαιών οικισμών καθώς και στον νέο οικισμό στο Καμάρι. Εδώ οι πεζόδρομοι ακολούθησαν τη μορφή και τη διάταξη που είχαν τα παραδοσιακά καλντερίμια. Αργότερα το σύστημα εφαρμόσθηκε στον παραθεριστικό οικισμό Απολλώνιον του Κ. Δοξιάδη στο Πόρτο Ράφτη.

Από εκεί και πέρα καθιερώθηκε στις ρυθμιστικές μελέτες που έγιναν. Πιο πρόσφατα στο ρυθμιστικό σχέδιο για την επέκταση της πόλης της Κέρκυρας προτάθηκε πάλι από τον συγγραφέα και τους συνεργάτες του (Ο.Π.Α.Μ., Ομάς Πολεοδομικών-Αρχιτεκτονικών Μελετών: Μ. Βουρέκας, Α. Γεωργιάδης, Β. Γρηγοριάδης, Κ. Δεκαβάλλας) η εφαρμογή ενός ενιαίου συστήματος πεζοδρόμων για ολόκληρη την πόλη, σε συνδυασμό με το οικοδομικό «υπερτετράγωνο» και τις μικρογειτονιές που ανταποκρίνονται στα δημοτικά σχολεία.

Residential areas / Περιοχή κατοικίας

1130 Firebaugh Camp, California, agricultural village by the farm security administration U.S.A. project, '30s
These settlements for migrant workers were planned with full segregation between motorcars and pedestrians.

1130 Φάιερμπω Καμπ, Καλιφόρνια, πρόταση για αγροτικό οικισμό, δεκαετία '30
Ο οικισμός προβλεπόταν για μετανάστες αγρότες, με πλήρη διαχωρισμό τροχοφόρων-πεζών.

1131 New towns. A project by W. Gropius and M. Wagner, '30s-'40s
Project for a type of independent and self-contained New Towns (Satellites) near existing metropolitan centers which would attract population from them, around newly founded industries next to important highways. Absolute segregation of traffic was envisaged in this project.

1131 Νέες πόλεις, Β. Γκρόπιους και Μ. Βάγκνερ (Walter Gropius, Martin Wagner), δεκαετίες '30-'40
Πρόταση για πλήρεις οικισμούς (πόλεις-δορυφόρους), που να ελκύουν πληθυσμό από τις μεγαλουπόλεις ώστε να τις ανακουφίζουν. Πλήρης διαχωρισμός τροχοφόρων-πεζών. Οι μονάδες έχουν πληθυσμό 5.000 έως 8.000 κατοίκους και αναπτύσσονται κοντά σε εθνικές οδούς, σε συγκροτήματα μέχρι και 50.000 κατοίκων.

Le Corbusier, project for a city block with central interior court, 1925

In 1925 Le Corbusier presented his project for a city block, that consisted of overlapping country villas, in the Pavillion of the Esprit Nouveau at the exhibition Des Arts Decoratifs in Paris.
In this case all dwellings were looking inwards to the central open space of the City block of 340x140 m., arranged as a garden while the total dimension of the city block was 370x165 m.
The circulation of motorcars is on two levels and the entrance to the overlapping two-storey villas, is achieved by peripheral corridors and vertical communications through elevators and staircases on the center line of the 60 m wide street.

Λε Κορμπυζιέ, πρόταση για οικοδομικά τετράγωνα με εσωτερικό κήπο, 1925

Το 1925 ο Λε Κορμπυζιέ παρουσίασε την πρότασή του για ένα οικοδομικό τετράγωνο αποτελούμενο από αλλεπάλληλες «εξοχικές κατοικίες» (κατά τον ίδιο!), στο περίπτερο του Νέου Πνεύματος (Esprit Nouveau) στην έκθεση των Διακοσμητικών Τεχνών στο Παρίσι.
Εδώ όλες οι κατοικίες είναι στραμμένες προς τον κεντρικό ακάλυπτο χώρο του οικοδομικού τετραγώνου, διαστάσεων 340x140 μ., διαμορφωμένο σε κήπο, και το συνολικό ο.τ. είναι 370x167 μ. Η κίνηση των οχημάτων πραγματοποιείται σε δύο επίπεδα, η δε προσπέλαση στις αλλεπάλληλες διώροφες κατοικίες από εξωτερικούς περιφερειακούς διαδρόμους και κατακόρυφες επικοινωνίες, μέσω ανελκυστήρων και κλιμακοστασίων που βρίσκονται στον άξονα του δρόμου, ο οποίος έχει εύρος 60 μ.
Αλλά και για τους αγροτικούς οικισμούς ο Λε Κορμπυζιέ έχει συγκεκριμένες προτάσεις, όπως διαπιστώνουμε από την πρότασή του για τη Σαιντ Μπωμ στη νότια Γαλλία.

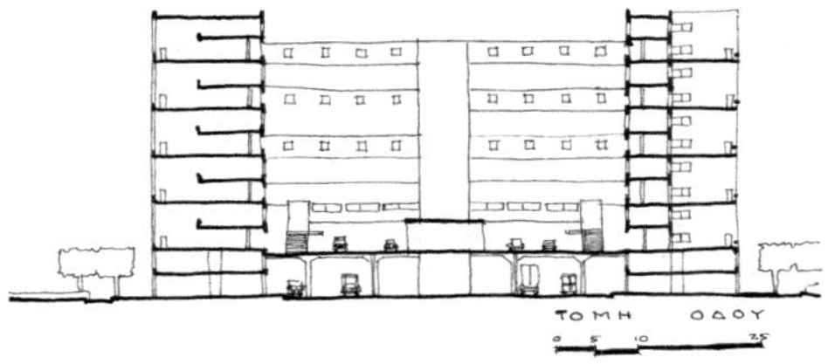

1132

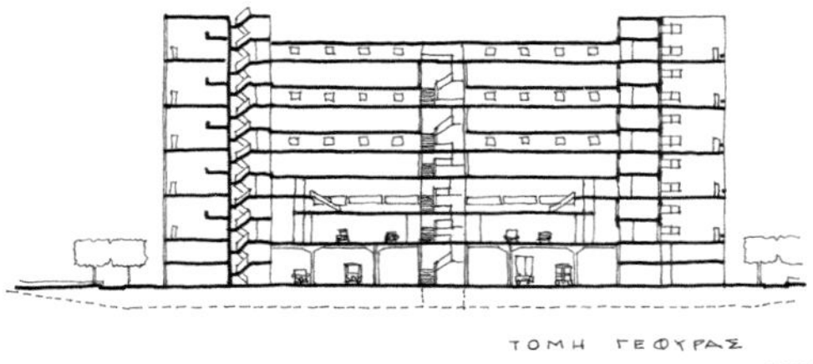

1133

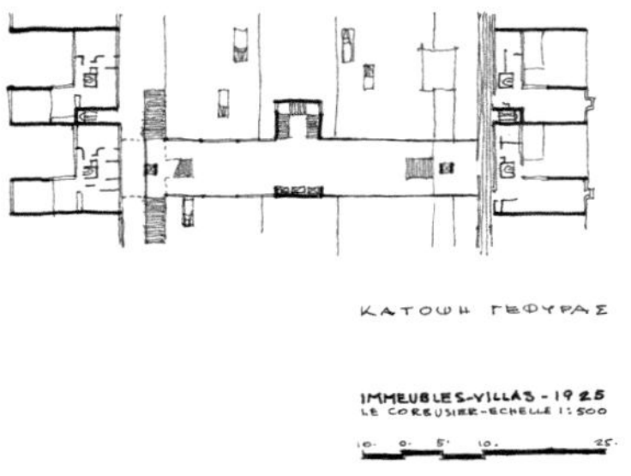

1134

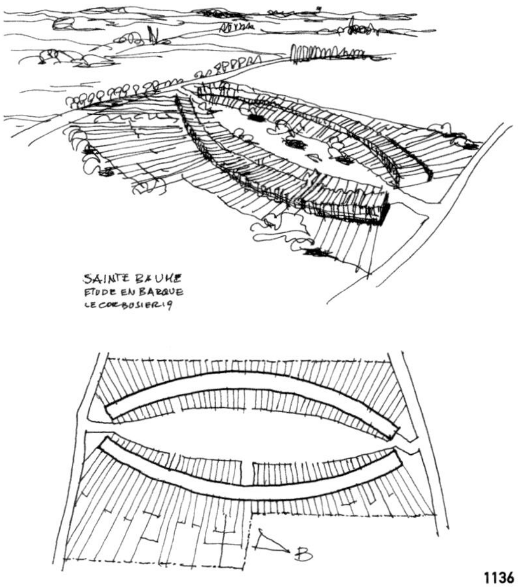

1136

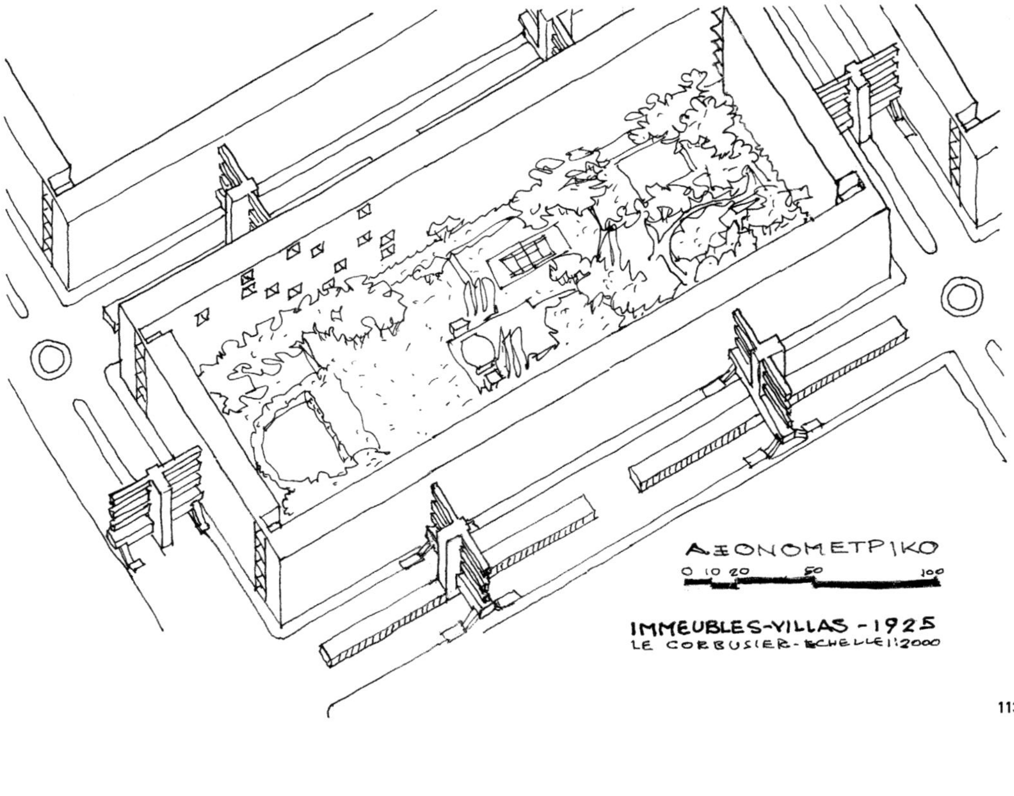

1135

1132, 1133, 1134, 1135 Le Corbusier, plans for a building block, 1925
Project for blocks of flats with a substantial interior garden connected through bridges with the entrance and an elevator tower in the middle of the street.
1132 Section.
1133 Section of bridge over street.
1334 Partial plan of typical floor and bridge with tower of vertical communications.
1335 Axonometric drawing.

1132, 1133, 1134, 1135 Λε Κορμπυζιέ, πρόταση για οικοδομικά τετράγωνα, 1925
Πολυκατοικίες με πύργους κατακόρυφης επικοινωνίας, συνδεόμενες με γέφυρες πάνω από τον δρόμο.
Οι κεντρικές είσοδοι βρίσκονται στον άξονα της οδού, στο κέντρο της γέφυρας.
1132 Τομή με όψη γέφυρας.
1133 Τομή στη γέφυρα.
1334 Κάτοψη ορόφου και γέφυρας εισόδου.
1335 Αξονομετρικό.

1136 Saint Baume, project by Le Corbusier, 1948
The settlement designed around a central green or mall.
1136 Σαιντ Μπωμ, Λε Κορμπυζιέ, πρόταση για αγροτικό οικισμό, 1948
Σύνθεση γύρω από κεντρικό ελεύθερο χώρο.

1137

1138

1139

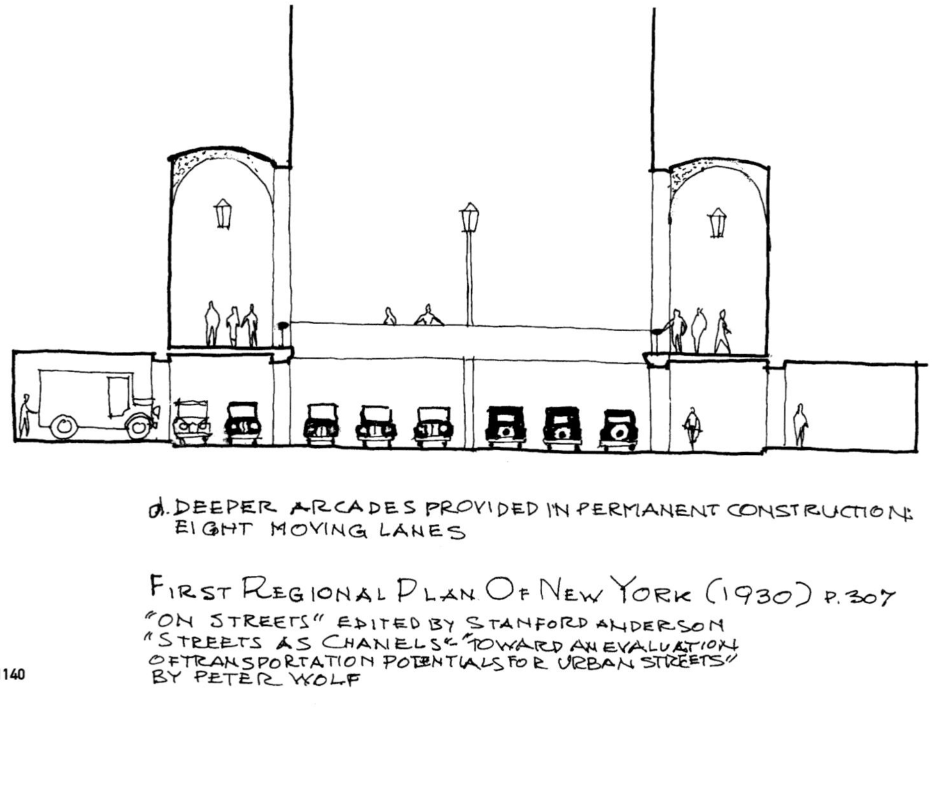

1140

D2.2.2 Large urban agglomerations

New York

The desire to protect people on foot from the motorcar had started to influence town planning projects since the advent of the motorcar at the beginning of the 20th century.

Already in 1930 the city of New York attempted to find a solution for the safe circulation of pedestrians by establishing a multi-level system in combination with arcades, one above the other, in its first regional plan. This plan by the municipality was never implemented. But another plan by a private enterprise was realized some years later, with great success, the Rockefeller Center's network of underground passages, in combination with the sunken square between the Avenue of the Americas and 4th Avenue.

Δ2.2.2 Τα μεγάλα αστικά συγκροτήματα

Νέα Υόρκη

Στην εποχή μας η φροντίδα για την απρόσκοπτη κίνηση των πεζών άρχισε να εκφράζεται σε σχέδια και πραγματοποιήσεις μόλις το ιδιωτικό αυτοκίνητο άρχισε να καταλαμβάνει τον αστικό χώρο, από το πρώτο ήμισυ του 20ού αιώνα.

Ήδη από το 1930, η πόλη της Νέας Υόρκης με την κατάρτιση του πρώτου χωροταξικού σχεδίου επεδίωξε να λύσει το πρόβλημα της ασφαλούς κυκλοφορίας των πεζών, διαχωρίζοντας την κυκλοφορία τους από τα αυτοκίνητα με τη δημιουργία διαφορετικών επιπέδων και αλλεπάλληλων παρόδιων στοών. Στην πράξη, όμως, το σύστημα αυτό δεν μπόρεσε να εφαρμοσθεί. Αυτό που αντιθέτως πραγματοποιήθηκε με ιδιωτική πρωτοβουλία, και απεδείχθη εξαιρετικά επιτυχές, είναι το δίκτυο υπογείων πεζοδρόμων σε συνδυασμό με τη βυθισμένη πλατεία, στο συγκρότημα του Ρόκφελερ Σέντερ, μεταξύ λεωφόρου των Αμερικών και 4ης λεωφόρου.

New York / Νέα Υόρκη

1137, 1138, 1139, 1140 New York, first regional plan, 1930
1137 Present condition.
1138 Elevated sidewalks, first stage of intervention.
1139 Arcades for standing vehicles, second stage of intervention.
1140 Deeper arcades for standing vehicles and elevated arcades for pedestrians with footbridges over traffic.

1137, 1138, 1139, 1140 Νέα Υόρκη, πρώτο χωροταξικό σχέδιο, 1930
1137 Υφιστάμενη κατάσταση.
1138 Υπερύψωση πεζοδρομίων, Α΄ στάδιο.
1139 Στοές για στάθμευση οχημάτων, Β΄ στάδιο.
1140 Βαθύτερες στοές για στάθμευση οχημάτων και υπερυψωμένες παρόδιες στοές εντός της οικοδομικής γραμμής για την κίνηση των πεζών, Γ΄ στάδιο.

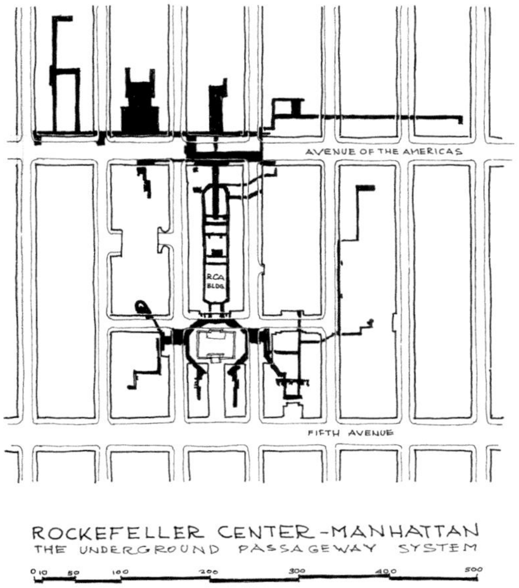

1141

1142

New York / Νέα Υόρκη

1141, 1142, 1143, 1144 Manhattan, the R.C.A. 1929-34, architects Reinhard, Hofmeister, Corbett & Hood
1141 All buildings of the Rockefeller Center are connected by an underground passageway system that starts from the subway station and ends around the sunken square.
1142, 1144 The R.C.A. sunken square, part of the underground footway system, is the most attractive square in New York, as well as of many other cities.
1143 **The group of buildings around the sunken square**
The Rockefeller skyscraper on the central axis, towering over the sunken square, dominates the whole group with the other buildings around it in a harmonious architectural composition.

1141, 1142, 1143, 1144 Μανχάταν, το συγκρότημα του Ρόκφελερ Σέντερ (R.C.A.), 1929-34, αρχιτέκτονες Ράινχαρντ, Χόφμαιστερ, Κορμπέτ και Χουντ (Reinhard, Hofmeister, Corbett & Hood)
1141 Το σύνολο του συγκροτήματος συνδέεται με ένα δίκτυο υπογείων πεζοδρόμων που οδηγούν προς και από τον σταθμό του υπογείου σιδηροδρόμου προς όλα τα κτίρια καθώς και τη βυθισμένη πλατεία.
1142, 1144 Η βυθισμένη πλατεία που αποτελεί τμήμα του υπογείου δικτύου πεζοδρόμησης είναι μία από τις ελκυστικότερες πλατείες της Νέας Υόρκης. Ίσως και πολλών άλλων πόλεων.
1143 **Το συγκρότημα των κτιρίων γύρω από τη βυθισμένη πλατεία.**
Ο ουρανοξύστης του Ρόκφελερ Σέντερ στον κεντρικό άξονα, με την πλατεία στα πόδια του, δεσπόζει του όλου συγκροτήματος, με τα υπόλοιπα χαμηλότερα κτίρια σε αρμονική σχέση με τον πύργο και μεταξύ τους.

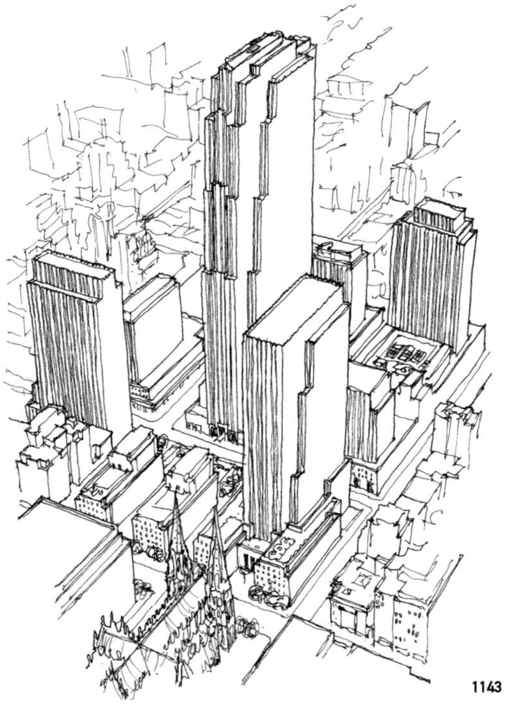

1143

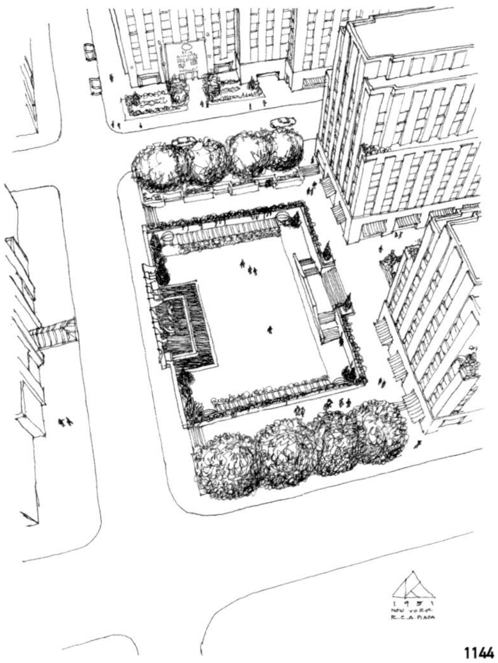

1144

Le Corbusier

As should have been expected, Le Corbusier could not be left out of the search for a proper solution to traffic problems during the early years of the 20th century.

Actually, except for his plan for a city of 3,000,000 inhabitants, he produced one project for the reshaping of the center of Paris and one most imaginative project for an elevated motorway above the roofs of a chain of multi-storey apartment buildings for the city of Algiers.

Λε Κορμπυζιέ

Ο Λε Κορμπυζιέ, όπως είδαμε, δεν θα μπορούσε βέβαια να λείψει από την αναζήτηση των νέων μορφών που έπρεπε να αποκτήσουν οι σύγχρονες πόλεις για να ανταποκριθούν στα προβλήματα της κυκλοφορίας κατά τον μεσοπόλεμο.

Εκτός λοιπόν από την πόλη των 3.000.000 κατοίκων, κατέθεσε και προτάσεις για το κέντρο του Παρισιού καθώς και μια πολύ ρηξικέλευθη πρόταση για την πόλη του Αλγερίου, όπου ένας κύριος αυτοκινητόδρομος περνά πάνω από τα δώματα λωρίδας πολυώροφων κτιρίων με κατοικίες.

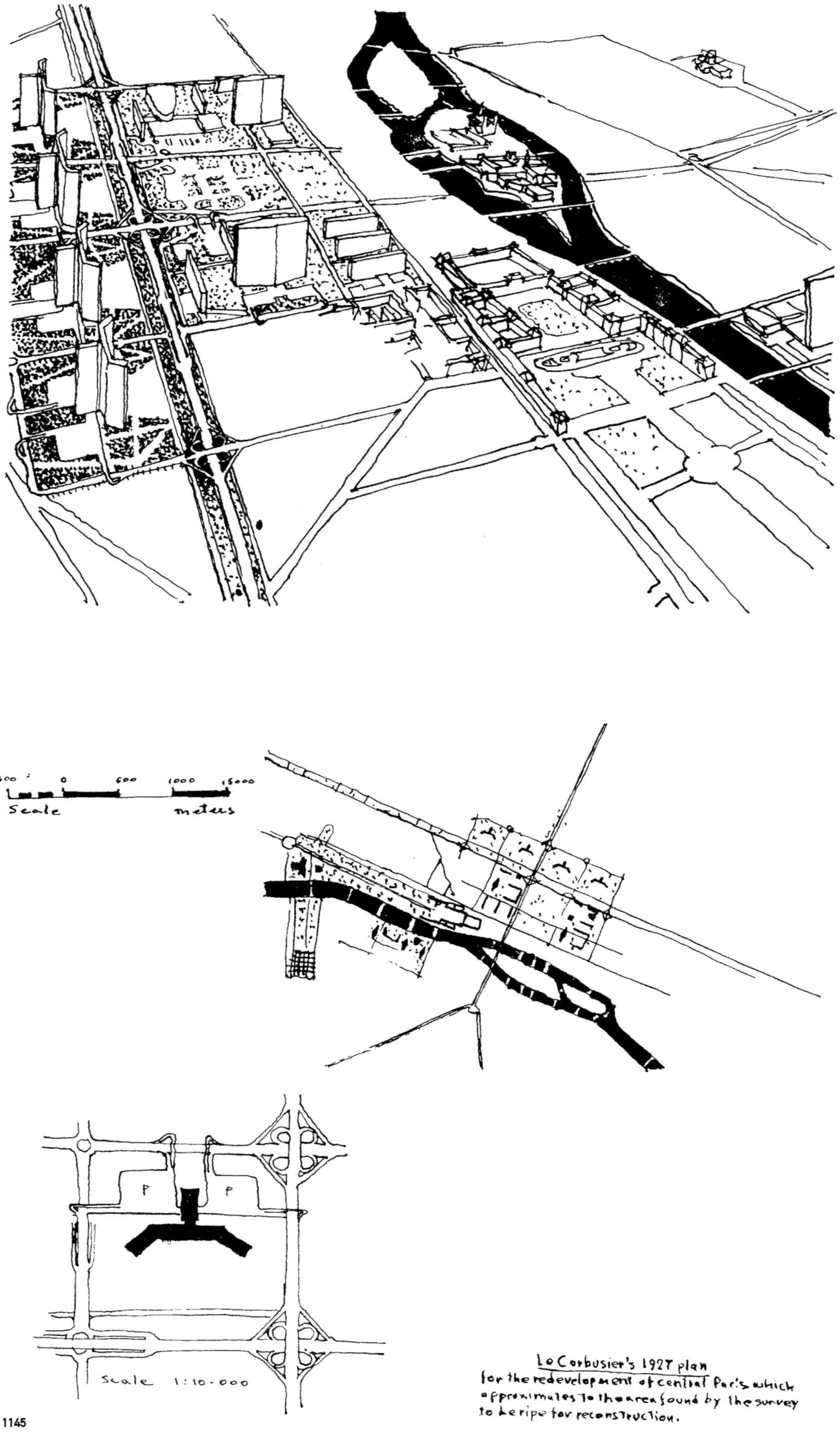

1145

1146

Le Corbusier / Λε Κορμπυζιέ

1145 Paris central area by Le Corbusier, 1927
The car is well served but it is no longer a city.

1145 Λε Κορμπυζιέ, Παρίσι, κέντρο, προτάσεις, 1927
Το αυτοκίνητο εξυπηρετείται πλήρως, η πόλη όμως εξαφανίζεται.

1146 Le Corbusier's project for the city of Algiers, 1933
Motorways on the roof of a continuous row of blocks of flats. In this way the ground is free from vehicular traffic and safe for people on foot.

1146 Λε Κορμπυζιέ, πρόταση για το Αλγέρι, 1933
Οι αυτοκινητόδρομοι περνούν πάνω από τις συνεχείς λωρίδες κατοικιών. Έτσι, το έδαφος παραμένει ελεύθερο για τους πεζούς.

D2.2.3 Parking areas for motorcars

Before the advent and the dominance of the motorcar, there were parking spaces for horse-drawn carts and carriages. Most of the time they were located in vast interior courts. These courtyards were, for more or less aesthetic reasons, adapted to the architectural fashion of their times. There is no doubt that horse-drawn carriages were not too numerous, because of their extremely high cost, and in this way the high architectural quality of their parking areas was comparatively easy to finance.
Still parking areas for motorcars could achieve, without too high expenses, a certain architectural quality or at least stop degrading the urban landscape.
Motorcar parking in our towns and cities fall into particular categories. On one or both sides of a street along the sidewalk parallel to its direction, or at right angle to it. On town squares or part of them, in their center or along their periphery. In interior courts or patios in various ways. In enclosed spaces on the ground floor or a number of storeys above ground or underground, under squares or streets or buildings.
All these ways have certain common characteristics or points, as far as access is concerned both by car and on foot, coming or leaving, that can be attractive or repellent. Furthermore there is the problem of the immediate environment. All such different aspects of parking areas could be handled in different chapters, as is the case with pedestrian ways and areas. But this, in its totality, does not concern the architecture of pedestrian ways. Only parking along streets and squares will be examined.

Δ2.2.3 Χώροι στάθμευσης αυτοκινήτων

Πριν από την εμφάνιση και την επικράτηση του αυτοκινήτου υπήρχαν χώροι στάθμευσης αμαξιών. Ως επί το πλείστον αυτό γινόταν σε μεγάλες εσωτερικές αυλές. Οι αυλές αυτές ήταν συνήθως διαμορφωμένες αρχιτεκτονικά με τρόπο που να ικανοποιούνται τα αισθητικά κριτήρια τής κάθε εποχής. Τα ιππήλατα αμάξια όμως δεν ήταν πολυάριθμα λόγω του υψηλού τους κόστους και των εξόδων συντήρησης, οπότε η εξασφάλιση υψηλής αρχιτεκτονικής ποιότητας στους χώρους στάθμευσης δεν δημιουργούσε ανυπέρβλητα οικονομικά προβλήματα.
Με τον ίδιο τρόπο σήμερα οι χώροι στάθμευσης του αυτοκινήτου θα μπορούσαν χωρίς μεγάλες πρόσθετες δαπάνες να συμβάλουν ή τουλάχιστον να μην υποβαθμίζουν την αρχιτεκτονική της πόλης.
Οι χώροι στάθμευσης στις πόλεις εμπίπτουν συνήθως σε συγκεκριμένες κατηγορίες. Κατά μήκος οδών, κάθετα ή παράλληλα προς τον άξονα της οδού, από τη μια πλευρά του δρόμου ή εκατέρωθεν. Σε πλατείες, όπου καταλαμβάνουν όλη την πλατεία ή μέρος της, στο κέντρο ή την περιφέρεια. Σε εσωτερικές αυλές με διάφορους τρόπους. Σε κλειστούς χώρους στάθμευσης, ισόγειους, πολυώροφους καθ' ύψος ή υπόγειους, σε ένα ή περισσότερο επίπεδα, κάτω από πλατείες, δρόμους ή οικοδομές.
Όλες αυτές οι περιπτώσεις έχουν ορισμένα κοινά σημεία. Οι χώροι αυτοί έχουν ορισμένες διατάξεις προσπέλασης των οχημάτων, ορισμένες προσπελάσεις πεζών, προς και από τον χώρο στάθμευσης, που μπορούν να δημιουργούν ευχάριστες ή δυσάρεστες εντυπώσεις. Πέραν αυτού υπάρχουν ζητήματα του άμεσου περιβάλλοντος. Αλλά το θέμα αυτό στην ολότητά του δεν αποτελεί αντικείμενο της αρχιτεκτονικής των χώρων πεζών στις πόλεις που μας απασχολεί, παρά μόνον στο μέτρο που επεμβαίνει στην αρχιτεκτονική των χώρων των πεζών, όπως εκεί που είναι τμήμα της μικτής χρήσης του δρόμου ή της πλατείας. Ως εκ τούτου, μόνον υπό αυτό το πρίσμα θα μπορούσε να μας απασχολήσει.

D2.3 Postwar ideas and realizations

WWII, with the great damages inflicted on towns and cities due to extensive air raids, created the proper conditions for a more rational reconstruction of the damaged urban areas. This resulted in a substantial number of interesting projects for restructuring our towns, cities and villages.
But as has already been shown, the need to restructure urban areas, primarily of a city center, was not restricted to the cities that suffered during WWII. In this way a substantial number of interesting projects were put forward for the reshaping of central urban areas in order to envisage the problems of our times due primarily to the motorcar.
One could say that the most systematic postwar reconstruction was achieved in Great Britain, perhaps because the British islands suffered a greater damage. This is why most projects and realizations shown here are from the postwar reconstruction in Great Britain.

Δ2.3 Μεταπολεμικές ιδέες και πραγματοποιήσεις

Ο Β΄ Παγκόσμιος πόλεμος, με τις εκτεταμένες καταστροφές που επέφερε στο αστικό περιβάλλον λόγω των βομβαρδισμών από αέρος, δημιούργησε, όπως είπαμε, τις συνθήκες για μια πιο οργανωμένη συγκρότηση κατά την ανοικοδόμηση των κατεστραμμένων περιοχών. Έτσι, την εποχή εκείνη βλέπουμε πληθώρα από ενδιαφέρουσες προτάσεις για την ανασυγκρότηση αστικών περιοχών σε μεγάλες πόλεις καθώς και σε μικρούς οικισμούς.
Αλλά, όπως είδαμε ήδη, το ενδιαφέρον δεν σταμάτησε εδώ. Αφότου ξεκίνησε η αναζήτηση λύσεων με οργανωμένη δόμηση για την ανοικοδόμηση κατεστραμμένων περιοχών, άρχισε να ξυπνά το ενδιαφέρον και για την πολεοδομική αναδιάρθρωση περιοχών που δεν είχαν υποστεί καμία ζημιά, ιδίως του κέντρου μεγαλουπόλεων, ώστε να μπορέσουν να ανταποκριθούν στις νέες απαιτήσεις της εποχής μας που δημιουργεί κυρίως το αυτοκίνητο.
Θα μπορούσε κανείς να πει πως η πιο συστηματική ανοικοδόμηση μετά τον Β΄ Παγκόσμιο πόλεμο έγινε στην Αγγλία. Ίσως διότι υπέστη τις μεγαλύτερες καταστροφές. Έτσι εδώ παρουσιάζονται παραδείγματα κυρίως από προτάσεις για νέους οικισμούς στην Αγγλία.

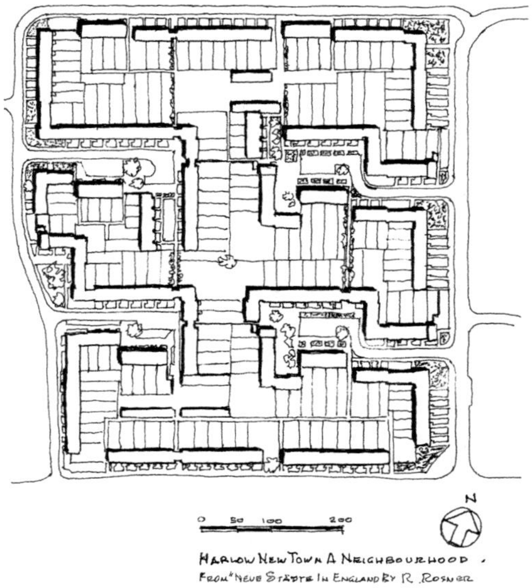

1147

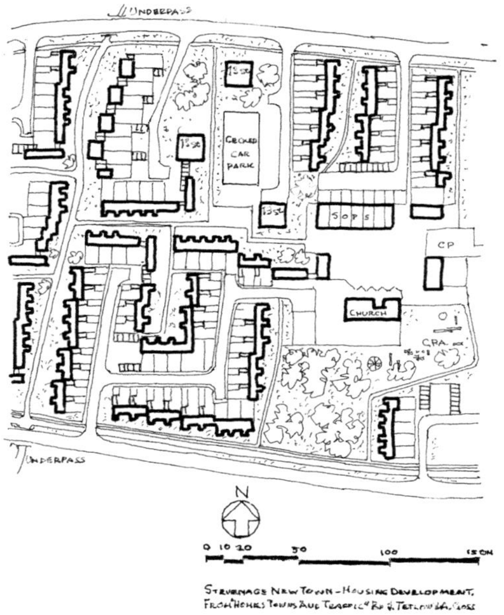

1148

Postwar ideas and realizations
Μεταπολεμικές ιδέες και πραγματοποιήσεις

1147 Harlow New Town
A residential district with complete segregation of pedestrian from vehicular circulation.
1147 Χάρλοου Νιου Τάουν
Περιοχή κατοικίας με σαφή διαχωρισμό κυκλοφορίας οχημάτων και πεζών.

1148 Stevenage, New Town
Residential area with separation of pedestrian circulation from vehicular traffic.
1148 Στήβενεϊτζ Νιου Τάουν
Περιοχή κατοικίας με σαφή διαχωρισμό κυκλοφορίας πεζών και αυτοκινήτου.

1149

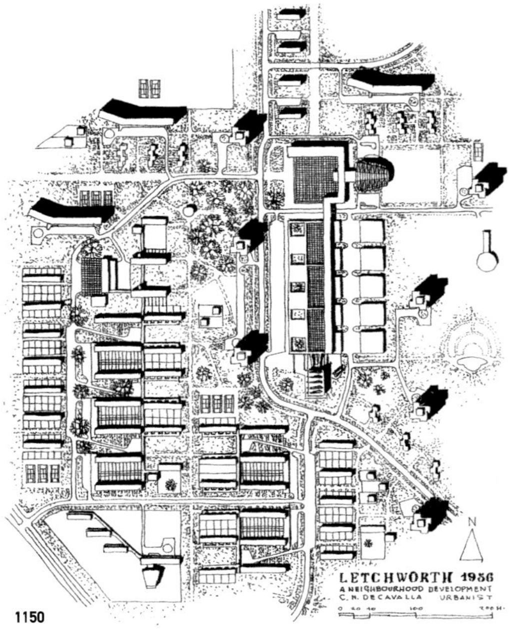

1150

D2.3.1 Residential areas

As has already been mentioned, priority for postwar reconstruction was given to housing in England. In order to achieve the optimum results, reconstruction was carried out very often in the form of unified planning in areas that had been extensively damaged and destroyed next to town or city centers. In these cases, it was mostly attempted to combine the Radburn principle with high density.

One of the most ambitious projects of this kind that were implemented is the Barbican district in London. Not only because of the attempt to solve the circulation problem by creating an elevated pedestrian street network with extensive parking areas for 2,600 motorcars underground, which cover the needs of visitors as well, but also because it attempted to mix central functions of the city with the residential area. In this way, the Barbican today possesses an extensive cultural center, shopping areas, recreational facilities as well as office space and housing. The whole area is subdivided into two sectors. North Barbican, the larger, on 140,000 m^2 provides 2,150 flats for approximately 6,000 people (400 inhabitants per hectare). South Barbican covers 105,000 m^2. The architects responsible for the project, which started in 1955, are Chamberlin, Powel and Bon.

Finally, although it was attempted to create a high-quality environment next to the center of an important metropolis, which should be judged primarily for its social impact, criticism for the project has been most severe, mainly from a financial point of view, because its cost was considered too high. Criticism was also negative as far as the architectural treatment of pedestrian areas was concerned, as well as that of the cultural center with the exception of the greenhouse.

Δ2.3.1 Περιοχή κατοικίας

Όπως αναφέρθηκε ήδη, προτεραιότητα στην ανοικοδόμηση μετά τον Β΄ Παγκόσμιο πόλεμο είχε η κατοικία. Στην προσπάθεια να αντιμετωπισθεί το πρόβλημα της στέγασης με τρόπο αποδοτικό, η ανοικοδόμηση σε πολλές περιπτώσεις πήρε τη μορφή οργανωμένης δόμησης σε περιοχές μεγάλων αστικών συγκροτημάτων, που είχαν υποστεί εκτεταμένες καταστροφές κοντά στο κέντρο τους. Στα σχέδια που εκπονήθηκαν στις περιπτώσεις αυτές, έγινε προσπάθεια να συνδυαστούν οι αρχές του Ράντμπερν με υψηλή πυκνότητα κατοίκων.

Ένα από τα πιο φιλόδοξα παραδείγματα που έχουν ολοκληρωθεί είναι στο Μπάρμπικαν του Λονδίνου. Όχι μόνο γιατί επιχειρήθηκε η επίλυση του κυκλοφοριακού προβλήματος με τη δημιουργία δικτύου πεζοδρόμων σε υπερυψωμένο επίπεδο και με εκτεταμένους υπόγειους χώρους στάθμευσης για 2.600 αυτοκίνητα (που καλύπτουν και τις ανάγκες των επισκεπτών), αλλά και γιατί επιχειρήθηκε η ανάμιξη κεντρικών λειτουργιών παράλληλα με την κατοικία.

Έτσι το Μπάρμπικαν διαθέτει εκτεταμένο πολιτιστικό κέντρο, χώρους για εμπόριο, αναψυχή, κτίρια γραφείων καθώς και κατοικίες. Η περιοχή διαιρείται σε υποπεριοχές. Το Βόρειο Μπάρμπικαν, που είναι η μεγαλύτερη, καταλαμβάνει 140 στρέμματα και διαθέτει 2.150 κατοικίες (πληθυσμός 6.000 κατοίκων, δηλαδή 400 κάτοικοι ανά εκτάριο περίπου). Το Νότιο Μπάρμπικαν καταλαμβάνει 105 στρέμματα. Οι υπεύθυνοι αρχιτέκτονες για το έργο, που η μελέτη του ξεκίνησε πριν από το 1955, είναι οι Σαμπερλίν, Πάουελ και Μπον.

Τελικά, παρότι επιχειρήθηκε η δημιουργία ενός περιβάλλοντος ποιότητος κοντά στο κέντρο μιας μεγαλούπολης, που θα έπρεπε να εξετασθεί κυρίως από την άποψη του κοινωνικού οφέλους, η κριτική για το έργο αυτό υπήρξε αρκετά αυστηρή, ιδίως για το κόστος που θεωρήθηκε υπερβολικό. Επικρίσεις επίσης δέχτηκε η αρχιτεκτονική του χώρου των πεζών και του πολιτιστικού κέντρου, με εξαίρεση τον χώρο του θερμοκηπίου.

Postwar ideas and realizations
Μεταπολεμικές ιδέες και πραγματοποιήσεις

1149, 1150 Letchworth, new town project, 1956, architect C. Decavalla
1149 The large block of flats blocks the view but obliges the road to continue to the right. The introduction of sharp bends reduces the speed of cars.
1150 The layout of the settlement provides for a complete separation of pedestrian from vehicular circulation.

1149, 1150 Λέτσουορθ, πρόταση για την επέκταση του οικισμού, 1956, αρχιτέκτων Κωνσταντίνος Δεκαβάλλας
1149 Η πολυκατοικία στο τέλος του δρόμου υποχρεώνει τα τροχοφόρα να στραφούν προς τα δεξιά. Με τον τρόπο αυτόν ο χώρος γίνεται πιο οικείος για τους κατοίκους και η τροχαία κίνηση πραγματοποιείται σε χαμηλές ταχύτητες.
1150 Η όλη διάταξη του νέου οικισμού προβλέπει σαφή διαχωρισμό της κυκλοφορίας πεζών-τροχοφόρων.

D2.3.2 Central functions area

One could say that the most interesting postwar projects for the segregation of pedestrian circulation from vehicular traffic were put forward in connection to the new towns in England and satellite cities in Sweden.
In England, during their realization it was not always possible to apply all the projects as they had been designed and accordingly the criticism that followed is not always fair and justified. As a result the most recent examples, after all shortcomings had been ascertained, evaluated and avoided, present a higher degree of interest.
Cumbernauld in Glasgow for 70,000 inhabitants belongs to this category. Here pedestrian circulation is completely separated from vehicular traffic, on different levels as in Sheffield. This same principle has been applied in Vallingby on the outskirts of Stockholm with neighborhoods of 2,000 to 3,000 inhabitants for a center designed to service a much wider urban area in this case. The railroad is on a lower level, under the center.
The most interesting example of absolute differentiation could be the project for Erith Kent, a low-density area for 25,000 inhabitants. The town in its totality lies on an elevated platform with exclusive pedestrian circulation, while vehicular traffic and substantial parking space are situated below the ground level.
But even in earlier new towns traffic separation was always taken care of and carried out to a high degree, as can be witnessed in the case of Harlow or in Stevenage, where all pedestrian ways end at the town centers thus creating an extensive, exclusively pedestrian precinct.
Another interesting case is the project of Hook for 100,000 inhabitants, where 1.5 motorcars per family were taken as a basis for the computation of vehicular traffic, with a complete separation of pedestrian from vehicular circulation.
In Gleadless Valley in Sheffield, which was planned for 17,000 inhabitants, we encounter one more example of a settlement where the Radburn principle was applied with the complete separation of vehicular circulation from people on foot. Here again, as in Vallingby-Stockholm, the town center was designed to serve a much larger area.
At the same time new towns were planned, an attempt was made to find a solution to the problem of separation of vehicular traffic from pedestrian circulation in the town centers of historical towns and cities, as in Bishop-Stopford in England, with a population of 60,000, or Newbury, with a population of 30,000, where traffic separation was attempted on the same level.
In most cases presented until now it became obvious that the main goals were:
1. To establish a vast complex of open public areas, squares, etc., in combination with an extensive pedestrian street network in and around town centers.
2. To implement a complete pedestrian street network in order to secure the unimpeded circulation of people on foot, from their place of residence to the center of town without the need to cross traffic lanes.
3. To provide for a complete vehicular circulation network in order to cover all present and future needs.
Immediately after W.W. II, on top of the housing problem due to the destruction of vast areas of European cities, it became necessary to envisage the important population movement from the countryside towards towns and cities, as well as the fact that for a number of years all construction work had stopped. In order to solve this acute housing problem, priority was given to the reconstruction of residential areas and the construction of dwellings. Yet in some cases, where the destruction of the city center was extensive and the town or city could no longer function, the reconstruction of the center was decided and carried out. Such were the cases of Coventry in England and Rotterdam in the Low Countries. In both of these cases, the Radburn principles were applied in the reconstruction of their commercial centers, as far as the segregation of vehicular traffic from pedestrian circulation was concerned.
So great was the success of the Lijnbaan in Rotterdam, drawn by the architects Van den Broek and Jaap Bakema, completed in 1954, that it became the prototype for a design without multi-level crossings.
In Coventry the central area designed by Donald Gibson and his team, only a restricted area for exclusively pedestrian use was originally envisaged. On the way, as the design progressed, this area was enlarged to the point of consisting of a group of pedestrian spaces that in many places extend to a second level. In this case it is of interest to note the difficulty that any new and original idea encounters for its realization.
Under pressure from shop owners, the plan was once more modified to allow for a motorway to traverse the central pedestrian alleyway, and only after 1955, when Arthur Ling was directing the town planning of Coventry, there was a reversion to the previous plan. This is the reason that in the cross-shaped layout of the central area, the width of one of the two lanes is that of a motorway. In the reconstruction of the center of town, as in Rotterdam, housing has been included, in order to keep the area alive after nightfall. In order to achieve such an extensive, exclusively pedestrian precinct, that surpassed even the most optimistic expectations with it liveliness, it was necessary to provide for adequate multi-storey parking spaces all around it, interconnected by a motorway. Contrary to Coventry and Rotterdam, in Hotorget center in Stockholm, the new commercial center in 1959 on an area of 180,000 m^2 was designed exclusively for commerce and administration, in 18-storey buildings. No dwellings were included. The ground level consists primarily of exclusively pedestrian areas and shops. On a higher level, gardens and recreational facilities are located interconnected by footbridges. For the vehicular circulation, a vast roundabout was realized on a lower level that generates unpredicted circulation problems to the approach to the center. On the other hand the problem of public transportation was envisaged from an early stage. In this way the underground railway system was extended in order to serve 300,000 passengers per day. Without the underground railway, the complex of the center would not be able to operate. The original plan as well as the perspective drawings are by the architect David Helden. But during the implementation of the project, it was decided that each of the five towers that border the center should be designed by a different architect. The result, as could have been expected, falls quite short of the original vision.
In North America the restructuring of the central area of selected cities started to become imperative after W.W.II, principally because of traffic congestion. 75% of transportation in cities of a population of 50-100,000 inhabitants was carried out by private motorcar and during the previous decade public transportation fell by 28%. This resulted in a mass desertion of the center. Most enterprises, primarily commercial ones, started moving to the outskirts where large tracts of land were available at a low price for parking lots. Some years later this same phenomenon started in Europe too. As a result the problem of revitalizing the center became imperative. The obvious solution was to provide the center with multi-storey peripheral interconnected parking lots in combination with wide pedestrian precincts.

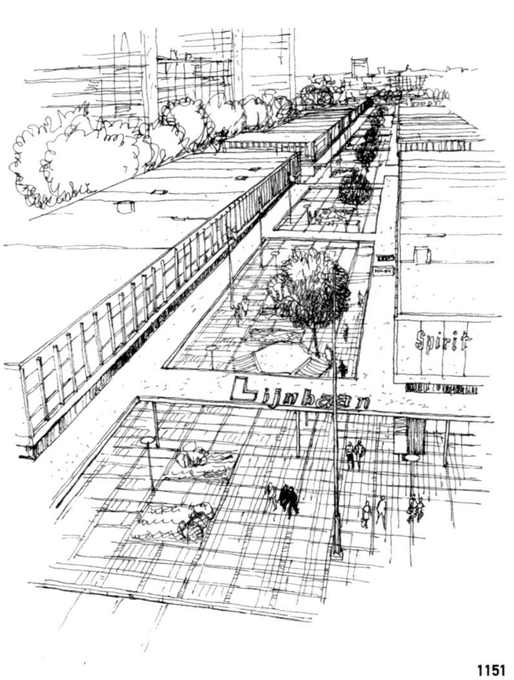

1151

Central functions area
Περιοχή κεντρικών λειτουργιών

1151 Rotterdam, Lijnbahn, designed by Van der Broek and Bakema, 1951-53
The first organized pedestrian way or mall in postwar Europe.

1151 Ρότερνταμ, Λένμπααν, αρχιτέκτονες Βαν Ντερ Μπρουκ και Μπακέμα, 1951-53
Ο πρώτος οργανωμένος εμπορικός πεζόδρομος στη μεταπολεμική Ευρώπη.

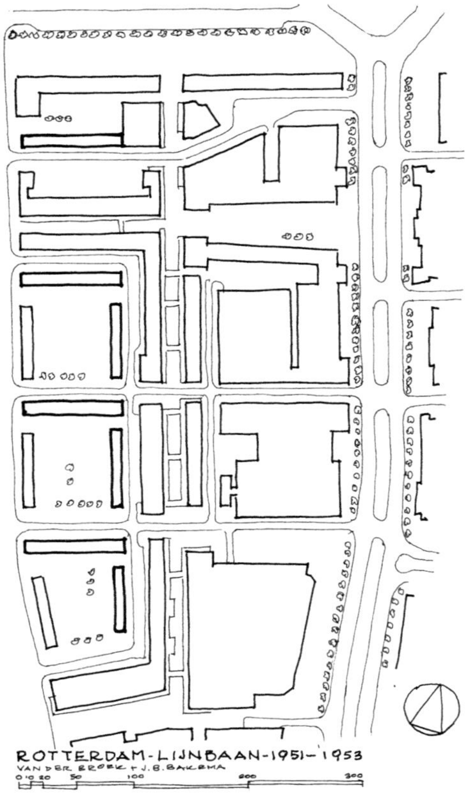

1152

Central function area
Περιοχή κεντρικών λειτουργιών

1152 Rotterdam, Lijnbaan, 1951-1953
The new commercial street was made possible by the land redistribution that was imposed on the destroyed center of the City in 1953 and was planned exclusively for pedestrians.

1152 Ρόττερνταμ, Λένμπααν, 1951-1953
Ο νέος εμπορικός δρόμος που διανοίχθηκε χάρη στον αναδασμό που εφαρμόστηκε στο κατεστραμμένο κέντρο της πόλης, σχεδιάστηκε για αποκλειστική χρήση των πεζών.

These were in some cases equipped with moving sidewalks.
In San Diego California such a moving sidewalk was installed with a capacity of moving 7,500 people per hour. The first sidewalk of this kind in Europe was inaugurated in London in a subway station in 1960.
Two most interesting schemes for the rehabilitation of city centers were V. Gruen's project for Fort Worth and E. Bacon's for Philadelphia. For Fort Worth V. Gruen envisaged peripheral parking lots to be reached by a ring road, underground tunnels for the supply of the center, and low-speed minicars at the disposal of people on foot within the center. In order for such a plan to be effective, an efficient public transportation system had to be implemented.
In Philadelphia, with a population of 5,000,000 people, the rehabilitation of the center started under the guidance of E.N. Bacon as early as 1950, in order to separate three types of circulation – pedestrian, private cars, taxicabs and public transportation (buses and railways) – so as to bring new life in the center of this large city.
During the years that lapsed since the first concepts for the study of Philadelphia's center were presented, the plans went through a series of stages and some most interesting ideas were expounded for the design of the pedestrian areas. Most of the plans produced were based on a multiplicity of circulation levels, some of them covered. Most of these plans are of a high quality and ingenuity.
At the same time when the study of the center of Philadelphia got under way at the end of 1955, an architectural competition was announced for the submission of plans for the rehabilitation of the Chelsea area of Manhattan New York. The competition was incomplete.
One of the projects submitted was by an international group of architects under the author's guidance. In this project a number of the ideas that prevailed during the next years were expounded, such as the separation of the various types of circulation, the inclusion of residential areas next to the center, as well as small industries, educational institutions, athletic installations, hotels, convention centers, cultural facilities such as museums and concert halls and administration buildings.
In the ideas that were put forward except for the separation of pedestrian from vehicular circulation at different levels, an additional level was provided for mixed circulation of low-speed public transportation, taxicabs and people on foot as well as multi-storey parking lots to service all levels of vehicular traffic.
One of the most important factors of the project was the existing underground railway – the subway– that runs beneath the main elevated pedestrian circulation, a series of squares and passages and under the loading and unloading docks for the trucks servicing this particular area. Another important feature was the separation of high-speed traffic on an independent higher-level network.
One of the two central railway stations of Manhattan that connects New York with the Southern States, Pennsylvania station, is located in Chelsea.
For the area above the railroad installations, leading to Hudson River to the West, a promenade was proposed flunked by a park and a row of Administration buildings. At the western end of the promenade, the port of New York Authority building was situated overlooking the river. From this monumental esplanade half-way to the commercial center, the main approach to the cultural center is reached.
A similar system, but on two levels instead of four, was adopted for the center of Minneapolis with highly successful results. In this case, the elevated pedestrian network, because of severe climatic conditions, consists primarily of enclosed passages, arcades and foot bridges that traverse buildings in a system that will ultimately cover the city center in its totality. The vehicular traffic on the main artery, Nicollet Avenue, is restricted to public means of transportation on a serpentine pattern, with gardens where the sidewalk becomes wider. Something similar but with an underground pedestrian street network is being developed in many towns and cities in Canada. But here the reason is purely climatic as the temperatures in winter tend to drop under 40C degrees below zero.
In 1963 the famous "Buchanan Report" saw the light of day, for the rehabilitation of the area between Oxford street and Fitzroy square in central London, with more than one schemes. These projects envisaged the complete separation of circulation on a multiplicity of levels, with the exclusively pedestrian circulation on an elevated level.

Δ2.3.2 Περιοχή κεντρικών λειτουργιών

Στα πρώτα χρόνια μετά τον πόλεμο, οι πιο ενδιαφέρουσες ίσως ιδέες που παρουσιάστηκαν για τον διαχωρισμό της κυκλοφορίας στις περιοχές κεντρικών λειτουργιών, σε σχετικά μικρά αστικά κέντρα, ήταν –εκτός από τις νέες πόλεις της Αγγλίας– ορισμένες επεκτάσεις με τη μορφή δορυφόρων πόλεων στη Σουηδία.

Στην Αγγλία κατά την πραγματοποίησή τους δεν έγινε δυνατή η εφαρμογή όλων των λύσεων που προτάθηκαν, οπότε η κριτική που ασκήθηκε δεν είναι απολύτως δίκαιη απέναντι στους πολεοδόμους και τους αρχιτέκτονες που τις σχεδίασαν. Όταν, όμως, αργότερα σχεδιάστηκαν οι πιο πρόσφατες νέες πόλεις, υπήρχαν ήδη τα συμπεράσματα που προέκυψαν από τη ζωή στις πρώτες μεταπολεμικές, οπότε παρουσιάζουν μεγαλύτερο ενδιαφέρον.

Τέτοιο είναι το Κάμπερνολτ στη Γλασκώβη, σχεδιασμένο για 70.000 κατοίκους, όπου η κίνηση των πεζών είναι σαφώς διαχωρισμένη από τα οχήματα, σε διαφορετικά επίπεδα, όπως και στο Σέφηλντ. Η ίδια αρχή έχει εφαρμοσθεί και στο Βάλλιγκμπι έξω από τη Στοκχόλμη, με γειτονιές των 2.000 και 3.000 κατοίκων, αλλά το κέντρο του έχει σχεδιαστεί για να εξυπηρετήσει ευρύτερη αστική περιοχή. Εδώ ο σιδηρόδρομος περνά κάτω από το κέντρο, σε χαμηλότερο επίπεδο.

Ίσως το πιο ενδιαφέρον παράδειγμα απόλυτου διαχωρισμού οχημάτων-πεζών είναι η πρόταση για το Έριθ στο Κεντ, σε μια χαμηλή πλημμυροπαθή περιοχή, για 25.000 κατοίκους. Ολόκληρη η πόλη σχεδιάστηκε σε ένα υπερυψωμένο επίπεδο με αποκλειστική χρήση και κυκλοφορία πεζών. Τα τροχοφόρα και οι χώροι στάθμευσης καταλαμβάνουν το χαμηλότερο επίπεδο, στη στάθμη του εδάφους.

Αλλά και στις πρώτες μεταπολεμικές νέες πόλεις, ο διαχωρισμός της κυκλοφορίας ήταν αρκετά σαφής, όπως στο Χάρλοου και στο Στήβενεϊτζ, όπου στις περιοχές κεντρικών λειτουργιών καταλήγουν όλοι οι πεζόδρομοι και σχηματίζουν μια εκτεταμένη περιοχή πεζών.

Ενδιαφέρουσα επίσης είναι η λύση που προτάθηκε για το Χουκ, το οποίο είχε προγραμματιστεί για 100.000 κατοίκους, με πρόβλεψη για τροχαία κυκλοφορία οχημάτων αποκλειστικά ιδιωτικής χρήσης (1,5 όχημα ανά οικογένεια) και εξυπηρέτησης, με πλήρη διαχωρισμό της κυκλοφορίας πεζών από τα τροχοφόρα.

Στο Γκλήντλες Βάλεϋ (Gleadless Valley) του Σέφηλντ, που σχεδιάστηκε για 17.000 κατοίκους, έχουμε ακόμη ένα παράδειγμα οικισμού όπου εφαρμόστηκαν οι αρχές του συστήματος Ράντμπερν, με έντονο διαχωρισμό στην κυκλοφορία οχημάτων-πεζών. Το κέντρο του οικισμού, που είναι αποκλειστικά για πεζούς, σχεδιάστηκε για να εξυπηρετήσει μια ευρύτερη περιοχή, όπως και στο Βάλλιγκμπι της Στοκχόλμης.

Παράλληλα με τις νέες πόλεις, έγινε προσπάθεια να λυθεί το πρόβλημα του διαχωρισμού της κυκλοφορίας πεζών-αυτοκινήτων και σε υφιστάμενα κέντρα ιστορικών πόλεων. Παράδειγμα το Μπίσοπ Στόρτφορντ στην Αγγλία, με πληθυσμό 60.000 κατοίκων, με τη διάταξη σε δύο επίπεδα, και το Νιούσμπερυ, με 30.000 κατοίκους, όπου μελετήθηκε ο διαχωρισμός της κυκλοφορίας στο ίδιο επίπεδο.

Στα περισσότερα παραδείγματα που παρουσιάσαμε ώς εδώ είναι σαφές ότι κυριότεροι στόχοι ήταν:

α) Η δημιουργία ενός εκτεταμένου συστήματος πλατειών και χώρων κίνησης πεζών στην περιοχή κεντρικών λειτουργιών.

β) Η δημιουργία ενός δικτύου πεζοδρόμων που να εξασφαλίζει την απρόσκοπτη κίνηση των πεζών από τις περιοχές κατοικίας προς τους χώρους της περιοχής κεντρικών λειτουργιών, χωρίς διασταύρωση με την κυκλοφορία των τροχοφόρων και

γ) Η εξασφάλιση ενός δικτύου κυκλοφορίας τροχοφόρων και χώρων στάθμευσης που να καλύπτουν τις συνεχώς αυξανόμενες ανάγκες της εποχής μας.

Αμέσως μετά τον Β΄ Παγκόσμιο πόλεμο, μαζί με το πρόβλημα της ανοικοδόμησης των κατεστραμμένων πόλεων, χρειάστηκε να αντιμετωπιστεί και το πρόβλημα της στέγασης που δημιουργήθηκε από τη μεγάλη συγκέντρωση πληθυσμών στις αστικές περιοχές, καθώς κι από την έλλειψη για μακρό χρονικό διάστημα κάθε οικοδομικής δραστηριότητας. Έτσι, στις περισσότερες χώρες της Ευρώπης δόθηκε προτεραιότητα στην κατασκευή κατοικίας, κυρίως με οργανωμένη δόμηση. Σε κάποιες περιπτώσεις αποφασίστηκε η ανακατασκευή περιοχών κεντρικών λειτουργιών, εκεί που η καταστροφή ήταν τόσο εκτεταμένη ώστε τα αστικά αυτά συγκροτήματα να μην μπορούν να λειτουργήσουν χωρίς την ανοικοδόμηση του κέντρου τους. Τέτοιες πόλεις ήταν το Κόβεντρι στην Αγγλία και το Ρότερνταμ στην Ολλανδία. Στον σχεδιασμό και των δύο αυτών περιπτώσεων εφαρμόστηκαν οι αρχές του Ράντμπερν για το διαχωρισμό της κυκλοφορίας πεζών-τροχοφόρων.

Τέτοια ήταν η επιτυχία της Λένμπααν (Lijnbaan) στο Ρότερνταμ, σχεδιασμένης από τους αρχιτέκτονες Βαν ντερ Μπροuκ (Van Der Broek) και Μπακέμα (Jaap Bakema), η οποία ολοκληρώθηκε το 1954, που έγινε πρότυπο για λύσεις χωρίς ανισόπεδες διαβάσεις.

Στην περιοχή κεντρικών λειτουργιών του Κόβεντρι, που σχεδιάστηκε από την ομάδα του Ντόναλντ Γκίμπσον (Donald Gibson), προβλεπόταν αρχικά μια αρκετά περιορισμένη ζώνη για αποκλειστική χρήση πεζών. Με την πρόοδο όμως της μελέτης επεκτάθηκε, έτσι που τελικά αποτελείται από ένα συγκρότημα ελευθέρων χώρων για πεζούς, οι οποίοι σε πολλά σημεία επεκτείνονται και σε δεύτερο επίπεδο.

Εδώ είναι ενδιαφέρον να τονιστεί η δυσκολία που παρουσιάζεται στην εφαρμογή κάθε καινούριας ιδέας. Μετά από πιέσεις των καταστηματαρχών, το σχέδιο τροποποιήθηκε έτσι ώστε ένας αυτοκινητόδρομος να διασχίζει τον κεντρικό πεζόδρομο, και μόνον μετά το 1955, αφού ανέλαβε ο Άρθουρ Λινγκ (Arthur Ling) τη διεύθυνση του γραφείου αρχιτεκτονικού και πολεοδομικού σχεδιασμού του δήμου του Κόβεντρι, ξαναγύρισαν στο πρώτο σχέδιο. Έτσι ο κεντρικός χώρος των πεζών παρουσιάζει σταυροειδή μορφή που το πλάτος τού ενός σκέλους έχει υπαγορευθεί από την πρόθεση να είναι αυτοκινητόδρομος. Στα κτίρια που αποτελούν το κέντρο, όπως και στο Ρότερνταμ, έχουν περιληφθεί και κατοικίες ώστε να μη νεκρώνεται η περιοχή τις νυκτερινές ώρες.

Για να επιτευχθεί μια τόσο εκτεταμένη περιοχή πεζών, που επαλήθευσε και τις πιο αισιόδοξες προβλέψεις με τη ζωντάνιά της, χρειάστηκε να εξασφαλιστούν εκτεταμένοι πολυώροφοι χώροι στάθμευσης, περιφερει-

1153

1154

Central functions area
Περιοχή κεντρικών λειτουργιών

1153, 1154 Rotterdam, Lijnbahn designed by Van der Broek and Bakema, 1951-53
1153 Aesthetic pleasure is not the only gift a work of art can offer.
1154 Planting and vegetation all along the Lijnbahn.

1153, 1154 Ρότερνταμ, Λένμπααν, αρχιτέκτονες Βαν Ντερ Μπροuκ και Μπακέμα, 1951-53
1153 Ένα έργο τέχνης μπορεί να δώσει και άλλες χαρές εκτός από αισθητικές.
1154 Κηπάρια και δενδροστοιχίες κατά μήκος της Λένμπααν.

ακοί, συνδεδεμένοι με έναν εσωτερικό δακτύλιο κυκλοφορίας.

Αντίθετα προς το Κόβεντρι και την Λένμπααν, στο Χέτοργκετ της Στοκχόλμης το νέο εμπορικό κέντρο, που ξεκίνησε το 1959 σε μια περιοχή 180 στρεμμάτων, σχεδιάστηκε μόνο για εμπόριο και υπηρεσίες σε δεκαοκταώροφα κτίρια. Η στάθμη του εδάφους καταλαμβάνεται κυρίως από εκτεταμένες ζώνες αποκλειστικής χρήσης πεζών με καταστήματα. Σε υψηλότερη στάθμη βρίσκονται κήποι και εγκαταστάσεις αναψυχής που συνδέονται μεταξύ τους με γέφυρες πεζών. Για την αντιμετώπιση του κυκλοφοριακού προβλήματος, κατασκευάστηκε ένας τεράστιος κυκλικός κόμβος σε στάθμη χαμηλότερη του εδάφους, που δημιουργεί όμως προβλήματα προσπέλασης προς το κέντρο. Από την άλλη μεριά αναγνωρίστηκε το πρόβλημα των δημοσίων μεταφορών. Έτσι το δίκτυο του υπόγειου σιδηρόδρομου βελτιώθηκε και επεκτάθηκε, ώστε να μπορεί να μεταφέρει 300.000 επιβάτες την ημέρα. Χωρίς τον υπόγειο σιδηρόδρομο το συγκρότημα δεν θα μπορούσε να λειτουργήσει. Η αρχική μελέτη και τα προοπτικά σκίτσα είναι του αρχιτέκτονα Ντέιβιντ Χέλντεν (David Helden). Κατά την εκτέλεση, όμως, του έργου αποφασίστηκε να ανατεθεί ο σχεδιασμός των πέντε πύργων που πλαισιώνουν το κέντρο σε διαφορετικούς αρχιτέκτονες. Το αποτέλεσμα, όπως ήταν φυσικό, υπολείπεται κατά πολύ του πρώτου οράματος.

Στη Βόρειο Αμερική η αναδιάρθρωση των κεντρικών περιοχών ορισμένων πόλεων άρχισε να γίνεται επιτακτική μετά τον πόλεμο, κυρίως λόγω της συμφόρησης της κυκλοφορίας των αυτοκινήτων. Κατά τη δεκαετία του '60 το 75% περίπου της μεταφοράς στις πόλεις 50-100.000 κατοίκων γινόταν από ιδιωτικής χρήσης αυτοκίνητα. Την προηγούμενη δεκαετία οι μεταφορές με λεωφορείο είχαν πέσει κατά 28%. Αυτό είχε ως αποτέλεσμα την ομαδική εγκατάλειψη του κέντρου. Οι περισσότερες επιχειρήσεις, ιδίως οι εμπορικές, άρχισαν να μεταναστεύουν στην περιφέρεια όπου βρίσκονταν εύκολα φθηνές εκτάσεις γης για εκτεταμένους χώρους στάθμευσης. Το ίδιο φαινόμενο παρατηρείται σήμερα και στην Ευρώπη. Έτσι τέθηκε θέμα αναζωογόνησης του κέντρου, με τη δημιουργία περιφερειακών χώρων στάθμευσης σε πολυώροφα πάρκινγκ, με δακτυλίους κυκλοφορίας τροχοφόρων και εκτεταμένες ζώνες για πεζούς στο κέντρο, ενίοτε εφοδιασμένες με κυλιόμενα πεζοδρόμια!

Στο Σαν Ντιέγκο της Καλιφόρνιας εγκαταστάθηκε ένα τέτοιο πεζοδρόμιο με ικανότητα μεταφοράς 7.500 ατόμων την ώρα. Το πρώτο κυλιόμενο πεζοδρόμιο στην Ευρώπη εγκαινιάστηκε στο Λονδίνο τον Σεπτέμβρη του 1960 σε σταθμό του υπόγειου σιδηρόδρομου.

Δύο από τα πιο ενδιαφέροντα σχέδια για την αναμόρφωση κέντρων πόλεων είναι του Βίκτορ Γκρούεν (Victor Gruen) για το Φορτ Γουέρθ και για τη Φιλαδέλφεια. Το σχέδιο για το Φορτ Γουέρθ πρόβλεπε περιφερειακούς χώρους στάθμευσης με άμεση προσπέλαση από τον περιφερειακό δακτύλιο, υπόγειες σήραγγες για την τροφοδοσία του κέντρου και μικρά οχήματα χαμηλής ταχύτητας για την εξυπηρέτηση των πεζών στην περιοχή του κέντρου. Για την επιτυχία πάντως ενός τέτοιου σχεδίου θα έπρεπε να ενισχυθούν οι δημόσιες μεταφορές.

Στη Φιλαδέλφεια, με πληθυσμό που φτάνει σήμερα τους 5.000.000 κατοίκους, άρχισε να σχεδιάζεται η αναμόρφωση του κέντρου ήδη από το 1950, υπό την αιγίδα του Ε. Ν. Μπέικον, με στόχο τον διαχωρισμό των τριών τύπων κυκλοφορίας, πεζών, ιδιωτικών αυτοκινήτων-ταξί και δημοσίων μεταφορών (λεωφορείο, σιδηρόδρομος), για τη δημιουργία μιας νέας ζωής στο κέντρο του αστικού συγκροτήματος.

Στη διάρκεια των δεκαετιών που πέρασαν από την πρώτη ιδέα για το κέντρο της Φιλαδέλφειας, εμφανίστηκαν εξαιρετικά ενδιαφέρουσες ιδέες για τον τρόπο που έπρεπε να λυθεί το πρόβλημα των χώρων κίνησης πεζών. Οι περισσότερες λύσεις στηρίζονταν στα πολλαπλά επίπεδα κυκλοφορίας, με ορισμένους από τους πεζόδρομους υαλόφρακτους και καλυμμένους. Σχεδόν όλα τα σχέδια που προτάθηκαν χαρακτηρίζονται από πνοή και υψηλή ποιότητα.

Στα τέλη του 1955, την ίδια εποχή που άρχισε η μελέτη του κέντρου της Φιλαδέλφειας, προκηρύχθηκε αρχιτεκτονικός διαγωνισμός για την αναμόρφωση της περιοχής Τσέλση στο κέντρο του Μανχάταν της Νέας Υόρκης. Ο διαγωνισμός τελικά δεν κρίθηκε.

Μια από τις μελέτες υποβλήθηκε από διεθνή ομάδα αρχιτεκτόνων υπό την καθοδήγηση του συγγραφέα. Στη μελέτη αυτή περιλαμβάνονται αρκετές από τις ιδέες που επικράτησαν τελικά τις επόμενες δεκαετίες, όπως ο διαχωρισμός των διαφόρων τύπων κυκλοφορίας, η δημιουργία ζωνών κατοικίας κοντά στη ζώνη κεντρικών λειτουργιών, η διατήρηση βιοτεχνικών, εκπαιδευτικών, αθλητικών, συγκοινωνιακών, συνεδριακών, τουριστικών εγκαταστάσεων κ.λπ. στο κέντρο.

Από τις ιδέες που προτάθηκαν ήταν, εκτός από τον διαχωρισμό της κυκλοφορίας τροχοφόρων και πεζών σε διάφορα επίπεδα, η δημιουργία επιπέδου μικτής κυκλοφορίας για πεζούς και οχήματα σχετικά χαμηλής ταχύτητας, κυρίως δημοσίων μεταφορών, και πολυώροφοι χώροι στάθμευσης που εξυπηρετούν συγχρόνως όλα τα επίπεδα τροχαίας κυκλοφορίας. Βασικά στοιχεία του συστήματος κυκλοφορίας ήταν ο υπόγειος σιδηρόδρομος, που διέρχεται κάτω από τον άξονα της υπερυψωμένης κύριας ζώνης πεζών και κάτω από τον χώρο φόρτωσης-εκφόρτωσης εμπορευμάτων της ζώνης αυτής, και ο διαχωρισμός της κυκλοφορίας πεζών και διερχομένων τροχοφόρων υψηλής ταχύτητας σε υπερυψωμένα δίκτυα.

Στην περιοχή της μελέτης βρίσκεται και ο ένας από τους δύο κεντρικούς σιδηροδρομικούς σταθμούς της Νέας Υόρκης, ο Πενσυλβάνια Στέισον, που συνδέει την πόλη με τις νότιες Πολιτείες. Για την περιοχή πάνω από τις εγκαταστάσεις του σιδηρόδρομου προτάθηκε η δημιουργία ζώνης δημοσίων υπηρεσιών, με επίκεν-

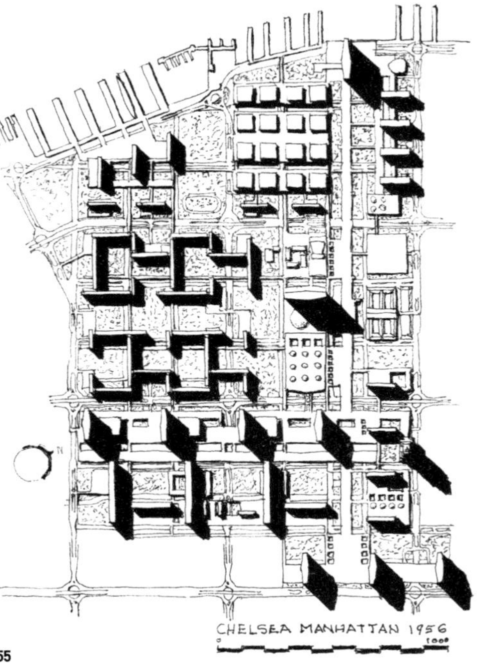

1155

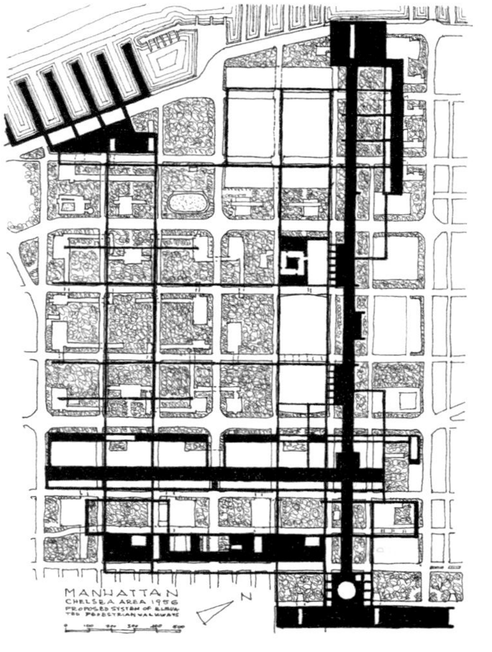

1156

Central functions area
Περιοχή κεντρικών λειτουργιών

1155, 1156 Chelsea, Manhattan, "USA Tomorrow" Redevelopment Competition, 1956, C. Decavalla & collaborators entry
1155 Plan showing the redevelopement project for the Chelsea area, a downgraded sector of Manhattan, N.Y.
1156 Plan showing the elevated pedestrian circulation system in black and green areas in grey.

1155, 1156 Περιοχή Τσέλση, Μανχάταν, Νέα Υόρκη, πρόταση Κωνσταντίνου Δεκαβάλλα και συνεργατών, 1956
1155 Η προτεινόμενη διαμόρφωση για την ανάπλαση μιας υποβαθμισμένης περιοχής του Μανχάταν.
1156 Η πρόταση του συστήματος υπερυψωμένης κυκλοφορίας πεζών διακρίνεται με μαύρο χρώμα ενώ οι περιοχές πρασίνου με γκρίζο.

τρο το κτίριο της Πορτ Οθόριτι οφ Νιου Γιορκ (Port Authority of New York) –υπηρεσία που έχει την ευθύνη για τον συντονισμό και τη διοίκηση όλων των μεταφορών και συγκοινωνιών τριών πολιτειών– στην όχθη του ποταμού Χάντσον, μέσα σε έναν εκτεταμένο χώρο πρασίνου, ο οποίος συνδέεται με τη ζώνη πεζών του κέντρου μέσω υπερυψωμένου πεζόδρομου μνημειακού χαρακτήρα που εξυπηρετεί και την περιοχή των πολιτιστικών δραστηριοτήτων στη μέση της διαδρομής.
Ένα παρεμφερές σύστημα, αλλά σε δύο επίπεδα αντί για τέσσερα, εφαρμόστηκε ήδη με εξαιρετική επιτυχία στο κέντρο της Μινεάπολης. Εδώ το υπερυψωμένο δίκτυο των πεζοδρόμων, λόγω κλιματολογικών συνθηκών, αποτελείται από κλειστές στοές-γέφυρες και περνά μέσα από κτίρια, συνδέοντάς τα σε ένα ευρύ σύστημα που προβλέπεται να καλύψει ολόκληρη την περιοχή των κεντρικών λειτουργιών. Η τροχαία κίνηση στην κεντρική αρτηρία Νικολέτ περιορίστηκε σε μέσα δημόσιας μεταφοράς, σε μια λωρίδα κυματοειδούς χάραξης, ενώ τα διευρυμένα πεζοδρόμια διαμορφώθηκαν σε μικρούς κήπους. Κάτι παρόμοιο, αλλά με υπόγειο δίκτυο πεζών, άρχισε να εφαρμόζεται και σε διάφορες πόλεις του Καναδά. Αλλά εδώ οι λόγοι είναι καθαρά κλιματολογικοί. Όπως και στη Μινεάπολη, η θερμοκρασία τον χειμώνα πέφτει συχνά στους 40°C υπό το μηδέν.
Το 1963 είδε το φως της δημοσιότητας η περίφημη Έκθεση Μπιουκάναν (Buchanan Report) για την αναμόρφωση της κεντρικής ζώνης του Λονδίνου, μεταξύ της Όξφορντ στριτ και της πλατείας Φίτζροϋ, με περισσότερες από μία προτάσεις διευθέτησης του χώρου. Στα σχέδια αυτά προβλεπόταν ο πλήρης διαχωρισμός της κυκλοφορίας σε πολλαπλά επίπεδα, με την κίνηση των πεζών σε υπερυψωμένο επίπεδο.

1157

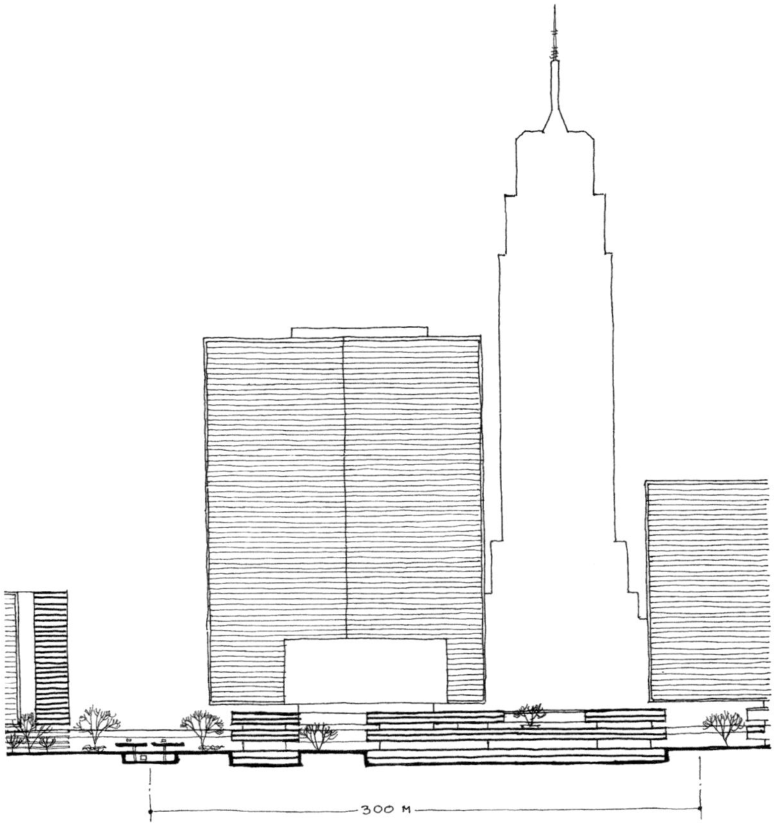

1158

Central functions area
Περιοχή κεντρικών λειτουργιών

1157, 1158 Chelsea, Manhattan, "USA Tomorrow" redevelopment Competition, C. Decavalla & collaborators entry, 1956
1157 The new elevated precinct of exclusively pedestrian circulation, part of the new commercial and business center on an axis parallel to Fifth avenue, with the Empire State Building in the background.
1158 The section is through the shopping and office building elevated pedestrian precinct, between the Avenue of the Americas and Fifth Avenue. A service road, for loading and unloading of goods, runs along the spine of the area over an underground parking.

1157, 1158 Περιοχή Τσέλσι, Μανχάταν, Νέα Υόρκη, πρόταση Κωνσταντίνου Δεκαβάλλα και συνεργατών, 1956
1157 Η νέα υπερυψωμένη περιοχή αποκλειστικής χρήσης πεζών, τμήμα του νέου κέντρου γραφείων και καταστημάτων, σε άξονα παράλληλο προς την 5η λεωφόρο, και στο βάθος το Έμπαϊρ Στέιτ Μπίλντινγκ.
1158 Η σπονδυλική στήλη της πρότασης είναι ο υπερυψωμένος άξονας κυκλοφορίας πεζών υπό μορφήν φυτεμένης σπιανάδας με στοές εκατέρωθεν και καταστήματα. Ένας κεντρικός δρόμος, στο επίπεδο του εδάφους κάτω από τη σπιανάδα, εξυπηρετεί τη φόρτωση και εκφόρτωση των αγαθών, ενώ παράλληλα αναπτύσσεται μια αλυσίδα από πλατείες με διαβάσεις πεζών κάτω από τα πολυκαταστήματα. Τα υπόγεια καταλαμβάνονται από χώρους στάθμευσης οχημάτων.

1159

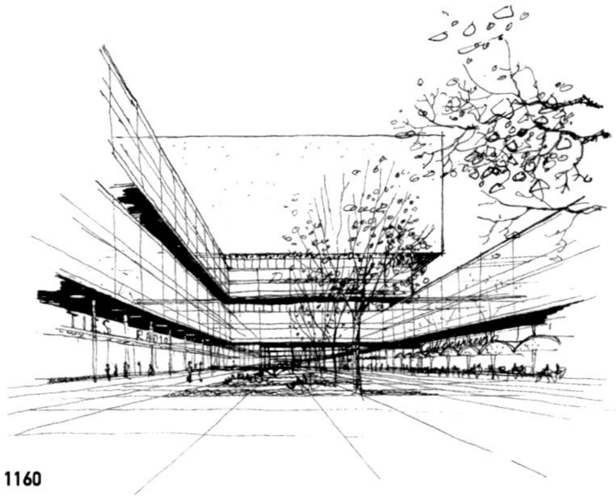

1160

1161

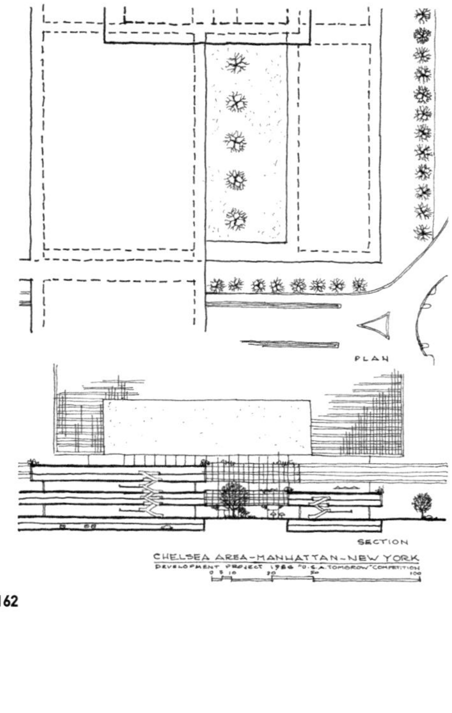

1162

Central functions area
Περιοχή κεντρικών λειτουργιών

1159 Chelsea, Manhattan, "USA Tomorrow" Competition, C. Decavalla & collaborators entry, 1956
The elevated pedestrian promenade. Walking towards the Administration Center and the Port of New York Authority Building over the Hudson River, with a view of the Palisades beyond.

1159 Περιοχή Τσέλση, Μανχάταν, Νέα Υόρκη, πρόταση Κωνσταντίνου Δεκαβάλλα και συνεργατών, 1956
Ο υπερυψωμένος ευρύς πεζόδρομος που διασχίζει την περιοχή από ανατολάς προς δυσμάς, οδηγεί προς το Διοικητικό κέντρο και τον πύργο της Υπηρεσίας Λιμένος (P.A.N.Y.) στον ποταμό Χάντσον.

1160, 1161, 1162 Chelsea, Manhattan, "USA Tomorrow" Competition, C. Decavalla & collaborators entry, 1956
1160 The row of plazas at ground level between the Avenue of the Americas and Fifth Avenue. Arcades and passages under the department stores allow the free movement of pedestrians from one square to another.
1161 Fifth Avenue with extensive green areas to the East on the ground that has been freed, as the large office buildings are connected by bridges over the avenue. A mixed circulation of pedestrian and low speed public transportation vehicles – buses and taxicabs – is envisaged.
1162 The row of enclosed squares.

1160, 1161, 1162 Περιοχή Τσέλση, Μανχάταν, Νέα Υόρκη, πρόταση Κωνσταντίνου Δεκαβάλλα και συνεργατών, 1956
1160 Στο επίπεδο του φυσικού εδάφους, η σειρά των συνεχόμενων πλατειών μεταξύ 5ης και λεωφόρου των Αμερικών, που συνδέονται μεταξύ τους κάτω από τα πολυκαταστήματα, επιτρέπει τη συνεχή ροή των πεζών.
1161 Η 5η λεωφόρος με εκτενείς κήπους στην ανατολική της πλευρά, στον χώρο που απελευθερώνεται αφού τα μεγάλα κτίρια γραφείων συνδέονται με γέφυρες πάνω από τη λεωφόρο. Στη στάθμη αυτή προτείνεται μια μικτή κυκλοφορία οχημάτων χαμηλής ταχύτητας –λεωφορεία και ταξί– σε συνδυασμό με πεζούς.
1162 Η σειρά των αιθρίων.

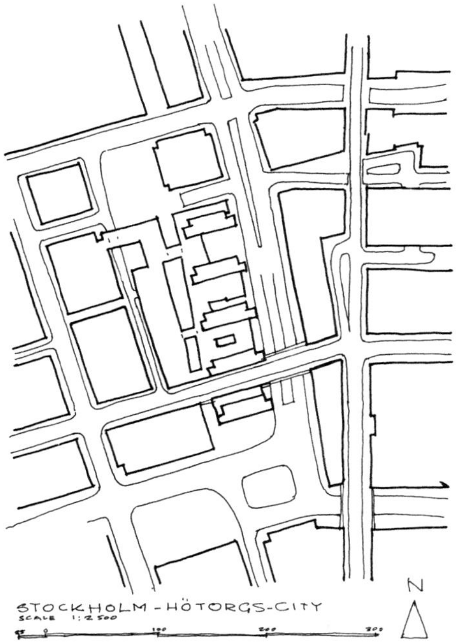

1163

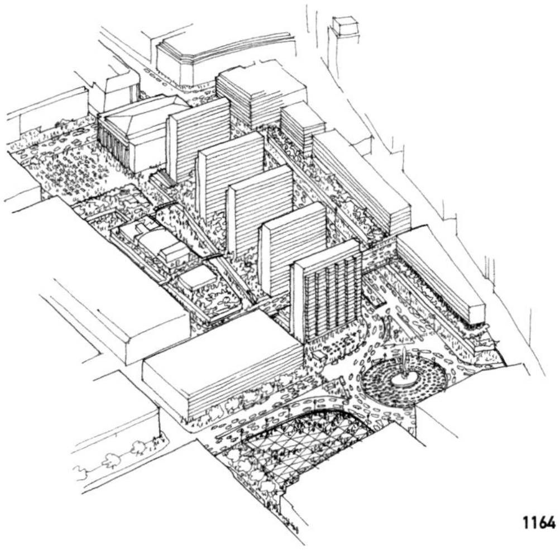
1164

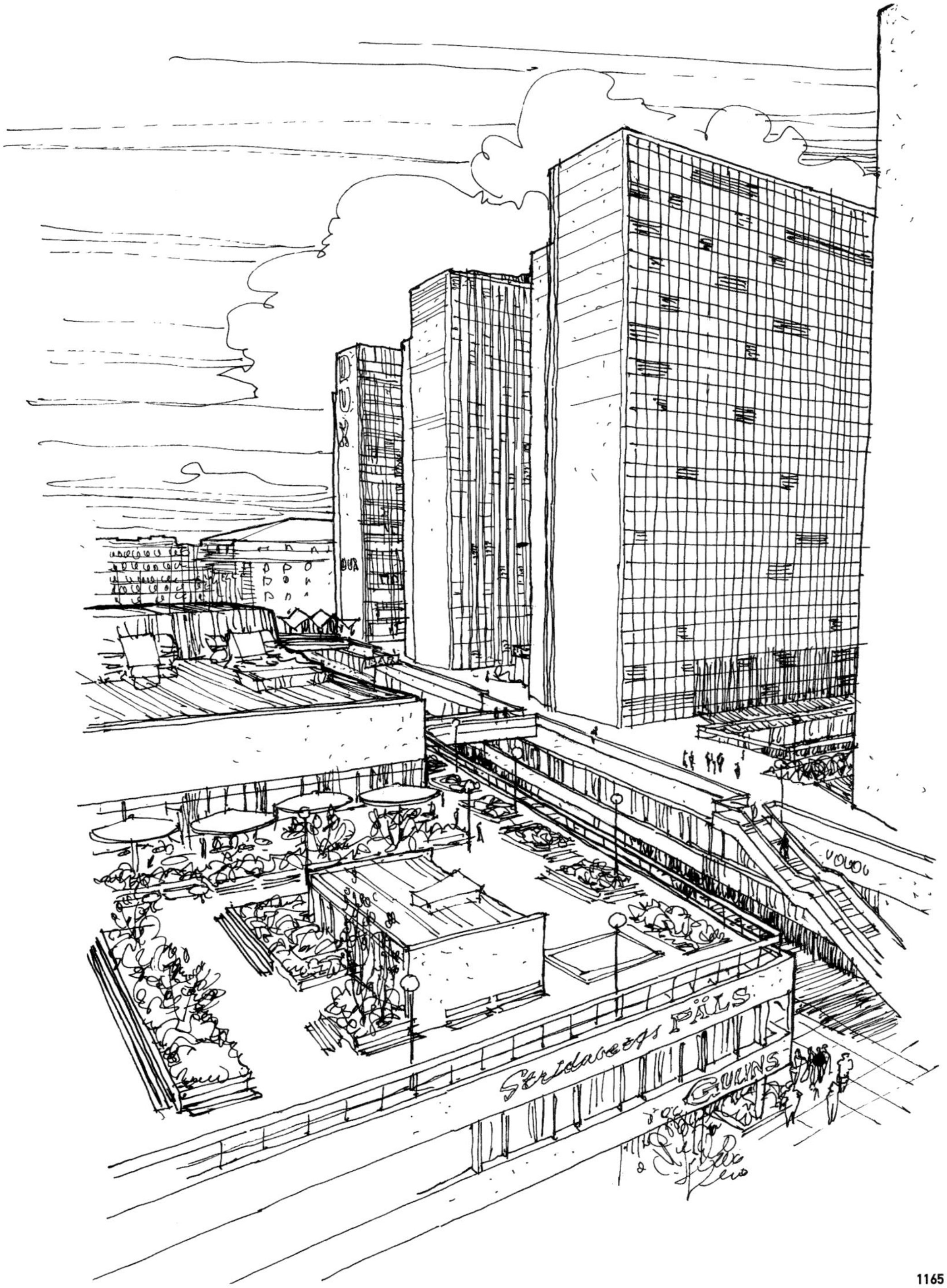
1165

Central functions area
Περιοχή κεντρικών λειτουργιών

1163, 1164, 1165 Stockholm, Hötorget (Haymarket), 1960
1163 Master plan (architect David Helden).
1164 Hötorget general view.
The multi-level system allows for easy separation between traffic and pedestrian areas on the lower and upper levels, while on the two intermediate levels both cars and people circulate. The importance of Hötorget City is due to the fact that this was the first project of such a magnitude to be realized in postwar Europe.
1165 Although the five office blocks follow the same basic plan, they were designed by different architects. Yet today they seem monotonous.

1163, 1164, 1165 Στοκχόλμη, Χέτοργκς Σίτυ, 1960
1163 Σχέδιο γενικής διάταξης (αρχιτέκτων Ντέιβιντ Χέλντεν).
1164 Τα αλλεπάλληλα επίπεδα επιτρέπουν εύκολα το διαχωρισμό της κυκλοφορίας. Στο χαμηλότερο και το υψηλότερο κυκλοφορούν μόνο πεζοί, ενώ στα δύο ενδιάμεσα εξυπηρετείται η μικτή κυκλοφορία πεζών και αυτοκινήτων. Η σημασία του Χέτοργκς Σίτυ έγκειται στο ότι είναι το πρώτο τέτοιο εγχείρημα που πραγματοποιήθηκε μεταπολεμικά στην Ευρώπη.
1165 Οι πέντε πύργοι γραφείων σχεδιάστηκαν από διαφορετικούς αρχιτέκτονες. Παρ' όλον τούτο σήμερα δίνουν μια εντύπωση μονοτονίας.

Central functions area
Περιοχή κεντρικών λειτουργιών

1166, 1167, 1168, 1169, 1170, 1171 London, the Buchanan Report, 1963, plan for the Oxford Street-Fitzroy Square area
1166 The internal traffic circulation network with the elevated pedestrian ways.
1167 London, the Buchanan Report, 1963, plan for the Oxford Street-Fitzroy Square area.
1168 Diversification on a multiplicity of levels (first project).
1169 Plan of the area showing in black the elevated pedestrian network (final scheme).
1170, 1171 Sections showing multiple circulation levels with a complete separation of people from traffic.

1166, 1167, 1168, 1169, 1170,1171 Λονδίνο, η Έκθεση Μπιουκάναν, 1963, πρόταση για την περιοχή Όξφορντ στρητ-Φίτζροϊ σκουέαρ
1166 Το εσωτερικό δίκτυο κυκλοφορίας τροχοφόρων με τους υπερυψωμένους πεζόδρομους.
1167 Λονδίνο, η Έκθεση Μπιουκάναν, 1963, πρόταση για την περιοχή Όξφορντ στρητ-Φίτζροϊ σκουέαρ.
1168 Διαχωρισμός της κυκλοφορίας σε πολλαπλά επίπεδα (πρώτη πρόταση).
1169 Τελικό σχέδιο της περιοχής αποκλειστικής κυκλοφορίας πεζών σε υπερυψωμένο επίπεδο (με μαύρο στο σχέδιο).
1170, 1171 Τομές όπου φαίνονται τα πολλαπλά επίπεδα κυκλοφορίας.

1166

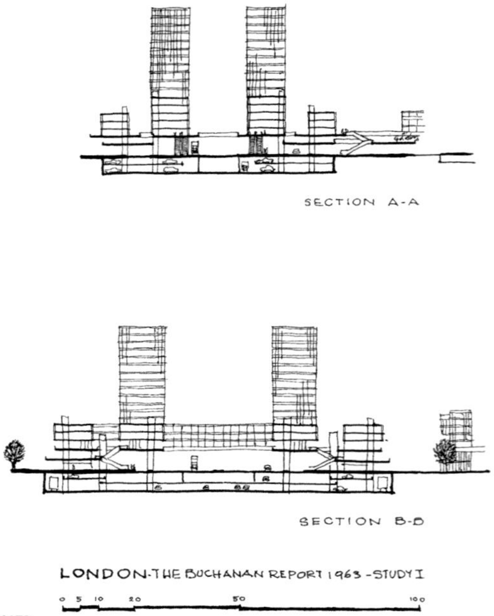

1170

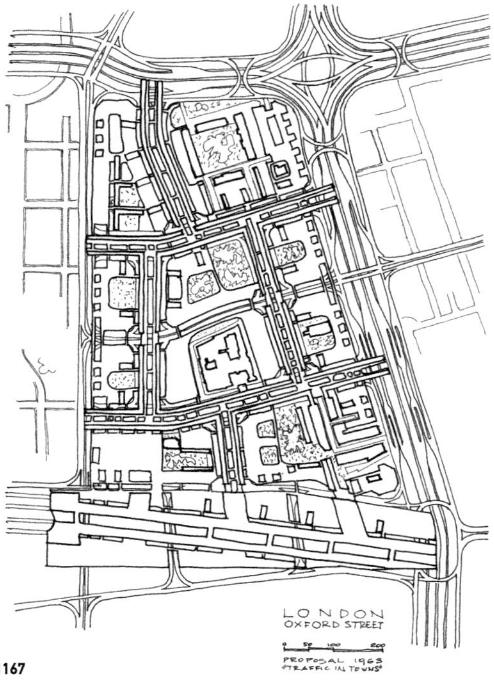

1167

1168

1169

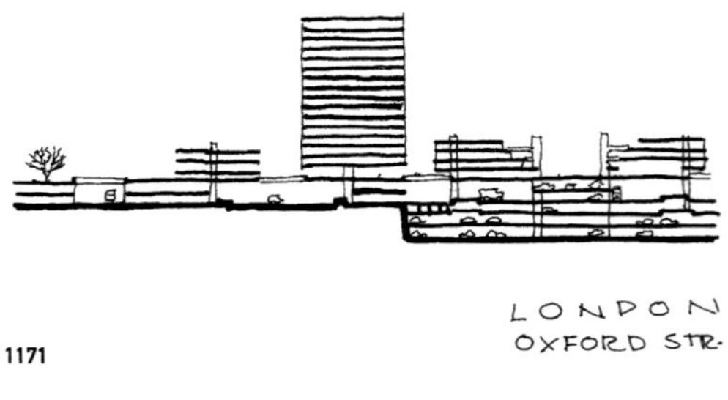

1171

1172

1173

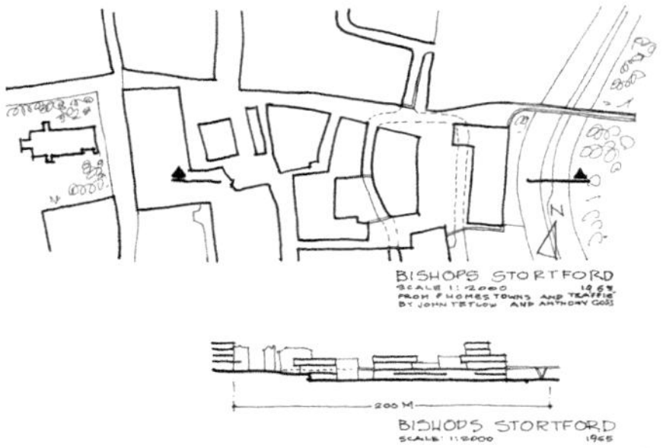

1174

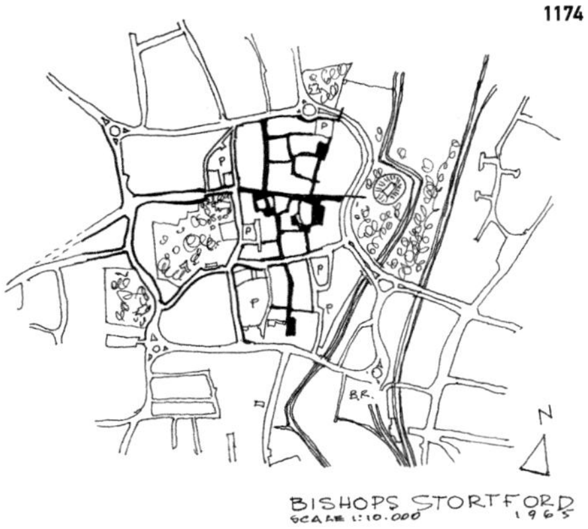

1175

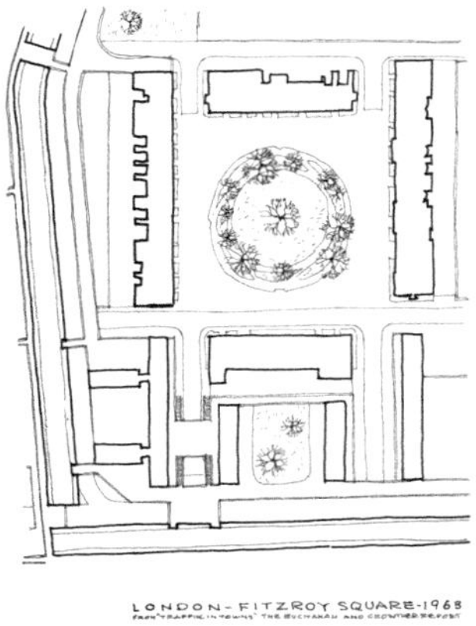

1176

1177

Central functions area
Περιοχή κεντρικών λειτουργιών

1172, 1173, 1174, 1175, 1176, 1177 Bishops Stortford, 1965
1172 High Street & Bridges Street in 1965.
1173 High Street & Bridges Street as proposed.
1174 Plan and section of central area as proposed in 1965 showing the underpasses and the pedestrian precinct.
1175 Plan showing proposed pedestrian streets (in black).
1176, 1177 The area around Fitzroy square.

1172, 1173, 1174, 1175, 1176, 1177 Μπίσοπς Στόρτφορντ, 1965
1172 Χάι στρητ και Μπριτζ στρητ όπως ήταν προ του 1965.
1173 Η πρόταση ανάπλασης των Χάι στρητ και Μπριτζ στρητ.
1174 Πρόταση για την ανάπλαση του κέντρου, όπου διακρίνονται οι βυθισμένοι δρόμοι και η περιοχή της πεζοδρόμησης.
1175 Το προτεινόμενο δίκτυο των πεζοδρόμων (με μαύρο στο σχέδιο).
1176, 1177 Η περιοχή της πλατείας Φίτζροϋ.

1178

1179

Buildings over main avenues and streets
Κτίρια πάνω από κεντρικές αρτηρίες και δρόμους

1178 Cologne, Tunis Strasse
This main thoroughfare passes under the Westdeutscher Rundfunk (The Radio) building. Further down, the road plunges under Schildergasse, a pedestrian street.

1178 Κολονία, Τούνις στράσε
Ο αυτοκινητόδρομος περνά κάτω από το κτίριο της Ραδιοφωνίας. Πιο πέρα ο δρόμος καταδύεται κάτω από τον πεζόδρομο της Σίλντεργκασε.

1179 Cologne
A modern version of a street passing through a building block. The column in the middle does not seem to create any problem.

1179 Κολονία
Μια σύγχρονη εκδοχή δρόμου που διέρχεται κάτω από οικοδομή. Το υποστύλωμα στον άξονα δεν φαίνεται να δημιουργεί πρόβλημα.

D2.3.3 The Greek version

In 1952 I put on paper some thoughts for the post-war reconstruction of the island of Tilos in the Cyclades in the Aegean sea, in the form of a cooperative settlement for fishermen, that was published in 1953 in "Interiors" magazine. Three years later, when the volcanic island of Santorini in the Cyclades group suffered from a severe earthquake, I was asked by the Ministry of Public Works, where my project for the reconstruction of Tilos was known, to undertake the planning and design of the earthquake proof reconstruction of Santorini Island at the head of a group of young architects and engineers.

As most of the existing settlements on the island were dug out of the volcanic ground along the side of the cliffs, some were destroyed from landslides even in places with slight earthquake damage.

This led to the decision to resettle some of the neighborhoods on more secure ground, in order to avoid further loss of life due to landslides. In one particular case it was proven necessary to move the whole village of Episcopi to a new location. In this way the new settlement of Kamari was developed. In the design of this new village the separation of vehicular traffic from pedestrian circulation was adopted. Streets for pedestrians were narrower and sometimes stepped because of the sloping ground. Care was taken in their design to protect the people using them from strong winds, with agreeable vistas and small squares.

After the completion of the reconstruction of Santorini island, I was presented with several opportunities for the design of vacation villages on various Greek islands and elsewhere. In all these cases I attempted to provide the greatest possible separation of the pedestrian circulation from vehicular traffic, by adopting the "cul-de-sac" system and adequate parking areas for motorcars.

Among these are the vacation village of Canalia on Mykonos island, Kakouri in the Peloponnese and Spetses. Out of these only the Canalia village of Mykonos was ever implemented.

Dinos Doxiades is well known for the town planning projects that he undertook internationally during the fifties and sixties of the 20th century. Such were his plans for the extension of Washington D.C. in the USA, or his plans for the Islamabad new capital, at that time, of Pakistan. In the nineteen seventies he designed the vacation village Apollonion on the seashore of Porto Rafti near Athens in Greece. In this new settlement, complete separation between vehicular and pedestrian circulation was achieved, with the provision of extensive parking areas for motorcars. Most of the pedestrian streets and ways are stepped because here again the ground is slopping quite steeply. Today this settlement is completed although the cost for acquisition of a maisonette or an individual house was rather high.

Δ2.3.3 Η ελληνική εκδοχή

Το 1952 έριξα μερικές σκέψεις στο χαρτί για την ανοικοδόμηση της νήσου Τήλου στις Κυκλάδες, κάνοντας μια πρόταση για έναν συνεταιρικό οικισμό ψαράδων που δημοσιεύτηκε στο περιοδικό Interiors το 1953. Τρία χρόνια αργότερα, όταν η ηφαιστειογενής νήσος Θήρα ή Σαντορίνη των Κυκλάδων υπέστη σοβαρούς τεκτονικούς σεισμούς, μου ζητήθηκε από το Υπουργείο Δημοσίων Έργων, όπου οι προτάσεις μου για την Τήλο ήταν γνωστές, να αναλάβω τις μελέτες της αντισεισμικής ανοικοδόμησης, επικεφαλής ομάδας νέων τότε αρχιτεκτόνων.

Καθώς οι περισσότεροι οικισμοί του νησιού ήταν υπόσκαφοι στις παρειές κρημνών, σημειώθηκαν κατολισθήσεις που παρέσυραν τμήματα οικισμών ακόμη και σε όσους υπέστησαν τις μικρότερες καταστροφές. Κατόπιν αυτού και λόγω του κινδύνου περαιτέρω κατολισθήσεων, αποφασίστηκε η μεταφορά ορισμένων συνοικιών σε σταθερότερο έδαφος.

Ένας όμως οικισμός, η Επισκοπή, χρειάστηκε να μεταφερθεί ολόκληρος σε νέα θέση με ασφαλές έδαφος. Έτσι αναπτύχθηκε ο νέος οικισμός στη θέση Καμάρι. Το σύστημα που προκρίθηκε για το σχέδιο του νέου οικισμού βασίστηκε στον διαχωρισμό της τροχαίας κυκλοφορίας από την κίνηση των πεζών, η οποία γίνεται σε στενότερους δρόμους, χαραγμένους έτσι ώστε να προστατεύονται από τους δυνατούς ανέμους και να δημιουργούν ευχάριστες κλειστές προοπτικές καθώς και μικρές πλατείες.

Μετά το πέρας της ανοικοδόμησης της Σαντορίνης, μου παρουσιάσθηκαν διάφορες περιπτώσεις για σχεδιασμό παραθεριστικών οικισμών στα νησιά των Κυκλάδων καθώς και αλλού. Σε όλες αυτές τις περιπτώσεις έγινε προσπάθεια διαχωρισμού των πεζών από το αυτοκίνητο, με τη δημιουργία μικρών πλατειών στροφής για τα αυτοκίνητα (cul-de-sac) και την πρόβλεψη χώρων στάθμευσης των οχημάτων. Όσον αφορά στην κίνηση των πεζών, οι περισσότεροι πεζόδρομοι, λόγω κλίσεως, είναι με βαθμίδες.

Τέτοιοι οικισμοί είναι τα Κανάλια στη Μύκονο, το Κακούρι, οι Σπέτσες, η Κουνδούρα κ.λπ. Από τους οικισμούς αυτούς μόνο τα Κανάλια στην Μύκονο πραγματοποιήθηκαν. Κι αυτά εν μέρει μόνον.

Ο Ντίνος Δοξιάδης ήταν γνωστός για τις πολεοδομικές μελέτες που ανελάμβανε στον διεθνή χώρο, όπως την επέκταση της Ουάσινγκτον στις Η.Π.Α. ή του Ισλαμαμπάντ, της πρωτεύουσας του Πακιστάν, κατά την περίοδο 1950-1960. Τη δεκαετία του 1970 σχεδίασε και κατασκεύασε τον παραθεριστικό οικισμό «Απολλώνιον» στο Πόρτο Ράφτη, πάνω στην ακτή, σε μικρή απόσταση από την Αθήνα. Στον οικισμό αυτόν πέτυχε τον πλήρη περιορισμό της τροχαίας κυκλοφορίας, δημιουργώντας όμως σημαντικού μεγέθους χώρους στάθμευσης οχημάτων. Από εκεί και πέρα όλοι οι πεζόδρομοι είναι με βαθμίδες λόγω της μεγάλης κλίσης του εδάφους. Σήμερα αυτός ο οικισμός είναι πλήρως οικοδομημένος και αξιοποιημένος, παρά το υψηλό κόστος των έτοιμων μονοκατοικιών ή των λίγων οικοπέδων που διατέθηκαν για την ανέγερση ανεξάρτητων, πανταχόθεν ελεύθερων κατοικιών.

The Greek version / Η ελληνική εκδοχή

1180, 1181, 1182 The reconstruction of Tilos island, architect C. Decavalla, 1952
1180, 1182 Master plan and general aspect from the sea.
1181 A pedestrian street in the residential area.

1180, 1181, 1182 Η ανοικοδόμηση της Τήλου, πρόταση, αρχιτέκτων Κωνσταντίνος Δεκαβάλλας, 1952
1180, 1182 Σχέδιο του οικισμού και όψη από τη θάλασσα.
1181 Η πεζοδρόμηση της περιοχής κατοικίας στον νέο οικισμό.

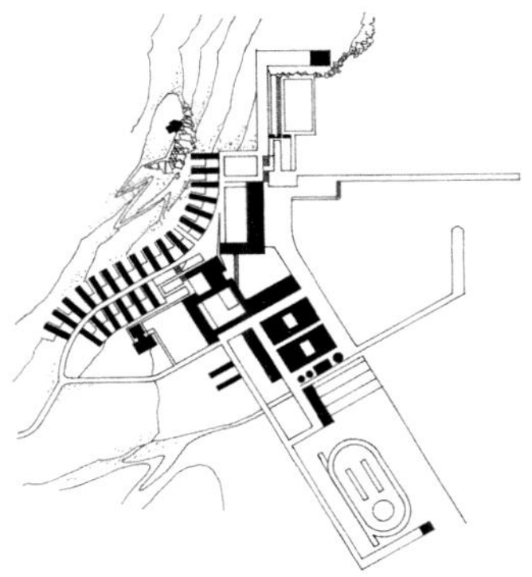
1180

1181

1182

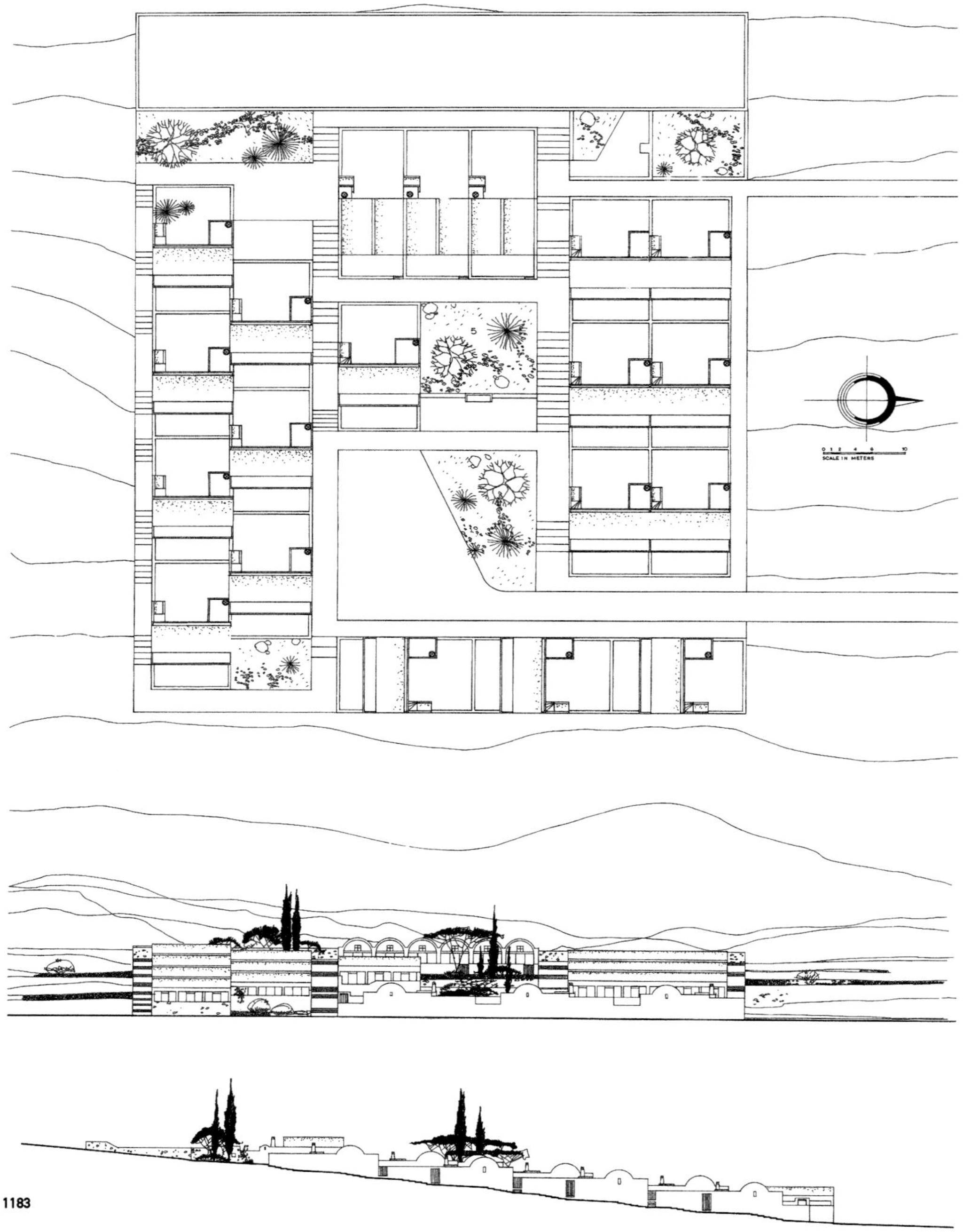

1183

1184

1185

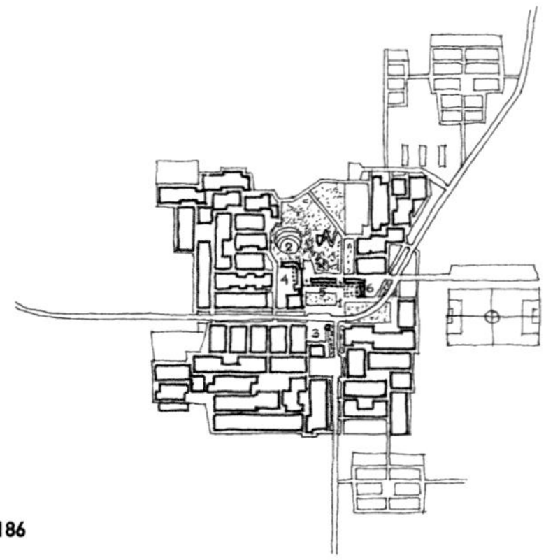

1186

The Greek version / Η ελληνική εκδοχή

1183 Santorini island, post-earthquake reconstruction, 1956-1960. Chief architect C. Decavalla. Typical neighorhood.

1183 Σαντορίνη, η αντισεισμική ανοικοδόμηση, 1956-1960, τυπική γειτονιά, υπεύθυνος αρχιτέκτων Κωνσταντίνος Δεκαβάλλας.

1184, 1185, 1186 Santorini island, new settlement at Kamari, 1956-1960, architects C. Decavalla, V. Bogakos
1184 The St Pankratius chapel was never constructed.
1185 Drawing for the new village at Kamari.
1186 Kamari Village was planned and built for the housing of earthquake victims. Except for the main streets intersecting in the center on a T junction, all other streets are exclusively for pedestrian use or for parking.

1184, 1185, 1186 Σαντορίνη, νέος οικισμός στο Καμάρι, 1956-1960, αρχιτέκτονες Κωνσταντίνος Δεκαβάλλας και Βασίλης Μπογάκος
1184 Το παρεκκλήσι του Αγ. Παγκρατίου στον λόφο, βάσει της μελέτης. Τελικά δεν πραγματοποιήθηκε.
1185 Σκίτσο για τον νέο οικισμό στο Καμάρι.
1186 Το Καμάρι μελετήθηκε και κατασκευάσθηκε για τη στέγαση σεισμοπλήκτων. Εκτός από τους τρεις κύριους δρόμους που εκκινούν από το κέντρο του οικισμού, όλοι οι άλλοι προορίζονται για αποκλειστική χρήση από τους πεζούς.

The Greek version / Η ελληνική εκδοχή

1187 Santorini island, new settlement of Karterado
The new center with traffic segregation.

1187 Σαντορίνη, νέος οικισμός Καρτεράδου
Το κέντρο, με πλήρη διαχωρισμό τροχαίας κυκλοφορίας και πεζοδρόμησης.

1188 Kamari. The center of the new village. The traffic segregation can be easily discerned.

1188 Καμάρι. Το κέντρο του νέου οικισμού με τον διαχωρισμό της κυκλοφορίας πεζών και οχημάτων.

1189 Santorini island, the village of Pyrgos, 1958
The new village center with complete separation of pedestrian from vehicular circulation. Architects C. Decavalla and N. Sapountzis.

1189 Σαντορίνη, Πύργος, ανοικοδόμηση του κέντρου, 1958
Το νέο κέντρο με πλήρη διαχωρισμό κυκλοφορίας πεζών και τροχοφόρων. Αρχιτέκτονες Κωνσταντίνος Δεκαβάλλας και Νίκος Σαπουντζής.

1187

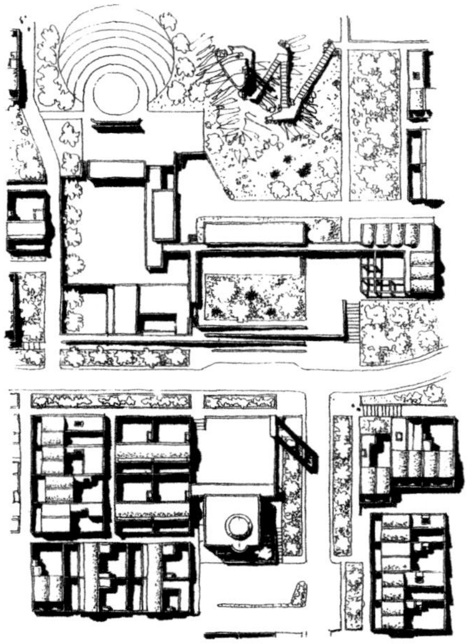

1188

1189

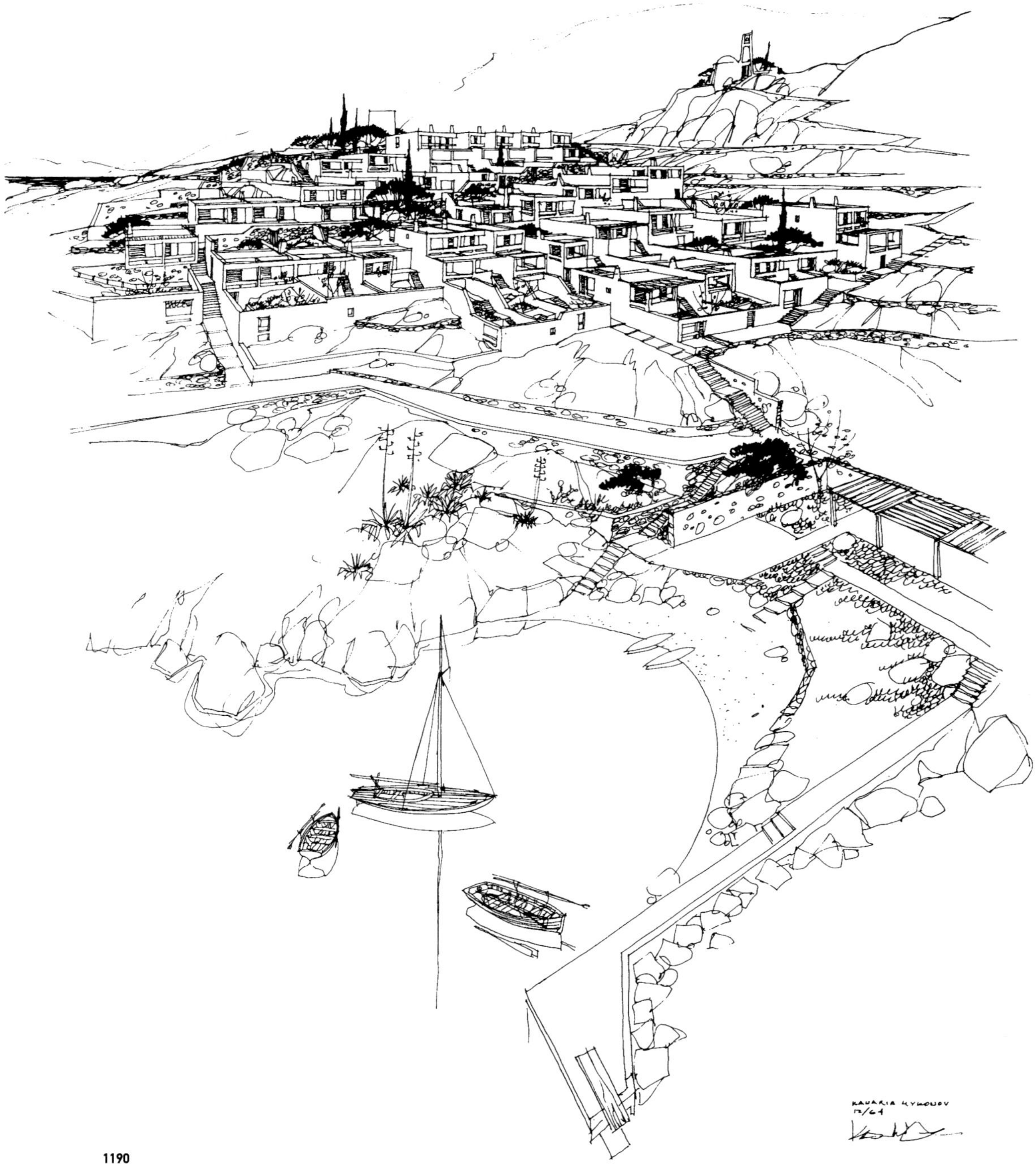

1190

1191

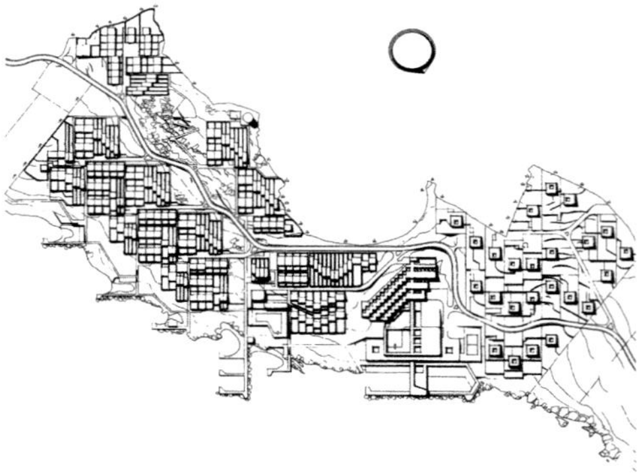

1192

The Greek version / Η ελληνική εκδοχή

1190, 1191, 1192 Canalia, Mykonos island, new settlement, architect C. Decavalla, 1964
1190, 1192 Integrated stepped footways are characteristic of this project that was only partially carried out.
1191 Footways intersecting on a small square, with fountain and an archway.

1190, 1191, 1192 Κανάλια, Μύκονος, νέος οικισμός, αρχιτέκτων Κωνσταντίνος Δεκαβάλλας, 1964
1190, 1192 Μικρό μόνον τμήμα του συγκροτήματος με τους ενσωματωμένους βαθμιδωτούς πεζοδρόμους πραγματοποιήθηκε.
1191 Στις διασταυρώσεις των πεζοδρόμων δημιουργούνται μικροί ελεύθεροι χώροι-διαπλατύνσεις, με κρήνες και τις καμάρες που επέβαλαν οι ισχύοντες όροι δόμησης.

1193

1194

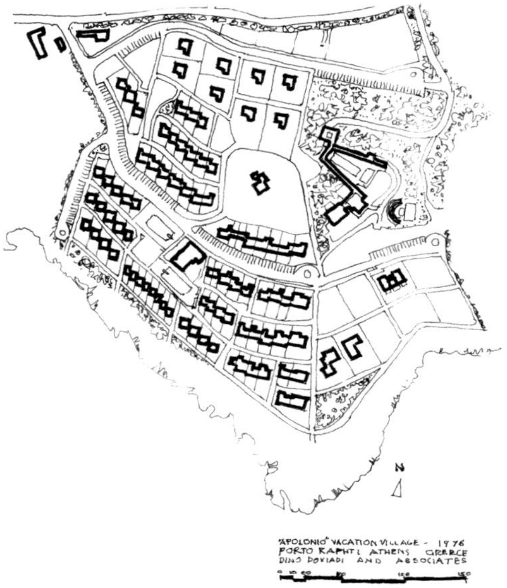

1195

The Greek version / Η ελληνική εκδοχή

1193 Spetses island, new settlement, 1966
Third prize in architectural competition by the author in collaboration with the architects N. Londos and M. Kofina. In this case there is a combination of the view of the chapel in the background with the stepped footways and passages under arches that were imposed by the building regulations.

1193 Σπέτσες, πρόταση για νέο οικισμό, 1966
Τρίτο βραβείο σε αρχιτεκτονικό διαγωνισμό (Κωνσταντίνος Δεκαβάλλας, Μαίρη Κοφινά, Νίκος Λόντος).
Εδώ συνδυάζονται η θέα, το παρεκκλήσι, οι βαθμιδωτοί πεζόδρομοι και τα περάσματα κάτω από καμάρες, οι οποίες και εδώ επιβλήθηκαν από τους όρους δόμησης.

1194 Kakouri vacation village. Architects C. Decavalla, M. Vourekas
Project for a new vacation settlement near Epidaurus. Stepped streets with very few intersections. Closed views prevail. This project was not realized.

1194 Κακούρι, πρόταση, 1965, αρχιτέκτονες Μανώλης Βουρέκας και Κωνσταντίνος Δεκαβάλλας
Σχέδιο για τον νέο οικισμό κοντά στην Επίδαυρο. Οι κλιμακωτοί πεζόδρομοι σπάνια διασταυρώνονται. Επικρατούν οι κλειστές θέες. Ο οικισμός δεν κατασκευάστηκε.

1195 Vacation village Apollonion at Porto Rafti, 1976, architect C. Doxiades
The Radburn system was applied on a restricted scale in the summer resort development Apollonion. The vacation village was designed on the basis of a complete separation of pedestrian from vehicular circulation. The village was a great commercial success.

1195 Παραθεριστικός οικισμός «Απολλώνιον», Πόρτο Ράφτη, 1976, αρχιτέκτων Κωνσταντίνος Δοξιάδης
Σε μικρή κλίμακα το «σύστημα Ράντμπερν» εφαρμόστηκε στον παραθεριστικό οικισμό «Απολλώνιον». Ο οικισμός, που είναι οργανωμένος με απόλυτο διαχωρισμό κυκλοφορίας πεζών και τροχοφόρων, κατασκευάστηκε και είχε μεγάλη επιτυχία.

D2.4 Recent trends and realizations

As we have already seen, in developed countries there is today an increased awareness of the need for easy and unhindered pedestrian circulation in our towns and cities. As a result an important array of interesting schemes have been forwarded for the redesigning and reshaping of urban areas during the past few decades, that we could finally say are no more than the resurrection of systems that were already there in the past. These systems, as has already been proven in the past, create easy, agreeable, secure and attractive conditions for the circulation of people on foot.

Such projects as well as realizations concern a variety of spaces but could be divided into four main categories:

a. Enclosed passages and squares that sometimes continue on more than one level with interior footbridges on a multiplicity of levels.

b. Foot bridges over motorways, rivers and canals or connecting different levels of buildings.

c. Footways over the rooftops of low-lying buildings, sometimes in conjunction to roof gardens.

d. Combination of the above, in the form of elevated networks of pedestrian ways that continue through buildings and bridge over streets.

Δ2.4 Πρόσφατες τάσεις και πραγματοποιήσεις

Όπως είδαμε, στις αναπτυγμένες χώρες το ενδιαφέρον για την άνετη και απρόσκοπτη κυκλοφορία των πεζών στις πόλεις και τους οικισμούς έχει λίαν οξυνθεί τον τελευταίο καιρό. Έτσι μια ολόκληρη σειρά από σημαντικές προτάσεις και επεμβάσεις στον αστικό χώρο έχουν εμφανισθεί τις τελευταίες δεκαετίες, για τις οποίες θα μπορούσε κανείς να πει ότι πρόκειται απλώς για επανεμφάνιση συστημάτων που υπήρχαν στο παρελθόν και που δημιουργούν συνθήκες άνετες, ευχάριστες, ασφαλείς και ελκυστικές για τον πεζό στις πόλεις μας.

Τέτοιες προτάσεις αλλά και πραγματοποιήσεις αφορούν σε διάφορους χώρους πεζών και θα μπορούσαν να ταξινομηθούν στις παρακάτω βασικές κατηγορίες:

α. Εσωτερικοί δρόμοι-στοές και πλατείες που διέρχονται πολλές φορές μέσα από περισσότερους ορόφους, με εσωτερικές πεζογέφυρες και συχνά σε πολλαπλά επίπεδα.

β. Πεζογέφυρες πάνω από αυτοκινητόδρομους, ποτάμια και κανάλια, ή που απλώς ενώνουν ορόφους κτιρίων.

γ. Δρόμοι πάνω από δώματα κτιρίων, καμιά φορά σε συνδυασμό με κρεμαστούς κήπους ή πλατείες.

δ. Συνδυασμοί των παραπάνω, σε δίκτυα υπερυψωμένων πεζοδρόμων, που καμιά φορά διέρχονται μέσα από κτίρια.

Recent trends and realizations
Πρόσφατες τάσεις και πραγματοποιήσεις

1196 New York, Washington Place, architect Philip Johnson
The project was never carried out, but the idea remains and represents a high quality 20th century urban design.

1196 Νέα Υόρκη, Ουάσινγκτον Πλέις, αρχιτέκτων Φίλιπ Τζόνσον (Philip Johnson)
Η στοά ποτέ δεν πραγματοποιήθηκε, η ιδέα όμως παραμένει και αντιπροσωπεύει υψηλής ποιότητας σχεδιασμό του 20ού αιώνα.

1197 Manheim Multihalle, architect Frei Otto
Frei Otto proved once more that a talented architect can create a brilliant space with very few means.

1197 Μάνχαϊμ Μουλτιχάλε, αρχιτέκτων Φράι Ότο
Ο Φράι Ότο απέδειξε για άλλη μια φορά πως ένας ταλαντούχος αρχιτέκτων μπορεί να δημιουργήσει ένα λαμπρό χώρο με τη χρήση ελάχιστων υλικών.

1196

1197

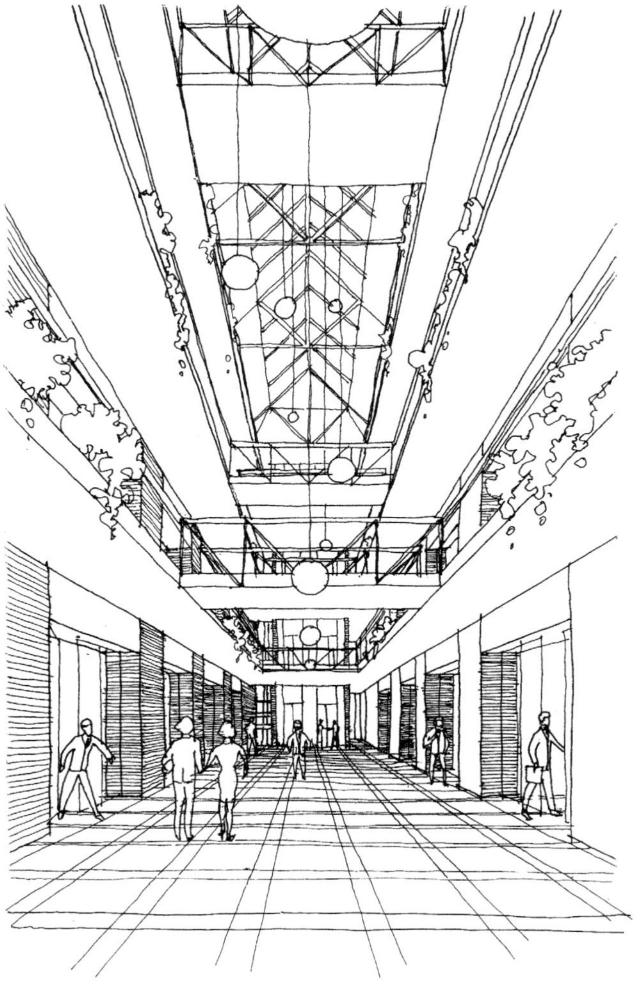

1198

1199

Recent trends and realizations
Πρόσφατες τάσεις και πραγματοποιήσεις

1198 Opera de la Bastille, project
An entry to the international competition, 1983 (M. Vourekas, A. Georgiades, V. Grigoriadis, C. Decavalla). Interior street with bridges and balconies under a glazed roof.

1198 Η όπερα της Βαστίλης, πρόταση
Πρόταση διαγωνισμού το 1983 για την Όπερα της Βαστίλης (Μ. Βουρέκας, Α. Γεωργιάδης, Β. Γρηγοριάδης, Κ. Δεκαβάλλας). Εσωτερικός δρόμος υαλόφρακτος με γέφυρες επικοινωνίας.

1199, 1200, 1201 Alberta University
1199 Student quarters, the Hub. Interior multi-storey passage.
1200 The Hub. Plan with future expansions.
1201 Section through student quarters. On the sides of the Hub are dormitories on the three top floors. Common facilities are on the first floor. On the ground floor and under the Hub are parking spaces, loading and unloading docks and auxiliary installations.

1199, 1200, 1201 Αλμπέρτα, το Πανεπιστήμιο της Αλμπέρτα
1199 Κτίριο φοιτητικής εστίας. Εσωτερικός υαλόφραχτος πεζόδρομος Δη Χαμπ (The Hub).
1200 Κάτοψη του Χαμπ με τις μελλοντικές του επεκτάσεις.
1201 Τομή της φοιτητικής εστίας. Δεξιά κι αριστερά από τον εσωτερικό πεζόδρομο, τα δωμάτια. Στον Α΄ όροφο κοινόχρηστοι χώροι, ενώ στο ισόγειο κάτω από το Χαμπ, η τροχαία τροφοδοσία και οι χώροι στάθμευσης.

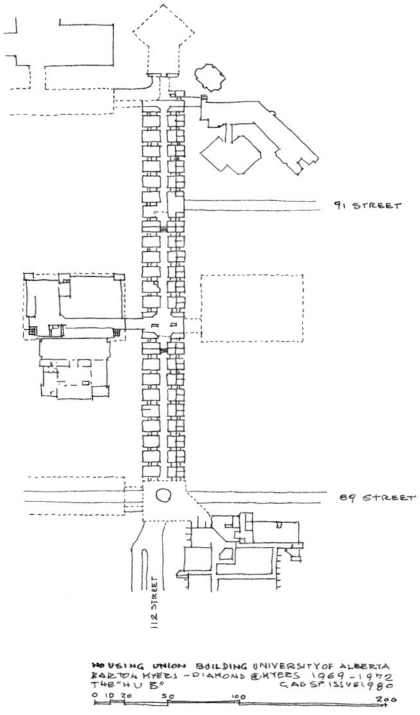

1200

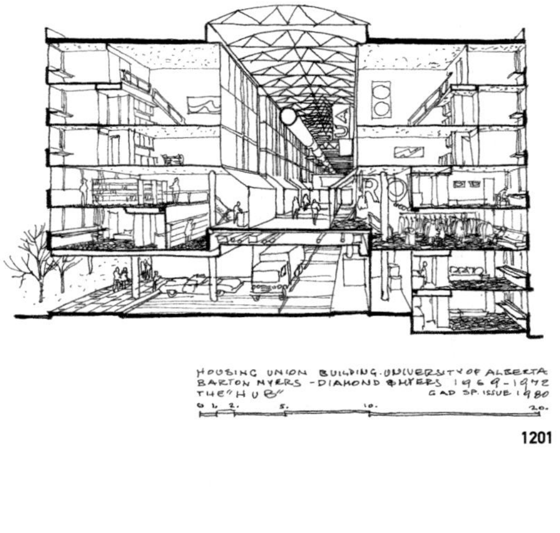

1201

1202

1203

1204

1205

1206

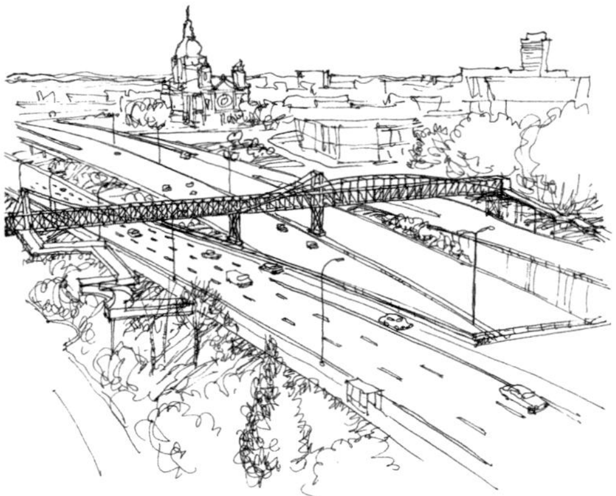

1207

Footbridges over streets and highways
Πεζογέφυρες πάνω από δρόμους και λεωφόρους

1202 Schaffhaussen, Neuhaus
This elegant spider-web bridge continues in the footsteps of Rober Maillart, the Swiss tradition for fine bridge design.

1202 Σαφχάουζεν, Νόιχαους
Η αραχνοΰφαντη αυτή γέφυρα συνεχίζει την ελβετική παράδοση του πρώτου ημίσεως του 20ού αιώνα όταν ο Ρομπέρ Μαγιάρ έφτιαχνε τις γέφυρές του.

1203, 1206 Shafhausen, footbridge leading to R.R. station

1203 A straightforward and simple design that does not clash with the traditional architectural environment.

1206 Railing detail.

1203, 1206 Σαφχάουζεν, πεζογέφυρα προς τον σιδηροδρομικό σταθμό

1203 Μια απλή και ειλικρινής κατασκευή η οποία δεν αντιμάχεται την παραδοσιακή αρχιτεκτονική που την περιβάλλει.

1206 Λεπτομέρεια του κιγκλιδώματος της πεζογέφυρας.

1204, 1205 Boston, footbridge over road, connecting buildings
The exposed structural elements give this bridge its particular architectural character.

1204, 1205 Βοστώνη, πεζογέφυρα που ενώνει κτίρια πάνω από κεντρική αρτηρία
Η εμφανής δομή του φέροντος οργανισμού από σιδηροσωλήνες προσδίδει ιδιαίτερο αρχιτεκτονικό χαρακτήρα σε αυτή την πεζογέφυρα.

1207 Minneapolis, footbridge over high speed motorways
There is an attempt at playfulness in the design of this all-steel bridge.

1207 Μινεάπολη, πεζογέφυρα πάνω από αυτοκινητοδρόμους μεγάλης ταχύτητας
Το τεχνικό αυτό έργο επιχειρεί να αποκτήσει μια ενδιαφέρουσα μορφή με την εναλλαγή του συστήματος του φέροντα οργανισμού.

1208

1209

Footbridges over streets and highways
Πεζογέφυρες πάνω από δρόμους και λεωφόρους

1208 Paris, La Défense
The bridge connecting the two buildings creates the impression of a portal.

1208 Παρίσι, Ντεφάνς
Η γέφυρα που ενώνει τα δύο κτίρια δημιουργεί την εντύπωση ενός πυλώνα.

1209 Athens, Ministry of Labor and Social Security, 2002, architects C. Decavalla, V. Grigoriades, N. Koula
The footbridge connects the two departments of the ministry over the motorway.

1209 Αθήνα, Υπουργείο Εργασίας και Κοινωνικών Ασφαλίσεων, 2002, αρχιτέκτονες Βασίλης Γρηγοριάδης, Κωνσταντίνος Δεκαβάλλας, Νάντια Κούλα
Η γέφυρα ενώνει τα δύο τμήματα του υπουργείου πάνω από τον αυτοκινητόδρομο.

1210, 1211 Cambridge, Massachusetts
Footbridge that connects the Fog Museum with Harvard University. Architect J. Sterling.

1210, 1211 Κέιμπριτζ, Μασαχουσέτη
Πεζογέφυρα που ενώνει το Μουσείο Φογκ με το Πανεπιστήμιο του Χάρβαρντ, αρχιτέκτων Τζέιμς Στέρλινγκ (James A. Sterling).

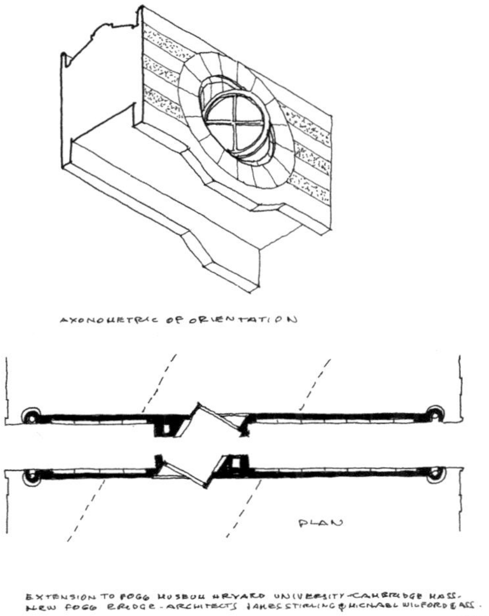

1210

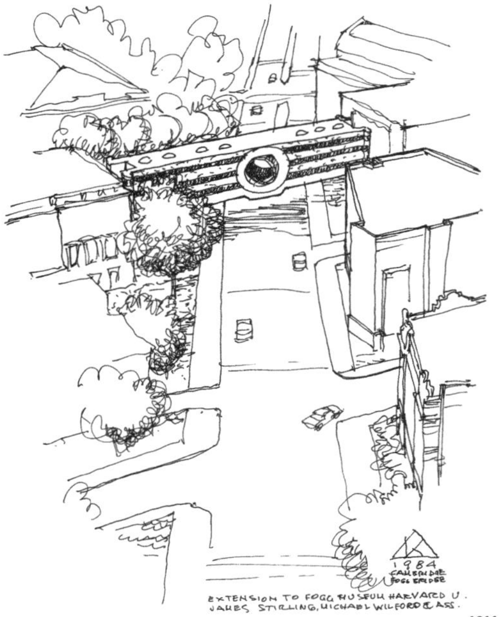

1211

1212

1213

1214

1215

Footbridges over streets and highways
Πεζογέφυρες πάνω από δρόμους και λεωφόρους

1212 Manhattan, World Trade Center
A footbridge, in harmony with the urban setting, creates a frame for the view of the river beyond.

1212 Μανχάταν, Παγκόσμιο Κέντρο Εμπορίου
Η πεζογέφυρα εναρμονίζεται με το αστικό της περιβάλλον.

1213 Minneapolis, footbridge between buildings
First prize in an architectural competition.

1213 Μινεάπολη, πεζογέφυρες μεταξύ κτιρίων
Α΄ βραβείο σε αρχιτεκτονικό διαγωνισμό.

1214, 1215 Zurich, footbridges between buildings

1214, 1215 Ζυρίχη, πεζογέφυρες μεταξύ κτιρίων

1216

1217

1218

Elevated footways and passages over and through buildings

A system that lately started to proliferate all around the globe is the footway, combined very often with roof gardens at the top of buildings, as well as the elevated network of pedestrian ways through buildings.
Such cases are the museums in Mönchengladbach, the new National Gallery in Stuttgart, the Art Center in Oakland and the Forum department store in Helsinki. Here again Le Corbusier had to be present with his design for Carpenter Center in the School of Fine Arts in Cambridge, Massachusetts.

Διελεύσεις πάνω και μέσα από κτίρια

Ένα σύστημα που ξεκίνησε από τα μέσα του 20ού αιώνα και επικρατεί σήμερα σε διάφορα σημεία της υφηλίου είναι οι πεζόδρομοι σε δώματα κτιρίων, σε συνδυασμό πολλές φορές με κρεμαστούς κήπους, καθώς και τα υπερυψωμένα δίκτυα πεζοδρόμων που διέρχονται μέσα από κτίρια.
Μερικά παραδείγματα: το μουσείο του Μένχενγκλαντμπαχ, η νέα Εθνική Πινακοθήκη στη Στουτγάρδη, το Μουσείο Τέχνης του Όκλαντ και το εμπορικό κέντρο Φόρουμ στο Ελσίνκι. Και σε αυτήν την περίπτωση ο Λε Κορμπυζιέ δίνει το παρών με το Κάρπεντερ Σέντερ, τη Σχολή Καλών Τεχνών στο Κέιμπριτζ της Μασαχουσέτης.

Elevated footways and passages over and through buildings / Διελεύσεις πάνω και μέσα από κτίρια

1216 Toronto, the Town Hall, architect Viljo Revell
The ramp to the terrace above the main public areas. First prize in an international architectural competition.

1216 Τορόντο, το δημαρχείο, αρχιτέκτων Β. Ρέβελ (Viljo Revell), 1965
Η ράμπα που οδηγεί στο βατό δώμα. Α΄ βραβείο σε διεθνή αρχιτεκτονικό διαγωνισμό.

1217, 1218 Helsinki, the Forum shopping mall, 1985
1217 The footway on the roof of the shopping center.
1218 A footway has been developed on the roof of the Forum Shopping Center, with entrances at both upper and lower levels, by taking advantage of the marked inclination of the ground.

1217, 1218 Ελσίνκι, το εμπορικό κέντρο Φόρουμ, 1985
1217 Ο πεζόδρομος πάνω από το εμπορικό κέντρο.
1218 Κάτω από έναν πεζόδρομο βρίσκεται το πολυώροφο εμπορικό κέντρο Φόρουμ, που έχει εισόδους από πάνω και από τον δρόμο εκμεταλλευόμενο τη μεγάλη υψομετρική διαφορά του εδάφους.

1219

1220

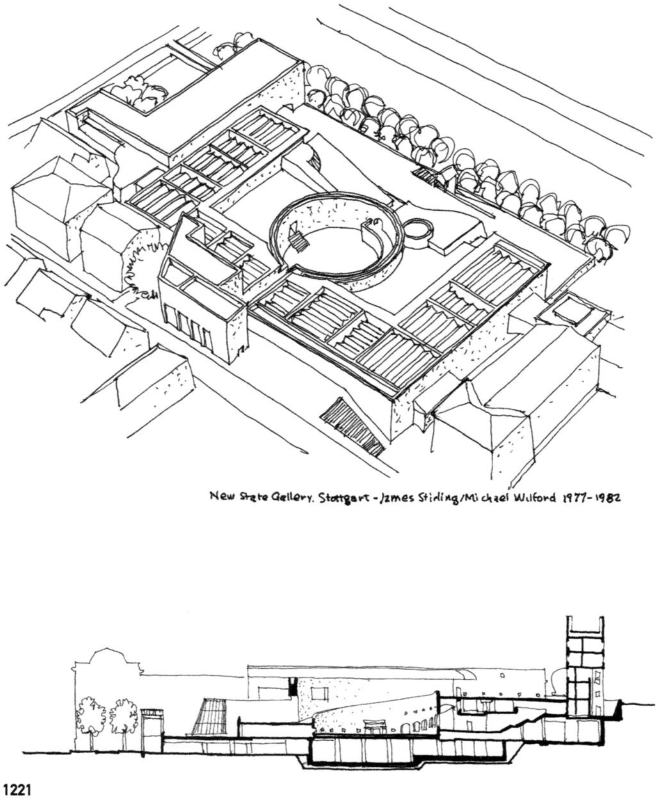

1221

Elevated footways and passages over and through buildings / Διελεύσεις πάνω και μέσα από κτίρια

1219, 1220, 1221 Stuttgart, new National Gallery, architect James Sterling, 1977
1219 The approach to the elevated footway that crosses at roof-level is accentuated by a glass and steel portal, on the town center side.
1220 The elevated footway.
1221 A pedestrian way links the residential quarters at higher ground with the city center over the roof and around the circular patio of the building without entering the areas controlled by the museum.

1219, 1220, 1221 Στουτγάρδη, νέα Εθνική Πινακοθήκη, αρχιτέκτων Τζέιμς Στέρλινγκ (James A. Sterling), 1977
1219 Η προσπέλαση προς το μουσείο, που το διασχίζει στο επίπεδο του δώματος, και τον πεζόδρομο, σηματοδοτείται στο ξεκίνημά της από την πλευρά του κέντρου της πόλης με πύλη από ατσάλι και γυαλί.
1220 Ο υπερυψωμένος πεζόδρομος.
1221 Ένας πεζόδρομος συνδέει τις περιοχές κατοικίας στο ύψωμα με το κέντρο της πόλης, περνώντας πάνω στο δώμα του κτιρίου και περιφερειακά γύρω από το κεντρικό κυκλικό αίθριο, δίχως να περνά μέσα από τους ελεγχόμενους χώρους του μουσείου.

1222

1223

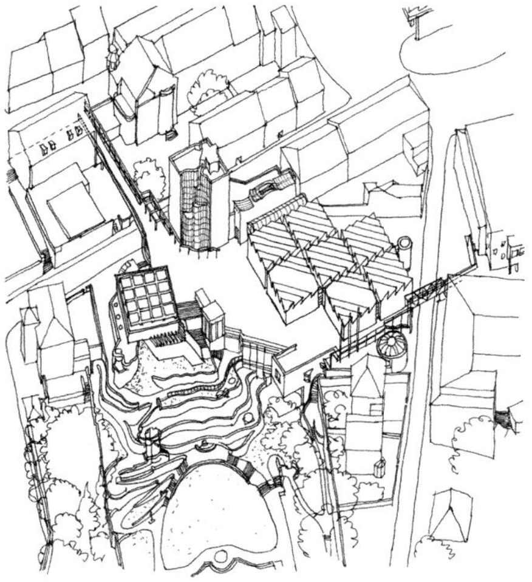
1224

1225

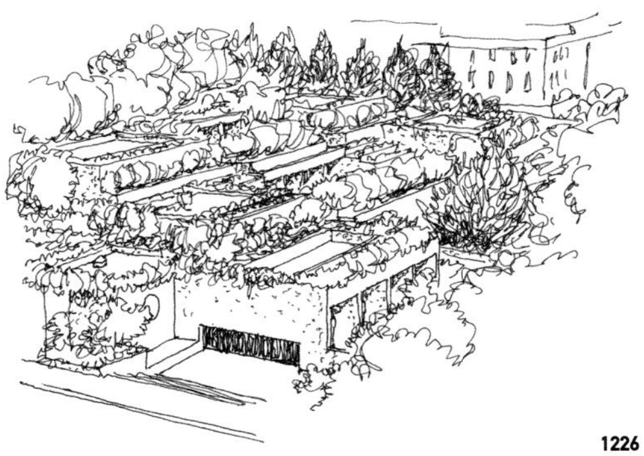
1226

Elevated footways and passages over and through buildings / Διελεύσεις πάνω και μέσα από κτίρια

1222, 1223, 1224 Mönchengladbach, Municipal Museum, architect Hans Hollein, 1972
1222, 1223 A winding hairpin ramp with a shortcut of steps leads from the municipal park, in the new sector of the town, to the old town on the hill above, over the roof of the museum, where a secondary entrance to the museum is located. Works of art and architectural elements on the footway render the way more entertaining.
1224 The footway over the museum.

1222, 1223, 1224 Μένχενγκλαντμπαχ, Δημοτικό Μουσείο, αρχιτέκτων Χ. Χόλαϊν (Hans Hollein), 1972
1222, 1223 Ένας κυματοειδής δρόμος, που διασταυρώνεται κάθε τόσο με ραμπόσκαλες, οδηγεί από τον δημόσιο κήπο της νέας πόλης προς την παλιά πόλη πάνω στον λόφο, περνώντας πάνω από το δώμα του κτιρίου, όπου υπάρχει και η δευτερεύουσα είσοδος του μουσείου. Σε όλο το μήκος του πεζόδρομου έργα τέχνης και αρχιτεκτονικά στοιχεία κάνουν τη διαδρομή πιο ευχάριστη και ελκυστική.
1224 Ο πεζόδρομος στο δώμα του μουσείου.

1225, 1226 Oakland, Museum of Art, architects Kevin Roche & Dan Kiley, 1961-68
Public gardens and footway on the museum's roof, complete with trees, steps, benches and an occasional work of art, open to the general public.
1225, 1226 Όκλαντ, Μουσείο Τέχνης, 1961-68, αρχιτέκτονες Κέβιν Ρότς και Νταν Κάιλυ (Kevin Roche & Dan Kiley), το δώμα
Ένας πλήρης δημόσιος κήπος, ανοικτός στο κοινό, έχει διαμορφωθεί στο δώμα του μουσείου.

1227

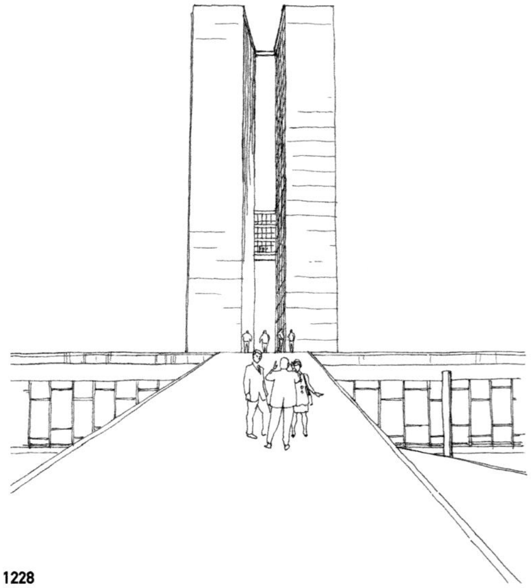

1228

Elevated footways and passages over and through buildings / Διελεύσεις πάνω και μέσα από κτίρια

1227 Brasilia, the elevated square over the House of Parliament
The square or promenade is without rail or parapet. In the distance between the dome and the twin towers is the High Court building.

1227 Μπραζίλια, η πλατεία πάνω από το κτίριο του Κοινοβουλίου
Η πλατεία στο δώμα του κτιρίου δίχως στηθαία. Στο βάθος, μεταξύ του θόλου και του δίδυμου πύργου του Κοινοβουλίου, διακρίνεται το κτίριο του Συμβουλίου της Επικρατείας.

1228 Brasilia, the House of Parliament, 1960
Oscar Niemeyer, as a devoted purist, refused to use a parapet or rail along the ramp and the elevated square on the roof of the building. As far as I know no one has fallen off until now.

1228 Μπραζίλια, το Κοινοβούλιο, 1960
Ο Όσκαρ Νιμάγιερ, ως πουρίστας που είναι, αρνήθηκε να βάλει στηθαία ή κιγκλιδώματα στη ράμπα και στο δώμα-πλατεία πάνω από το κτίριο Κοινοβουλίου. Απ' όσο γνωρίζω κανείς έως τώρα δεν έπεσε κάτω!

1229, 1230, 1231 Cambridge Massachusetts, Carpenter Center by Le Corbusier, 1961-64
The Art Center of Harvard University lies between two streets that are connected by a ramp that goes right through the buildings.

1229, 1230, 1231 Κέιμπριτζ, Μασαχουσέτη, Κάρπεντερ Σέντερ, αρχιτέκτων Λε Κορμπυζιέ, 1961-64
Η Σχολή Καλών Τεχνών του Πανεπιστημίου Χάρβαρντ βρίσκεται μεταξύ δύο οδών που ενώνονται με ράμπα, η οποία διασχίζει το κτίριο στο ύψος του β΄ ορόφου.

1229

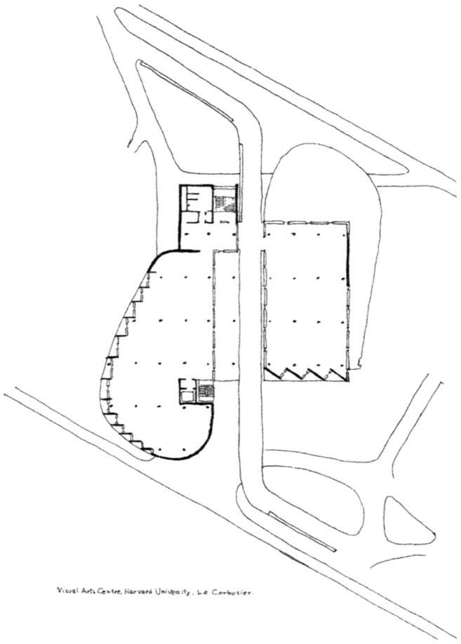

1230

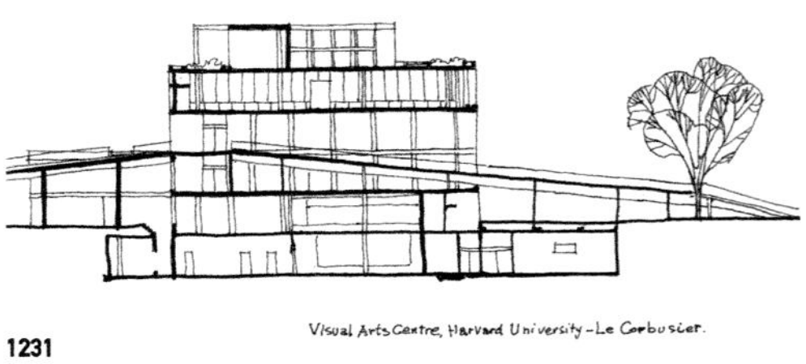

1231

Elevated pedestrian street networks

As has already been mentioned, in the center of Minneapolis a comprehensive network of elevated pedestrian ways had been enacted before the end of the 20th century.

Δίκτυα υπερυψωμένων πεζοδρόμων

Όπως αναφέρθηκε πιο πάνω, στο κέντρο της Μινεάπολης είχε ήδη τεθεί σε εφαρμογή το σχέδιο πλήρους δικτύου υπερυψωμένων πεζοδρόμων πριν από το τέλος του 20ού αιώνα.

1232

1233

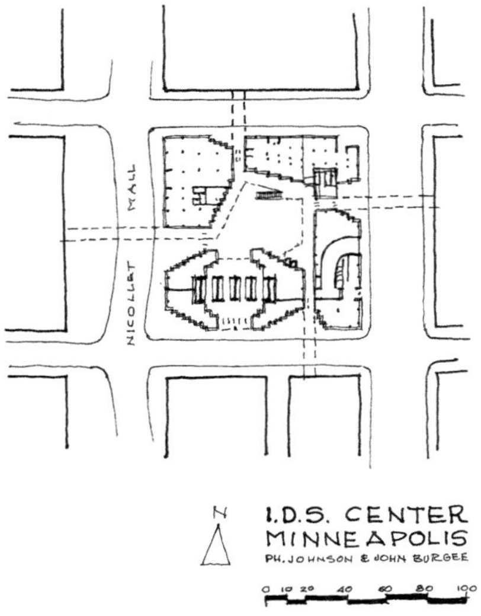

1234

Elevated pedestrian street networks
Δίκτυα υπερυψωμένων πεζοδρόμων

1232 Minneapolis, the center.
(The network when completed in black.)

1232 Μινεάπολη, το κέντρο. (Με μαύρο σημειώνεται το δίκτυο όπως θα είναι όταν ολοκληρωθεί.)

1233, 1234 Minneapolis, I.D.S. Center, architects Philip Johnson and John Burgee
1233 The main lobby of the I.D.S. Center forms an integral part of the elevated pedestrian way network.

1234 Plan showing the elevated footways crossing the interior main lobby of this urban complex consisting of shops, office space and hotels.

1233, 1234 Μινεάπολη, Άι Ντι Ες Σέντερ (I.D.S. Center), αρχιτέκτονες Φίλιπ Τζόνσον και Τζον Μπέρτζη (Philip Johnson, John Burgee)
1233 Ο υπερυψωμένος πεζόδρομος ελίσσεται γύρω από την ευρύχωρη κεντρική κλειστή πλατεία του κτιριακού συγκροτήματος.

1234 Οι υπερυψωμένοι πεζόδρομοι διέρχονται μέσα από το κτίριο, που αποτελείται από χώρους εμπορικών καταστημάτων στους κάτω ορόφους και χώρους γραφείων και ξενοδοχείο στα υψηλότερα επίπεδα.

1235

1236

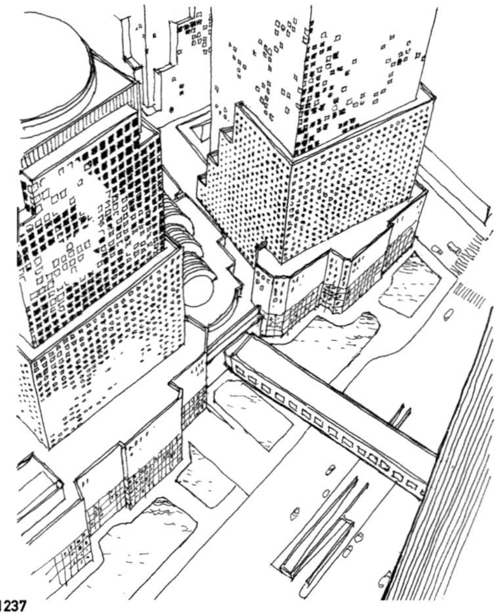

1237

Elevated footways and squares

The World Trade Center by Yamasaki & Ass. in collaboration with Emery Roth and Sons was built in 1976 around an elevated plaza with shops underneath, taking advantage of the difference in level between Church Street and West Street.
In 1988 the World Financial Center by Cesar Pelli was connected with the W.T.C. through a system of footbridges and elevated interior footways. This made it the most important elevated pedestrian precinct in Manhattan. All these were blown to pieces with the terrorist attack of September 11, 2001.

Υπερυψωμένοι πεζόδρομοι και πλατείες

Το Παγκόσμιο Κέντρο Εμπορίου (το συγκρότημα των Δίδυμων Πύργων), έργο του αρχιτέκτονα Μινόρου Γιαμασάκι (Minoru Yamasaki) σε συνεργασία με το αρχιτεκτονικό γραφείο Ε. Ροθ και Υιοί (Emery Roth & Sons), κατασκευάστηκε το 1976 γύρω από μια υπερυψωμένη πλατεία με εμπορικό κέντρο καταστημάτων από κάτω, αξιοποιώντας έτσι την υψομετρική διαφορά μεταξύ της Ουέστ στριτ και της Τσερτς στριτ.
Το 1988 αποπερατώθηκε το Παγκόσμιο Οικονομικό Κέντρο (Φαϊνάνσαλ Σέντερ), έργο του Σέζαρ Πέλλι (César Pelli), στα δυτικά της Ουέστ στριτ, το οποίο συνδέεται με το Γουέρλντ Τρέιντ Σέντερ μέσω ενός συστήματος από πεζογέφυρες και εσωτερικούς υπερυψωμένους πεζόδρομους. Έτσι απέκτησε η περιοχή το σημαντικότερο δίκτυο υπερυψωμένων χώρων πεζών στο Μανχάταν. Όλα αυτά εξανεμίσθηκαν με την τρομοκρατική επίθεση της 11ης Σεπτεμβρίου 2001.

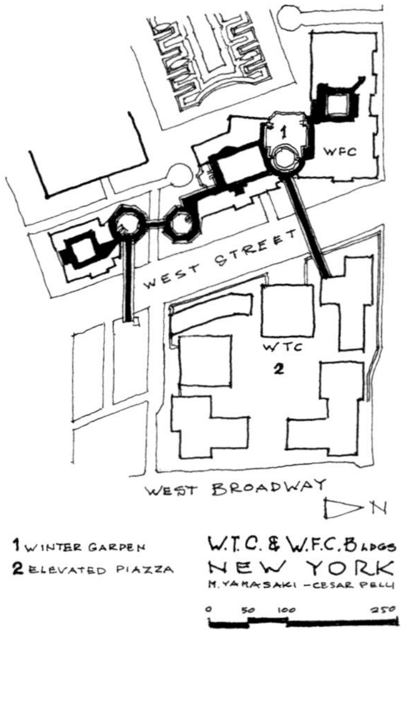

1238

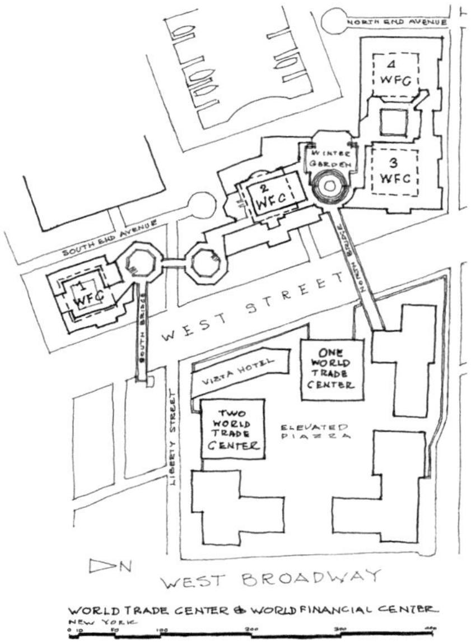

1239

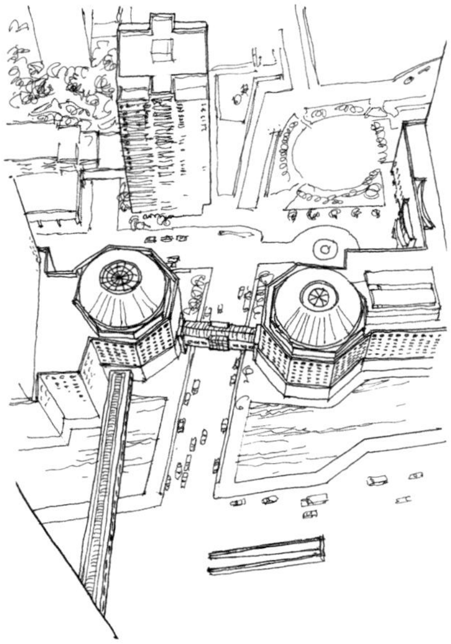

1240

1241

Elevated footways and squares
Υπερυψωμένοι πεζόδρομοι και πλατείες

1235, 1236, 1237, 1238, 1239, 1240, 1241 Manhattan, World Financial Center & World Trade Center
1235 The passage from the W.T.C. towards the footbridge connecting the two Centers with the winter garden glazed roof in the background.
1236 Pedestrian bridge over West Street connects W.F.C. with Liberty Street as seen from the footbridge connecting the W.F.C. with the W.T.C. A bridge designed by the technical services of the municipality.
1237 The footbridge connecting the World Financial Center over Liberty Street. One more project designed by the municipal authorities.
1238 Although the buildings on both sides of West Street are designed by well-known architects, the same cannot be said for the two bridges connecting the two groups. (The elevated pedestrian circulation as well as the footbridges are shown in black).
1239 Manhattan, World Financial Center & World Trade Center.
1240 It is interesting to compare the bridges designed by the city's technical department with the one by the W.F.C.'s architect Cesar Pelli.

1235, 1236, 1237, 1238, 1239, 1240, 1241 Μανχάταν, Φαϊνάνσαλ Σέντερ και Γουέρλντ Τρέιντ Σέντερ
1235 Η διέλευση από το Γουέρλντ Τρέιντ Σέντερ προς την πεζογέφυρα που συνέδεε τα δύο κέντρα. Είναι ορατή η γυάλινη οροφή του θερμοκηπίου του Φαϊνάνσαλ Σέντερ στο βάθος.
1236 Η πεζογέφυρα πάνω από την Ουέστ στρητ που συνέδεε το Φαϊνάνσαλ Σέντερ με τη Λίμπερτυ στρητ, όπως φαινόταν από την πεζογέφυρα που συνέδεε το Γουέρλντ Τρέιντ Σέντερ με το Φαϊνάνσαλ Σέντερ. Μια γέφυρα σχεδιασμένη από τις τεχνικές υπηρεσίες του δήμου.
1237 Η πεζογέφυρα, έργο των τεχνικών υπηρεσιών του δήμου, που συνδέει το Φαϊνάνσαλ Σέντερ με τη Λίμπερτυ στρητ.
1238 Ενώ τα κτιριακά συγκροτήματα εκατέρωθεν της οδού είναι σχεδιασμένα από γνωστούς αρχιτέκτονες με ιδιαίτερες απαιτήσεις, δεν θα μπορούσε να λεχθεί το ίδιο για τις πεζογέφυρες. (Η υπερυψωμένη κυκλοφορία των πεζών και οι πεζογέφυρες σημειώνονται με μαύρο).
1239 Μανχάταν, Φαϊνάνσαλ Σέντερ και Γουέρλντ Τρέιντ Σέντερ.
1240 Η γέφυρα στα αριστερά σχεδιάστηκε από τις τεχνικές υπηρεσίες του δήμου, ενώ η άλλη στο κέντρο από τον αρχιτέκτονα του συγκροτήματος, Σέζαρ Πέλλι.

1241 Manhattan, World Financial Center & World Trade Center
The Winter Garden of the W.F.C. at the end of the connecting footbridge with the W.T.C.
1241 Μανχάταν, Φαϊνάνσαλ Σέντερ και Γουέρλντ Τρέιντ Σέντερ
Το θερμοκήπιο του Φαϊνάνσαλ Σέντερ στο τέλος της πεζογέφυρας που το συνέδεε με την υπερυψωμένη πλατεία του Γουέρλντ Τρέιντ Σέντερ.

D2.5 Fantasies and visions for the future

A number of centuries ago, artists with imagination and vision like Piranesi were drawing multiple spaces, where people moved on a variety of levels.
Such was the space that Vincent Corda visualized for the future in the movie "Things to come" in the middle of the 20th century.
Today such spaces exist already as can be witnessed in many department stores as well as in intercity bus stations and the Grande Arche de la Défense in Paris.

1242

Fantasies and visions for the future
Οράματα και ουτοπίες

1242 Piranesi, Prisons (Carceri), 1743-1745.
1242 Πιρανέζι, Φυλακές, 1743-1745.

Δ2.5 Οράματα και ουτοπίες

Πριν από αρκετούς αιώνες, καλλιτέχνες με φαντασία, όπως ο Πιρανέζι, οραματίζονταν πολυδιάστατους χώρους, μέσα στους οποίους θα κινούνταν οι άνθρωποι σε πολλαπλά επίπεδα.
Έναν τέτοιο χώρο είχε οραματιστεί για το μέλλον ο Ουίλιαμ Κάμερον Μένζις στην ταινία του με τίτλο «Τα πράγματα που θα έλθουν» (Things to come), από το ομώνυμο βιβλίο τού Ουέλς στα μέσα του 20ού αιώνα.
Παρόμοιοι χώροι έχουν ήδη γίνει πραγματικότητα, όπως μαρτυρούν μεγάλα πολυκαταστήματα, σταθμοί υπεραστικών λεωφορείων και η μεγάλη αψίδα της Ντεφάνς στο Παρίσι.

1243

Fantasies and visions for the future
Οράματα και ουτοπίες

1243 Film setting by Vincent Korda for the movie "Things to come", 1936, directed by Cameron Menzies.

1243 Το σκηνικό του Βίνσεντ Κόρντα για την ταινία «Things to come», 1936, του Ουίλιαμ Κάμερον Μένζις.

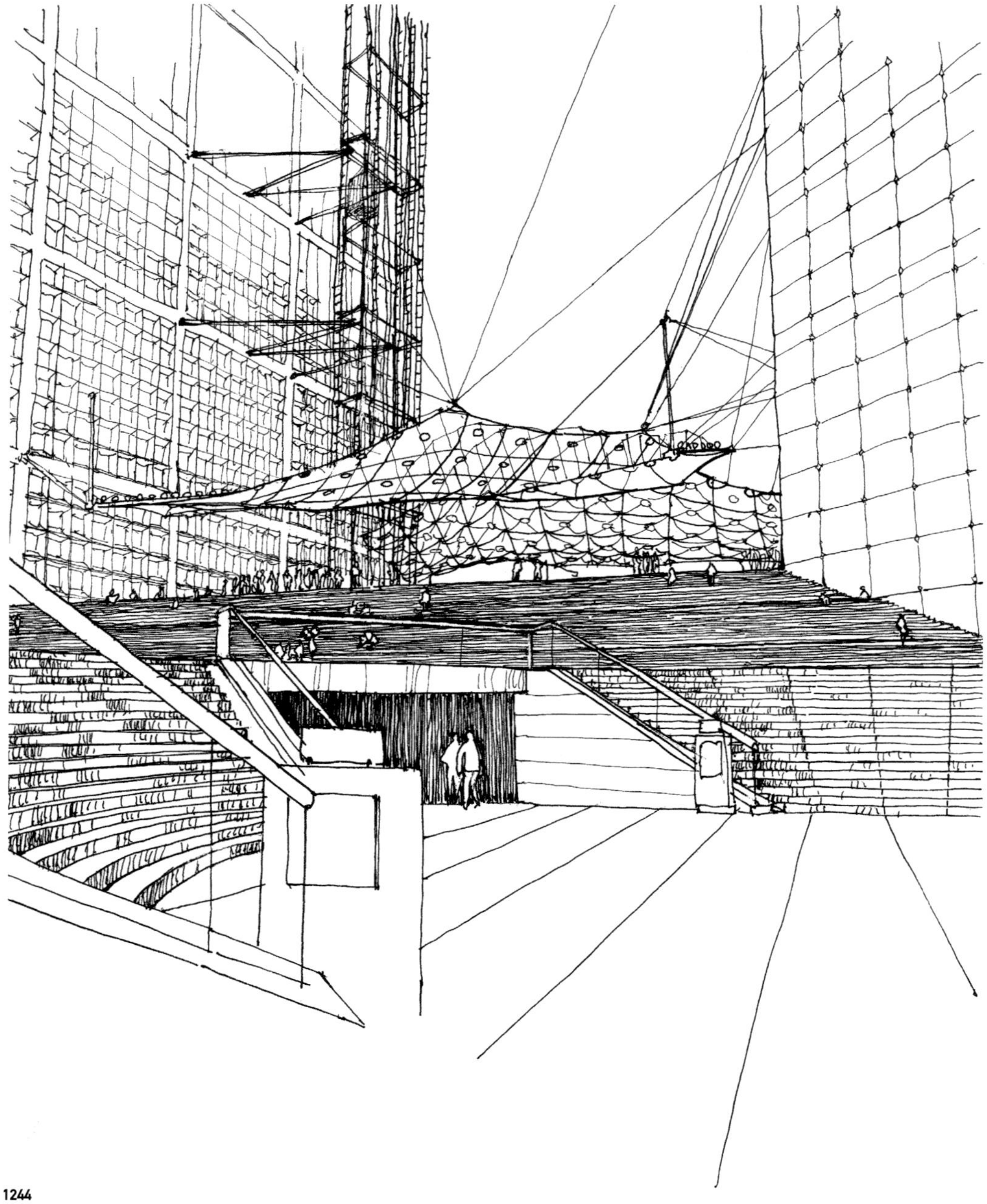

1244

1245

D2.6 The end of the 20th century. Realization of visions

Δ2.6 Το τέλος του 20ού αιώνα. Οι πραγματοποιήσεις των οραμάτων

1244 Paris, Défense, 1989
Under the Grand Arche.

1244 Παρίσι, Ντεφάνς, 1989
Κάτω απ' τη Μεγάλη Αψίδα.

1245 Stockholm
Intercity bus station.

1245 Στοκχόλμη
Σταθμός υπεραστικών λεωφορείων.

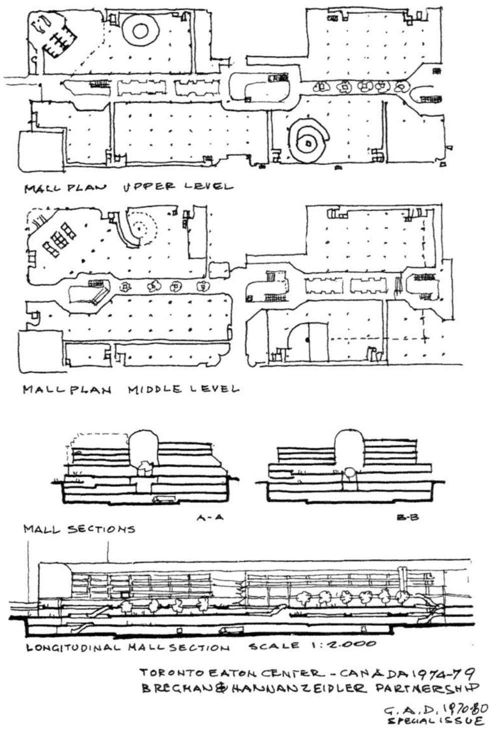

1246

1247

The end of the 20th century. Realization of visions / Το τέλος του 20ού αιώνα. Οι πραγματοποιήσεις των οραμάτων

1246, 1247 Toronto, Eaton Center, 1974-79
A multi-storey department store.

1246, 1247 Τορόντο, Ήτον Σέντερ, 1974-79
Πολυδιάστατο εμπορικό κέντρο.

D3 Contemporary trends and functions of public space

D3.1 Mixed use

The tramway or streetcar

One of today's trends is the combination of the streetcar with pedestrian ways. A large number of such projects have been advanced and quite a number of them have been adopted and implemented with happy results. The fixed track of a streetcar is less dangerous to people on foot than motorcars that have freedom of movement.

Δ3 Οι σημερινές τάσεις και λειτουργίες του δημόσιου χώρου

Δ3.1 Μεικτή χρήση

Τραμ και πεζοί, προτάσεις

Μια από τις τάσεις που παρατηρούμε σήμερα είναι ο συνδυασμός των πεζοδρόμων με μηχανοκίνητα μεταφορικά μέσα σταθερής τροχιάς, δηλαδή τροχιόδρομο ή κοινώς τραμ. Τέτοιες προτάσεις έχουν γίνει σε πολλές πόλεις και σε ορισμένες περιπτώσεις έχουν εφαρμοστεί με επιτυχία.

Η σταθερή τροχιά του τραμ το καθιστά λιγότερο επικίνδυνο για τον πεζό απ' ό,τι το αυτοκίνητο, του οποίου η διαδρομή είναι ελεύθερη.

The tramway or streetcar / Τραμ και πεζοί, προτάσεις

1248 **Athens, Panepistimiou street. The project was never carried out**
A scheme to reintroduce the tramway in Athens in combination with the reduction of vehicular lanes to two, only for buses, and to devote the remainder of this busy thoroughfare to pedestrians.

1248 **Αθήνα, οδός Πανεπιστημίου, πρόταση του Δήμου Αθηναίων. Δεν πραγματοποιήθηκε**
Προτείνεται να μειωθούν οι λουρίδες κυκλοφορίας σε δύο, αποκλειστικά για λεωφορεία, ενώ το υπόλοιπο εύρος του δρόμου αποδίδεται στους πεζούς και το τραμ.

1249 **Manhattan, a project by Mary Hollman, 1968. Never carried out**
Sharply reduced automobile lanes with large pedestrian area and tram monorail. Ample space is devoted to sidewalk cafes.

1249 **Μανχάταν, πρόταση Μαίρη Χόλμαν, 1968. Δεν πραγματοποιήθηκε**
Σοβαρός περιορισμός των λωρίδων τροχαίας κυκλοφορίας, με αντίστοιχη δημιουργία ευρείας ζώνης πεζών, με τραμ και χώρο για υπαίθρια καφενεία.

1248

1249

1250

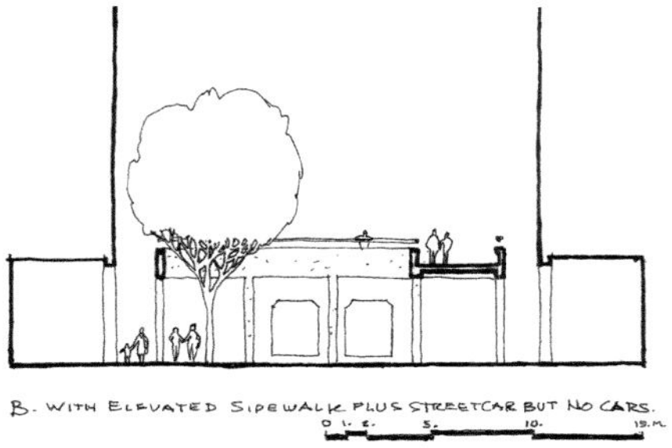

1251

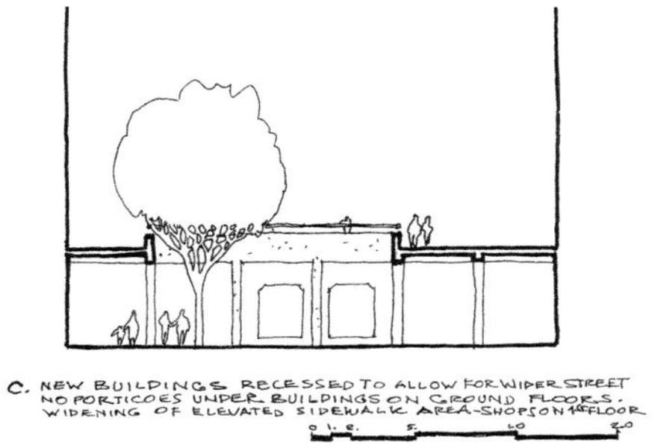

1252

1253

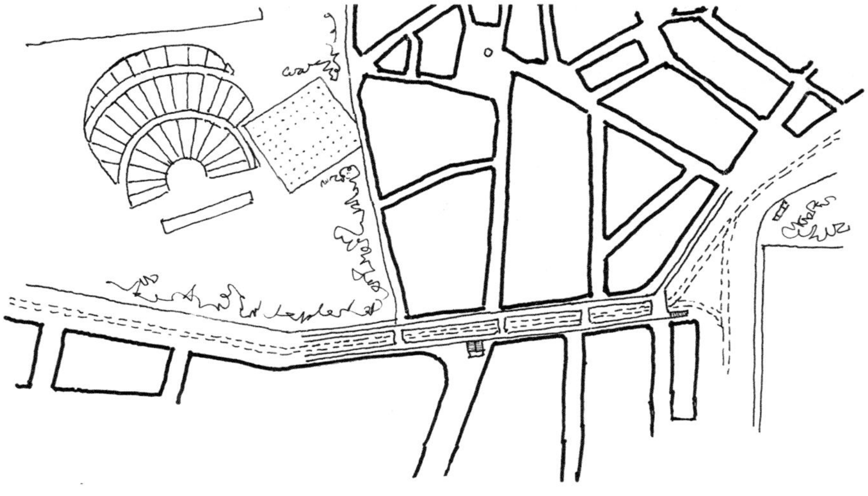

1254

The tramway or streetcar
Τραμ και πεζοί, προτάσεις

1250, 1251, 1252, 1253, 1254 **Athens, D. Areopagitou Street, project by O.P.A.M. (M. Vourekas, A. Georgiades, V. Grigoriadis, C. Decavalla). Never carried out**
1250 Before it becomes a pedestrian street.
1251 First stage: installation of tramway with the exclusion of all other vehicular traffic and the construction of elevated sidewalk with arcade underneath.
1252 Second stage: widening of street, abolition of arcades under the buildings and addition of more elevated sidewalk over the arcades.
1253 Scheme for the use of tramways on pedestrian street with elevated sidewalks and arcades, in connection with the projected Unification of Archeological Sites. Arcades protruding from the building line provide a protection shield in case of earthquake.
1254 Plan of elevated pedestrian way from Vas. Amalias avenue to the Makriyianni district.

1250, 1251, 1252, 1253, 1254 **Αθήνα, Διονυσίου Αρεοπαγίτου, πρόταση Ο.Π.Α.Μ. (Μανώλης Βουρέκας, Αντώνης Γεωργιάδης, Βασίλης Γρηγοριάδης, Κωνσταντίνος Δεκαβάλλας).**
Δεν πραγματοποιήθηκε
1250 Πριν από την πεζοδρόμηση.
1251 Α΄ στάδιο: κατασκευή υπερυψωμένων πεζοδρόμων και κατασκευή τροχιοδρόμου (τραμ) με ταυτόχρονη κατάργηση του Ι.Χ. αυτοκινήτου.
1252 Β΄στάδιο: διαπλάτυνση της οδού και αντίστοιχη επέκταση του υπερυψωμένου πεζόδρομου.
1253 Συνδυασμός πεζόδρομου με τραμ και υπερυψωμένοι πεζόδρομοι πάνω από στοές, συνδεόμενοι με πεζογέφυρες πάνω από το τραμ.
1254 Η περιοχή του υπερυψωμένου πεζόδρομου από τη λεωφόρο Αμαλίας έως την οδό Μακρυγιάννη.

1255

1256

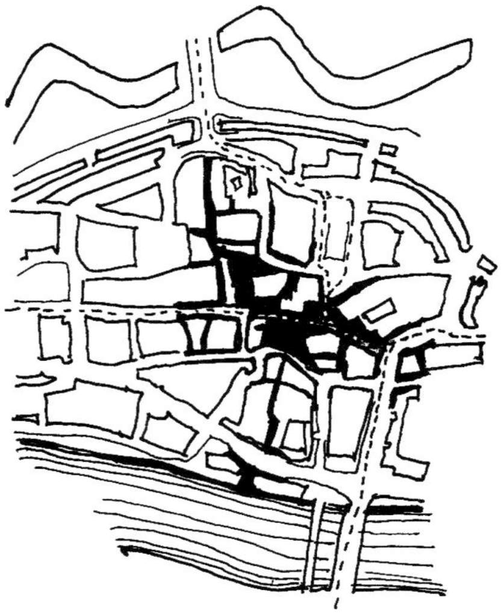

1257

1258

1259

Tram and pedestrian, realizations. Pedestrians and tramways coexist in harmony
Αυτοκίνητα και πεζοί. Πραγματοποιήσεις. Το τραμ και ο πεζόδρομος συνυπάρχουν σε μια αρμονική σχέση

1255, 1256, 1257, 1258, 1259 During the postwar period of reconstruction of many cities, great care was taken regarding the establishment of traffic-free zones in the commercial centers in combination with the promotion of the street car (tramway).
1255 Zurich, Bankhofstrasse.
1256 Istanbul, Istiklal Caddesi.
1257 Bremen. The tramway rails are shown in dotted lines and pedestrian area in black.
1258 Cologne.
1259 Munich, Mattei Strasse.

1255, 1256, 1257, 1258, 1259 Κατά τη μεταπολεμική ανοικοδόμηση πολλών πόλεων, ελήφθη σοβαρά υπ' όψιν η ανάγκη πεζοδρόμησης των κεντρικών εμπορικών περιοχών σε συνδυασμό με τη χρήση τροχιόδρομων (τραμ).
1255 Ζυρίχη, Μπάνχοφ στράσε.
1256 Κωνσταντινούπολη, Λεωφόρος Ιστικλάλ.
1257 Βρέμη. Οι γραμμές του τραμ σημειώνονται στο σχέδιο με διακεκομμένη γραμμή και οι περιοχές των πεζών με μαύρο.
1258 Κολονία.
1259 Μόναχο, οδός Ματέι.

Motorcars and pedestrians

The combination of a footway with a vehicular lane is possible as long as the speed of the motorcar is kept at a low level. That can be achieved either by the use of saddles, as we have seen in Part C or by winding motorways.

Αυτοκίνητα και πεζοί

Ο συνδυασμός του πεζοδρόμου με αυτοκίνητα είναι δυνατός εφόσον η ταχύτητα του αυτοκινήτου είναι περιορισμένη. Αυτό επιτυγχάνεται με διάφορους τρόπους, όπως τα σαμάρια, που ήδη είδαμε στο Μέρος Γ΄, ή με κυματοειδή χάραξη του αυτοκινητόδρομου.

Motorcars and pedestrians / Αυτοκίνητα και πεζοί

1260 Zurich, Spital Gasse, motorcars and pedestrians
Mixed-traffic street. The vehicular lane follows a winding pattern.

1260 Ζυρίχη, Σπιτάλγκασε, τροχοφόρα και πεζοί
Δρόμος με μικτή κυκλοφορία. Η λωρίδα των τροχοφόρων σε κυματοειδή μορφή.

1260

Bicycles and pedestrians

In the case of bicycles the saddle must be excluded, but the winding bicycle lane is a must.

Ποδήλατα και πεζοί

Στην περίπτωση του ποδηλάτου, τα σαμάρια δεν μπορούν να εφαρμοσθούν αλλά η κυματοειδής διαδρομή μπορεί να επιβληθεί.

Bicycles and pedestrians / Ποδήλατα και πεζοί

1261 Verona
The coexistence of bicycles and people on foot presents certain security problems for the pedestrians. Normally bicycle lanes have to be properly marked on the pavement of streets and squares.

1261 Βερόνα
Η συνύπαρξη ποδηλάτου και πεζών παρουσιάζει ορισμένα προβλήματα εις βάρος των πεζών. Κανονικά πρέπει η διαδρομή των ποδηλάτων να είναι σαφώς προσδιορισμένη επί του καταστρώματος της οδού ή της πλατείας.

1261

1262

1263

D3.2 Characteristic temporary and permanent functions and uses

Except for its use for the free and agreeable circulation of people on foot, a pedestrian way very often serves as an open air market or an open air coffee shop or a restaurant. From there on a footway can fulfill a variety of other services or uses, such as parades or processions and can even serve as a playground for children as well as for grownups. Such uses can be intermittent or permanent.

Δ3.2 Χαρακτηριστικές λειτουργίες και χρήσεις, μόνιμες ή μη

Εκτός από τη χρήση του ως χώρου κυκλοφορίας των πεζών, η συνηθέστερη χρήση του πεζόδρομου είναι για υπαίθρια αγορά καθώς επίσης για καφενεία, ζαχαροπλαστεία κι εστιατόρια. Από εκεί και πέρα ένας πεζόδρομος μπορεί να παίζει διάφορους ρόλους: από χώρος για παρελάσεις και λιτανείες, έως παιχνιδότοπος για μικρούς και για μεγάλους. Αυτές οι χρήσεις μπορούν να είναι μόνιμες ή περιοδικές.

Games, entertainment and recreation.

In this section we offer quite a number of interesting examples, which however demand more or less a certain permanence, such as the carousel in Rathausbrüke in Zurich or the chessboard in Salamanca.

Παιχνίδι, ψυχαγωγία και αναψυχή

Στον τομέα αυτόν έχουμε πολλά παραδείγματα που στηρίζονται όμως σε κάποια μονιμότητα, όπως στην περίπτωση του καρουζέλ σε πεζογέφυρα στη Ζυρίχη ή της σκακιέρας στη Σαλαμάνκα.

1264

Games, entertainment and recreation
Παιχνίδι, ψυχαγωγία και αναψυχή

1262 Stockholm, children's playground
A train for children has been installed to the great enjoinment of both young and old.

1262 Στοκχόλμη, παιδότοπος
Ένα μόνιμο τραινάκι για παιδιά έχει εγκατασταθεί στον πεζόδρομο προς μεγάλο ενθουσιασμό μικρών και μεγάλων.

1263 Zurich, the chess
A game of chess in the public garden with oversized lightweight chess pieces.

1263 Ζυρίχη, το σκάκι
Εδώ το σκάκι παίζεται με ελαφρά υπερμεγέθη πιόνια.

1264 Salamanca, the chess
The chessboard covers nearly the whole square and the game is played with real people, in traditional Spanish costumes, as pawns.

1264 Σαλαμάνκα, το σκάκι
Η σκακιέρα καταλαμβάνει ολόκληρη την πλατεία και το παιχνίδι παίζεται με κανονικούς ανθρώπους αντί για πιόνια.

1265

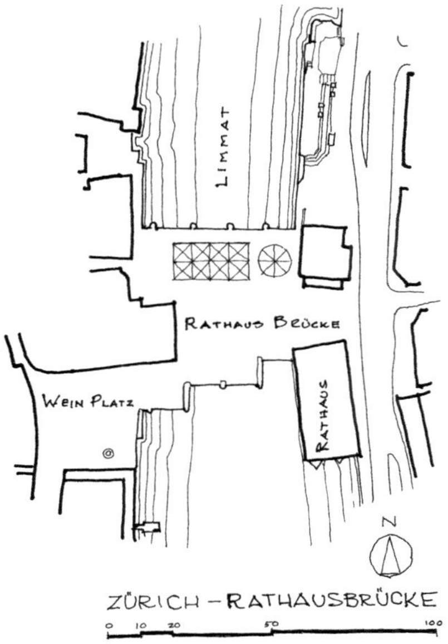

1266

1267

Games, entertainment and recreation
Παιχνίδι, ψυχαγωγία και αναψυχή

1265, 1266, 1267 Zurich, footbridge
The Town Hall footbridge (Rathausbrücke) is fully equipped with a carousel.

1265, 1266, 1267 Ζυρίχη, πεζογέφυρα
Στη γέφυρα του Δημαρχείου (Ράτχαους Μπρύκε) έχει στηθεί ένα καρουζέλ.

1268

1269

1270

Intermittent and temporary uses
Προσωρινή και περιοδική χρήση

1268, 1269 Vienna, Heilige Kreuzer Hof
1268 In the background behind the parked cars one can discern the entrance to the interior courtyard.
1269 The courtyard with its open stands. Unfortunately it was later transformed into a parking lot.

1268, 1269 Βιέννη, Χάιλιγκενκρόιτσερχοφ
1268 Στο βάθος, πίσω από τα αυτοκίνητα, διακρίνεται η αψιδωτή είσοδος προς την εσωτερική αυλή.
1269 Η υπαίθρια αγορά, που δυστυχώς κάποια στιγμή μετατράπηκε σε υπαίθριο πάρκινγκ.

1270 Prague
1270 Πράγα

1271, 1272, 1273, 1274 Open air markets
1271 Florence, via del Argento.
1272 Palermo, via Casari.
1273 Verona.
1274 Zurich.

1271, 1272, 1273, 1274 Υπαίθριες αγορές
1271 Φλωρεντία, Βία ντελ Αρτζέντο.
1272 Παλέρμο, Βία Κασάρι.
1273 Βερόνα.
1274 Ζυρίχη.

1271

1272

1273

1274

1275

1276

1277

Festivals, parades and processions
Εορτές, παρελάσεις και λιτανείες

1275 Brussels, the parade
1275 Βρυξέλλες, παρέλαση

1276 Corfu, the procession of St Spyridon
1276 Κέρκυρα, η λιτανεία του Αγίου Σπυρίδωνα

1277 Tokyo, from an old engraving
A procession along the street.
1277 Τόκυο, παλιά γκραβούρα
Η λιτανεία κατεβαίνει τον δρόμο.

1278

1279

1280

1281

Festivals, parades and processions
Εορτές, παρελάσεις και λιτανείες

1278, 1281 Siena, the parade of Corsa del Palio
Every year on July the 2nd the Corso del Palio parade takes place in medieval costumes.

1278, 1281 Σιένα, η παρέλαση του Κόρσο ντελ Πάλιο
Κάθε χρόνο στις 2 Ιουλίου πραγματοποιείται με μεσαιωνικές στολές η εκδήλωση του Κόρσο Ντελ Πάλιο.

1279, 1280 Zurich, parades

1279, 1280 Ζυρίχη, παρελάσεις

1282

1283

1284

D3.3 A way of life (Modus Vivendi). The appropriation of public space

Δ3.3 Ο τρόπος ζωής και η οικειοποίηση του χώρου

1282 Santiago De Compostela, de las Platerias square
In front of the cathedral the narrow square with the fountain of the horses, filled with young pilgrims, is dominated by the steps leading to the Plaza de la Quintana.

1282 Σαντιάγο Ντε Κομποστέλα, Πλατεία ντε λας Πλατερίας
Έξω από τον καθεδρικό ναό. Στη στενή πλατεία με την κρήνη των αλόγων, που έχει καταληφθεί από τους νεαρούς προσκυνητές, δεσπόζουν οι βαθμίδες που οδηγούν στην πλατεία Κουιντάνα.

1283 Athens, St Demetrious Loumbardiaris
1283 Αθήνα, Άγ. Δημήτριος Λουμπαρδιάρης

1284 Japan, old woodcut
Theater District.

1284 Ιαπωνία, παλιά γκραβούρα
Η οδός των θεάτρων.

1285

1286

1287

1288

Playing. Music and dancing
Παιχνίδι. Μουσική και χορός

1285 Zurich
Children appropriate a contemporary work of art.
1285 Ζυρίχη
Τα παιδιά οικειοποιούνται σύγχρονα έργα τέχνης.

1286 Zurich, Pestalozzi square
With the assistance of a temporary inflated nylon balloon structure, children take over the square under the benevolent gaze of the great educator.
1286 Ζυρίχη, πλατεία Πεσταλότσι
Τα παιδιά εκπορθούν την πλατεία κάτω από το συγκινημένο βλέμμα του Πεσταλότσι, με τη βοήθεια προσωρινής φουσκωτής κατασκευής από πολύχρωμο πλαστικό.

1287 Santiago De Compostela
Street musicians.
1287 Σαντιάγο ντε Κομποστέλα
Πλανόδιοι μουσικοί.

1288 Madrid
Dancing in the square.
1288 Μαδρίτη
Ο χορός στην πλατεία.

1289

The appropriation through upkeep of public space
Η συντήρηση του δρόμου ή ο δρόμος χωρίζει τα σπίτια και ενώνει τους ανθρώπους

1289 The appropriation through upkeep of public space
Applying whitewash on a street, Paros island.
1289 Η συντήρηση του δρόμου ή ο δρόμος χωρίζει τα σπίτια και ενώνει τους ανθρώπους
Άσπρισμα αρμών στο δρόμο, Πάρος.

D3.4 The appropriation through upkeep of public space

In the Aegean islands, where transportation was once carried out on mules and wheeled vehicles were seldom in use, streets and lanes in the small villages were more or less footways. A footway, but at the same time the forecourt of the house. This relation of the inhabitants to the street was expressed in multiple ways. The most important, I would say, was the social way. The street was a meeting place between neighbors and a passersby, where information and opinions were exchanged. A street was the only means of getting information. It was the book, the computer network, the newspaper, the radio, the T.V. But a street was even more than that. It was where neighbors became friends; joys, sorrows and problems could be shared. The street brought people together, it did not separate them. That is why the feeling of the inhabitants towards the street was a feeling of familiarity, with the urge to take care of it and decorate it. Once a week, they would come, all of them, with a bucket of lime and a broom and whitewash the joints of the pavement. This act was at the same time an offering but also a ritual of appropriation. This identification of people with public space is directly related to the identification of private interest with the common good. In this way a feeling of belonging between the inhabitants is developed. A feeling of commitment and solidarity that is genuine and effective only if it is due to a social and communal consciousness.
This same care and affection for public space is also reflected in the upkeep of the fronts of buildings along the street. Twice a year, sometimes more often, housewives with ladders whitewash the street front of their houses. At this point one could object that the incentive for this is not the beautification of the street but the protection and maintenance of their property. Still the seasonal and simultaneous upkeep of street fronts by the people living around it, gives a symbolic and ritual character to this activity. This same appropriation of public space takes a number of different forms, from one village to another, from island to island. In towns of a defensive character, the outside walls of houses on the periphery form the fortification; within there is a security of space and as a result houses often extend over the streets.
Such settlements can be encountered on various Aegean islands, as for instance Palaiochora on the island of Naxos or Pyrgos on Santorini. On Santorini this relationship with the street goes even further in the settlements along the Caldera, where some streets go over houses. In this case the upkeep of the street is directly connected to the waterproofing of the house underneath. Still the collective relationship between inhabitants and public space is present and brings together the inhabitants into close community. In the Cyclades islands in the Aegean sea this relationship acquires a variety of forms. We could say that the street separates buildings and unites people.

Δ3.4 Η συντήρηση του δρόμου ή ο δρόμος χωρίζει τα σπίτια και ενώνει τους ανθρώπους.

Στα νησιά του Αιγαίου, όπου οι μεταφορές άλλοτε γίνονταν με υποζύγιο και τα τροχοφόρα ήταν σπάνια, οι δρόμοι στα χωριά έπαιζαν τον πραγματικό τους ρόλο του πεζόδρομου. Του πεζόδρομου που ήταν συγχρόνως και προαύλιο του σπιτιού. Η σχέση αυτή των περιοίκων με τον δρόμο τους είχε πολλούς τρόπους έκφρασης. Η κυριότερη, πιστεύω, ήταν κοινωνική. Ο δρόμος ήταν ο χώρος συνάντησης με τους γείτονες και τους περαστικούς. Η ανταλλαγή απόψεων και συγκέντρωση πληροφοριών. Ο δρόμος ήταν το μέσο της πληροφόρησης, η εφημερίδα και το βιβλίο, ραδιόφωνο και τηλεόραση. Αλλά και κάτι παραπάνω: εκεί οι γείτονες γίνονταν φίλοι, οι χαρές, οι λύπες κι οι πόνοι μοιράζονταν. Ο δρόμος δεν χώριζε, ένωνε. Γι' αυτό και το αίσθημα των περιοίκων προς τον δρόμο ήταν η εξοικείωση και η διάθεση να τον φροντίζουν και να τον στολίζουν. Μια ορισμένη μέρα έβγαιναν όλοι έξω, μπροστά στο σπίτι του ο καθένας, με τη σκούπα και τον κουβά του ασβέστη και άσπριζαν τους αρμούς του πλακόστρωτου του οδοστρώματος. Η πράξη αυτή ήταν συγχρόνως προσφορά αλλά και ιεροτελεστία της ιδιοποίησης. Αυτή η ταύτιση των ατόμων με τον δημόσιο χώρο έχει άμεση σχέση με την ταύτιση του ιδιωτικού συμφέροντος με το συμφέρον του συνόλου. Έτσι αναπτύσσεται ένα αίσθημα αλληλεγγύης μεταξύ των κατοίκων. Ένα αίσθημα αλληλεγγύης, που μόνον όταν προέρχεται από ένα ήθος κοινωνικό και κοινοτικό είναι και ουσιαστικό.

Η ίδια αυτή μέριμνα και στοργή για τον κοινόχρηστο χώρο του δρόμου επεκτείνεται και στις προσόψεις των κατοικιών, τις παρειές του δημόσιου χώρου. Δύο ή και περισσότερες φορές τον χρόνο, οι γυναίκες σηκώνουν σκάλες και σκαλωσιές και ξαναβάφουν με γαλάκτωμα ασβέστη τις προσόψεις των σπιτιών τους. Εδώ βεβαίως μπορεί κανείς να αντιτάξει ότι αυτό δεν γίνεται για τον καλλωπισμό του δημοσίου χώρου ή για την οικειοποίησή του, αλλά για την προστασία της οικοδομής και την προβολή της ιδιοκτησίας τους. Παρ' όλον τούτο, η εποχικότητα αλλά κι η ταυτόχρονη εξόρμηση όλων των κατοίκων για το φρεσκάρισμα των σπιτιών τους προσδίδει σαφώς έναν συλλογικό χαρακτήρα σε αυτήν τη δραστηριότητα, που τελικά αποκτά μια τελετουργικότητα.

Αυτή η οικειοποίηση του δημόσιου χώρου παρουσιάζεται και με διάφορες άλλες μορφές, από οικισμό σε οικισμό, από νησί σε νησί. Στους οικισμούς με έντονο αμυντικό χαρακτήρα, όπου η συλλογικότητα στην αντιμετώπιση των προβλημάτων εκτείνεται και στο αμυντικό περιτείχισμα, που αποτελείται από τους ίδιους τους τοίχους των περιφερειακών σπιτιών, οι δρόμοι περνούν κάτω από τα σπίτια και τα σπίτια επεκτείνονται πάνω από τους δρόμους.

Τέτοιοι οικισμοί είναι η Παλαιόχωρα της Νάξου ή ο Πύργος της Σαντορίνης, προτού καταστραφεί από τους σεισμούς του 1956. Στη Σαντορίνη, η σχέση αυτή πάει μακρύτερα ακόμη, στους οικισμούς της Καλντέρας, όπου ο δρόμος περνάει πάνω από τις κατοικίες. Στην περίπτωση αυτή, η συντήρηση του δρόμου είναι άμεσα συνυφασμένη με τη διατήρηση στεγανότητας του δώματος της κατοικίας που βρίσκεται από κάτω.

Παρ' όλον τούτο, η σχέση διατηρείται άμεση μεταξύ δρόμου και κατοίκου και γεφυρώνει τις σχέσεις μεταξύ των κατοίκων. Οι Κυκλάδες παρουσιάζουν τελικά έναν ολόκληρο κόσμο από διαφοροποιημένες σχέσεις μεταξύ του ιδιωτικού και του δημόσιου χώρου. Θα μπορούσαμε λοιπόν να πούμε πως ο δρόμος χωρίζει τα σπίτια και ενώνει τους ανθρώπους.

1290

The appropriation through upkeep of public space
Η συντήρηση του δρόμου ή ο δρόμος χωρίζει τα σπίτια και ενώνει τους ανθρώπους

1290 The appropriation through upkeep of public space
Seasonal upkeep of house fronts, Skyros island.
1290 Η συντήρηση του δρόμου ή ο δρόμος χωρίζει τα σπίτια και ενώνει τους ανθρώπους
Εποχική συντήρηση πρόσοψης σπιτιών, Σκύρος.

Bibliography / Βιβλιογραφία

2ème Conference regionale mediterraneene des villes du patrimoine mondial, Vieux Quartiers Vie Nouvelle - La rehabilitation en milieu historique, Tunis 9-10.6.1997

Albrecht, D. (ed.), *Designing Dreams - Modern Architecture in the Movies*, London 1985: Thames & Hudson.

Amos, I.T.C., *Το Ταό της Αρχιτεκτονικής*, Αθήνα 1995: Εξάντας.

Anagnostopoulos, G.A. (ed.), *Aesthetic and Functional Values in Landscape Design*, IFLA Central Symposium, Athens 1990: Panayotis and Effie Michelis Foundation.

Anderson, St. (ed.), *On Streets*, Cambridge – London 1991: The M.I.T. Press.

Andersson, M., *Stockholm's Annual Rings. A Glimpse into the Development of the City*, Uppsala 1998: Stockholmia Förlag.

Antoniou, J., *Plaka*, Athens 1973: Lycabettus Press.

Aravantinos, A., Grosstädtishe Einkaufzentren, Essen 1963: Vulkan-Verlag Dr.W.Classen.

Ardalan, N. - L. Bahtiar, *The Sense of Unity: The Sufi Tradition in Persian Architecture*, Chicago 1999: ABC International Group.

Arnold, H.E., *Trees in Urban Design*, New York 1980: Van Nostrand Reinhold.

Athens Prehistory And Antiquity, Athens 1985: Ministry of Culture & Sciences

Autorenkollektiv, *Marktplätze*, Berlin 1990: Stapp Verlag.

Bacon, E.N., *D'Athènes à Brazilia*, Paris 1967: Edita Lausanne - La Bibliothèque des Arts.

Bardet, G., *Que sais-je? - L' Urbanisme*, Paris 1963: Presses Universitaires de France.

Baudez, C. - S. Picasso, *Lost Cities of the Maya*, New York 1992: Harry N. Abrams Inc.

Blum, O., *Stätebau*, Berlin 1937: Verlag von Julius Springer.

Boeminghaus, D., *Mauern und Wege*, München 1982: Callwey.

Boeminghaus, D., *Pedestrian Aerias & Design Elements*, Stuttgart 1982: Karl Krämer.

Bon, A., *Retour en Grèce*, Paris 1938: Paul Hartmann.

Brambilla, R. - G. Longo, *For Pedestrians Only: Planning, Design, and Management of Traffic-Free Zones,* New York 1977: Whitney Library of Design - Watson - Guptil Publications.

Brouskaris, M.S., *The Monuments of the Acropolis*, Athens 1978: General Direction of Antiquities and Restoration.

Buchanan, C. - G. Crowther, *Traffic In Towns. A Study of the Long Term Problems of Traffic in Urban Areas. Reports of the Steering Group and Working Group appointed by the Minister of Transport*, London 1963: Her Majesty's Stationary Office.

Burns, R., *Monuments of Syria. An Historical Guide*, New York 1992: I.B. Tauris & Co Ltd.

Cambell, C.S., *Water in Landscape Architecture*, New York 1982: Van Nostrand Reinhold.

Camhis, M., *Planning Theory and Philosophy*, London & N.Y. 1979: Tavistock.

Camp, J.M., *The Athenian Agora Excavations in the Heart of Classical Athens*, London 1986: Thames & Hudson.

Chevill, F., *The Medici*, New York 1960: Harper Torchbooks.

Cohn, J. (ed.), *Beijing - Imperial Capital*, Illinois 1992: Passport Books.

Conti, F., *The Grand Tour. Architecture as Environment*, London 1979: Cassell.

Conti, F., *The Grand Tour. Individual Creations*, London 1978: Cassell.

Cullen, G., *Townscape: das Vokabular der Stadt*, Berlin 1991: Birkhauser Verlag.

Dagens, B., *Angkor. La forêt de pierre*, Évreux 1989: Découvertes Gallimard.

Dal Maso, L.B., *Rome of the Caesars*, Firenze 1995: Bonechi Travel Guides.

Davies, S., *Designing Effective Pedestrian Improvements in Business Districts*,Chicago 1982: American Planning Association.

Dinsmoor, W.B., *The Architecture of Ancient Greece*, London 1950: B.I. Batsford Ltd.

Doxiades, C.A., *Architectural Space in Ancient Greece*, Cambridge - London 1972: MIT Press.

Elisseeff, D. - Elisseeff, V., *La Civilisation de la Chine Classique*, Paris 1987: Arthaud.

Ettinghausen, R., O. Grabar, M. Jenkins-Madina, *Islamic Art and Architecture, 650-1250*, London 1991: Penguin Books.

Faludi, A., *A Reader in Planning Theory*, New York 1974: Pergamon Press.

Fashard, S., *Eaux et fontaines dans la ville. Conception, techniques, financement*, Paris 1982: Edition du Moniteur - Secrétariat général du Groupe central des villes nouvelles.

Fathy, H., *Architecture for the Poor. An Experiment in Rural Egypt*, Chicago - London 1973: The University of Chicago Press.

Fils, A., *Brasilia: Moderne Architektur in Brasilien*, Düsseldorf 1988: Beton-Verlag.

Flagge, I. (ed.), *Museumsbau in der Bundesrepublik Deutschland*, Stuttgart 1985: Inter Nationes Bonn.

Foster, M. (ed.), *Architecture: Style, Structure and Design*, New York 1982: Excalibur Books.

Frampton, K., *Modern Architecture And The Critical Present*, London 1982: Architectural Design Profile.

Francastel, P., *L'Urbanisme de Paris et l'Europe, 1600-1680: Travaux et documents inedits*, Paris 1969: Editions Klincksieck.

Fruin, J., *Pedestrian Planning and Design*, New York 1971: Metropolitan Association of Urban Designers and Environmental Planners.

Geist, J.F., *Arcades. The History of a Building Type*, Cambridge 1989: MIT Press.

Gibbert, F., *Town Design*, New York - London 1953: Reinhold Publishing Co. - The Architectural Press.

Gibbon, D. - T. Smart, *Boston. A Picture Book to Remember Her By*, New York 1979: Crescent Books.

Giedion, S., *Space, Time and Architecture*, Cambridge 1954: Harvard University Press.

Glasson, J., *An Introduction to Regional Planning*, London 1975: Hutchinson.

Goodman, P. - P. Goodman, *Communitas: Means of Livelihood and Ways of Life*, New York 1990: Columbia University Press - Morningside Edition.

Goodman, P. *The Double E*, New York 1977: Anchor Books.

Grube, E.J., *Landmarks of the World's Art. The Art of Islam*, London 1966: Paul Hamlyn.

Guide Urbain: Helsinki - Architecture et Urbanisme, Helsinki 1996: Services d'Urbanisme de la ville de Helsinki.

Hager, L., *Nymphenburg*, Koenigstein im Taunus 1964: Karl Robert Langewiesche Verlag.

Hall, P., *Cities of Tomorrow*, Oxford 2002: Blackwell Publishing.

Hallyburton, G., *A Comperative Study of Urban Design in Selected Cities*, Isocarp 1991: IKEA Foundation.

Hiort, E., *Housing in Denmark since 1930*, London - Copenhagen, 1952: The Architectural Press / J. Gjellerups Forlag.

Hitzer, H., *Die Strasse*, München 1971: Callwey.

Hoag, J., *Islamic Architecture*, Milan 1975: Electa.

Hoog, S. - D. Meyer, *Versailles: Le Guide Complet*, 1990, editions d'Art Lys.

Jacobs, A.B., *Great Streets*, Massachusetts 1993: Massachusetts Institute of Technology.

Jacobs, D., *Architecture*, New York 1974: Newsweek Books.

Jacobs, J., *The Death and Life of Grate American Cities. The Failure of Town Planning*, London 1961: Penguin Books.

Jencks, C., *The Language of Post-Modern Architecture*, London 1981: Academy Editions.

Kirsten, E. - W. Kraiker, *Griechenlandkunde Ein Fürher Zu klassischen Stätten*, Heidelberg 1955: Carl Winter Universitätsverlag.

Klotz, H. - W, Krause, *New Museum Buildings in the Federal Republic of Germany*, Frankfurt a M. 1985: Goethe Institut – Deutsches Architekturmuseum.

Knaurs Stadtfürher - Paris, München 1992: Droemer Knaur.

Kostof, S., *The City Shaped. Urban Patterns and Meanings Through History*, London 1991: Thames & Hudson.

Kostof, Sp., *The City Assembled. The Elements of Urban Form through History*, London 1992: Thames & Hudson.

Krier, R., *Urban Space*, London 1984: Academy Editions.

Krob, M., *Praha*, Praha 1992: Kvarta.

Kyuko, T. (ed.), *Elements & Total Concept of Urban Pavement Design*, Tokyo 1990: Graphic-Sha Pub. Co.

Lafon, X. - J.-Y. Marc - M. Sartre, La ville antique, Paris 2003: Editions du Sevil.

Lampugnani, V. M., *La realtà dell'immagine*, Stoccarda 1982: Edizioni di Comunità.

Lassig, K. - R. Linke - W. Reitdorf - G. Wessel, *Strassen Und Plätze - Beispiele zur Gestaltung stadtebaulicher Raume*, Deutsche Bauakademie. Institut fur Stadtebau und Architektur, München 1967: Verlag G.D.W.Callwey.

Lässig, *SOM: Architecture of Skidmore,Owings & Merrill, 1950-1962*, London 1963: The Architectural Press.

Lauter, W., *Passagen*, Dortmund 1984: Harenberg.
Le Corbusier, *The City of Tomorrow*, London 1977: The Architectural Press.
Lemoine, B., *Les passages couverts en France*, Paris 1989: Delegation a l'action artistique de la Ville de Paris.
Lewis, B. (ed.), *The World of Islam: Faith, People and Culture*, London 1976: Thames & Hudson.
Lewis, D. (ed.), *The Growth of Cities*, New York 1971: Wiley-Interscience.
Liu, G., *Beijing. The Cornucopia of Clasical Chinese Architecture*, Singapore 1982: Graham Brash.
Lozano, E.E., *Community Design and the Culture of Cities. The Cross road and the wall*, New York 1993: Cambridge University Press.
Lynch, K., *The Image of the City*, Cambridge 1990: The MIT Press.
Mackeith, M., *The History and Conservation of Shopping Arcades*, London - N.Y. 1986: Mansell Publishing Limited.
Maretto, P., *I Portici della città di Padova*, Milano 1987: Silvana Editoriale.
Martin, L. - L. March (eds), *Urban Space And Structures*, Oxford 1975: Cambridge University Press.
Martin, R.D., History of World Architecture. Greek Architecture, Milan 1980: Electa.
Masser, I., *Analytical Models for Urban and Regional Planning*, Newton Abbot 1972: David & Charles.
Mazzeo, D. - C. S. Antonini, *Monuments of Civilization: Ancient Cambodia*, New York 1978: Grosset & Dunlap.
McCluskey, J., *Road Form and Townscape*, London 1979: The Architectural Press.
McVeagh, C., *Fountains of Papal Rome*, New York 1915: Charles Scribner's Sons.
Mein-ven, L., *Treasures of China an Armchair Journey to 352 Legendary Landmarks*, 1988: Reader's Digest.
Millon, H.A., *Key Monuments of the History of Architecture*, New York 1964: Prentice Hall.
Mitchell, G., *Architecture of the Islamic World. Its History and Social Meaning*, London 1995: Thames & Hudson.
Morris, A.E.J., *History of Urban Form Before the Industrial Revolution*, New York 1994: Longman Scientific and Technical.
Morton, H.V., *The Fountains of Rome*, New York 1970: McMillan Co.
Moughtin, C., *Urban Design: Street and Square*, Oxford 1992: Butterworth-Heinemann.
Mukoda, N., *Street Furniture*, Tokyo 1990: Bijutsu Shuppan-Sha.
Müller, W. - G. Vogel, *D.T.V. Atlas Zur Baukunst*, Band 1, München, 1990: Deutscher Taschenbuch Verlag.
Müller, W. - G. Vogel, *D.T.V. Atlas Zur Baukunst*, Band 2, München, 1989: Deutscher Taschenbuch Verlag.
Mumford, L., *The City In History*, London, 1966, Penguin Books.
Neue Staatsgalerie Stuttgart, Württemberg 1984: Finanzministerium.
Nutgens, P. (ed.), *The World Grate Architecture - From the Pyramids to the Modern Times*, New York 1981: Excalibur Books.
Ogrin, D., *The World Heritage of Gardens*, New York 1993: Thames & Hudson.
Old European Cities, London 1965: Thames & Hudson.
Papageorgiou-Venetas, A.N., *Athens Majeure*, Paris 1970: Librairie Vincent.
Paulhans, P., *Fussgängerstadt*, München 1977: Callwey.
Pevsner, N., *A History of Building Types*, London 1976: Thames & Hudson.
Pigeat, J.-P., *Parcs et jardins contemporains*, Paris 1990: La maison Rustique.
Pile, J. (ed.), *Drawings of Architectural Interiors*, New York 1979: Whitney Library of design/ Watson - Gaptil Publications.
Planning and Energy: International Society of City and Regional Planners Congress, Strasbourg 1979, Zurich 1980: Institut für Orts-, Regional- und Landesplanung ETH, Nr. 45.
Prak, N. L., *The Visual Perception of the Built Environment*, , Delft 1977: Delft University Press.
Raeburn, M. (ed.), *Architecture of the Western World*, New York 1984: Crescent Books.
Rasmussen, S.E., *Experiencing Architecture*, Cambridge Mass, 1964: The M.I.T. Press
Rasmussen, S.E., *Towns & Buildings*, Cambridge Mass 1969: The M.I.T. Press
Ratcliffe, J., *An Introduction to Town and Country Planning*, London 1975: Hutchinson.
Raymar, St., *St. Petersburg, Capital of the Tsars*, National Geographic, vol. 184, December 1993.
Risebero, B., *The Story of Western Architecture*, Cambridge Mass. 1985: The M.I.T. Press
Roberts, M., *An Introduction to Town Planning Techniques*, London 1975: Hutchinson.
Robertson, D.S., A Handbook of Greek and Roman Architecture, Cambridge 1945: University Press.
Roland, M., *History of World Architecture: Greek Architecture*, London 2003: Phaidon Press.
Roland, M., *L'urbanisme dans la Grèce antique*, Paris 1956: A & J. Picard.
Roncalli, F., *Vatican City*, Firenze 1989: Gestione Vendita.
Rosner, R., Neue Städte In England, München 1962: Verllag Georg D.W. Callwey.
Rouvre de, É., *Grands Sanctuaires*, Paris 1960: Hachete.
Rudofsky, B., *Architecture without Architects*, New York 1964: Doubledy & Co.
Ruskin, J., The Seven Lamps Of Architecture, New York 1989: Dover Publications Inc.
Salvadori, R., *Architect's Guide to Rome*, London 1990: Butterworth Architecture.
Schafer, E.H., *Ancient China*, Amsterdam 1968: Time Life International.
Sert, J.L., *Can our Cities Survive*, Cambridge 1947, The Harvard University Press
Seymour, W.N., *Small Urban Spaces. The Philosophy, Design, Sociology, and Politics of Vest-pocket Parks and other Small Urban Open Spaces*, New York 1969: New York University Press.
Sharp, T., *The Anatomy of the Village*, Middlesex 1946: Penguin Books.
Silverberg, R., *Lost Cities and Vanished Civilizations*, New York 1962: Bantam Books.
Simmie, J.M., *Citizens in Conflict. The Sociology of Town Planning*, London 1974: Hutchinson Educational.
Site, C., *L'art De batir les villes. L'urbanism selon ses fondements artistiques,* Paris 1990: Livres & Communications.
Smails, A.E., *The Geography of Towns*, London 1970: Hatchinson University Library.
Smith, P. F., *The Dynamics of Urbanism*, London 1974: Hutchinsons Educational.
Specter, D.K., *Urban Scape*, New York Graphic Society Ltd.
Stierlin, H., Die Architectur der Welt - Plan und Baumwerk 1+2, München 1977: Hirmer Verlag.
Strancova, J. - J. Stursa - S.Vodera, *Prague. Eleven Centuries of Architecture: Historical Guide*, Praha 1992: PAV Publisher.
Swaan, W., *Lost Cities of Asia*, New York 1966: Putnam's Sons.
Tafuri, M., *Architecture et humanisme: de la Renaissance aux réformes*, Paris 1981: Dunod Bordas.
Tentori, Fr., *La vita et opere di Le Corbusier*, Bari 1983: Laterza.
Tetlow, J. - A. Goss, *Homes Towns & Traffic*, London 1965: Faber & Faber.
The City of all Senses - Prague, Lausanne 1993.
Tsapala-Vardouli, F., *Greek Tradiotional Architecture - Trikala*, Athens 1989: Melissa.
Tunnard, C. - H. Hope, *Reed Drawings: I. Cohen, American Skyline - The Grouth and Form of our Cities and Towns*, New York 1956: Mentor Books - The New American Library.
Türkoglu, S., *Les Palais de Topkapi*, 1984: Edition Française-NET Books.
Tyrwhitt, J. - J.L. Sert - E. Rogers, *The Heart of the City: Towards the Humanisation of Urban Life*, New York 1952: Pellegrini and Cudahy.
University College, Dublin, Housing Research Unit, *Patmian Patterns - A Study of Chora*, Patmos, Dublin 1984: Housing Research Unit, UCD.
Viollet le Duc, E., *Lectures on Architecture,* Vols 1, 2, New York 1987: Dover Publications.
Vision of the Modern, London 1988: Academy Editions.
Vitruvius (trans. M.H. Morgan), *The Ten Books On Architecture*, New York 1960: Dover Publications Inc.
von Meiss, P., *Elements of Architecture - From Form to Place*, New York 1990: Van Nostrand Reinhold.
von Pierre de Zürich, *Kunstführer durch Freiburg im Uechtland*, Freiburg 1946: Freiburgischen Verkehrsverein.

Constantin N. Decavalla's book "Walking in towns and cities. The architecture of pedestrian space" was printed by V. & G. Efstratoglou and bound by J. Mantis on December 2015 in 800 copies.

Το βιβλίο του Κωνσταντίνου Ν. Δεκαβάλλα «Περπατώντας στην πόλη. Η αρχιτεκτονική του χώρου των πεζών» τυπώθηκε από τους Β. & Γ. Ευστράτογλου και βιβλιοδετήθηκε από τον Ι. Μάντη τον Δεκέμβριο 2015 σε 800 αντίτυπα.